Publicitor

Jacques Lendrevie
Arnaud de Baynast
avec la collaboration de Nicolas Riou

6e ÉDITION

2004

DALLOZ

DALLOZ

31-35, rue Froidevaux, 75685 Paris cedex 14

Sommaire

Troisième partie
LES MOYENS DE COMMUNICATION AUTRES QUE LA PUBLICITÉ : LE HORS-MÉDIAS 427

Quatrième partie
LA COMMUNICATION MULTICANALE INTÉGRÉE 521

Remerciements

Comme dans les éditions précédentes, cet ouvrage a bénéficié de la contribution de nombreuses personnes.

Arnaud de Baynast a apporté toute son expérience à l'élaboration d'une méthode de communication intégrée et plus globalement à la rédaction de la quatrième partie qui lui doit beaucoup.

Nicolas Riou a travaillé principalement sur la deuxième partie consacrée aux méthodes et techniques de la publicité et tout particulièrement sur la stratégie, la création, la publicité internationale et le dossier « publicité de société ».

C'est à José Jacinto que l'on doit le texte sur la promotion des ventes, à Pierre-Yves Larvor celui sur le marketing direct. François Laurent a écrit le chapitre sur la mesure de l'efficacité de la publicité.

Stéphanie Sabourin a repris la partie sur les grands médias publicitaires. Elle en a actualisé les données et elle a rédigé le guide pratique du média-planning à l'attention des annonceurs.

On retrouve dans cette édition des textes de Bernard Brochand, de Michel Grandjean et d'Henri Joannis.

De nombreux professionnels ont apporté leurs témoignages : Farid Akani sur les centres d'appel, Pierre-William Marie sur la communication intégrée, Corinne Pigounides et Antoine Goupil sur le cas Société Générale, Christophe Tournan sur les régies Internet.

Toutes ces contributions sont mentionnées dans le corps de l'ouvrage.

Je remercie Julien Lévy que j'ai sollicité fréquemment et dont les avis sont toujours judicieux.

Enfin, cet ouvrage doit beaucoup au travail d'Audrey Hajiaaj de Publicis Dialog, de Clothilde Diet et d'Audrey Tabuteau, éditrice aux éditions Dalloz, qui après avoir brillamment produit la dernière édition du *Mercator*, a mis tout son professionnalisme au service de ce nouveau *Publicitor*.

Paris, 9 juillet 2004

Jacques Lendrevie

Au cofondateur du *Publicitor*, mon ami Bernard Brochand

Après avoir imaginé d'innombrables campagnes publicitaires pour ses clients annonceurs, Bernard Brochand a fait campagne pour lui et il a une fois de plus réussi puisqu'il a été élu député et maire de Cannes, sa ville natale. Cette sixième édition s'est donc faite sans lui mais elle garde fortement son empreinte.

Publicitor est né d'une rencontre avec Bernard Brochand, aux débuts des années quatre-vingt sur le thème : « La publicité est devenue l'un des enjeux majeurs du management. Les attentes sont considérables, les budgets progressent très vite mais les méthodes et les techniques sont souvent défaillantes, peu connues ou mal maîtrisées. Il existe de bons manuels en finance, en marketing, en contrôle de gestion, etc. mais pas en communication, en général, ni en publicité, en particulier. »

À la fin de la réunion, le projet *Publicitor* était lancé, un premier plan arrêté, deux personnes choisies pour nous assister dans les travaux de documentation qui s'annonçaient importants car nous voulions être exhaustifs tout en restant simples et clairs.

Comme nous l'avons écrit dans la première édition, nous souhaitions :

> « ... l'un à la tête du premier groupe d'agences en France, l'autre, professeur dans une grande école d'affaires, proposer un ouvrage qui soit, d'une part, pratique et méthodologique pour aider les professionnels de la publicité, chez les annonceurs, dans les agences et les médias et qui soit, d'autre part, fondamental et pédagogique pour convenir aux étudiants... »

Publicitor a eu la chance d'avoir été écrit et d'avoir évolué avec le concours d'un très grand professionnel de la publicité et de la communication.

À la sortie d'HEC, Bernard Brochand commence chez Procter & Gamble (à l'époque « HEC-Procter » était la « voie royale »). Il y fait ses gammes de chef de produit puis de chef de groupe. Il acquiert un solide bagage marketing.

Il s'engage dans la publicité à la fin des années soixante, au moment où la profession se rénove de fond en comble avec de nouvelles méthodes le plus souvent d'origine américaine, de nouvelles agences et toute une génération de jeunes publicitaires qui prennent le pouvoir et s'installent pour longtemps dans un métier qu'ils transforment.

Deux ans passés en agence (Montfort puis NCK) suffisent à établir la réputation de Bernard Brochand : un enthousiasme communicatif, une énergie incroyable, une courtoisie et une gentillesse à toute épreuve (sauf lorsqu'il « pique » une grosse colère !), excellent organisateur, imaginatif et rigoureux, capable de ressusciter les créatifs les plus essoufflés, séducteur hors pair

Publicitor

DALLOZ GESTION
SÉRIE MARKETING

sous la direction de Jacques Lendrevie
Professeur au groupe HEC

pour conquérir un budget et transformer des relations commerciales en amitiés durables.

William Bernbach, sans doute la plus grande figure de l'histoire de la publicité moderne, lui confie la création de DDB France. Bernard Brochand vient tout juste de tourner la trentaine. Quelques années plus tard, sa mission brillamment réussie, il prend la tête d'Eurocom qui regroupe les agences du groupe Havas, le premier réseau en France. Il le développe, l'internationalise, devient président d'HCM International (Havas Conseil/Marsteller) puis revient à ses premières amours, chez DDB, mais cette fois-ci au plus haut niveau, comme président de DDB Worldwide, c'est-à-dire comme patron du réseau mondial des agences du groupe DDB. Premier français à occuper un poste de cette envergure dans un grand groupe américain de communication, Bernard Brochand parcourt le monde à une vitesse déraisonnable, créant ici une agence, en redressant une autre ailleurs mais trouvant toujours du temps, entre deux avions, pour son autre passion : le football[1] et... pour travailler sur la prochaine édition du *Publicitor* !

Sans doute puis-je me faire l'interprète de nos lecteurs pour dire un grand merci à Bernard Brochand qui garde toujours un œil sur la descendance du *Publicitor*[2] et qui a accepté de prendre encore sa plume, cette fois-ci pour écrire la préface de cette sixième édition.

Paris, 23 juillet 2004

Jacques Lendrevie

(1) *Bernard Brochand a joué dans les équipes de France universitaire et militaire. Il a été pendant très longtemps président de l'association du PSG.*

(2) *À ce jour,* Publicitor *a été vendu à plus de 100 000 exemplaires en langue française, ce qui signifie beaucoup plus de lecteurs car c'est un livre qui circule, dans les entreprises, dans les bibliothèques et entre promotions d'étudiants. Traduit en plusieurs langues,* Publicitor *paraît en chinois fin 2004.*

Préface à la sixième édition du *Publicitor* par Bernard Brochand

J'ai tout de suite été séduit quand Jacques Lendrevie m'a proposé d'écrire avec lui le manuel de publicité qui n'existait pas alors. Évidemment, je n'avais pas bien mesuré l'ampleur d'une tâche qui devait se répéter cinq fois mais cela n'a jamais été « une galère ». Nos tempéraments se sont toujours bien accordés, nous avions une vraie complémentarité et notre objectif a toujours été parfaitement partagé : privilégier la méthode au détriment de l'anecdote, faire le plus simple, le plus clair et le plus opérationnel possible en refusant les thèses à la mode qui ne durent que le temps d'un article ou d'une « spéculative », essayer de faire réfléchir sur les techniques et le métier plutôt que de proposer des recettes ou des leçons du type : « Tu seras publicitaire, mon fils, si tu respectes ces dix préceptes » et, en fin de compte être utile, à notre façon, sans tomber, d'un côté dans une prose scolaire ou de l'autre, dans un exposé mirifique des beautés infinies de la publicité.

Cette nouvelle édition est beaucoup plus qu'une simple actualisation. Véritable renouveau, elle se veut non seulement le reflet des meilleures pratiques d'aujourd'hui mais aussi une réflexion pour faire avancer les méthodes de travail. La première édition de *Publicitor* était exclusivement centrée sur la publicité, nous y avons progressivement ajouté les outils du « hors-médias » ; cette sixième édition propose, aujourd'hui, une démarche originale pour intégrer de façon cohérente les multiples moyens de communication mis en œuvre dans les campagnes.

La première partie est articulée autour de la distinction entre ce que la communication fait aux individus et ce qu'ils font de la communication. Le consommateur n'est pas simplement l'objet de la communication (au sens de « La Cible ») : il est sujet ; il est acteur. On lui propose des messages, il en dispose. Il est plus que jamais sélectif. Il est pluriel, caméléon, irréductible à de simples stéréotypes, de plus en plus expert à déchiffrer les politiques et les ficelles du marketing et de la communication. Il me semble que certaines publicités sont toujours à l'âge de pierre !

Le consommateur n'est qu'une facette d'un être vivant, complexe car multiple. Or, on s'adresse à lui comme si c'était une personne sécable : un morceau de consommateur, de citoyen, de salarié, de parent ou d'enfant, etc. Cette partition était simple pour les agences et les annonceurs. Elle est aujourd'hui devenue simpliste.

La deuxième partie de l'ouvrage est consacrée aux méthodes et aux techniques de la publicité, c'est-à-dire des messages insérés dans les grands médias : presse, télévision, affichage, radio, cinéma et maintenant Internet, le sixième média bien mal nommé puisqu'il est aujourd'hui à la cinquième place, en termes de dépenses publicitaires, devant le cinéma. Internet est le média des excès : on a chanté ses louanges puis beaucoup l'ont jugé, trop vite, sans grand avenir publicitaire. Simplement, il nous reste encore beaucoup à faire pour apprivoiser ce nouveau média et son audience que la publicité dérange plus souvent qu'elle ne séduit. Encore un nouveau challenge !

J'ai noté, dans la deuxième partie, un hommage aux grandes figures de la publicité, celles qui, au cours du siècle dernier, ont fait avancer le métier. J'ai été évidemment particulièrement sensible au portrait de William Bernbach. J'ai eu la chance de travailler avec lui pendant six ans. On trouvera dans le texte qui lui est consacré les illustrations de ses campagnes les plus célèbres et certaines de ces petites phrases dont il avait le secret et qui sont autant de grands principes publicitaires qui n'ont pas vieilli. On a beaucoup disserté sur les leçons de publicité de Bernbach. Toujours à l'écoute des autres, il n'était pas homme à donner des leçons mais il avait sa méthode. Il avait toujours sur lui un petit carton de couleur jaune qu'il sortait de temps en temps en réunion avec beaucoup de discrétion en le tendant à l'un des intervenants de DDB lorsqu'il sentait que cette personne n'était pas suffisamment attentive. Sur ce carton, il avait inscrit : « *Be careful, maybe, he is right* ». L'idée créative peut venir de la pépite d'or que l'on sait découvrir dans un propos que d'autres trouvent banal. La publicité se nourrit de l'écoute des bruits du marché, même s'ils paraissent, *a priori*, insignifiants.

C'est dans la troisième et surtout dans la quatrième partie que j'ai trouvé le plus de nouveautés par rapport aux éditions précédentes et à la littérature actuelle. La troisième partie traite des moyens de communication autres que publicitaires, ce que nous appelons, dans notre jargon, le « hors-médias ». On a privilégié à juste titre le traitement de la promotion des ventes et du marketing direct, non point que les autres disciplines comme les relations publiques, le parrainage, etc. soient quantité négligeable mais la promotion et le marketing direct sont les domaines qui se développent et qui évoluent le plus vite. Leurs sous-titres évoquent bien le parti pris des auteurs de cette nouvelle édition : « Marketing direct, de la vente à la relation et à la fidélisation », « Promotion des ventes : concilier stimulation des ventes et respect du capital marque ». On a trop longtemps enfermé la promotion des ventes dans des clichés du genre : la promotion, c'est des coups, des tactiques sans lendemain, des trucs peu créatifs à trouver en 48 heures pour sauver le chiffre d'un produit qui a dérapé dans le rouge. On a trop souvent dit qu'il fallait se méfier de la promotion des ventes car elle dégradait la marque.

Il n'y a pas deux espaces disjoints : celui de la marque et celui de la performance commerciale, celui du noble art servi par les stratèges en chambre et les créatifs de la publicité et celui de la roture, des vendeurs, de la promotion, du marketing direct. On nous démontre dans cet ouvrage, exemples à l'appui, que la promotion des ventes n'est pas simplement affaire de dopage ponctuel des ventes. Elle peut être au service de la marque, des politiques de communication pour instaurer une vraie relation avec le consommateur et pour le fidéliser.

La partie consacrée au marketing direct va beaucoup plus loin que le seul exposé des techniques du publipostage, du télémarketing ou maintenant de *l'e-mailing* commercial. Elle développe le cycle vertueux de la connaissance du client, l'enrichissement permanent et l'exploitation ciblée de bases de données individuelles et comportementales. Sommes-nous dans la communication ou le marketing ? La frontière n'a plus lieu d'être. Les bases de données sont d'abord les bases d'un nouveau marketing et d'une nouvelle communication fondés sur l'observation et l'analyse des comportements individuels et non plus seulement sur l'interprétation des opinions, des motivations et des attitudes dont on sait qu'elles sont parfois peu prédictives des actes d'achat et de réachat.

Actualisée, enrichie, cette nouvelle édition aurait pu s'arrêter là. Mais les auteurs ont décidé de traiter la question de la communication intégrée. Cette dernière partie est non seulement nouvelle pour *Publicitor* mais elle est parmi tout ce qui a été publié sur le sujet – essentiellement en langue anglaise – originale et pratique. C'est la première fois que je vois proposer une méthode opérationnelle pour concevoir et mettre en œuvre une politique de communication intégrée. La question de l'intégration se pose évidemment lorsqu'on a recours à plusieurs canaux de communication. Pourquoi va-t-on de plus en plus vers une communication multicanale ? Simple logique d'évolution des marchés et d'adaptation des politiques des entreprises ! Les marchés de masse appelaient des médias de masse et une distribution de masse. De la segmentation, on est passé progressivement à l'hypersegmentation, parfois au marketing et à la communication *one to one*. Tout se fragmente : les comportements des individus, les médias, la concurrence. Le grand rendez-vous du *prime time* avec des millions de consommateurs types (la fameuse ménagère de moins de cinquante ans) fonctionne de moins en moins bien. Il faut cibler beaucoup plus, multiplier les points de contact avec les clients (dans l'espace et dans le temps), coller plus qu'on ne l'a fait jusque-là aux événements microscopiques ou majeurs de la vie du client qu'on ne peut plus enfermer dans une description faite sur de simples critères d'âge, de profession, de revenu ou d'habitat.

On ne vient pas de découvrir que la communication nécessitait souvent de multiples canaux de communication. Depuis vingt ans, le hors-médias connaît un fort développement : promotion, marketing direct, relations publiques, parrainage, communication événementielle, design produit et design packaging, théâtralisation des points de vente, etc. Mais la communication multicanale intégrée, c'est plus que l'addition de compléments à une campagne de publicité. C'est plus que la mise en cohérence, comme on l'écrit souvent, de messages colportés par des voies différentes. C'est, comme nous l'expliquent Arnaud de Baynast et Jacques Lendrevie, une synergie où 1 + 1 = 3, ce qui suppose, au départ, une posture d'objectivité sur les canaux possibles en oubliant tous les *a priori* que l'on peut avoir sur tel ou tel moyen de communication et en mettant à l'écart l'intérêt financier que l'on pourrait avoir de recommander telle ou telle technique, celle que l'on maîtrise et qui fait gagner de l'argent. La communication intégrée est d'abord affaire d'architectes et de chefs d'orchestre en communication, connaissant suffisamment bien tous les registres de la communication pour animer des équipes de spécialistes les plus divers. Où sont aujourd'hui ces architectes, ces chefs d'orchestre ? Où forme-t-on ceux qui devront l'être demain ? Dans les agences, chez les annonceurs, dans les écoles ? À vrai dire je peine à apporter des réponses satisfaisantes, parce qu'elles n'existent pas ou qu'elles sont encore très insuffisantes. Il nous manque un corps de doctrine et d'expérience en matière de communication intégrée. Il faudra accepter de dépasser les cloisonnements actuels, les expertises trop souvent posées les unes à côté des autres ; bref, il va falloir que le métier accepte de se repenser avant qu'on ne l'y oblige.

C'est à juste titre que les auteurs insistent sur le fait que la communication intégrée est essentiellement un problème d'hommes, de compétences multidisciplinaires, de méthodes et d'organisation nouvelles tant du côté des groupes de communication que des annonceurs. La pertinence des réponses qu'apporteront les agences de tous types et les groupes qui les rassemblent sera déterminante pour leur avenir. Certes, j'entends tout le monde dire qu'on fait déjà de la communication intégrée, de la communication transversale, de la communication holistique, etc. J'ai souri à la lecture d'un propos d'un de mes collègues publicitaires :

> « La communication intégrée c'est comme la Sainte Vierge. On la prie beaucoup mais on la voit peu ! »

N'attendons pas de recettes miraculeuses ! On peut faire beaucoup mieux avec de nouvelles approches et de nouvelles formes d'organisation. Les auteurs nous proposent ici une démarche en six points avec application à un cas concret. Ce n'est pas par hasard que la dernière étape de la méthode qu'ils préconisent consiste à mesurer l'efficacité de la communication par le retour sur le budget de communication. Vaste et très délicate question que l'on ne peut plus contourner. Les dépenses de communication sont tellement importantes, la pression des actionnaires sur les managers pour plus de résultats est devenue telle que cela oblige les professionnels de communication non seulement à rendre compte de leurs actions mais surtout à rendre des comptes sur leur efficacité économique. On aime la communication pour sa magie, on la défendra avec des chiffres.

Cannes, le 1er juillet 2004

Bernard Brochand

Bruit publicitaire, encombrement des médias, saturation des consommateurs

Affiche signée Savignac, au début des années soixante.

Première partie

Comment fonctionne la communication ? Les théories mises en pratique

Pour introduire cette première partie consacrée à l'analyse du fonctionnement de la communication, on a retenu cette publicité, une affiche célèbre de Savignac. On l'a choisie pour son talent créatif : un message simple, fort, immédiatement compréhensible mais surtout parce qu'elle symbolise bien les problèmes actuels de la communication commerciale : un bruit publicitaire considérable en continuelle augmentation, une overdose de messages commerciaux qui effleurent le consommateur ou ne font que lui « traverser » la tête. Comment émerger dans cette surenchère ? Que reste-il de cette inflation de communication qui pèse lourdement sur les budgets des annonceurs ?

Répondre à ces questions suppose que l'on connaisse mieux les principes qui régissent la communication, qu'elle soit publicitaire ou autre, les moyens de communiquer sur le marché étant fort nombreux. C'est l'objet de cette partie qui tente de faire une synthèse des différentes approches théoriques de la communication pour en tirer ou en expliquer les pratiques les plus pertinentes pour les gens de marketing et de communication.

Le premier chapitre traite de la communication d'une entreprise en tant que système, c'est-à-dire comme un ensemble d'éléments à la fois en interaction et en relation avec l'environnement : la société, le marché, la concurrence, etc.

Dans le deuxième chapitre, on s'interroge sur ce que la communication fait aux individus et on développe les modèles de l'action de la communication selon les objectifs poursuivis par les entreprises et la nature de leurs marchés.

Le troisième chapitre répond aux questions : « Que font les individus de la communication ? Que faire pour retenir leur attention ? Comment s'organisent la perception et la compréhension des messages ? »

Plan de la première partie

Chapitre 1
LE SYSTÈME DE COMMUNICATION : COMPOSANTES ET PROBLÉMATIQUES

Toute communication, quelle que soit sa forme, quel que soit son objet, commercial ou non, fonctionne comme un système[1] reliant un émetteur et un ou plusieurs récepteurs.

La première section de ce chapitre présente le modèle de Shannon et Weaver, une théorie mathématique de la communication élaborée pour la transmission des signaux dans les réseaux de télécommunication mais qui a des applications beaucoup plus larges.

Ce modèle est complété dans la deuxième section pour qu'il soit plus représentatif des enjeux et des problèmes de la communication des entreprises, des marques et des produits.

La troisième section est consacrée à l'analyse des différentes composantes de ce modèle, des problèmes pratiques qu'elles soulèvent et des réponses qui peuvent y être apportées.

PLAN DU CHAPITRE

Section 1
LE MODÈLE DE COMMUNICATION DE SHANNON ET WEAVER ET LES QUESTIONS DE LASWELL

Employés à la Bell Telephone, C.E Shannon et W.Weaver, publièrent en 1949 une *Théorie mathématique de la communication*[2] qui cherche à expliquer les conditions de la transmission de la voix depuis une source jusqu'au destinataire. Shannon et Weaver traitent l'information comme une quantité mesurable qui circule dans un canal.[3] Leurs travaux ont eu une influence

(1) *L'objectif de l'approche-système est de schématiser n'importe quel ensemble complexe, d'aboutir à une modélisation qui permette d'agir sur lui, après que l'on a compris sa configuration matérielle et sa structure dynamique. Elle est utilisée comme outil de prévision dans les domaines les plus variés : psychologie sociale, urbanisme, économie politique, épidémiologie, écologie, logistique, technologie, etc. On entend par « système » tout objet structuré, composé d'éléments abstraits ou concrets en interaction, et ouvert sur un environnement : on doit donc lui assigner une frontière qui distingue ce qui est à l'intérieur et ce qui est à l'extérieur. Le système considéré peut être aussi bien la consommation d'alcool des ménages, la circulation automobile dans une ville, le marché agroalimentaire, la propagation d'un virus ou l'écosystème d'une forêt. Source : http://fr.encyclopedia.yahoo.com/articles/sy/sy_368_p0.html.*

(2) *Claude Shannon et Warren Weaver,* The mathematical theory of information, *University of Illinois Press, Urbana, IL, 1949. Ouvrage paru en français en 1975 sous le titre* Théorie mathématique de la communication, *Bibliothèque du CEPL.*

(3) *C.E Shannon :* « A basic idea in communication theory is that information can be treated very much like a physical quantity such as mass or energy », *Encyclopedia Britannica, 1972, cité par http ://www.iutc3.unicaen.fr/~moranb/cours/acsi/comm/comm0b.htm.*

majeure sur les développements théoriques et pratiques de l'informatique et des télécommunications.[1]

En marketing et communication commerciale, on a surtout retenu le schéma proposé (ci-dessous) pour expliquer le processus de la communication. Il comporte plusieurs étapes qui correspondent à autant de problématiques à résoudre dans un plan de communication commerciale.

On classe souvent Shannon et Weaver dans la lignée des béhavioristes[2], leur conception de la communication étant fondée sur l'enchaînement suivant :

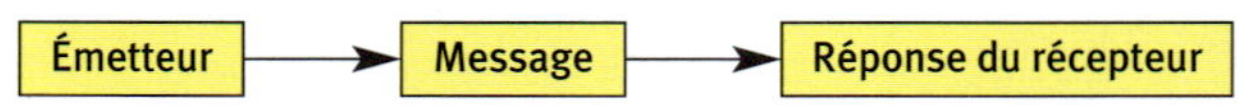

Mais les profils de Shannon, un mathématicien, et Weaver, un philosophe, l'objet de leurs travaux et la perspective qu'ils adoptent (on n'est plus dans l'ordre de la psychologie comportementaliste mais dans celui de la conceptualisation et de la modélisation mathématique), les distinguent fondamentalement des psychothérapeutes béhavioristes de la première génération. Shannon et Weaver s'intéressent plus au processus de transmission du message qu'à son effet sur les destinataires.

1/ Le modèle de Shannon et Weaver

La représentation la plus simple du processus de communication comprend quatre éléments : un émetteur (une personne, une marque, une organisation, etc.) transmet un message à un ou plusieurs récepteurs (la cible) *via* un canal de communication : la parole pour un vendeur, la télévision, la presse, etc. pour une marque ou une organisation.

Figure 1

UNE REPRÉSENTATION SIMPLIFIÉE DE LA COMMUNICATION

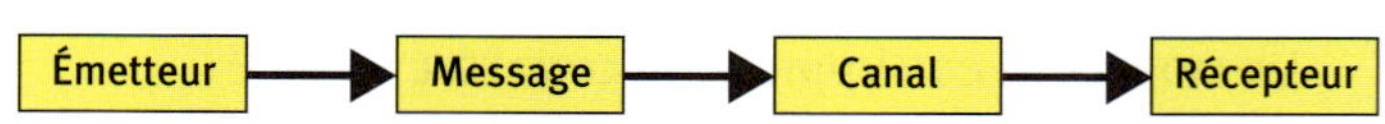

Ce que l'on cherche à transmettre sont des faits, des idées, des émotions. À moins d'être expert en télépathie, il faut leur donner une forme : des mots, des images, des sons qui sont autant de signes choisis pour être compréhensibles par les destinataires de la communication. Si l'émetteur a bien codé son message, le récepteur le décodera (le déchiffrera) avec le sens voulu par l'émetteur. Quand on dialogue avec une personne, ce n'est pas très difficile car on connaît cette personne et on sait trouver le langage qui convient, soit du premier coup, soit en s'adaptant en tenant compte de ses réactions. Quand on s'adresse à des millions d'individus en faisant de la publicité par le canal des *mass media*, c'est autrement plus compliqué. Le message[3] est unique, les récepteurs sont innombrables et tous différents. Le sens perçu peut donc être très éloigné du sens voulu par l'émetteur qui ne peut pas s'en apercevoir immédiatement et réagir en conséquence.

Dans leur schéma, Shannon et Weaver introduisent la notion de bruit, défini comme les signes parasites associés au message transmis par le canal.

(1) Shannon et Weaver introduisent ou développent plusieurs concepts majeurs comme :
– la quantité d'information d'un message qui est d'autant plus élevée que les signifiants sont nouveaux ;
– la redondance : des signifiés déductibles de ce qui précède ;
– la capacité d'un canal : le flux d'information maximal transmissible par un canal ;
– le bruit : des signes parasites intégrés au message originel (la notion de bruit est développée dans les pages suivantes) ;
– l'entropie et la compression des signaux : « Shannon analyse l'entropie d'un message, d'une manière comparable à la notion utilisée en thermodynamique. Dans cette discipline, il s'agit d'une grandeur physique qui permet d'évaluer la dégradation de l'énergie d'un système ; on dit souvent que l'entropie mesure le degré de désordre d'un système. Dans la théorie de l'information, l'entropie d'un message indique le poids d'information mathématique qu'il porte, et donc sa "compressibilité théorique." » Source : http ://www.cndp.fr/notestech/14/Nt014_2.HTM.

(2) Le mouvement des behavioristes est étudié à la section suivante.

(3) Le terme « message » est employé dans notre langue avec deux sens. C'est l'idée qu'on veut transmettre. Par exemple, quand on dit à quelqu'un : « Je ne te comprends pas, quel est ton message ? », on se réfère au contenu de la communication : « Qu'est ce que tu voulais me dire ? ». Un message désigne également la forme de la communication, par exemple : un message publicitaire comme un spot radio, un film TV, une annonce presse, etc.

Ces parasites peuvent modifier la perception et l'interprétation du message par le récepteur.

Les composantes du système de Shannon et Weaver

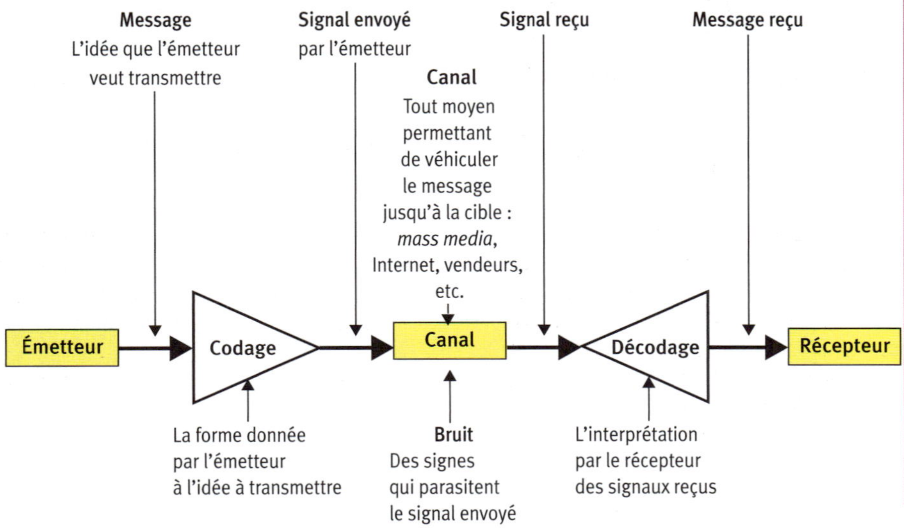

Figure 2

Exemple

☞ Publicité des Laboratoires Sanofi-Synthélabo (février 2004) pour justifier leur OPA sur Aventis : cette campagne a été faite dans plusieurs pays *(v. page suivante.)*

Émetteur
Sanofi-Synthélabo

↓

Message
L'idée du message : la fusion entre ces deux laboratoires est bonne pour l'intérêt général : « Actionnaires, faites une bonne action, pour tous, pour vous »

↓

Récepteurs
Ce sont les lecteurs des supports retenus avec, au sein de ces lecteurs, les cibles de communication de Sanofi-Synthélabo : les petits porteurs, des leaders d'opinion et au-delà, l'opinion publique

↓

Codage : signaux envoyés
C'est le choix d'un visuel, d'un texte et d'une mise en page pour composer la publicité ci-contre

↓

Canal
Ici, la presse grand public et la presse spécialisée

↓

Décodage
Certains ont compris cette publicité avec le sens voulu par Sanofi. D'autres ont pu penser que l'offre de Sanofi-Synthélabo aux actionnaires d'Aventis n'était pas faite pour « raison de santé publique » mais pour « intérêt d'actionnaires »

Source : Corbis.

2/ Les questions de Lasswell

On associe généralement au modèle de Shannon et Weaver les questions de Lasswell[1], un sociologue américain qui nous invite à analyser toute action de communication en répondant à une liste de questions. Elles correspondent aux composantes du système de Shannon et Weaver. Ce faisant, Lasswell ajoute une question majeure : quel a été l'effet de la communication ?

Les questions de Laswell

- **Qui ?** L'émetteur
- **Dit quoi ?** Le message
- **À qui ?** La cible
- **Par quel moyen ?** Le canal
- **Avec quels effets ?** L'efficacité de la communication

Pour Lasswell, l'intention de l'émetteur, c'est-à-dire l'objectif qu'il poursuit en communiquant, est implicitement comprise dans : « Qui dit quoi ? ». Si on formule cet objectif de façon plus explicite et si on y ajoute la question des moyens matériels (le budget) à allouer aux différentes formes de communication, on énonce alors tous les problèmes à traiter par la communication d'une marque ou d'un produit.

- **Qui communique ?** La marque, le produit, l'entreprise ?
- **Avec quels objectifs ?**
  - Faire savoir (un avantage produit, les résultats ou les projets d'une entreprise, etc.)
  - Faire aimer (développer une image et des attitudes favorables à l'achat)
  - Faire agir (créer du trafic vers les points de vente, faire essayer le produit, fidéliser)
- **À qui ?** La cible de communication
- **Quoi ?** Le message à transmettre à la cible
- **Par quel canal (ou canaux) ?** Utilise t-on un seul canal (par exemple, la presse) ou plusieurs canaux (par exemple, une publicité véhiculée par plusieurs *mass media*, accompagnée d'opérations de promotion des ventes, de marketing direct, de relations presse, etc.)
- **Avec quel budget ?** La dépense de communication et son allocation aux canaux choisis
- **Avec quels résultats ?** Cela pose la question de la mesure de l'efficacité de la communication. Comment isoler l'effet de la communication de celui des autres facteurs qui contribuent aux ventes, à la notoriété, à l'image, etc. ? L'effet de la communication est-il en concordance avec l'objectif initial ?

(1) *Harold Lasswell,* « The structure and function of communication in society ». *L.Bryson, ed.* The communication of ideas, *1948, New York : Harper.*
On consultera également Schramm, W : « How communication works » in W. Schramm, ed. The process and effects of mass communication, *Urbana, 1954, IL : University of Illinois Press.*

3/ Les limites du modèle « point à point » de Shannon et Weaver : un seul émetteur s'adresse à un seul récepteur

a) Un récepteur ou de nombreux récepteurs ? Distinction entre la communication *one to one* (ou communication individualisée) et la communication de masse

Parfois, la communication commerciale est individualisée (dialogue vendeur-prospect par exemple, communication via un centre d'appels, un site Internet, un publipostage personnalisé, etc.). Dans de nombreux cas, la communication des entreprises, de leurs marques et produits est une communication de masse, comme la publicité ou la communication sur les lieux de vente. Il faut alors tenir compte de la pluralité et de la diversité des récepteurs. Comment adapter les canaux et la forme des messages à cette multitude ? Comment concevoir un message qui s'adresse à des individus différents en trouvant le plus grand dénominateur commun qui soit à la fois motivant et distinct des discours de la concurrence ?

b) Un émetteur ou plusieurs émetteurs ?

Il est fréquent que l'on mette en œuvre plusieurs émetteurs pour renforcer l'impact de la communication, la cible étant prise sous les feux croisés de communications d'origines différentes. Il faut alors distinguer la source (par exemple, la marque Renault) et les différents émetteurs qui prennent la parole en son nom comme les produits qui communiquent par leurs formes et leurs performances, comme le réseau commercial qui dialogue avec les prospects ou encore, comme les dirigeants de l'entreprise lorsqu'ils interviennent en public.

On distingue quatre catégories principales d'émetteurs, sachant qu'il faut tenir compte non seulement des émetteurs de l'entreprise mais aussi de ceux de la concurrence :

- *la marque* ;
- *le produit :* c'est un émetteur majeur faisant appel à tous les sens. On parle alors de communication sensorielle. Elle met en jeu la vue (la forme du produit, son *packaging*), le toucher (le plastique d'un tableau de bord, la souplesse des sièges, etc.), l'ouïe (le bruit d'une portière d'automobile qui se ferme, le bruit d'un moteur ou l'absence de bruit[(1)]), l'odorat (l'odeur caractéristique d'une voiture neuve), le goût (pour certains produits évidemment !) ;
- *les médias :* ce sont des supports de la communication commerciale (espace publicitaire) mais on doit aussi s'intéresser à leur contenu. Ils peuvent être des émetteurs indépendants d'informations et de jugements sur les entreprises, leurs marques et leurs produits ;
- *les personnes :* ce sont les commerciaux de l'entreprise, ses dirigeants, son personnel mais aussi ses concurrents et ses clients qui parlent de l'entreprise, de ses marques et de ses produits à leur entourage (bouche à oreille).

(1) Harley Davidson a un département consacré au bruit légendaire de ses moteurs. La Lexus 400 puis 430 a été consacrée voiture la plus silencieuse du monde.

c) Le modèle de Shannon et Weaver se réfère à une communication contrôlée par l'émetteur. Or, les entreprises ne maîtrisent qu'une partie seulement de la communication qui les concerne

Certains émetteurs (comme le produit, la marque, les commerciaux) sont sous le contrôle de l'entreprise. D'autres émetteurs ne le sont pas comme les médias (leur contenu), les leaders d'opinion, la distribution lorsqu'elle est indépendante, les individus en raison du bouche à oreille. L'entreprise met alors en œuvre différents moyens pour orienter leur communication dans un sens favorable ou tout au moins pour s'assurer d'une neutralité bienveillante. On utilise des techniques comme les relations presse, les relations publiques, le *lobbying*, la communication virale[1]. Ces moyens sont développés dans la troisième partie de cet ouvrage.

DÉFINITIONS

- Par ***communication d'une entreprise***, on entend l'ensemble de *toutes les informations*, messages et signaux que l'entreprise émet, *volontairement ou non*, en direction de tous les publics.
- Par ***politique de communication d'une entreprise***, on entend les informations : messages et autres signaux que l'entreprise *décide* d'émettre *volontairement* en direction de publics choisis ou *publics cibles*.

d) Le modèle de Shannon et Weaver ne prend pas en compte le contexte socioculturel de la communication ni les caractéristiques personnelles de chaque récepteur comme son implication, son expérience, ses motivations ou sa personnalité

Ces éléments seront développés dans le second chapitre.

e) Le modèle de Shannon et Weaver propose un schéma qui correspond à une communication à une seule voie, de l'émetteur au récepteur

En effet, il n'intègre pas le phénomène dit « de rétroaction » (ou *feed back*) et la communication interactive.

Section 2
UN MODÈLE DE COMMUNICATION COMPLÉTÉ

Les limites du modèle de Shannon et Weaver sont donc réelles mais elles ne sont pas rédhibitoires. Il est en effet facile d'intégrer les observations précédentes pour que ce modèle s'applique mieux à la communication commerciale.

(1) La communication virale ou marketing viral (on dit aussi « buzz marketing ») consiste à inciter les individus à propager les messages de la marque à leur entourage. Cette technique s'est développée sur Internet.

Dans le schéma suivant :

– on a fait la distinction entre la source et ses émetteurs ;
– on a également distingué les destinataires (la cible primaire choisie par la source) et les récepteurs, c'est-à-dire tous ceux qui sont exposés à la communication (cible primaire et secondaire, cible et hors cible) ;
– on a introduit la notion de *feed back* ou retour du récepteur vers l'émetteur, un processus qui permet de réguler la communication en tenant compte des réactions du récepteur ;
– enfin, on a ajouté les relais de communication. Ce sont, par exemple, des journalistes qui parlent d'un nouveau produit, des experts, des leaders d'opinion, ou enfin tous les individus qui font du « bouche à oreille ». Ces relais peuvent parfois être mis au service d'une communication qui se construit alors en deux temps :
  1. on cible des influenceurs (cible primaire) ;
  2. ces influenceurs colportent, plus ou moins fidèlement, le message jusqu'au destinataire final (cible secondaire).

Le modèle complété de Shannon et Weaver se présente ainsi :

Figure 3

LE MODÈLE DE SHANNON ET WEAVER COMPLÉTÉ

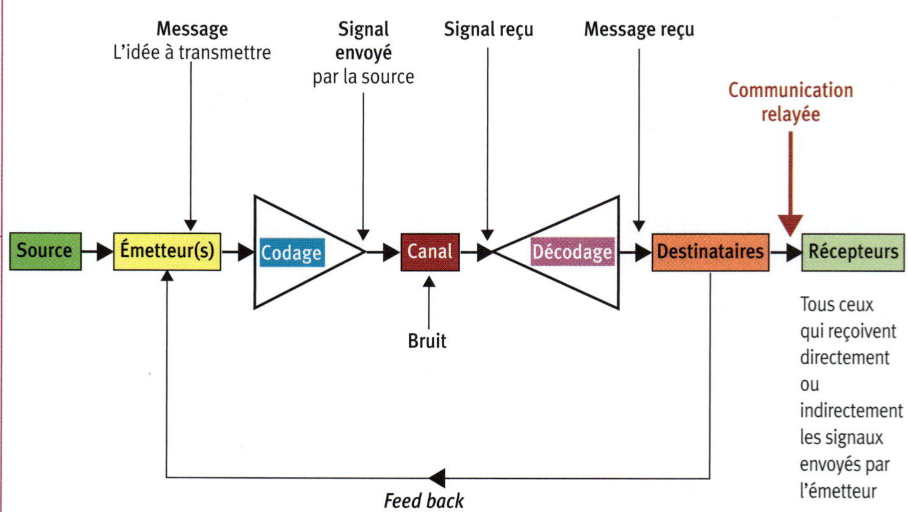

Exemple :

☞ La politique de communication de Renault.

Multiplicité des émetteurs, multiplicité des messages, multiplicité des canaux, multiplicité des récepteurs : une grande diversité qui doit être gérée de façon cohérente au profit d'une même politique de communication [1]

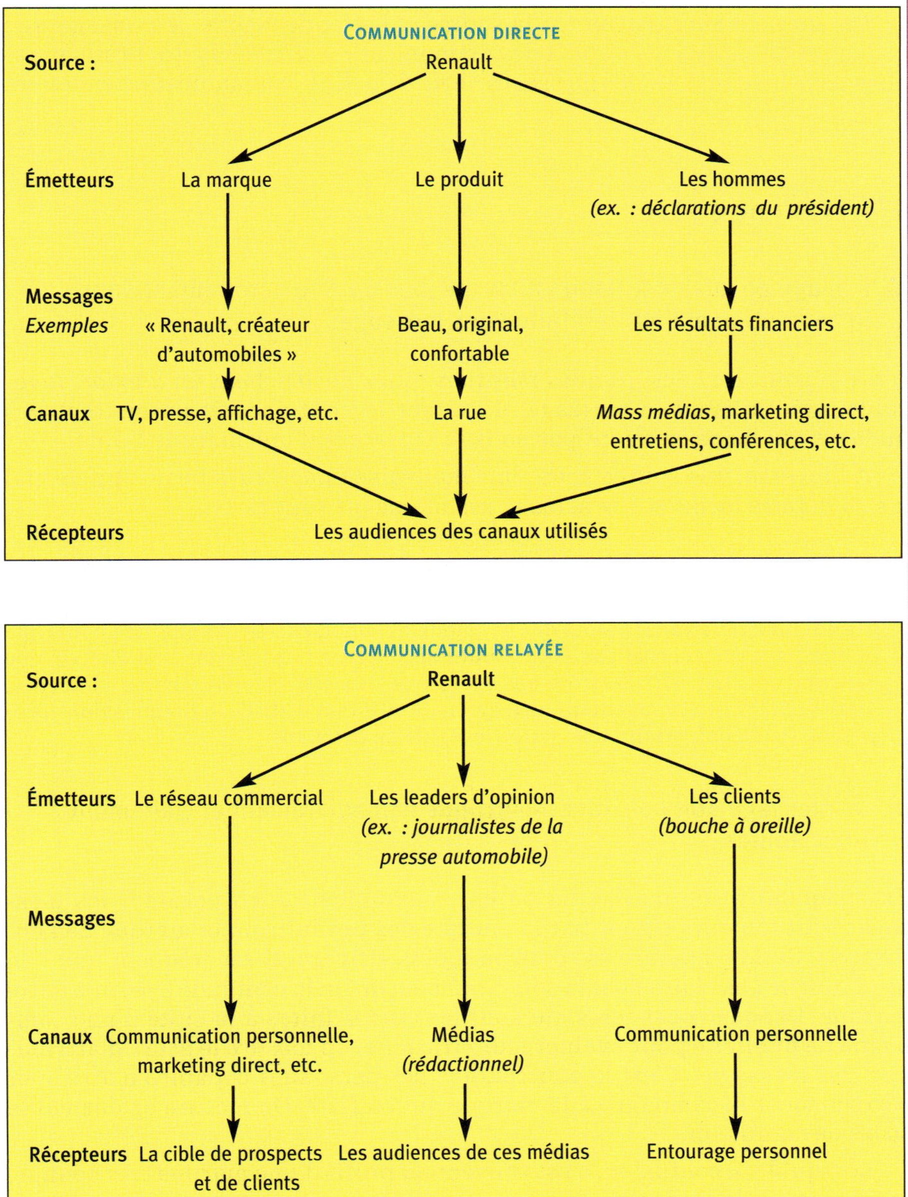

Figure 4

(1) Cette problématique est traitée dans la dernière partie de l'ouvrage, consacrée à la communication intégrée.

Section 3
L'ANALYSE DES COMPOSANTES DU SYSTÈME DE COMMUNICATION

On se limitera ici à l'étude des caractéristiques essentielles de chaque composante. Sur de nombreux points, on trouvera dans cet ouvrage des développements plus approfondis, notamment dans les chapitres consacrés à la création et aux médias.

On étudiera successivement la source et l'effet de source, le message, son codage et décodage, les canaux de communication ou médias, les bruits parasites dans les canaux et les messages, le *feed back* ou communication en retour.

1/ L'EFFET DE SOURCE [1]

a) L'image de la source est un filtre qui joue un rôle déterminant dans la perception et l'interprétation des messages

C'est le point fort des grandes marques. Elles déclenchent un *a priori* favorable, crédibilisent le message, distillent la confiance et permettent des audaces qui ne passeraient pas sous la signature d'une marque faible.

À l'inverse, une source ayant une mauvaise image aura beaucoup de mal à s'en défaire même si ses actes et ses messages sont forts.

Exemple

☞ Jaguar a eu de grandes difficultés pour se débarrasser de l'image de piètre fiabilité qui lui était attachée alors que ses modèles sont d'excellente qualité depuis que la marque a été reprise par Ford. Toutefois, Jaguar croit devoir bon d'offrir une garantie constructeur de trois ans alors que des concurrents comme Mercedes, Audi ou BMW ne donnaient qu'un an jusqu'à ce qu'un texte de la Commission européenne rende obligatoire une garantie légale de deux ans.

b) Un message doit pouvoir être attribué immédiatement et clairement à une source

En communication marketing ou en communication corporate [2], les messages sont toujours signés par la marque des produits ou la marque de l'entreprise. Cette signature est plus ou moins efficace. Il est fréquent que l'on ne distingue pas clairement la source ou bien qu'on la confonde avec une autre marque. Dans les post-tests qui sont les études faites à la suite d'une campagne de publicité pour évaluer leur efficacité, on mesure le score d'attribution des messages. C'est le pourcentage des personnes capables d'attribuer correctement la campagne à la marque qui l'a faite. On mesure également le score de confusion.

Lorsqu'il y a confusion, c'est souvent au profit d'une marque très connue, généralement le leader.

(1) Ce qui suit a trait à l'effet de l'image de la source mais concerne également l'effet de l'image des différents émetteurs qui parlent au nom de la source. Ces émetteurs bénéficient (ou souffrent) de l'image de la source. Par exemple, un commercial qui a pour carte de visite Coca-Cola ou Mecca-Cola (le cola qui soutient la cause palestinienne) ne partent pas sur le même pied d'égalité dans un entretien avec des acheteurs de la grande distribution.

(2) On appelle « communication corporate » (de l'anglais corporation : *entreprise), la communication qui porte sur l'entreprise en tant qu'institution (on dit aussi « communication institutionnelle ») par différence avec la communication commerciale sur les marques et les produits.*

Pour faciliter l'attribution correcte à la marque, on multiplie dans les messages les signes d'identité de la marque :

– son nom, son logo, son slogan, un jingle ;

Exemples

☞ Le *jingle* de Dim.

☞ Le slogan d'Air France : « Faire du ciel le plus bel endroit de la terre. »

– les symboles visuels de marques ou icônes de marque ;

Exemples

☞ Un personnage comme le Bibendum Michelin.

☞ Un animal comme le lapin de Duracell.

☞ Un objet comme l'étoile de Mercedes.

☞ Le trident de Neptune pour Club Med.

Source : Michelin.

Source : Groupe Gillette France, division Duracell.

Source : DaimlerChrysler France.

Source : Club Med.

Mais cela ne suffit pas toujours. L'attribution est d'autant plus élevée que la marque a une forte personnalité et un style qui lui est propre avec des éléments d'exécution permanents que l'on retrouve dans tous les messages de la marque.

Exemples

☞ Le rouge d'Alfa Romeo.

☞ Les leçons d'Aubade.

☞ L'humour d'Orangina : carte de vœux 2000.

Source : Alfa Romeo.

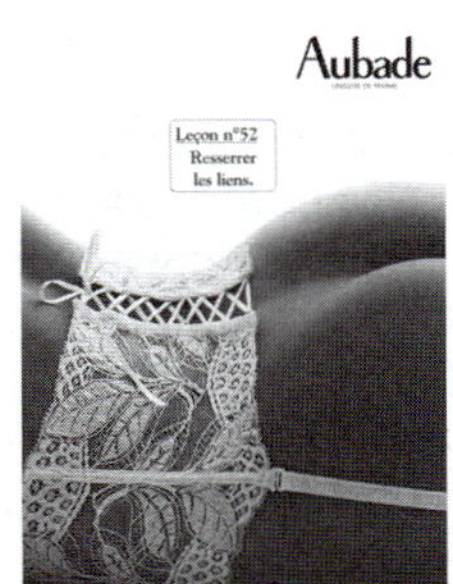

Source : Aubade.
Crédit photo : Fred Leveugle.
Agence : Carlin.

Source : www.musee-orangina.com.

2/ Le message : codage et décodage

Un message est un ensemble de signes qui produisent du sens [1].

« Coder » c'est trouver les signes adéquats (on dit aussi « les signifiants ») qui vont être décryptés dans le sens voulu par l'émetteur. L'émetteur code, le récepteur décode, plus ou moins bien. Pour que la relation *signifiant → signifié* fonctionne bien, il faut qu'elle soit construite sur une communauté de savoirs et de cultures entre l'émetteur et le récepteur.

Exemples

☞ La campagne de Sanofi-Synthélabo dont on a donné une illustration plus haut, a été acceptée sans problème en France mais elle a été interprétée différemment dans d'autres pays comme en Allemagne où certains ont vivement critiqué un message où l'on voyait un enfant malade. Or, les cultures française et allemande sont proches. Le problème est beaucoup plus complexe lorsqu'on s'adresse à des populations ayant des religions, des principes moraux, des traditions très différents.

☞ Candia a fait des publicités pour Babette, une marque de crème avec un humour qui a soit beaucoup plu, soit beaucoup choqué. On imagine sans peine que ce type de publicité est inconcevable dans des pays du Moyen-Orient ou même aux États-Unis où la publicité se doit d'être beaucoup plus « politiquement correcte » qu'en Europe « Vérité au-deçà des Pyrénées, erreur au-delà » (Blaise Pascal).

Source : www.babette.fr.

a) Le codage passe d'abord par le choix d'un langage

Le message peut-être verbal, non verbal (la gestuelle d'un vendeur, par exemple).

Quant au message iconique (l'image), il peut être analysé sous différentes dimensions : prééminence ou non du message iconique, rapports entre l'image et le texte (par exemple, un texte qui soutient et développe l'image ou un texte illustré par une image) ; rôle du son, etc.

b) Le codage a une dimension créative en communication commerciale

Il ne se limite pas à véhiculer le sens premier. Il en ajoute par des connotations qui, selon les individus, produisent de l'émotion, de la confiance, poussent à réagir, à aimer, à détester, etc.

(1) La conception et la production des messages sont longuement développées dans le chapitre 2 sur la création dans la deuxième partie de cet ouvrage.

Exemple

☞ Un publicitaire se rendait tous les jours à son bureau par le métro. Il passait devant un aveugle qui faisait la manche. Il avait posé un petit panneau devant sa sébile où l'on pouvait lire : « Je suis aveugle. À votre bon cœur ». La sébile restait désespérément vide. Un matin, à l'heure où on a encore des idées, le publicitaire s'arrêta, prit son stylo et changea le texte. Le soir, la sébile était pleine. Le publicitaire avait écrit :

Quand on a élaboré un projet de message (maquette presse, *storyboard* de filmTV, etc.), il est prudent, avant de le produire, de vérifier que le sens perçu par le récepteur est conforme au sens voulu par l'émetteur. Cela se fait par les techniques dites « des prétests »[1]. On procède par enquêtes (entretiens libres ou semi-directifs, individuellement ou sur de petits groupes comprenant de cinq à dix personnes) et/ou par des analyses sémiologiques.

c) L'étude des signes et de la relation signifiant-signifié : la sémiologie

Longtemps cantonné à l'étude de la langue, le champ de la sémiologie[2] s'est élargi, à la fin du XIXe siècle, pour devenir la science générale des signes. La sémiologie s'intéresse à la compréhension de la relation entre le signifiant (ce qui produit du sens) et le signifié (ce qui est perçu et compris).

Une publicité comprend généralement un message iconique (image) et un message linguistique qui sont dans des rapports de redondance, d'ancrage (le message linguistique aide à interpréter l'image) ou de contrepoint.

Le message iconique est de deux types : le message iconique non codé ou message littéral (ce qu'on perçoit, ce qu'on nomme), et le message iconique codé ou message symbolique (le sens qu'on donne à ce qu'on perçoit).

On appelle message dénoté, les éléments de ce message qui ont une signification constante, non subjective, dont le sens donné est constant quel que soit le récepteur. Les signes du Code de la route relèvent, heureusement, de la dénotation, n'ayant, par convention, qu'un seul sens, non susceptible d'interprétations personnelles. Dans l'exemple précédent, les signifiants « Je suis aveugle » construisent un message dénoté, compris de la même façon par tous ceux qui connaissent la langue française. En revanche « C'est le printemps, je ne le verrai pas » est un message fortement connoté dont le sens dépend largement de la subjectivité de chacun et du contexte de la réception du message.

En publicité et de façon plus générale en communication commerciale, la sémiologie est parfois utilisée pour l'analyse des messages et, plus souvent, pour l'analyse des marques afin de décrypter le sens produit par tous les signes d'expression d'une marque.

> « Ce qui fait la spécificité de la préoccupation sémiologique dans le processus d'analyse de la création publicitaire, écrit Georges Péninou, c'est qu'elle s'attache à vérifier que le créateur a correctement rempli son obligation d'exprimer la fonction signifiant-signifié… L'examen sémiologique d'une annonce publicitaire est

(1) V. les méthodes de prétests publicitaires, partie 2, chapitre 6, section 2.

(2) Sémiologie et sémiotique peuvent être considérés comme des synonymes.

examen de ce qui s'y manifeste explicitement : des mots et des images ; dans ces images : des objets, des formes, des situations, des détails, en un mot des émissions de signes (et aussi des omissions signifiantes de signes). C'est parmi ces signes que la discrimination entre traits pertinents et non pertinents devra être faite... »

Figure 5

GRILLE D'ANALYSE SÉMIOLOGIQUE D'UN MESSAGE PUBLICITAIRE PAR JULES GRITTI

- **Question 1 : Niveau des informations : quels sont les objets de communication ? Quels sont leurs supports ? De quoi est-il question (tout ce qui est nommable et découpable) ?*Dénotations***
- **Question 2 : Quelles sont les idées, les suggestions qu'évoquent tous ces objets ? *Connotations***
- **Question 3 : Si je ne devais retenir qu'un seul élément dénotatif, lequel ? Si je ne devais retenir qu'un seul élément connotatif, lequel ?**
- **Question 4 : Comment s'opère l'organisation des connotations ? Cette organisation est-elle puissante, faible, équilibrée ?**
- **Question 5 : Comment l'émetteur ou/et le récepteur sont-ils présents ?**
- **Question 6 : Comment le produit est-il personnalisé ?**
- **Question 7 : Le texte et l'image sont-ils en rapport de redondance, d'ancrage, de contrepoint ?**
- **Question 8 : Qu'est-il mis en avant (*supra*) ? Qu'est-il laissé dans l'ombre (*infra*) ?**
- **Question 9 : Où se situent les différents éléments de la communication dans ce cadre :**

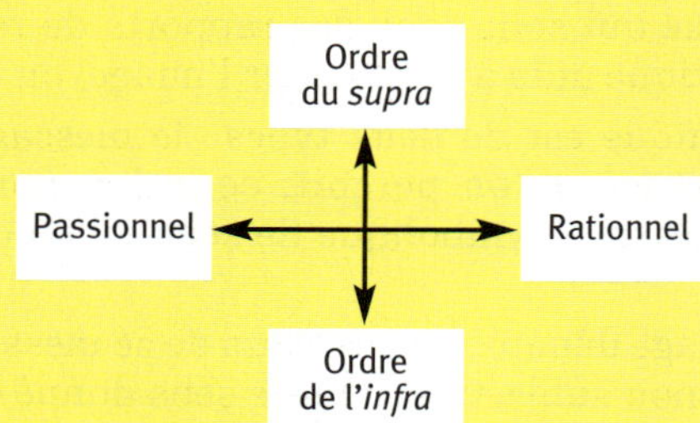

- **Question 10 : Qu'y a-t-il dans l'annonce et que devine-t-on hors champ ?**
- **Question 11 : Quelle est l'unité organisatrice de l'ensemble des éléments ?**

La sémiologie est un outil d'analyse, pas de création : son exercice est délicat et la qualité de sa production ne repose que sur la seule expertise du sémiologue qui fait un travail en chambre. L'analyse sémiologique ne se satisfait ni d'approximation, ni d'amateurisme. On ne prétendra donc pas, ici et en quelques lignes, initier le lecteur aux concepts, méthodes et outils de la sémiologie et on le renverra à quelques écrits fondamentaux qui l'amèneront à fréquenter Saussure, Jakobson, Barthes, Péninou, et bien d'autres encore [1].

(1) On peut s'initier à la sémiologie avec l'ouvrage de G. Mounin, Introduction à la sémiologie, *éd. de Minuit, 1970. On peut ensuite poursuivre avec De Saussure, le père de la linguistique :* Cours de linguistique générale, *Payot, 1962, puis continuer avec R. Jakobson,* Essais de linguistique générale, *éd. de Minuit, 1963. Roland Barthes est incontournable pour qui s'intéresse à la dimension sociologique du marketing et de la communication :* Mythologies, *1957,* Système de la mode, L'Empire des signes, *1970, et plusieurs articles dans la revue* Communications, *notamment les numéros 1 et 4. Enfin, on recherchera en bibliothèque, car il est épuisé, l'ouvrage de Georges Peninou,* Intelligence de la publicité, *Robert Laffont, 1972.*

d) Un répertoire systématique des figures de codage : la rhétorique

Aristote : 384 av. J.-C. Son traité sur la rhétorique fait autorité depuis vingt-quatre siècles.

La rhétorique existe depuis près de 2 500 ans. Elle se propose d'expliquer et d'enseigner l'art du discours, c'est-à-dire l'art de convaincre. Jusqu'à la fin du XIXe siècle, la rhétorique était enseignée dans les classes du baccalauréat ; on l'a oubliée puis redécouverte avec des auteurs comme Barthes, Durand et Péninou.

La rhétorique est l'art de la parole feinte[1]. On peut dire des publicitaires qu'ils sont des rhéteurs polyvalents puisqu'ils utilisent, sans le savoir, les méthodes et les techniques de la rhétorique dans des médias très divers.

1° Les méthodes de la rhétorique

- ***L'ordonnancement du discours***

La rhétorique organise le discours en cinq parties. Ce sont, dans l'ordre :

1. l'*inventio :* c'est la recherche des arguments ;
2. la *dispositio :* c'est l'organisation des idées, des arguments, des preuves, etc., c'est-à-dire de tout ce qui a été retenu dans le travail précédent ;
3. l'*elocutio :* c'est la science du maniement des figures de rhétorique. Il s'agit de trouver la forme la plus efficace pour convaincre ;
4. la *memoria :* ce sont les méthodes, les techniques, les trucs qui permettent à l'orateur de mémoriser ce qu'il doit dire ;
5. la *pronunciato :* c'est l'art de prononcer les discours.

Si on ne tient pas compte des deux derniers points qui n'intéressent pas les publicitaires, on observe une grande concordance entre les méthodes de la rhétorique (ancienne) et de la publicité (moderne).

(1) *Jacques Durand, « Rhétorique et image publicitaire » in revue* Communications, *n°15, 1970.*

(2) *Selon G. Mounin, la péroraison sert à conférer l'énergie logique, émotionnelle, esthétique au dernier coup bien frappé. Extrait de l'article « Rhétorique » de l'*Encyclopédie universelle.
Otto Kleppner, auteur d'un ouvrage sur la publicité largement diffusé aux États-Unis, Advertising procedure, Prentice Hall, *présente ainsi la structure d'un message publicitaire :*
1. The headline
2. Amplification and details
3. Proof and reassurance
4. The closing : the final suggestion, *ce qui correspond à la péroraison.*

MÉTHODES DE LA RHÉTORIQUE ET DE LA PUBLICITÉ

Rhétorique	Publicité
Phase 1. *Inventio,* recherche des arguments	Études de marché, analyse du produit Études de motivations, *focus groups* Analyses sociologiques Analyse de la communication des concurrents
Phase 2. *Dispositio,* organisation du discours selon le schéma suivant : 1. l'exorde 2. la question et l'annonce des points du discours 3. la narration 4. la récapitulation 5. la péroraison [2]	L'accroche, le titre dans une annonce presse Les titres et sous-titres Le texte de l'annonce La *base line* Le slogan
Phase 3. *Elocutio,* choix et utilisation d'une ou de plusieurs figures	La création proprement dite : choix des visuels et du texte, figures d'association

Figure 6

- *Le* logos, *l'*ethos *et le* pathos

Cicéron a écrit :

« Il faut prouver la vérité de ce qu'on affirme (*logos*), se concilier la bienveillance des auditeurs (*ethos*), éveiller en eux toutes les émotions utiles à la cause (*pathos*) ».

Figure 7

LOGOS, ETHOS* ET *PATHOS

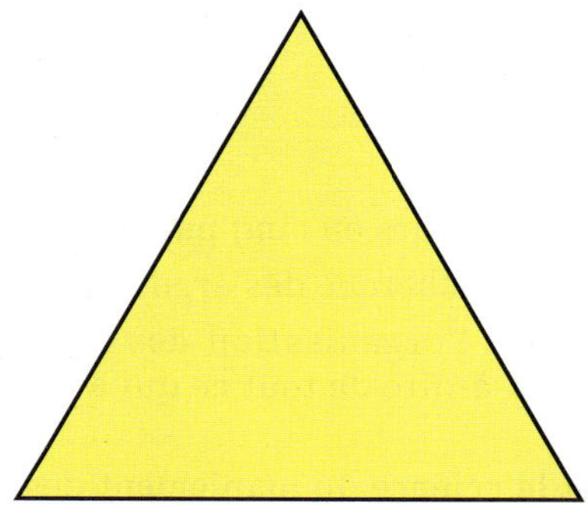

Logos, *ethos* et *pathos*[1] renvoient à trois types de discours publicitaires, sachant qu'il est fréquent que l'on mêle dans la même campagne ou dans le même message ces trois registres :

– *logos :* la publicité fonctionnelle ou démonstrative met en avant les réponses apportées par les performances du produit aux problèmes des consommateurs : « En toute logique, j'achète ce produit qui est la meilleure solution » ;

– *pathos :* la publicité émotionnelle met en jeu les pulsions des individus, leurs motivations hédonistes (la recherche du plaisir), leurs motivations d'auto-expression (valorisation personnelle), leurs motivations oblatives (faire du bien à ses enfants, à son entourage, à la société) ;

– *ethos :* la publicité peut mettre en avant le statut de la marque, de l'entreprise : son expertise, le sérieux de ses engagements, sa proximité avec ses consommateurs, etc. C'est typiquement le domaine de la publicité institutionnelle.

Exemples

☞ Le contrat de confiance de Darty.

☞ Le combat consumériste de Leclerc.

☞ La charte d'engagements d'EDF.

☞ L'Institut Danone pour une meilleure nutrition.

(1) *V. Thierry Herman et Gilles Lugrin, « La rhétorique publicitaire ou l'art de la persuasion » http://www.comanalysis.ch/ComAnalysis/Publication13.htm.*

2° Les figures de rhétorique et les messages publicitaires

Selon Jacques Durand[(1)] :

> « La rhétorique met en jeu deux niveaux de langage : le langage propre et le langage figuré. La figure (de rhétorique) est une opération qui fait passer d'un niveau de langage à l'autre. C'est supposer que ce qui est dit de façon "figurée" aurait pu être dit de façon plus directe, plus simple, plus neutre.
>
> Ce passage d'un niveau à l'autre se réalise, de façon symétrique, à deux moments : au moment de la création (l'émetteur du message partant d'une proposition simple pour la transformer à l'aide d'une "opération rhétorique") et au moment de la réception (l'auditeur restituant la proposition dans sa simplicité première).
>
> Qu'y a-t-il de plus dans la proposition figurée que dans la proposition simple ? Qu'est-ce qui, dans la proposition figurée, avertit l'auditeur qu'elle ne doit pas être prise au mot ? Et si l'auditeur restitue la proposition simple, qu'a-t-il reçu de plus que si cette proposition simple avait été seule prononcée ? »

Jacques Durand a analysé plusieurs milliers de publicités. Il y a retrouvé non pas quelques-unes, mais toutes les figures classiques de la rhétorique. Selon ses termes :

> « Il est apparu que la plupart des idées créatives qui sont à la base des meilleures annonces peuvent être interprétées comme la transposition (consciente ou non) des figures classiques (de la rhétorique). »

Les figures de rhétorique procèdent de deux opérations fondamentales (l'adjonction et la suppression) et de deux opérations dérivées (la substitution et l'échange) :

- ***L'adjonction***

On ajoute un ou plusieurs éléments à la proposition.

Exemples

☞ La *répétition* (adjonction d'éléments identiques au sein d'une annonce, répétition à l'identique du même message : un principe de base de la publicité) ; l'*accumulation* qui exprime la profusion ; la *rime* (« du pain, du vin et du Boursin ») qui est une similarité de forme ; la *comparaison* et le *pléonasme* qui sont des similarités de contenu.

- ***La suppression***

On enlève un ou plusieurs éléments de la proposition.

Exemple

☞ L'*ellipse* : on supprime certains éléments de l'image ou du texte, à charge pour le lecteur de les reconstituer. Les publicités d'Absolut Vodka sont fondées sur ce principe (v. partie 1, chapitre 2).

- ***La substitution***

Elle s'analyse en une suppression suivie d'une adjonction : on enlève un élément pour le remplacer par un autre.

Exemples

☞ La métaphore.

(1) Jacques Durand, « Rhétorique et image publicitaire », in revue Communications, *n°15-1970. On trouvera cet article dont découle directement les lignes qui suivent sur Internet à : http://perso.wanadoo.fr/jacques.durand/Site/Textes/t9.htm.*
On conseille vivement au lecteur qui souhaite approfondir le sujet de consulter cet article. Il y trouvera notamment la définition des principales figures de rhétoriques. V. également : www.lettre.net/files/figure_de_style.html.
La lecture de l'article de Roland Barthes dans Communications *n° 4 est également conseillée.*

☞ La synecdoque qui relève de la métonymie et qui consiste à remplacer la partie par le tout ou le tout par la partie (plus fréquent en publicité).

- ***L'échange***

Il comprend deux substitutions réciproques : on permute deux éléments de la proposition.

Exemples

☞ L'anacoluthe : c'est un changement brusque de construction grammaticale. Racine :

« ...Vous voulez que ce Dieu vous comble de bienfaits et ne l'aimer jamais... ».

☞ Le chiasme : présentation des éléments de deux groupes formant une antithèse, dans l'ordre inverse de celui que laisse entendre la symétrie.

« Un roi chantait en bas, en haut, mourait un Dieu ».

Figure 8

CLASSEMENT GÉNÉRAL DES FIGURES DE RHÉTORIQUE SELON JACQUES DURAND [1]

	Opération rhétorique			
Relation entre éléments variants	A Adjonction	B Suppression	C Substitution	D Échange
1. Identité	Répétition	Ellipse	Hyperbole	Inversion
2. Similarité – de forme – de contenu	Rime Comparaison	... Circonlocution	Allusion Métaphore	Hendiadyn Homologie
3. Différence	Accumulation	Suspension	Métonymie	Asyndète
4. Opposition – de forme – de contenu	Attelage Antithèse	Dubitation Réticence	Périphrase Euphémisme	Anacoluthe Chiasme
5. Fausses homologies Double sens Paradoxe	Antanaclase Paradoxe	Tautologie Prétérition	Calembour Antiphrase	Antimétabole Antilogie

Les figures les plus fréquentes dans la publicité sont des figures d'adjonction (la répétition d'un message identique pendant plusieurs années, la répétition d'images, de sons, de mots, de slogans, par exemple), la similarité de formes et de contenus : la publicité est friande de pléonasmes.

Fréquentes sont aussi les figures de substitution et tout particulièrement la métaphore (désigner une chose par une autre) et l'hyperbole (exagération).

Les figures de suppression sont moins utilisées. Comme le souligne Jacques Durand, la publicité préfère ajouter qu'enlever ; elle n'aime pas les figures trop complexes et donc difficiles à déchiffrer. L'élément supprimé doit

(1) Op.cit.

être évident. Dans ce cas, le récepteur reconstruit l'image (ou le texte manquant). Il lit de façon active et cela donne toute son efficacité au procédé.

Publicité et figures de rhétorique : quelques exemples

Figure de substitution : métaphore, un procédé souvent employé.

Alfa Romeo : une calandre voluptueuse avec toujours le rouge identitaire de la marque évoqué plus haut.
Source : Alfa Romeo.

Figure de substitution : synecdoque.

Figurer le tout par une partie. La main de la femme suggère le reste !

Figure de substitution : hyperbole (exagération).

Source : Agence Young & Rubicam Auckland.

3/ Les canaux ou médias

On trouvera dans cet ouvrage un chapitre entier, particulièrement développé, dédié à l'étude des médias. On ne présentera donc ici que quelques points majeurs.

a) Le terme « média » [1] est généralement associé à *mass media :* la télévision, la presse, la radio, etc.

Dans tout cet ouvrage, on l'utilise avec son acception originelle, beaucoup plus large. Un média est une catégorie de canaux de communication qui fonctionnent de la même façon. La télévision est un média qui regroupe de très nombreuses chaînes. La presse est un média qui comprend de très nombreux titres. De même, les vendeurs sont un média. Ils sont divers mais communiquent fondamentalement de la même façon. Les points de vente peuvent être qualifiés de médias, etc.

b) Il y a une infinité de canaux possibles de communication

Tout peut devenir un support de publicité : une perche de téléski, un homme sandwich, un objet personnel comme une montre ou un vêtement, etc. On peut donc être très créatif en matière de média. En fait, les dépenses de communication des entreprises se concentrent sur un nombre limité de médias, choisis en raison de leurs audiences, de leur aptitude à communiquer le message et de leur accessibilité technique et financière.

c) Un média n'est pas un mode de transmission neutre des messages

La formule de Marshall McLuhan [2] : « Le message, c'est le média » est devenue célèbre. En affirmant que le vrai message, c'est le média lui même, McLuhan nous explique que les médias sont des prolongements de nous-mêmes. Ce sont des extensions de sens. Les médias et leur usage ont une forte influence sur les individus et sur l'organisation, le fonctionnement et l'évolution de la société : société de l'oral puis société de l'écrit, enfin société des médias électroniques.

L'influence des médias tient non seulement à leurs caractéristiques propres mais aussi à leur image.

Dans la 5e édition de *Publicitor*, Francis Balle [3] écrivait :

> « L'image d'un média doit être considérée sous deux aspects différents : d'un côté, elle concerne les qualités intrinsèques que le public prête au média en tant que technique (presse, télévision, radio) ou institution sociale (TF1, RMC, *Le Monde*) ; de l'autre, elle concerne les capacités d'influence, c'est-à-dire les pouvoirs prêtés au média considéré tour à tour comme technique et comme institution.
>
> L'image d'un média ne se confond pas avec l'usage préférentiel. Les médias que l'on utilise le plus fréquemment ne sont pas forcément ceux auxquels on accorde la confiance la plus totale. La coïncidence est possible mais non certaine. La crédulité peut, en effet, suivre ou précéder l'utilisation intensive d'un média.
>
> Elle ne se confond pas plus avec le caractère irremplaçable ou indispensable d'un média. Le média dont la privation est jugée la plus douloureuse n'est pas nécessairement celui auquel on fait le plus confiance. »

d) Deux modes de classification des médias

On a retenu ici les deux classifications les plus usuelles.

1° Médias/Hors-médias

C'est la distinction la plus fréquente dans les agences de publicité et chez les

(1) *Tout au long de cet ouvrage, on écrit un média, des médias comme c'est l'usage chez les professionnels. Les Américains sont plus respectueux de l'étymologie en écrivant* medium *et* media *(sans accent et sans s) ; en conséquence, lorsque l'on utilise l'expression* mass media, *on l'orthographie à l'anglaise.*

(2) *Marshall McLuhan,* Pour comprendre les médias, *Seuil, 1977.*

(3) *Extrait de* Publicitor, *5e édition, Dalloz, 2001. Francis Balle est professeur de sciences politiques à Paris II et l'auteur, entre autres, de* Médias et sociétés, *Montchrestien, 1999.*

annonceurs. C'est ainsi que l'on mesure les dépenses de communication des annonceurs (études France Pub ou IREP).

- *La rubrique « Médias »* correspond aux grands médias publicitaire : presse, télévision, affichage, radio, cinéma et Internet (espaces publicitaires dans des sites supports).
- *La rubrique « Hors-médias »* comprend toutes les autres formes de communication comme la promotion des ventes, le marketing direct, la communication par l'événement, etc.

On verra dans la dernière partie de cet ouvrage, consacrée à la communication intégrée, que cet ordonnancement des moyens de communication n'est plus adapté aux problématiques actuelles. Il vient d'un temps où l'on construisait les plans de communication autour de la publicité (*mass media*) avec, le cas échéant, quelques compléments hors publicité.

2° Médias autonomes, médias de diffusion et médias de communication[1]

- *Les médias autonomes* comprennent tous les supports sur lesquels sont inscrits les messages et qui ne requièrent de raccordement à aucun réseau particulier : ce sont les livres, les journaux, les cassettes ou CD audio et vidéo, les logiciels, etc. Pour pouvoir les lire, il est souvent indispensable d'utiliser un équipement approprié : magnétophone, magnétoscope, lecteur de CD, de DVD, ordinateur domestique, etc.
- *Les médias de diffusion* (broadcasting) que leur audience soit étroite ou étendue : télévision, radio, etc. Ces moyens de diffusion fonctionnent à sens unique, de l'émetteur au récepteur.
- *Les médias de communication ou médias interactifs*, bipolaires ou multipolaires : ils comprennent tous les moyens de télécommunication permettant d'instaurer, à distance et à double sens, soit une relation de dialogue entre personnes ou entre groupes, soit une relation entre l'homme et une machine qui offre des programmes ou des services.

Le téléphone est l'ancêtre de ces techniques interactives.

Les médias interactifs sont des médias à deux voies qui permettent, tour à tour, l'émission et le *feed back*.

4/ Le bruit : des signes qui parasitent la communication

Quand on téléphone, la communication peut être perturbée par des parasites (sur la ligne) qui brouillent le message mais aussi par le bruit ambiant lorsqu'on est, par exemple, dans un café très animé.

En toute logique, on devrait donc distinguer le bruit autour du message (bruit contextuel) et le bruit dans le message. Les publicitaires se préoccupent surtout du bruit autour du message.

a) Le bruit publicitaire dans un marché

Dans un marché, ce qu'on appelle bruit publicitaire est le niveau des dépenses de publicité de l'ensemble des marques qui communiquent sur ce marché en faisant de la publicité par les *mass media*. On pourrait parler de la même

(1) *Cette classification est proposée par Francis Balle, v.* Publicitor, *5e édition,* op.cit.

façon de bruit promotionnel en s'intéressant aux opérations promotionnelles de toutes les marques.

Ce qu'on appelle « part de voix » ou *share of voice* est la part de bruit (publicitaire) d'une marque dans l'ensemble du « concert publicitaire » de toutes les marques sur ce marché. La part de voix ou part de publicité [1] d'une marque est donc mesurée par le ratio :

$$\text{Part de voix de la marque X} = \frac{\text{Dépense publicitaire de la marque X}}{\text{Dépense publicitaire de toutes les marques sur le marché}}$$

et ceci sur une période de référence, un an ou un semestre par exemple.

La notion de part de voix, son utilisation et ses limites sont développées dans la deuxième partie, au chapitre sur la détermination du budget de publicité.

b) La charge publicitaire d'un média ou d'un support

Dans un média ou un support, on appelle charge publicitaire ou encombrement publicitaire, le rapport entre l'espace publicitaire et l'espace rédactionnel. Elle est limitée par la réglementation propre à chaque média.

Exemples

☞ L'espace publicitaire est limité à 66 % de l'espace total d'un magazine, ce qui n'est pas rien !

☞ À la télévision, la publicité est limitée en France à six minutes par heure.

c) Le bruit à proximité immédiate d'un message ou bruit lié au contexte rédactionnel

C'est l'effet que peut avoir un article, une émission, etc. sur l'interprétation d'une annonce située à proximité immédiate. Cet effet peut être négatif ou positif.

Exemple

☞ Pour une marque de produits minceur, être présent au milieu d'une rubrique « Gardez la forme » peut être un atout puisque les lecteurs de la rubrique sont dans la cible de la marque. En revanche, cela est un inconvénient majeur si le rédactionnel critique les substituts de repas et autres régimes alimentaires.

5/ Le *feed-back*

Le récepteur peut devenir émetteur en renvoyant un signal. Le *feed back* est une communication en retour. C'est un processus de régulation de la communication qui permet à l'émetteur originel de savoir si le récepteur a bien compris le message et de l'adapter en conséquence. Le *feed back* peut prendre des formes diverses. *Stricto sensu*, c'est une réponse directement adressée à l'émetteur : une parole, une gestuelle, un courrier, etc. qui peut engager un dialogue.

(1) En toute logique, la part de voix devait être le rapport entre l'ensemble des dépenses de communication d'une marque, quelle que soit leur forme et l'ensemble des dépenses de communication de toutes les marques sur un même marché. On s'arrête à la part de publicité parce que les autres dépenses de communication des concurrents sont beaucoup plus difficiles à estimer.

Les médias publicitaires (presse, télévision, affichage, radio, etc.) étant des médias qui ne fonctionnent qu'à sens unique, de l'émetteur vers le récepteur, il ne peut pas y avoir de réponse spontanée, sauf à utiliser un autre média pour la communication en retour. Ainsi, un animateur de télévision ou de radio demandera à ses auditeurs d'utiliser le téléphone, les SMS, les *mails* pour donner leur sentiment et dialoguer avec lui.

Les messages publicitaires dans ces *mass media* utilisent parfois des procédés analogues (coupon réponse dans la presse, numéro de téléphone vert, adresse *e-mail*). Mais le plus souvent, on ne peut connaître l'impact de la communication qu'*a posteriori*, en faisant des enquêtes après les campagnes. Ce sont les post-tests publicitaires. Si, par extension, on peut dire qu'il s'agit d'une sorte de *feed back* différé, on ne peut, en aucun cas, parler ici de communication interactive, c'est-à-dire de dialogue.

Deux méthodes différentes pour changer le comportement des automobilistes

• *Le recours à la raison : les campagnes d'éducation routière*

On a essayé d'éduquer les automobilistes. On les a largement informés sur les risques encourus et leur responsabilité personnelle. On a fait appel aux bons sentiments en espérant que cela changerait leur comportement. Ce processus en trois étapes : informer, changer les attitudes, faire agir relève d'un processus d'apprentissage développé dans la seconde section du présent chapitre relative aux modèles dits « de la hiérarchie des effets ».

Pendant longtemps, on s'est refusé en France, à faire des campagnes virulentes pour lutter contre la violence sur la route et ceci au motif qu'il fallait traiter les automobilistes comme des adultes responsables. Les campagnes *soft* ayant largement montré leur peu d'efficacité, on s'est résolu récemment à dénoncer plus radicalement les comportements irresponsables et leurs effets meurtriers (image de droite) ; mais si on montre des images insupportables, les individus se refusent à les voir ou rejettent la responsabilité sur les autres. C'est le phénomène de perception défensive étudié dans le troisième chapitre.

Source : www.anateep.asso.fr.

Source : www.preventionroutiere.asso.fr.

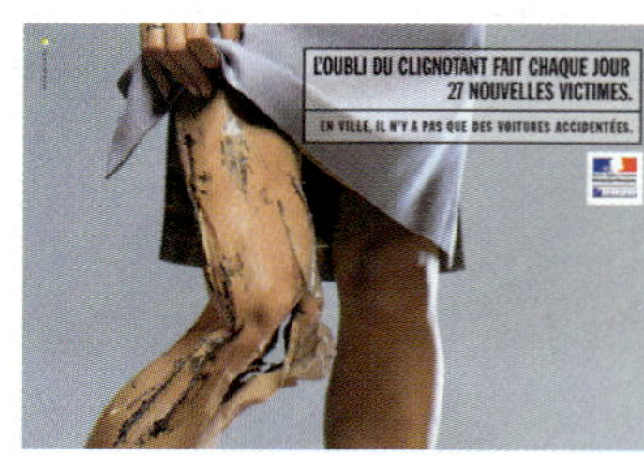

Source : Agence Lowe Alice/Stratéus.

• *La méthode Sarkozy ou le modèle stimulus-réponse*

L'approche est tout à fait différente. On ne cherche pas à informer, à persuader, à éduquer pour changer les comportements. Un stimulus fort entraîne une réponse comportementale. La théorie béhavioriste étudiée dans ce chapitre nous enseigne qu'un stimulus répétitif peut conditionner l'individu. En l'occurrence, le stimulus est ici la peur des radars automatiques et des sanctions, la réponse comportementale : le respect des limitations de vitesse.

Source : www.caradisiac.com.

Chapitre 2
Ce que la communication fait aux individus : les modèles de l'action de la communication

Comment la communication agit-elle sur le comportement des individus ? Depuis plus d'un siècle et surtout au cours des cinquante dernières années, des efforts de recherche considérables ont été déployés pour tenter de mieux comprendre les « mécanismes » de l'action de la communication.

Les travaux, dans leur majorité, ont porté sur la publicité, car elle fut longtemps le moyen privilégié de la communication marketing.

Les débuts de la publicité ont été marqués par une conception mécaniste, simpliste, fondée sur le *modèle stimulus → réponse*. C'est le principe de la réclame et du conditionnement du consommateur par la publicité. Ces pratiques qui s'inspirent des travaux de l'école béhavioriste sont étudiées dans la première section.

Par la suite, on a élaboré de nombreux modèles, plus sophistiqués qui relèvent d'une approche différente en décomposant l'action de la communication en plusieurs étapes ou effets intermédiaires. Ce sont les *modèles de la hiérarchie des effets*, présentés dans la seconde section.

Plan du chapitre

Section 1

LA COMMUNICATION À EFFET DIRECT SUR LES COMPORTEMENTS : LE MODÈLE BÉHAVIORISTE

1/ LE BÉHAVIORISME : WATSON, PAVLOV *ET AL.*

Développé tout au long de la première moitié du XXe siècle par l'Américain Watson et les Russes Pavlov et Bekhterev, puis par Hull, Skinner jusqu'à Shannon en 1949 – pour ne citer que quelques-uns de ses plus illustres représentants –, le béhaviorisme (de l'anglais *Behaviour* qui signifie comportement) explique les comportements des êtres vivants comme des réponses à des stimuli du monde extérieur.

Figure 1

Par exemple, à la vue d'un bonbon de chocolat (stimulus), un individu va saliver, le prendre et le croquer (comportement en réponse au stimulus).

Le béhaviorisme orthodoxe ne fait pas de place à la vie psychique des individus, il ignore l'introspection, il ne cherche pas à déchiffrer ce qui se passe dans la boîte noire de chacun. Cela a fait dire à certains que si ces théories avaient du sens, elles ne pourraient être valables que pour les animaux et non pour les humains dont la complexité ne saurait être expliquée par des schémas aussi mécanistes, voire simplistes.

Ainsi, le béhaviorisme propose une approche radicalement différente de celle de la psychanalyse développée à la même époque.

Les béhavioristes étaient des psychothérapeutes à la recherche de traitements efficaces pour les troubles du comportement. Leurs préoccupations n'étaient pas d'ordre commercial et encore moins publicitaire mais leur approche et les concepts qu'ils développèrent ont de l'intérêt pour les spécialistes du marketing et de la communication.

a) Un comportement associé à un stimulus

La publicité, le marketing direct, la communication sur les lieux de vente, la promotion des ventes, les packagings, etc. sont autant de stimuli conçus et envoyés en direction de cibles choisies pour provoquer des comportements précis : retourner un coupon-réponse, prendre un rendez-vous avec un commercial, entrer dans un magasin, acheter un produit, racheter ce produit, émettre un avis favorable sur une marque dans son entourage, etc. En fait, ce qui intéresse les entreprises sont plus les comportements des individus – l'achat, la fidélité – que leurs états d'âme !

b) Une relation directe entre un stimulus donné et un comportement donné

Si elle était formellement établie, cela simplifierait considérablement le choix des moyens, des messages et des moments de communication ; cela permettrait une mesure directe et précise des effets de la publicité et des autres moyens de communication qui visent à modifier les comportements des consommateurs. C'est parfois possible, souvent très difficile car les comportements sont la conséquence de multiples facteurs, autres que la communication.

c) La notion d'apprentissage et le conditionnement

Pour les béhavioristes, les individus apprennent par essais et erreurs. Les réponses comportementales sont conditionnées par la fréquence (les stimuli doivent être rapprochés) et la nature, positive ou négative, des stimuli ce qui conduit à renforcer un comportement ou à le changer.

2/ La communication commerciale d'inspiration behavioriste

a) Le béhaviorisme et la pratique publicitaire

L'école béhavioriste a directement inspiré des théoriciens de la propagande politique comme Serge Tchakhotine, exilé russe et disciple de Pavlov, qui publia en 1939 *Le viol des foules par la propagande politique*[1]. Hélas, elle inspira également des praticiens comme Staline ou Hitler.

L'influence directe du béhaviorisme sur la pratique publicitaire est moins évidente à établir de façon aussi claire. Certes, les premiers publicitaires ont utilisé des procédés comme la réclame qui s'apparente aux principes mécanistes du *modèle stimulus → réponse* et qui est fondée sur le principe du conditionnement. Toutefois, il serait inexact de prétendre que les théories béhavioristes ont systématiquement précédé et généré ces formes publicitaires. Bon nombre de publicitaires ne connaissaient pas les théories béhavioristes tout en mettant en œuvre des procédés de type comportementaliste. Il y a sans doute plus eu concomitance entre le béhaviorisme et les débuts de la publicité qu'un lien direct de cause à effet.

Aujourd'hui, on présente souvent le béhaviorisme comme une théorie dépassée dont l'aura se serait étiolée définitivement au tournant des années cinquante, au moment où les tenants de la psychologie freudienne et de la psychologie cognitive connurent un succès croissant auprès des spécialistes de la communication commerciale et des techniques du marketing moderne. Ce fut l'époque de chercheurs comme Festinger et ses travaux sur les attitudes et la dissonance cognitive dont on reparlera plus loin, de praticiens-écrivains comme Dichter qui introduisit en marketing le concept de motivation, du développement de nouvelles méthodes d'étude comme les *focus groups*[2] destinés à explorer le conscient et l'inconscient (l'émergent et le latent) chez les consommateurs.

(1) *Serge Tchakhotine ;* Le viol des foules par la propagande politique, *traduction en français aux éditions Gallimard. V. une synthèse des thèses de Tchakhotine sur www.attention-spna.net, rubrique PSYOPS.*

(2) *Un* focus group *est un petit groupe, de cinq à dix personnes que l'on soumet à un entretien semi-directif pour explorer les usages d'un produit, les motivations d'achat, l'image d'une marque.*

Est-ce à dire que le béhaviorisme n'a pas laissé sa trace dans les pratiques de la communication commerciale moderne ? Certainement pas. À preuve, tous les types de communication qui semblent relever de l'explication béhavioriste et de la théorie du conditionnement : la réclame encore en usage aujourd'hui, la notoriété de marque et les systèmes d'identité de marque (systèmes d'identité visuelle et sonore ou SIVS), la promotion des ventes et la communication sur lieux de vente, etc.

b) La réclame et le conditionnement publicitaire

Source : Coca-Cola.

Le mot « réclame » a aujourd'hui une connotation fortement négative en désignant une forme de publicité ancienne, primaire, souvent associée au matraquage publicitaire et au conditionnement des consommateurs.

Ce que l'on appelle ici « réclame » est un mode de publicité fondé sur un objectif et des principes simples : création de la notoriété du nom de marque en multipliant les expositions au message publicitaire. Le contenu du message est pauvre. Il se résume au nom de la marque et à une association simple à un type de produit, à un besoin, à une motivation : « Coca-Cola, *Refresh yourself !*»

Le ton est souvent celui de l'injonction : « *Have a Coke !* »

La créativité est souvent réduite à un slogan qui se veut simple, percutant, facile à retenir : jeu sur le nom de la marque : « Du beau, du bon, Dubonnet » ; jeu de mots faciles du type : « Le cirage ÉCLIPSE éclipse tous les concurrents ! » ; associations de sonorités : « Du pain , du vin, du Boursin. »

La réclame, telle que l'on l'entend ici, est un procédé encore largement employé aujourd'hui et qui a ses médias favoris : la radio et l'affichage.

Réclame = Nomination × Répétition

De telles conceptions peuvent conduire au matraquage publicitaire, d'autant plus qu'au moment de l'achat, on renforce le conditionnement publicitaire par les techniques de *merchandising*, de PLV et de promotion des ventes.

Ces méthodes ont beaucoup nui à l'image de la publicité. Si maintenant, l'archétype du consommateur mouton n'existe plus (ou presque plus) dans la tête de l'annonceur et du publicitaire, le grand public, lui, vit aujourd'hui encore avec cette crainte : « La publicité nous manipule, la publicité cherche à nous conditionner. Inconsciemment, nous sommes assujettis à la toute puissance publicitaire ».

En réalité le modèle de la publicité mécaniste a ses limites. Il fonctionne plutôt bien pour les produits à faible implication – ceux pour lesquels le consommateur ne recherche pas d'information –, pour les produits banals à forte fréquence d'achat, pour les achats impulsifs. Ce sont des biens dans lesquels on ne se projette pas, qui ont peu de contenu symbolique et pour lesquels, les approches de type « motivationnistes » ou psychosociales sont peu appropriées.

Pour les autres situations, à plus forte implication, on sait aujourd'hui que si des automatismes peuvent être créés, ils sont beaucoup plus fragiles et plus complexes qu'on ne le croyait. Il se mêle le plus souvent des pulsions affectives, des émotions mais aussi des raisonnements qui ne sont pas pris en compte dans le schéma béhavioriste.

On a donc cherché à élaborer d'autres modèles pour expliquer la formation des attitudes et leurs effets sur les comportements.

Section 2
LA COMMUNICATION À EFFETS INTERMÉDIAIRES : LES MODÈLES DE LA HIÉRARCHIE DES EFFETS

Ce sont les modèles qui ont été le plus étudiés par la recherche académique. Ils partent du principe qu'entre un état d'ignorance complet de la marque et la fidélisation, un individu passe par plusieurs étapes qu'il franchit dans un certain ordre. Le processus de la communication est analysé en une séquence de plusieurs effets intermédiaires, d'où le nom donné à cette famille de modèles : la hiérarchie des effets.

1/ LE MODÈLE PIONNIER[1] : AIDA

Formulé en 1898 par E. St. Elmo Lewis, il est encore fort connu, sans doute parce qu'il est simple et facile à retenir.

LE MODÈLE AIDA

A	pour **Attention** :	attirer l'attention sur le message
I	pour **Intérêt** :	susciter l'intérêt de la cible
D	pour **Désir** :	créer et entretenir le désir du produit
A	pour **Achat** :	convaincre d'acheter

Figure 2

Lewis avait conçu AIDA pour servir de guide à l'élaboration d'argumentaires de vente. On y retrouve les différentes étapes suivies par un vendeur pour approcher un prospect et le convaincre d'acheter. Cette démarche en quatre temps peut servir, également, en marketing direct pour rédiger la trame d'un publipostage.

(1) *Parmi les modèles pionniers, on peut également citer DAGMAR, plus élaboré qu'AIDA. DAGMAR signifie* Defining Advertising Goals for Measured Advertising Results. *Conçu par Russel H.Colley, ce modèle comprend cinq niveaux :* Non connaissance → Prise de conscience → Compréhension → Conviction → Action. *C'est le premier modèle spécifiquement construit pour tenter d'expliquer le processus d'action de la publicité. Russel Colley dit que chaque étape doit nous conduire à formuler des objectifs spécifiques : attirer l'attention, créer de la notoriété de marque, informer, développer des attitudes favorables, faire accepter le message et entraîner la conviction, enfin, inciter à l'action. Les objectifs étant différents à chaque niveau, les méthodes de mesure des résultats de la publicité doivent l'être aussi.*

Ce n'est qu'un peu plus tard, dans les années vingt, qu'on a utilisé AIDA pour expliquer le fonctionnement de la communication publicitaire. Dans la dernière rubrique de la séquence AIDA, on peut remplacer le A « d'Achat » par un A pour « Action », au sens plus large : une demande de documentation, une prise de rendez-vous avec un vendeur, une visite du point de vente et bien évidemment un achat.

2/ DES MODÈLES CONSTRUITS EN TROIS NIVEAUX

À la suite de DAGMAR, de nombreux modèles ont été proposés. Ils ont en commun d'être construits sur une séquence comportant trois étapes :

- le *stade cognitif* ou, dit de façon plus simple, ce qui relève de l'acquisition et du traitement d'informations ;
- le *stade affectif*, c'est-à-dire les motivations, les attitudes, les images de marque et les préférences de marque ;
- le *stade conatif* ou comportemental, les actions des individus.

LE PRINCIPE DES MODÈLES DE LA HIÉRARCHIE DES EFFETS

Figure 3

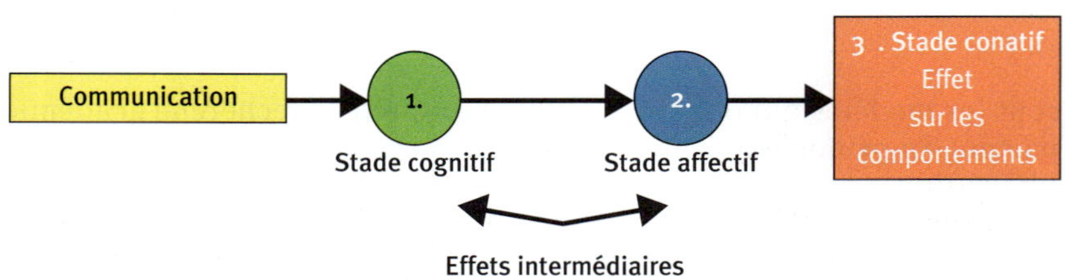

Plus on va vers le niveau comportemental et plus il est difficile de faire évoluer les individus. Il est relativement facile de faire connaître une marque (notoriété) et les caractéristiques d'un produit ou d'une entreprise. Il est plus difficile de changer une image, de développer une forte préférence de marque. Il est encore plus difficile de faire agir un consommateur et notamment de changer des comportements routiniers.

LES OBJECTIFS DE COMMUNICATION À CHAQUE NIVEAU

Figure 4

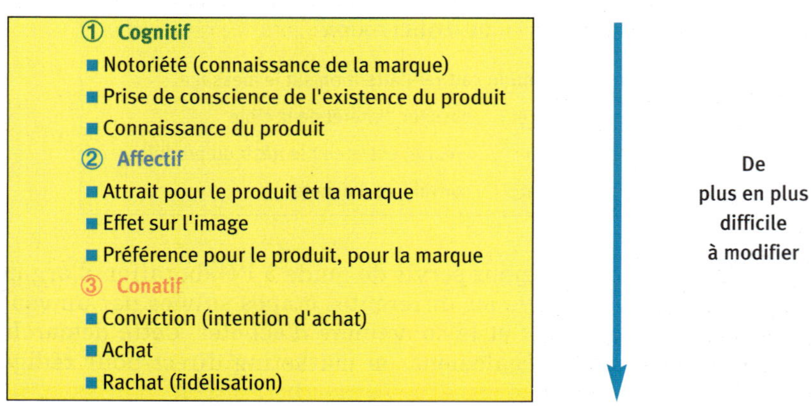

Parmi les nombreux modèles qui ont été proposés, l'un des plus célèbres est celui de Lavidge et Steiner.

Le modèle de Lavidge et Steiner

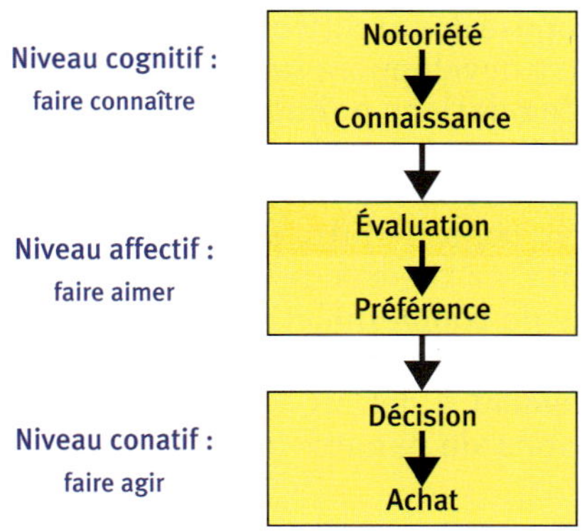

Figure 5

3/ La théorie de la hiérarchie des effets a des limites mais elle reste utile

a) Pas de validation scientifique

On n'a jamais démontré de façon rigoureuse que les consommateurs suivaient les différentes étapes proposées par les modèles de la hiérarchie des effets mais à défaut de démonstration scientifique, on peut parler de validation empirique. La distinction de ces différentes étapes a montré son efficacité. Un seul message a peu de chance de faire tout le travail d'information et de persuasion. Il est donc préférable de procéder par étapes.

Exemple

☞ Quand le producteur américain Whirlpool a acheté le département « blanc » (électroménager) de Philips, sa marque Wirlpool était parfaitement inconnue sur le marché européen. Publicis, en charge du budget, conçut d'abord des campagnes de notoriété de marque puis développa plus tard une « préférence » de marque en donnant à la communication un contenu à la fois technique et affectif.

La hiérarchie des effets conduit à concentrer la communication sur des points clefs. Elle fournit une trame d'analyse et de résolution d'un problème de communication.

Exemple

☞ Quand Toyota a lancé en 2003 sa nouvelle Prius qui a un mode de propulsion révolutionnaire, la propulsion hybride associant un moteur électrique à un moteur à explosion, la marque avait plusieurs solutions possibles : fallait-il centrer la communication sur la dimension cognitive en expliquant le pourquoi et le comment de cette innovation ? Fallait-il jouer sur l'affect : la fibre écologique (très faible pollution) ou l'esprit pionner (être le premier à avoir une voiture d'avant-garde) ?

b) Hormis AIDA, tous les modèles de la hiérarchie des effets ont été conçus pour expliquer l'action de la publicité mais ils sont valables pour les autres formes de communication

Dans la dernière partie de cet ouvrage, on traitera en détail de la communication intégrée qui propose des architectures cohérentes de différents moyens de communication. On y développera les techniques de promotion des ventes, de marketing direct, de relations publiques, etc. On verra que certains de ces outils sont très spécialisés et conviennent particulièrement bien à un des niveaux de l'action de la communication. Par exemple, la promotion des ventes relève du niveau conatif : faire agir. D'autres outils sont plus universels comme la publicité. La théorie de la hiérarchie des effets est une grille de lecture des moyens de communication et des publics. Comment segmenter les cibles de communication selon l'étape à laquelle se trouvent les individus ? Elle sert également à définir les objectifs de communication et les meilleures combinaisons de canaux (*mix* de communication) à mettre en œuvre.

Exemple

☞ La division marchés professionnels du Crédit Agricole utilise des *mixes*[1] de communication adaptés à chaque étape à laquelle se trouvent ses prospects et ses clients.

- Stade cognitif :
  - *objectif principal :* faire connaître aux prospects mais aussi à ses clients les performances de ses produits financiers, la qualité des services qui les accompagnent et le coût particulièrement compétitif de ces prestations ;
  - mix *de communication :* brochures distribuées dans les agences, documents envoyés par la poste aux intéressés, site Internet avec une rubrique destinée aux professionnels et décrivant les produits et les services, publicité dans les revues professionnelles, relations presse avec les journalistes de ces revues, présence aux manifestations professionnelles (salons, colloques, etc.).
- Stade affectif :
  - *objectif principal :* créer une relation avec les professionnels ;
  - mix *de communication :* en premier lieu, la qualité de contact du directeur de l'agence et des chargés de clientèle spécialisés sur les professionnels ; sponsoring de manifestations professionnelles comme le jogging des notaires, bourses d'études ou prêts à taux attractifs accordés à des étudiants qui seront demain des professionnels, donc dans la cible marketing du Crédit Agricole, diffusion gratuite de *newsletters* traitant de sujets d'intérêts particuliers à chaque profession.
- Stade conatif :
  - *objectif principal :* recruter de nouveaux clients, vendre les nouveaux produits financiers aux clients actuels, fidéliser ;
  - mix *de communication :* un ensemble de moyens (marketing direct, publicité) pour inciter les professionnels à prendre un rendez-vous avec un conseiller dont le rôle est décisif pour provoquer l'achat.

Le passage d'un stade à l'autre n'est pas l'affaire de la seule publicité, ni même d'un *mix* de communication particulièrement bien adapté mais de l'interaction de toutes les composantes du *marketing-mix*. L'action de la communication doit toujours être replacée dans ce contexte. Un produit inadapté, un prix prohibitif, une distribution médiocre auront raison de toute communication, même exceptionnelle.

(1) *En toute logique,* mix *étant un terme anglais, devient* mixes *au pluriel.*

c) Les premiers modèles de la hiérarchie des effets proposent une séquence unique

Elle va toujours dans le même sens : du stade cognitif au stade affectif puis au stade conatif. On dit alors qu'il s'agit « d'un processus d'apprentissage ».

Une telle séquence suppose que l'implication du consommateur soit suf-

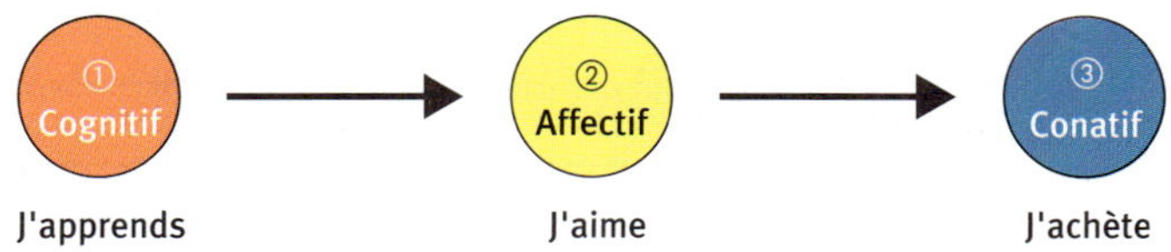

Après l'achat, la séquence se renouvelle :

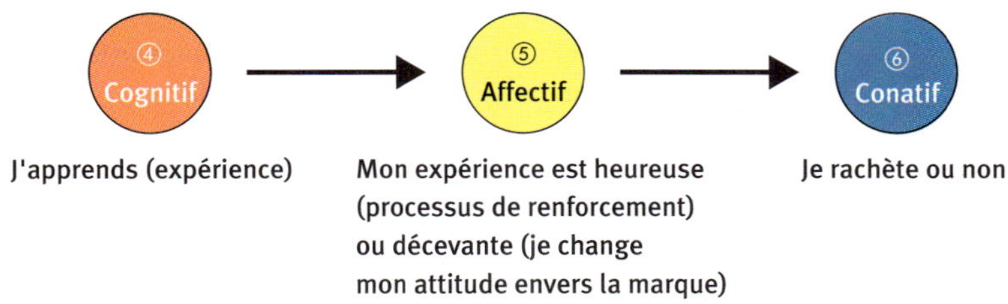

fisamment forte pour qu'il prête attention au message, pour qu'il mémorise la marque, le produit et les informations envoyées, pour qu'il développe une préférence de marque, enfin pour que cela le conduise à acheter la marque puis à la racheter.

La matrice de Vaughn, présentée ci-dessous, propose d'analyser les différentes situations possibles en fonction du degré d'implication des acheteurs et de la nature du processus de décision.

d) La matrice de Vaughn

Également appelée « le *grid* de FCB »[1], cette matrice a été adoptée par de nombreuses agences de publicité.

En ordonnées, on précise le degré d'implication des individus. En abscisses, on note le type de processus d'achat. *Think* renvoie aux achats réfléchis même si la réflexion est minime, par exemple lorsque l'implication est très faible. *Feel* renvoie aux achats de type affectif souvent peu rationnels.

(1) Richard Vaughn, « How advertising works : An FCB strategy planning model », Foote, Cone & Belding, 1979.

Figure 6

LA MATRICE DE VAUGHN

	Think	Feel
Implication forte	① **Cognitif → Affectif → Conatif** **Persuasion, apprentissage** ■ Recherche d'informations crédibles ■ Marque de confiance *Exemples de produits :* automobile, machine-outil, ordinateur, meubles, diététique, etc.	④ **Affectif → Cognitif → Conatif** **Valorisation sociale et personnelle** ■ Modèles de référence (stars, etc.) *Exemples :* luxe, bijoux, cosmétique, mode, etc.
Implication faible	② **Conatif → Cognitif → Affectif** **Schéma de l'implication minimale** ■ Faible besoin d'informations ■ Marque de notoriété ■ Informations et sentiments après expérience du produit *Exemples de produits :* Essence, produits alimentaires courants Produits d'entretien ménager...	③ **Affectif → Conatif → Cognitif** **Autosatisfaction** ■ Faible besoin d'informations ■ Reconnaissance de la marque et des produits *Exemples :* Boissons (colas, alcool, etc.), confiserie

• **Quadrant ① : forte implication, achats *Think*.**

Exemple

☞ Achat d'une automobile.

- *Stade cognitif :* je m'informe : je lis des revues d'automobiles, je vais sur Internet voir les modèles de différentes marques, je vais visiter des concessions.
- *Stade affectif :* je développe une préférence pour un modèle d'une certaine marque.
- *Stade conatif :* j'essaie, j'achète ou je n'achète pas et je recommence à m'informer.

À noter que dans bien des cas, le client ne part pas dans l'inconnu pour les achats à forte implication. S'intéressant à ces types de produits, il a déjà des connaissances sur le sujet et il a déjà des marques préférées. Les marques servent à faire des présélections. Elles simplifient le processus de décision.

• **Quadrant ② : faible implication, achats *Think*.**

Exemple

☞ Achat d'essence.

Conatif (j'achète) → *Cognitif* (je m'aperçois que la station est propre ou sale, que le prix est plus ou moins) élevé que je ne le pensais. Le cas échéant, on passe au stade *affectif* mais ce n'est pas évident pour un tel produit. C'est pourtant ce que semble réussir Total en développant une préférence de marque « Vous ne viendrez plus chez nous par hasard » après avoir beaucoup investi dans son produit (les stations) et les services qu'on y trouve.

• **Quadrant ③ : faible implication, achats *Feel*.**

Exemple

☞ Achat d'une friandise.

Je la veux, je me l'offre.

• **Quadrant ④ : forte implication, achat *Feel*.**

Exemple

☞ Achat cadeau d'un parfum.
Quand on achète un parfum pour la Saint Valentin, on choisit une marque, on s'informe auprès du vendeur dans la parfumerie sur les produits de la marque, les conditionnements, le prix, puis on achète (ou on n'achète pas !). La séquence est alors de type :

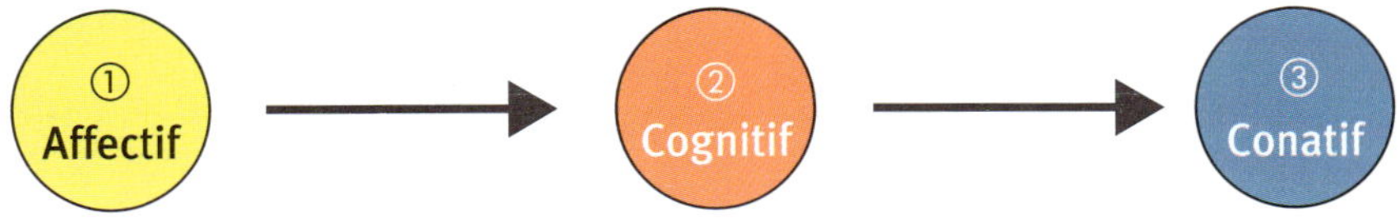

UN MESSAGE INTERPRÉTÉ DIFFÉREMMENT SELON LE CONTEXTE CULTUREL

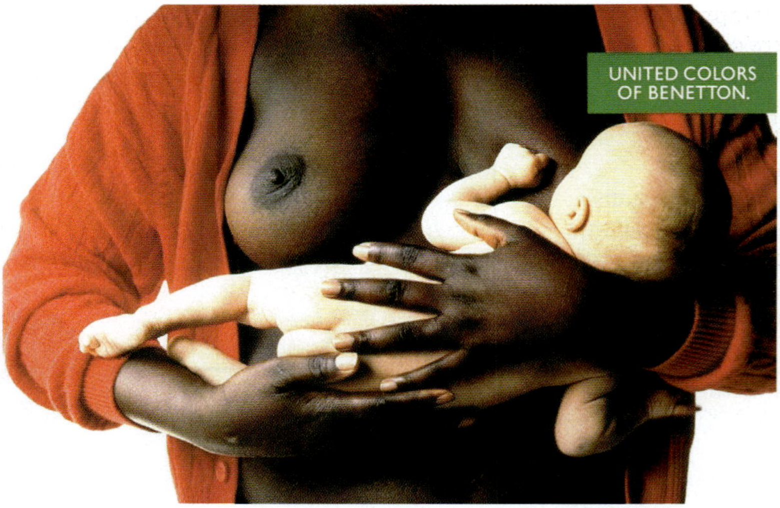

En Europe, cette image est comprise comme un message d'amour maternel qui fait fi de la couleur de la peau. Aux États-Unis, elle a fait scandale car elle a été interprétée comme un message raciste : la femme noire qui allaite le bébé blanc renvoie à l'image de l'esclave noire qui allaite les enfants des maîtres blancs.

Chapitre 3

Ce que les individus font de la communication : les « mécanismes » de la réception des messages

Pour comprendre ce que la communication fait aux individus, il faut comprendre ce que les individus font de la communication. Les chemins de la persuasion[1] sont semés d'embûches pour les gens de communication. La déperdition d'énergie est considérable à toutes les étapes du parcours que les individus sont censés suivre.

La première section traite des forces qui mettent en mouvement les consommateurs : leurs besoins, leurs motivations. Dans la deuxième section, on s'intéresse aux filtres qui conduisent les individus à sélectionner l'information, parfois à la déformer. On y traite notamment des attitudes. Dans la troisième section, on étudie les facteurs qui expliquent l'attention, la perception et la compréhension des messages.

Plan du chapitre

Section 1
Les forces de mouvement : stimuli, besoins, motivations

1/ Sélectivité, forces et filtres

À chaque étape du processus de persuasion, il y a sélection. Les pertes en ligne de la communication sont considérables.

L'individu est-il exposé au message ? Y fait-il attention ? Que perçoit-il ? Que comprend-il ? Que mémorise-t-il ? En fin de compte accepte-t-il le mes-

(1) *Jean Noël Kapferer,* Les chemins de la persuasion, *Dunod, Paris, 1993.*

sage et quel effet cela a-t-il sur son comportement ? À chaque moment, il trie, il ignore, il retient ou non.

Si le consommateur franchit ces différentes étapes, c'est qu'il y est poussé par des forces qui le mettent en mouvement : des stimuli extérieurs comme une publicité, un publipostage, une promotion sur le prix, un packaging attractif, etc. mais aussi des variables individuelles comme les besoins qu'il ressent ou les motivations personnelles qui l'animent.

À chaque étape, les attitudes, l'expérience retirée de la fréquentation de la marque et de la concurrence, le degré d'implication du consommateur sont autant de filtres[1] qui le conduisent à trier, à traiter, voire à déformer l'information.

Figure 1

LA SÉLECTIVITÉ À CHAQUE ÉTAPE DU PROCESSUS DE PERSUASION : FORCES DE MOUVEMENT ET FILTRES

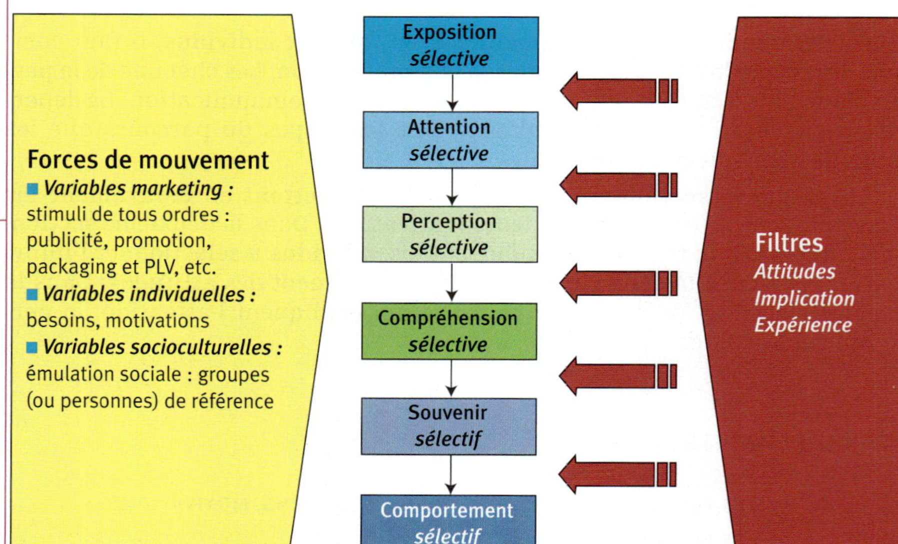

2/ LES FORCES QUI ANIMENT LES INDIVIDUS

Besoins et motivations créent des états de tension chez l'individu et le mettent en mouvement. Ce sont des « dynamiques » propres à chacun (on dit « des variables individuelles ») ou communes à des groupes de consommateurs.

a) Les besoins

La théorie économique ou rationnelle du consommateur est la plus ancienne puisqu'on peut sans doute la dater du XVIIIe siècle. Longtemps, on a cherché à représenter l'homme comme un être logique au comportement dicté par la raison et le calcul. L'*homo economicus* qui est celui de la théorie économique classique n'a pas de fantasme. Il n'agit pas de façon gratuite ou irraisonnée mais pour satisfaire des « besoins objectifs » et en choisissant des conduites qui optimisent l'efficacité de ses ressources. C'est un être sage (et qui doit

(1) On verra dans la section suivante que les « mécanismes » de l'attention et de la perception jouent également le rôle de filtres.

être très ennuyeux). Si on prend cette théorie au pied de la lettre, la publicité n'a pas de place ou est ramenée à un message purement informatif. C'est d'ailleurs bien la conception qu'en a la théorie économique classique.

En réalité, l'approche économique ou rationnelle du consommateur devient utilisable en publicité si l'on accepte d'être un peu réaliste et de mettre beaucoup d'eau dans le vin de la théorie. L'homme n'est ni totalement rationnel, ni totalement irrationnel. Souvent, il cherche une justification rationnelle à des conduites qui ne le sont pas.

1° La notion de besoin

Être rationnel, c'est savoir faire le meilleur usage des ressources dont on dispose pour atteindre ses objectifs, c'est-à-dire la satisfaction de ses besoins. La définition la plus célèbre de la notion de besoin est celle de Maslow. Il en a fait une liste, en distinguant cinq grandes catégories de besoins[1] :

- besoins de s'accomplir ;
- besoins d'estime ;
- besoins d'appartenance ;
- besoins de sécurité ;
- besoins physiologiques.

Maslow estime que ces besoins sont hiérarchisés. Selon lui, les besoins d'ordre supérieur, comme le besoin d'estime et le besoin d'accomplissement, ne sont fortement ressentis par l'individu que lorsque les besoins d'ordre inférieur sont satisfaits. C'est assez contestable. Il suffit de constater le succès de produits à forte charge symbolique dans les pays les plus pauvres et dans les catégories sociales les plus défavorisées. Toujours suivant Maslow, le besoin non satisfait est celui qui explique le comportement des individus ; c'est en lui que réside le principe dynamique des actions humaines. Ce besoin orientera l'individu vers tout ce qui peut le satisfaire. Dans un pays où la nourriture est abondante, on ne fera pas de publicité pour un produit alimentaire particulier en disant qu'il calme la faim, car celle-ci, lorsqu'elle est ressentie, peut être satisfaite rapidement par un grand nombre d'autres produits. En revanche, on pourra utiliser le besoin de sécurité : la vitamine C, contenue dans les oranges et qui est censée protéger la santé de ceux qui les consomment, a été utilisée pour développer la vente de ces agrumes. Le besoin d'appartenance pourra être utilisé en montrant que la confection d'un plat pour sa famille ou pour ses amis renforce les relations affectives que l'on entretient avec eux. Le besoin d'estime peut également être satisfait par un produit alimentaire, en particulier s'il s'agit d'un produit raffiné qui dénote le goût de celui qui le consomme ou qui l'offre. Les alcools sont aussi vantés pour leur aptitude à révéler le bon goût de celui qui les a choisis que pour leur aptitude à symboliser l'amitié qui lie ceux qui le dégustent ensemble. Chacun de ces besoins a d'autant plus de chance d'être actif qu'il est moins satisfait et que les personnes concernées ressentent un manque et une inquiétude à son sujet. Connaître les besoins insatisfaits est donc un moyen précieux pour connaître les raisons des actions humaines et en particulier des achats.

Comme on vient de le voir, Maslow énonce que les besoins satisfaits perdent leur aptitude à motiver les individus. La notion de saturation des besoins a donc un sens dans cette théorie. Cependant, il faut ajouter que des besoins satisfaits peuvent continuer à animer l'activité humaine. Simplement, ces besoins se situeront plus haut dans la hiérarchie proposée par Maslow. Les

(1) *Il existe d'autres listes de besoins comme celle de Murray qui propose la classification suivante : besoin d'acquérir, besoin d'accomplissement, besoin d'exhibition, besoin de dominance, besoin d'affiliation, besoin de jeu, besoin d'ordre, besoin de reconnaissance, besoin de déférence, besoin d'autonomie, besoin d'agression.*

besoins de plus haut niveau (besoins de réalisation personnelle) n'ont, par exemple, pas de limite puisqu'ils impliquent un goût de l'effort et du dépassement.

2° La publicité fonctionnelle : persuasive et informative

L'approche rationnelle du consommateur conduit à une publicité persuasive qui cherche à argumenter et à convaincre le consommateur avec des faits, des démonstrations et des preuves. C'est une publicité où l'on positionne les marques et les produits autour de leur fonction utilitaire. Ce n'est pas une publicité strictement informative. L'objet de la publicité ne peut jamais être réduit à l'information seulement. C'est une communication qui fait appel au bon sens, à la logique, au calcul, qui apporte des arguments objectifs et qui, en fin de compte, cherche plus à convaincre par le raisonnement qu'à emporter l'adhésion du consommateur par un élan du cœur.

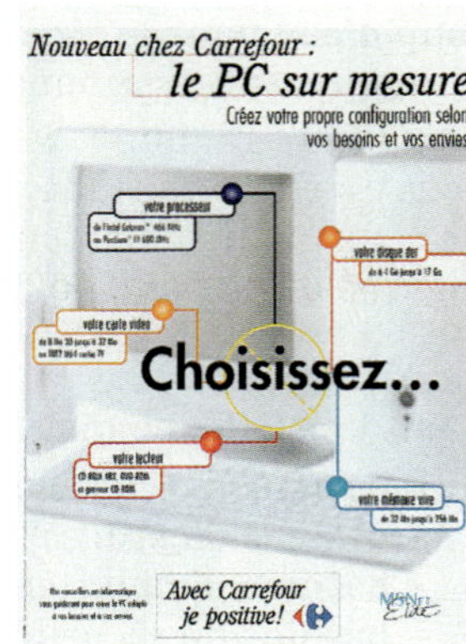

Ce type de publicité fonctionne selon un schéma pédagogique. Elle dit en substance :

« Vous avez un besoin .... (la cible)
je vous propose ceci .... (le produit)
qui correspond parfaitement à votre besoin .... (la promesse)
parce qu'il a telle et telle caractéristique .... (les preuves ou le support de la promesse) ».

On reconnaît, dans cette démarche, les termes et la structure de la copy stratégie (ou plan de travail créatif). Elle est en effet née d'une conception économique du consommateur et du rôle de la publicité.

La publicité persuasive n'est pas pour autant condamnée à n'être qu'une fiche technique du produit qui risquerait fort d'être soporifique. Elle peut être (et doit être) créative. C'est la valeur ajoutée par les bons publicitaires. Dans la publicité ci-dessous, on a annoncé les caractéristiques d'une nouvelle édition du *Publicitor* : plus de pages, plus d'images... comme si c'était une promotion pour un paquet de lessive.

L'HUMOUR DANS UNE PUBLICITÉ PERSUASIVE

3° Le code rationnel

Dans certains cas, c'est une démarche pratiquement inverse que l'on suit. Au lieu de mettre du rêve dans des messages informatifs, on donne une apparence rationnelle à des communications qui, fondamentalement, ne le sont pas. C'est que, fréquemment, le consommateur cherche des justifications, l'illusion de la rationalité pour des décisions qui sont, consciemment ou non, largement irrationnelles. Les voitures, le matériel hi-fi, les appareils photo de haut de gamme, etc., en sont de bons exemples. La publicité se présente sous une forme pseudo-technique ; c'est la voix de la fausse bonne conscience de ceux qui achètent en réalité ces produits pour leur signification psychologique ou sociale, pour l'image de soi au travers de ces produits.

b) Les motivations : la publicité suggestive

Le développement des sciences humaines a permis de proposer aux publicitaires des modèles de fonctionnement de la publicité plus universels que le modèle rationnel et mieux adaptés à des comportements complexes que le *modèle stimulus → réponse*. Les progrès de la psychologie ont mis en évidence le rôle déterminant du récepteur alors que les théories béhavioristes privilégiaient en réalité celui de l'émetteur. L'utilisation des concepts développés par la psychologie freudienne et les écoles qui suivirent donnèrent naissance à une famille de théories fondées sur les concepts de la motivation et de l'attitude ; cette dernière notion relève aussi de la psychologie sociale et des théories qui sont développées dans le paragraphe suivant.

1° La notion de motivation

Pour les partisans de la théorie des motivations, les comportements des individus ne peuvent pas être expliqués par une réponse mécanique à des stimuli extérieurs. Les actes ont une histoire, c'est celle de leurs auteurs. Ils ont des raisons qui tiennent à la personnalité profonde et différente de chacun. Pour proposer une nouvelle explication des comportements humains, on a donc forgé un nouveau concept, celui de « motivation ». La notion de besoin était en effet trop peu élaborée. À vrai dire, celle de la motivation n'est pas non plus d'une netteté parfaite. On en trouve des acceptions très variées qui vont de la définition la plus large :

> « Une motivation est une force psychologique »

à celle qui est la plus commune :

> « Une motivation est un état de tension qui conduit l'individu à agir jusqu'à ce que cette tension soit réduite à un niveau qu'il juge tolérable. »

Mais quelles que soient les incertitudes sémantiques sur lesquelles elle repose, la théorie ou plutôt les théories de la motivation se révèlent très fécondes pour l'homme de marketing et de publicité. Elles ont modifié les conceptions et les pratiques à la fois dans le domaine des études et dans celui de l'élaboration des stratégies et des messages publicitaires.

Au niveau de l'analyse des comportements d'achat et de consommation, on assiste au développement, dans les années soixante, des études de motivation. On emprunte et on met au point de nouveaux outils d'observation et d'analyse, souvent transposés de la psychologie expérimentale. Ce sont les techniques d'interview en profondeur, les entretiens non directifs, les réunions de groupes, l'utilisation des méthodes projectives, etc.

Cela ouvre un champ nouveau (les études qualitatives) à la compréhension par les hommes de marketing et de publicité des phénomènes de la consommation. Une littérature spécialisée se développe. Les ouvrages de Dichter, *Le marketing mis à nu* et *La stratégie du désir*, en sont une bonne illustration. Mais cette nouvelle science n'est pas sans faiblesse. Le sérieux de ses conclusions tient largement à la qualité de ceux qui analysent et interprètent l'information recueillie sur le terrain ; la lourdeur et le coût des études qualitatives conduisent à limiter le nombre des individus observés, réduisant ainsi (ou annulant) la signification statistique des résultats.

L'utilisation de la notion de motivation ne se limite pas au seul domaine des études. Elle peut aider à orienter la stratégie et la création publicitaires. Le succès du concept de motivation en publicité vient de ce qu'ayant été imaginé par des psychologues, il est, en réalité, fondamentalement un « concept publicitaire ». Une motivation est une force qui pousse un individu à agir dans un certain sens ; or la publicité n'a d'autre objectif que de mettre les individus en mouvement, dans le sens souhaité par l'annonceur. La publicité doit donc être un stimulus qui va exciter une motivation ou qui va diminuer un frein (une peur, une inhibition, etc.). Henri Joannis dans son ouvrage *De l'étude de motivation à la création publicitaire et à la promotion des ventes* formule avec clarté l'usage que le publicitaire peut faire du concept de motivation et propose une méthodologie pour la création publicitaire. Il définit ainsi la motivation : c'est une force psychologique. Elle se caractérise par :

- *sa nature* : H. Joannis distingue[1] les motivations hédonistes (la recherche du plaisir), les motivations oblatives (le désir de faire du bien), les motivations d'auto-expression (le besoin de chacun d'exprimer qui il est). Il distingue deux types de freins : les inhibitions et les peurs ;
- *sa force* : l'intensité des motivations est variable selon les individus et pour chacun selon les moments. La publicité a le pouvoir d'accroître et de révéler la force d'une motivation ;
- *sa valorisation sociale* : les motivations sont jugées de façon diverse selon les milieux, leur culture et leur morale.

(1) À partir des différentes classifications des besoins, on peut proposer également une typologie des motivations. À partir de la notion d'apprentissage, on peut également distinguer entre les motivations « primaires » ou motivations innées et les motivations « secondaires » ou motivations acquises.

L'acte d'achat s'analyse en une « arithmétique » des motivations et des freins.

Figure 2

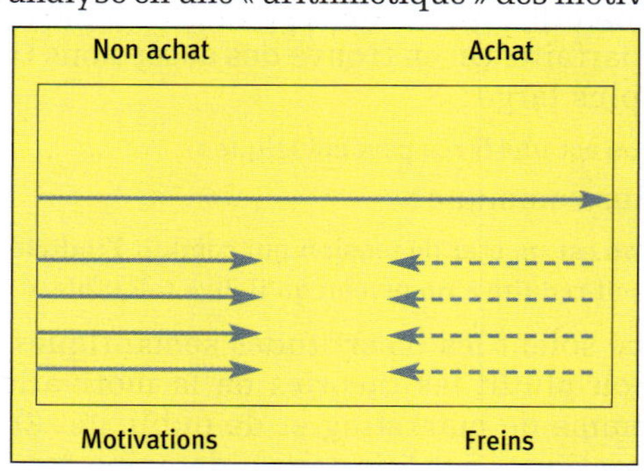

L'achat n'a lieu que lorsque les motivations l'emportent sur les freins. Pour provoquer l'achat ou tout au moins favoriser le déséquilibre qui va conduire les motivations à surmonter les freins, le publicitaire devra donc adopter l'une de ces trois solutions :

- soit accroître les motivations ;
- soit diminuer les freins ;
- soit faire les deux à la fois[2].

(2) On peut être évidemment tenté de faire les deux à la fois mais à vouloir courir deux lièvres à la fois, on risque...

Le cœur de la stratégie de communication consistera dans le choix de l'axe psychologique.

> « L'axe[1], ou élément moteur, est l'élément des mécanismes d'achat qui soumis à une pression publicitaire fera pencher les mécanismes d'achat au maximum en faveur du produit. L'axe vise toujours la stimulation d'une motivation ou la diminution d'un frein. »

2° Les caractéristiques de la publicité suggestive

Par nature, toute publicité est suggestive mais nous réserverons cette appellation à la publicité qui se fonde sur une approche psychologique et qui est d'abord une publicité de la connotation. Elle n'énonce pas, elle suggère ; elle ne cherche pas à informer mais à motiver ; elle ne fait pas appel à la raison mais aux sens. C'est une voie largement ouverte à la créativité. Cette publicité tient généralement un discours indirect, elle affectionne les symboles et les figures comme la métaphore.

Cette approche publicitaire convient particulièrement bien aux produits dont l'achat et la consommation s'expliquent par un contexte psychologique très riche. Ce sont des produits impliquant les consommateurs dont la fonction utilitaire est atrophiée ou indifférenciée (au sens où tous les produits concurrents ont des caractéristiques sensiblement identiques).

La publicité suggestive a cependant ses limites : elles tiennent d'abord au sérieux et au réalisme des études et des interprétations sur lesquelles elle repose. Dans ce domaine, on voit un peu de tout : du bon et du beaucoup moins bon. Cette approche présente aussi un risque particulier. Elle peut conduire à des publicités trop peu spécifiques au produit. En n'étant plus centrée exclusivement sur le produit mais en se situant au niveau des motivations de base qui expliquent son achat, cette forme de publicité touche aux véritables ressorts du comportement mais elle peut aussi, par sa démarche même, s'écarter exagérément du produit et se différencier très peu de la concurrence. Ainsi beaucoup de publicités pour les parfums se ressemblent. En effet, pour une même catégorie de produits et pour une même cible, les motivations fondamentales sont identiques et les codes employés pour les signifier sont souvent communs à toute la concurrence.

Fondée sur les motivations, la publicité suggestive doit savoir rester publicité du produit et créer un code spécifique à la marque.

c) Groupes ou personnes de référence : identification et projection

On connaît la proposition de Durkheim :

> « Les faits sociaux doivent être considérés comme des choses. »

Ces choses intéressent beaucoup la publicité qui fait aujourd'hui un large usage de la sociologie sans renoncer pour autant aux apports de la théorie psychologique du consommateur. Les deux sont complémentaires car le comportement d'achat d'un individu ne peut pas être expliqué à partir de ses seules variables personnelles. Le consommateur vit en interaction avec d'autres personnes. Il appartient ou il cherche à appartenir à un ou plusieurs groupes. Ce sont les groupes qui déterminent, en partie, le comportement et les attitudes de chacun de leurs membres. Et le groupe a des normes auxquelles le consommateur se conforme.

(1) Définition donnée par H. Joannis, op. cit., *p. 128.*

1° La théorie

Les notions de base que l'on rencontre le plus fréquemment sont celles de groupe social, de norme, de statut dans le groupe, de leader d'opinion, de groupe de pairs et de groupe de référence (celui qui, à un moment donné, sert de référence dans la détermination des croyances, des attitudes et des comportements d'un individu).

Pour la théorie économique, l'achat et la consommation d'un produit s'expliquent par son utilité, c'est-à-dire par sa valeur d'usage ; pour la théorie psychologique, l'achat et la consomation s'expliquent par la nature et la force des motivations ; pour la théorie sociale, l'explication est à rechercher dans la signification des objets. Jean Baudrillard écrit dans son ouvrage *La société de consommation, ses mythes, ses structures* :

> « On ne consomme jamais l'objet en soi (dans sa valeur d'usage), on manipule toujours les objets (au sens le plus large) comme signes qui vous distinguent soit en vous affiliant à votre groupe pris comme référence sociale, soit en vous démarquant de votre groupe par référence à un groupe de statut supérieur. »

Les conséquences des théories psychosociales sur la publicité ont été considérables. Cette forme de publicité est appelée parfois « intégratrice » pour signifier son effort d'intégration du consommateur à un groupe, à un style de vie, à une société.

Au fur et à mesure qu'une économie se développe, les besoins primaires (besoins physiologiques) sont satisfaits. Le marketing et la publicité sont de plus en plus conduits à jouer sur la dimension psychologique ou sociologique du produit, quitte à l'inventer.

Exemple

☞ Il ne suffit pas de dire que Coca-Cola sert à se désaltérer (valeur d'usage), on présente alors Coca-Cola comme la boisson des jeunes, de ceux qui sont modernes, dynamiques, sympathiques, dans le vent, etc.

La publicité « intégratrice » fonctionne particulièrement bien pour tous les produits que l'on appelle « ostentatoires » ou « produits à statut ». Ce sont des biens qui se montrent, qui se consomment en public : mode, automobiles, loisirs, etc. Mais elle peut être aussi utilisée pour des produits auxquels on donne un « positionnement psychosociologique » parce qu'on ne peut pas les différencier autrement. On arrive à donner une personnalité au produit, grâce à la publicité mais c'est une tâche difficile et le risque d'échec est important.

Publicité du conformisme mais aussi du non-conformisme que l'on récupère, la publicité intégrative avait besoin de nouveaux outils d'analyse des consommateurs. Ce sont les courants socioculturels, les styles de vie dont les méthodes et les résultats ont été largement diffusés à partir des années quatre-vingt.

2° La pratique : le cas Hollywood

Publicité et style de vie : une approche en vogue dans les années quatre-vingt

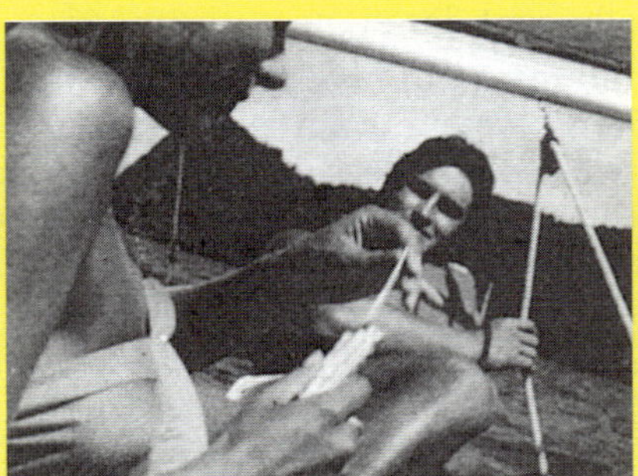

Les valeurs de marque Hollywood chewing-gum se structurent autour de 6 axes fondamentaux :

- **L'universalité**

Hollywood apparaît comme la référence sur le marché du chewing-gum. Il s'agit du véritable chewing-gum, authentique par sa couleur verte, son goût doux et léger ou la diversité de ses variétés. Hollywood chewing-gum affiche ainsi des taux de notoriété de 98 % et un *top of mind* de 66 % (66 % des personnes citent spontanément Hollywood en premier lorsqu'on leur demande de citer une marque de chewing-gum).

- **La fraîcheur**

Symbolisée par la présence de l'eau dans tous les spots TV, Hollywood chewing-gum exprime la fraîcheur... tout aussi bien que la fraîcheur d'esprit.

- **La jeunesse/la modernité**

Hollywood apparaît comme une marque symbole de la jeunesse ou plus encore d'un style de vie propre à la jeunesse. La marque s'adresse ainsi en priorité aux jeunes de 15-25 ans qui se retrouvent à travers les communications basées sur l'humour, le plaisir, la joie de vivre ou la liberté. Hollywood est ainsi devenu au fil des années un véritable symbole socioculturel.

- **Le plaisir/la joie de vivre**

Hollywood chewing-gum apparaît comme un moyen qui aide et contribue à se sentir bien. Hollywood est véritablement le chewing-gum que l'on prend lorsqu'on a vraiment envie de se faire plaisir.

- **L'échange et la générosité**

Hollywood chewing-gum apparaît toujours comme l'élément unificateur d'un groupe qui sait partager et s'ouvrir aux autres. Il s'agit ainsi du chewing-gum que l'on propose volontiers à ses amis, que l'on partage.

- **Le bonheur/l'évasion**

Le message de Hollywood chewing-gum est une invitation à profiter de la vie. C'est également un message d'optimisme à travers le développement d'un véritable état d'esprit basé sur le goût du risque et du dépassement de soi. « Le bonheur est pour ceux qui osent... »

Source : Marque Hollywood.

Le cas de Hollywood[1] chewing-gum est unique dans l'histoire du marketing et de la communication. Hollywood est leader en termes de parts de marché, de distribution, de pénétration de points de vente détenteurs du produit. Sa notoriété atteint le maximum et la marque devient un symbole de notre époque comme les jeans ou le transistor. Ainsi, le problème d'Hollywood n'est pas tant de convaincre, de présenter un « plus » produit, de se positionner par rapport à une autre marque, que de perpétuer son succès par le mythe et la référence à un certain style de vie.

Chaque fois que des sociétés importantes ont voulu lancer un produit concurrent du chewing-gum Hollywood, elles ont connu des échecs retentissants. Les sociétés General Food France puis KJS (et maintenant Cadbury) qui ont détenu cette marque, ont eu la sagesse de ne jamais descendre dans l'arène, de continuer à inventer sur la même communication et de ne jamais répondre en termes rationnels de prix, de caractéristiques du produit, etc.

Mais paradoxalement, si la marque est aujourd'hui un tel monument, n'est-elle pas fragile ? Le temps ne peut-il pas en affaiblir les bases ? Il faut donc comprendre le fonctionnement psychologique et socioculturel du chewing-gum dans notre société et en tirer les leçons pour la marque.

Dans les sociétés primitives (et dans quelques autres) la pâte à mâcher est l'un des éléments quotidiens de la vie en groupe. En simplifiant beaucoup, on peut dire que mâcher est un acte qui doit se lire de deux façons différentes :

- au plan individuel : mâcher agit comme un réducteur de tension en provoquant un mouvement répétitif et sécurisant ; le chewing-gum est en cela proche de la cigarette. Il peut y être associé comme il peut s'y substituer ;
- au plan social : le fait de mâcher signifie l'appartenance au groupe. Unis par le même geste, les différents individus partagent donc quelque chose d'intime et de fortement significatif. Les recherches de la psychologie sociale montrent que les groupes produisent des signes.

On voit coexister autour de nous des individus qui manifestent volontairement leur appartenance à un groupe (voire à plusieurs) par leurs tenues vestimentaires, leurs façons de s'exprimer, de se comporter, etc. En allant plus loin, ces signes peuvent même être décodés comme des « signaux » c'est-à-dire des signes manifestes, volontaires, dont la fonction première est de dire : « j'appartiens à tel groupe ».

Les produits de consommation sont souvent des produits de consommation de signes[2].

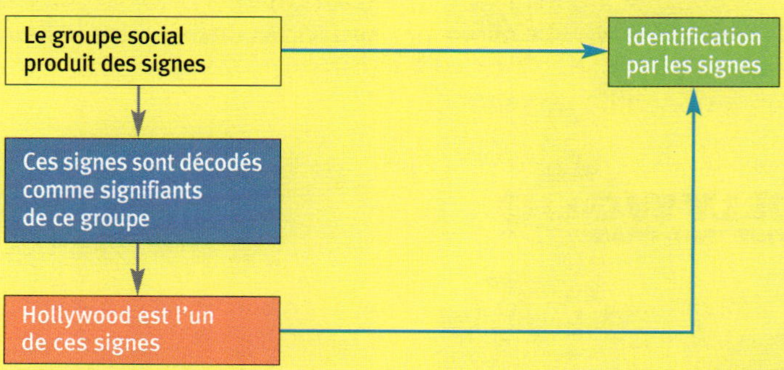

La marque Hollywood peut donc utiliser le modèle proposé et intégrer la marque comme l'un des signes distinctifs et constitutifs d'un groupe.

(1) *Contrairement aux apparences, Hollywood est une marque purement française rachetée par Cadbury.*

(2) *Lire à ce sujet : J. Baudrillard,* Le système des objets, *Gallimard, 1968 et* La société de consommation, *Gallimard, 1970.*

L'examen attentif d'un film publicitaire d'Hollywood montre :
- un groupe de jeunes en train de se livrer à des activités « tribales » ;
- un don du chewing-gum ;
- un décor « sauvage » ;
- une rythmique scandée comme une danse rituelle ;
- la marque Hollywood brandie comme appartenant au groupe.

Ainsi, vont se voir modernisés des systèmes communs à l'homme depuis des millénaires, des systèmes de type archaïque où la modernité (orchestration, vêtements, style de vie des jeunes Américains) ne sont que des trompe-l'œil pour masquer un processus d'identification extrêmement puissant. Les pressions normatives peuvent être fortes, en effet, dans nos sociétés. La mode que l'on suit ou que l'on ne suit pas avec la même détermination, les opinions que l'on affiche, les journaux qu'on laisse dépasser ostensiblement de sa poche, sont des exemples de la façon dont on cherche à manifester des modèles symboliques, parfois caricaturaux, des groupes et de leurs styles de vie. C'est ainsi que même si le public ne peut s'identifier à ces jeunes sportifs bronzés et alertes, c'est l'identification au groupe et aux valeurs qu'ils représentent qui va faire fonctionner le système.

Les techniques d'études utilisées dans ce cas ne sont pas de type strictement publicitaire. Elles se fondent plutôt sur des disciplines comme la psychanalyse, l'ethnologie, la psychologie sociale. On citera pour mémoire les méthodes de type psychanalytique utilisées dans les interviews en profondeur et les méthodes d'observation héritées de l'ethnographie.

Section 2
Les filtres : attitudes, implication

Consciemment ou non, les individus sont actifs face à une communication. Ils la rejettent en tout ou partie, en raison notamment de leur degré d'intérêt pour le sujet traité. Ils interprètent les messages, consciemment ou non. Ils cherchent à se rassurer sur leurs comportements d'achat, à se trouver de « bonnes » raisons pour continuer à aimer ou à détester une marque. Ils cherchent à se simplifier la vie, ils aspirent à plus de « confort » en renforçant leurs attitudes préalables et en éliminant les informations contradictoires avec ce qu'ils savent et ce qu'ils ressentent.

1/ Les attitudes : consonance et dissonance

Même s'il s'en donne parfois l'illusion, le consommateur ne sélectionne pas que l'information qui lui permettrait de faire des choix rationnels et optimaux. Il préfère l'information qui conforte ses choix, ses opinions ou ses attitudes préalables. Autrement dit, il cherche plus souvent à se donner raison qu'à être raisonnable. C'est vrai pour les achats de biens de grande consommation mais aussi, plus fréquemment qu'on ne le croit, pour les biens industriels.

Les théories de la consonance (ou de la dissonance) expliquent comment le consommateur réagit face à des informations divergentes. Ce sont déjà des théories du traitement de l'information et de la décision. Les plus marquantes sont la théorie de la congruence (*congruity theory*) développée par Osgood et Tannenbaum (1955), la théorie de l'équilibre (*balance theory*) et la théorie de la dissonance cognitive, la plus fameuse. On la doit principalement à Festinger[1].

a) La théorie de la dissonance cognitive

Il y a dissonance lorsque le consommateur reçoit des informations discordantes qui vont le déranger, perturber ses opinions et ses attitudes. Il a tendance à résister mais si la dissonance est très forte, elle peut l'amener à remettre en cause les choix qu'il a faits dans le passé, ou les choix qu'il s'apprêtait à faire.

Pour le publicitaire, la dissonance cognitive n'est intéressante à étudier et à prendre en compte que lorsqu'elle modifie les attitudes et les comportements du consommateur, c'est-à-dire lorsqu'elle est à un niveau suffisamment élevé.

1° Quand y a-t-il dissonance ?

Le produit ou le sujet, autour duquel se crée un état de dissonance, doit être suffisamment impliquant pour le consommateur, sinon une information même contradictoire avec l'expérience passée du consommateur ne le perturbe pas. Il n'y a pas de dissonance pour des produits de faible intérêt comme les ampoules, les insecticides ou les mouchoirs en papier. Par contre, la dissonance pourra se produire pour des sujets aussi importants que les *hobbies*, la politique ou des produits qui mettent en jeu la santé du consommateur comme les cigarettes.

L'information dissonante doit être forte, c'est-à-dire à la fois suffisamment impliquante et discordante. Plus le consommateur a des informations, des opinions et des attitudes précises et fermes, plus la dissonance sera repoussée mais plus elle sera forte lorsqu'elle se produira. L'information dissonante provient de sources suffisamment crédibles sinon elle sera aisément écartée par le consommateur. Cela signifie qu'une publicité antitabac créera moins de dissonance chez les fumeurs que l'article d'un journaliste, que l'avis d'un ami et, à plus forte raison, que le diagnostic et la recommandation d'un médecin.

La dissonance cognitive est temporaire. On suppose qu'elle ne peut pas rester de façon permanente à un niveau élevé puisqu'un tel état de tension serait insupportable à long terme. Si la dissonance est forte, le consommateur compose pour la réduire. La dissonance se produit à certains moments privilégiés qui correspondent aux situations où le risque perçu est le plus important, c'est-à-dire juste avant et juste après une décision importante.

2° Comment le consommateur réagit-il ?

On a déjà noté que le consommateur cherche plus à réduire la dissonance qu'à régler, au fond et de façon rationnelle le vrai problème qui a créé la dissonance. Le plus souvent, le consommateur adopte l'une des solutions suivantes :

(1) *Sur les théories de la consonance et sur la dissonance cognitive, v. notamment :*
– *Festinger,* A theory of cognitive dissonance, *Harper and Row New York, 1957 ;*
– Theories of cognitive consistency, *publié sous la direction de Abelson, 1968 ;*
– *David Sean et Jonathan Freedman, « La perception sélective de l'information »,* Public opinion quaterly, *1967.*

- Le consommateur évite l'information qui peut le perturber. Ainsi, les gros fumeurs qui culpabilisent, fuient l'information sur le cancer du poumon. Ils cherchent à passer à côté de la publicité. Il faut donc en faire dans des médias où l'audience est la plus captive comme la télévision, par exemple, mais ils peuvent changer de chaîne lorsqu'il y a une émission médicale qui traite ce sujet, ils « sautent » les articles dans les magazines, ils détournent la conversation lorsqu'on leur en parle. On peut se demander s'il ne vaut pas mieux parfois valoriser le comportement des non-fumeurs que d'essayer de culpabiliser les gros fumeurs.
- Le consommateur réduit la portée de l'information dissonante en « interprétant » l'information pour la rendre moins dérangeante, notamment en « rationalisant faussement », c'est-à-dire en avançant des explications apparemment logiques qui justifient son comportement. Par exemple, il fait appel à d'autres informations qui diminuent l'impact de la dissonance. Il adopte ainsi souvent des conduites ou des explications alibis : « Je n'avale pas la fumée », « La voiture est bien plus dangereuse que le tabac ».
- Le consommateur peut aussi remettre en cause la crédibilité de la source de l'information dissonante : « Ces journalistes n'y connaissent rien... ».
- Si rien n'y fait, le consommateur peut alors changer son comportement ou modifier profondément ses opinions et ses attitudes. Il s'arrête de fumer et accepte, en fin de compte, de brûler ce qu'il a encensé.

b) Les conséquences pratiques de la théorie de la dissonance

Les conséquences de la théorie de la dissonance cognitive sur la pratique publicitaire ne sont pas négligeables.

1° Les objectifs fixés à la publicité doivent être réalistes. On ne peut pas lui demander de modifier radicalement des attitudes et des comportements d'achat dont le changement se traduirait par une tension importante. Un message publicitaire dissonant risque de ne pas être vu et s'il est vu, de ne pas être cru.

2° On cherchera à crédibiliser au maximum l'information publicitaire. On pourra par exemple utiliser des leaders d'opinion dont l'autorité est incontestable : les médecins, dans ce cas. Retrouver des affiches ou des documents antitabac dans la salle d'attente de son médecin ou mieux, l'entendre appuyer l'effort publicitaire contre le tabac seront des atouts décisifs pour pousser le fumeur à tenter quelque chose.

3° On utilise un code rationnel qui est l'alibi d'achats dont les mobiles sont à dominante irrationnelle. On a déjà évoqué des exemples empruntés à la hi-fi, à la photographie, à l'automobile, etc.

4° S'agissant de modifier en profondeur des comportements alors que le consommateur offre beaucoup de résistance, il faudra jouer, plus que jamais, sur la durée et la continuité de l'effort publicitaire.

5° La dissonance se produit fréquemment dans la période qui suit immédiatement un achat à haut degré de risque perçu, pour lequel le consommateur a beaucoup et longtemps hésité. Parce qu'il fallait se décider, il s'est finalement laissé faire par un vendeur plus habile mais sa décision d'achat ne l'a pas totalement satisfait. Ce peut être celui qui vient d'acheter une automobile de sport (alors que ce père de famille « savait » qu'il aurait dû acheter un *break*) ou ce consommateur qui s'est acheté un *break* alors qu'il rêvait depuis son adolescence de s'offrir une voiture sportive. Ces deux consommateurs vont chercher à réduire l'état de tension en recherchant activement une information consonante, les confortant dans la justesse des choix faits. C'est ainsi qu'ils verront mieux que jamais la publicité faite pour la marque qu'ils viennent d'acheter. Ils solliciteront l'avis de leurs amis en leur demandant, en fait, de ratifier leur décision d'achat. Ils deviendront des émetteurs très actifs de jugements positifs sur la marque, pour se convaincre eux-mêmes. Cette période post-achat est particulièrement favorable à la publicité. La publicité ne s'arrête pas à la vente. Pour les achats importants, impliquants et risqués, à haut degré potentiel de dissonance, les campagnes devraient intégrer cette dimension trop peu explorée.

2/ L'implication

On retiendra la définition de Rothschild (1984) :

> « L'implication est un état inobservable de motivation, d'excitation ou d'intérêt. Elle est favorisée par des variables externes (nature du produit, contexte) et par des variables internes (le moi, les valeurs). Elle se manifeste par des types de recherche, de traitement de l'information et de prises de décision. »

a) Les déterminants de l'implication

1° L'implication dépend des caractéristiques du consommateur

- ***Elle dépend de ses centres d'intérêt***

Une ménagère traditionnelle est évidemment plus impliquée par le lancement d'une nouvelle lessive qu'un jeune célibataire.

- ***Elle dépend de ses besoins,*** notamment de ses besoins psychologiques, comme le besoin d'affirmation du moi et de ses besoins sociaux comme le désir d'appartenance à un groupe de référence. La publicité cherche souvent à stimuler ces types de besoins.

- ***Elle dépend de sa connaissance et de son expérience du produit***

Voir figure ci-contre.

Deux types de consommateurs : fortement et faiblement impliqués

Le consommateur fortement impliqué	Le consommateur faiblement impliqué
■ Accorde beaucoup d'importance à l'achat du produit et y passe du temps. ■ Fait des différences entre les marques et a des croyances solidement ancrées sur les différentes marques. ■ S'intéresse à la publicité et aux informations concernant le produit, parfois, les recherche activement. ■ A tendance à rejeter les informations contraires à ses croyances. ■ Est attentif au bouche à oreille et aux signes d'approbation sociale. ■ Est lui même un émetteur d'information et de conseil vers d'autres consommateurs.	■ Accorde peu d'importance à l'achat du produit. ■ Ne fait pas de vraies différences entre les marques. ■ Ne s'intéresse pas à la publicité et a tendance à accepter passivement n'importe quelle information. ■ A un comportement d'achat routinier mais peut essayer facilement une nouvelle marque par curiosité, l'essai étant pour lui le principal moyen d'évaluation d'une marque. ■ Ne recherche pas d'approbation sociale. ■ Ne parle pas du produit ou de la marque à d'autres consommateurs.

Figure 3

2° L'implication varie selon la fonction utilitaire et sociale des produits

De nombreux chercheurs (Hupfer et Gardner (1971), Agostini (1978), Hirsham (1982), etc.) ont essayé de caractériser les catégories de produits en fonction du degré d'implication des consommateurs. On lira le tableau suivant, à titre d'exemple, sachant qu'il est difficile d'évaluer avec précision un niveau d'implication et qu'il évolue dans le temps (l'achat d'une machine à laver est aujourd'hui beaucoup moins impliquant qu'il ne l'était, dans les années cinquante, lorsque c'était une innovation qui transformait la vie des femmes). Enfin, pour une catégorie de produits donnée, tous les consommateurs ne sont pas également impliqués. Le degré d'implication peut être un puissant critère de segmentation.

Le degré d'intérêt des produits pour les consommatrices
par J.-M. Agostini (les chiffres – indicatifs – sont donnés pour 100 consommatrices)

Produits	L'achat est important	La marque est importante	L'achat et la marque sont importants
Champagne	60	70	50
Fromage	80	54	48
Serviettes périodiques	35	54	46
Lessive	45	47	33
Petit déjeuner	44	37	29
Boissons gazeuses	43	36	22
Désodorisant	29	22	15
Mouchoirs en papier	23	23	13
Ampoules	14	15	7

Figure 4

3° L'implication dépend du contexte d'achat

L'implication peut être différente pour deux produits identiques, l'un acheté pour soi, l'autre pour un cadeau.

Exemple

☞ Concurrent d'Interflora, Aquarel permet d'offrir des fleurs via Internet. Sur le site www.aquarel.fr, on choisit un bouquet, on écrit le mot qui l'accompagnera, on vérifie qu'il a bien été livré et on reçoit la photo du bouquet qui a été livré. Autant de services pour mettre en confiance des acheteurs fortement impliqués.

b) Risque perçu et implication

Plus le risque perçu lors d'un achat est important, plus l'implication est forte. Plus le produit et le contexte d'achat mettent en cause une valeur centrale du consommateur, plus l'implication est forte.

Le risque perçu par le consommateur peut être analysé en trois[1] composantes principales :

- *le risque physique*, lié à la possession ou l'usage du produit ;
- *le risque financier*, lié au prix du produit, à son coût d'entretien et aux ressources du consommateur ;
- *le risque psychosociologique*, particulièrement important lorsqu'on attend que le produit ou la marque renvoie à soi-même ou à autrui une image de soi valorisante.

Le risque perçu dépend de la personnalité de chaque individu et varie selon son expérience. Un produit nouveau, une situation nouvelle accroissent le risque perçu.

Exemple

☞ Une primipare attache plus d'importance aux marques et aux publicités des couches culottes qu'une mère de famille qui a cinq enfants.

Dans une situation jugée risquée, le consommateur va chercher à se tirer d'affaire au mieux, en recherchant de l'information, en la sélectionnant, en l'interprétant à sa manière pour réduire le risque perçu et prendre une décision plus confortable que vraiment rationnelle.

Face au risque, un individu consomme plus d'informations de sources différentes. Il privilégie les sources les plus crédibles qui sont souvent des sources personnelles ; il fait confiance aux marques célèbres.

1° La publicité est plus efficace dans les situations à risque moyen

Elle cherche à diminuer le risque en valorisant le savoir-faire du producteur (l'expérience, la recherche scientifique, les démonstrations techniques), en apportant la garantie apportée d'une marque connue, en s'engageant sur des résultats et des services (par exemple, le contrat de confiance de Darty), en mettant en scène des témoignages de consommateurs heureux, en évoquant la caution de leaders d'opinion.

2° Quand le risque perçu est très élevé, la publicité est rarement un moyen déterminant pour rassurer le consommateur

Comment faire confiance à une communication intéressée quand les enjeux sont importants ? La publicité peut faire une partie – mais une partie seulement – du travail de réassurance en multipliant les signes de confiance (témoignages,

(1) Certains auteurs comme T. Roselius identifient une quatrième catégorie : le risque de perte de temps.

chartes d'engagements, labels, « tiers de confiance »[1], etc.). Elle cherche à créer un contexte favorable à l'action décisive des prescripteurs et des vendeurs qui sont des sources personnelles plus efficaces, soit parce qu'elles semblent être désintéressées, soit parce qu'elles s'adaptent mieux au cas particulier de chacun.

3° Quand le risque perçu est nul, le rôle de la publicité est faible

Il se limite, mais ce n'est déjà pas si mal, à construire et à entretenir la notoriété et à rappeler l'existence des produits. Quand le risque perçu est très faible, le consommateur achète le produit le moins cher, au lieu de distribution le plus proche. C'est par exemple, le cas de l'essence évoqué plus haut.

La publicité pourra chercher à « dramatiser » la situation pour accroître le risque perçu : « Dans l'essence de la marque X, il y a des ingrédients qui protègent votre moteur » (sous-entendu, avec l'essence sans marque des supermarchés, vous pouvez le casser).

La publicité peut aussi produire de « l'implication par contagion » en inscrivant un produit peu impliquant dans une situation qui l'est beaucoup plus. C'est un bon moyen pour attirer l'attention mais cela ne suffit pas toujours à donner beaucoup plus d'intérêt à la marque et à ses produits.

Mettre le produit dans une situation « impliquante »

Source : Renova France.

Section 3
L'attention, la perception, la compréhension et la mémorisation

Entre l'envoi d'un message, sa réception et son effet final, il y a beaucoup de pertes et de transformations.

1/ L'attention sélective

Les consommateurs sont très sélectifs et ils ont de bonnes raisons pour se comporter ainsi. La sélectivité des messages publicitaires a, pour eux, au moins trois vertus :

(1) On appelle « tiers de confiance » une institution ou une personne (par exemple, un notaire, un expert incontestable) dont le statut apporte une réelle garantie.

– *les protéger d'une « overdose » d'informations* et de publicité, en particulier. Ainsi, plusieurs études ont montré que près de 50 % des internautes avertis (ceux qui fréquentent assidûment Internet) ne voient plus les bannières publicitaires ;
– *les aider dans leur processus de décision* en sélectionnant très rapidement l'information qui facilite leur choix. Dans un hypermarché, au milieu de plusieurs milliers de références, on repère tout de suite les marques connues. On voit immédiatement les affichettes « Promotion » lorsqu'on est sensible aux prix ;
– *leur apporter plus de « confort »* en ne faisant attention qu'aux informations conformes à leurs croyances, à leurs expériences ou aux attitudes qu'ils ont formées préalablement sur les produits et les marques. C'est le principe de consonance.

L'attention que l'on porte à la communication qui nous environne dépend de notre « niveau d'alerte » variable selon le contexte dans lequel on se trouve. Ainsi, l'attention portée à un message publicitaire ou à un publipostage proposant une promotion sur les prix de micro-ordinateurs est forte si on est sur le point d'en acheter un, faible, voire nulle si on vient d'en acheter un. On pourra même occulter complètement le message, de peur de découvrir qu'on a fait une mauvaise affaire. C'est la perception défensive. On n'aime pas voir les messages qui dérangent. On en a donné un exemple précédemment avec une publicité pour la sécurité routière où l'on voit une femme accidentée dont la jambe déchiquetée est semblable à de la tôle endommagée.

a) L'attention sélective comme mécanisme protecteur

L'environnement du consommateur est de plus en plus encombré d'informations de toute nature et notamment de messages publicitaires. S'il percevait et traitait tout ce qui s'offre à lui, il serait rapidement saturé. Quelques études ont été faites, aux États-Unis notamment, pour estimer le volume moyen de publicité auquel un individu est exposé. Les chiffres sont impressionnants. Dans une étude qui date du début des années soixante-dix , deux professeurs d'Harvard[1] estiment à un millier environ, le nombre de messages commerciaux de toute sorte (publicitaires et autres) qui peuvent être vus quotidiennement par un individu. D'autres travaux font des estimations qui tournent autour de six cents messages publicitaires, parfois beaucoup plus. Le comptage est imprécis et les chiffres avancés ne sont que des moyennes qui peuvent varier beaucoup en fonction des pays et de la pression publicitaire, du lieu (ville ou campagne), de l'activité des personnes, etc. Dans tous les cas de figure, le volume des messages commerciaux est impressionnant et il s'accroît constamment.

De tous les messages perceptibles quotidiennement, un individu en voit effectivement moins d'une centaine. Seule, une toute petite fraction, moins de 10 %, a une chance de laisser une trace quelconque.

(1) « Advertising in America : a consumer view », *Bauer et Greyser. Harvard.*

La mortalité effrayante des messages publicitaires

Figure 5

Si on augmente sensiblement le nombre des messages commerciaux dans l'environnement immédiat d'un individu, il n'en verra guère plus. Tout se passe comme s'il y avait comme un seuil maximum de perception au-delà duquel on rejette énormément. Dans des pays comme le nôtre, ce seuil est atteint. Comme les dépenses de publicité, de marketing direct, de promotion, etc. croissent continuellement, on en conclut qu'il y a de plus en plus de communications qui n'arrivent pas à leurs destinataires. Émerger dans un contexte de plus en plus encombré est devenu aujourd'hui un problème de toute première importance.

b) Les moyens pour attirer l'attention

Il y a deux méthodes principales, non exclusives, pour accrocher le regard ou l'oreille des consommateurs. La publicité peut chercher à s'imposer par la répétition et la taille de ses formats ou bien elle peut chercher à attirer et séduire par la forme et le contenu des messages. Cette seconde voie est plus intelligente et moins coûteuse. Encore faut-il être séduisant, ce qui n'est pas simple lorsqu'on n'a rien à dire de nouveau.

1° Les méthodes de la publicité « imposée »

On en distingue trois.

- *La réclame*

C'est un mécanisme de conditionnement primaire des consommateurs qui a été présenté dans les pages précédentes.

- *L'utilisation de supports à audience captive*

On sélectionne des supports et on choisit des contextes où le consommateur peut difficilement échapper à la publicité. C'est le cas, par exemple, de la publicité dans les wagons de métro, dans les salles d'attente, voire dans les salles de cinéma où l'audience est plus captive qu'à la télévision. Cette méthode a des applications limitées parce qu'il y a peu de cas où l'audience est absolument captive. Par ailleurs, on observe que lorsque le consommateur n'a pas la liberté d'échapper facilement à la publicité, il développe rapidement un puissant sentiment de publiphobie.

- ***Les formes très intrusives de publicité***

Ce peut être : le marketing téléphonique, la publicité dans les *e-mails*, les interventions des entreprises dans les forums de discussion sur Internet, le démarchage à domicile, etc.

Les consommateurs acceptent de plus en plus mal ces formes d'intrusion dans leurs espaces privés d'où l'idée de *permission marketing*[1] ou marketing soumis à autorisation préalable du consommateur.

2° La publicité accrocheuse

Toute publicité doit d'abord savoir capter l'attention de la cible.

- ***La créativité média***

C'est une façon originale d'utiliser l'espace publicitaire dans les médias. L'insolite attire l'attention : une publicité en relief sur un panneau ou qui déborde du panneau ou des pages d'un magazine, une page parfumée, etc.

- ***La rupture des codes publicitaires classiques***

Surprendre pour attirer l'attention et donner une personnalité originale à la marque : ces méthodes sont développées dans la deuxième partie de cet ouvrage où l'on traite de la création, des codes et de leur rupture.

- ***La publicité aguicheuse***

Un publicitaire américain a dit, avec un peu d'humour qui n'est pas dénué de bon sens :

> « Si votre publicité n'est pas vue, mettez-y une femme ; si elle n'est toujours pas vue, déshabillez-la ; si ça ne suffit pas, présentez la nue. Si ça ne marche pas, changez de modèle. »

PUBLICITÉ POUR UNE MARQUE DE JEANS

Source : photo de Hervé Lewis.

(1) *Le* permission marketing *autorisé est une notion qui a été développée dans le livre de Sheth Godin,* Permission marketing, *qui fut un des directeurs de Yahoo !; cela consiste à soumettre à l'accord préalable des individus le recueil des données personnelles et leur inscription dans les listes de diffusion des* mails *commerciaux, des* newsletters *ou autres messages.*

Plus récemment, on s'est aperçu qu'on pouvait déshabiller également les hommes : « Pourquoi pas ? », répondent les consommatrices, jeunes et moins jeunes.

LES HOMMES NUS NE SONT PLUS TABOUS

Source : Lacoste ; agence KCD.

À défaut de femme ou d'homme nus, l'expérience montre que les bébés ont aussi un fort pouvoir d'attraction.

L'animal familier est également d'un usage fréquent, surtout le chien à la condition qu'il soit gros et à poils longs. Le summum de la créativité, garantissant un pouvoir d'accroche maximum de la publicité, consisterait-il à faire figurer dans la même annonce, une femme nue avec un bébé et un gros chien à longs poils blancs ? La publicité sera vue mais l'accroche, lorsqu'elle est artificielle, vampirise le message du produit et de la marque. Certes, elle attire le consommateur mais ce dernier se « rince » l'œil sans s'intéresser au produit.

- ***La transgression des interdits***

On pourrait être tenté de classer ce type d'accroche dans la catégorie précédente mais, par définition, on n'est plus dans le registre du stéréotype mais bien plutôt de l'antistéréotype.

PUBLICITÉ BENETTON : LA NONNE ET LE CURÉ

- *L'intrigue*

Deux principaux procédés sont utilisés.

◦ Le *teasing*[1]

On conçoit la campagne en deux temps : une phase d'intrigue (« Qu'est ce que c'est ? Pour quel produit ? ») suivie quelques jours plus tard d'une phase dite « de révélation » où le consommateur trouve la réponse à l'énigme.

MYRIAM, LA CAMPAGNE CULTE DE LA FAMILLE *TEASING*

Source : Club Med.

(1) *En anglais* « tease » *signifie intriguer, exciter (par exemple :* strip tease*).*

Les campagnes *teasing* peuvent avoir beaucoup d'impact mais elles nécessitent de gros budgets et elles doivent être très créatives pour intriguer réellement les consommateurs qui sont de plus en plus blasés et experts en mécanismes publicitaires.

◦ Compliquer la perception, voire la compréhension du message

Cela va tout à fait à l'encontre des principes classiques de la publicité qui veulent qu'elle soit claire et qu'elle délivre son message immédiatement et sans ambiguïté. Mais les consommateurs, surtout les jeunes, sont de plus en plus avertis et parfaitement capables de comprendre une ellipse ou un message au second degré. La publicité difficilement déchiffrable devient un jeu, réservé à la tribu des initiés. On en trouvera des exemples dans le développement sur la publicité post-moderne (v. partie 2, chapitre 2).

2/ La perception

On ne présentera ici que les principes majeurs qui expliquent la perception des messages.

a) Le contexte culturel détermine la perception

La perception n'est pas ce que le sens commun croit qu'elle est[1]: elle constitue toujours un processus actif, constructif (et non passif) qui s'accomplit dans le cadre d'une culture. Elle n'est donc pas un simple miroir tendu à la réalité.

La perception procède d'un décodage : elle n'est pas le résultat direct de la seule stimulation sensorielle externe. Ceci explique l'importance du contexte culturel qui donne une signification ultime aux messages diffusés.

b) La perception du tout et la perception des éléments

Pour la psychologie de la forme, la *Gestaltpsychologie*, la perception du tout est antérieure à celle des parties, ou comme le souligne Jean Noël Kapferer[2]:

> « Ce sont les propriétés relationnelles qui créent la forme et non pas l'assemblage de chacune des sous-parties. »

L'organisation des perceptions est un processus cognitif qui consiste à interpréter des stimuli en les mettant en relation, les uns avec les autres ou avec d'autres sensations, images ou souvenirs.

1° Le contraste élément central/éléments périphériques[3]

Notre cerveau a tendance à distinguer un élément central des éléments périphériques, ce qui se traduit souvent par un contraste entre un premier plan et un arrière-plan. Ce mécanisme est utilisé très classiquement dans la publicité par la mise en avant d'un produit sur un fond neutre ou flou.

2° Le regroupement

Dans le processus de groupement, le cerveau met en relation des stimuli disparates afin de faire une image d'ensemble qui a un sens. Les publicitaires peuvent jouer sur ce processus et proposent ainsi une double lecture selon la façon dont on regroupe les éléments constituants la publicité.

(1) *L'alinéa qui suit est de Francis Balle,* Publicitor, *5e édition, Dalloz, 2001.*

(2) *Jean Noël Kapferer.* Les chemins de la persuasion, *op.cit.*

(3) *Ce qui suit est extrait de l'ouvrage de Lendrevie, Lévy, Lindon,* Mercator, *7e édition, Dalloz, 2003, page 148.*

Exemple

☞ CLM-BBDO avait créé une publicité pour le parfum Poison de Dior qui fonctionnait sur le mode perceptuel du regroupement : la photo montrait une jeune femme dénudée devant un miroir, mais les objets posés devant le miroir et les reflets sur la glace formaient une image d'ensemble qui représentait une tête de mort. Ce jeu entre deux niveaux de perception permettait de signifier l'alliance de la séduction (la jeune femme dénudée devant son miroir) et du vénéneux (la tête de mort), une alliance bienvenue pour un parfum nommé Poison !

3° La complétude

Lorsqu'une image est incomplète, on a une tendance naturelle à la compléter, en s'appuyant sur notre mémoire et notre sens de la déduction. Ainsi, les lecteurs expérimentés lisent vite car si leur vision ne perçoit qu'une partie des signes, leur cerveau tend à compléter ces signes pour donner un mot ou une phrase.

Les publicitaires peuvent utiliser ce fonctionnement de notre perception pour solliciter l'interrogation du client et l'impliquer dans le message. On laisse le lecteur consommateur faire un bout du chemin lui même. On l'incite même à jouer avec la publicité, à inventer l'histoire qui va avec. Si le consommateur rentre dans la mécanique de l'annonce, l'impact sera plus fort : meilleure trace mémorielle et meilleure relation à la marque.

Exemple

☞ Les campagnes publicitaires légendaires pour la vodka Absolut ont depuis l'origine mis en vedette la bouteille elle-même. Les créatifs imaginent sans cesse de nouvelles formes de représentation, à la fois visuelles et symboliques, qui sont un jeu entre le consommateur et la marque : le lecteur est souvent invité à compléter l'image pour y retrouver la forme de la bouteille. À chacune de ses métamorphoses, la bouteille Absolut prend de nouvelles incarnations (guidées souvent par la mode) qui enrichissent dans le même temps le sens de la marque.

DÈS LA PREMIÈRE PUBLICITÉ D'ABSOLUT, LA VEDETTE ÉTAIT LA BOUTEILLE, ON JOUA ENSUITE À LA FAIRE (PRESQUE) DISPARAÎTRE

Source : Absolut country of Sweden vodka & logo, Absolut, Absolut bottle design and Absolut calligraphy are trademarks owned by v&S vin & sprit AB. 2003. Graphist : Geneviève Gauckler, absolut.com Enjoy with Absolut responsibility.

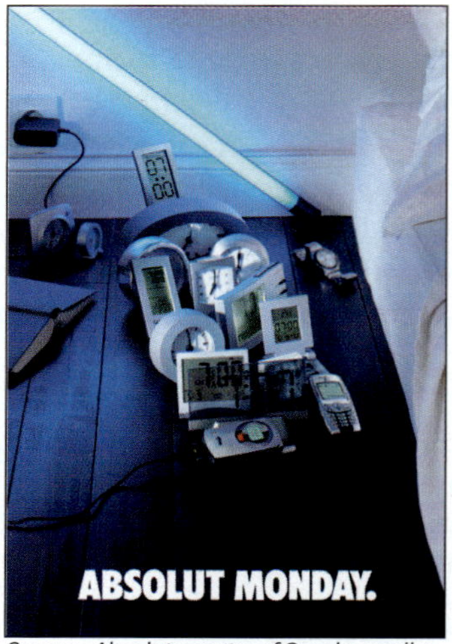

Source : Absolut country of Sweden vodka & logo, Absolut, Absolut bottle design and Absolut calligraphy are trademarks owned by v&S vin & sprit AB. 2003. Photo : Philippe Garcia. absolut.com Enjoy with Absolut responsibility.

4° L'ambiguïté

L'ambiguïté consiste à percevoir des stimuli qui peuvent être interprétés et compris de façons différentes, voire opposées. L'avantage d'un message ambigu est qu'il peut conduire à une plus grande implication de la part du consommateur qui va s'interroger sur le sens du message qui lui est transmis. Cette ambiguïté peut aussi être mal maîtrisée et conduire à l'inverse à une interprétation non voulue du message.

Source : Euro RSCG Worldwide.

Les publicitaires peuvent jouer sur des registres très différents pour susciter l'adhésion. Dans la publicité de gauche, la conviction passe par une argumentation très développée sur les performances techniques. Le produit est le héros. Il est Hercule. Ses travaux sont des exploits incroyables mais démontrés : 300 000 kilomètres à 93 de moyenne !

Dans la publicité de gauche, on ne parle plus des caractéristiques du produit et *a fortiori* de ses performances. Il a même totalement disparu. C'est une communication de marque, une marque que l'on a projetée dans l'univers de séduction de Claudia Schiffer.

N'en concluons pas trop vite qu'il y a ici une publicité moderne et une autre... du passé, l'une qui fonctionne aujourd'hui, l'autre qui ne le pourrait plus. La communication sur les performances du produit est toujours d'actualité, à la condition évidente que ce produit ait réellement des éléments de supériorité à faire valoir !

Deuxième partie
La publicité : méthodes et techniques

La publicité est concurrencée par le développement des autres métiers du monde de la communication. Elle doit s'adapter pour répondre à l'évolution des médias, comme aux attentes des annonceurs. Elle bénéficie toutefois d'un point de supériorité qui la rend irremplaçable : sa capacité à créer des émotions, à associer des imaginaires aux marques, à construire du sens et de la différence. À ce titre, elle a encore de beaux jours devant elle et reste souvent le moteur de la communication.

Après avoir introduit cette partie par une définition de la publicité en plusieurs volets, on analyse dans le premier chapitre la stratégie publicitaire en traitant ses différents niveaux : l'entreprise, la marque, le produit. Ces réflexions mènent directement à la création. Il ne peut y avoir de bonne campagne sans bonne stratégie. Le chapitre 2 traite des différents registres de la création et donne les clefs de jugement d'une idée créative, avant d'aborder les modes de production des campagnes. Le chapitre suivant est consacré à l'analyse des grands médias, aux techniques d'études de leurs audiences et aux méthodes de choix des médias et supports (média-planning).

Les marques vivent de plus en plus hors de leurs frontières d'origine. Le chapitre 4 est consacré aux campagnes internationales. Le chapitre 5 présente les agences et leurs clients : les annonceurs. Qui sont-ils ? Comment sont-ils organisés ? Quelles sont les pratiques pour choisir et rémunérer les agences ? On aborde enfin dans le chapitre 6 les méthodes d'évaluation de l'efficacité publicitaire, une mesure souvent délicate mais qui n'a rien d'impossible comme certains le prétendent.

Plan de la seconde partie

Introduction
LES DÉFINITIONS DE LA PUBLICITÉ

À partir de son sens originel : « action de rendre public », « état de ce qui est rendu public », la publicité n'a pris sa signification moderne que vers les années 1830. Cette date a son importance puisqu'elle lie le développement de la publicité à celui de l'industrialisation et à l'essor des marchés de grande consommation.

Les définitions classiques de la publicité, celles que l'on rencontre dans les dictionnaires les plus répandus, ne sont guère satisfaisantes.

Exemples de définition

☞ *Petit Larousse :*

> « Ensemble des moyens employés pour faire connaître une entreprise industrielle ou commerciale, pour vanter un produit, etc. ».

On ne peut pas réduire la publicité à l'action de faire connaître ou de vanter. Cette définition ne différencie pas la publicité des autres moyens de l'entreprise, tels que la promotion des ventes, les relations publiques ou les vendeurs qui, eux aussi, font connaître leurs entreprises et vantent leurs produits.

☞ *Petit Robert :*

> « Le fait, l'art d'exercer une action psychologique sur le public à des fins commerciales ».

Cette définition est à la fois trop large car elle s'étend à tout l'art de la vente et trop étroite puisque les fins de la publicité peuvent ne pas être commerciales.

☞ Aaker et Myers sont mieux inspirés. Dans leur ouvrage *Advertising management*, ils définissent la publicité comme :

> « une communication de masse, faite pour le compte d'intérêts qui sont identifiés. Ce sont ceux d'un annonceur qui paie un média[1] pour diffuser un message qui est généralement créé par une agence de publicité ».

Cette définition a le mérite de bien distinguer ceux qui participent à la fonction publicitaire, mais elle est encore trop imprécise sur les domaines de la publicité et surtout sur ses modes d'influence et sur ce qui la différencie des autres sources d'information du consommateur.

☞ Salacrou qui a été un grand publicitaire, livre sa propre définition :

> « La publicité est une technique facilitant soit la propagation de certaines idées, soit les rapports d'ordre économique entre certains hommes qui ont une marchandise ou un service à offrir et d'autres hommes susceptibles d'utiliser cette marchandise ou ce service ».

Cette définition est assez proche de ce que l'on pense mais réduire la publicité à une technique sans y introduire la part de l'intuition, de l'art et de l'imaginaire fait qu'elle ne peut totalement satisfaire.

(1) Tout au long de cet ouvrage, on écrit un média, des médias selon l'usage dans la publicité.

En fin de compte, la publicité se prête mal aux définitions lapidaires, en raison de la diversité des formes qu'elle peut prendre et des causes qu'elle peut servir.

La publicité est une communication de masse qui est partisane. En ce sens, elle ne peut pas être confondue avec de l'information, au sens strict. Adaptée aux économies de marché, outil de concurrence, la publicité n'est pas pour autant exclusivement marchande et elle peut défendre des institutions, des causes sociales ou politiques. Elle peut beaucoup mais elle ne sait pas faire de miracles. On recourt à elle de façon très variable selon les secteurs, la conjoncture, les saisons. Tous les médias peuvent l'intéresser et elle les intéresse tous.

Ce sont toutes ces caractéristiques que l'on présente dans les pages qui suivent, en les illustrant par des messages publicitaires car il n'est pas de meilleure définition de la publicité qu'elle-même.

Section 1
LA PUBLICITÉ EST UNE COMMUNICATION PARTISANE

La publicité n'est pas de l'information au sens habituel du terme :

- elle est payée par l'annonceur, pas par le destinataire. Elle est donc intéressée, au service d'une cause le plus souvent commerciale mais qui, parfois, peut être sociale ou politique ;
- elle se distingue de l'information, à la fois sur le fond et sur la forme.

LE PARTI D'UN PRODUIT

Sur le fond, elle est plus proche de la démarche de l'avocat que de celle du journaliste. Elle ne vise pas l'objectivité. Elle se sait, et on la sait, unilatérale et subjective. Elle cherche à influencer des attitudes ou des comportements, pas seulement à transmettre des faits. Les informations que la publicité véhicule sont des moyens ou des arguments. Ils ne sont pas une fin en soi.

LE PARTI D'UN PARTI

Sur la forme, la publicité se distingue de l'information. Les messages sont brefs, denses et sélectifs. La publi-

LE PARTI D'UN MÉTIER

Source : Marine nationale.

cité cherche d'abord à être attrayante et séduisante. Elle mêle à des doses variables, le rationnel et l'affectif. Elle procède par « flashes », par allusions, par touches, par ellipses. On ne peut donc pas la confondre avec une fiche descriptive, un mode d'emploi ou un étiquetage informatif.

La publicité se différencie aussi de la propagande. Elle se présente à visage découvert, sans cacher sa nature et ses intentions. L'annonceur signe, par sa marque, ses déclarations. Il en assume la responsabilité. La publicité agit sans contrainte. Par sa forme ou son emplacement, la publicité annonce au lecteur, à l'auditeur ou au spectateur qu'elle est publicité et qu'elle va tenter de le séduire. Quand on cherche à la dissimuler sous des formes plus anonymes, à lui donner les fausses apparences de l'information et de l'objectivité, on trompe le consommateur et on rend un mauvais service à la publicité. La publicité clandestine tue la publicité.

La publicité est partisane mais son ambition n'est pas foncièrement idéologique. Elle fait abstraction des options politiques ou philosophiques, même si elle peut être mise au service de telles causes, au risque d'ailleurs de se pervertir pour revenir à l'état de propagande. La véritable nature de la publicité est la séduction, son domaine premier, celui des objets, son système celui de la compétition. La publicité naît de la concurrence et la fait vivre.

Section 2
Pas exclusivement marchande

La publicité est une technique. À l'évidence, ce sont les entreprises qui l'utilisent le plus, mais elle est également à la disposition des institutions, des groupements, des services publics.

Son rôle n'est pas exclusivement commercial. Elle aide, bien sûr, à faire vendre (ou à faire acheter), mais elle peut contribuer aussi à faire épargner. Elle appartient autant à la société de communication qu'à la société de consommation.

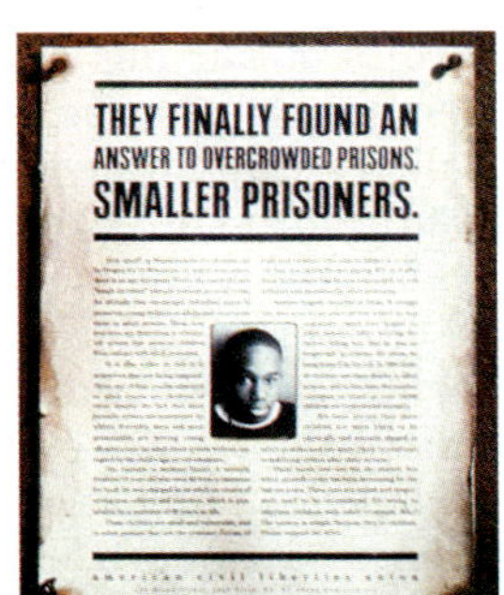

Source : www.aef.com ; Agence deVito Verdi, New York. Annonceur : American civil liberties Union.

Elle est concernée non seulement par le consommateur mais aussi par le citoyen, par l'usager, par l'administré, par l'adhérent. À côté des campagnes d'intérêts privés peuvent se développer des campagnes d'intérêt général ou d'intérêt collectif. Le recours aux techniques publicitaires peut ainsi servir des objectifs désintéressés comme il sert largement des objectifs lucratifs.

Économies d'énergie, meilleures pratiques d'hygiène, alimentation plus équilibrée, conduite automobile plus sûre, protection contre le cambriolage, promotion du travail manuel ou de la condition féminine, voilà, parmi d'autres exemples, des voies nouvelles dans l'évolution de la publicité. Elles sont significatives et prometteuses.

Aujourd'hui, l'État est devenu l'un des tout premiers annonceurs, parce qu'il ne suffit plus de réglementer pour être obéi et parce qu'une meilleure prévention suppose un immense effort de communication et de persuasion, sans cesse renouvelé.

Section 3
Née de l'industrialisation

La publicité moderne est née avec la révolution industrielle, la production en série, l'urbanisation, les grands magasins, les moyens de communication de masse, les transports en commun, et l'élévation du niveau de vie.

Certes, auparavant, il existait des enseignes, des prospectus, des « placards ». Mais ces expressions publicitaires restaient limitées et très ponctuelles. La publicité, en tant qu'institution identifiable et corps de techniques, supposait l'élargissement des marchés.

La société paysanne et artisanale était basée sur des cadres territoriaux étroits et sur des rapports personnels. Son échelle de valeurs était appuyée sur la tradition et sur l'expérience transmise d'une génération à l'autre. Dans les relations entre fournisseurs et clients, la fidélité était primordiale et l'innovation, comme le changement, perçus comme suspects. La renommée était due exclusivement aux produits longuement établis. Il n'était pas de bon ton de vouloir forcer la porte du succès. « Bon vin n'a pas d'enseigne », telle était la devise de cette époque. Il en reste encore aujourd'hui quelque chose dans notre morale et les jugements que l'on porte sur les pratiques commerciales.

Le progrès technique a entraîné une considérable multiplication, diversification et disponibilité des produits et des services, en même temps qu'un développement prodigieux des moyens de transport et de diffusion, tant matériels qu'informationnels. Il y a eu de ce fait une convergence et une cohérence certaines entre production de masse, communication de masse, consommation de masse. La publicité, ce fut en quelque sorte l'industrialisation de l'art de vendre grâce au recours aux nouveaux médias que la technologie avait permis. Désormais, il était nécessaire, et il était possible de s'adresser d'emblée à des millions de clients potentiels, chez eux ou tout au long de leurs déplacements.

Face à leur liberté de choix, il est devenu indispensable, pour s'assurer les meilleures chances d'être choisi, d'être le mieux connu et le plus aimé. La publicité fait sortir de l'anonymat des produits et des services qui tendent de plus en plus à se rassembler. Elle les rend éligibles dans des marchés qui sont désormais soumis à une campagne électorale permanente où la compétition est de plus en plus vive.

Section 4
NI SCIENCE NI ART

La publicité n'est pas une science. Elle n'obéit pas à des lois rigoureuses. Elle n'est ni une physique des comportements, ni une chimie des réactions, ni une biologie collective. Son domaine, c'est l'humain et le social, c'est-à-dire le champ des impondérables. C'est donc une technique largement empirique, qui peut certes faire de larges emprunts à des disciplines telles que l'économie, la psychologie, la sociologie, etc. mais qui ne se confond pas avec elles. Cependant, la publicité n'est pas de la magie ou de la sorcellerie. Son attitude est de plus en plus expérimentale. Elle n'est pas essentiellement fondée sur des inspirations ou des dons. Elle se nourrit de faits, de recherches, de tests. Elle s'efforce aussi de mesurer ses effets. C'est un métier de professionnels et non un bricolage d'amateur.

EFFETS TYPIQUES DE LA PUBLICITÉ DANS LE TEMPS

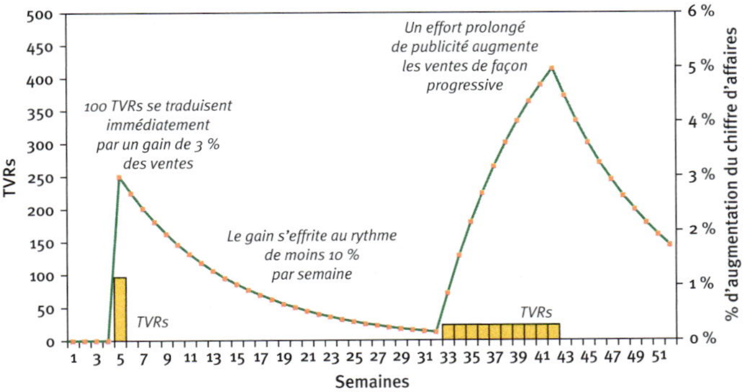

Source : DDB Matrix.

Panneau de céramique signé M. Simas.

Les publicitaires ne sont ni des saltimbanques, ni des géomètres mais, tout de même, un petit peu de chaque.

La publicité n'est pas non plus un art. Elle n'en a ni la pure subjectivité ni la gratuité, même si elle est d'abord une activité de création. Elle a des objectifs concrets, précis, prosaïques même, au service de tiers. Le discours publicitaire a ses règles propres. Sa vocation fondamentale n'est pas de plaire ou de distraire, mais d'influencer dans un sens déterminé et dans des délais assez rapides. Elle est étroitement tributaire du présent immédiat. Elle ne peut jouer à l'incomprise, et faire appel au jugement de l'avenir. La publicité est une communication instantanée et éphémère. Plaire et durer ne sont pour elle que des moyens. Les affiches de Toulouse-Lautrec sont devenues des œuvres d'art (et elles l'ont vraisemblablement toujours été dans l'esprit de leur auteur) mais c'est une exception. Pour le Moulin Rouge, il s'agissait avant tout d'attirer la clientèle, et non de faire du mécénat.

Section 5
« Tout le monde, il est beau... »

La publicité est optimiste. C'est dans notre monde, surchargé de communication la seule qui n'annonce que des bonnes nouvelles, qui ne voit que le bon côté des choses et qui écrit des contes de fées pour supermarchés. La publicité voit le monde avec des lunettes roses. Son registre est celui de la comédie, du vaudeville et de l'opérette, jamais celui du drame. Elle pratique peu le sarcasme et même son ironie n'est pas méchante. Elle sait que le miel est un meilleur appât que le vinaigre. Son but est d'attirer la sympathie ou l'empathie comme aiment le dire les publicitaires. La vie est belle, le ciel est bleu, les femmes sont séduisantes ou peuvent facilement le devenir, les enfants sont sains et charmants, les familles unies, les belles-mères sentencieuses et encombrantes, les maisons agréables, les travaux se transforment en jeux, etc.

La publicité ne peut cesser d'être conventionnelle dans un sens que pour le devenir dans un autre. Elle reflète et récupère les stéréotypes des différents milieux qu'elle vise. Snob avec les snobs, familière avec les jeunes, cordiale, ronde et fleur bleue avec le « peuple », compassée avec les bourgeois, gentiment contestataire quand c'est la mode, prudemment audacieuse quand les mœurs se libèrent, à la fois « phallo », « macho » et championne de l'émancipation féminine. La publicité c'est à la fois toutes les modes, toutes les aspirations et toutes les contradictions d'un moment. À cet égard, la publicité ne se distingue guère des médias de grande diffusion (magazines, radio, télévision) qui sont pareillement

La publicité de Benetton n'a pas été toujours aussi consensuelle. Bousculer les conventions de la publicité peut être payant mais n'est pas sans risque.

condamnés au conformisme s'ils veulent plaire au plus grand nombre pour maintenir des taux élevés de lecture ou d'écoute.

D'ailleurs, il n'appartient pas à la publicité d'être un miroir véridique réaliste et sans complaisance d'une société. Ceux qui le lui demandent se trompent sur son rôle et sur sa raison d'être. Tout le monde sait qu'elle exagère et qu'elle gomme ; et c'est bien ce que l'on attend d'elle. Elle a une fonction cosmétique. Mais maquiller ce n'est pas tromper, c'est embellir une réalité. Les conflits, les crispations, les tensions (familiales, sociales, politiques) trouvent suffisamment ailleurs l'occasion de s'exprimer. Il ne peut être question ici que de promouvoir une existence plus facile et plus agréable. Et de la faire avec légèreté, sans pédantisme et sans endoctriner. Dans quel but, et au nom de quoi, les annonceurs commanditeraient-ils la morosité ? La publicité n'aime pas les esprits chagrins. Ils le lui rendent bien.

Quand Dove ose la beauté vraie...

Source : Agence Ogilvy et Mather.
Crédit photo : Ian Rankin.

Section 6
Relativité

On aurait tort de considérer que la publicité est l'arme absolue du succès. De nombreux échecs, malgré l'importance des budgets engagés, incitent à l'humilité. La publicité est un élément d'une stratégie générale à laquelle elle doit s'intégrer. Ce n'est pas une panacée.

On ne peut lancer une campagne publicitaire en faisant abstraction de la nature, des qualités spécifiques, du prix relatif, et du positionnement du produit ou du service considéré. Il est impossible aussi de négliger l'extension et la qualité de sa distribution, la valeur de sa mise en avant au point de vente, les forces et les initiatives de ses concurrents.

La publicité peut contribuer, à la rigueur, à corriger certaines erreurs de conception ou de vente, elle peut contrebalancer, dans une certaine mesure, des faiblesses intrinsèques, conjoncturelles ou commerciales. Mais elle ne peut pas annuler les insuffisances d'une politique erronée en matière de produit, de prix, de distribution ou de service après-vente. Même à coups de millions, on ne peut imposer un produit peu adapté au marché, excessivement cher, insuffisamment diffusé, mal perçu par la distribution ou dont les performances réelles ne sont pas conformes aux promesses publicitaires.

La publicité peut tout, sauf les miracles.

La publicité peut tout, sauf les miracles.

« Lancée en 1958 par une campagne tonitruante, l'Edsel, du prénom du fils unique de Henri Ford, est le résultat d'années d'études marketing et le plus grand échec de l'histoire de l'automobile.
Objet de nombreux quolibets, la grille verticale de sa calandre fut comparée à une lunette de WC, voire à un sexe féminin. En 1960, les ventes du modèle chutèrent à 2 846 exemplaires et sa production fut arrêtée. »

Commentaire et publicité extraits de *30 ans de publicité Volkswagen*, de O. Darmon, R. Noël et E. Holden, Hoëbeke, 1993.

La publicité influence certes les décisions des consommateurs mais ceux-ci ne sont pas manipulés au point d'en perdre définitivement et collectivement leur jugement. L'impact de la publicité ne parvient pas à neutraliser la concurrence par les prix, par l'innovation, par les services, par la présence dans la distribution. Comme l'a écrit le professeur Lambin :

> « La différenciation exclusivement publicitaire a peu de prise sur le consommateur. L'élément de rationalité économique est probablement plus vivace qu'on ne le suppose. La réceptivité la plus élevée est toujours observée vis-à-vis des arguments les plus tangibles du marketing. Et le contenu de la publicité est souvent plus important que son niveau absolu ».

Section 7
Souvent publicité varie...

La publicité est une activité saisonnière. Pour des raisons variées mais pas toujours convaincantes, elle se déploie en mars-avril-mai-juin puis en septembre-octobre-novembre-décembre. Son étiage le plus bas est en juillet-août mais elle se traîne aussi en janvier-février. Ni le cœur de l'hiver, ni le plein de l'été ne lui sont favorables.

La publicité est très sensible aussi au climat économique. Les aléas conjoncturels, l'optimisme ou le pessimisme des entrepreneurs se traduisent dans son volume et dans son évolution. Moins qu'autrefois, car les annonceurs, surtout les plus importants, ont aujourd'hui des réactions moins instinctives et ils ont pris conscience que la publicité n'était pas simplement un luxe des périodes prospères mais aussi un coût d'exploitation aussi nécessaire et aussi évident que les dépenses d'énergie ou de matière première.

La publicité varie aussi beaucoup selon les secteurs et les économies. Son importance, mesurée par rapport au chiffre d'affaires, est très différente de secteur à secteur, et dans le même secteur, d'entreprise à entreprise, et même au sein de la même firme, de produit à produit, de marque à marque. Ces divergences illustrent des options stratégiques différentes et doivent être éclairées à la lumière de la nature des articles, de leur cycle de vie, de leur image, de leur importance relative pour la société, de leur mode de distribution, de la politique tarifaire et commerciale pratiquée avec les revendeurs, etc.

Quant au poids de la publicité dans les différents pays, les considérables distorsions enregistrées ne peuvent s'expliquer uniquement par l'inégalité des niveaux de développement économique. Elles reflètent des spécificités nationales de structures de production, de distribution, de consommation et même de comportement.

Si le volume de la publicité varie d'une saison et d'un marché à l'autre, sa forme, ses arguments changent beaucoup d'une époque à l'autre et d'une culture à l'autre. Ce que le publicitaire s'est interdit hier, il se l'autorise aujourd'hui ; à moins que ce soit l'inverse.

Les années 1950.

Les années 2000.

Section 8
Porte-parole et faire-valoir…

La publicité a ses spécialistes qui sont les publicitaires. Elle a aussi ses entreprises spécialisées, qui sont les agences. Pour devenir des vedettes, les produits et services, même les plus réussis, ont besoin d'imprésarios (et parfois même de pygmalions). Les meilleurs faire-valoir ou porte-parole sont des tiers assez proches et assez distants pour bien saisir les points forts, savoir les formuler et être capables de les transmettre de façon appropriée.

Grâce aux agences, les entreprises et les institutions disposent d'interprètes qui sont des techniciens de la communication et des médias, et qui les aident aussi bien dans le « quoi dire ? » que dans le « comment le dire ? » et « où le dire ? ».

Cinq annonceurs

VW
Pampers
DARTY
McDonald's
DIM

Cinq agences

PUBLICIS
EURO RSCG
DDB
TBWA\PARIS
SAATCHI & SAATCHI

Finalement, l'essentiel de la publicité dans un pays ou dans une société est modelé et créé par les agences. Certes, il arrive aussi, assez exceptionnellement, que certains annonceurs importants renoncent à leurs services pour se mijoter leur propre publicité, très généralement sans succès.

L'évolution de la publicité, les nouvelles formes de la communication en marketing direct, promotion des ventes, design, relations publiques, etc. ont été déterminées en premier lieu par les agences dont l'apparition coïncide d'ailleurs avec la naissance de la publicité, au vrai sens du terme. Leur développement a été le moteur de la publicité moderne. Leur production exprime et inspire tout ce qu'il y a de réellement significatif dans ce domaine.

Section 9
Pluralisme

Film TV.

Il est bien connu que la publicité fait feu de tout bois. En d'autres termes, elle est polygame par nature et ne s'attache vraiment à aucun « support ».

Pour elle, tous les médias, au fur et à mesure qu'ils apparaissent (et qu'ils lui sont accessibles...), sont les bienvenus et elle leur fait (ou reçoit volontiers) des offres de service. Au besoin, elle en invente.

Presse, radio, télévision, affichage, cinéma, Internet : à des degrés divers, tous sont des vecteurs de publicité. À la fois concurrents et complémentaires. Tous tirent de la publicité une partie importante (et parfois la totalité) de leurs ressources, ce qui leur permet de développer leurs contenus et d'élargir leurs audiences, au moindre coût pour leurs usagers. On a dit de la publicité qu'elle était le parasite des médias ; elle en est devenue la mère nourricière.

Pour diffuser ses messages, la publicité combine et associe les supports et les médias, sans préjugé idéologique, sans exclusive partisane. Ses choix sont justifiés, aussi objectivement que possible, par des considérations de coûts, de couvertures relatives, ou d'adéquation aux objectifs soit de contenu soit de public. Elle n'a d'obligation envers aucun de ses véhicules, ou candidats-véhicules. Les titres et les emplacements qu'elle néglige n'ont qu'à en prendre leur parti, ou à s'en prendre à eux-mêmes. Il faut aussi mériter ses faveurs, en sachant s'adapter aussi à ce rôle de « support ». Mais de son côté, elle aurait plutôt tendance à préférer l'orchestre à l'instrument unique.

D'ailleurs la publicité ne se limite pas aux grands médias. Elle a aussi d'autres flèches à son arc. Publicité sur les lieux de vente, publicité directe par voie postale ou par distribution à domicile, publicité par l'objet, publicité aérienne, stands et expositions, etc., la panoplie est large et l'imagination des publicitaires jamais défaillante : on les a déjà vus utiliser les enveloppes de chèques postaux, les programmes, les menus, les sacs, les tee-shirts, les sachets d'allumettes et jusqu'à des montgolfières.

Encarts.

Annonces presse.

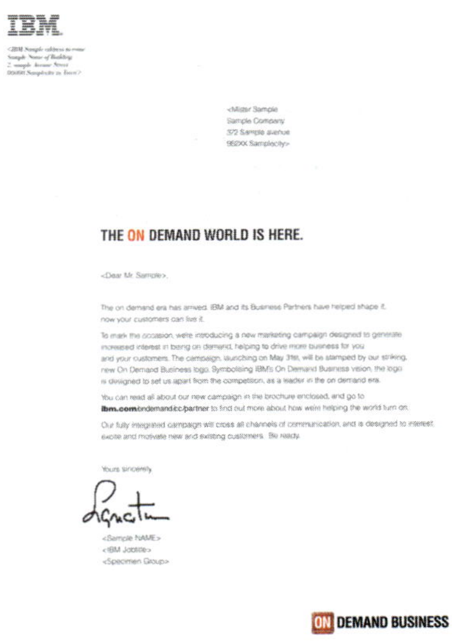
<Mister Sample>
Sample Company
372 Sample avenue
9SXXX Samplecity>

THE ON DEMAND WORLD IS HERE.

<Dear Mr Sample>,

The on demand era has arrived. IBM and its Business Partners have helped shape it, now your customers can live it.

To mark the occasion, we're introducing a new marketing campaign designed to generate increased interest in being on demand, helping to drive more business for you and your customers. The campaign, launching on May 31st, will be stamped by our striking new On Demand Business logo. Symbolising IBM's On Demand Business vision, the logo is designed to set us apart from the competition, as a leader in the on demand era.

You can read all about our new campaign in the brochure enclosed, and go to **ibm.com/ondemand.cc/partner** to find out more about how we're helping the world turn on.

Our fully integrated campaign will cross all channels of communication, and is designed to interest, excite and motivate new and existing customers. Be ready.

Yours sincerely

<Sample NAME>
<IBM Jobtitle>
<Specimen Group>

ON DEMAND BUSINESS

Marketing direct.

Sites Internet.

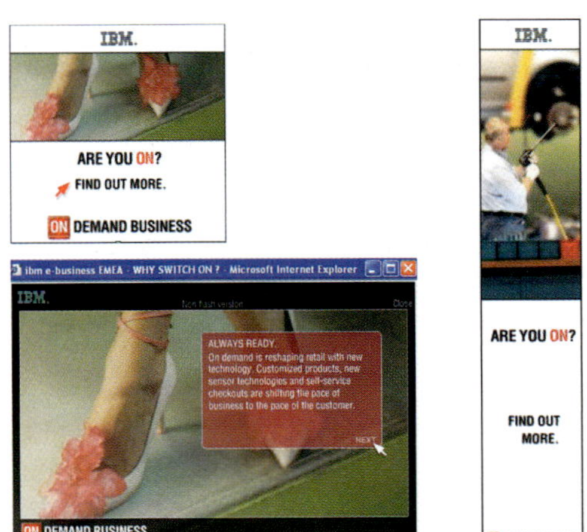

Bannières et *pop-up*.

Source : www.harley-davidson.com.

Cette annonce Harley Davidson montre combien une grande idée créative doit s'appuyer sur une stratégie. Harley Davidson, c'est avant tout une personnalité de marque, déclinée au fil des années et reposant sur la valeur de liberté. Cette annonce est la plus belle mise en scène de l'idée de liberté.

Chapitre 1

La stratégie publicitaire

Pourquoi la stratégie ?

Après tout, la publicité ne devrait-elle pas être laissée aux mains des seuls créatifs ? Ce sont leurs idées qui apportent une véritable valeur ajoutée et séduisent les consommateurs. Pas si simple. On peut faire un coup publicitaire brillant sans stratégie, mais on ne peut pas inscrire le développement d'un produit ou d'une marque dans la durée sans piloter le sens de la communication.

La stratégie a plusieurs fonctions :

- elle canalise l'expression créative et la canalise ;
- elle oriente la cohérence des différentes prises de parole d'une marque ou d'un produit. Elle l'inscrit ainsi dans la pérennité, et dépasse le cadre d'une simple campagne ;
- elle assure la pertinence du discours par rapport aux attentes des consommateurs ; et démultiplie ainsi l'efficacité d'un message ;
- elle différencie un produit ou une marque de ses concurrents ;
- elle exprime l'engagement d'une marque ou la promesse d'un produit à son public.

Bref, la stratégie n'est pas inutile. Elle est même primordiale dans un marché qui se durcit, où les produits sont de moins en moins différents, où le bruit publicitaire tourne à la véritable cacophonie. Un discours stratégique facilite l'émergence. Il doit être précis, et clair. Il augmente ainsi l'efficacité des messages.

On ne peut plus se permettre aujourd'hui le luxe de faire l'impasse sur la stratégie. On ne peut plus aller vers les créatifs en n'ayant rien à dire, et en espérant qu'ils vont concevoir une belle campagne. Il faut bien identifier en amont le problème à résoudre, l'histoire marketing qu'on choisit de raconter.

Plan du chapitre

Section 1
CONNAÎTRE ET COMPRENDRE LE CONSOMMATEUR : LES CIBLES DE COMMUNICATION

Une cible de communication est l'ensemble des personnes visées par une action de communication. Il y a donc une cible touchée par la publicité, une autre par les actions de marketing direct, une autre par la promotion des ventes, etc. Certaines cibles sont volontairement différentes, beaucoup sont communes à plusieurs actions mais elles sont touchées à des moments, dans des contextes, parfois avec des messages différents mais qui doivent être cohérents.

1/ LA DIVERSITÉ DES CIBLES DE COMMUNICATION

Les cibles de communication sont diverses : elles vont de l'interne aux consommateurs, sans oublier les actionnaires ou les citoyens. Pourtant la communication ne peut être conçue de façon totalement indépendante pour les différents types de publics auxquels elle est destinée.

D'une part, ces différents publics peuvent être communs.

Exemple

☞ L'acheteur d'une Clio peut être un actionnaire de Renault et un citoyen sensibilisé aux problèmes écologiques.

D'autre part, la communication peut déborder largement du contexte dans lequel on l'a inscrite.

Exemple

☞ Quand Michelin a annoncé simultanément de bons résultats financiers et un plan de réduction des effectifs pour améliorer sa rentabilité à terme (communication financière), cela a provoqué des remous en interne malgré les tentatives d'explication des dirigeants (communication interne), avant de devenir une affaire nationale avec des prises de position du gouvernement et de la classe politique. Une communication financière était devenue une communication (involontaire) interne puis une communication (involontaire) sociétale. Elle aurait pu avoir des conséquences au niveau commercial, par exemple si elle avait déclenché un boycott de la marque.

L'exigence de responsabilisation des entreprises implique qu'on ne peut plus penser la publicité comme s'adressant simplement à des consommateurs. Elle s'adresse à des individus.

2/ LES CIBLES DE COMMUNICATION ET LES CIBLES MARKETING

Une cible de communication se déduit de la cible marketing mais elle en est souvent différente. La cible marketing se compose de tout ou partie des acheteurs (actuels et potentiels) du produit que l'on vend.

La cible de communication est généralement plus large que la cible marketing puisqu'elle comprend non seulement les acheteurs et les utilisateurs mais aussi tous ceux qui peuvent influencer le marché : relations professionnelles, amis, leaders d'opinion, journalistes, pouvoirs publics, etc.

Dans d'autres cas, on choisit une cible de communication beaucoup plus étroite que la cible marketing :

- soit parce qu'on ne s'intéresse qu'à un seul segment du marché (par exemple, les consommateurs occasionnels pour les fidéliser) ;
- soit parce que le budget est trop faible pour toucher efficacement un très grand nombre de personnes ;
- soit parce qu'on veut avoir un ton de communication homogène.

Exemple

☞ On imagine une cible marketing 20-40 ans. On ne s'adresse pas de la même façon aux jeunes de 20 ans qu'aux adultes de 40 ans. Les tons, les styles de communication ne sont pas identiques sur ces deux populations. On choisit donc d'adopter le style de communication de la population la plus fédératrice. On sait que notre culture privilégie un certain « jeunisme ». Les valeurs des 20-30 ans exercent ainsi un effet d'appel sur les 30-40 ans. On pourra ainsi développer une campagne au style homogène qui respecte les codes des 20-30 ans mais qui peut aussi séduire la tranche d'âge supérieure.

3/ La cible générale et le cœur de cible

Afin de mieux concentrer l'effort de communication, on distingue souvent, au sein de la cible générale, un sous-ensemble que l'on appelle *cœur de cible.* On lui accorde un traitement particulier en raison de son importance. Le cœur de cible est surexposé ou bien il bénéficie d'un traitement différent.

Exemple

☞ Si une cible générale, composée de femmes de 18 à 35 ans, est touchée par un plan TV, le cœur de cible ayant été défini comme des citadines de 18 à 25 ans et de catégories de revenu A et B +, pourra être touché une seconde fois par un plan cinéma. Des opérations de marketing direct, de promotion ou de relations publiques peuvent être aussi des moyens adaptés au traitement particulier d'un cœur de cible.

Plus la cible générale est vaste, plus on a intérêt à définir un cœur de cible. Ce dernier se compose souvent des catégories suivantes :

- les utilisateurs les plus importants ;
- les consommateurs ayant, à terme, le plus grand potentiel (par exemple, les jeunes) ;
- les leaders d'opinion.

4/ La segmentation des cibles de communication

L'analyse du processus de décision d'achat permet de déterminer les personnes qui jouent un rôle important. On peut ainsi distinguer de nombreuses catégories d'intervenants. Il y a les décideurs, ceux qui achètent, les utilisateurs qui font remonter leur expérience d'usage aux décideurs et les « influenceurs ». Ces derniers peuvent être subdivisés en leaders d'opinion, préconisateurs, prescripteurs. Chacun des intervenants dans le processus d'achat peut-être considéré comme une cible de communication spécifique, que l'on peut décider de traiter ou pas selon le budget.

Il y a des marchés pour lesquels on ne s'adresse qu'à une seule catégorie. Ainsi, l'achat de cigarettes est généralement un achat « automatique » qui ne met en jeu que l'acheteur. Pour d'autres marchés, on vise plusieurs catégories, parfois toutes. Ce cas de figure est fréquent dans les marchés de grande consommation. On peut ainsi chercher à séduire les consommateurs et les dentistes pour accompagner la communication grand public d'une marque de dentifrice. De même, les pédiatres et les infirmières dans les maternités sont une cible importante pour une marque de couches-culottes ou un lait premier âge. On est souvent confronté à ce problème quand on développe des campagnes de produits pour enfants achetés par les mères. Les enfants sont fortement prescripteurs et sont sensibles à des arguments liés à la gourmandise. En revanche, les mères achètent et sont soucieuses de donner à leur enfant un produit bon pour sa santé. Les campagnes traitent ainsi les deux sujets, en rassurant les mères tout en séduisant les enfants. Cet exercice n'est pas toujours facile.

5/ Les cibles quantitatives et les cibles qualitatives

a) Les cibles quantitatives

Elles sont définies sur des critères de type CSP, critères sociodémographiques, géographiques, etc. qui ont tous en commun de permettre un dénombrement précis des individus composant la cible sur chacun de ces critères.

b) Les cibles qualitatives

Elles sont définies en décrivant les attentes des consommateurs et en utilisant des critères qui expliquent leurs attitudes et leurs comportements. On cherche ainsi à connaître et décrire leurs centres d'intérêt et leur degré d'implication, à travailler sur des critères psychologiques et sociologiques (comme les styles de vie).

Exemple

☞ Pour le lancement du yogourt à boire Dan'up, Danone a défini une copy stratégie avec les cibles suivantes :

- Cible quantitative :
  - ménagères de moins de 50 ans ;
  - présence d'enfants au foyer ;
  - catégories de revenu A, B, C ;
  - hommes et femmes de 15 à 24 ans.
- Cible qualitative :
  - des consommateurs qui recherchent un produit tonique qui leur permettra de retrouver la forme ;
  - des consommateurs qui jugent Dan'up comme une façon intelligente, sympathique et actuelle de consommer en tout lieu, à tout moment, un produit qui redonne du tonus ;

– des enfants et des adolescents qui seront attirés et séduits par le mode de consommation « boire au goulot ».

• Cœur de cible :
Les jeunes de 15 à 24 ans.

Quand on définit les cibles de communication, on peut multiplier à l'infini les critères d'analyse et de segmentation mais les inconvénients l'emportent rapidement sur les avantages.

Les sous-ensembles identifiés ne doivent pas être trop étroits. Les critères utilisés doivent être explicatifs des comportements et être opérationnels.

Les critères d'analyse des cibles réunissent rarement toutes les vertus souhaitables. Ainsi, les critères que l'on appelle « quantitatifs » ne sont pas toujours explicatifs des attitudes et des comportements mais ils sont opérationnels car ce sont ceux qui sont utilisés par les organismes d'étude pour analyser l'audience des supports publicitaires. Les critères qualitatifs expliquent mieux les comportements réels mais ils sont encore peu utilisés pour décrire les audiences des médias. Si on a caractérisé une cible sur des critères de styles de vie, il faut, pour faire de la publicité, connaître l'audience des supports publicitaires en termes de styles de vie, ce qui n'est pas donné pour tous les supports.

Section 2
Définir les objectifs de la publicité

La publicité étant un élément du *marketing-mix*, elle est en service de la stratégie marketing. Parfois les objectifs de la publicité et ceux du marketing peuvent se confondre. C'est le cas lorsque la publicité peut avoir un rôle direct sur le comportement d'achat ou d'utilisation des produits par les clients.

Exemples

☞ Multiplier les occasions de consommer en faisant valoir de nouvelles utilisations du produit.
☞ Augmenter la fréquence de consommation par les acheteurs habituels.

Mais le plus souvent la publicité n'est qu'une étape dans le processus qui se conclut par un achat ou un réachat. Dans ces cas, les objectifs de la publicité ne sont pas exprimés en termes de vente ou de part de marché mais en notoriété, image, modification des attitudes, etc.

Exemples

☞ Accroître la notoriété d'un produit auprès des prescripteurs.
☞ Rajeunir une marque vieillissante et recruter de jeunes consommateurs.

Il y a trois principaux types d'objectifs de publicité, issus du modèle de la hiérarchie des effets qui a été présenté dans la partie précédente au chapitre 2, section 2 :

– faire savoir : développer par exemple la notoriété, expliquer les caractéristiques d'un nouveau produit, donner l'adresse des lieux de vente du produit, etc. ;
– faire aimer : développer la préférence de marque en modifiant de façon positive son image ;
– faire agir : créer du trafic vers un point de vente, inciter à essayer un nouveau produit, fidéliser, etc.

On notera que les objectifs publicitaires ne sont pas universels et que la publicité doit souvent être complétée par d'autres actions comme la promotion des ventes (faire agir), le parrainage d'événements et les relations publiques (faire savoir et faire aimer), le marketing direct (faire savoir, faire aimer, faire agir).

1/ La notoriété

a) Les définitions et les méthodes de mesure de la notoriété

Le taux de notoriété d'une marque est le pourcentage de personnes, dans un public donné, qui :

– connaît l'existence de la marque ;
– sait, en plus, la catégorie de produits ou le secteur économique auxquels elle appartient.

Exemple

☞ La notoriété de la marque Kia est le pourcentage de personnes qui la connaissent et qui savent que c'est une marque d'automobiles.

Ainsi, la notoriété est un peu plus que le simple souvenir d'une marque et beaucoup moins que l'image qui est un ensemble souvent complexe d'associations, de représentations et de jugements de valeurs.

1° Les trois types de notoriété

Figure 1

LA PYRAMIDE DE LA NOTORIÉTÉ [1]

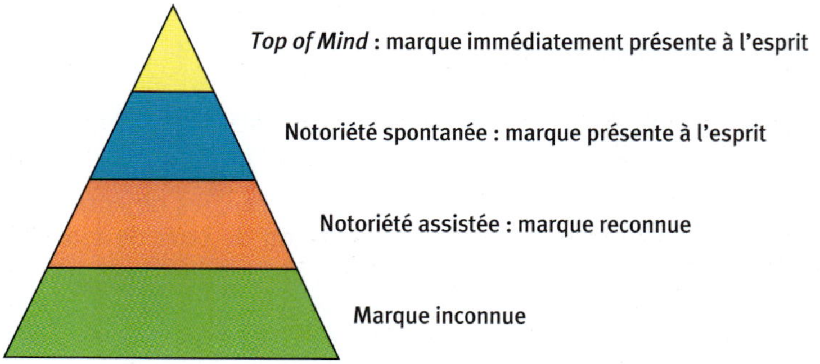

• ***La notoriété assistée : marque reconnue***

Le taux de notoriété assistée est le pourcentage de personnes qui disent connaître une marque présentée dans une liste.

(1) *D. Aaker et J. Lendrevie,* Le management du capital marque, *Dalloz, 1997.*

Exemple

☞ Si on fait l'étude de la notoriété d'une marque de lessive, on pose la question suivante : « Parmi ces marques...(suit une liste de marques), quelles sont les marques de lessive que vous connaissez ? »

- ***La notoriété spontanée : marque présente à l'esprit***

Le taux de notoriété spontanée est le pourcentage de personnes qui citent spontanément la marque. La question posée est alors une question ouverte.

Exemple

☞ « Citez-moi toutes les marques de lessive que vous connaissez. »

- ***La notoriété* Top of Mind *: marque immédiatement présente à l'esprit***

On peut traduire *Top of Mind* par « notoriété spontanée de premier rang ». Quand on pose une question pour connaître la notoriété spontanée, on relève l'ordre de citation des marques. La notoriété spontanée de premier rang est le pourcentage de personnes qui citent spontanément la marque en premier.

2° La fausse notoriété

On ne prête généralement pas assez attention aux erreurs de mesure de la notoriété. Or, elles peuvent être considérables. Bon nombre d'entreprises raisonnent sur des chiffres faux.

La notoriété assistée d'une marque peut être faussée par la confusion avec une autre marque.

Exemple

☞ Le mousseux Veuve Amiot a un taux de notoriété assistée important parce que cette marque rappelle la célèbre Veuve Clicquot.

La mesure de la notoriété spontanée dépend beaucoup de la formulation de la question posée.

Exemple

☞ On obtiendra des valeurs très différentes de la notoriété spontanée de la marque Suze pour chacune des questions suivantes :
– « Quelles sont les marques d'alcool que vous connaissez ? »
– « Quelles sont les marques d'apéritifs que vous connaissez ? »
– « Quelles sont les marques d'apéritifs à la gentiane que vous connaissez ? »

Les scores de notoriété doivent préciser la nature du public interrogé. S'agit-il d'une notoriété étudiée auprès des clients actuels, des clients potentiels, de tout le monde ?

Enfin, comme on le verra dans le paragraphe suivant, la notoriété spontanée s'évanouit très vite lorsque cessent les actions de communication. La date de la mesure de la notoriété spontanée est donc d'une grande importance. Une variation sensible du score de notoriété peut n'être due qu'à une variation des dates d'enquêtes par rapport à celles des campagnes de publicité.

b) L'intérêt relatif des différentes formes de notoriété

Notoriété assistée, notoriété spontanée et *Top of Mind* ne sont pas trois notions interchangeables.

1° Chaque indicateur de notoriété se comporte différemment

Les réponses des consommateurs peuvent être très nombreuses en assisté. En revanche, leur mémoire est très sélective en spontané. En dehors des cas où le consommateur est un expert, par *hobby* ou par raison professionnelle, il ne cite que trois à quatre marques en moyenne par catégorie de produits. Cela veut dire que pour faire « entrer » une marque dans l'esprit la mémoire des consommateurs, il faut souvent en chasser une autre.

Le taux de notoriété spontanée (et notamment le *Top of Mind*) réagit très rapidement à un effort de communication : campagne de publicité, rédactionnel, etc. Il diminue aussi très vite lorsque la communication s'arrête. La notoriété spontanée est un indicateur chaud alors que la notoriété assistée résiste beaucoup mieux au temps.

2° Choisir l'indicateur de notoriété le plus pertinent

Le plus souvent, on met en avant le taux de notoriété assistée parce que c'est le plus flatteur. En fait, il faut s'interroger, pour chaque problème de communication, sur le type de notoriété dont on a besoin. S'il s'agit de la notoriété assistée, l'effort nécessaire sera beaucoup moins coûteux que si l'on veut obtenir un score élevé de *Top of Mind*. Les critères de choix entre la notoriété assistée et la notoriété spontanée dépendent de multiples facteurs comme la nature des produits, le processus de décision des acheteurs, le type de distribution (libre-service ou vendeurs influents), etc.

Exemples

- ☞ Une marque de bière qui se vend principalement en CHR (cafés, hôtels, restaurants) aura besoin d'une forte notoriété spontanée, et plus précisément de *Top of Mind* : « Garçon, donnez-moi une Tuborg, s'il vous plait ».
- ☞ Une marque de bière principalement vendue en supermarchés pourra se satisfaire d'une bonne notoriété assistée. On la reconnaîtra dans les rayons pour autant que sa marque sera connue et qu'elle aura des signes forts et distinctifs d'identité visuelle. Bien entendu, un bon score de notoriété spontanée est toujours préférable mais c'est plus long, plus coûteux et plus difficile à construire et à conserver.

Le taux de notoriété assistée est particulièrement intéressant à suivre lorsqu'il s'agit de produits à faible implication. Reconnaître une marque d'ampoules électriques ou de confiture dans le rayon d'un supermarché peut suffire pour faire acheter la marque. La notoriété d'une marque est souvent pour le consommateur une présomption de qualité. Une marque connue a certainement mérité de l'être. La notoriété rassure. Elle exprime une certaine familiarité avec la marque. En l'absence d'autres critères de choix, elle peut être décisive pour les produits jugés peu importants.

Lorsque la notoriété assistée est forte, c'est-à-dire lorsqu'elle dépasse 60 à 70 %, la notoriété spontanée devient beaucoup plus intéressante à suivre. Lorsqu'une marque est leader ou aux premiers rangs de son marché, c'est la notoriété spontanée de premier rang (*Top of Mind*) qui devient l'indicateur le plus pertinent.

c) Les types de marques selon la notoriété

1° La marque monopole

On ne connaît qu'elle, dans son secteur. Ainsi, de nombreux consommateurs ne citent que la marque Microsoft dans le domaine des logiciels.

Une marque monopole n'a pas obligatoirement une image excellente. Notoriété et image sont deux notions différentes qui peuvent évoluer de façon tout à fait disjointe.

2° La marque générique

Son nom est devenu synonyme d'une catégorie de produits : Bic, Karcher, Kleenex, Hoover en Grande-Bretagne, etc. C'est le signe du grand succès de la marque mais c'est un vrai problème car la marque générique a perdu, par définition, son pouvoir de différenciation.

3° La marque dominante

Elle a une forte notoriété spontanée, souvent un *Top of Mind* élevé de premier rang, mais elle peut avoir des challengers avec des scores également élevés. Ainsi, Coca-Cola, IBM, Renault, Évian, sont des marques dominantes mais elles ont des concurrents avec une forte notoriété comme Pepsi, Apple, Citroën, Vittel, etc.

4° La marque connue

Cette marque a un taux important de notoriété spontanée mais elle a une faible notoriété spontanée de premier rang.

5° La marque de second rang

Elle a une faible notoriété spontanée et assistée. Honda est une marque dominante pour les motos, une marque connue pour les automobiles, une marque de second rang pour les tondeuses à gazon, les motoculteurs, etc. : mais y a-t-il des marques fortes dans ce secteur ?

d) Les facteurs contribuant au développement de la notoriété d'une marque

La notoriété ne se construit pas uniquement par la publicité. Toute forme de rencontre avec la marque peut contribuer au développement et à l'entretien de la notoriété.

1° Les facteurs qui tiennent à la présence physique de la marque sur son marché

- *La part de marché et la part du parc (autos, téléviseurs, etc.)*

La notoriété aide à construire la part de marché et en retour, une forte part de marché ou un parc important entretiennent la notoriété puisque cela multiplie les contacts avec la marque et ses produits.

- *La part de linéaire*

La notoriété d'une marque est entretenue par une large présence dans les points de vente que l'on peut apprécier par les indices Nielsen de distribution valeur (DV) et de distribution numérique (DN)[1].

(1) La distribution valeur (DV) mesure le pourcentage des ventes totales de la catégorie de produit réalisé par les points de vente qui référencent la marque. La distribution numérique (DN) d'un produit ou d'une marque dans un univers de distribution (les hypers et supers) mesure le pourcentage des points de vente qui, dans cet univers de distribution, vendent le produit ou la marque.

- *L'extension de la marque*

Plus elle est grande, c'est-à-dire plus la marque couvre des activités nombreuses et différentes, plus cela profite à la notoriété. Chaque activité contribue à développer la notoriété totale de la marque. Les grandes marques de conglomérats japonais comme Yamaha ou Mitsubishi sont dans ce cas de figure.

2° Les agents qui construisent la notoriété

- *Le nom, le packaging, l'identité visuelle et sonore*

Un nom qui exprime la catégorie de produit ou le positionnement de la marque (Banque directe) favorise la notoriété par rapport à un nom qui ne veut rien dire (Société Générale) ou fait d'initiales (SNCF). Pour les produits diététiques, Gerblé, Céréal ou Weight Watchers sont des marques plus explicites que Gayelord Hauser. La tendance est aujourd'hui nettement en faveur des noms de marque qui ont un sens, par exemple, aux États-Unis des noms de magasins comme Food 4 Less ou Pay and Save ou en France : Distrifrais, Bricorama.

Pour les produits de grande consommation, le packaging et le système d'identité visuelle et sonore jouent un rôle déterminant pour entretenir et développer la notoriété.

Exemples

☞ Le code couleurs et les symboles visuels de la marque Marlboro permettent de signifier la marque même lorsque l'utilisation du nom de marque est interdite par la réglementation.

☞ Le *jingle* de Dim a beaucoup contribué à la notoriété de la marque.

- *La communication publicitaire*

La publicité est un outil puissant de construction et d'entretien de la notoriété. Elle se complaît alors dans les petits formats et les plans médias avec une très forte répétition. La réclame est le registre classique de la publicité de la notoriété. C'est une forme encore fréquente aujourd'hui.

- *Le sponsoring, la communication événementielle, les relations publiques*

Le parrainage d'événements sportifs et les opérations de relations publiques qui s'y rattachent peuvent se révéler très efficaces pour la notoriété, par rédactionnel interposé.

Le parrainage d'émissions comme les écrans météo est également bien adapté à la notoriété. De nombreuses compagnies d'assurance, des distributeurs comme Darty, Conforama, etc. en ont fait un large usage.

2/ L'image

C'est l'ensemble des représentations mentales et des associations attachées par un individu à un produit, une marque ou une entreprise.

L'image prend une importance croissante. De plus en plus, les produits se ressemblent. Les différences réelles sont ténues. Face à la banalisation de l'offre, la différence se crée désormais beaucoup au niveau de l'image. La valeur immatérielle des marques prend le dessus sur les avantages-produits réels.

Dans certains secteurs, comme le luxe privilégiant la valeur de signe, l'image est déterminante. C'est l'image qui permet aux consommateurs de s'identifier à une marque et de créer ainsi une relation privilégiée entre celle-ci et son audience.

a) Définitions : image perçue, image voulue, image crue

1° L'image perçue

C'est le sens usuel donné à l'image de marque : perception à un moment donné de la marque par tout le public ou par une certaine catégorie de personnes.

2° L'image voulue

En marketing, l'image voulue est synonyme de positionnement : une volonté stratégique de faire évoluer l'image perçue pour la positionner de façon précise dans l'esprit de la cible et la différencier de la concurrence.

3° L'image crue

L'image crue est l'image que l'on croit avoir auprès de ses clients, de ses fournisseurs, de son personnel, etc. On se trompe souvent sur sa propre image. Il est donc intéressant de mesurer les écarts entre image perçue, image crue et image voulue pour apprécier le réalisme du changement d'image que l'on veut opérer.

b) Le rôle de l'image

L'image d'une marque :

- aide le traitement de l'information par le consommateur. L'image est un résumé d'impressions. C'est un processus simplificateur. Elle favorise le repérage des marques et la fidélisation ;
- différencie et positionne par rapport aux marques concurrentes. Ainsi, l'image de sensualité de Carte Noire rend la marque spécifique sur le marché du café ;
- crée des attitudes favorables/ou défavorables envers la marque ;
- donne des raisons d'acheter/ou de ne pas acheter ;
- peut valoriser les individus qui achètent ou possèdent la marque ;
- permet les extensions de marque.

c) Les caractéristiques d'une image

1° L'image est individuelle

Il y a autant d'images que d'individus. En fait, on travaille en marketing et en communication non pas sur la perception de chaque individu, mais sur celle des groupes de consommateurs, de distributeurs, ou de l'opinion publique. Ce qu'on appelle « image » est donc une image « moyenne ». Ce sont les représentations communes à l'ensemble ou à la majorité des membres du groupe étudié. La notion de « moyenne » n'a pas toujours beaucoup de sens et il est donc souvent nécessaire de segmenter les publics selon l'image qu'ils ont de la marque.

2° Une image est subjective, c'est une représentation mentale

Une image correspond à une réalité puisque c'est la façon dont on se représente, à un moment donné, une marque ou un produit, mais l'image peut être très éloignée de la vérité objective de cette marque ou de ce produit.

Exemple

☞ Renault qui avait dans les années quatre-vingt un problème majeur d'image en matière de qualité, a mis plus longtemps à changer son image sur ce trait (qualité perçue) qu'à modifier ses produits pour atteindre un excellent niveau de qualité objective.

3° Une image est sélective et infidèle

C'est la conséquence de ce qui précède. Cela tient au caractère subjectif de l'image.

« L'image est une impression simplifiée d'une réalité complexe », Kotler-Dubois.

L'image oriente les perceptions ultérieures. On pardonne volontiers à une marque que l'on aime. On met en avant, parfois exagérément, les traits les plus négatifs des marques que l'on n'aime pas.

4° Une image est un ensemble de perceptions relativement stables

Une image est un tout relativement stable dans le temps. C'est ce qui donne de l'intérêt aux politiques de marques qui s'appuient sur ce qui a été construit dans le passé. Cependant, la stabilité de l'image ne signifie pas invulnérabilité, une excellente image pouvant se dégrader très rapidement.

d) Les agents qui produisent l'image

Ils sont très divers. Tout communique, tout ce qui porte du sens contribue, en bien ou en mal, à la formation ou à la déformation de l'image :

- l'identité de la marque et de l'entreprise : nom, système d'identification visuelle et sonore, histoire de la marque, valeurs attachées à la marque et son entreprise ;
- le produit : les attributs du produit, les bénéfices objectifs, psychologiques, sociologiques que le consommateur pense en retirer, les nouveaux produits (l'innovation est un facteur déterminant d'évolution d'une image), l'expérience retirée de l'usage des produits de la marque (autre facteur tout à fait déterminant), les lieux, moments, modes d'utilisation du produit, etc. ;
- le prix ;
- ce qu'en disent les autres : bouche à oreille, rédactionnel, etc. ;
- la communication de l'entreprise : les déclarations des dirigeants, par exemple ;
- l'image que l'on a des consommateurs de la marque : c'est un facteur particulièrement important pour les produits à statut social comme les alcools, les produits de luxe, les automobiles, etc. mais aussi en *B to B*, certaines entreprises clientes pouvant être considérées comme des références ;
- l'image des distributeurs ;
- la notoriété de la marque : une marque inconnue est suspecte ;
- la concurrence : les marques sont perçues de façon relative. Quand on pense : « la marque X est meilleure, jeune, chère, etc. », c'est par rapport à d'autres marques[(1)].

(1) Il faut donc savoir quelles sont les marques qui servent de références à la marque dont on étudie l'image.

3/ Le changement des attitudes chez les consommateurs

L'objectif de toute publicité est d'obtenir une réponse de la part des consommateurs, de les faire réagir. Le cauchemar du publicitaire serait de voir ses campagnes laisser indifférents les consommateurs. Être remarqué c'est bien mais cela ne suffit pas. La bonne publicité doit provoquer quelque chose de stimulant chez le consommateur. Si la publicité n'est pas assez originale, forte, émouvante, etc. elle n'obtient pas de réponse.

a) Créer de la préférence

Avant d'agir sur les comportements, la publicité doit agir sur les croyances des consommateurs. Elle vise à modifier leur perception des différents produits du marché, des marques. Elle doit faire changer le point de vue sur celles-ci, pour impliquer un changement de comportement de leur part. Les publicitaires aiment à dire que la vérité n'existe pas, qu'elle devient tout simplement ce que les gens croient. L'objectif de la publicité, est, dans le domaine de la consommation, de modifier ce qu'ils ont dans la tête, au profit d'une marque plutôt que d'une autre. Les marques doivent développer un discours qui structure les imaginaires, qui implique que les gens ne regardent plus les choses comme avant.

Ainsi, dans les années quatre-vingt, le public achetait un ordinateur comme une machine technologique professionnelle et en attendait essentiellement de la performance.

Exemple

☞ En 1984, pour le lancement de Macintosh, Apple a développé un discours radicalement différent. La philosophie qui sous-tendait la campagne pouvait se résumer à l'idée que ce n'est pas l'homme qui est au service de la technologie mais la technologie qui est au service de l'homme. Pour la marque, un ordinateur devait se choisir certes en fonction de sa performance, mais aussi comme un objet convivial et accessible à tous. Ce discours de rupture vis-à-vis des conventions a eu un impact immédiat auprès du public. Il a changé le point de vue du public sur les ordinateurs, fait évoluer leurs attentes et modifié leur regard sur ces produits. Pour appuyer et « événementialiser » son propos, Apple a conçu un film intitulé *1984*. Celui-ci compare indirectement IBM à l'univers *orwellien*. Le film montre un public assis dans une salle de cinéma. Ils sont tous livides, vêtus pareillement, ont la même coupe de cheveux. On dirait une armée de clones tristes. Ils représentent l'absence d'identité. Ils observent un *Big Brother* répéter les mêmes phrases comme aux plus grands moments de la propagande : unification de la pensée, purification de l'information, etc. Par l'allée centrale, une jeune femme en tenue de sport fait irruption dans la salle. Armée d'un marteau géant elle court vers l'écran ou un prétendu dictateur déverse sa propagande. Arrivée à proximité de l'écran, elle fait le geste du lanceur de poids et propulse le marteau qui brise l'écran sous le regard consterné de la foule endoctrinée. Une surimpression apparaît à l'écran :

> « Le 24 janvier Apple vous présentera Macintosh et vous comprendrez pourquoi 1984 ne sera pas comme *1984* ».

Par ce film, diffusé une seule fois lors de la finale du Superbowl, et par la campagne presse qui l'accompagne, Apple préempte une valeur ajoutée imaginaire. La marque à la pomme se positionne comme l'anti-IBM, ce qui est terriblement ambitieux vu l'inégalité du rapport de force entre le géant et la jeune entreprise créée par Steve Jobs. Elle nourrit ce positionnement d'un imaginaire fort, celui de la différence, de l'alternative par rapport à un monde gris, où l'humain n'est pas pris en ligne de compte. Elle propose un univers où l'homme est au centre des choses, où les machines sont conçues pour l'aider à accomplir ses tâches, sans tendre à le dominer. Un univers de simplicité et de convivialité. L'imaginaire développé par la marque donne une raison de préférer celle-ci. Dans le film *1984*, le produit n'apparaît pas. La marque n'est citée qu'une seule fois, défiant toutes les règles publicitaires de l'époque.

b) Générer une réaction

La publicité doit affecter le comportement des consommateurs. Elle ne peut se contenter de créer de la préférence. Cette préférence doit se traduire dans les actes, se concrétiser sur le terrain. Pour cela, elle doit faire plus que simplement dire les qualités d'un produit. Elle doit impliquer. Les consommateurs ne sont pas passifs. Bill Bernbach reprochait à la publicité d'ennuyer les gens, de les laisser indifférents, d'être une sorte de papier peint de la consommation dont personne ne se préoccupe. De ce constat peu flatteur, il tirait les conclusions qui l'amenèrent à prôner une publicité créative, destinée à réveiller le public. La bonne publicité attire son public et l'amène à modifier ses choix en faveur de la marque, au moment de la décision d'achat.

Section 3
Déterminer le budget de publicité

Déterminer le budget de publicité est un choix qui relève de la stratégie d'entreprise. Il résulte des objectifs vus plus haut, des ambitions en termes de parts de marché, de la stratégie de ses concurrents et s'intègre dans le cadre du budget de communication. Ce dernier ajoute à la publicité les dépenses des autres composantes de la communication : relations publiques, communication promotionnelle, marketing direct, événementiel, etc.

1/ La nature des dépenses de communication et la présentation des budgets

a) Les dépenses de communication sont des coûts de fonctionnement et non des investissements au sens comptable

Dans tous les pays, c'est le point de vue de la réglementation comptable et fiscale. Ce n'est pas forcément celui de l'annonceur et de son agence. Si les dépenses de promotion des ventes, de marketing direct, parfois de publicité sont engagées pour avoir une rentabilité immédiate, dans bon nombre de cas, les dépenses de communication, et tout particulièrement la communication de marque, sont un investissement à moyen et long terme. C'est selon N. Dhalla, un ancien dirigeant de l'agence J. Walter Thompson :

> « L'engrais qui fera pousser la bonne volonté des consommateurs ».

C'est un effort continu qui est payant à terme.

La détermination des budgets sur une période annuelle (celle de l'exercice comptable) est une obligation légale mais les dirigeants doivent analyser et décider les dépenses de communication sur la longue période. Il faudrait intégrer chaque budget annuel dans des budgets de programmes pluriannuels pour bien signifier qu'il s'agit de moyens affectés chaque année ou chaque saison à des stratégies s'étalant dans le temps.

En fait, si les annonceurs et les agences ne se battent pas pour convaincre le fisc de qualifier certaines dépenses de communication en investissements, c'est, d'une part parce qu'il n'est pas prouvé que ce serait toujours à leur avantage, et d'autre part (et c'est la raison principale) parce qu'on est bien incapable de prévoir avec exactitude l'effet rémanent des dépenses de communication.

b) Les dépenses de communication sont des coûts fixes

Lorsqu'on engage cinq millions d'euros dans une campagne de publicité, un million dans une campagne de marketing direct, un million dans une opération de promotion des ventes, etc. ce sont des dépenses qui ont été définitivement faites, quel que soit le résultat. Ce sont des coûts fixes puisqu'ils ne varient pas en proportion des quantités vendues[1]. Les dépenses de communication marketing sont des coûts fixes avec des résultats très variables. Les annonceurs préféreraient des coûts variables et, toutes les fois qu'ils le peuvent, ils poussent à la transformation d'un coût fixe en coût variable. Procter & Gamble, le premier annonceur mondial est à la tête du « combat » pour la publicité à coût variable. Ainsi, P & G a « milité » pour la rémunération des agences aux résultats et plus récemment pour la tarification des espaces publicitaires sur Internet au taux de clic. On ne paie alors que les contacts qui se sont traduits par un clic des bannières et non pas les ODV (occasions de voir les bannières).

Ne payer que la publicité qui a été efficace est une idée fort séduisante pour les annonceurs, pas forcément pour les supports et les agences. Ce n'est pas une méthode simple à mettre en œuvre car il est difficile d'évaluer les résultats dus à la seule publicité et de préciser ce qui est imputable à l'agence, à l'annonceur, à la concurrence ou à la chance, bonne ou mauvaise.

c) Les méthodes de présentation des budgets de communication marketing

On a pris l'habitude de les présenter à l'américaine (ce sont les lessiviers qui ont donné l'exemple) en mettant en premier les dépenses de publicité-médias, en tirant un trait, puis en inscrivant dessous, les dépenses hors-médias, d'où l'expression *Above the line* pour la publicité et *Below the line* pour les autres dépenses.

Les principaux postes du budget sont l'achat d'espace publicitaire, les rémunérations des prestataires, les frais techniques et les études. On devrait y ajouter les frais fixes de structures.

1° L'achat d'espace ou budget médias

Il s'exprime en « net net », c'est-à-dire que les dépenses d'achat d'espace sont évaluées au prix du tarif moins la commission d'agence (ou de centrale) et moins les réductions obtenues après négociation. On présente ce poste en rangeant les médias utilisés selon l'ordre décroissant des dépenses programmées.

(1) Les budgets de communications sont établis en proportion des ventes espérées mais les dépenses engagées sont des coûts fixes puisqu'elles ne varient pas directement en proportion des ventes réelles.

2° Les rémunérations des prestataires

On distingue :

- les honoraires ou commissions d'agence ;
- les honoraires sur frais techniques et études.

3° Les frais techniques

Ce sont tous les coûts associés à la production de la campagne. Ils sont de nature très diverse : mannequins et acteurs, photographes, coût de réalisation des documents d'exécution, coût d'impression, coût du papier pour les affiches, frais de déplacement, etc.

4° Les études

De nombreuses études peuvent être engagées pour préparer une campagne et pour mesurer son impact :

- les études « usages et attitudes » (U & A) ;
- les prétests ;
- les post-tests ;
- les études de notoriété, les études d'image ;
- la pige de la concurrence ;
- les bilans de campagne, les audits de communication, etc.

Ces études sont sous-traitées par l'annonceur à des cabinets spécialisés. Certaines peuvent être faites par l'agence qui les refacture à son client.

5° Frais fixes ou coûts de fonctionnement du service de publicité de l'annonceur

Ils n'apparaissent généralement pas dans les budgets de communication. Ce sont, en quelque sorte, des coûts cachés ce qui est regrettable car ils ne sont pas négligeables :

- les salaires et charges sociales du personnel du service de publicité ou de la direction de la communication (s'ils existent), la quote-part du coût du service achat (lorsqu'il intervient pour l'achat d'espace ou pour d'autres prestations), la quote-part des coûts des chefs de produit, du directeur de marketing, etc. pour leur activité consacrée à la communication, etc. ;
- la quote-part des frais généraux de l'entreprise ;
- divers.

La présentation des budgets de communication se fait généralement par type de médias et d'actions hors-médias en spécifiant les dépenses liées à l'achat d'espace, les frais techniques, le coût des études et les honoraires (v. partie 3, chapitre 1).

Cette présentation comptable peut être utilement complétée par une présentation « stratégique » des dépenses en fonction de leurs objectifs et des cibles visées. Par exemple, on distinguera les budgets de lancement et les budgets d'entretien. On isolera la communication de marque et on distinguera, cas fréquent, les budgets *trade*, en direction de la distribution et les dépenses *consumer* qui sollicitent la demande finale.

2/ La détermination du budget de publicité

La méthode de l'analyse marginale est théoriquement la meilleure méthode mais elle est pratiquement impossible à appliquer avec précision. Aussi, les entreprises ont-elles développé des pratiques qui sont intellectuellement peu satisfaisantes mais qui permettent de répondre, tant bien que mal, à l'un des problèmes les plus difficiles à résoudre.

a) L'analyse marginale

Le principe est simple, en théorie. On peut accroître le budget de publicité jusqu'à ce qu'une dépense marginale d'un euro procure un revenu inférieur à un euro. Cela suppose que l'on connaisse l'élasticité des ventes à la publicité en l'isolant des autres variables du *marketing-mix* et que l'on puisse analyser comment se répartit l'effet à court, moyen et long terme. En dehors de quelques cas particuliers, comme celui des *mailings* auxquels on peut associer une réponse, l'analyse marginale reste une méthode d'école.

b) Le budget de publicité défini à partir d'un pourcentage du chiffre d'affaires ou d'un forfait par unité à vendre

C'est la méthode la plus fréquemment utilisée, sachant que, souvent, les annonceurs emploient une combinaison de plusieurs méthodes.

Le pourcentage est appliqué au chiffre d'affaires passé (les ventes de l'exercice précédent) ou au chiffre d'affaires prévisionnel, ce qui est plus satisfaisant. On construit un compte d'exploitation prévisionnel avec un budget de publicité évalué à partir d'un pourcentage sur les ventes. Selon la marge brute d'exploitation obtenue, on modifie, en plus ou en moins, le budget de publicité.

Le « tant par unité » est une méthode proche du pourcentage. On investit en publicité une somme donnée par unité à vendre, par exemple x euros par caisse, par colis, par automobile.

Une autre méthode consiste à fixer des objectifs marketing en points de part de marché et à attribuer x euros de publicité (par exemple : 100 000 euros) à chaque point de part de marché. Cette valeur moyenne d'investissement publicitaire donnée au point de part de marché est très contestable. À la marge, la conquête d'un point supplémentaire peut être très coûteuse.

Les méthodes de fixation du budget publicitaire fondées sur un pourcentage du chiffre d'affaires sont souvent employées parce que ce sont des méthodes :

- *simples à appliquer, simples à justifier ;*
- *qui expriment clairement l'effort publicitaire* en situant la dépense de publicité (ou de communication) par rapport aux autres composantes du coût de revient total ;
- *flexibles* en faisant varier le pourcentage pour tenir compte de la politique et de son contexte. Ainsi, le pourcentage sur chiffre d'affaires peut être augmenté ou diminué pour tenir compte d'un lancement de produit, d'un produit en phase de maturité, d'une action de la concurrence, etc.

En revanche, lorsqu'elle est employée trop mécaniquement avec des taux fixes, la méthode du pourcentage peut avoir des inconvénients majeurs.

Aaker et Myers[1], recommandent d'amender cette méthode en faisant varier le pourcentage ou plus radicalement d'adopter une autre méthode dans trois types de situations.

(4) *Aaker et Myers,* Adverting management, *Prentice Hall.*

1° Lorsqu'on repositionne une marque

Exemple

☞ Saint Yorre a fait évoluer son positionnement « médical » vers une promesse : « L'eau qui donne des forces ».

Dans de tels cas, l'investissement publicitaire doit être sérieusement augmenté pour faire comprendre et accepter le nouveau positionnement par les consommateurs.

2° Lorsqu'une marque acquiert une position dominante

Lorsqu'elle devient leader, une marque peut parfois ralentir l'augmentation de son budget de publicité, voire le diminuer mais cela dépend, évidemment, du contexte. On analysera cette situation, plus loin, lorsqu'on traitera de la notion de part de voix.

3° Lorsqu'on introduit un nouveau produit ou une nouvelle marque

L'investissement publicitaire doit être largement supérieur à la normale. La tâche de la publicité est en effet multiple et ardue : créer la notoriété, développer l'image autour du positionnement retenu, impressionner la distribution et faciliter le référencement, convaincre les consommateurs d'essayer le produit, etc.

Certains annonceurs ont parfois mis au point des règles à usage interne pour harmoniser les politiques des chefs de produit lors des lancements de produit. Ainsi, aux États-Unis, Colgate-Palmolive a élaboré les principes suivants :

- le budget de la première année d'un produit nouveau peut être égal à deux fois la marge brute escomptée (chiffre d'affaires moins coût du produit) ;
- le budget de la seconde année peut atteindre 50 % de la marge brute ;
- le budget de la troisième année et des années suivantes peut atteindre 30 % de la marge brute.

De nombreux annonceurs ont adopté la méthode dite du « P & A » (*Profit and Advertising*). Ce « P & A » se définit par un chiffre par unité vendue, après soustraction des différents coûts. C'est ce qui reste par unité pour financer la publicité et dégager du profit. On se fixe un objectif en valeur ou en pourcentage du « P & A » et on le fait varier (si on peut) en fonction des circonstances.

Le « P & A » étant une contribution unitaire au profit et à la publicité, cette méthode s'apparente à ce qui suit.

c) La méthode du point mort ou de la contribution

On s'interroge par exemple sur l'opportunité d'un accroissement du budget de publicité. On calcule le nombre d'unités à vendre ou le chiffre d'affaires à réaliser pour atteindre le point mort, c'est-à-dire pour récupérer la dépense publicitaire engagée.

Exemples

☞ Un produit est vendu 100 euros (recette unitaire nette pour l'annonceur). Le coût variable unitaire étant de 60 euros, la contribution au profit et aux frais fixes est de 40 euros. On dépense 1 000 000 euros de publicité par an pour ce produit qui a une part de marché de 25 % et on cherche à apprécier l'intérêt d'une augmentation du budget de publicité de 200 000 euros.

☞ Il s'agit d'une augmentation des frais fixes puisque les dépenses de publicité sont des coûts fixes. Le point mort correspondant à cet accroissement des charges fixes est :

$$\frac{\text{Augmentation du budget publicitaire}}{\text{Contribution unitaire}} = \frac{200\,000}{40} = 5\,000 \text{ unités}$$

On en conclut qu'il faut que les 200 000 euros de budget supplémentaire génèrent directement la vente de 5 000 unités supplémentaires pour que l'opération ne soit ni gagnante, ni perdante. Est-il réaliste d'espérer un gain de 5 000 unités ? On ne connaît généralement pas avec précision l'élasticité des ventes à la publicité mais on a, par expérience, une idée de ce qu'il est raisonnable d'espérer. On peut traduire les unités supplémentaires à vendre en part de marché à conquérir. Ainsi, si les 5 000 unités correspondent à un gain de part de marché de 3 points (passer de 25 % à 28 %) et si la concurrence est léthargique, cela paraîtra possible. Si le marché total est en déclin et si la concurrence est vive, on renoncera.

Cette méthode est très simple à utiliser. C'est son grand intérêt. On peut être tenté de la sophistiquer en prenant en compte, par exemple, l'effet sur l'image, en calculant l'impact sur le coût de revient d'un accroissement des quantités vendues donc produites, etc. Mais elle risque alors de devenir trop complexe pour être vraiment opérationnelle.

d) La détermination du budget publicitaire à partir des objectifs

C'est une méthode séduisante car elle est logique. On part des objectifs publicitaires, des cibles à toucher, de la couverture optimum de la cible, de la répétition nécessaire des messages, des coûts de création et de production, des honoraires à distribuer, etc. On fait la somme de tous ces coûts et on obtient le budget que l'on devrait engager pour espérer atteindre les objectifs fixés. L'ennui avec cette méthode est que l'on arrive généralement à des montants qui dépassent largement les possibilités de l'entreprise. On peut alors abaisser les objectifs et recommencer mais la procédure est lourde. Tant qu'à faire, il vaut mieux partir d'une contrainte budgétaire et concevoir la campagne en conséquence.

e) La méthode « Tout ce qu'on peut se permettre »

On investit en publicité tout ce que l'actionnaire permet ou ce qui reste quand on a respecté, dans les prévisions, l'objectif de profit. Le moins que l'on puisse dire est que ce n'est pas la façon la plus rationnelle d'établir un budget. Mais cette méthode demeure fréquente.

f) Le budget de publicité est défini à partir des dépenses de la concurrence

Quelle que soit la méthode choisie pour fixer le budget de publicité, il est utile de s'intéresser à ce que fait la concurrence. On fait de la publicité pour développer la demande mais aussi pour lutter contre la concurrence, pour lui prendre des parts de marché et pour éviter d'en perdre.

Deux méthodes complémentaires sont principalement employées pour se comparer à la concurrence :

1° L'analyse des dépenses de publicité de la marque et de ses concurrents en pourcentage du chiffre d'affaires

Cela exige donc que l'on connaisse les ventes et les dépenses de publicité de la concurrence, ce qui est possible avec la pige Sécodip. Cet organisme d'études relève tous les messages diffusés et reconstitue, pour chaque marque, son budget en appliquant, à chaque insertion, le tarif officiel du support concerné.

Si le budget de publicité d'une marque est de 5 % de son chiffre d'affaires, alors que les marques directement concurrentes font entre 8 et 12 %, on peut légitimement supposer qu'on sous-investit. Mais cela n'a de sens que si on compare des marques qui ont des positions et des stratégies marketing comparables. Une marque qui domine le marché avec 80 % de part de marché pourra avoir un ratio A/S (*Advertising/Sales*) très inférieur à celui d'une petite marque qui est obligée d'investir un pourcentage sur ventes élevé pour atteindre un budget l'assurant de se faire entendre sur le marché.

2° La notion de part de voix

On dit souvent SOV (initiales de *Share of Voice*). Comme elle est très employée, elle sera développée ici de façon détaillée.

> **Définition**
>
> **La part de voix d'une marque X est la part des dépenses publicitaires de la marque X dans le total des dépenses publicitaires de son segment de marché (somme des budgets des marques concurrentes et de X).**

Le calcul de la part de voix nécessite que l'on précise la période et le marché de référence. La part de voix se calcule pour un produit ou pour une marque signant plusieurs produits.

Exemple

☞ On peut calculer la part de voix de la Clio et la part de voix de la marque Renault.

- ***La part de voix totale, la part de publicité et la part de voix hors-médias***

Ce qu'on appelle « part de voix » n'est en réalité que la « part de publicité » ou « part de voix publicitaire ». On devrait s'intéresser à la part de voix totale ou « part de communication » : rapport du budget total de communication de la marque à l'ensemble des dépenses de communication du segment de la marque publicité-médias et dépenses hors-médias.

La part de voix publicitaire correspond donc à une part de voix spécialisée. On pourrait, en théorie, calculer la part de chaque type de communication : part de marketing direct, part de promotion des ventes, part de sponsoring, etc. Ce serait utile dans les nombreux cas où la communication d'une marque fait appel au hors-médias comme, par exemple, le sponsoring et le mécénat pour l'assurance, le marketing direct pour l'édition ou la promotion des ventes pour les produits d'entretien ménager. Mais ces calculs sont, encore aujourd'hui, souvent impossibles car on ne dispose pas de piges pour toutes les dépenses de communication hors-médias, promotion des ventes exceptée. Il est en effet très complexe de reconstituer les dépenses hors-médias de la concurence. Elles sont plus éparpillées, moins visibles et donc plus difficilement chiffrables que les dépenses médias.

- *La part de voix totale et la part de voix par média*

On peut, pour une marque donnée, calculer sa part de voix par média en faisant le rapport, pour chaque média, de ses dépenses de publicité à l'ensemble des dépenses du secteur dans ce média. On calculera ainsi la part de voix de la marque en télévision, en radio, en presse, etc.

- *Les précautions à prendre pour le calcul de la part de voix*

Elles sont au nombre de trois :

– il faut *définir convenablement le segment de la marque :* le dénominateur du ratio qui exprime la part de voix correspond au total des dépenses de publicité du marché de la marque. La part de voix dépend donc de la définition que l'on donne du marché de la marque, c'est-à-dire de l'idée que l'on se fait de l'espace concurrentiel dans lequel se situe la marque : quel est son positionnement ? Quels sont ses concurrents ? Comment segmente-t-on le marché total ? Ce dernier problème est souvent difficile à résoudre. Par exemple, faut-il calculer la part de voix de Martini sur les dépenses de publicité du segment des ABV (apéritifs à base de vin) ou sur les apéritifs en général ou encore sur les apéritifs élargis aux whiskies, sachant que ces derniers sont des concurrents de Martini ?

Exemple

☞ Calcul de la part de voix de Confipote dans le marché des confitures. Dans ce marché, on distingue les segments suivants 1.Haut de gamme, 2. Moyen de gamme, 3. Bas de gamme, 4. Spécialités, 5. *Light*, 6. Diététique.

Confipote est un produit très particulier. C'est une sorte d'intermédiaire entre la confiture et la compote, d'où son nom. Il y a simplement moins de sucre dans Confipote dont le slogan est « Plus de fruit, moins de sucre ». On peut ranger Confipote dans le segment des spécialités mais on peut être aussi tenté par celui des *light* ou du « haut de gamme », vu la qualité et le prix de Confipote.

- *Hypothèse 1* : le segment de Confipote est défini comme étant celui des spécialités. Confipote étant la seule marque du segment, sa part de voix est de 100 %. Ce résultat n'a pas d'intérêt car il est bien évident que Confipote a des concurrents. Il n'est pas intéressant de calculer une part de voix sur un segment défini de façon trop étroite, sauf cas particulier d'une niche très spécifique.
- *Hypothèse 2* : on estime que Confipote se bat sur l'ensemble du marché de la confiture. Si on évalue les dépenses de publicité de Confipote à 1,2 millions d'euros et les dépenses totales des marques de confitures à 7,6 millions sur le marché français[1], la part de voix (publicitaire) de Confipote est de :

$$SOV = 1{,}2/7{,}6 = 15{,}7\ \%$$

- *Hypothèse 3* : on définit le segment de Confipote comme celui qui rassemble les spécialités, les *light*, les diététiques et le haut de gamme de type Bonne Maman.

La part de voix de Confipote est alors :

$$SOV = 1{,}2/5{,}3 = 22{,}6\ \%$$

Avec trois définitions différentes du segment de marché, on obtient trois parts de voix (publicitaires) qui varient dans de grandes proportions : 100 %, 16 %, 22 %.

La part de voix (publicitaire) est donc un concept éminemment relatif dont la valeur dépend essentiellement de la définition que l'on donne au segment de marché de la marque. La part de voix (publicitaire) reste cependant un concept opérationnel à la condition de conserver, d'une mesure à l'autre, la même définition du marché de la marque et de ses concurrents.

(1) Ces chiffres sont des approximations faites pour l'exemple.

– il faut *veiller à la cohérence du numérateur et du dénominateur du ratio « part de voix » :* parfois, les parts de voix sont calculées en portant au numérateur la valeur exacte des dépenses nettes de publicité de la marque (budget négocié) et en mettant au dénominateur le total des dépenses de publicité du marché, ce total étant reconstitué par la pige Secodip, donc à des tarifs officiels non négociés. Ces chiffres ne sont pas cohérents. Cela conduit à sous-estimer la part de voix, parfois de façon importante. Il faut donc mettre au numérateur la valeur qui figure dans la pige Secodip ou bien il faut redresser les dépenses des concurrents en estimant le montant moyen des remises sur le tarif officiel. C'est plus difficile ;
– enfin, il est impératif de *bien choisir la période de référence :* on calcule généralement la part de voix sur l'année civile. Ce n'est pas toujours la bonne période de référence. Il faut tenir compte de la saisonnalité (par exemple, on calcule la part de voix sur le semestre de fortes ventes et sur le semestre de faibles ventes). Il est également intéressant de suivre l'évolution de la part de voix (publicitaire) de trimestre en trimestre afin de tenir compte du comportement de la concurrence.

• *La part de voix instantanée et la part de voix moyenne*

La part de voix instantanée est la part calculée sur un mois, un trimestre ou une année. La part de voix moyenne s'obtient en cumulant sur une plus longue période, les dépenses de publicité de la marque et du secteur. Cela permet de gommer les irrégularités dues au caractère parfois erratique des dépenses de publicité de certaines marques. Ainsi, si un concurrent augmente ou diminue de façon très brutale et très significative ses dépenses de publicité, cela perturbe temporairement le calcul de la part de voix de ses concurrents. En adoptant une période plus longue, on lisse les parts de voix.

• *L'utilisation de la part de voix*

L'analyse comparée de l'évolution des parts de voix des différentes marques présentes sur un marché apporte d'intéressantes observations. Elle prend toutefois tout son intérêt lorsqu'on rapporte la part de voix de chaque marque à sa part de marché (exprimée plutôt en valeur qu'en volume) :

$$R = \frac{\text{Part de voix}}{\text{Part de marché}}$$

ou, en anglais :

$$\frac{\text{SOV}^{(1)}}{\text{SOM}}$$

Avoir une part de voix égale à sa part de marché n'est pas un principe valable dans la majorité des cas. On peut avoir une stratégie de surinvestissement ($R > 1$) ou de sous-investissement ($R < 1$).

Une marque leader qui domine fortement son marché (c'est-à-dire qui a une part de marché relative très élevée) peut sous-investir en part de voix.

Exemple

☞ Soit un marché avec les marques et les positions suivantes :

(1) *SOV :* Share of voice ; *SOM :* Share of market.

Marques	Part de marché valeur
Marque A	45 %
Marque B	20 %
Marque C	18 %
Marque D	6 %
Marque E	5 %
Total autres marques	6 %

Figure 2

Le leader paraissant intouchable, les deux challengers B et C se livrent bataille et surinvestissent en part de voix. Par exemple B a une SOV de 30 % et C de 28 %. Ceci faisant, cela leur coûte très cher puisqu'ils doivent nourrir une part de voix élevée avec des ventes limitées. Soit, l'un des deux challengers réussit rapidement à augmenter ses volumes et sa part de marché et l'autre renonce, soit B et C s'épuisent au plus grand profit du leader A qui a une SOV de 40 %. En effet, même avec un sous-investissement en part de voix ($R < 1$), le leader continue à dominer les volumes de publicité sur le marché.

Marques	Part de marché valeur	SOV	R
Marque A	45 %	40 %	0,88
Marque B	20 %	30 %	1,5
Marque C	18 %	28 %	1,55
Marque D	6 %	0 %	-
Marque E	5 %	0 %	-
Total autres marques	6 %	2 %	0,33

Figure 3

Le coût de la publicité pèse relativement peu dans les comptes de A. En revanche, il devient exorbitant dans ceux de B et de C. Les marques D et E ont, en toute logique, renoncé à investir en publicité car pour se faire entendre, il faudrait que leur SOV soit 3 à 4 fois supérieure à leur part de marché, ce qu'elles ne peuvent financer. Par exemple, D décide de se battre sur les prix et fait de la promotion des ventes tandis que E s'écarte d'une bataille à laquelle elle ne peut plus participer. E adopte une stratégie totalement différente, en produisant, par exemple, pour les marques de distributeurs. De fait, elle abandonne une politique de marque.

Cet exemple montre l'avantage considérable d'un leader dans le cas d'une guerre sur les budgets de publicité.

- ***Les limites de la notion de « part de voix »***

En dehors de son champ restreint aux seules dépenses de publicité, la notion de « part de voix » a deux limites principales :

- *la part de voix et les seuils d'investissements* : une part de voix qui semble acceptable ne correspond peut-être qu'à un montant budgétaire inférieur au seuil minimal nécessaire pour que la publicité soit efficace. Une part de voix très élevée correspond peut-être à un budget supérieur au seuil maximum d'investissement, au-delà duquel l'efficacité de la publicité est décroissante ;

– *la part de voix et la qualité de la publicité* : la part de voix n'exprime les rapports de force des marques qu'en termes purement quantitatifs. Son analyse doit donc être impérativement complétée par l'analyse de la stratégie et l'étude qualitative de la publicité : pertinence du positionnement et des axes de communication, qualité de la création et de l'exécution, continuité de la stratégie, etc.

3/ Les décisions budgétaires et le contrôle des budgets

Le budget de publicité pose deux grands types de problèmes. Quel est le montant optimum – ou à défaut raisonnable – de la dépense publicitaire totale pour une marque ou un produit ? Comment, ensuite, répartir dans le temps le budget global entre les différentes cibles de communication puis, entre les médias et les supports retenus ?

a) Qui décide le montant du budget ?

Le rôle de l'agence est de conseiller, la décision appartenant totalement à l'annonceur. La procédure est généralement la suivante. Lorsqu'un chef de produit prépare le plan marketing d'une marque pour l'exercice suivant (ou pour la saison suivante), il recommande de dépenser un certain budget. Il associe l'agence à la réflexion sur le niveau optimum. La proposition du chef de produit est transmise au chef de groupe puis au directeur de marketing qui accepte, refuse ou aménage la recommandation en arbitrant entre ses différentes marques. Souvent, la somme des budgets souhaités par tous les chefs de produit est irréaliste. Dans pratiquement toutes les entreprises, les budgets de publicité sont revus par le directeur général. C'est plus rarement le cas pour les autres outils de communication. Ainsi les décisions sur les budgets de marketing direct ou de promotion des ventes s'arrêtent souvent au niveau du directeur marketing.

b) Quelques principes budgétaires

1. Il est sage de prévoir un budget de réserve pour saisir une opportunité ou pour faire face à une situation commerciale peu favorable.

2. On peut décomposer le budget total en « budget de reconduction » et « budget de manœuvre », celui-ci correspondant aux sommes qui sont disponibles pour lancer de nouvelles actions. Même dans les budgets très importants, une grande partie des sommes doit être reconduite pour poursuivre des actions engagées parfois plusieurs années auparavant.

3. Dans le cas où il faut procéder à des restrictions budgétaires, il est préférable de supprimer des pans entiers du programme plutôt que de rogner un peu sur tout.

4. Pour les petits budgets qui ne peuvent pas être compétitifs avec ceux des grandes marques, il faut se résoudre soit à se passer de publicité, soit à prendre de grands risques au niveau de la création. Le ciblage fin et l'audace sont les vertus obligées des petits budgets.

5. Toutes les économies sont bonnes à faire mais l'annonceur doit rémunérer convenablement ses partenaires pour les motiver.

6. Tout budget de publicité devrait prévoir un poste pour les études prétests et post-tests afin de mesurer systématiquement l'efficacité de la publicité.

7. Des devis détaillés et discutés pendant les réunions de préproduction permettent des économies importantes. *Il peut être utile de se faire assister par des spécialistes* (consultants spécialisés dans le contrôle des coûts de communication appelés aussi *cost controllers*). Cette procédure peut être étendue à beaucoup d'autres domaines du budget de communication marketing (achat des médias, PLV, travaux d'imprimerie).

Section 4
La stratégie au niveau de l'entreprise : la communication corporate

Pendant longtemps, la communication a été essentiellement d'ordre commercial, son objectif étant de faire vendre ou, au minimum, d'aider à faire vendre des biens et des services. La communication était très majoritairement une communication-produit[1] faisant valoir les différences et les performances des biens et services.

Quand la communication n'a pas pour objet de promouvoir l'offre mais l'offreur, c'est-à-dire l'entreprise qui invente, fabrique ou distribue les produits, la communication devient institutionnelle. On l'appelle souvent : « communication corporate », de l'anglais *corporation* qui signifie entreprise. Cette communication s'est fortement développée en France à compter des années quatre-vingt avec les profonds changements de statut social, économique et même politique que les entreprises ont connus à cette époque. Les entreprises ont en effet compris qu'il ne leur suffisait plus de faire connaître leurs produits mais qu'elles devaient aussi construire et défendre une image institutionnelle auprès de leurs publics externes (les clients, les distributeurs, etc.) et internes (leur personnel).

Cette prise de conscience, favorisée par le développement des mouvements de contestation, écologiques et consuméristes a conduit les entreprises à se soucier de leur image et à la faire évoluer vers une identité plus noble, plus conforme aux souhaits de la communauté économique et sociale : celle de « l'entreprise citoyenne ». L'entreprise doit être perçue comme un être collectif, moderne, responsable, éthique, qui doit devancer les interrogations de ses clients, de ses partenaires économiques et de ses salariés. Sa communication ne peut plus se limiter à un seul discours commercial.

Dans le même temps, les mouvements d'acquisitions, de fusions, de restructurations, de nationalisations puis de dénationalisations conduisirent à un développement considérable de la communication financière qui se limitait, jusqu'alors, au strict respect des obligations légales. Les milieux financiers, les actionnaires, les médias spécialisés devinrent des cibles de communication importantes. Les entreprises se trouvèrent face à une double obligation, parfois contradictoire : valoriser leur dimension humaine et sociale tout en mettant en avant, sur la place publique, leurs comptes de résultats !

(1) Dans tout cet ouvrage, le terme « produit » signifie « bien » (ce qui est tangible) ou « service » (ce qui est intangible) ou encore « bien et services », sachant que l'on vend de plus en plus des complexes de biens avec des services associés.

1/ Les deux formes de communication corporate : communication institutionnelle et communication d'entreprise

L'entreprise peut communiquer sur ses valeurs, sa mission, sa responsabilité sociale, environnementale, ses engagements éthiques, etc. On parlera alors de *communication institutionnelle*, une expression qui n'est pas un équivalent parfait de communication corporate car celle-ci peut avoir un autre objet : faire connaître et valoriser les performances économiques et techniques. Dans ce cas, on dénommera ce type de communication : *communication d'entreprise*. La firme n'est plus appréhendée comme une institution humaine et économique mais comme un système conçu et géré pour entreprendre, produire, vendre et générer des résultats financiers.

Communication institutionnelle et communication d'entreprise

Figure 4

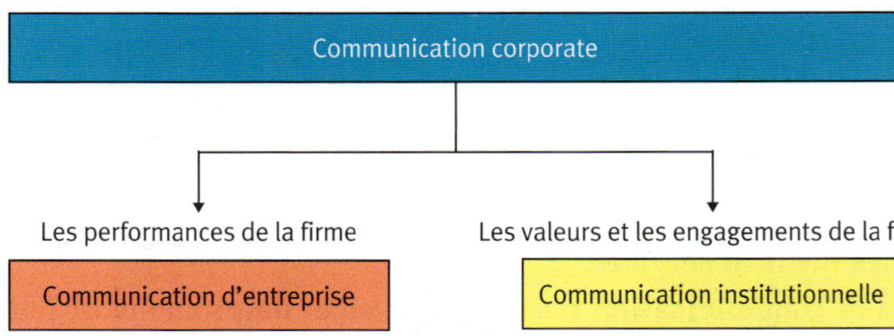

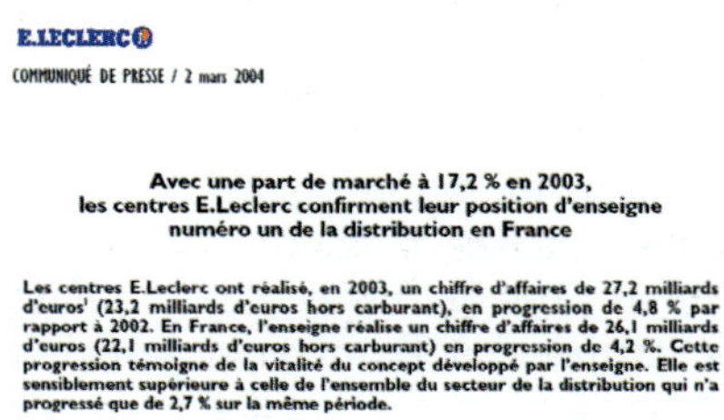

E.LECLERC

COMMUNIQUÉ DE PRESSE / 2 mars 2004

Avec une part de marché à 17,2 % en 2003, les centres E.Leclerc confirment leur position d'enseigne numéro un de la distribution en France

Les centres E.Leclerc ont réalisé, en 2003, un chiffre d'affaires de 27,2 milliards d'euros[1] (23,2 milliards d'euros hors carburant), en progression de 4,8 % par rapport à 2002. En France, l'enseigne réalise un chiffre d'affaires de 26,1 milliards d'euros (22,1 milliards d'euros hors carburant) en progression de 4,2 %. Cette progression témoigne de la vitalité du concept développé par l'enseigne. Elle est sensiblement supérieure à celle de l'ensemble du secteur de la distribution qui n'a progressé que de 2,7 % sur la même période.

Source : www.e-leclerc.com

2/ Les objectifs de la communication corporate

Ils sont ambitieux et souvent difficiles à concilier :

- construire une image valorisante et conforme au projet d'entreprise ;
- annoncer le périmètre d'activité de l'entreprise : que fait-elle ? Où est-elle ? Avec qui travaille-t-elle ?
- envoyer aux actionnaires et aux milieux financiers des signes forts sur l'ambition et la détermination de l'entreprise à accroître ses performances économiques, c'est-à-dire le retour sur les capitaux investis ;
- affirmer une volonté claire de se conformer à la législation et de satisfaire les exigences du consumérisme et de l'écologie ;
- informer, rassurer, valoriser et motiver les publics internes.

Des publics multiples aux intérêts souvent divergents

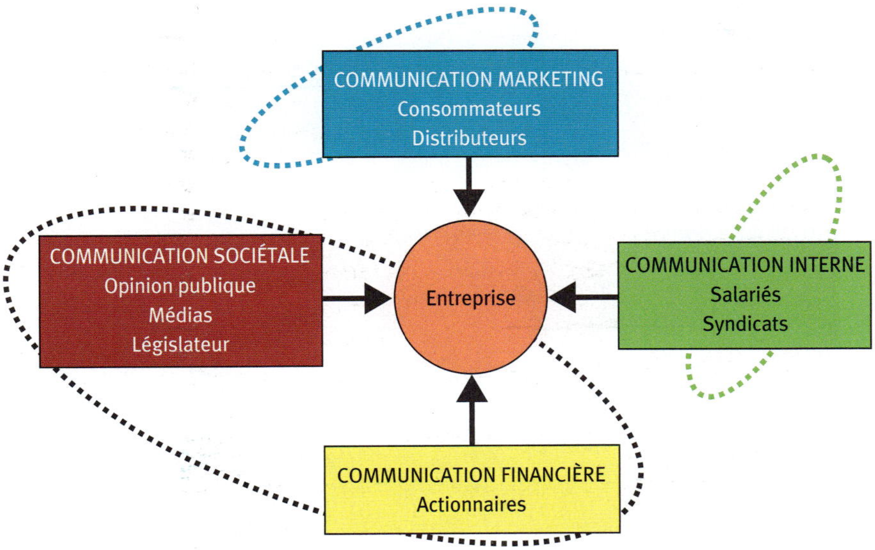

Figure 5

Remarque : le champ de la communication corporate (externe) est délimité par les pointillés noirs. C'est la communication corporate *stricto sensu*. Les pointillés verts renvoient aux messages corporate diffusés en interne ; les pointillés bleu, à l'utilisation de la communication corporate à des fins marketing pour promouvoir produits et marques.

a) La communication corporate peut aider l'insertion de l'entreprise dans son environnement

Exemples

☞ *L'insertion de l'entreprise dans l'environnement naturel (le thème de l'écologie)* : EDF dont la production est très majoritairement issue du nucléaire fait valoir que cette activité est beaucoup moins polluante que l'électricité provenant de sources d'énergies classiques comme le pétrole, le gaz ou le charbon.

☞ *L'insertion dans l'environnement politique, économique et social (les thèmes de l'identité nationale)* : pendant de nombreuses années, IBM France a poursuivi une campagne institutionnelle qui, sous des formes variées, cherchait à gommer l'image américaine, multinationale d'IBM et à faire connaître sa véritable dimension française et son intégration dans l'industrie nationale.

> « Ce sont des Français qui travaillent à IBM France. IBM a des unités de production en France. IBM est un des grands exportateurs français, etc. ».

Publicité corporate d'EDF « L'air pur, un luxe que tout le monde doit pouvoir s'offrir »

Source : EDF.

Démontrer qu'on peut être à la fois une multinationale et une entreprise « nationale » dans chacun des pays où l'on opère n'est pas chose simple alors que les délocalisations sont devenues une pratique courante.

b) La communication corporate peut être un instrument de cohésion de l'image des différentes activités de l'entreprise

Certains groupes ont des activités tellement diverses que la juxtaposition des publicités-produits conduit à une image en miettes. La communication corporate sert alors d'ombrelle pour fédérer ces multiples activités (exemple Hyundai). Parfois, l'entreprise est au contraire, essentiellement connue pour une seule activité.

Exemple

☞ On assimile souvent Zodiac à des bateaux pneumatiques alors que son activité est beaucoup plus importante dans les marchés d'équipement d'avions civils et militaires [1].

La communication corporate sert alors à élargir le champ de l'image aux autres produits ou à les faire bénéficier de l'image acquise sur un produit « phare ».

From chips to ships (des puces électroniques à la construction navale) : publicité institutionnelle faite par Hyundai

(1) Zodiac est numéro un mondial pour les sièges et autres équipements des cabines d'avions, numéro un mondial pour les systèmes d'évacuation (toboggans) et d'arrêt d'urgence des avions.

c) La communication corporate est toujours associée à la communication interne

1° La communication corporate externe produit des effets qui peuvent être puissants sur les publics internes

En valorisant l'entreprise auprès des clients, des fournisseurs, des financiers, etc., la communication corporate externe peut produire des effets très positifs sur les collaborateurs en renforçant le sentiment d'appartenance. L'impact peut être très variable selon la nature de la communication. Une publicité corporate faisant l'éloge de l'entreprise peut être jugée de façon beaucoup plus critique par le personnel que par les publics externes : « Ils (sous-entendu la direction) disent que nous sommes une entreprise citoyenne parce que nous avons lancé un vaste programme pour lutter contre l'effet de serre ou pour garantir que nous ne faisons pas appel à des sous-traitants employant de la main d'œuvre enfantine, mais moi je sais (ou, on m'a dit que)... ». En revanche lorsque l'entreprise signe des exploits (Renault sur un podium de F1, Franck Camas qui gagne une grande course sur son catamaran aux couleurs de Groupama), l'adhésion se fera beaucoup plus facilement : « On a gagné. On est les meilleurs ! ». Même lorsqu'elle est spécifiquement destinée à des publics extérieurs, la communication corporate sera toujours connue des publics internes, souvent avant les autres. Elle doit donc toujours intégrer leur sensibilité. Mieux, elle doit être annoncée et expliquée en interne avant d'être diffusée à l'extérieur, ce qu'on ne fait pas toujours très bien.

2° La communication interne ne peut pas être réduite à une fonction purement opérationnelle

Elle joue un rôle majeur en véhiculant des messages corporate, à commencer par la réponse à la question que les collaborateurs posent toujours : « Où allons nous ? », c'est-à-dire « Quels sont les choix stratégiques des dirigeants ? Comment sont-ils justifiés ? ».

d) La communication corporate peut être au service du « marketing amont »

Elle cherche à valoriser l'entreprise auprès de ses fournisseurs de toute nature, notamment auprès des fournisseurs de capitaux : soutien des cours en bourse, emprunts, défense contre une OPA, etc. C'est la communication financière.

e) La communication corporate peut être au service du « marketing aval » pour la réalisation d'objectifs commerciaux

Dans certains cas, ce qui fait vraiment la différence entre les biens ou les services en concurrence sur un marché, ce sont les entreprises qui les font. En effet, lorsque les produits sont très peu différenciés d'une firme à l'autre, comme c'est le cas, pour les services bancaires aux particuliers, le thème de la communication pourra être la banque elle-même, son personnel, la qualité du service, de l'accueil, etc.

Lorsqu'il n'y a pas de produit standard et que l'on fait du sur mesure pour chaque client, comme c'est le cas des sociétés de conseil, la communication est d'abord une communication *corporate*. On achète les services, les compétences d'une entreprise de conseil, pas un produit parfaitement identifié dans un catalogue avec sa référence, ses caractéristiques techniques, ses performances, son prix et ses conditions de livraison.

Figure 6

Communication-produit ou communication corporate : les deux extrêmes

Communication-produit à 100 %	Communication corporate à 100 %
La publicité, le packaging, etc., ne mentionnent même pas le nom du producteur[1]. (ex : marques de lessives : Tide, Omo, Le chat, etc.). On achète un produit, la caution d'une marque de produit, pas celle d'une entreprise.	Ex : sociétés de conseil, *engineerie*, avocats, etc. On achète les compétences d'une entreprise ou d'une organisation, pas un produit standard sur catalogue.

Exemples

☞ La communication corporate d'un grand cabinet d'audit. *Remarque* : la publicité est interdite aux cabinets d'audit sauf pour faire du recrutement. En conséquence, les moyens de communication sont très largement extrapublicitaires : sites web, publications, conférences, relations publiques, association à des événements, etc.

Source : www.deloitte.com.

☞ Quand la communication-produit prend les habits du corporate. Cette publicité de Land Rover est une façon adroite de mettre le produit au service d'une grande cause et de mettre cette grande cause au service du produit en faisant valoir ses qualités dans un contexte exceptionnel. Land Rover fort et bon à la fois !

Source : Land Rover.

(1) *Sauf en cas d'obligation légale mais ce n'est alors qu'une citation, jamais le point focal de la communication.*

3/ LES MÉDIAS[1] DE LA COMMUNICATION CORPORATE

Ils sont très variés : *mass media* (on parle alors de publicité corporate), relations presse, relations publiques, événementiel, salons, édition (brochures institutionnelles et sites web d'entreprises), intranet pour le personnel, extranet pour les partenaires de l'entreprise, marketing direct (publipostages, *e-mail*, lettres de diffusion, etc.), séminaires de formation, etc.

De façon générale, la communication corporate utilise souvent une plus grande variété de canaux que la communication commerciale sur les produits et les marques commerciales. Cette diversité des outils de communication nécessite donc impérativement un effort d'intégration pour que ces différents messages soient cohérents. La communication intégrée est développée dans la dernière partie de cet ouvrage.

Section 5
LA STRATÉGIE PUBLICITAIRE ET LA MARQUE

Parmi les différents registres couverts par la publicité, on traite ici plus particulièrement le domaine de la marque. La publicité est directement liée au marketing stratégique de la marque. Elle construit les marques. Elle est largement responsable de grands succès : Nike, Diesel, Levi's, Perrier, etc. sont des marques « publicitaires », c'est-à-dire construites par la publicité. Elles ont une identité issue de la publicité, un style publicitaire reconnaissable entre tous. On peut imaginer attribuer une publicité à Dior, même si elle n'est pas signée, tant le style est reconnaissable.

La publicité ajoute du sens à une marque, qui devient bien plus que la somme de ses attributs physiques.

Exemple

☞ Pensons à la réalité physique de Coca-Cola et du produit qu'il propose : un goût, une texture, un code couleur rouge, un emballage. Pensons maintenant à ce que la marque représente. L'écart provient de décennies de publicité qui ont ancré des valeurs de jeunesse, de bons moments passés en groupe, de rafraîchissement.

La publicité contribue à différencier entre les marques. Elle leur donne une personnalité unique qui les distingue de l'offre concurrente. Un produit pourra toujours être copié par la concurrence mais une vraie personnalité de marque n'est pas imitable.

1/ LES FONCTIONS ET LE REGISTRE DE LA MARQUE

a) Les fonctions des marques[2]

La marque crée de la valeur pour le consommateur et pour l'entreprise.

(1) *Par « médias », on entend tous les canaux de communication possibles.*

(2) *Le texte suivant est extrait de Lendrevie, Lévy, Lindon,* Mercator, *7e édition, Dalloz, 2003, p. 768.*

1° La marque crée de la valeur pour le consommateur

- *La marque est un contrat*

Elle est une garantie d'origine et une garantie de qualité. Plus exactement, elle garantit au client un standard uniforme de performances, quel que soit le lieu d'achat et le mode de distribution. La marque diminue le risque perçu par le client. Son rôle est donc particulièrement important lorsque l'implication du client est forte (par exemple, pour les achats de produits de soin pour bébés) et lorsque le client a des difficultés pour évaluer *a priori* les performances du produit (par exemple, pour les produits à haute technicité et pour tous les services comme les sociétés de conseil).

- *La marque différencie les produits en leur donnant du sens*

Entre une Saxo de Citroën et une 106 Peugeot, pourtant techniquement identiques, il y a la différence de sens donné par leurs images de marque. Citroën évoque, pour certains et pas seulement des seniors, la technicité de la traction avant, la fiabilité de la 2CV, l'avant-gardisme de la DS, etc. Peugeot est une marque plus bourgeoise avec des produits classiques qui ont une image de fiabilité.

Dans une marque, il y a la mémoire de ses anciens produits, de ses coups d'éclats publicitaires, de ses jours heureux et parfois malheureux lorsqu'elle a traversé des crises comme Perrier ou le Crédit lyonnais.

- *La marque valorise les consommateurs*

Pour les achats dits « à statut social », comme les vêtements, les alcools, les produits de luxe, etc., la plus-value apportée par la marque est essentielle. Elle valorise celui qui la porte ou la consomme. Elle transporte sa propre identité sur les personnes. Elle met en œuvre un double processus d'identification et de projection. Certains se reconnaissent mieux dans Mercedes que dans BMW. Soit les valeurs de la marque et du consommateur sont communes (identification), soit on va à la marque pour tenter de s'approprier son statut (projection). On peut investir beaucoup dans une Porsche à soixante ans pour se donner une image de jeunesse et de sportivité.

Parfois, *la marque légitime*. Elle peut aider l'acheteur à justifier ses choix, notamment en milieu industriel. En achetant une marque reconnue, on court moins le risque d'être critiqué.

- *La marque favorise la reconnaissance des produits*

Dans une offre souvent pléthorique et banalisée, avec des produits proches, parfois indifférenciables en *blind test* comme certains alcools (vins, whiskies, etc.), produits d'entretien, téléviseurs, etc., les marques, avec leurs identités graphiques propres et facilement reconnaissables, sont des points de repère qui balisent les actes d'achat. On se décide pour un type de produit, on choisit entre des marques. La marque *simplifie* la tâche des clients, notamment pour les achats répétitifs ; elle favorise la fidélisation.

2° La marque crée de la valeur pour l'entreprise

• *La marque a une valeur financière*

Les dix marques qui valent le plus cher

Marque	Valeur en milliards de dollars	Pays d'origine de la marque
1. Coca-Cola	69	USA
2. Microsoft	64	USA
3. IBM	51	USA
4. General Electric	41	USA
5. Intel	30	USA
6. Nokia	30	Finland
7. Disney	29	USA
8. McDonald's	26	USA
9. Marlboro	24	USA
10. Mercedes	21	Allemagne

Source : Interbrand (2002). Interbrand est un cabinet spécialisé dans l'évaluation financière des marques. Il publie le classement annuel des cent premières marques dans le monde ; v. : http ://www.brandchannel.com/interbrand/test/html/events/WMVB2002.pdf.

On notera que la première marque française est Louis Vuitton qui vient au 41e rang pour une valeur estimée à 7 milliards de dollars. On trouve ensuite L'Oréal (54e, 5 milliards $), Chanel (64e, 4,2 milliards $), Danone (66e, 4 milliards $) et Moët & Chandon (87e rang, 2,4 milliards $). Cinq marques françaises dans les cent premières mondiales, c'est peu !

• *La marque a une valeur commerciale*

Une marque forte est :

- *un actif négociable,* soit par la vente de la marque (on vient de voir qu'elle peut avoir une valeur financière considérable), soit par la location de la marque (licences de marques) ;
- *un fonds de commerce :* les clients sont attachés aux marques plus qu'aux entreprises qui les fabriquent ;
- *un effet de levier* important sur l'efficacité des dépenses marketing : publicité, promotion, etc. La marque est l'un des rares moyens (avec l'innovation) dont disposent les producteurs pour s'imposer aux distributeurs sans trop égratigner les marges ;
- *un moyen de vendre plus cher* : le consommateur accepte de payer plus cher pour les qualités réelles ou imaginaires attribuées à la marque.

• *L'image de la marque rejaillit sur celle de l'entreprise, en interne et à l'extérieur*

- *Elle peut développer un puissant sentiment d'appartenance* pour le personnel d'une entreprise. On est fier de travailler pour une marque connue et reconnue.
- *Une marque forte aide la communication de recrutement* en attirant les meilleurs candidats. Une marque discréditée les repousse.

– *De même, une marque forte a une influence importante sur la communication financière.* Le cours d'une action intègre l'image de marque. Cela explique, entre autres, que certains groupes changent de nom pour être cotés en bourse sous leur marque la plus connue : Datsun est devenu Nissan ; CGE s'est transformé en Alcatel-Alsthom avant que les deux marques ne soient dissociées ; BSN a été rebaptisé Danone, etc.

b) Un marketing de croyance

La marque est un système de croyance. On croit un peu, même inconsciemment, qu'en Levi's on est plus rebelle. On est prêt à se laisser convaincre qu'utiliser une crème anti-âge va limiter durablement les effets de l'âge sur notre physique, qu'en buvant Contrex, on lutte contre les kilos, qu'en achetant des Nike on appartient à un univers. Dans son ouvrage *Next*, Alessandro Baricco [1] résume très bien cette mécanique :

> « Lorsque vous achetez une paire de Nike, vous payez cent euros pour le nom, et cinquante pour les chaussures. Est-ce que vous êtes idiots ? Non. Vous êtes en train d'acheter un monde. Ces gens libres qui courent, presque toujours beaux, généralement plutôt élastiques comme Michael Jordan, et de toute façon très modernes. Pour cent cinquante euros ».

Les marques construisent des mondes auxquels on croit et adhère. Par naïveté ? Non. Simplement parce que cela nous convient bien de nous imaginer dans le monde des athlètes de Nike, de la musique de Beethoven ou de la liberté de Levi's. La stratégie publicitaire est affaire de croyance. Il faut identifier des messages, des valeurs de marque qui rentrent en résonance avec les grandes attentes socioculturelles, les besoins du moment.

Dans de nombreux cas, la confiance, la préférence qu'on accorde à une marque ne reposent pas sur des faits objectifs. Il n'y a rien de véritablement rationnel dans le management publicitaire de la marque. Il s'agit de créer du sens autour d'une marque et de faire en sorte que ce sens rencontre les attentes du public.

Le sens, c'est-à-dire la valeur ajoutée immatérielle apportée à la marque par la publicité crée de la valeur. Un tee-shirt non marqué se vend entre zéro et trois euros. Un tee-shirt uni Celio coûte huit euros. Un tee-shirt Nike se vend aux alentours de cinquante euros. Il y a une différence au niveau du produit. Mais cette différence ne justifie pas l'écart de prix. C'est la valeur de la marque qui explique la différence et celle-ci est créée par la publicité. Quand une marque est forte, a un territoire, une personnalité distincte de la concurrence, elle a une valeur supérieure.

Exemples

☞ La montée en gamme de certains constructeurs automobiles, comme Audi n'est autre que le fruit de cette stratégie. Audi n'était dans les années quatre-vingt qu'une marque standard, construisant de bonnes voitures moyen de gamme. Elle a pratiqué sur la durée, une stratégie de montée en gamme passant à la fois par le produit et par l'image. Cette politique a porté ses fruits et la marque est aujourd'hui dans la cour des grands.

☞ À la fin des années quatre-vingt-dix, quand Renault décide d'abandonner « Les voitures à vivre », c'est pour se débarrasser de son image de constructeur de

(1) Alessandro Baricco, Next, *Albin Michel, 2002.*

voitures populaires, spécialisé sur les petites voitures et le milieu de gamme. C'est pour déplacer vers le haut le centre de gravité de la marque afin de pouvoir être légitime sur une offre haut de gamme et pratiquer une politique de prix plus élevés.

2/ Le travail sur la stratégie de la marque

Construire une grande marque par la publicité demande une véritable continuité dans le temps. Il faut définir une stratégie et s'y tenir longtemps. La clé du succès est dans le fait de marier un immatériel (vision/valeurs porteuses auprès des consommateurs) avec la dimension matérielle de la marque, son « physique ». Ainsi les jeans Levi's signifient par leur physique l'absence de repassage, la solidité, le côté passe-partout.

On peut développer le travail sur la stratégie en trois grandes étapes :

– l'identification du message porté par la marque ;
– la définition des attributs « communicants » de la marque ;
– la formulation de l'engagement de la marque.

a) Le message stratégique

Il est à la convergence des trois dimensions clés de la marque : l'identité de marque, la catégorie du produit, les aspirations des consommateurs.

1° L'identité de marque

Exemple

☞ Renault c'est une histoire, des valeurs, une culture privilégiant la tradition d'innovation, des produits actuels et des produits plus anciens qu'on voit encore dans les rues. De tout cela résulte une identité. Qui est la marque ? À qui s'adresse-t-elle ? Quelle est son image ? Comment sont perçus ses consommateurs ? Ceux qui refusent de la consommer ?

L'identité de marque est ce qui fait sa permanence, sa continuité. C'est ce que la marque est fondamentalement. Elle oriente les signaux émis par la marque.

Exemples

☞ Lacoste ne peut ignorer le tennis.

☞ La croisière jaune est partie intégrante du patrimoine de la marque Citroën.

☞ Le mutualisme est enraciné dans le statut de la marque MAIF.

L'identité se différencie de l'image car c'est un concept d'émission, alors que l'image est située dans la perception des consommateurs.

La stratégie devra nécessairement prendre en compte l'identité de la marque, que ce soit pour la renforcer ou pour la faire évoluer par la communication. Pour sonner juste, les campagnes développées par la marque doivent trouver le ton, le style qui reflète l'identité de la marque. Volvo ne peut parler comme Renault. Les marques ne sont pas les mêmes, n'ont pas les mêmes histoires, les mêmes valeurs, etc.

Cependant trop de publicitaires pensent avoir fait une bonne stratégie après avoir entrepris ce lourd travail sur l'identité. Celui-ci reste pourtant vain s'il n'entre pas en résonance avec la catégorie de produit et l'imaginaire qu'elle évoque, ainsi qu'avec les aspirations des consommateurs.

2° La catégorie de produit

Chaque marque est située dans une catégorie : les produits frais, l'électroménager, la banque, etc. Chaque catégorie de produit a un imaginaire attaché, des valeurs fondamentales qui font partie de son histoire et qui sont construites par le cumul des prises de paroles des concurrents agissant sur ce marché. Ces grandes valeurs sont plus ou moins consciemment ancrées dans les esprits des consommateurs et peuvent représenter d'importants leviers pour construire une stratégie de marque. Il faut donc creuser pour identifier cet imaginaire ainsi que toutes les dimensions qu'il véhicule, qu'elles soient positives ou négatives. Ainsi l'automobile véhicule les valeurs de liberté et de plaisir. Mais les idées de pollution et de stress (embouteillages/sécurité) lui sont désormais attachées. L'analyse de ses dimensions passe par la connaissance des messages historiques et par l'étude attentive des messages développés par les concurrents appartenant à la même catégorie. Cela passe aussi par l'étude des consommateurs, en n'hésitant pas à aborder la psychologie, la sociologie ou l'histoire. Il faut cerner leurs attentes affirmées, mais aussi les attentes plus enfouies, chercher à comprendre ce qu'ils souhaitent vraiment, même s'ils ne l'expriment pas forcément au premier abord.

Exemples

☞ Ainsi Renault a compris avec l'Espace que la catégorie des monospaces offrait aux conducteurs quelque chose d'inestimable : de l'espace ! Celui-ci manquant dans notre société très urbanisée, il est désormais assimilé à un véritable luxe. Avec sa signature « Et si le vrai luxe c'était l'Espace » l'Espace de Renault a su habilement ancrer sa promesse sur une attente enfouie liée à la catégorie de produit.

☞ Lu vend des biscuits. L'image de la catégorie biscuits ne peut donc être ignorée dans la conception de la stratégie publicitaire de Lu. Celle-ci véhicule les notions de plaisir, de gourmandise, d'énergie, d'enfance, etc. En développant une stratégie fondée sur l'énergie et jouant de son lien avec la santé, la marque Lu est au carrefour de l'identité de la marque mère Danone (santé) et d'une des facettes de l'imaginaire de la catégorie de produits.

3° Les aspirations des consommateurs

Les aspirations des consommateurs ce sont leurs besoins et leurs croyances à un instant T. Les grandes tendances socioculturelles évoluent sans cesse. Elles expriment des attentes de niveau général : bien-être, santé, individualisme, expression personnelle, etc. Ces grandes attentes font prendre du sens à certains mots comme « santé », « jeunesse », « création », « être soi-même », « incertitudes », « se différencier », etc. Il y a quelques années, ces expressions auraient pu ne rencontrer aucun écho chez les consommateurs. D'autres dominaient, par exemple « réussite », « performance », « statut » dans les années quatre-vingt, « progrès », « évasion » dans les années soixante-dix, etc. À un moment, certains mots « encapsulent » les grandes attentes.

Les tendances socioculturelles portent les marques. Si elles parviennent à s'inscrire dans les valeurs du moment, elles rencontrent un intérêt de la part des consommateurs. Elles touchent une corde sensible.

Identité de marque, attentes de la catégorie de produit, aspirations des consommateurs : la stratégie de la marque est à la convergence de ces trois univers.

Le travail sur la stratégie peut commencer par une intuition. Mais celle-ci doit être prolongée par une analyse qui porte sur chacune de ces grandes dimensions et identifie un concept de marque situé à l'intersection de chacune d'entre elles. C'est par la mise en système de chacune de ces trois dimensions qu'on arrive à un résultat. L'approche stratégique ne doit pas se limiter à l'identité. Elle ne peut exprimer seulement la catégorie, sous peine de faire la collective d'un produit. Elle doit prendre en compte les imaginaires porteurs du moment si elle veut s'inscrire dans la durée et démultiplier la force du message.

La grande marque qui a ou qui vise le statut de leader doit tenir un discours structurant sur son marché, c'est-à-dire un discours que doivent prendre en compte les autres marques, pour le copier ou pour s'en démarquer.

À partir de cette analyse, la marque doit formuler un engagement fort qui doit être intéressant pour les consommateurs et fondé sur des preuves concrètes de la crédibilité de l'engagement. Il ne suffit pas de s'engager, il faut prouver qu'on va tenir ses promesses.

Renault
Des « Voitures à vivre » au « Créateur d'automobiles »

En 2000, Renault a déployé une nouvelle identité de marque, qui s'est notamment traduite par le changement de signature publicitaire, évoluant des « Voitures à vivre » au « Créateur d'automobiles ».

La situation à la fin des années quatre-vingt-dix

La décision d'abandonner les « Voitures à vivre » fut difficile, car ce concept avait porté la marque tout au long des années quatre-vingt-dix, mais il ne correspondait plus à sa réalité et aux attentes socioculturelles dominantes de la fin de cette décennie. Le travail fut donc fait sur une nouvelle identité de marque qui prenait en compte les changements identitaires survenus chez Renault, les évolutions socioculturelles et leur impact sur les attentes vis-à-vis de la catégorie de produit.

Les changements identitaires chez Renault

Renault a beaucoup changé dans les années quatre-vingt-dix. De constructeur national de voitures populaires, Renault est devenu une grande entreprise internationale, partant à la conquête du haut de gamme. De constructeur spécialiste des voitures de milieu de gamme, à la qualité discutée, Renault a accédé au statut de grand constructeur aux modèles parfaitement fiables. Enfin, Renault a affirmé une forte capacité à inventer de nouveaux concepts automobiles, repris par l'ensemble des concurrents et faisant ainsi progresser le marché.

L'identité de marque est un concept pérenne. Néanmoins, il fallait dresser le bilan d'une quinzaine d'années de changements en profondeur de l'entreprise et de son offre (l'Espace, lancé en 1984 a marqué les débuts de la révolution Renault). Ce bilan s'est traduit par un lourd chantier d'entreprise : « l'accouchement » d'une nouvelle identité de marque. Renault voulait assumer son statut de constructeur « visionnaire » incarné par l'évolution de son offre produit. Après avoir inventé le concept de monospace, la marque l'avait adapté aux voitures du segment inférieur, inventant ainsi la notion de monospace compact avec le Scénic : une innovation qui allait être reprise par tous les concurrents.

Renault continuait à évoluer. La fin des années quatre-vingt-dix était marquée par la volonté de conquête du haut de gamme, avec le lancement successif de deux modèles : l'Avantime et la Vel Satis. L'objectif était d'effectuer un « décalage du centre de gravité de la marque vers le haut » et de devenir légitime sur le segment du luxe automobile face à la place forte des constructeurs allemands. Fidèle à sa tradition d'innovation, la marque a décidé de se démarquer des constructeurs allemands, en jouant la carte d'un *design* novateur et ambitieux.

Ces produits segmentants, très différenciés du conformisme bourgeois incarné par les berlines allemandes ciblaient le segment des clients non conformistes. Cette définition cadrait parfaitement avec l'émergence de la tendance des fameux « bobos », mélangeant volonté de se différencier, esprit bohème et sens du luxe.

■ *Une évolution des attentes socioculturelles*

Le concept de « Voitures à vivre » était ancré dans les attentes socioculturelles dominantes du début des années quatre-vingt-dix, des valeurs dominées par le repli sur soi, la recherche de sécurité face à un environnement hostile. Cette évolution s'est traduite par le concept de *cocooning*. L'évolution était aussi dans la rupture avec les valeurs des années quatre-vingt, le matériel, la réussite, le statut et l'émergence de valeurs féminines. Écoute, négociation et harmonie prenaient le dessus sur la compétition, l'ascension sociale et la volonté de pouvoir des années quatre-vingt. Ces valeurs dominantes se sont traduites par une évolution vers les formes rondes du « biodesign ». Le succès de la Twingo, la pérennité du concept de « Voitures à vivre » s'expliquent notamment par leur adéquation à ce contexte de féminisation des valeurs.

On a assisté à un changement à la fin des années quatre-vingt-dix, marquées par le développement d'une très forte dynamique individualiste. L'idéal du moment était dans l'affirmation de sa différence personnelle. La croissance économique, la victoire de la France à la Coupe du Monde de 1998 ont témoigné de cette phase d'optimisme et d'ouverture sur le monde.

Cette évolution cadrait avec les changements identitaires de Renault.

■ *Un changement dans les aspirations vis-à-vis de la catégorie de produit*

L'automobile est un objet culturel. Elle a été symbole de liberté et d'indépendance dans les années soixante. Dans les années quatre-vingt, marquées par la compétition sociale, elle est devenue un symbole statutaire. Dans les années quatre-vingt-dix, les voitures ont partiellement cessé d'être des signes de réussite sociale, pour devenir des vecteurs d'expression individuelle. La traditionnelle berline statutaire a vu sa domination contestée. Elle détenait 90 % du marché au début des années quatre-vingt-dix mais sa position a été remise en cause par l'éclosion du marché des véhicules d'expression (4×4, coupés, cabriolets, monospaces, breaks de loisirs). Ceux-ci ne témoignaient plus de l'épaisseur du portefeuille de leur propriétaire mais bien de son style de vie. Ils reflétaient la personnalité du conducteur et ses centres d'intérêt, qu'ils soient orientés sur les loisirs, l'évasion ou la séduction. En parallèle, les consommateurs attendaient des voitures plus engagées sur le plan du design. Des designs expressifs se sont mis à émerger chez Ford ou BMW. En tant que pionnier sur chacune de ces évolutions, Renault avait une carte à jouer.

■ *Un concept à la croisée de ces dimensions*

Après avoir creusé les dimensions stratégiques de la notion de liberté, Renault a choisi d'investir une valeur de marque : la création. Cette démarche était en phase avec l'identité de marque, les aspirations socioculturelles dominantes et les nouvelles attentes vis-à-vis des voitures. La signature « Créateur d'automobiles » a été choisie car elle était située à la convergence de chacune de ces dimensions. Elle véhiculait clairement l'engagement de la marque envers ses clients : faire preuve d'une démarche créative afin d'offrir des véhicules différents bien qu'irréprochables sur les « fondamentaux » automobiles que sont la sécurité et la qualité. Enfin elle épousait la montée en gamme de la marque en se situant dans un registre naturellement « haut de gamme », l'univers de la création.

La publicité a eu pour mission de déployer l'identité de la marque. Elle a mis en avant la signature de marque dans le cadre d'une nouvelle charte graphique. Les annonces presse Renault du monde entier obéissent désormais à une même mise en page. Sur les films destinés à la télévision, les *packshots* (plan de fin du film) sont identiques partout, privilégiant l'arrivée du logo sur fond d'une nouvelle identité sonore.

Source : Agence Publicis Conseil.

b) La définition des attributs « communicants » d'une marque : la personnalité, les valeurs, le territoire et le mode de relation

Chaque grande marque à des attributs qui lui sont propres. Cela peut-être un territoire, une personnalité ou des valeurs. Ces notions déterminent le mode de relation que la marque entretient avec son public.

L'image peut-être déterminée par trois notions différentes : la personnalité, les valeurs, le territoire.

Certaines marques insistent plus sur le territoire et centrent leur stratégie dessus : Marlboro, Carte Noire. D'autres se concentrent plutôt sur le développement d'une personnalité ou de valeurs.

Les produits sont au service de la marque. Mais quand les gammes sont longues, on peut trouver des modèles plus orientés « personnalité », d'autres construits sur un territoire, et d'autres enfin centrés sur la mise en avant d'un attribut produit.

Exemple

☞ Chez Renault, Twingo ou Kangoo jouent sur la personnalité. L'Espace illustre le cas d'un territoire ancré sur une valeur sociologique (l'espace devient un luxe dans les sociétés modernes). Enfin, Laguna ou Mégane construisent leur marketing sur des attributs produits : technologie ou sécurité.

1° La personnalité de marque

La personnalité de marque, ce sont ses traits de caractère dominants et spécifiques qui constituent son originalité. Comme une personne, une marque peut avoir une personnalité plus ou moins forte. Une marque n'est pas anonyme. Ce n'est pas un objet. Elle est intégrée dans la vie collective, souvent depuis des décennies. La personnalité crée une impression. Elle rassemble ou divise autour de traits de caractère dominants, qu'on partage plus ou moins. Elle a du charisme ou n'en a pas.

Exemples

☞ La personnalité de Coca-Cola est d'être du côté de la jeunesse et des activités collectives et *fun* de chaque génération. La marque s'est longtemps concentrée sur les loisirs d'extérieur, elle choisit aujourd'hui la musique.

☞ La personnalité d'Ariel est directement liée à l'efficacité.

☞ La personnalité de Crunch est d'être effrontée, impertinente. Toutes les campagnes Crunch, du fait du fameux « effet Crunch » s'attachent à détruire les conformismes et la bêtise.

☞ La personnalité de Twingo est d'être optimiste, gaie, jeune d'esprit.

Toutes les marques n'ont pas pour autant de personnalité bien affirmée. De nombreuses n'en ont même pas du tout. Pourtant, avoir une vraie personnalité est un atout. Cela donne une identité et permet aux consommateurs de se repérer, de créer une relation avec une marque qui leur devient familière comme une personne pourrait l'être.

La notion de personnalité présente un avantage : elle laisse une grande place à l'interprétation des créatifs. Les films peuvent varier. On n'est pas attaché à un style publicitaire précis et parfois contraignant comme dans le cas du territoire. Cela est particulièrement intéressant pour les grandes marques internationales qui peuvent développer des films différents selon les pays, afin d'être au plus proche de leur culture locale, tout en respectant une ligne stratégique claire à l'échelle internationale, en cultivant une personnalité homogène.

2° Les valeurs de marque

Toute marque est le fruit d'une culture : celle de ses fondateurs, de la société qui l'a vue naître, du pays dont elle est le porte-drapeau, d'une période particulièrement importante pour elle. Cette culture véhicule des valeurs. Le choix d'une valeur de marque fondée sur la culture à laquelle appartient la marque et la décision de lui faire occuper une position centrale dans la communication est stratégique. Elle est une façon de formuler l'engagement d'une marque envers ses clients et prospects.

Exemples

☞ La valeur de Danone : la santé.

☞ La valeur du Crédit Agricole : l'imagination.

☞ La valeur d'Apple : la différence.

☞ La valeur de Renault : la créativité.

Il y a généralement une valeur centrale qui synthétise au mieux la culture de la marque et formule son projet, et des valeurs périphériques.

Exemple

☞ Apple a fait le choix de la différence comme valeur centrale exprimée par la communication. Il va de soi que celle-ci est exprimée par les autres valeurs issues de la culture californienne dont la marque est issue : créativité, culture du *cool*, rejet des symboles de l'autorité traditionnelle.

Une valeur de marque présente de nombreux avantages. Elle différencie la marque de ses concurrentes. Elle est particulièrement appropriée dans le cadre de marques ayant de nombreuses sous-marques car elle donne le sens général de l'action d'une marque.

Exemple

☞ Renault avait neuf marques modèles au moment du lancement de la campagne de marque « Créateur d'automobiles ». En relisant l'offre Renault, innovatrice et décalée par rapport aux standards du marché du haut de gamme allemand, avec les « lunettes » de la créativité, l'offre produit prend du sens, se trouve justifiée. On comprend qu'elle est le fruit d'une démarche volontariste.

La valeur donne la clé de lecture, explique la démarche de la marque.

Exemple

☞ Apple conçoit tous ses produits au nom de la différence : une vision différente de la relation entre un ordinateur et son utilisateur.

Enfin, la valeur exprime l'engagement de la marque, son combat.

Exemple

☞ En affirmant « Mieux consommer c'est urgent » et en affichant donc la valeur de respect de l'humain, Carrefour noue un contrat avec ses consommateurs. La marque s'engage à tout faire pour favoriser la transparence, les prix, le respect de l'environnement, bref, tout ce qui peut aider à « Mieux consommer ».

3° Le territoire de marque

Le territoire d'une marque c'est l'espace de valeurs, d'attentes où la marque est légitime aux yeux de la clientèle actuelle ou potentielle. Il détermine le champ de l'extension de marque, c'est-à-dire la possibilité d'utiliser la même marque pour des produits différents. C'est un principe séduisant puisque ces produits bénéficient immédiatement et sans investissement de la notoriété et de l'image de la marque. Une marque est légitime à lancer de nouveaux produits situés dans son territoire.

Exemples

☞ La marque Lacoste pouvait lancer des raquettes de tennis alors qu'elle était connue pour ses polos et les exploits de celui qui lui a donné son nom. Elle pouvait lancer une eau de toilette pour homme, plutôt destinée à des sportifs ou à ceux qui s'identifient aux sportifs. La marque Lacoste peut se décliner dans des sports individuels, pas collectifs, etc.

☞ Bic a échoué en lançant une gamme de parfums (d'excellente qualité objective) à très bas prix. « J'ai voulu vulgariser les parfums mais la marque Bic était vulgaire » a écrit Marcel Bich.

4° Le mode de relation de la marque

La publicité construit un mode de relation spécifique, très lié aussi à la personnalité de la marque. Chaque marque est « relationnelle ». La communication est un échange émetteur-récepteur et donc par essence une relation. Toute stratégie doit établir le mode de relation privilégié que la marque entend développer avec son public.

Il y a plusieurs registres relationnels :

- ### *Les relations rationnelles*

Ce sont par exemple les relations fondées sur l'autorité, la confiance, la crédibilité, l'intérêt (gagner des *miles*, par exemple).

Les marques qui développent ce mode de relation sont souvent des leaders, présents depuis longtemps sur leur marché ou à forte composante technologique. Elles ont fait leurs preuves. Elles construisent leur discours sur la notion de *reason why* : les preuves qui crédibilisent leurs affirmations. Elles mettent en avant les points de supériorité produit, basés sur des preuves technologiques.

Exemple

☞ La formule effervescente d'Ariel : son effervescence implique qu'elle se dissout très vite et agit donc pleinement dès le début du cycle de lavage, renforçant l'efficacité. Bien entendu, la formule a été inventée par des chercheurs en blouses blanches opérant dans des laboratoires *high tech.*

Dans les modes rationnels, la marque peut prendre une relation maître-élève avec le consommateur. Il fera confiance à une marque qui s'appuie sur des arguments tangibles pour le convaincre de sa supériorité. Ainsi, dans un secteur à très forte implication, comme l'automobile, la mise en avant de l'expertise technologique renforce la crédibilité et le prestige d'une marque.

Quand la RATP met en avant les caractéristiques techniques de son parc…

Source : Agence FCB Paris. Avec l'aimable autorisation de la RATP, à titre d'illustration publicitaire.

- ### *Les relations émotionnelles*

Il peut s'agir de relations de connivence, de complicité, de partage de valeurs communes.

La publicité utilise le son et les images pour créer des émotions. On se souvient tous de l'émotion générée par la retransmission en boucle de l'effondrement des tours du 11 septembre ou de façon moins dramatique, par le concert des soixante ans de Johnny. La télévision est le médium émotionnel privilégié. Les marques utilisent de plus en plus cette dimension pour construire des relations de proximité voire d'intimité avec leurs consommateurs.

L'agence Saatchi & Saatchi a fait de cette idée le centre de son approche publicitaire. Elle s'attache à créer une « préférence émotionnelle » pour les marques dont elle a la charge, et développe le concept de *lovemark*. Il s'agit de marques qui ont un fort pouvoir d'attraction émotionnelle, qui implique un attachement de la part de leurs consommateurs. Dans ces cas, les marques cessent de s'appuyer sur des arguments rationnels et privilégient d'autres registres de communication.

Exemples

- L'émotion pure : la majorité des publicités McDonald's dans le monde entier met en scène des moments-clés, à forte intensité émotionnelle de la vie des gens. Le choix de cette stratégie engendre en création des situations à forte « charge » émotionnelle comme une déclaration d'amour ou la première question d'un jeune fils à son père sur la sexualité. La musique joue un rôle important dans la construction de la dimension émotionnelle des publicités McDonald's. Ce faisant, elle humanise son offre, et évacue l'image *fast food* pour faire des restaurants McDonald's des endroits « à vivre ».
- La marque Volkswagen privilégie l'émotion en adoptant des codes créatifs décalés, capables de prendre du recul par rapport au produit. En misant sur l'humour plutôt que sur le produit, la marque privilégie la relation plutôt que la conviction.

Ces modes de relations fonctionnent particulièrement bien sur les jeunes.

Exemples

- Playstation joue sur le sentiment d'appartenance tribale, purement affectif.
- Diesel décale ses discours à l'extrême en utilisant le kitsch ou l'irrationnel le plus absolu comme argument de vente. Elle construit ainsi un mode de relation complice sur le thème « tout le monde ne peut pas comprendre qu'il s'agit de second degré, et que le décalage est volontaire ». Ceux qui comprennent le second degré s'en trouvent donc valorisés et se sentent complices de la marque.

c) Les erreurs stratégiques

La créativité doit impérativement s'appliquer dès la stratégie afin de se différencier des messages cent fois entendus et des politiques des concurrents, tout en trouvant un axe fort qui fasse vibrer une corde sensible chez le consommateur.

Ce dernier point est déterminant. Une bonne stratégie permet à la campagne d'être juste, c'est-à-dire de rencontrer les attentes des consommateurs. Une bonne campagne créative sera remarquée et impactante. Mais si elle n'est pas juste stratégiquement, elle ne parviendra pas à influencer les comportements des consommateurs.

Exemples d'erreurs stratégiques

- Multimania : en 2000, en pleine bulle Internet, nombre de start-ups se sont mises à communiquer en télévision, sans maîtrise réelle du métier et connaissance des pièges à éviter. Multimania était un site de communautés, depuis racheté par Lycos. Multimania et son agence ont développé des campagnes très créatives, pleines d'humour. Le message était de dire qu'il y avait absolument toutes les communautés sur Internet. Forte de ce *brief*, l'agence a illustré le propos en choisissant les communautés imaginaires les plus décalées et étranges, afin d'activer efficacement le levier de l'humour. On y voyait la communauté des adorateurs du poireau ou encore un couple charmant qui venait d'adopter un thon et le présentait face à la caméra. La campagne était forte et impactante. L'humour fonctionnait bien : on ne pouvait s'empêcher de sourire en la voyant. Elle a été vue. Pourtant, le trafic de Multimania n'a pas augmenté. La façon dont la campagne a été reçue par les consommateurs ne correspondait pas aux volontés de ses concepteurs. Les internautes ciblés ont décodé ce site comme n'étant pas pour eux mais pour des gens trop décalés. Eux avaient besoin d'échanger sur le foot ou la musique, pas avec les membres d'une secte bizarre sur l'adoration du poireau. Il n'y a pas eu de projection dans le profil mis en avant. L'excellence créative de la campagne ne l'a pas sauvée de l'échec.

☞ Hollywood Chewing Gum : pendant très longtemps, Hollywood Chewing Gum a communiqué sur des codes *lifestyle* : un groupe de jeunes pratiquent des activités « aspirationnelles ». La présence de l'eau était indispensable pour traduire « créativement » la stratégie fraîcheur travaillée par la marque. Les activités étaient donc aquatiques (planche à voile, rafting, etc.). Quand ces codes se sont usés, dans les années quatre-vingt-dix, la marque a développé des campagnes plus décalées mais en maintenant la stratégie fraîcheur et la présence de l'eau dans les campagnes. On voyait ainsi un film présentant une *rave*, où les danseurs se font arroser par un immense jet d'eau. Sur cette stratégie de décalage créatif au service d'un message fraîcheur, l'agence a développé un film mettant en scène la statue de la liberté. En maillot de bain, celle-ci s'animait, marchait jusqu'à Brooklyn Bridge et plongeait dans la Hudson River qui borde New York. On voyait alors en plans aquatiques la statue nager sous l'eau. Le film a eu beaucoup de succès, les scores d'impact furent excellents. Le plan de la statue de la liberté en taille réelle, plongeant du pont a marqué les mémoires. Pourtant, il n'y a eu aucun effet sur les ventes. Le concurrent Wrigleys continuait de progresser avec des campagnes moins spectaculaires. La marque a remis à plat sa stratégie. Elle a découvert que le message fraîcheur n'était plus une attente forte sur le marché, que celui-ci avait évolué vers des promesses orientées sur les thèmes de la santé : blancheur des dents, hygiène de la bouche, entretien des gencives, etc. Hollywood a revu sa stratégie pour préempter la dimension santé et reconquis depuis son *leadership*. Rien ne sert d'être créatif si la stratégie n'est pas la bonne.

Chaque agence a sa propre méthode pour analyser une marque. Dans la charte de marque ci-dessous, on a retenu les rubriques essentielles à utiliser.

La charte de marque

Ancrage : le produit d'origine sur lequel la marque s'est construite : le fondateur et sa personnalité, l'histoire. L'ancrage est ce qui crée la culture de la marque.

Vision : la façon dont la marque voit son marché et ce qu'elle doit apporter à ses consommateurs.

Engagement : ce que la marque s'engage à faire concrètement pour mettre en oeuvre sa vision.

Valeurs : les valeurs au nom desquelles la marque construit sa vision et sa mission.

Personnalité : les traits de caractère de la marque. La personnalité détermine le ton et le style de communication.

Territoire : le domaine où la marque est légitime, où elle a une compétence reconnue aux yeux des consommateurs.

Mode de relation : le registre sur lequel la marque s'exprime, le type de relation (émotionnelle/rationnelle/complice, etc.), qu'elle construit avec son public.

Dans le cas de marques multiproduits (marques ombrelles) ou d'architecture de marque mère/marques filles, la plateforme de marque doit être cohérente. Il faut trouver une articulation où le positionnement de chaque produit nourrit celui de la marque et vice versa.

Exemple

☞ Danone est une marque mère, Bio ou Danessa sont des marques filles. Ainsi, Bio, en qualité de marque fille de Danone, exprime le même engagement et la même valeur que la marque mère : la santé.

Cette cohérence est le prix à payer pour la crédibilité et l'efficacité. On ne peut imaginer une marque déclarant une vision et une mission avec des produits développant des communications n'ayant que peu de choses en commun. Il y aurait conflit, brouillage dans l'esprit des consommateurs et donc, perte d'efficacité. Chacun des principaux éléments de communication doit servir la charte de marque :

- le message publicitaire exprimé par les marques filles ;
- le style publicitaire, le ton de la communication ;
- les éléments visuels et sonores : la charte graphique, l'identité sonore.

Section 6
La stratégie orientée produit

On peut difficilement marquer la frontière entre une campagne produit et la dimension marque qui l'accompagne. Ces deux différents niveaux se combinent souvent. Ainsi une campagne pour la Golf de Volkswagen met en avant le produit mais aussi la dimension marque. On va se pencher ici sur les campagnes dont le produit est la dominante. Il s'agit de situations dans lesquelles la stratégie n'utilise pas les mêmes leviers que dans la construction de marque. On est moins situé dans le registre de l'image et du long terme. Les campagnes visent plutôt à stimuler les ventes du produit à un horizon court terme.

On ne se situe donc pas sur les mêmes objectifs et registres. La publicité de marque orientée image utilise plutôt des mécaniques de projection et d'identification. En revanche, la publicité produit est plutôt orientée sur les registres de persuasion/conviction. Elle vise à convaincre qu'un produit est performant et qu'il répond aux besoins de la cible. Elle va donc souvent reposer sur le mariage harmonieux entre une promesse et une attente consommateur. Il faut identifier la promesse produit la plus forte et montrer le bénéfice qu'elle apporte aux consommateurs.

Exemple

☞ Dans l'annonce Harry's, le message se base sur un point de supériorité spécifique au produit. On peut penser au vu de l'annonce que le « moelleux » proposé par cette marque est supérieur à celui de la concurrence. Si le travail de réflexion stratégique est bien fait, l'attente de moelleux est une des attentes fortes des consommateurs sur ce marché, garantissant ainsi :

- que le message sera regardé par la cible car il porte sur une attente réelle de la cible ;
- que cette promesse aura des chances de changer le comportement du consommateur, en favorisant l'acte d'achat.

Source : Agence TBWA.

Dans cette annonce pour le pain Harry's, le message « moelleux » passe bien. Il est répété deux fois, dans l'accroche (« Sa langue maternelle c'est le moelleux ») et dans la signature (« Harry's, mangez du moelleux, ça ira mieux »).

On connaît la maxime « La vérité est dans le produit ». Il s'agit en effet de trouver une vérité produit et de démontrer en quoi celle-ci est importante pour les consommateurs. Les Anglais résument très bien cela avec la formule *Find a truth and make it matter*[1]. S'appuyer sur une vérité permettra d'obtenir la crédibilité préalable, levier nécessaire à l'adhésion.

Le travail de réflexion sur le produit devient donc un vrai travail de détective. Il s'agit d'explorer toutes les facettes du produit jusqu'à trouver une vérité produit :

- collant à la réalité du produit (levier de crédibilité).
- en phase avec une attente centrale des consommateurs (levier d'adhésion).

1/ IDENTIFIER UNE VÉRITÉ CORRESPONDANT À LA RÉALITÉ PRODUIT

Cette vérité produit peut sembler insignifiante au premier abord. Ce sera alors tout le travail des créatifs d'arriver à la rendre importante aux yeux des consommateurs.

Exemples

☞ Orangina a construit son succès sur un handicap produit : la pulpe. Celle-ci sédimentait au fond de la bouteille et était perçue comme un inconvénient. Les campagnes Orangina ont réussi à créer une histoire originale autour du produit ainsi qu' à rendre ce détail important aux yeux des consommateurs.

☞ Crunch a développé une des grandes sagas publicitaires sur plusieurs décennies en axant son message sur la « croustillance ». Celle-ci est telle qu'elle engendre le fameux effet destructeur Crunch. Cet attribut produit a ensuite été nourri par la personnalité de la marque : impertinente et irrévérencieuse. L'histoire publicitaire, déclinée au cours des campagnes, basée sur l'idée de « cruncher » la bêtise, le conformisme ou l'ennui a donné de l'intérêt à ce qui n'était au début qu'un simple attribut produit.

a) Une vérité distinctive et originale

Elle rend l'adhésion plus forte.

Exemple

☞ On aurait pu choisir pour Crunch le bon goût du chocolat au lait. Mais on aurait été sur le « générique marché », donc on ne se serait pas différencié des concurrents. On aurait pu choisir l'alliance du riz soufflé et du chocolat, en un harmonieux

(1) Cette idée est développée dans le document « Shared Beliefs » *de Mike Hall et Claire Bickerton. Littéralement : « Trouvez une vérité et rendez-la importante ».*

mélange lié à une recette originale. On aurait, certes, pu développer une campagne sur ce *brief*, mais elle aurait été trop scolaire, trop attendue. Sauf coup d'éclat créatif, le résultat aurait eu du mal à émerger. Choisir la « croustillance » est un véritable attribut du produit : on la sent en bouche. C'est aussi un point distinctif, original, qui n'appartient qu'à Crunch. Le relatif effet de surprise facilite l'impact et donc la mémorisation de la campagne.

Identifier cette vérité produit n'est pas facile. Dans certains cas, elle est contenue dans le *brief*. L'annonceur a fait le travail, il y a une vraie nouveauté à annoncer.

Exemples

☞ Citroën construit nombre de campagnes pour ses modèles haut de gamme sur la suspension hydraulique si spécifique à la marque.

☞ Peugeot a été le premier à communiquer sur le filtre à particules (filtre qui réduit les effets polluants sur les véhicules diesel) ou sur les motorisations diesel Hdi.

L'avance par rapport aux concurrents ou la spécificité d'un point produit le rendent attractif. En revanche, sur des marchés plus banalisés et très concurrentiels, l'exercice peut se révéler nettement plus périlleux. Que dire de nouveau et d'intéressant sur un yaourt aux fraises Danone alors qu'il y a déjà de nombreux yaourts aux fraises Nestlé, Yoplait, etc. qui sont peu ou prou similaires ? Les consommateurs connaissent par cœur ce produit qu'ils consomment depuis des décennies. Il s'agit alors, de parfaitement connaître le produit : son inventeur, sa recette, la provenance des fraises, etc. de quelle race sont les vaches qui font le lait, etc.? Une minutieuse enquête peut amener son lot de petits détails apparemment insignifiants qui, bien traités sur le terrain de la création, peuvent donner une campagne intéressante qui va faire redécouvrir le produit.

b) Une vérité produit et une seule

On raconte souvent dans les agences de publicité, la métaphore des sucres. Un annonceur déjeune avec son publicitaire. Ils en sont au café et comme souvent dans ces cas-là, commencent seulement à parler de choses sérieuses. L'annonceur souhaite absolument que son message mette en avant deux attributs produit. Le publicitaire est contre. Il saisit alors cinq sucres à côté des tasses de café. Il les jette à l'annonceur qui n'en rattrape aucun. Il prend alors un sucre et le lance à l'annonceur qui s'en saisit sans problème. Il lui explique alors la morale de l'histoire : il en va de même en publicité. Plusieurs messages ne peuvent être attrapés par le consommateur qui a une attention très faible et passe environ deux secondes sur une publicité presse. En revanche, un seul message, s'il est bien exprimé, a toutes les chances d'être mémorisé.

Exemple

☞ Les frites McCain : on aurait très bien pu imaginer une seule annonce contenant la double promesse : bonnes et légères. Il y a même un argument média : en concentrant le

Source : Agence TBWA, Paris.

budget sur une annonce unique, on aura plus d'argent pour répéter plus souvent le message. Son efficacité devrait en être accrue. Sauf que, sur le plan de la création, une double promesse dans une même annonce aurait moins bien fonctionné.

2/ Répondre à une attente consommateur : la méthode de l'*insight*[1]

L'*insight* consommateur est un concept extrêmement important.

Définition

L'insight est le point de vue, le constat ou une croyance des consommateurs sur un marché par rapport à une marque ou un produit.

L'*insight*, c'est du vécu. Ce sont de petites choses qui sont ressenties (Citroën est très confortable pour sa suspension), expérimentées (quand on commence une crème dessert, on ne peut plus s'arrêter) ou de simples croyances (manger des carottes est bon pour le teint).

Exemple

☞ Une des campagnes d'*insight* parmi les plus durables est celle de Total. En 1991, Total met son budget en compétition. Les agences pratiquent toutes des micros-trottoirs (interviews de consommateurs dans la rue). Ici, on pose des questions aux automobilistes à la sortie des stations services. On demande « Comment avez-vous choisi cette station ? ». Dans neuf cas sur dix la réponse est « Par hasard », modulée sur de nombreuses variantes « J'allais tomber en panne, c'était la première », « J'ai commencé à regarder, j'ai vu cette station ». Le constat est que les marques de stations services ne créent pas d'attachement et ne donnent pas de raison de les préférer. Total a sélectionné l'agence qui a osé mettre en avant cet *insight* et a proposé d'en faire l'engagement de la marque : « Vous ne nous choisirez plus par hasard ». Total assoit cet engagement sur des attributs produit/service afin de donner des raisons de préférer la marque. Chaque annonce presse met en avant un atout supposé de Total : le sourire des caissiers, du pain frais, des chauffe-biberons, etc. pour insister sur la qualité de service de Total.

L'*insight* a trois fonctions :

- il est à l'origine de la « justesse consommateur » : un message touche les gens quand il prend en compte leur expérience, leur vécu ;
- il génère du « prêt à croire » : les consommateurs sont prêts à croire à un message s'il est ancré dans leur vie. La crédibilité est renforcée et donc les leviers d'adhésion aussi ;
- c'est la garantie de ne pas développer une promesse « à côté ».

Toutes les campagnes ne sont pas construites sur des *insights*. Certaines campagnes sont conçues pour développer des visions de marque, d'autres pour développer un attribut produit.

(1) Littéralement, l'« insight » signifie la capacité à avoir une compréhension claire et profonde d'un problème ou d'une situation compliquée. L'usage professionnel utilisant cette expression en anglais, le lecteur nous pardonnera de ne pas la traduire.

LES CRITÈRES DE CHOIX D'UN BON *INSIGHT*

■ *L'originalité*

L'objectif est de se différencier. Il s'agit d'utiliser un *insight* « frais », qui va générer un regard nouveau sur la marque ou le produit. Le travail en amont va être de détecter le bon *insight*, pas forcément apparent. Il existe des *insights* « enfouis » qui peuvent servir de supports à une bonne campagne.

Exemple

☞ L'*insight* de l'Espace Renault : dans nos sociétés urbaines, on vit dans très peu de mètres carrés. L'espace devient donc un besoin, une aspiration, partagée par tous. On a envie de respirer. L'Espace de Renault a bien senti ce besoin pour développer sa campagne « Et si le vrai luxe c'était l'Espace? » Cet *insight* est fort, mais il n'est pas détectable au premier degré. Il s'agit plutôt d'un *insight* « sociétal » qui s'adapte particulièrement bien au produit.

Source : Renault.

■ *L'adéquation au produit ou à la marque*

Exemple

☞ « Le chocolat c'est bon, mais on s'en met plein les mains » est un *insight* découvert il y a de nombreuses années par M & M's. La réponse de la marque : « le chocolat qui fond dans la bouche et pas dans la main ». Cette réponse permet de sonner juste et de mettre en avant une promesse de fondant toujours appréciée des consommateurs.

■ *La vérité*

Le train est certes un moyen d'aller d'un point A à un point B. Mais c'est aussi un moment à part, et à part entière. Qu'on soit seul ou en groupe, on peut transformer ce moment « creux » en moment « plein » et vivre quelque chose d'intéressant. Pour certains ce sera un moment passé avec des amis en allant à un match, pour d'autres simplement une occasion pour « révasser ».

Exemple

☞ La campagne SNCF des Transiliens a bien compris cet *insight*. Plutôt que de vendre la qualité du déplacement ou la ponctualité, l'agence a trouvé un *insight* encore peu ou pas exploité. Elle vend le moment passé dans le train : des moments pour soi, des instants de plaisir. Le traité photographique cherche à renforcer la vérité des situations. Le choix d'un photographe de talent, Nan Goldin, a été fait dans cet objectif. Il s'agit de sonner juste.

■ *Le fait d'être inspirant pour les créatifs*

Le travail sur la stratégie doit aboutir à un produit créatif. Le choix d'un *insight* peut aider les créatifs à développer une campagne originale.

Exemple

☞ Ikéa a développé une belle campagne signée « Rangez, si ce n'est pas pour vous, faites-le pour les autres ». On a tous fait cette expérience : notre désordre a gêné ceux qui vivent avec nous, comme on a pu être gêné par leur désordre.

Source : Ikea.

Pourtant personne n'avait parlé du rangement sous cet angle. Et celui-ci était inspirant pour les créatifs. Il a donné lieu à une campagne créative et efficace. On voit dans un des films un jeune homme ramener chez lui une charmante jeune fille. Il l'enlace et l'allonge sur le canapé. Elle ne réagit plus. Il la redresse. Elle s'est plantée une fourchette dans le dos, qui traînait sur le canapé. La fourchette apparaît, bien plantée entre les omoplates.

■ *L'adéquation par rapport à la cible*

Chaque *insight* doit être pertinent pour une cible donnée. Ils représentent les aspirations dominantes d'une période, d'une génération ou d'une cible précise.

Exemple

☞ Monoprix a ainsi identifié que la vie des femmes est souvent partagée entre activité professionnelle, rôle de mère, tenue du foyer et volonté d'épanouissement personnel. Sa campagne met en scène la dimension plurielle des femmes et signe « Toutes nos vies sont chez Monoprix ».

Le choix de l'*insight* est délicat. Il y a de nombreux *insights* sur chaque marché mais tous n'ont pas le même potentiel publicitaire. Il faut choisir celui qui permettra de développer un message nouveau, différent. C'est une façon de pratiquer la « pensée latérale » qui déplace les problèmes et fait réagir et agir les consommateurs.

Section 7
LES PRINCIPES D'ÉVALUATION D'UNE STRATÉGIE DE COMMUNICATION

Avant d'appliquer une stratégie de communication et de transformer les grandes idées directrices qu'elle contient en un programme opérationnel, il est sage de vérifier que cette stratégie « tient bien la route », c'est-à-dire qu'elle respecte des principes fondamentaux qui procèdent du bon sens et de l'expérience. On en a identifié huit. Une stratégie de communication doit les satisfaire tous. C'est la garantie qu'il n'y a pas une insuffisance majeure ou un contresens énorme, mais le passage réussi au crible de ces huit critères ne saurait en aucune façon donner un brevet d'efficacité à la stratégie analysée. Ce sont les conditions nécessaires, mais non suffisantes, de l'efficacité de la communication. À partir du moment où l'on a arrêté une stratégie, beaucoup de choses peuvent en effet se passer. La création et la réalisation des messages peuvent être ratées. La concurrence peut réagir violemment et ruiner l'effet de la campagne, le marché peut être perturbé par des accidents difficilement prévisibles, etc.

Les huit principes fondamentaux d'une stratégie de communication

1. Existence
2. Continuité
3. Différenciation
4. Simplicité et clarté
5. Réalisme
6. Déclinaison
7. Intégration
8. Acceptabilité interne

1/ Le principe d'existence

Cela peut paraître une lapalissade que d'affirmer qu'un principe fondamental d'une stratégie de communication est d'abord d'exister. En fait, il y a beaucoup de stratégies de communication qui n'en sont pas réellement, soit parce qu'elles sont formulées en termes excessivement généraux (on dit, par exemple, que la publicité devra améliorer l'image de marque sans préciser sur quels points et comment), soit parce que ce sont des stratégies d'opérette qui ne tiennent que le temps d'une spéculative[1] et par la magie du verbe du publicitaire qui présente son projet. Enfin, il y a toutes ces stratégies qui n'existent pas vraiment parce qu'elles ne sont pas formulées par écrit et arrêtées dans un plan qui a reçu l'accord de l'état-major de l'entreprise. Aussitôt dites, aussitôt oubliées, ces stratégies ont très peu de chances de servir à orienter les campagnes puis à évaluer leurs résultats.

Une stratégie de communication doit donc être écrite, diffusée et acceptée par tous ceux qui sont directement concernés, tant chez l'annonceur que dans l'agence.

2/ Le principe de continuité

Quand on a retenu une stratégie publicitaire, c'est-à-dire des objectifs publicitaires, une cible, une stratégie de création, une stratégie média, quand on a choisi un partenaire, c'est-à-dire une agence, quand on a commencé à investir beaucoup d'argent, il faut se tenir à ses choix et ne pas tout modifier à la première occasion et sans raison majeure. Une des qualités essentielles d'une stratégie de communication, c'est d'avoir été conçue pour durer et ainsi résister ensuite aux évolutions normales du marché, de la concurrence ou de la distribution.

(1) Une spéculative est une compétition d'agences, pour l'attribution d'un budget.

> « Ce qu'il y a peut-être de plus difficile à apprendre à un annonceur, dit Michel Rogale, c'est la patience. Il faut que les annonceurs gardent la tête froide. Construire la personnalité d'une marque, cela demande du temps. Au moins trois ans ».

Dim, la campagne Woolmark, les publicités Volkswagen, Darty, etc. ont su rester sur les mêmes rails pendant de très longues années, sans pour autant tomber dans la monotonie, car on peut très bien faire évoluer la création tout en gardant le même axe, les mêmes cibles et les mêmes médias.

Dans certains cas, l'usure des messages est si faible qu'on peut conserver les mêmes pendant de nombreuses années.

Exemple

☞ Le film TV Lotus qui montre un bébé déroulant un très long rouleau de papier hygiénique a été utilisé, sous la même forme, pendant plus de dix ans sans apparemment lasser les spectateurs.

Il est toujours très difficile de prédire la durée de vie d'un message publicitaire mais on peut observer que, dans la plupart des cas, c'est l'annonceur (ou l'agence) qui se lasse plus vite de la publicité que les clients auxquels elle s'adresse. On raconte cette histoire, évidemment fausse mais bien significative, d'un président demandant à son directeur du marketing de renouveler la campagne de publicité et qui s'entend répondre : « Mais, monsieur le président, elle commence demain ! ».

3/ Le principe de différenciation

La stratégie de communication ne doit pas chercher l'originalité à tout prix mais elle doit permettre de différencier nettement la communication de celle des concurrents. Cela doit se traduire par une expression publicitaire spécifique à la marque. On parle alors du code publicitaire de la marque. Il lui donne sa personnalité, affirme son identité, lui définit aux yeux du consommateur un caractère inimitable.

Toutefois, dans bien des cas, la différenciation de la communication est faible ou nulle. Beaucoup de publicités se ressemblent et suivent la mode ou la facilité. Parfois, on peut décider de se mettre délibérément dans la position de suiveur en imitant le leader, en créant le maximum de confusion et en profitant ainsi d'une partie de son effort publicitaire. Encore faut-il que ces stratégies soient mûrement réfléchies et qu'elles ne tiennent pas simplement à l'effet Panurge. Un jour, l'un des auteurs de ce livre se rendant à Marseille pour essayer de décrocher un important budget d'un distributeur en électroménager, s'est entendu dire par le président de la société :

> « Si vous voulez avoir mon budget, il suffit de copier à la lettre ce que fait Bernard Darty ; d'ailleurs, puisque c'est vous qui vous occupez de Darty dans la région parisienne (Darty n'était pas encore national), il vous sera d'autant plus facile de le copier puisque vous saurez ce qu'il va faire avant tous vos concurrents. C'est simple si vous acceptez, je ne fais pas de spéculative, je vous donne mon budget tout de suite... »

4/ Le principe de simplicité et de clarté

Une bonne stratégie de communication est simple et donc claire. Elle s'appuie sur des idées fortes, simples et qui ont entre elles des liens logiques.

Une politique qui réclame plusieurs pages de présentation sans pouvoir dégager quelques points majeurs autour desquels on peut tout ordonner, est suspecte. Elle a toutes les chances d'aboutir à des actions confuses.

Une stratégie dont l'architecture est trop compliquée, avec des raisonnements qui n'ont pas un écho immédiatement évident dans l'univers des consommateurs, aura du mal à trouver une traduction efficace dans la création publicitaire, le *packaging*, la promotion des ventes, le choix des médias, etc. Les marques se bâtissent sur des idées simples ; faire simple est souvent d'une grande nouveauté ! Mais faire simple en communication n'est pas si simple ! Les différentes composantes d'une stratégie de communication doivent avoir un fil rouge clairement identifiable. Ce n'est pas un *patchwork* regroupant, tant bien que mal, des objectifs, des cibles, des médias, une création : les objectifs sont-ils cohérents avec les contraintes budgétaires ? Les cibles sont-elles cohérentes avec les objectifs ? Le choix des médias est-il cohérent avec les cibles ?, etc.

5/ Le principe de réalisme

La communication peut être très rentable mais il faut savoir ne pas lui demander plus que ce qu'elle peut raisonnablement faire.

Les stratégies et les campagnes prêchent souvent par manque de réalisme. Les objectifs publicitaires sont parfois trop ambitieux. On place la barre trop haut, on sous-estime la durée nécessaire à l'efficacité des campagnes, on néglige l'importance d'autres facteurs tels que la qualité du produit ou de la distribution, etc. Parfois, c'est au niveau des moyens financiers que l'on manque de lucidité. Même une excellente idée a besoin de beaucoup d'argent pour être efficace. On demande trop souvent des prouesses au publicitaire en lui refusant les moyens indispensables. C'est ainsi qu'un budget, trop réduit, peut être dépensé en pure perte parce qu'on se situe en dessous du seuil d'efficacité. Ogilvy disait :

> « C'est comme si vous dépensiez un peu moins que le prix d'un billet d'avion. Vous n'arriverez jamais à destination ».

Parce que les moyens sont toujours limités, parce que la communication ne peut véritablement agir que si elle est patiente, répétitive, forte, il faut savoir concentrer ses moyens sur les points essentiels. Il faut se concentrer sur :

- des cibles bien délimitées, bien connues, avec un taux d'exposition publicitaire au-dessus du seuil d'efficacité ;
- un objectif prioritaire, clair et précis ;
- un nombre limité de médias.

6/ Le principe de déclinaison

Une stratégie de communication doit être déclinable :

- selon les différentes formes de communication : cela signifie que ses principes doivent pouvoir être non seulement applicables à la publicité, mais à toutes les autres formes de communication de l'entreprise (promotion, packaging, PLV, relations publiques, etc.) ;
- selon les médias ;
- selon les marchés, les pays, la concurrence ;
- sur la gamme de produits ou d'activités de la marque.

7/ Le principe d'intégration

Une stratégie de communication ne s'exprime pas de façon uniforme. Elle fait appel à des moyens variés qui puisent dans la palette très riche de tous les moyens de communication, médias et hors-médias. Le risque est d'émietter le budget en mille actions, originales peut-être mais qui ne capitalisent pas sur l'objectif essentiel, par exemple le statut de la marque ou le recrutement de nouveaux clients ou la fidélisation, etc.

Entre une parole monocorde et répétitive à l'identique et un discours foisonnant et brouillon, il faut trouver un juste milieu. Les différentes expressions de la marque, des produits et de leurs porte-parole (vendeurs, dirigeants, etc.) doivent être cohérentes ; mieux, elles doivent jouer en synergie. La communication doit être intégrée. La dernière partie de cet ouvrage est consacrée à ce point essentiel.

8/ Le principe d'acceptabilité interne

Une stratégie doit énoncer les principes d'une action qui doit être parfaitement comprise et acceptée par les consommateurs visés. C'est évident mais ce n'est pas suffisant. Il faut aussi se soucier du sentiment des publics internes de l'entreprise (personnel, syndicats, etc.). Quand une banque fit une campagne en disant que l'argent l'intéressait, on dit que cela provoqua des réactions au sein de son personnel et que la campagne dut être arrêtée. Cela ne prouve pas qu'il faille toujours éviter les campagnes originales et qui peuvent être choquantes ; cela démontre qu'il faut expliquer une campagne à l'intérieur de l'entreprise avant de la diffuser à l'extérieur. Il est de moins en moins acceptable pour un ouvrier comme pour un cadre d'apprendre par les journaux le lancement d'un nouveau produit de sa société ou le démarrage d'une grande campagne de publicité. Les publics internes ont besoin d'être informés avant les autres. Ils doivent l'être mieux que les autres. Communication *externe* et communication *interne* sont *intimement liées*.

La saga Dim
Une communication exemplaire sur tous les critères d'évaluation d'une stratégie [1]

Historique de la campagne de Dim

- *1958-1965 : des bas Dimanche à la marque Dim*

- *1968-1975 : les années de la construction de l'image de la marque*

- *1975-1988 : les années de la diversification*

1978 : la complicité des couples.

LINGERIE

1988 : la générosité des formes.

(1) *Analyse faite à partir de documents Publicis.*

DIM HOMME

- *1988-1993 : la segmentation et la création des* sub brands *Dim*

La sophistication, la force et l'intensité.

La perfection du voile marié au lycra : un nouveau langage des jambes.

- *1994-1998 : Dim, marque globale, s'inscrit dans les courants des années quatre-vingt-dix : « Être mieux »*

- *2000 : la campagne « absolu », la sensation nue*

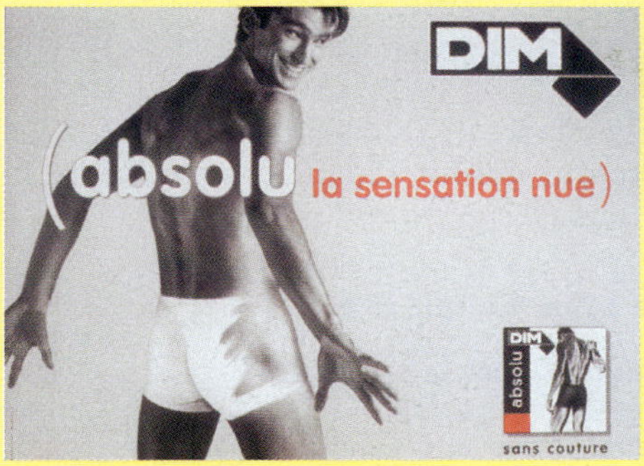

- *2004 : la séduction est un jeu*

La communication Dim au crible des critères d'évaluation d'une stratégie de communication

■ *Le principe d'existence*

La stratégie de Dim est formulée dans la charte de la marque qui énonce les axes statégiques et la charte graphique qui définit l'identité visuelle de la marque.

Extrait de la charte de la marque Dim

Vers un territoire de marque dynamisé - Analyse de la dualité

La richesse de la marque peut facilement être illustrée par une variété de paradoxes

DIM représente :	et en même temps :
Beauté	Praticité
Sport	Chic
Simplicité	Séduction
Dessous	Dessus
Actualité	Intemporalité
Intimité	Esprit social
Universalité	Individualité
Confort	Soutien
Fonction	Émotion

Dim c'est un vrai 2 en 1 !

■ *Le principe de continuité*

C'est un point fort, exceptionnel même, de la communication de DIM.

□ *Continuité des axes stratégiques*

Les principes énoncés dans la charte de la marque sont pérennes. Les codes de la marque ont été solidement installés :

– le mythe de la femme Dim a été construit dès les années soixante-dix : jeune, sexy, impertinente, pleine d'humour et de vitalité, toujours d'avant-garde ;

– le produit est, depuis toujours, le héros de la communication Dim, avec des innovations constantes qui nourrissent la marque et sa communication : sans démarcation, opaques couleurs, voiles, Dim up, Dimette, etc.

□ *Continuité de la forme*

Les campagnes sont très créatives, la forme semble toujours nouvelle mais elle s'inscrit toujours dans les codes de la marque. Il y a depuis toujours le *jingle* Dim, toujours le même mais mille fois réinterprété et qui est devenu, au fil du temps, un élément capital de la marque.

□ *Continuité du partenariat Dim-Publicis*

Publicis, première agence des bas Dimanche en 1958 a transformé un produit en une marque puissante et est toujours restée l'agence de Dim même après son rachat par Sara Lee.

■ *Principe de différenciation*

Dim a créé le collant dans les années soixante, a innové constamment, a engagé une politique de diversification (lingerie en 1976, gamme Dim Homme en 1987, *sub-brands* Diam's en 1988, Sublim en 1991).

La communication a, par une subtile alliance de la continuité et de l'inventivité, construit une marque au caractère inimitable.

Mais attention à la rançon du succès ! Dim est devenu un nom usuel qui fait partie du langage courant. C'est un hommage rendu à la qualité des produits et de la communication mais c'est aussi le risque de devenir une marque générique qui se mettrait à travailler pour la concurrence.

■ *Principe de clarté*

Il suffit de relire la charte de la marque et de regarder les publicités de Dim pour être convaincu de la clarté, de la simplicité et de la force des convictions stratégiques de la marque et de son expression.

■ *Principe de réalisme*

Le réalisme (mais aussi l'audace) c'était de lancer le collant dans les années soixante contre l'avis des hommes, *contre* la mode du jour (on était à l'époque des porte-jarretelles et celle des corsets n'était pas si loin !) *mais* avec l'allié qui compte : la femme et une motivation forte : le confort.

Le réalisme en communication, c'est d'avoir créé le mythe de la femme Dim sur des traits éternels et donc indémodables puis d'avoir surfé sur les modes sans altérer le vrai caractère de la marque. Le réalisme, c'est d'être *proche* de la clientèle, en proposant une femme Dim accessible, qui veut se sentir féminine, bien dans son corps, moderne et sans contraintes.

■ *Principe de déclinaison*

La déclinaison porte sur :

- le concept de marque dans de nouveaux marchés (lingerie, Dim Homme), dans de nouveaux segments : Diam's, Sublim :
- la communication dans les médias : télévision, presse, affichage ;
- l'identité visuelle dans la publicité et le *packaging*.

■ *Principe d'intégration*

Ce ne fut pas le problème majeur de Dim à ses débuts puisqu'il y avait une seule gamme de produits : les collants, et un mode d'expression dominant : la publicité. Ce devint un problème à résoudre avec la diversification des produits et des marchés. L'intégration a été particulièrement réussie avec Dim Homme alors que le problème n'était pas simple. Dim Homme a joué sur le naturel, l'humour, la complicité, des caractères bien ancrés dans la marque Dim. Génétiquement, Dim Homme est bien de la marque Dim mais on a su lui donner sa spécificité avec un code de communication propre : en noir et blanc.

Éléments communs à la communication de tous les produits Dim	Éléments distinctifs
■ L'esprit Dim ■ La valeur technique ajoutée des produits ■ Un logo unique ■ Le *jingle* Dim	■ Une signature femme pour les univers collant/lingerie : « Le plus beau Dim, c'est vous » ■ Une signature Dim Homme qui capitalise sur la masculinité

Aujourd'hui, le problème de l'intégration réside dans la relation entre la marque Dim, fédératrice, et ses positionnements tactiques par marché avec des marques qu'elle a enfantées et nourrit : Diam's, Sublim, Dim Homme. Comment faire pour que la relation se fasse aussi dans l'autre sens, de ces positionnements tactiques à la marque Dim, pour qu'ils nourrissent à leur tour une « méga marque » Dim ?

- *Principe d'acceptabilité interne*

Dim ne pose pas ce genre de problème. Bien au contraire, la puissance de la marque ne peut être qu'un motif de fierté en interne.

Section 8
Le *brief* agence et le *brief* création

L'aboutissement de la démarche stratégique est dans le moment clé du *brief* à la création. On verra préalablement les principes d'un autre moment très important du processus publicitaire, le *brief* de l'annonceur à l'agence, qui est le point de départ du travail de l'agence.

1/ Le *brief* de l'annonceur à l'agence

Les bons annonceurs font de la bonne publicité ; les mauvais n'ont souvent que la publicité qu'ils méritent. Ce serait une erreur de croire que l'agence a, à elle seule, la responsabilité de la qualité des campagnes et de la création. Le rôle de l'annonceur est déterminant. Ce n'est évidemment pas de lui que l'on doit attendre l'éclair de génie qui fera la campagne du siècle. À chacun sa tâche. L'annonceur doit savoir bien faire trois choses : bien poser le problème, donner à l'agence des moyens et des délais convenables, savoir décider car, en fin de compte, c'est toujours lui qui choisit une campagne.

a) Bien poser le problème en donnant des orientations claires à l'agence : le *briefing* de l'annonceur à l'agence

Remarque liminaire : on ne confondra pas le briefing *de l'annonceur à l'agence avec le* briefing créatif, *développé plus loin. Le* briefing *de l'agence est fait par l'annonceur au(x) responsable(s) de son budget dans l'agence. C'est à la fois la formulation du problème à résoudre, une « explication de texte » faite à l'agence, un cahier des charges précisant les objectifs et les contraintes à respecter.*

Le *briefing créatif* ou *briefing aux créatifs* est fait, au sein de l'agence, par le commercial de l'agence en charge du budget. C'est le lancement du processus de création. Il se fait hors de la présence des représentants de l'annonceur.

Comme toujours, c'est le premier pas qui compte. Cette première étape est constituée par le *briefing* de l'annonceur à l'agence sur son problème et ses objectifs.

Le rôle essentiel de l'agence est d'en savoir plus, d'aller plus loin et surtout de ne pas se laisser asséner une cascade de « vérités et de certitudes » sans réactions ni curiosité : il y a souvent dans le *briefing* tout ce qui est nécessaire pour faire une bonne campagne, encore faut-il aller déterrer la pépite qui est souvent enfouie et bien cachée parmi tous ces mots et ce jargon de professionnels. Parfois le *briefing* n'est pas clair, il est vague et flou, ou au contraire il est très directif et sans nuance. Il est toujours le reflet de ce qui se passe chez l'annonceur. Parfois il n'y a pas du tout de *briefing*. Il est alors, et plus que jamais, nécessaire que l'agence établisse un dialogue avec l'annonceur pour trouver avec lui ce qu'il faut dire sur son produit et ce qui déclenchera l'achat du consommateur. Un annonceur a toujours quelque chose d'intéressant à raconter sur son produit, sur lui-même, sur son entreprise, encore faut-il aller le chercher en l'interrogeant sans cesse à la manière d'une enquête policière.

Tout en se plongeant dans le *briefing*, les diverses études et interviews mises à la disposition de l'agence, il faut essayer de vivre personnellement avec le produit ou le service en question ; il faut savoir le regarder, s'obliger à l'utiliser plusieurs fois, aller l'acheter et l'observer sur les lieux mêmes de la distribution, se faire sa propre opinion avant d'enregistrer, d'assimiler celles des autres consommateurs, producteurs ou concurrents. C'est aussi de ce regard personnel que naissent parfois les grandes idées.

Ayant réagi spontanément, ayant regardé, palpé, humé, utilisé le produit, il faut alors, comme un pianiste faisant ses gammes, se plonger et se replonger dans tout ce qu'il y a de connaissances accumulées sur le produit, sa fabrication et son histoire, quitte à tout oublier lorsqu'on se retrouvera devant une feuille blanche que l'on devra remplir d'idées. Rien n'est inutile, tout est important. Il ne faut surtout pas hésiter à demander les informations complémentaires manquantes, revenir écouter le client jusqu'à l'exaspérer par le nombre de questions car après il sera trop tard et on sera peut-être passé définitivement à côté d'une très grande campagne.

b) Les principales rubriques du *briefing* de l'annonceur à l'agence

Le *briefing* doit préciser :

- *le problème de communication* à résoudre et les objectifs de communication ;
- *le contexte :* les données essentielles portant sur *l'entreprise* (si nécessaire), *le produit, le marché, les consommateurs, la distribution, la concurrence* (structure du marché, forces et faiblesses des concurrents principaux, stratégies de marketing avec une carte des positionnements (*mapping*)) ;
- *les fondements de la marque* (v. analyse d'une marque) comprenant, entre autres, l'historique de la communication de la marque (ne retenir que les évolutions marquantes) ;
- *l'environnement publicitaire concurrentiel :* marques actives en communication, analyse de leurs messages (promesses), *mix* de communication et *mix* médias, budgets et parts de voix ;
- *la stratégie marketing actuelle et future de la marque :* les objectifs marketing, les cibles marketing, le positionnement, le *marketing-mix*, l'analyse SWOT[1] (forces et faiblesses, opportunités et menaces) ;

(1) SWOT : initiales de Strenghts, Weaknesses, Opportunities, Threats.

– *les interrogations de l'annonceur et les angles d'attaques possibles :* par exemple, l'annonceur envisage de passer d'une communication produit à une communication marque, de changer le ton de sa communication, de se centrer sur les prospects plutôt que sur la fidélisation des consommateurs actuels, etc. ;
– *les contraintes imposées par l'annonceur :* les contraintes *matérielles* (budget, délais), les contraintes *de communication* (par exemple, l'annonceur impose l'usage de la télévision comme média principal, demande que la signature de la marque soit conservée, etc.).

c) À quoi reconnaît-on un bon *briefing* ?

Un bon *briefing* doit aussi répondre à des critères de forme et de fond.

1° Il est écrit

C'est le « B.A. BA » du métier d'annonceur. Un *briefing* oral est diversement interprété, oublié, modifié ultérieurement. Bien entendu, le document remis à l'agence fait l'objet de commentaires oraux de la part de l'annonceur.

2° Il exprime un seul point de vue de l'annonceur

Le *briefing* de l'annonceur à son agence engage tout le management de l'annonceur, de son président au chef de produit qui gère la marque. Ce n'est pas le point de vue du seul chef de produit. Il est l'expression d'un consensus au sein de l'annonceur.

3° Il est synthétique

Il ne retient que les informations tout à fait essentielles. Ce n'est pas une monographie exhaustive de la marque et de son contexte. Quand l'annonceur travaille depuis longtemps avec l'agence, on peut faire plus court puisque l'agence connaît bien le produit, la marque et son marché. Toutefois l'expérience montre qu'il est bon de reprendre les points majeurs de ces rubriques pour être certain que les visions de l'annonceur et de l'agence se recoupent bien. Si ce n'est pas le cas, il faut engager un débat avant d'aller plus loin. Ce type de discussion peut être très riche et déboucher sur l'invention de nouveaux angles d'attaque ou sur la reformulation du problème à résoudre.

4° Il est la formulation d'un parti pris de l'annonceur

Le *briefing* à l'agence n'est pas un simple résumé du passé, de la situation actuelle et des objectifs de l'annonceur. Il exprime également les interrogations de l'annonceur, voire ses idées sur la stratégie de communication que l'on pourrait adopter. En revanche, l'annonceur s'interdira absolument de s'engager dans la création proprement dite. C'est pourtant bien tentant !

L'agence a tout loisir de remettre en question les points de vue proposés par l'annonceur. C'est tout à fait dans son rôle de conseil.

5° Il engage un dialogue

L'annonceur informe, explique, précise ce qu'il attend. En retour, l'agence le questionne. Elle demande des points d'éclaircissement complémentaires. L'agence affine sa compréhension du problème par des recherches bibliographiques, des études sur le terrain : visite de la distribution, tests de produits, interviews de consommateurs, etc.

2/ Le *briefing* créatif : la copy strategie

La copy stratégie ou plan de travail créatif est une méthode universellement employée pour dire aux créatifs ce qu'on attend d'eux.

a) Introduction à la copy stratégie

La créativité n'est pas l'apanage des seuls créatifs. Les idées doivent déjà être présentes dans les *briefs*. La stratégie doit être créative, le *brief* doit refléter un parti pris, une conviction, et s'écarter des discours dominants, des chemins bien balisés, pour être capable d'inspirer les créatifs et de créer les conditions d'un discours différent.

Lorsque l'agence a le sentiment d'avoir accumulé toutes les données nécessaires et d'avoir bien compris le problème à résoudre par l'annonceur, elle est prête à lancer le processus de la création. Elle choisit les créatifs qui vont travailler sur la campagne. Elle doit leur faire comprendre le problème à traiter en fournissant une ou plusieurs pistes de travail. C'est l'objet du *briefing des créatifs* que l'on appelle ici *briefing créatif* pour bien marquer que ce n'est pas un simple exposé, un résumé du *briefing* de l'annonceur mais que ce doit être une stimulation de la création sur des axes voulus par l'agence.

Le *briefing créatif* peut être plus ou moins formel. Que l'on soit adepte ou non, de formalisme, il faut dans tous les cas passer par une rencontre organisée avec les créatifs. Un bon *briefing* créatif ne garantira pas une immense campagne mais un mauvais se traduira à coup sûr par des propositions inadaptées, sauf coup de génie des créatifs.

Le *briefing* créatif :

1° C'est un état d'esprit

On cherche à expliquer le problème aux créatifs, on suscite leurs questions, on cherche à les motiver sur le produit, la marque et l'entreprise de l'annonceur, on informe, on rassure et on flatte élégamment l'ego des créatifs. On oriente la création en fermant des pistes et en ouvrant d'autres.

2° C'est la première étape du développement créatif

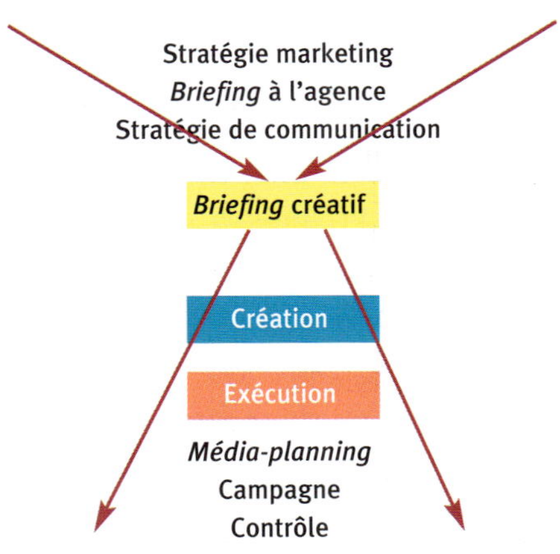

Figure 7

3° C'est un acte de communication qui se fait à plusieurs

4° C'est une ou plusieurs réunions de travail entre les commerciaux, le *planneur* stratégique et les créatifs

Après une rapide introduction :

– on entre dans le vif du sujet en faisant « voir, toucher, sentir » le problème à résoudre, en présentant de multiples matériaux : le produit et ses concurrents, les annonces de la concurrence, des extraits d'études consommateurs, etc. ;
– on lance un défi à la création ;
– on partage une conviction stratégique forte, celle que l'équipe a élaborée à partir du *briefing* de l'annonceur et de ses propres recherches.

Cette conviction stratégique ouvre *une nouvelle perspective* (« je n'avais jamais vu ça comme ça ! ») et *des angles d'attaque* qui s'appuient sur des faits, objectifs ou non, relevant du consommateur (*insight* consommateur), du produit ou de la marque.

b) La définition de la copy stratégie

C'est un cadre formalisant la présentation aux créatifs. La copy stratégie se présente sous la forme d'un document extrêmement synthétique qui résume ce que le message doit communiquer.

La création peut-elle se faire sans règle ou plutôt sans contraintes voulues ou imposée ? Voilà la grande question et la raison de toutes les controverses et des polémiques sans fin qui sont nées entre annonceurs et publicitaires et le plus souvent entre publicitaires eux-mêmes, à propos de la copy stratégie.

Il n'y a pas de grands créateurs, dans tous les domaines, qui ne se soient imposé un cadre précis, des impératifs rigoureux. De même, il n'y a pas de création publicitaire sans contrainte, sans objectif et sans méthode. La différence est que, dans le cas de l'artiste, les contraintes sont voulues par lui-même et qu'il peut modifier ses objectifs et son projet à sa guise tandis que le créatif publicitaire se voit imposer un but et des contraintes.

La copy stratégie est donc cette méthode, ce guide, ce garde-fou, ce contrat à partir desquels la création doit se développer.

1° Les rubriques fondamentales de la copy stratégie

Il existe de nombreuses variantes de la copy stratégie. Les agences pour démontrer la spécificité de leurs méthodes, proposent des formes plus ou moins personnalisées, en modifiant un intitulé, en ajoutant des rubriques ou en enlevant une. On propose ici un modèle type de la copy stratégie.

L'écriture de la copy stratégie repose sur les réponses à quatre interrogations de base, sachant que l'on a défini préablement la cible visée et les objectifs à atteindre :

– quelle est la promesse choisie ?
– quel est le *bénéfice-consommateur* retenu ?
– quels *supports* peuvent être mis en avant pour soutenir ce bénéfice-consommateur ?
– quel *ton* doit avoir le message ?

Certains se refusent à se prononcer sur le ton à employer (démonstratif, humoristique, dramatique, etc.), arguant que cela est l'affaire des seuls créatifs. Cette position est contestable. Le ton est de plus en plus une composante déterminante du message publicitaire, très liée à la personnalité et au style de la marque.

L'articulation la plus importante est celle entre la promesse et le bénéfice-consommateur. La promesse est ce que la marque ou le produit « promet » d'apporter à ses consommateurs. Elle se traduit en un *bénéfice matériel* (un produit plus performant, moins cher, plus facile à utiliser, etc.), *psychologique* (« en achetant ce produit de cette marque, je suis une bonne mère qui fait le maximum pour ses enfants ») ou *sociologique* (« cette marque me valorise auprès des autres... »). Selon les campagnes, on insistera sur un type de bénéfice ou un autre.

- *Une définition en quatre points de la nature de la copy stratégie*

La copy stratégie :

- a pour *objectif d'inspirer le créatif* : elle doit pour cela proposer un angle, une façon originale de voir le problème de la marque ;
- est une *émanation de la stratégie marketing*, mais ce n'est pas la stratégie marketing ;
- est un *document à long terme qui définit ce que la marque doit devenir* dans l'esprit des consommateurs au cours du temps ;
- est un document qui *indique ce que le message publicitaire doit être* (c'est-à-dire le fond), mais il ne dit pas quelle forme précise et spécifique il doit prendre. C'est le travail des créatifs.

- *La construction*

La copy stratégie émane :

- de la stratégie marketing ;
- du produit lui-même, de ses performances et de son acceptabilité par les consommateurs ;
- de la situation concurrentielle ;
- de la connaissance et de la compréhension que l'on a, des données qualitatives du marché ainsi que de l'expérience.

- *Ses impératifs :*

La copy stratégie doit être :

- spécifique et concrète, c'est-à-dire être fondée sur un bénéfice « tangible » pour le consommateur ;
- simple et se concentrer sur une seule promesse de base ;
- claire et éliminer toute possibilité de confusion ;
- cohérente, chacun de ses éléments devant être complémentaire ;
- explicitement compétitive ;
- positive, se concentrant sur les points de force de la marque et non pas s'efforçant d'excuser ses faiblesses.

2° Les critères de jugement d'une bonne copy stratégie

Une bonne copy stratégie doit être :

- *imaginative*, car elle n'existait pas de façon apparente dans le *briefing* de l'annonceur ;
- *stratégique*, c'est-à-dire en droite ligne avec la stratégie marketing et notamment adaptée aux destinataires (cible directe ou indirecte) ;

– *compréhensible* immédiatement, tant sur le plan rationnel que par les images et les associations qu'elle fait naître. Elle est donc simple et ne nécessite pas d'exégèses et d'explications ;
– *originale* par rapport à celle de ses concurrents ;
– *durable*, donc déclinable dans le temps. Elle n'est pas liée à une mode ou à un contexte très particulier.

La copy stratégie type

■ **Contexte :** l'environnement dans lequel se situe la campagne. La situation du marché (attaque d'un concurrent), la nature de la campagne attendue (entretien de notoriété, réaction à une attaque, etc.). Tout élément qui peut aider à faire comprendre aux créatifs le cadre général de la campagne.

■ **Objectifs :** qu'attend-on de la campagne ? Quel est l'objectif prioritaire. Doit-elle construire la marque, agir sur les ventes, créer une préférence émotionnelle, etc.

■ **Cible :** comment définir la cible ? Critères sociodémographiques, comportementaux, etc. Comment la qualifier ? Décrire les gens tels qu'ils sont pour les rendre tangibles aux créatifs. Parler de leurs goûts, de leurs centres d'intérêt, de leur profil psychologique, afin d'identifier les leviers auxquels ils sont sensibles.

■ ***Insight* :** sur quel point de vue ou croyance des consommateurs la promesse va-t-elle s'appuyer ?

■ **Promesse :** formuler de manière inspirante, ce que la marque ou le produit proposent à leurs consommateurs.

■ **Bénéfice :** on se place ici du point de vue du consommateur : ce qu'il va retirer de l'usage d'un produit ou d'une marque. On distingue le bénéfice fonctionnel : (« gagner de l'argent grâce à une épargne bien rémunérée ») et le bénéfice émotionnel (la confiance liée à la sécurité, le plaisir de savoir que sa famille porte du linge impeccable, etc.).

■ ***Reason why* :** aussi appelé « preuves ». Leur rôle est de rendre concret un message, de convaincre et d'obtenir ainsi l'adhésion du consommateur. C'est une justification concrète sur laquelle s'appuie la marque ou le produit pour supporter sa promesse : un élément tangible, vérifiable comme un prix, une technique, un attribut produit qui génère de la performance, etc.

■ **Contraintes :** ce sont les contraintes que la marque doit respecter, comme par exemple, le format, la continuation d'une saga de marque ou la déclinaison presse de l'idée du film télévision, etc.

b) La copy stratégie classique est adaptée à une communication produit

Conçue à la naissance du marketing moderne, la copy stratégie classique est bien adaptée à :

– une communication-produit …
– …mettant en avant un bénéfice-consommateur fondé sur un avantage produit : le prix, la performance, etc. …
– … soutenue par des « preuves » tirées des attributs du produit, du savoir-faire du producteur ou de la satisfaction des consommateurs qui utilisent le produit (testimonial).

On est dans le schéma d'une communication persuasive, différentielle, qui suppose un processus *logique* chez le consommateur : « Ce message a attiré mon attention, je l'ai vu, je reconnais mon problème dans celui qui est décrit dans la publicité, le produit présenté a un avantage significatif par rapport à celui que j'utilise, cette promesse me paraît crédible, je suis tenté de l'essayer. »

Annonce de la Société Générale, exemple de copy stratégie

- **Contexte :** la Société Générale souhaite développer sa part du marché du conseil en patrimoine aux particuliers.
- **Objectifs :** convaincre de l'utilité et de la performance du conseil financier à la Société Générale.
- **Cible :** une cible à hauts revenus : les cadres supérieurs et professions libérales de 45 à 60 ans. Ils gagnent beaucoup d'argent, mais n'ont pas le sentiment d'accéder au style de vie qu'ils ambitionnent du fait de prélèvements élevés. Lassés de voir une partie importante de leurs revenus partir aux impôts, ils cherchent les moyens d'optimiser leur situation fiscale personnelle.
- ***Insight* :** « je gagne de l'argent mais j'ai le sentiment de ne pas en profiter pleinement ».
- **Promesse :** un diagnostic/conseil financier performant, qui propose des solutions pour alléger les impôts.
- **Bénéfice :** pouvoir profiter pleinement de son argent et se faire plaisir avec son patrimoine ou ses revenus.

Source : Société Générale.
Photographe : Joe Magrean
Agence de publicité : Lowe Paris.

- ***Reasons why* :** le diagnostic/conseil financier de la Société Générale. Une volonté d'ouverture et de dialogue à la Société Générale, traduite par la signature de la marque « Et si on en parlait ? ».
- **Contraintes :** annonce presse, une simple page. Respect de la charte graphique de la Société Générale. Clarté. Simplicité.

On reconnaît là le modèle classique dit « de la hiérarchie des effets » qui a été développé dans cet ouvrage (première partie, chapitre 2).

La copy stratégie classique ou le plan de travail créatif, qui en est une version, s'inspirent de l'USP, telle qu'elle fut formulée par Rosser Reeves, à la fin des années quarante. Par sa structure, elle privilégie les campagnes produit qui développent une promesse claire et reposent sur un attribut produit (*reason why*). Les évolutions publicitaires, où nombre de campagnes se détachant du produit, conduisent à aménager la copy stratégie.

DOSSIER PUBLICITÉ ET SOCIÉTÉ

La publicité est partie intégrante de la société dans laquelle elle évolue. Elle est sur la place publique. Elle ne cesse de se développer, d'occuper de nouveaux espaces. Au cours des dix dernières années, le volume des investissements publicitaires a plus que doublé. La publicité s'impose aux individus, entre par effraction dans les foyers. On peut difficilement l'éviter ; on ne peut pas y échapper complètement. Cela l'expose obligatoirement à nombre de critiques, d'autant plus qu'elle est suspecte par sa fonction même : son but est commercial et elle ne s'en cache pas.

Ainsi, la publicité est régulièrement sur la sellette. La large médiatisation du mouvement des antipub depuis la fin 2003 a dévoilé au grand public la virulence des critiques qui lui sont adressées.

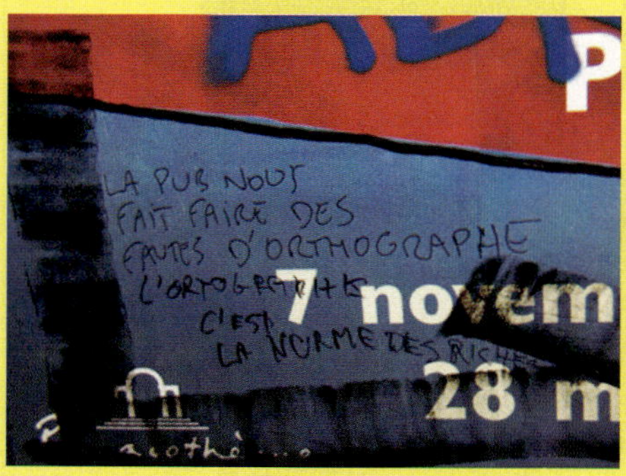

Affiches avec les graffitis des antipub dans le métro parisien, à l'automne 2003.

Source : Internet.

La séduction de la publicité s'exerce par sa proximité avec les consommateurs, son ancrage dans leur culture et dans leurs pratiques quotidiennes. Elle reflète ainsi les grandes évolutions socioculturelles. Comme on le verra un peu plus loin, le discours publicitaire sur les femmes montre la recherche d'un fragile équilibre entre le respect d'une féminité intemporelle et l'adéquation avec les tendances socioculturelles récentes. La publicité ne saurait provoquer les tendances de fond qui obéissent à d'autres logiques sociales, nettement plus complexes. Mais elle peut en revanche les accélérer. La publicité faite pour les produits cosmétiques masculins en est un bon exemple. Le fait que de nombreux grands acteurs du marché des cosmétiques communiquent en même temps sur la cible masculine peut ainsi contribuer à l'installation de nouvelles pratiques, en banalisant un procédé encore nouveau et en favorisant une consommation de mimétisme. Néanmoins, l'évolution de la consommation masculine s'explique avant tout par des facteurs socioculturels qui rendent, à un moment donné, cette cible « mûre » pour investir de nouveaux champs de consommation. Au début des années quatre-vingt-dix, les tentatives de lancements de lignes de produits cosmétiques pour hommes furent un échec malgré la publicité. Contrairement à ce qu'on affirme souvent, cette dernière ne suffit pas à créer des besoins. Même avec des budgets publicitaires importants, un produit trop en avance (ou trop en retard) sur son temps ne connaîtra pas le succès.

La critique de la publicité

Les reproches sont de nature très diverse. On critique certains dérapages créatifs, à la limite ou au-delà de la morale (ou du sociologiquement correct). On lui a reproché d'encourager certains maux de société comme l'alcool et le tabac et on est allé jusqu'à l'interdiction – ou à une très sévère limitation – de la publicité pour ces produits. Aujourd'hui, on l'accuse de favoriser l'obésité des enfants. Enfin, les actions récentes des mouvements antipub expriment le « ras le bol » face au « trop plein » de publicité et plus profondément une violente critique de la publicité considérée comme un acteur – ou un symbole – de la mondialisation et de l'ultralibéralisme.

Le débat se situe à deux niveaux :

– au niveau des autorités et des instances de représentation des agences et des annonceurs : il passe par les rapports entre les publicitaires, les industriels et les autorités ;

– au niveau des actions sur le terrain, dénonçant la publicité, notamment en détournant des affiches.

Le débat public

Certaines campagnes déclenchent de vives polémiques. Ce n'est d'ailleurs pas toujours involontaire, compte tenu de la visibilité gratuite qu'une polémique donne à une marque. Le sujet qui suscite le plus souvent des critiques est celui de l'image de la femme. On reproche à nombre de campagnes de donner une image dégradante des femmes en les mettant en situation d'infériorité et de soumission aux instincts primitifs des hommes.

Les campagnes Opel construites autour des « blagues de blondes » ont suscité les critiques car elles véhiculent le stéréotype de la femme stupide et futile, incapable de se prendre en charge. La campagne pour la crème « Babette »[1] qui insinuait qu'on pouvait la fouetter, jouant sur l'association entre la femme et la crème a déclenché les ires des mouvements féministes qui arguaient qu'on ne peut pas plaisanter sur le sujet des femmes battues.

Campagne Sloggi

Source : www.sloggi.tm.fr.

À l'orée des années 2000, la vague du « porno chic », reprise à l'unisson par les annonceurs du luxe et de la mode après avoir été lancée par Gucci, a suscité les critiques dénonçant l'assimilation des femmes à des objets sexuels. Certaines campagnes ont été violemment dénoncées, comme celle de La City, qui présentait une femme à quatre pattes, ou celle du parfum Opium d'Yves Saint Laurent qui montrait une femme en train de se donner du plaisir.

La vague du « porno chic » multiplié et banalisé ces images. La polémique, déclenchée par l'association féministe des « Chiennes de garde » a été très fortement reprise par les médias. Il va de soi qu'on ne peut tolérer de porter atteinte à la dignité féminine et que certaines publicités sont allées trop loin.

(1) *V. le visuel « Babette », partie 1, chapitre 1.*

À ce jour, il n'y a pas pour autant de loi pour réguler les pratiques publicitaires sur ce sujet. Le principe qui sévit est celui de l'autodiscipline, avec notamment les avis du BVP qui permettent de détecter d'éventuels problèmes sur des sujets délicats.

Sur le sujet des enfants dans la publicité, le débat est ouvert. En Angleterre, le débat est très animé sur la responsabilité des marques et des publicitaires dans le développement de l'obésité chez les enfants. On reproche aux marques d'utiliser des footballeurs connus, comme Michael Owen ou David Beckham, véritables idoles auprès du public des jeunes anglais, pour promouvoir des produits sucrés. Le débat a gagné la France où la publicité sur les aliments destinés aux enfants est désormais sous haute surveillance. Une étude commandée par la Direction générale de la Santé en 2003 a montré que 70 % des spots ciblant les enfants concernaient des produits alimentaires, sucrés pour la plupart.

À l'heure où on écrit ces lignes, une loi relative à la santé publique va être présentée aux deux chambres. Si elle est votée, elle obligera les annonceurs de produits alimentaires destinés aux enfants, à intégrer des messages préventifs dans leurs campagnes publicitaires, signalant les dangers liés à une consommation abusive, et surtout, à financer la diffusion de spots à caractère sanitaire éducatif rappelant les principes d'une saine nutrition. Ces films informatifs seraient diffusés dans les mêmes écrans que les films publicitaires mis en cause.

De leur côté, les publicitaires défendent le principe d'autodiscipline et affirment que la publicité est le bouc émissaire de problèmes sociétaux qui la dépassent. L'argument principal de l'AACC (Association des agences de conseil en communication) est que l'obésité est essentiellement liée à une chute de l'activité physique des enfants, trop longtemps immobiles devant leur téléviseur ou les consoles de jeux vidéos.

Entre les publicitaires, les industriels, les pouvoirs publics et les associations de consommateurs le débat se poursuit. Le traditionnel principe d'autodiscipline défendu par la profession risque d'être remis en question sur certains sujets sensibles.

Les antipub

Les faits

Le procès de 62 antipub, du 10 mars 2004, a été largement médiatisé. La société Métrobus, la régie publicitaire qui vend l'espace publicitaire du métro, a assigné devant les juges un groupe d'antipub à qui il était reproché d'avoir « graffité » des affiches du métro, engendrant un manque à gagner important pour Métrobus. Ce procès était la conséquence de plusieurs vagues de « bombage » des affiches, généralement organisées le vendredi soir par les antipub. Le groupe des antipub est un réseau informel qui n'a pas de véritable chef et qui regroupe des mouvements divers comme le RAP (Résistance à

Source : Internet.

l'agression publicitaire) ou les Casseurs de pub. Il s'inscrit dans la mouvance des organisations altermondialistes avec qui il y a une proximité intellectuelle forte. Il récupère les arguments développés par les mouvements d'Amérique du Nord, comme Adbusters. Ceux-ci s'attaquent à la consommation en prônant le *Buy nothing day* repris en France sous l'appellation de « Journée sans achat ». Ils dénoncent l'omniprésence de la télévision, et son pouvoir de formatage des individus. Enfin, conjointement avec les altermondialistes, ils s'en prennent aux grandes sociétés et critiquent la puissance de leur marketing. Autant d'arguments qui sont à la source des critiques antipub. À celles-ci s'ajoutent l'opposition traditionnelle à la publicité d'une certaine classe d'intellectuels et de journalistes français.

□ *Les arguments des antipub*[1]

Les antipub dénoncent la trop forte pression publicitaire. Selon eux, on est bombardé de messages par les tunnels de publicité télévisée, l'affichage, les prospectus imprimés sans adresse, le *spam*[2] sur Internet et tous les autres vecteurs de publicité. Plus un espace privé qui ne soit investi par la publicité. Au-delà de la dimension intrusive de la publicité, c'est sa supposée « nocivité » qui est dénoncée. Sa puissance est telle qu'elle en devient dominante. Elle réduit l'être humain à un statut de consommateur, et les échanges à ceux de marchandises. Le mythe de la liberté du choix des produits ne serait qu'un leurre, faisant oublier un dispositif de persuasion masqué. Derrière tous les signaux publicitaires quotidiennement envoyés, il y a l'injonction générale qu'il faut consommer pour être heureux et intégré dans la société. François Brune, auteur d'un ouvrage[3] sur le sujet et à l'origine du mouvement des Casseurs de pub résume bien le propos :

> « Le consommateur voit-il qu'il ne choisit pas librement la nature de ses consommations ? Ce dont nous croyons avoir besoin est le fruit d'un conditionnement commercial à base de mimétismes sociaux.... J'ai le choix entre mille et une boissons pétillantes et sucrées, mais je ne m'aperçois pas que je cède à l'impératif de boire, en été, pétillant et sucré ».

La critique se situe dans une posture idéologique revendiquée. En trame de fond, ce discours s'inscrit dans la dénonciation de la société de consommation et du marketing qui engendre un état de surconsommation exagérée par rapport aux besoins réels.

□ *La réponse des publicitaires*

Le développement de ces critiques a entraîné des réponses désordonnées des publicitaires, qui ont souvent réagi à titre individuel. Face à la pression, l'AACC a pris le relais en nommant des chargés de mission pour organiser la contre-offensive et tenter de revaloriser le métier.

Tout le monde est peu ou prou d'accord pour reconnaître qu'il y a trop de publicité, ce qui risque de réduire son efficacité, en provoquant des réactions d'hostilité ou d'indifférence chez les consommateurs. Mais les publicitaires dénoncent le manichéisme de leurs détracteurs. Ils réfutent la dimension idéologique des critiques et présentent la position des antipub comme étant trop extrême pour être constructive. Que proposent-ils, au-delà de la simple critique ?

Ils précisent que la publicité ne peut être responsable de tous les maux de la société. Mieux vaut éduquer et responsabiliser les gens que d'interdire toute publicité sur certaines cibles.

(1) *On retrouvera ces arguments sur les sites des organisations antipub. www.lameute.org/free.fr (site contre les publicités sexistes) www.adbusters.org (mouvement nord-américain de résistance à la publicité), www.paysagesdefrance.free.fr (site d'une association contre la dégradation des paysages par les panneaux publicitaires).*

(2) E-mails *publicitaires non sollicités.*

(3) *François Brune,* « Le bonheur conforme, essai sur la normalisation publicitaire » *Gallimard, 1985.*

Sur le sujet de la manipulation, de l'imposition « perverse » d'une idéologie, les publicitaires soulignent que contrairement à l'information, la publicité est un discours de parti pris qui s'annonce comme tel. Elle est là pour faire vendre :

> « La publicité dit la vérité quand elle annonce qu'elle va vous mentir, alors que l'info vous ment quand elle prétend dire la vérité » selon Michel Serres.

Les règles du jeu sont claires. Le consommateur devenu mature, voire expert, le sait et décode. Le consommateur n'est pas aussi facilement manipulable. Les antipub ont tendance à sous-estimer sa capacité à interpréter les messages. Le débat actuel aux États-Unis sur « l'infoganda », mélange d'information et de propagande, semble plus opportun. La presse a un *a priori* d'objectivité. Pourtant, des informations fausses, peuvent se cacher derrière certains articles.[1] La publicité, elle, n'a jamais prétendu qu'elle était objective et les consommateurs le savent bien.

Enfin les publicitaires dénoncent la très large médiatisation d'un phénomène antipub très minoritaire. Seule une infime partie de la société est engagée dans ces combats qui ne concernent qu'un nombre de campagnes très marginal. L'écho rencontré par les antipub est bien supérieur à l'importance réelle qu'ils occupent dans la société. Comme le montre une étude IPSOS[2] de mars 2004 analysant l'agrément généré par les campagnes publicitaires, les Français continuent à aimer la pub. Le score général d'agrément est de 68 % contre 63 % en 1990. Une autre étude du BVP montre qu'il n'y aurait que 13 % de Français réfractaires à la publicité. Dès lors, la solution passe plus par l'amélioration des campagnes, le fait d'éviter les publicités vulgaires, stupides ou dégradantes que par l'interdiction brutale. Améliorer la qualité des campagnes, éviter les dérapages, oui, mais comment ?

La réponse n'appartient pas aux seuls publicitaires. Des personnalités inattendues prennent la défense de la publicité, avec des arguments que les publicitaires n'osent plus mettre en avant :

« Que serait un monde sans pub ? » écrit le philosophe Robert Redeker[3]. Marcel Bleustein Blanchet répondait à la critique que la publicité est du vent mais que c'était « le vent qui faisait tourner les moulins ». De même Robert Redeker rappelle que la publicité permet la connaissance et la circulation des produits. Renier la publicité ainsi que la consommation n'est autre que céder à une nostalgie « rousseauiste » qui « prend le risque de nier les avantages de la mondialisation ». Par ailleurs, l'auteur souligne qu'un monde sans publicité serait un monde bien triste, comme ont pu l'être les pays socialistes avant la chute du mur de Berlin. L'auteur revendique une forme de ludisme, précise que la publicité joue sur le désir et met de la couleur, de l'attirance corporelle, de la séduction sur les murs de nos villes ainsi que sur les écrans télévisés. C'est peut-être une explication des résultats de l'étude IPSOS sur la côte d'amour de la publicité. N'est-il pas besoin de chercher plus loin pour défendre la publicité aujourd'hui ? La tâche des publicitaires serait plus facile s'ils s'interdisaient des dérives inadmissibles lorsqu'elles ne sont « justifiées » que par des impératifs commerciaux.

(1) L'affaire Jayson Blair, journaliste du très sérieux New York Times, *qui avait diffusé des informations fantaisistes avait déclenché cette polémique.*

(2) Analyse du score d'agrément de 19108 campagnes.

(3) Point de vue de Robert Redeker publié dans Le Monde *daté du 11/12 avril 2004, sous le titre « L'antipublicité ou la haine de la gaieté ».*

Les reflets de la féminité dans la publicité

De la vamp' à la mère de famille, de la séductrice à la ménagère, les femmes ont toujours été un des sujets préférés des publicitaires. Des générations de créatifs ont puisé leur inspiration dans l'éternel féminin et les modèles qui lui ont succédé. Les femmes n'ont cessé de changer, d'évoluer. Les messages publicitaires qui leur sont adressés reflètent et nourrissent ces changements.

Source : Euro RSCG Worldwide.

Le modèle traditionnel de la féminité et la pub : des mécaniques de projection bien rodées

Le modèle traditionnel de la féminité avait des contours bien établis. Les valeurs qui lui étaient attachées étaient clairement définies : séduction, tendresse, obligation de douceur, dépendance vis-à-vis des hommes, responsabilité du foyer, etc. Cela facilitait le travail des publicitaires qui n'avaient qu'à reproduire un modèle féminin idéalisé pour construire des marques fortes. Les campagnes de publicité fonctionnaient sur les modes de projection et d'identification dans ce stéréotype.

Les années quatre-vingt ont déconstruit ce modèle. La femme gagnante, performante dans toutes ses vies, bref, alignée sur les valeurs masculines est devenue le modèle dominant, se substituant aux « fées du logis » des décennies précédentes.

Malgré ces évolutions, les grandes valeurs de l'éternel féminin, comme la séduction, la tendresse, ou l'amour, sont toujours très présentes. Elles continuent à alimenter nombre de campagnes et restent le modèle de référence de certains marchés, comme la lingerie ou la parfumerie qui vendent de la séduction (Aubade, Guerlain, etc.), ou les cosmétiques qui fondent leurs promesses sur l'efficacité et la perfection. Ces mêmes campagnes reposent souvent sur des leviers publicitaires traditionnels comme le rôle joué par une star ambassadrice à laquelle les femmes sont supposées s'identifier. Il ne faut pas négliger la permanence du modèle traditionnel de la féminité.

Nouveaux comportements, nouveaux modes de décryptage des messages

En parallèle, le changement social se reflète aussi dans la publicité. Notre culture, marquée par la dynamique individualiste, le primat de la culture médiatique et la fragmentation de l'individu, a brouillé les contours de l'identité féminine. Plusieurs modèles féminins cohabitent les uns avec les autres. Certaines valeurs du modèle traditionnel persistent (femme séductrice, implication vis-à-vis des enfants, etc.) mais d'autres dimensions sont apparues. Il n'y a plus une vision unique de la femme accomplie à laquelle les publicitaires pourraient se rattacher. La pression individualiste implique la notion de choix, le refus d'un « destin féminin », le rejet de l'appartenance à un seul modèle, jugée contraignante et imposant une vision étroite de la vie de femme. On ne veut plus ressembler à un modèle mais construire soi-même sa propre identité.

En parallèle, la lucidité des femmes face aux médias oblige les marques et la publicité à réajuster leur discours. Dans sa vie quotidienne, en matière de communication, la femme devient avertie, voire experte. Son décryptage des campagnes est plus mature.

Publicité 3 Suisses

Source : Agence CLM BBDO.

Les nouveaux modes de fonctionnement de la publicité

La dynamique individualiste : les marques vous aident à vous construire

L'individu est au centre du système. Plusieurs registres publicitaires reflètent cette tendance :

- la construction de soi par soi : nombre de campagnes comme celle des 3 Suisses (« Moi »), ou du Printemps (« Inventez-vous ») témoignent de la volonté de se construire ;
- la revendication de la valeur de plaisir, pour soi, alternative aux valeurs masculines de performance. La campagne d'Opium, le parfum d'Yves Saint-Laurent, citée plus haut, revendique le droit au plaisir ;
- la transgression du modèle traditionnel, la provocation. Toutes les étrangetés sont permises à partir du moment où l'on est absolument soi-même. C'est ainsi que Dior montre dans ses campagnes des femmes libérant leurs pulsions ;
- l'idée qu'on peut se détacher des hommes, voire inverser les rapports de force et les dominer.

La publicité à la recherche de la femme plurielle

Le modèle traditionnel était monolithique. La nouvelle féminité est plurielle. On n'est plus ancré dans une identité, « assigné à résidence », mais on mélange. On joue avec la flexibilité procurée par des identités multiples ; on détourne les traditionnelles identités sexuées : c'est ainsi qu'une affiche des Galeries Lafayette présentait Laetitia Casta travestie en garçon ; on revendique le droit de profiter pleinement de toutes ses vies, comme le font Biba ou Monoprix.

La connivence, le second degré

Les femmes sont au fait des « ficelles » de la publicité, les comprennent, les décodent. Les marques prennent acte et décalent leurs discours sur le mode du jeu, de la connivence. Plutôt que de proposer un modèle idéalisé, elles le pastichent, le parodient.

Exemples

☞ Le *No Bullshit* de la marque Le Petit Marseillais. On ne raconte pas d'histoire avec des publicités traditionnelles montrant des experts en tabliers blancs ou des *top models*. On vend de la simplicité et de l'authenticité.

☞ Le pastiche des publicités lessivières. La culture médiatique s'impose, la publicité s'en nourrit. La publicité télévisée se sert de la télévision comme source d'inspiration. Ainsi, Éram n'a pas hésité à pasticher une publicité de lessive pour vendre ses chaussures.

☞ Le décalage : le refus de la référence directe au produit. Diesel lance un sac sur le thème du « travailler dur ».

De nouveaux registres publicitaires pour demain ? Trois pistes à explorer

Les tendances évoluent vite. Il n'est jamais facile de prévoir. Néanmoins, dans une optique prospective, on a pris le pari sur celles-ci :

– la « resexualisation » des campagnes : celle-ci verrait les marques miser sur la différenciation après les années androgynes du *sportswear* ;

Exemples

☞ Nike lance Nikewomen une offre dédiée aux femmes.

☞ Levi's fait de même avec Levi's for girls.

La campagne pour le Petit Marseillais pastiche certaines publicités très sophistiquées de l'univers des cosmétiques. Elle met en avant des valeurs de simplicité et de naturalité.
Source : Laboratoires Vendôme.

– la revalorisation du bonheur d'être femme, d'une certaine idée de la féminité « art de vivre » : débarrassée des critiques du féminisme, de la domination masculine et de la recherche d'égalité absolue. Cette piste verrait les marques investir les valeurs de plaisir, tendresse, soin du corps, bonheur, liées à l'expérience intime de la féminité ;

– la revalorisation de la maternité : ce territoire, encore vierge depuis qu'on l'a laissé aux « nouveaux pères » (nombre de publicités de la fin des années quatre-vingt-dix montraient des pères tenant leurs enfants), est à reconquérir pour les femmes.

La publicité est un haut-parleur de notre époque. Elle cristallise les désirs, les attentes du moment. C'est un miroir dans lequel se reflètent les grandes tendances socioculturelles qui animent notre société. Il est impératif pour le publicitaire de bien le comprendre afin de délivrer des messages justes, bien connectés sur les valeurs dominantes. Les campagnes ne précèdent pas les tendances, ni ne les créent. Être en avance sur les évolutions sociales se solde souvent par un échec car les publics ne se retrouvent pas dans les modèles véhiculés par la publicité. Mais il faut savoir être à l'affût afin de saisir assez tôt les évolutions majeures pour les investir avant la concurrence et se situer dans la modernité. Ainsi, si elle ne les crée pas, il est en revanche indéniable que la publicité joue un rôle d'accélérateur dans la diffusion des tendances en leur donnant une forte visibilité sociale.

Source : Eurostar.

Une création issue d'un parti pris stratégique engagé : vendre l'esprit et l'originalité de Londres plutôt que de se concentrer sur le produit. Cette annonce fait partie d'une campagne qui s'est distinguée par sa créativité. Elle traite avec humour et décalage le prix, un sujet sur lequel la créativité éprouve souvent des difficultés à exceller.

Chapitre 2
La création

Elle a deux fonctions cruciales :

– elle permet à la publicité d'être remarquée, et donc mémorisée ;
– elle construit de la préférence pour les marques. Elle génère une réponse de la part du public et crée l'adhésion.

Une bonne idée ne coûte pas plus cher qu'une mauvaise. En revanche, elle peut faire gagner beaucoup d'argent. La créativité est là pour briser le mur de l'indifférence et inscrire une marque dans l'univers mental de sa cible.

La créativité permet de jeter des regards différents sur des produits bien connus, sur des marchés banalisés, sur des codes publicitaires établis, sur des marques familières. Elle leur ajoute un supplément d'âme (une valeur ajoutée imaginaire) ; elle suscite des émotions ; elle différencie les marques et construit des liens avec ses publics.

Ce chapitre s'attache à montrer pourquoi la créativité est indispensable et comment elle fonctionne. On analyse dans un premier temps comment les grands styles créatifs se sont forgés tout au long du XXe siècle, sous l'impulsion de quelques visionnaires. On cherche ensuite à cerner l'intérêt de la créativité puis on analyse les grands registres de la création. On voit enfin comment les idées créatives se jugent, avant d'aborder la production des messages.

Plan du chapitre

Section 1
L'aventure publicitaire : la naissance des grands modèles créatifs

La publicité d'aujourd'hui est plurielle. Différents registres cohabitent les uns avec les autres. Rien de plus disparate qu'un écran de publicité à 20 h 30. On en a tous fait l'expérience : des campagnes d'image croisent des messages tapageurs, des films très démonstratifs sur les produits cohabitent avec des films d'humour au second degré.

C'est dans le passé qu'il faut chercher l'origine de ces différents styles de publicité. La publicité ne s'est pas faite en un jour. Elle a évolué tout au cours du xxe siècle en accompagnant les changements progressifs du monde de la consommation et du marketing, mais parfois, de façon plus brutale, sous l'impulsion de quelques fortes personnalités. Ce sont les Burnett et autres Bernbach qui en fin de compte, ont inventé les langages publicitaires que l'on connaît aujourd'hui. Notre génération de publicitaires, avide de nouveautés, a tendance à lancer régulièrement de nouvelles théories. Celles-ci ne sont souvent que des reformulations ou de simples actualisations des principes édictés par une poignée de grands visionnaires. Plutôt que de décrire l'évolution des styles publicitaires, décennie après décennie, on se concentre sur les grandes ruptures et l'invention de nouveaux modèles de communication qui ont fait évoluer le métier et qui restent d'actualité.

1/ La naissance d'une discipline

C'est à la fin du xixe siècle, aux États-Unis, que la publicité prend son essor. Le marketing moderne n'existe pas encore. Les infrastructures commencent à être efficaces, facilitant la circulation des produits, la communication des idées. Le chemin de fer, commencé à la fin des années 1840, relie les deux côtes américaines. Le télégraphe fait circuler les messages. Ce pays, dont le développement a longtemps été freiné par la taille, peut enfin aller de l'avant : un grand marché unifié succède à plusieurs centaines de petits marchés locaux. La naissance de ce marché national permet aux entreprises de réaliser des économies d'échelle et de développer de grands réseaux de distribution. C'est alors que se mettent en place les sociétés qui deviendront des multinationales et qui règnent encore aujourd'hui sur l'industrie et la grande consommation. Procter & Gamble connaît le succès à la fin des années 1870. Johnson & Johnson se crée en 1886, Eastman Kodak en 1887. Les premières grandes marques voient le jour : Coca-Cola propose une boisson qui s'adresse à tous, riches ou pauvres, jeunes ou vieux ; quel que soit le moment, Coca-Cola est là ! Le marketing et la consommation de masse vont se développer aux débuts du xxe siècle.

Les messages s'adressent désormais à l'ensemble du pays avec des slogans qu'on répète bruyamment. À partir d'une imprimerie spécialisée dans les dépliants commerciaux, Ayer crée le concept d'agence de publicité en 1875, une agence qui ne se limite pas au métier de courtier d'espace mais qui prend en charge la création des messages. Sa vision de la publicité est encore assez rudimentaire mais elle va faire la preuve de son efficacité :

> « Répéter sans cesse apporte le succès ».

Albert Davis Lasker qui mènera son agence Lord and Thomas au premier rang mondial de l'époque, oriente la publicité sur la vente et non plus seulement sur la notoriété du produit et de la marque.

a) Les années vingt : la naissance, aux États-Unis, de la société de consommation moderne

C'est dans les années vingt, autour du duel Ford/General Motors[(1)], qu'une nouvelle vision de la consommation s'affirme.

Au début, Ford détient plus de 55 % du marché automobile américain, 27 % seulement à la fin de la décennie. Les ventes de la Ford T ont commencé à décliner en 1923. Les clients veulent des voitures plus belles, plus confortables. Henri Ford s'entête. Son produit est le meilleur et il ne prépare pas à temps le successeur de la Ford T. Le grand gagnant est General Motors. Son patron, Alfred Sloane, développe la notion de segmentation et propose une large gamme de modèles adaptés aux différentes cibles du marché. Chaque cible a ses besoins spécifiques, ses valeurs, son style de vie. Les besoins fonctionnels ne suffisent plus à générer l'acte d'achat. Les besoins émotionnels, la volonté de différenciation sociale, sont désormais tout aussi aptes à susciter le désir. L'auto unique, solide et immuable a vécu. Elle fait place à la voiture mode que l'on change tous les deux ou trois ans. On ne la change plus lorsqu'elle « rend l'âme », mais simplement quand elle ne plaît plus à son propriétaire.[(2)] Les principes de la segmentation seront déclinés tout au long des décennies suivantes.

b) Les débuts de la publicité moderne

Avec le développement des méthodes de marketing au début du XXe siècle aux États-Unis[(3)], la publicité se rationalise et se professionnalise. Le miracle de la consommation, la prospérité jusqu'à la grande crise des années trente, donnent l'impression de maîtriser le consommateur. Les premières théories commencent à voir le jour. En 1923, Claude Hopkins publie *My life in advertising and scientific advertising : two works*[(4)], alors qu'il travaille chez Lord and Thomas. Son idée est que la publicité fonctionne selon un ensemble de règles simples, de lois intemporelles comme la science. Il suffit de les connaître et de les appliquer pour s'assurer le succès. Avec Lasker, il théorise le premier la notion de *Reason Why* : la publicité doit s'appuyer sur les raisons de croire au produit, sur les arguments qui vont justifier l'achat. Il explique qu'il faut d'abord connaître parfaitement sa cible ; il rappelle la fonction de vente de la publicité. Il pose les fondamentaux du métier qui vont former des générations de publicitaires. En parallèle le métier des études s'invente. On commence à chercher à comprendre comment la publicité agit et à mesurer son effet sur les consommateurs.

L'agence star est alors Young & Rubicam, fondée en 1923. Ray Rubicam cherche à rendre les messages plus attractifs. Il a un credo :

> « Essayez d'en savoir plus que vos concurrents sur le marché et mettez ces connaissances entre les mains d'écrivains et d'artistes avec de l'imagination et de grandes qualités humaines ».

Il est doublement visionnaire en matière d'études et de création publicitaire. Il met ses idées en pratique et en 1932 engage Georges Gallup qui va utiliser les interviews téléphoniques pour mesurer l'efficacité des campagnes de l'agence et l'audience des radios. En 1939, Gallup quitte Ray Rubicam et crée son *Audience Research Institute*. Il embauche comme bras droit un certain… David Ogilvy. Gallup sera le pionnier des techniques d'études de marché et des sondages politiques. Les instituts d'études modernes sont nés du giron des agences de publicité américaines, dans les années trente !

(1) *Sur la naissance et les premiers pas du marketing aux États-Unis, on consultera l'ouvrage de R.S Tedlow,* L'audace et le marché. L'invention du marketing aux États-Unis, *Odile Jacob, 1997.*

(2) *Le mouvement va prendre beaucoup d'ampleur plus tard, à la fin de la Seconde Guerre mondiale. En 1945, J.D Salinger écrit dans* L'attrape cœur : *« Prends la plupart des gens, ils sont fous de leur voiture. Si elle a une malheureuse petite égratignure, ça les embête… Ils n'ont pas plutôt une voiture nouvelle qu'ils envisagent de la changer contre une encore plus récente. »*

(3) *Il faudra attendre les années cinquante en Europe.*

(4) *Ouvrage publié en anglais par McGraw-Hill, réédition en juillet 1986. Le livre de Claude Hopkins a été traduit en français dès 1929 sous le titre* Mes succès en publicité, *éditions Revue Technique de la publicité.*

2/ Rosser Reeves et l'unique *Selling Proposition*

Rosser Reeves naît en 1910. Son père était un pasteur méthodiste ce qui explique peut-être son goût pour les prouesses oratoires et la rigueur de ses raisonnements dont il fera preuve dans la formulation de sa théorie : l'*Unique Selling Proposition* (USP)[1]. En 1940, il devient le directeur de création d'une très jeune agence, créée la même année par Ted Bates. L'USP va faire les beaux jours de Ted Bates, qui devient en quelques années une des agences majeures du marché.

L'USP capitalise sur les principes de Claude Hopkins, notamment sur la notion de *Reason Why*. En s'appuyant sur un argument du produit, on met en avant sa spécificité. Le marché s'agrandit, la concurrence s'accroît, les produits commencent à se ressembler. Il s'agit de les différencier.

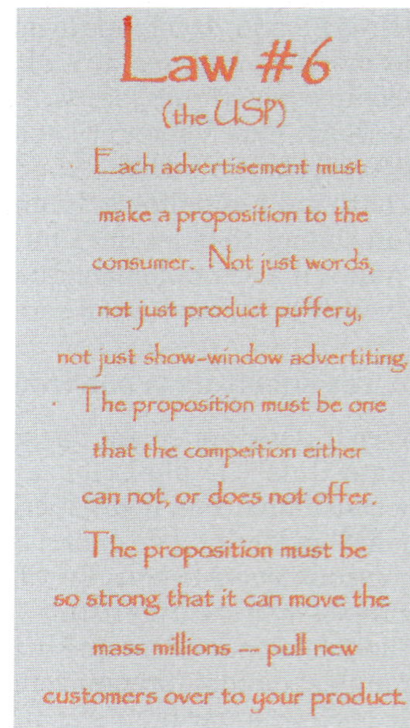

L'USP se fonde sur trois principes :

- chaque campagne doit faire une proposition au consommateur et une seule ;
- cette proposition doit être spécifique : aucun concurrent ne doit pouvoir faire la même ;
- la proposition doit être suffisamment forte pour influencer le comportement de millions d'individus.

Reeves pensait que le consommateur moyen ne pouvait mémoriser qu'un seul argument par publicité. Il ne devait donc y avoir qu'un argument et un seul, qu'il fallait répéter inlassablement. Reeves aimait dire :

> « Si 90 % des gens ne se souviennent pas de ma campagne, elle n'est certainement pas usée.
>
> Reputation is repetition. »

La campagne la plus connue de Rosser Reeves est celle d'Anacin, un médicament contre les maux de tête. On y voit une tête humaine en plan de coupe avec des images d'éclairs et de marteau. La bande son était à l'avenant. Le spot lui-même donnait la migraine et était considéré comme l'un des plus ennuyeux de son époque mais les ventes étaient là pour prouver son efficacité. Cette publicité préfigurait les « démonstrations produit » utilisées plus tard par les lessiviers.

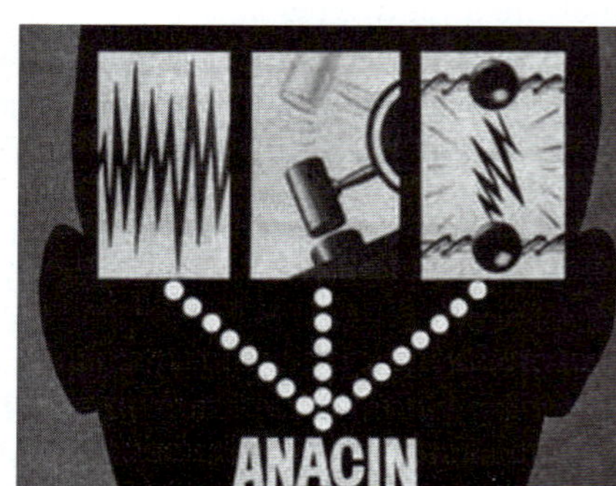

Source : www.ciadvertising.org.

Une autre grande campagne de Reeves est celle de M & M's, avec la fameuse signature qu'on connaît encore : « Elles fondent dans la bouche et pas dans la main ». Cet argument était unique, propre à M & M's et difficile à être repris par les concurrents.

(1) *Rosser Reves,* Reality in advertising, *ed. Knof, 1961. Cet ouvrage a été traduit en français sous le titre* Le réalisme en publicité, *Dunod, 1988.*

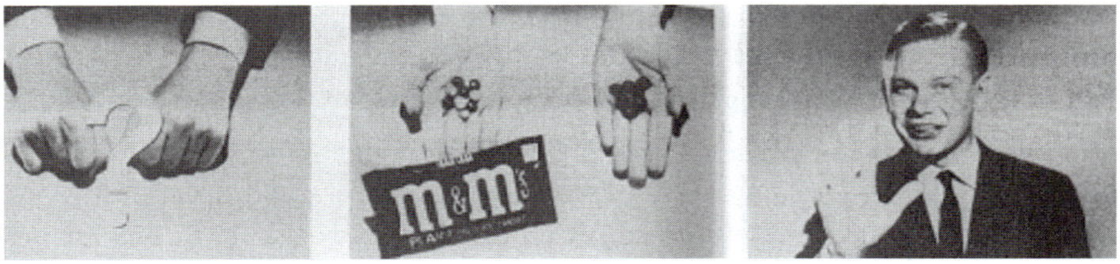

Source : www.marketers-hall-of-fame.com.

Reeves a appliqué ses théories à la publicité politique en développant la campagne gagnante d'Eisenhower en 1952. Il recommanda une campagne télévisée fondée sur le thème « Eisenhower répond à l'Amérique ». Ce fut la première campagne politique utilisant la télévision aux États-Unis. Après un grand film de lancement[1], répétant une dizaine de fois sur le mode chanté le nom d'Eisenhower, chaque message était construit de la même manière : une question d'un Américain à laquelle répondait Eisenhower.

3/ Leo Burnett et l'invention de la personnalité de marque[2]

C'est en 1935, au cœur de la grande dépression, que Leo Burnett décide de créer son agence à Chicago qui va sérieusement concurrencer les agences new yorkaises.

Son credo :

> « Si vous cherchez à décrocher les étoiles, peut-être n'en attraperez-vous aucune, mais une chose est sûre : vous ne vous retrouverez pas avec une poignée de boue ».

Son logo : une main tendue vers les étoiles.

En 1939, l'agence décolle avec un premier gros budget : la collective de la viande. En 1954, elle devient la 8e agence mondiale. Aujourd'hui, le réseau Burnett, racheté par Publicis en 2002, est présent dans le monde entier.

a) Les débuts du règne de l'image

Dans les années trente, J Walter Thompson explore de nouveaux chemins avec la marque Lux. En associant son image à celle des stars en vogue, Lux développe une personnalité qui lui est propre. Dès 1927, Lux tient sa signature : « Le savon des stars ». Louise Brooks, Judy Garland, Jean Harlow et Bette Davis deviennent les ambassadrices de la marque dans les années trente. Plus tard, Charlie Chaplin, Humphrey Bogart et Lauren Bacall sont ravis de compléter la liste. Ils se font payer … en savons, si on en croît la légende !

Mais c'est Leo Burnett qui, dans les années quarante, révolutionne la publicité en propulsant le créatif sur le devant de la scène, et en inventant le concept de personnalité de marque. Comme on l'a vu, les campagnes étaient jusqu'alors très orientées sur un message produit. Elles en vantaient les mérites de façon très directe. Les visuels n'étaient qu'une simple décoration

(1) V. ces films sur http :// www.pbs.org/30secondcandidate/from_idea_to_ad/collection/31.html.

(2) *Sur Burnett, Ogilvy et Bernbach, v. l'excellent ouvrage de Philippe Lorin,* 5 géants de la publicité, *éditions Assouline, 1995.*

pour des arguments écrits conçus de manière « scientifique ». Burnett marque une forte rupture dans les pratiques du métier. Son *leitmotiv* :

> « La forme visuelle est plus persuasive que l'argument rationnel ».

Les images se mémorisent plus facilement que les mots.

Burnett construit son succès sur l'idée que la part de marché est directement corrélée à la part qu'un produit ou une marque occupent dans l'esprit des gens, et à la capacité d'une marque à stimuler les désirs et les croyances de sa cible. Il pressent l'idée que la *share of mind*[1] entraîne la croissance de la *share of market*. Les visuels en appellent aux « émotions basiques et aux instincts primitifs » des consommateurs. La publicité fonctionne sur un mode d'impression dans l'esprit des consommateurs, plus que de persuasion. Burnett passe ainsi la majeure partie de sa carrière à encourager ses équipes, à identifier les symboles, les archétypes visuels qui laisseront les consommateurs avec une « image de marque gravée dans leurs consciences ».

Même si le message rationnel est rejeté ou incompris, l'image, « est absorbée jusque dans nos pores, sans même qu'on le sache ». Selon Burnett :

> « Dans tout produit, il y a la semence d'une mise en scène qui exprimera sa valeur au consommateur. Notre métier, la tâche essentielle du créatif, c'est de découvrir cela ».

b) Une vision novatrice du rôle du créatif

C'est sans détours que Leo Burnett affirme, le premier, le rôle crucial du créatif dans la publicité.

> « Quand les réunions sont terminées, que les téléphones font silence, que les conversations se taisent, quelqu'un doit bien créer le message publicitaire. Quelqu'un doit se retrouver seul face à son bloc de papier blanc. C'est le sommet de la solitude. De son cerveau doivent sortir les idées qui attirent l'attention, les mots qui persuadent, les images qui inspirent, les phrases qui vendent... Et cette personne-là est plus que jamais aujourd'hui, l'homme de la situation... ».

Bien utilisée et guidée, la créativité est une arme aux mains des annonceurs.

> « Il faut faire la différence entre des impulsions incontrôlées qui peuvent terrifier l'annonceur et l'intuition conditionnée et guidée qui est un mélange d'expérience, de connaissance, de jugement et d'inspiration pure. (...) c'est l'arme la plus efficace dont dispose un annonceur...Ce sont des gens armés de crayons, d'un instinct de la vente et d'un réel sens de la formulation qui ont mis sur orbite les plus grandes marques de ce pays... prenez garde à la "réunionite" ! Est-ce qu'Hamlet aurait pu être écrit ou Mona Lisa être peinte par un comité ? Les idées efficaces ne jaillissent pas d'un groupe mais d'individus ».

c) La création de fortes personnalités de marques

Les grandes campagnes de Burnett sont reconnaissables entre mille. Elles se distinguent par la création de personnages de marques, figures mythiques aux caractères héroïques.

La campagne la plus célèbre de Burnett est celle du cow-boy Marlboro[2]. Le problème à résoudre est « simple » à l'époque : les cigarettes à bout filtre sont considérées comme efféminées. L'objectif est de faire de Marlboro une marque masculine. L'agence tourne autour de la notion de virilité. Burnett commence par changer le packaging[3]. De blanc beige, il le transforme en

(1) *Présence à l'esprit d'un produit ou d'une marque, ou plus littéralement, part qu'une marque occupe dans l'esprit de sa cible. En ceci, la* share of mind *est une notion plus large et plus qualitative que la notoriété (*brand awareness*) qui renvoie au seul souvenir de la marque et non aux associations qu'elle entraîne.*

(2) *L'histoire de la campagne Marlboro est très bien racontée par Jacques Séguéla,* Pub Story, *éditions Hoëbeke, 1992.*

(3) *Philippe Lorin ,* 5 géants de la publicité, op .cit., *page 74.*

rouge profond avec une forme en V. On cherche alors le type d'homme le plus viril. Burnett pense naturellement au cow-boy, au marin et à d'autres personnages qui sont présentés avec des tatouages pour insister sur leur virilité. On est en 1955. Les campagnes aux hommes tatoués ne fonctionnent pas comme on l'espère. La cigarette n'est pas un simple symbole de virilité mais plutôt de sérénité. Le cow-boy deviendra le symbole d'une identité masculine faite de force tranquille.

En 1964, après des années de tâtonnement, Burnett invente un pays imaginaire, la « Marlborie », et prie tous les fumeurs de le rejoindre. On est bien loin des méthodes de persuasion de l'USP. Pourtant la campagne dure encore, les images de la Marlboro Country et de son cow-boy sont toujours actives dans nos mémoires et toujours vivantes : la première chose que l'on découvre aujourd'hui dans de nombreux aéroports du monde entier est un cow-boy.

Burnett invente d'autres figures mythiques de la publicité. En 1951, Tony, le tigre Frosties, n'est qu'une figure parmi quatre autres personnages de marque. Il côtoie Newt le gnou, Katy le kangourou et Elmo l'éléphant. Tony ne tardera pas à s'imposer. Son cri réveille des générations d'Américains : «*they're grrrrreat* ! ». La marque s'approprie les traits de personnalité véhiculés par le tigre : énergie, enthousiasme, bonne humeur... autant de qualités qui font un matin réussi.

Le Géant Vert est un autre grand personnage inventé par Burnett. Pour lui, le Géant Vert n'est autre que la résurrection d'un dieu païen de la récolte. Sa bienveillance protège la quiétude des foyers. L'image et le nom de Géant Vert ont un succès tel que l'entreprise Minnesota Valley se rebaptise et prend le nom de Géant Vert.

En identifiant le premier le pouvoir des images, Burnett a été un précurseur. Leur utilisation pour générer des émotions au service d'une cause, publicitaire, humanitaire ou politique, n'a pas fini de se développer. Les principes de Burnett sont toujours d'actualité. Au temps de la mondialisation, on n'a rien trouvé de mieux pour différencier les mégamarques mondiales qu'un trait de personnalité que la marque s'approprie clairement : l'efficacité pour Ariel, la fraîcheur et la jeunesse pour Coca-Cola, la liberté pour Levi's... Merci Leo !

4/ David Ogilvy, un aristocrate en publicité

Écossais, David Ogilvy l'est jusqu'au bout des doigts. Il est aussi sans nul doute une des personnalités les plus étonnantes de la publicité. Après différents petits boulots, il décide à 27 ans de partir à l'assaut des États-Unis. Fou de publicité, il commence à la radio nationale et fait connaissance de Rosser Reeves avec qui il entretient des rapports privilégiés. Il continue chez Gallup, la société de sondages créée par G. Gallup. Il y apprend la rigueur des études avec le côté rassurant des chiffres. Et là : coup de théâtre ! Un voyage chez les Amish le séduit complètement. Il part s'établir avec femme et enfants dans une communauté vivant comme au XIXe siècle et se laisse pousser une longue barbe. Après dix ans passés à l'écart de New York, éprouvé par la rudesse de la vie amish, il décide de revenir et de créer sa propre agence. En 1948, il développe l'antenne new yorkaise d'une agence londonienne, Mather Crowther, et démarre avec quelques petits budgets britanniques. Pour lui, la publicité est avant tout affaire de discipline. Il formalise ainsi très clairement dans ses ouvrages les règles qui permettent d'élaborer une bonne campagne. Les principales sont les suivantes :

- le contenu de la publicité est plus important que la forme. La sélection d'une bonne promesse est vitale ;
- la campagne doit être construite autour d'une grande idée sinon elle est vouée à l'échec ;
- il faut donner de l'information factuelle sur le produit. C'est la clé de la persuasion. C'est ce qui enclenche la décision d'achat. La *body copy*(1) d'une annonce a ainsi une fonction vitale, celle de délivrer toute l'information nécessaire avant la décision d'achat ;
- on ne peut pas se permettre d'être ennuyeux. L'attention des consommateurs est précieuse : ils décident en un coup d'œil s'ils ont envie de lire une annonce ou de passer à la page suivante. L'accroche d'une annonce publicitaire a une importance cruciale.

Dès ses premières campagnes, Ogilvy met ses principes en application. En 1951, l'homme a la chemise Hathaway est lancé. Cette annonce deviendra la plus célèbre d'Ogilvy.

Source : Agence Ogilvy.

L'objectif est de vendre des chemises plutôt bon marché comme si c'était des chemises de luxe. Le modèle qui pose pour la photo est un homme très élégant, la cinquantaine. L'idée est de lui accoler sur l'œil droit un bandeau noir. Ce détail donne toute sa personnalité à l'annonce. D'une simple photo d'un homme en chemise, il en fait une photo unique, illustrant à merveille « l'autre élégance » qui exprime le positionnement de la marque. Le texte, composé de cinq paragraphes, détaille les attributs des chemises Hathaway. Le lecteur est immédiatement accroché par le visuel et rentre dans la mécanique de l'annonce pour découvrir ce que ces chemises ont de si spécial. Cette campagne fera la fortune de la marque pendant plus de vingt ans !

La technique créative d'Hathaway devient la marque de fabrique d'Ogilvy. Elle est reprise dans la campagne Schweppes. C'est alors une petite marque anglaise, à faible notoriété. Son goût, jugé bizarre par les consommateurs américains, ne fait rien pour aider la marque à décoller. Ogilvy décide d'utiliser en visuel le directeur de la publicité Schweppes lui-même. Celui-ci arbore une grande barbe dans un pays où la mode est au glabre. Là encore l'alchimie fonctionne à merveille. L'aspect pour le moins étrange de ce barbu intrigue et mène à vouloir en savoir plus sur l'homme caché derrière la barbe. L'accroche et un argumentaire détaillé sur le produit font le reste du travail. Schweppes, boisson longtemps snobée par les Américains, conquiert ses lettres de noblesse et devient un *must* des soirées branchées.

Ogilvy gagne le budget Rolls Royce. Il s'enferme et rédige 27 annonces différentes. Avec ses associés, ils en choisiront une : « À cent à l'heure, dans la nouvelle Rolls Royce, le bruit le plus assourdissant est celui de la pendule

(1) *Texte d'une annonce. L'expression* body copy *est très utilisée dans les agences comme beaucoup d'autres termes anglo-saxons.*

Source : Agence Ogilvy.

électrique ». Suivent 18 points sur le produit présentés dans une très longue *body copy*. Le visuel est sobre mais l'angle choisi dans l'accroche en dit long sur le confort et la perfection d'une Rolls Royce où tout semble être réglé avec la précision d'une horloge.

L'agence Ogilvy change vite dans les années cinquante. De petite boutique créative pour budgets haut de gamme, elle devient une des agences leaders du marché. Les gros budgets se bousculent à sa porte : Maxwell, Shell, Sears, KLM, American Express et IBM rejoignent l'agence. Accompagnant le développement de ces clients, Ogilvy ne tarde pas à devenir un des plus grands groupes de publicité au monde. En 1964, Ogilvy renforce sa notoriété et celle de son agence par la publication d'un livre qui récapitule les principes qui ont fait son succès. *Les confessions d'un publicitaire*[1] rencontrent un grand succès, ce qui ne manque pas de faire sourire son auteur, ravi qu'

« on dépense cinq dollars pour une présentation de mon agence ».

À la fin des années soixante, David Ogilvy se retire, se partageant entre le pays amish et un château historique en France près de Tours. Le réseau Ogilvy est racheté en 1988 par WPP, un des tout premiers groupes publicitaires mondiaux.

5/ Bill Bernbach et la révolution créative

Bill Bernbach ouvre son agence en juin 1949, avec un commercial, Ned Doyle et un financier Maxwell Dane. Celle-ci s'appelle DDB. On ne le sait pas encore mais elle va révolutionner l'approche de la publicité de l'époque. Le paysage publicitaire est alors dominé par l'esprit de Madison, du nom de la célèbre avenue new yorkaise où toutes les grandes agences ont pignon sur rue. Dans les années cinquante, les trois quarts des dépenses publicitaires américaines sont pilotés par Madison. Les fleurons de l'époque, les Mc Cann Ericksson, J Walter Thompson et autres Young & Rubicam sont dirigés par d'honorables WASP, ces élégants représentants de l'aristocratie américaine bien pensante.

Les méthodes de travail sont figées. La première règle est la peur ! Tout est donc mis en œuvre pour satisfaire le client pour ne pas le perdre. Le résultat n'est pas toujours à la hauteur sur le plan créatif mais qu'importe, la créativité n'est pas un objectif en soi.

L'influence de Claude Hopkins et de Ted Bates est encore très forte. On pense la publicité comme une science qui agit sur quelques lois simples et dont la raison d'être est la vente. Tous les grands publicitaires, de Schwab (« *How to write a good advertisement* ») à Reeves, en passant par Ogilvy ou Ray Rubicam édictent leurs lois, leurs règles imparables qui rationalisent le

(1) *David Ogilvy,* Les confessions d'un publicitaire, *Dunod, réédition 1991.*

fonctionnement d'une campagne. Les services études se développent dans les agences. On apprend à collecter l'information des consommateurs et on essaie de mesurer de façon tangible les résultats des campagnes.

a) Un rebelle contre Madison

D'origine juive, il n'appartient pas à l'*establishment* publicitaire. Après avoir étudié l'anglais, la musique et la littérature à l'université de New York, il rejoint l'agence Weintraub au poste de concepteur-rédacteur. En 1945, il entre chez Grey où il devient vite responsable du département des concepteurs-rédacteurs. Contrairement à ses prédécesseurs, il n'écrit pas d'ouvrage mais il ne cesse de multiplier des formules souvent provocantes. Ce qui l'intéresse dans une agence, ce sont ses créatifs :

> « Je ne veux pas d'académiciens, je ne veux pas de savants, je ne veux pas de gens qui auraient la certitude de faire les choses comme il faut. Je veux des gens qui fassent des choses inspirées ».

Bernbach décide de démarrer sa propre agence. Il recrute des publicitaires qui sortent des sentiers battus.

> « C'est la personnalité des gens qui m'intéresse, et pour ce que l'on doit savoir de la publicité, nous leur apprendrons ».

Ceux-ci marquent leur métier en créant par la suite une nouvelle génération d'agences créatives. Il bouscule la profession en déclarant :

> « Le public ne nous hait pas, pas plus qu'il ne nous aime. Nous l'ennuyons, c'est tout. Le monde des affaires dépense de l'argent pour sa publicité et fabrique de l'ennui avec une efficacité toute américaine. Plus que jamais, avec le développement des médias et la multiplication des stimuli vers le public, nous devons trouver des idées pour interpeller les consommateurs ».

Bernbach explique que la mémorisation des messages est proportionnelle à leur intérêt. Ce qui crée la conviction, c'est l'émotion, l'intelligence, la surprise.

> « Je crois plus à la suggestion qu'à l'affirmation forcenée… Les agences ont tort de penser qu'une fois qu'elles ont trouvé l'argument de vente majeur, tout le travail est fait… Pendant un concert, Padarewski[(1)] jouait beaucoup de notes inexactes, mais il émouvait son public… Le monde de la publicité est rempli de très bons techniciens qui connaissent toutes les règles. Ils oublient une chose : la publicité doit engendrer la conviction. Persuader n'est pas une science mais un art ».

En déclarant cela, Bernbach s'oppose à trente ans de publicité dite « scientifique ». Il dénonce les trop nombreuses études qui aboutissent à des campagnes similaires.

Bernbach a osé dire :

> « Ne mesurez pas l'opinion, faites-la. »

b) La création avant tout

Ce sont de petits budgets qui commencent à lui faire confiance : la compagnie israélienne d'aviation El AL, les pains Levy's, le grand magasin Orbach. Ces petites marques ne tardent pas à connaître la notoriété grâce au magicien Bernbach.

(1) V. http ://www.usc.edu/dept/polish_music/composer/paderewski.html.

Nathan Ohrbach est fasciné par Bernbach et n'hésite pas à le suivre à son départ de Grey. C'est le premier client de l'agence. Entre eux, le courant passe et cela va faire des étincelles créatives. La campagne, conçue par Bernbach lui-même jusqu'aux moindres détails est en rupture complète avec les codes des grands magasins. On ne montre pas les produits. On ne parle pas de prix. Les textes sont pleins d'humour cynique. Une annonce propose en toute simplicité « Échangez votre femme contre une neuve ». Les visuels intriguent, les textes séduisent. Ils fonctionnent en parfaite harmonie. Très vite, le magasin Orbach's devient aussi connu que Macy's ou Bloomingdale, avec beaucoup moins d'argent. Les faits confirment les idées de Bernbach. Une annonce créative peut faire le travail de dix annonces banales. La campagne fait parler de l'agence qui gagne le budget de la boulangerie Levy's de Brooklyn.

Levy's est une boulangerie de pain juif. Bernbach ose leur conseiller d'abandonner la traditionnelle clientèle juive et de s'adresser aux *goys*. La campagne fait son chemin. Son slogan deviendra célèbre « *You don't have to be jewish to love Levy's* ». Un jeune noir, un peau rouge, un flic irlandais et d'autres figures inattendues croquent le pain Levy's. Trente ans avant Benetton, Bernbach ose mettre en avant les minorités. La campagne rompt avec les codes de Madison Avenue. On ne décrit pas les caractéristiques du produit mais il est mis en scène de façon surprenante. Pour Bernbach :

> « L'exécution est du contenu. Elle peut devenir aussi importante que ce que vous dites ».

La campagne qui propulse Bernbach au firmament de la publicité est sans conteste celle de Volkswagen[1].

La marque a été lancée par Hitler en mai 1938. Ferdinand Porsche a réussi à lui vendre son idée de petite voiture démocratique mais ce n'est qu'en 1946 qu'elle est mise sur le marché. Le succès est immédiat. Cinq ans plus tard, la production dépasse 250 000 voitures par an, vendues dans vingt-neuf pays dont les États-Unis. La rencontre avec Bernbach se fait en 1959.

La communication automobile aux États-Unis est alors bien ancrée dans ses codes. L'époque est à la folie des grandeurs. Plus la voiture est grande, plus le statut de son conducteur est élevé. Bill s'envole pour Wolfsburg accompagné de deux créatifs. Il y trouve son concept « *This is a honest car* ». Il ne prend pas le problème comme n'importe qui d'autre l'aurait fait

(1) *Olivier Darmon, Rémi Noël et Eric Holden,* 30 ans de publicité Volkswagen, *Hoëbecke, 1993.*

en matière automobile. Il choisit un trait de personnalité et le nourrit par des arguments sur le produit. Il ne prend pas les consommateurs pour des idiots et décide de leur parler avec humour et décalage, sans hésiter à mettre en avant des défauts supposés... pour mieux les tourner en avantages.

L'annonce « *Lemon* » est l'une des premières publicités Volkswagen aux États-Unis. Un seul mot : « *Lemon* » : raté. L'explication est dans le texte : cette voiture présente un microscopique défaut de fabrication dans la boîte à gants. Il n'en fallait pas plus pour qu'elle soit renvoyée à l'usine. Morale : « Toutes nos Beetles sont honnêtes. Ce sont des voitures sur lesquelles on peut compter ». L'autre annonce entrée dans la légende mentionne simplement « *Think Small* » : pensez petit. L'auto, minuscule, est perdue sur un fond blanc. Devant le gigantisme des voitures américaines, la petite taille de la voiture est un handicap. On le rend sympathique !

Bernbach sait aussi rebondir sur l'actualité, ce qui est nouveau en publicité. Cette annonce ne paraît qu'une fois, le jour où la NASA envoie un « vaisseau » sur la lune. Le texte dit « *It's ugly but it gets you there* » : c'est laid mais cela vous y emmène. Signé : Volkswagen. C'est à la fois un pied de nez aux détracteurs de la Beetle qui la trouvent laide et une façon astucieuse de s'approprier, avec le sourire, la technicité et la fiabilité de la NASA. Excusez du peu !

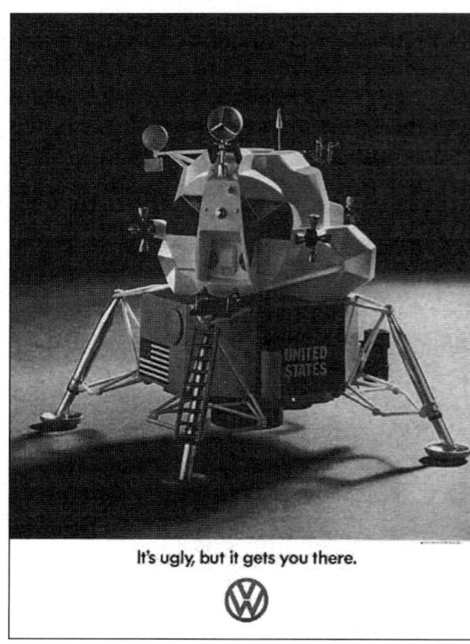

Bernbach signe de nombreuses campagnes d'anthologie, comme Avis «*We try harder* ». Avec Bernbach, la publicité devient partie intégrante de la culture populaire. À la mort de Bernbach, en 1982, Harper's magazine écrit :

> « William Bernbach a certainement eu un plus grand impact sur la culture américaine qu'aucun autre écrivain ou artiste qui ont été mis à l'honneur dans notre magazine au cours des 133 dernières années.[1] »

(1) Cité par Bernard Brochand dans son hommage à William Bernbach. V. http ://www.museedelapub.org/virt/mp/bernbach/bernbach.html.

6/ Le style de la Côte Ouest et la déconstruction des codes publicitaires classiques

Retour de l'autre côté de l'océan et même changement d'océan. Au début des années quatre-vingt, c'est sur la côte pacifique des États-Unis que cela se passe. L'excellence créative se développe dans la culture californienne. La publicité semble y être plus proche de Disneyland ou d'Hollywood que du marketing classique.

Nike est créé en 1964, par un athlète de demi-fond, Phil Knight et un entraîneur d'athlétisme, Bill Bowerman. La marque s'appelle alors *Blue Ribbon*. La culture des fondateurs est dans le produit et la technique. Leur obsession est de concevoir des produits qui aident les athlètes à améliorer leurs performances. La société est portée par l'essor des sports individuels, running, aérobic, body building, stretching... dans les années soixante-dix.

Crédit photo : Bod Peterson.

En 1977, Nike prévoit la parution d'une annonce mais le produit n'est pas prêt dans les délais. Il faut donc remplacer l'annonce en dernière minute. On se tourne vers un projet qui avait été rejeté par le directeur marketing. Un grand visuel, double page, montre un coureur évoluant dans une forêt de pins, coupée par un chemin. L'accroche dit « *There's no finish line* » : il n'y a pas de ligne d'arrivée. Le texte dit : « Battre les concurrents est relativement aisé. Se battre soi-même est un défi qui ne s'arrête jamais ». L'idée : le plaisir est dans la course, pas dans le résultat. Le lendemain de la parution, les lecteurs appellent le journal pour avoir des copies de l'annonce. Nike prend conscience qu'une corde sensible a été touchée.

Dan Wieden et David Kennedy sont créatifs chez Mc Cann quand ils décident de créer leur propre agence. Coup de théâtre : ils emmènent Nike qui leur fait confiance. Pourtant, en 1984, Chiat Day gagne le budget grâce à une campagne audacieuse pour les Jeux Olympiques. En cette année 1984, Chiat Day est l'agence la plus en vue du marché.

Son film Apple *1984* montre une troupe d'êtres livides assis devant un écran immense. Sur l'écran, une sorte de dictateur *Big Brother* (*alias* IBM) parle de purification. Soudain jaillit une jeune femme qui court vers l'écran en tenant un marteau. Elle lance le marteau sur l'écran qui explose.

La même année, Wieden-Kennedy gagne le budget Honda. Honda achète un film basé sur la musique de Lou Reed mais le tournage est un fiasco. Le film est sous-exposé. La plupart des plans ont trop de grain ou sont trop sombres. À bout de ressources, Wieden Kennedy donne la campagne à Larry Ridges, un monteur d'Hollywood qui a acquis ses lettres de noblesse en montant le clip «*Beat it*» de Michael Jackson. Larry Ridges utilise les plans trop sombres qu'ils mélange à des plans *cuts* abrupts qui déstructurent le rythme du film. Il intègre des lumières nouvelles. Il utilise le *morphing*, cette technique qui transforme les visages. Et accouche d'un ovni : un mélange des genres, multipliant les références culturelles décalées sur fond de Lou Reed.

En 1986, Nike, à la fois lassé par Chiat Day et séduit par cette campagne, rejoint Wieden-Kennedy et y reste. La naissance des codes de la côte Ouest est le fruit du hasard mais ce nouveau style va influencer la créativité publicitaire des grandes marques du monde entier.

Portés par le succès de Nike, les approches publicitaires de toutes les marques cultes des jeunes évoluent. On abandonne progressivement au début des années quatre-vingt-dix, les publicités de type *lifestyle*. Les mécaniques de projection-identification qui mettent en scène des groupes de gens jeunes et beaux dans lesquels le public est censé se projeter, n'ont plus le vent en poupe. Le décalage, l'humour ou le spectacle deviennent les nouveaux leviers d'expression. Coca-Cola, Pepsi, Diesel, Budweiser, Sony Playstation, etc. se convertissent. Les codes de la côte Ouest influencent encore aujourd'hui le style de nombreux créatifs.

Section 2
Être créatif, une exigence

La créativité n'est pas gratuite. On critique souvent les agences, accusées de vouloir se faire plaisir. Pourtant la créativité agit directement sur les ventes, quand elle est au service d'une bonne stratégie. Le jeu en vaut la chandelle.

1/ Les principes sur la créativité

> « Il y a deux sortes de gens. Ceux qui voient le monde tel qu'il est et qui disent pourquoi ? Et ceux qui voient le monde tel qu'il pourrait être et qui se demandent pourquoi pas ? »
>
> J.F. Kennedy

Il n'y a pas de méthode rigoureuse pour trouver des idées nouvelles, surtout des bonnes. Certes, il existe des techniques dites « de créativité », simples comme le *brainstorming*, plus sophistiquées comme la synectique ou les matrices de découverte[1], mais elles sont de peu d'intérêt pour le publicitaire ; on les utilise essentiellement pour trouver des idées de nouveaux produits ou pour rechercher des noms de marques, rarement pour la conception des messages publicitaires.

Mais si l'on ne sait pas comment produire, à coup sûr, d'excellentes idées, on sait comment on peut tuer toute créativité et comment on peut, au contraire, la favoriser. C'est ce que l'on va essayer de montrer.

(1) *Sur les méthodes de créativité, on pourra consulter : G. Aznar,* La créativité dans l'Entreprise, *Ed. d'Organisation ; Kaufman, Fustier et Drevet,* L'inventique, *les ouvrages d'Osborn et de Zwicky.*

a) Acquérir une culture publicitaire

Tous, du commercial au créatif lui-même, doivent sans cesse se construire une « culture créative ». Feuilleter fréquemment les *art director books* américains, anglais et européens des dix dernières années, connaître et apprécier les affiches d'hier et d'aujourd'hui, visionner le plus souvent possible les bandes de films primés, regarder autour de soi tous les jours ce qui apparaît, ce qui change en matière publicitaire, d'information, d'art et de littérature. Être curieux, à l'affût de tout doit être l'exigence minimum de celui qui veut réussir dans ce métier.

b) Bien choisir l'équipe de création

À part les très « grands » créatifs qui peuvent tout faire, les autres ont besoin de travailler en équipe qu'il faut choisir avec discernement. Le goût, la technique, l'expérience passée, les états d'âme du moment doivent être autant de critères de sélection. Il faut se méfier comme de la peste des faux bons créatifs. En général, ils ont une grande capacité à embellir de pauvres idées par des explications verbales claires et brillantes, mais leurs idées demeurent banales et sans intérêt.

c) Créer un climat de confiance

En dehors du contact personnel que l'on peut avoir naturellement avec les créatifs, il faut apporter beaucoup de soin à l'ambiance de travail dans laquelle ils vont évoluer. Elle est capitale : c'est le terrain sur lequel pousseront (ou ne pousseront pas) les grandes campagnes. « Ambiance » veut dire d'abord confiance mais aussi attention de tous les instants, encouragements, etc. Il faut savoir accepter les caprices des créatifs, c'est souvent le prix à payer pour une grande idée.

La création est-elle collective en publicité. C'est comme en art, il n'y a de vraie création que personnelle. Toutefois, il y a une démarche créative collective qui implique la confrontation, l'explication, la prise en compte de contraintes venues de l'extérieur et la discussion sur les idées émises par chacun. Un conseil capital à tous ceux qui veulent laisser leurs noms au Panthéon publicitaire : surtout ne jamais s'autocensurer. Il faut se laisser aller à dire toutes les idées, même les plus farfelues et les moins stratégiques. Il est important que le meneur de jeu puisse instaurer entre les participants un vrai climat de liberté. Une idée peut toujours en amener une autre... et pourquoi pas la bonne !

d) Être prêt à beaucoup travailler

Une idée c'est d'abord beaucoup de sueur et de temps, en publicité comme ailleurs.

e) Aller directement et simplement à la création

Il faut être très méfiant quand on multiplie, avant de passer à l'acte créatif lui-même, des termes comme objectif de communication, stratégie de communication, objectif image, *copy-platform*, copy stratégie. On pense qu'il faut être le plus simple et le plus direct possible. Il faut essayer d'enfermer dans une seule phrase la promesse la plus pointue possible et ne pas perturber les esprits par un « bla-bla stratégique » alors que beaucoup ne demandent que ça. Le trouble a toujours protégé les faibles. Bien entendu, cette exigence de simplicité ne nous fait pas renier ce que l'on a dit sur la nécessité d'une véritable stratégie de communication.

f) Utiliser les études à bon escient

Toutes les études sont utiles. Toutefois, dans l'acte créatif, elles ne sont qu'un moyen. Il est indispensable que chacun les utilise en tant que tel et non pas comme un substitut à leur propre jugement ou à leur capacité créative. Là encore, elles peuvent cacher les faiblesses et le manque le courage ! Le reproche ne s'adresse pas seulement aux utilisateurs mais aussi aux fabricants d'études. Dans ce domaine, ceux qui ont vraiment du talent sont très rares. Quand ils en ont, ils savent s'arrêter au moment où il faut laisser l'acte créatif s'accomplir ou, au contraire, aller jusqu'au bout pour apporter l'idée ou le concept tant recherché. Il faut traiter les hommes et femmes d'études comme les créatifs : c'est-à-dire avec beaucoup d'attention.

g) Savoir, le cas échéant, tout remettre en cause, même la stratégie de communication

Dans la mesure où « créer » consiste souvent à retrancher, élaguer, couper, réduire, et non pas ajouter, surcharger, dévier, etc. il est indispensable de rester très ferme sur l'essentiel, quitte à l'oublier complètement, si cet essentiel doit être remis en cause. Dans certains cas exceptionnels, il faut permettre à une création non stratégique mais constituant une ouverture, un choc, un étonnement, une capacité de conviction nouvelle, la possibilité de pouvoir exister. C'est un des rôles essentiels du coordinateur que de laisser éclore sans les tuer ces fleurs que personne n'attendait ni parfois ne souhaitait.

h) Oublier et tout recommencer, à chaque fois

Le grand danger pour quelqu'un qui a participé de près à la création d'une campagne unanimement reconnue par sa notoriété et ses résultats est d'aborder le problème d'un autre produit de la même catégorie avec, en arrière-pensée, le projet souvent inconscient de copier ce qui a été déjà fait.

i) Associer l'annonceur à l'acte de création

On sait, ou l'on devrait savoir quand on est publicitaire, que « séduire c'est souvent se laisser séduire ». Écouter et savoir écouter est le premier acte de cette démarche. C'est aussi le rôle du publicitaire de mettre le client dans un état propice pour qu'il puisse donner ses opinions sans retenue, sans arrière-pensée, sans censure. Il faut savoir entendre les annonceurs mais pour autant faut-il les encourager à apporter leur contribution à l'acte créatif ?

C'est un acte périlleux car ils ne sont pas détenteurs dans la plupart des cas des meilleures idées (à qui la faute ?)... Là encore, il est nécessaire de conduire les débats et les confrontations avec doigté et sensibilité pour faire un tri et garder ce qui est bon.

2/ Être créatif, c'est rompre avec les codes

a) La publicité peut s'attaquer à plusieurs types de codes

Respecter les codes, c'est-à-dire suivre d'une certaine façon des stéréotypes établis, revient à communiquer avec le plus grand nombre, le plus clairement possible. Mais les nouvelles campagnes risquent de manquer d'effet de surprise et de passer relativement inaperçues dans le flot des messages respectant les mêmes codes. Souvent, les grandes campagnes remettent en cause les codes du secteur ou leurs propres codes.

1° Les codes culturels

La ménagère de moins de 50 ans, le séducteur, la femme active, etc. sont des archétypes, des images sur lesquelles il y a un relatif consensus collectif. On y est habitué et on les décode en un clin d'œil. Montrer une femme de moins de 35 ans avec une jupe, un chemisier, un tablier et une alliance, dans une cuisine, en compagnie d'une amie qui passe lui dire bonjour en revenant de faire ses courses, c'est signifier immédiatement, même sans bande son, qu'il s'agit d'un film publicitaire pour un produit d'entretien ménager.

2° Les codes publicitaires

Chaque marché a ses codes même si certains en ont plus que d'autres. Ainsi dans le marché de la lessive, on utilise beaucoup l'approche « problèmes-solutions » ou le sourire de la ménagère satisfaite de la blancheur obtenue. Ces codes ont d'ailleurs prêté à nombre de caricatures et détournements. Le marché des barres chocolatières présente toujours un plan de coupe de la barre où l'on voit les différents ingrédients.

3° Les codes de la marque

Quand une marque capitalise depuis longtemps sur le même type de message, elle développe ses propres codes. Ainsi, les singes d'Omo représentent un code publicitaire fort et bien attribué à la marque. Le risque est qu'à la longue, les messages répètent trop longtemps les mêmes mécaniques et ne surprennent plus. Les codes ne sont pas en eux-mêmes des obstacles à la créativité mais dans certains cas, une marque doit savoir les remettre en cause.

b) Les stratégies de rupture

On distingue deux types de ruptures : les ruptures de fond et les ruptures de forme.

1° Les ruptures de fond

Elles se situent au niveau de la stratégie de marque, de l'angle d'attaque du marché, de l'axe du message.

Exemples

☞ Benetton s'est fortement démarqué de la communication traditionnelle du marché textile-habillement pour aborder de nouveaux horizons en choisissant des messages différents de ses concurrents. Benetton a fait preuve d'une audace qui s'est révélée longtemps payante mais les campagnes sur la guerre en Bosnie ou le SIDA, ont dépassé les limites de l'acceptable pour les consommateurs.

☞ Quand Nike a décidé, en 1977 de développer la campagne « *There's no finish line* », citée plus haut, et d'aller sur le territoire du dépassement, ce fut une rupture de fond. La stratégie de la marque et du marché des produits d'équipements sportifs avait toujours été centrée sur le produit, mettant en avant des technologies destinées à améliorer ses performances. De nouveau à la fin des années quatre-vingt-dix, Nike a su rompre avec ses propres codes en repositionnant la marque sur le plaisir après avoir longtemps prôné le dépassement de soi (« *Just do it* »).

☞ Reebok a développé une campagne fameuse intitulée « *Escape the sofa* ». On y voit un jeune homme avachi dans son canapé. Ce dernier s'anime et l'éjecte avant de se mettre à le poursuivre dans les escaliers, pour l'envoyer faire de l'exercice. Cet exemple illustre un parti pris de rupture avec les codes du marché du sport, visant à se différencier notamment de ceux de Nike. Le film Reebok était original et avait un élément de justesse : il s'appuyait sur le vécu du consommateur. Nombre de personnes ne font pas de sport par pur plaisir. C'est plutôt perçu comme un mal nécessaire pour entretenir la forme et éviter de grossir.

☞ De même, Puma a choisi le décalage en se présentant dans sa publicité comme sponsor de la Fédération Jamaïcaine de Football par ironie vis à vis des grandes équipes sponsorisées par Nike ou Adidas.

2° Les ruptures de forme

Celles-ci se situent au niveau des exécutions. Le marché des *soft drinks* a longtemps développé les mêmes codes dans l'exécution de ses messages. On voit souvent des « plans fraicheur », généralement des bulles glacées sortant de la canette. Les groupes de jeunes sont une figure habituelle du secteur.

Exemples

☞ En inventant les fameux « hommes bouteilles », Orangina a rompu avec ces codes pour emmener la marque vers de nouveaux horizons. La campagne a été remarquée et a fortement contribué au succès d'Orangina en France, un des rares marchés où une marque locale a une position de challenger actif de Coca-Cola. Malgré ces changements très marqués, le public n'a pas été choqué ; le fond du message ne changeait pas : la campagne des « hommes bouteilles » continue à mettre en scène la pulpe de fruit et le besoin de la secouer.

☞ De même, Omo a su rompre avec les codes dominants du marché de la lessive. Omo a su conserver les éléments de fond, jusqu'à la structure des messages. Les campagnes Omo sont toujours conçues selon les canons de la publicité lessivière et respectent les mêmes mécaniques. En revanche, la transposition de ces codes dans le monde des singes, avec un langage spécifique, le « poldo moldave » a créé une vraie rupture de forme qui a assuré à la marque un fort impact et un courant de sympathie très affirmé. La campagne Omo a été sacrée campagne la plus efficace des dix dernières années par le jury du prix Effie qui récompense chaque année les campagnes les plus performantes en termes de résultats commerciaux et financiers.

Section 3
Les registres de la création publicitaire

Force est de constater quand on observe un écran publicitaire à 20H30, que des styles publicitaires variés cohabitent. Selon la marque et son histoire, le marché, le style des concurrents, les créatifs utilisent une approche spécifique. L'adhésion à un message peut provenir de leviers différents qui parfois peuvent être combinés.

1/ Les neuf registres les plus fréquents

Les principaux registres créatifs et leur mode de fonctionnement

- **L'humour :** crée une relation entre la marque et le produit. Séduit. Crée l'adhésion et facilite la mémorisation.
- **L'émotion :** facilite la mémorisation en créant une relation avec la marque émettrice. On partage avec elle, on ressent, on vibre ensemble. Adhésion facilitée.
- **Les approches persuasives :** conviction. Mécaniques fournissant les preuves rationnelles de la supériorité d'un produit ou d'une marque, appuyées sur des faits tangibles et des démonstrations visuelles.
- **Le visuel :** simplicité du message. Impact lié à l'évidence visuelle. Sensation. Vibration commune entre la marque et son public. Émotion possible.
- **Le décalage créatif :** émergence et création d'une relation positive avec le consommateur par le plaisir de décrypter le jeu entre les mots et le visuel. Surprise liée à une situation inattendue, au décalage dans la présentation du produit...
- **Les approches par la négative :** impact et mémorisation par une surprise liée à une révélation inattendue ou par le « choc » visuel provoqué par des photos difficiles.
- **Approche « proximité » :** empathie. Proximité avec la vie quotidienne qui crée l'implication du consommateur dans le message. Projection dans des situations proches de soi.
- **L'usage de célébrités :** projection dans un univers « aspirationnel », représenté par les porte-parole de la marque. Statut conféré à la marque par l'association à la star.
- **Le divertissement**[1]**:** valeur ajoutée apportée par la marque qui apporte un contenu valorisé par les consommateurs (musique, cinéma, etc.).

a) L'humour

La publicité est une intrusion. On rentre chez les gens à 20H30 et on leur impose des messages qu'ils n'ont pas demandé à voir. Dans ce contexte, l'humour peut être considéré comme une forme de politesse.

Dès qu'on aborde le sujet de la séduction, qu'elle soit humaine ou publicitaire, l'humour est un des ressorts privilégiés. Bien conçu, il est efficace car il génère une réaction chez le consommateur. La relation ainsi construite avec la marque est souvent très positive. L'humour peut être utilisé pour retenir l'attention, avec de simples jeux de mots. Il peut créer un lien de sympathie et parfois remplacer le fond du discours pour une marque ou un produit qui n'ont

(1) Les publicitaires utilisent plus souvent le terme anglais « entertainment ».

pas grand chose de nouveau à annoncer. Il peut aussi être très stratégique et appartenir au patrimoine de la marque comme c'est le cas pour Volkswagen, qui a toujours fait de l'humour une de ses principales armes publicitaires.

Mais l'humour n'est pas facile à utiliser. Il est très codé culturellement. Chaque tranche d'âge, tribu, catégorie socioprofessionnelle a son humour. Aborder un humour typé, celui des jeunes par exemple, c'est aussi exclure les autres qui ne s'y reconnaîtront pas.

Exemples

☞ Dans une campagne pour une machine à laver de la marque Brandt, deux hommes rentrent chez l'un d'eux. À peine sont-ils arrivés, que la femme du premier se met à les déshabiller frénétiquement. Ils ne comprennent pas ce qui leur arrive mais restent placides dans une situation proche du ridicule. L'un demande alors : « Mais qu'est ce qu'elle a ta femme » ? L'autre répond : « Une Brandt ».
C'est une exécution humoristique d'une stratégie classique, fondée sur l'idée qu'un produit est tellement performant qu'on ne peut s'empêcher de l'utiliser à tout moment, même sans raisons.

☞ La Poste a fait un film intitulé « Le jeune » qui décrit la vie quotidienne d'un jeune. Il insiste sur les « bizarreries » qui font de l'adolescent un énigme pour ses parents. Grâce à l'humour, la caricature est bien passée et n'a choqué personne (v. *photoboard* ci-contre).

☞ Cette affiche pour le voyagiste en ligne Lastminute.com a obtenu le prix de la meilleure campagne *print* au Festival de l'humour dans la publicité. Elle illustre cependant que l'humour n'est pas forcément consensuel et peut être interprété de différentes manières. Tout dépend de la cible...

Source : Agence Hémisphère droit ; prix du jury au Grand Prix de l'humour dans la Pub, section Affichage.

b) L'émotion

La presse et l'affichage ont du mal à susciter des émotions contrairement à la télévision et au cinéma qui sont des médias émotionnels par excellence. La publicité joue sur des émotions positives, en évitant soigneusement les moins consensuelles comme la colère, la tristesse, la peur ou la jalousie.

De plus en plus, les grandes marques dépassent la fonctionnalité de leurs produits pour cultiver une relation émotionnelle avec leurs consommateurs. Les marques s'adressent de plus en plus à l'individu derrière le consommateur.

Parmi les outils marketing dont dispose une marque, la publicité est un levier privilégié dans la construction d'une relation émotionnelle. Bill Bernbach disait :

> « Ce qui compte ce n'est pas le nombre de fois ou une annonce est publiée, c'est l'émotion qu'elle crée ».

Créer de l'émotion passe souvent par des idées créatives simples.

Quand La Poste fait de l'humour...

Source : groupe DDB.

1/2 : Attention le voici, puissant, félin, redoutable : le jeune.

Mère : « Il est 10h, lèves toi ! »

3 : Sa toilette obéit à un rituel complexe.

4/5 : Il aime à marquer son territoire.

Sœur : « Tu peux pas tirer la chasse, non ?! »

6 : Ses relations sociales sont élaboréses.

Jeune : « Tires la toi même. »

7 : Le jeune a des amis.

Jeune : « Tu fais quoi ce soir ? »

8 : Toujours en quête d'un partenaire sexuel.

Jeune : « Ah... Ok... Ça roule ?... C'est bon ? »

Il sait ménager ses pauses.

Jeune : « Whaaa... haaa, Haa... pffff. »

9 : Toujours plus, il repousse les limites. Il fait des choses qu'on ne comprend pas.

10 : C'est normal, c'est un jeune.

11 : Fin mélomane... à ses heures.

12/13 : Le repas du soir est un moment d'intenses échanges.

Mère : « Oh... mais articules ! »

Jeune : « Gna, gna gna. »

14 : Suivant les moments de la journée...

Jeune : « Je sors. »

Mère : « Où çà ? »

... Il arbore différentes parures.

Jeune : « Dehors. »

Mère : « Où ? »

15 : En milieu nocturne, le Jeune est d'un maniement délicat.

Jeune : « Ça va aller... Tu peux arrêter de me suivre avec ta lampe s'te plait ? Hein toi avec ta caméra là ! Arrêtez maintenant, hein ! »

Il est dans un monde qu'il ne comprend pas.

Jeune : « Tout ce qui est certain... n'est pas certain... »

16 : Et QUI ne comprend pas.

Jeune : « N'importe quoi ! »

17 : AVANT D'AVOIR CRÉÉ UN COMPTE POUR LES JEUNES, NOUS LES AVONS OBSERVÉS.

Exemples

☞ Le fournisseur d'accès Internet Wanadoo a utilisé le registre de l'émotion dans une de ses campagnes en mettant en scène un enfant cherchant à dire bonjour aux passants qu'il croise dans la rue. Ce film symbolise toute la spontanéité et la confiance de l'enfance. La référence à ce paradis perdu ne manque pas de susciter une émotion forte chez le téléspectateur.

☞ La Ford Mondéo a su parler de la sécurité sur le ton de l'émotion. Le film se passe dans une menaçante nuit orageuse. Un homme est réveillé par le tonnerre. Il se lève en pyjama et va vers la chambre de sa fille pour vérifier qu'elle n'a pas peur. Mais il trouve le lit vide. Il la cherche partout sans la trouver. Il se dirige alors vers le garage et trouve sa fille blottie dans la Ford Mondéo. Une belle métaphore devant laquelle on ne peut s'empêcher d'éprouver un instant de la tendresse pour la petite fille. Les scores du post-test du film ont confirmé l'efficacité du procédé.

Certaines marques font de l'émotion le registre privilégié de leur marque.

Exemple

☞ McDonald's positionne en France ses restaurants comme un lieu de rassemblement où la frontière des générations s'efface, un lieu d'échange où on peut tout se dire, poser les questions les plus intimes ou faire une déclaration d'amour.

c) Les approches persuasives

Issues de *l'Unique Selling Proposition*, ces approches sont prisées pour les produits à faible implication et fort environnement concurrentiel, comme la lessive. Elles visent à convaincre de la supériorité d'un produit et reposent sur la répétition d'un message argumenté par de solides preuves.

Réputées faiblement créatives, elles sont « snobées » par nombre de créatifs. Elles représentent pourtant un des registres favoris des annonceurs car elles ont fait leurs preuves et représentent donc une solution de sécurité.

Leurs mécaniques sont bien huilées :

- la « démonstration produit » : on voit le produit agir en conditions réelles, dans le cas de la lessive, au cœur de la machine à laver. Il fait ainsi la démonstration de sa capacité à enlever les taches. S'il s'agit d'une innovation produit, elle est présentée très pédagogiquement. Ainsi, lorsque le marché lessivier s'est tourné vers les poudres effervescentes, on a vu celles-ci se dissoudre instantanément au contact de l'eau ;
- le témoignage (ou *testimonial*) : dans ce cas, la mécanique de conviction se fait sur le mode : « Si c'est bon pour eux, c'est bon pour moi » ;
- la démonstration comparative, ou *side by side* : une vieille technique de publicité lessivière où l'on compare sur la moitié gauche de l'écran un produit X avec sur la partie droite le produit qui fait l'objet de la publicité. Les résultats sont éloquents : à gauche les taches ne sont pas entièrement parties, alors qu'à droite le linge est parfaitement propre. Le levier de persuasion est visuel ;
- le *torture test* : le produit fait ses preuves dans des conditions particulièrement difficiles. On fait par exemple un nœud avec le linge. La lessive a du mal à pénétrer au cœur du linge, là où est la tache. Pourtant, quand on défait le nœud, la tache n'est plus là. Le produit a fait la preuve de son efficacité. La mécanique d'adhésion est d'ordre rationnel :

« si c'est efficace dans ces conditions extrêmes, alors ce sera vraiment parfait dans des conditions d'utilisation normale qui sont celles de mon quotidien » ;

– la dramatisation du problème : pour compenser la banalité du produit, on exagère la situation pour impliquer le consommateur.

Exemples

☞ Dans son film publicitaire pour le yaourt Bio, Danone a appliqué les principes de la démonstration produit, généralement utilisée par les lessiviers, à l'univers alimentaire. Le consommateur voit le produit agir dans un estomac par plan de coupe. Il comprend ainsi de façon visuelle la promesse du produit et le bénéfice qu'il peut en retirer.

☞ La saga Calgon montre un technicien, en blouse blanche, signe de son expertise, révéler à la ménagère que sa machine à laver contient du calcaire. Il dramatise le problème en montrant des parties intérieures de la machine envahies par le calcaire. Il présente alors la solution : l'usage du produit Calgon.

☞ Ariel a utilisé le témoignage dans une célèbre campagne nommée « Les professionnels » qui mettait en scène des représentants de métiers particulièrement sensibles à la propreté (hôtelier, restaurateur, etc.) exprimant leur confiance dans le produit.

☞ La marque d'aliments pour chiens Pedigree Pal a longtemps utilisé le témoignage d'éleveurs de chiens.

d) Les approches visuelles

La dimension visuelle devient déterminante. Les évolutions récentes de nombreuses campagnes montrent qu'on communique parfaitement des messages de fond avec un simple visuel. Dans un univers où le consommateur est bombardé de messages, certains estiment que les campagnes trop sophistiquées ou trop intellectuelles risquent de ne pas retenir l'attention du public. Ils s'orientent donc vers des approches très visuelles, qui simplifient en allant tout de suite à l'essentiel. Ici, la publicité se rapproche du *design*.

Tout communique : le visuel, la musique, la présence du produit, etc. La stratégie de communication ne s'arrête pas aux mots et aux concepts de communication. Les images, leur traitement, leur qualité cessent d'être de simples illustrations destinées à enjoliver un message écrit. Elles deviennent stratégiques car elles délivrent le message à un individu considéré comme un capteur d'émotions et de sensations.

Source : © iPod est une marque d'Apple Computer, Inc. Ne volez pas la musique.

Exemple

☞ La campagne pour l'Ipod d'Apple se limite à une évidence visuelle. Elle recherche l'expression d'un message par la spontanéité, le rejet du complexe pour un consommateur qui privilégie les sensations sur les discours rationnels.

e) Le décalage créatif

Les règles du métier ont longtemps exigé la valorisation du produit et de ses utilisateurs. La publicité devait communiquer un bénéfice fonctionnel et psychologique, une raison d'acheter, un point de supériorité. Le produit devait être le héros. On ne pouvait jouer avec ou le dévaloriser. La publicité le prenait très au sérieux, faisant l'impasse sur ses faiblesses pour se concentrer sur le positif. Ces registres publicitaires continuent à faire les beaux jours de nombre d'agences. Mais les choses évoluent, pour deux principales raisons :

- le consommateur change. Il est plus mature. Il a l'habitude de décoder les messages. Il est moins réceptif aux discours qui sont au premier degré. Il ne croit plus sur parole la publicité quand les messages sont trop racoleurs ;
- les produits se ressemblent de plus en plus. Il n'y a rien de fondamentalement nouveau et percutant à annoncer sur un yaourt qui rivalise dans les linéaires avec les mêmes concurrents depuis de nombreuses années et que les consommateurs ont l'habitude de déguster depuis toujours.

Le décalage créatif est lié au choix d'un visuel fort qui surprend et attire l'attention, ainsi qu'au jeu entre celui-ci et l'accroche. C'est la dimension inattendue de ce jeu qui crée une surprise. Une bonne articulation visuel-accroche crée un sens nouveau que ni l'accroche seule, ni les mots ne pourraient exprimer. La bonne création publicitaire permet ainsi des raccourcis de sens. En quelques mots, elle exprime ce qui aurait été beaucoup plus long à dire avec des méthodes traditionnelles et qui aurait été ennuyeux car trop proche des registres traditionnels de la promotion-produit.

Exemples

☞ Nissan se passe quasiment de mots pour communiquer sur la taille du véhicule, son caractère de tout-terrain aventureux et un état d'esprit anticonformiste. Le décalage, l'originalité et l'aspect spectaculaire du visuel garantissent l'impact.

☞ Dans la première publicité de l'agence BDDP & Fils faite pour elle-même, le visuel exprime l'idée d'un changement de comportement. Seul, il ne véhiculerait pas le même sens. On comprendrait seulement le paradoxe : un juif religieux en train de déguster du pâté. C'est le jeu avec l'accroche « Des publicités particulièrement convaincantes » qui donne le sens. On comprend qu'ayant été exposé à une publicité, le religieux a changé son comportement. On en conclut à l'efficacité des publicités de l'agence. L'humour et le décalage créent l'originalité et donc la sympathie vis-à-vis de l'émetteur.

Source : TBWA/Paris pour Nissan France.

Sources : BDDP & Fils.

f) L'approche par la négative

La plupart des campagnes vantent les bienfaits des produits qu'on leur confie. Leurs discours sont attendus : elles mettent en avant la gourmandise pour un produit alimentaire, la fiabilité pour une voiture, etc.

Pour se démarquer, certaines campagnes adoptent une approche différente qui est une nuance du décalage créatif vu plus haut. Elles prennent appui sur des éléments négatifs :

- le défaut d'un produit alors que la publicité met habituellement l'accent sur les qualités ;
- le pessimisme alors que la publicité joue d'habitude sur l'optimisme ;
- des images, des mots très désagréables, qu'on cherche généralement à éviter.

Elles rebondissent ensuite sur ces éléments pour faire passer leur message. Elles montrent tout au long du film ce que le produit n'est pas ou ne fait pas. Ce n'est qu'à la fin du film que l'on découvre la véritable promesse publicitaire. L'objectif est de créer la surprise.

Exemples

☞ Dans la publicité page suivante, l'accroche est délibérément provocante et spectaculaire. Son rôle est d'emmener le lecteur à lire le texte qui détaille l'approche de Volvo sur les points négatifs cités dans l'accroche, notamment la sécurité. On joue sur la force et la crédibilité d'un discours vérité avec néanmoins le risque que le lecteur s'arrête à la lecture de la première phrase.

☞ Rossignol a développé cette approche par la négative dans un film appelé « Le masochiste ». Après une journée de ski, le masochiste ramène le matériel de location au magasin. Il a bien souffert, il est ravi. Tout était « super », sauf les chaussures, qu'il a trouvé « vraiment nulles : elles ne font absolument pas mal ». Le message passe bien, avec décalage. La marque ose dire que ses chaussures sont nulles avec humour et distanciation. Ici le vrai sens c'est l'inverse. Le jeu sur les mots entraîne l'adhésion. Si elles sont « nulles » pour le masochiste, car elles ne lui font pas mal, c'est qu'elles sont bonnes pour un client traditionnel, qui recherche le confort. Le message passe bien, avec décalage et l'humour crée l'adhésion.

g) L'approche « proximité »

L'approche « proximité » vise à présenter le produit dans des conditions proches de son usage habituel. On choisit un *casting* proche de la « vraie vie » afin de faciliter l'identification dans les personnages. On recherche la projection en mettant en scène des tranches de vie, des situations empruntées à l'univers quotidien. On crée l'intérêt en jouant sur des anecdotes, des situations cocasses qui pourraient arriver à n'importe qui.

L'objectif de ce type d'approche est d'offrir un miroir de la réalité quotidienne de la cible. Les consommateurs se sentent concernés. Ils comprennent que c'est à eux qu'on s'adresse en mettant en scène leur univers.

L'habitude de fréquenter les médias et la publicité rendent les consommateurs moins naïfs. De plus en plus de publicitaires pensent qu'ils ne se laissent plus aussi facilement impressionner par des visuels de top models aux formes longilignes. Cet univers leur est de plus en plus étranger, loin de leurs préoccupations, de leur réalité. On peut donc faire le choix de montrer la réalité telle qu'elle est.

UNE VOITURE ÇA PUE, ÇA POLLUE, ÇA TUE. ALORS POURQUOI CONTINUONS-NOUS À EN FABRIQUER ?

Parce que l'on a des femmes, des enfants, qu'on les aime et que le soir, on a vite envie de les retrouver. Parce que l'on veut pouvoir les emmener à la campagne. Parce qu'il faut faire les courses. Parce que...

Après tout, si Gustaf Larson et Assar Gabrielsson ont commencé en 1927 à construire des voitures, c'est pour ce genre de raisons simples. Disposer d'une "Je roule" efficace et sûre, pour se déplacer toute l'année.

Oui, Volvo veut dire "Je roule" en latin ; quand vous aurez lu ces quelques lignes vous aurez compris pourquoi. Comme toute invention, l'automobile pose quelques problèmes. Gustaf et Assar avaient donc le choix entre : renoncer à ladite invention ou résoudre ces quelques problèmes. Ils ont cru bon de choisir la deuxième solution.

Une voiture ça pue.

Crachant et pétaradant, dès son invention le moteur à explosion annonce la couleur : il pue.

En attendant de pouvoir supprimer totalement ce problème (nous étudions sérieusement les moteurs électriques, les turbines à gaz...), nous avons cherché à le rendre "acceptable" et, il y a 20 ans nous avons trouvé : la sonde Lambda. Un système qui se combine avec un pot catalytique pour éliminer 95% des émissions nocives de l'échappement.

Il restait quand même un petit nuage quand on démarre à froid. Alors pour ne pas enfumer nos enfants quand ils nous disent au revoir le matin, nous avons ajouté un système de préchauffage sur nos pots catalytiques. Mais comme il n'y a pas que des Volvo sur la route, nous avons aussi équipé toutes nos voitures de chauffage avec système de recirculation de l'air, pour vous éviter de profiter des gaz d'échappement du voisin.

Une voiture ça pollue.

Nous devons bien vous avouer n'avoir jamais essayé de construire des voitures en macramé ou en rotin. A ce jour, leur fabrication nécessite encore du fer, du plastique, de la peinture et du verre...

Donc les voitures n'ont pas besoin de rouler pour nuire à l'environnement. Alors nous nous sommes dit qu'il ne suffisait pas de créer des voitures propres mais qu'il fallait encore les construire proprement. Cela a pris du temps.

Oui, mais aujourd'hui nous sommes fiers de peindre nos voitures avec une peinture à l'eau pour éviter les solvants, de récupérer l'énergie dégagée par les bancs d'essai pour chauffer l'usine et produire de l'électricité, de respecter la couche d'ozone en rejetant un minimum de CFC... Enfin de tout faire pour rendre nos usines de plus en plus compatibles avec les truites, les papillons, les fleurs et quelques autres petites choses que l'on aime au moins autant que les voitures.

La fabrication c'est aussi paradoxalement le moment privilégié pour penser à la destruction. En effet, si tout n'est que poussière et retourne poussière, il faut savoir que cela peut prendre un certain temps.

Parfois c'est même très dur : par exemple une peau de banane met 6 jours à disparaître dans la nature, un bout de papier 3 semaines, certains sacs en plastique quelques siècles. Ça fait peur, non ?

Alors dès sa naissance une Volvo est conçue pour durer longtemps mais disparaître vite.

Une S40 ou une V40 est recyclable à 90%, elle contient elle-même des matériaux recyclés (feutrine, fibre de bois, plastiques) et moins dangereux.

Détail technique : la Suède est un très gros producteur de bois mais la Suède est encore recouverte de forêts (50% des terres).

Ça n'a rien à voir avec les voitures, ça a juste à voir avec la conscience qu'ont les Suédois de leur environnement.

Une voiture ça tue.

45000 personnes par an dans l'Union Européenne.

Le principal facteur de sécurité dans une voiture c'est le conducteur et le conducteur c'est vous. Mais notre rôle à nous, c'est de tout faire pour vous protéger des autres et parfois de vous-même.

Les qualités routières d'une Volvo doivent vous permettre de vous sortir des situations les plus difficiles (ABS, suspension Delta Link, système antipatinage de contrôle de traction...).

Dans certains cas la puissance peut vous sauver. Alors les Volvo sont puissantes. N'en abusez pas, c'est tout.

Mais l'option "zéro accident" n'existe pas. Nous nous efforçons donc de concevoir une voiture qui préserve tous ses occupants en cas de choc, tout simplement.

Airbags Volvo® faciaux et latéraux, zones d'absorption des chocs, habitacle de sécurité renforcé, systèmes de protection contre les impacts latéraux, colonne de direction rétractable en série...

En matière de sécurité, les Volvo sont équipées de toutes les innovations techniques possibles. Mais on ne peut pas rendre une voiture sûre simplement avec de nouveaux équipements : il faut dès le départ la concevoir dans ce but.

Par exemple si nous n'avons jamais sorti de cabriolet depuis les années 20, croyez-vous que c'est par obsession de la berline familiale ?

Non, nous adorons les cabriolets mais en matière de sécurité nous sommes un peu sévères. Aujourd'hui nous en avons conçu un, le C70, qui satisfait toutes nos exigences dans ce domaine grâce au système exclusif ROPS (Roll Over Protection System).

Gustaf et Assar auraient aimé ajouter que ce n'est pas la voiture qui est dangereuse, mais l'utilisation que l'on en fait.

Si vous conduisez votre voiture dans le même esprit que celui dans lequel nous l'avons construite, vous avez toutes les chances de continuer à rouler et à rouler encore. Voilà pourquoi Volvo signifie "Je roule".

Voilà pourquoi nous sommes heureux de continuer à vous faire partager notre façon de concevoir l'automobile.

VOLVO

Exemples

☞ Plutôt que de choisir des top models comme le font les marques de mode, la marque Comptoir des cotonniers a choisi de mettre en scène des « vrais couples » de mères avec leurs filles. Le texte précise le lieu où elles vivent pour les rendre plus tangibles et proches de la cible de l'annonce.

☞ Dove a choisi de mettre en scène des femmes aux rondeurs affirmées, comme elles sont dans la réalité (v. visuel partie 2, introduction).

Source : Comptoir des Cotonniers.

h) L'utilisation de célébrités

L'utilisation d'une star a deux fonctions :

- émerger : le film publicitaire se différencie immédiatement du reste des films traditionnels. On connaît la star, on la reconnaît au service de telle ou telle marque. La star attire et retient l'attention ;
- susciter la projection du public : le recours à des stars s'appuie sur le même levier que la « tranche de vie » : la projection, mais utilise le chemin opposé pour y parvenir. Au lieu de montrer une situation quotidienne, on met en scène un univers inaccessible mais enviable : il fait rêver comme la cérémonie des Oscars hollywoodiens ou la montée des marches du Palais des festivals de Cannes qui fascinent le commun des mortels. Les stars sont traditionnellement utilisées pour leur pouvoir de prescription (« buvez le même café que Johnny »...). Une nouvelle forme d'utilisation se développe : le spectacle. C'est le cas du film Pepsi (ci-dessous) où les stars sont présentes pour offrir aux téléspectateurs un spectacle total, plus que pour leur pouvoir de prescription.

Le danger dans l'utilisation d'une star est que celle-ci « vampirise » le message. On retient la star et on oublie la marque. Il ne faut pas utiliser une star pour le plaisir, sans vraie relation avec la marque et le produit. Après la victoire de la France à la Coupe du Monde de football en 1998, les marques se sont arrachées les joueurs de l'équipe de France. Toutes les campagnes n'étaient pas pertinentes.

L'autre limite de l'utilisation des stars est son coût, dans la publicité certes, mais aussi dans toutes ses déclinaisons : promotionnelles, publicité sur le lieu de vente, etc.

Exemples

☞ L'utilisation de Claudia Schiffer est une des clés du succès de la Citroën Xsara. Elle a renforcé la stratégie de ce modèle, qui souhaitait communiquer sur des valeurs de style et d'élégance et qui lui a permis d'émerger dans un contexte concurrentiel difficile. À l'international la notoriété de Claudia Schiffer a porté celle de Xsara dans de nombreux pays.

☞ La publicité Pepsi Gladiateur avec Britney Spears, Beyoncé, Pink et Enrique Iglesias : ce film crée l'événement et attire immédiatement l'attention. Il a été lancé dans une version trois minutes afin de mettre l'accent sur sa dimension événementielle et de susciter des retombées en relations publiques contribuant à renforcer la visibilité de la marque.

(1)

(2)

(1) Source : Euro RSCG Worldwide.

(2) Source : Agence BBDO.

i) Le mariage de Madison et de Hollywood est-il le futur de la publicité ?

Steve Heyer, le responsable mondial de la publicité Coca-Cola a donné le ton. Il s'agit d'inventer un nouveau modèle. Dans un monde « hyper fragmenté », il faut des « idées qui apportent aux marques une valeur de divertissement ». D'un côté, Hollywood qui définit ce qui est intéressant, à la mode, et de l'autre, les marques et la publicité qui sont proches du consommateur. Le mariage des deux doit aboutir à « réinventer » la publicité. Il doit permettre d'échapper à l'emprise exclusive des médias traditionnels pour rencontrer les consommateurs dans d'autres contextes. L'objectif est de créer de la valeur pour ceux-ci en mariant le contenu (cinéma/musique, jeux vidéo) et le marketing. Il faut identifier de nouveaux points de rencontre entre les disciplines du spectacle et les marques afin de développer les messages qui s'intègrent dans l'esprit d'un moment, créent une expérience et de l'émotion, afin d'apporter une vraie valeur ajoutée aux consommateurs. L'ambition de nombreux publicitaires est que demain la publicité ne soit plus cantonnée aux écrans entre deux films, mais devienne partie intégrante du spectacle.

2/ Une agence doit-elle avoir un style qui lui est propre ?

Certaines agences ont un style. Il est imprimé par celui ou ceux qui dirigent l'agence. Les grands ont tous eu leur style. On reconnaît quand on est un peu de la partie, du Bernbach ou de l'Ogilvy. Aujourd'hui le style des agences est moins facile à identifier, probablement parce que celles-ci ne sont plus aux mains de leurs fondateurs.

Certes, les directeurs de création essaient d'avoir un style mais on ne peut que regretter de trop nombreux changements de poste dans cette profession. À peine a-t-on fait ses preuves dans une agence qu'on devient très sollicité. On change pour relever de nouveaux défis, gagner plus d'argent ou prendre une position de manager. Ces changements « nivellent » le marché et les styles se dissipent. On ne peut construire un style que dans la durée. Les clients savent de plus en plus ce qu'ils veulent. Ils tendent à « tirer » la création vers leur propre vision, au détriment parfois de celle des créatifs et des agences. Les agences ont de plus en plus de mal à se faire respecter et écouter de leurs clients. La valse des stars du métier, l'absence de personnalité et de style forts, aptes à différencier les agences, peuvent expliquer ce phénomène.

D'aucuns affirment ne pas avoir de style volontairement et servir les intérêts de leurs clients en créant une communication qui est parfaitement adaptée à leurs problèmes. Ne pas avoir de style évite de risquer d'imposer son registre, au détriment de la personnalité et de la spécificité de l'annonceur. C'est ce que pense Loïs Korey, directeur artistique, de Needham Harper et Steers :

> « Trop de rédacteurs, de directeurs artistiques (et parfois même l'agence toute entière) cherchent à avoir absolument un style... La meilleure publicité, c'est celle qui, aux yeux du consommateur, ne semble pas avoir un style d'agence mais qui est simplement une présentation intelligente et crédible des faits. »

Pour Bill Marsteller, si la publicité a un style, ce doit être d'abord celui de l'annonceur :

> « La publicité doit refléter l'annonceur, pas l'agence. Nous n'avons pas et nous ne voulons pas avoir une formule, un style. Nous nous concentrons sur ce que doivent être les objectifs, la meilleure stratégie, et nous taillons une publicité sur mesure à notre client. C'est sa publicité, pas la nôtre. »

Ces arguments ne sont pas négligeables mais trop souvent, lorsque l'agence n'a pas de style propre, elle produit une publicité passe-partout, banale.

Arrivé il y a quelques années à la direction de la création de TBWA, après un parcours international, Eric Verhoegen a su imprimer à l'agence un véritable style, très fortement perceptible, au moins en presse et affichage : un style très visuel, reposant sur peu de mots, des situations décalées et des images choc. Selon lui, le souci de l'« objet », c'est-à-dire de la qualité visuelle des annonces, est prépondérant. Cette préoccupation implique une grande attention portée aux moindres détails dans le choix des typos, la mise en page, les prises de vues ou les retouches. On trouvera ci-dessous quelques exemples du style de l'agence TBWA Paris, élue meilleure agence au monde en 2003 et 2004 (Festival publicitaire de Cannes) pour ses réalisations « *print* », et primée dans de très nombreux festivals.

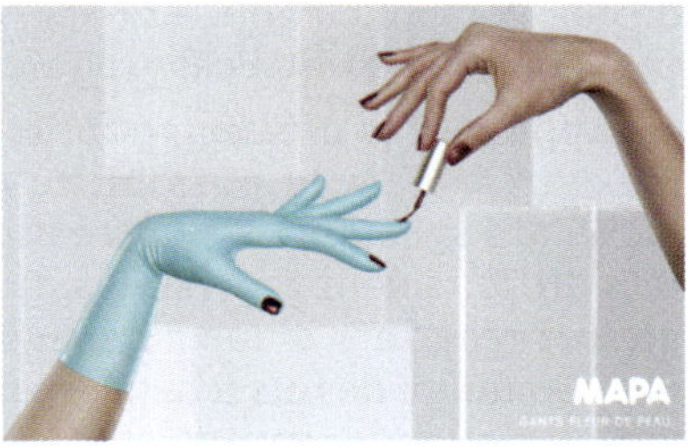

Source : visuels agence TBWA/Paris.

Source : TBWA/Paris pour Nissan France.

Section 4
COMMENT JUGER UNE IDÉE CRÉATIVE ?

Les messages publicitaires sont continuellement jugés, à tout propos, à tous les stades de leur réalisation. Tout le monde a un point de vue et prétend être capable de juger les campagnes. C'est le métier le plus exposé d'une entreprise. Personne ne protestera suite à la mise en place d'un nouveau système informatique de facturation des clients. En revanche, chacun au sein d'une entreprise dira s'il trouve la nouvelle campagne de publicité à son goût ou non. C'est un phénomène compréhensible et légitime. Destinée à la place publique, la publicité est sur la sellette. Chacun défend ardemment son point de vue, convaincu qu'il a raison, oubliant peut-être que juger la création n'est pas si simple, et que cela requiert de l'expérience et certaines techniques.

Apprécier la création publicitaire reste toujours un acte très difficile qui n'exclut jamais la possibilité d'une lourde erreur, même de la part des meilleurs spécialistes. La création a sa part d'irrationnel, qui rend les résultats difficilement prévisibles. Combien de fois un annonceur est déçu par les piètres résultats d'une campagne dans laquelle il avait mis toute son énergie ? Combien de fois il est agréablement surpris de voir une campagne qu'on jugeait moyenne rencontrer un succès de masse ? Rationaliser la création, évaluer ses chances de succès à la lecture d'un simple script n'est pas aisé. Les commerciaux d'agences de publicité comme les annonceurs affirment même souvent qu'il s'agit d'une des facettes les plus difficiles de leur fonction.

L'expérience et le « sens inné » de la publicité chez un annonceur sont cruciaux. Ils peuvent cependant être utilement assistées par des méthodes plus rigoureuses : grilles d'analyse, prétests, etc.

1/ QUELQUES PRINCIPES EN PRÉAMBULE

a) Il faut apprendre à dépasser le « j'aime/j'aime pas »

Juger une annonce publicitaire peut sembler aussi subjectif que de se prononcer sur une œuvre d'art. « J'aime/j'aime pas » peut suffire quand il s'agit d'exposer son goût sur un tableau, pas lorsque des enjeux économiques sont énormes. Derrière le succès ou l'échec d'une campagne de publicité, il y a des usines qui tournent plus ou moins bien, des salariés qui garderont ou perdront leurs emplois. Mieux vaut donc essayer de bien cerner les ressorts de la création. Le plus difficile est d'apprendre à sortir de ses propres jugements, de son registre personnel. Il faut apprendre à se mettre à la place de sa cible.

b) Juger c'est s'engager

> « En publicité, ne pas prendre de risques peut s'avérer l'attitude la plus dangereuse qui soit. Si vous défendez un point de vue, vous allez trouver des gens pour et des gens contre. Si vous ne vous engagez en rien, vous n'aurez personne contre vous, ni surtout personne pour vous ».
>
> Bill Bernbach.

Il n'y a rien de plus redoutable que ceux qui camouflent leur indécision et leur refus des responsabilités sous le couvert de jugements qui se veulent subtils et équilibrés. S'engager sur un projet de publicité, c'est avoir une intime conviction et accepter de prendre un risque. Cela suppose que les agences et les annonceurs aient le droit à l'erreur. C'est lui qui permet l'éclosion de grandes idées. La création vraiment innovante déstabilise. On ne prend pas de risques en reproduisant les modèles existants.

c) Le jugement se forme

L'expérience existe aussi en matière de publicité. Il faut voir, lire, entendre beaucoup de publicités. Il faut confronter continuellement son jugement à celui des autres. Il faut avoir médité longuement ses succès et ses échecs.

d) Il vaut mieux renoncer plutôt que replâtrer

Juger n'est pas refaire. Trop souvent l'annonceur novice ne se cantonne pas dans son rôle de juge et de décideur. Il est toujours inquiétant de l'entendre demander de changer telle ou telle partie du message, de modifier un coloris, d'ajouter une offre spéciale ou un bon à découper, etc. Il est encore plus dangereux de l'entendre dire : « Je ne suis pas un bon dessinateur mais voilà comment je verrais les choses... » et de le voir joindre le crayon à la parole !

Quand un message est jugé mauvais, il vaut mieux, bien souvent, s'obliger à tout reprendre plutôt que de tenter des améliorations qui risquent d'aboutir à un résultat encore plus décevant.

En revanche, le talent des grands créatifs est de parfois savoir repérer une pépite dans une mauvaise maquette. Philippe Michel, le fondateur de l'agence CLM/BBDO était connu pour savoir récupérer les idées dans les corbeilles à papier. Il sauvait une idée que personne n'avait conservée, en la remaniant de telle sorte qu'elle devenait évidente.

2/ Les *check-lists* des critères de jugement

Ces critères peuvent aider à systématiser le jugement des messages publicitaires, en aucun cas à se substituer à l'intime conviction. On les complétera ou on les modifiera selon sa propre expérience et la nature du cas que l'on traite. Ces critères sont naturellement insuffisants puisqu'ils prétendent aborder de façon rationnelle des processus publicitaires qui ne le sont pas. Mais ils sont utiles parce qu'on a souvent besoin de démontrer de façon logique à ses interlocuteurs (qu'ils soient dans l'agence ou chez l'annonceur) pourquoi on aime ou on n'aime pas une annonce. Dire « J'aime ou j'aime pas » n'est, en effet, généralement pas considéré comme une argumentation suffisante ! Enfin, ces critères permettent éliminer les projets qui ont des insuffisances graves.

La grille d'analyse que l'on propose ci-dessous est organisée en trois groupes de critères :

- de stratégie ;
- de communication ;
- d'exécution.

Grille d'analyse d'une campagne publicitaire

- **Critères stratégiques**
  - *Adéquation du message à la copy strategie*
    - À la cible
    - Aux objectifs de communication
    - À la promesse
- **Critères de communication**
  - *Valeur d'attention*
    - Force et originalité du visuel
    - Force de l'accroche
    - Valeur signifiante de l'accroche
  - *Attribution*
    - Attribution à la classe de produit
    - Attribution à la marque
  - *Compréhension*
    - Clarté/Simplicité
    - Force de conviction
  - *Crédibilité*
  - *Potentiel de déclinaison de l'idée créative*
- **Critères d'exécution**
  - *Respect de l'identité visuelle de la marque*
  - *Faisabilité technique*
  - *Coût*
  - *Critères juridiques*

a) Les critères stratégiques

Nombre de campagnes sont créativement séduisantes mais stratégiquement fausses. Elles seront certainement vues mais ne construiront pas la marque, du moins pas dans la direction où on souhaite l'orienter. La dimension stratégique est extrêmement importante car elle valide le sens que la création va véhiculer sur un produit, une marque.

Les critères stratégiques doivent permettre de vérifier l'adéquation du message ou du projet de message à la stratégie de communication. Pour tout chef de produit devant juger une idée, il faut se remémorer rapidement le *brief*. La première question doit être : la campagne respecte-t-elle le *brief* ? L'idée est-elle gratuite ou au service de la stratégie ?

On identifie trois principaux critères stratégiques :

- la création s'adresse-t-elle à la cible qui a été définie ?
- répond-elle précisément aux objectifs de communication ?
- exprime-t-elle la promesse et le bénéfice-consommateur retenus dans la copy stratégie ?

b) Les critères de communication

Il s'agit d'évaluer si la campagne contient un vrai « saut créatif ». Y-a-t-il une idée qui va attirer l'attention des consommateurs, qui va communiquer immédiatement et fortement la proposition de la marque ? Y-a-t-il une expression que l'homme de la rue pourra s'approprier ? Il faut aussi voir si l'idée sera liée à la marque émettrice ou au produit, et si elle sera facilement comprise.

1° Y-a-t-il une idée créative ? Est-elle forte ? Accrochera t-elle l'attention ?

- Cette idée est-elle « jamais vue », innovante, emmène-t-elle la marque là où on ne l'attend pas ?
- Comment fonctionne cette idée ? Sur quel registre : émotion, humour, spectacle, etc.? Est-ce adapté à la cible ?
- Quelle est l'accroche, c'est-à-dire qu'est-ce qui arrête l'attention de la cible ? Est-elle gratuite c'est-à-dire sans véritable lien avec le produit et la promesse (une femme nue pour vendre un ordinateur) ou communique-t-elle la promesse ? Dans ce cas, l'accroche a une valeur signifiante. Elle fait d'une pierre deux coups. Elle arrête l'attention et elle communique la promesse.

2° L'attribution

- L'attribution à la classe de produit : l'annonce permet-elle d'identifier immédiatement le type de produits ou de services dont il s'agit ?
- L'attribution à la marque : l'annonce permet-elle d'identifier immédiatement et sans équivoque la marque qui est promue ?
- Le produit est-il le héros du message ? S'il ne l'est pas, est-ce le fruit d'une démarche réfléchie ? Qui est alors le héros : est-ce la marque ou le consommateur ?

3° La perception et la compréhension

- Quelle est la vitesse de communication ? L'annonce délivre-t-elle immédiatement l'essentiel du message ?
- Comment rentre-t-on dans l'annonce ? Comment le message guide-t-il la perception ? À-t-on une perception globale ou parcellisée ? Quand décroche-t-on ?
- La clarté de la communication*:* elle doit être sans ambiguïté, pour tous ceux qui appartiennent à la cible.
- Quelle est la force de conviction du message ? Pour toute la cible ou pour une partie seulement ?

4° La crédibilité de la promesse et les justifications apportées

Attention, dans certains cas, il ne suffit pas d'être vrai pour être crédible et être crédible ne suffit pas à créer une préférence de marque et à faire acheter.

5° Le potentiel de déclinaison de l'idée créative

Voit-on tout de suite l'utilisation de l'idée créative dans d'autres médias, en promotion des ventes, en évènementiel, etc.? Imagine-t-on sans effort la campagne en année N+2...?

c) Les critères d'exécution

Ils sont souvent déterminants. Le choix d'une typo, le sourire d'un mannequin, la lumière d'une photo, les blancs, la musique, le rythme d'un spot de 30 secondes, etc. tout communique. Tout a une influence telle que le sens peut en être radicalement transformé, en bien ou en mal !

Lorsqu'on juge une maquette, on fera particulièrement attention aux points suivants :

1° La faisabilité technique du concept publicitaire

Certaines idées peuvent paraître très séduisantes mais se révéler impossibles à réaliser. Quelles sont les difficultés de production : truquages nécessaires, lieux de tournage, délais de production, accord ferme des acteurs pressentis, etc.?

2° Le coût de production

Les difficultés de réalisation peuvent accroître le budget de plusieurs dizaines de milliers d'euros.

3° Les critères juridiques

Le message est-il conforme aux règles d'autodiscipline et à la réglementation, notamment à celle qui a trait à la propriété industrielle, artistique ou intellectuelle.

3/ Les prétests, une aide au jugement

Le *prétesting* est l'ensemble des procédures qui se proposent, avant la diffusion effective des annonces, d'éprouver et d'évaluer, auprès de consommateurs, la pertinence des matériels publicitaires susceptibles de constituer les éléments de la campagne projetée.

Les méthodes de *prétesting* sont développées dans le chapitre consacré à la mesure de l'efficacité de la publicité (partie 2, chapitre 6, section 2).

Mille et une façons de tuer la créativité *

Avant-propos. On a dit, précédemment, qu'on ne connaissait pas de méthode radicale permettant, à coup sûr, de produire de grandes campagnes. En revanche, il existe des moyens variés et parfaitement efficaces pour tuer la créativité. Henri Joannis le dit avec humour dans une interview imaginaire. Les professionnels la trouveront sévère mais réaliste.

Interview du docteur Duramour

Henri Joannis : Dr Duramour, vous êtes l'autorité mondiale reconnue en publicidologie. Comment définiriez-vous cette science ?

Dr Duramour : C'est l'ensemble des connaissances, techniques et méthodes utilisées dans le publicide.

Henri Joannis : Et le publicide, c'est ?

Dr Duramour : Élémentaire, mon cher Watson, c'est l'acte de tuer la création publicitaire. La sémantique de ce terme est un parallèle linguistique avec homicide ou insecticide.

Henri Joannis : Considérerez-vous le publicide comme un art ou une science ?

Dr Duramour : Ce secteur, comme de nombreux autres en publicité, est passé en 15 ans de la méthode intuitive artisanale à la méthode scientifique conceptualisée. Et c'est tant mieux car une réflexion n'acquiert le statut de science que si on a pu la mener au bord de l'incompréhensible.

* *Par Henri* Joannis, *professeur honoraire au groupe HEC. Avant d'enseigner à HEC, Henri* Joannis *a été créateur et manager d'agences de publicité françaises et internationales. Il a publié plusieurs ouvrages dont* De la stratégie de marketing à la création publicitaire, *Dunod, 1995.*

Henri Joannis : Quelle est la meilleure saison pour le publicide ?

Dr Duramour : Lorsque des compagnies de maquettes et *story boards* traversent le ciel des comités. Idéalement de septembre à décembre.

Henri Joannis : On nous a dit cependant que des experts obtiennent de beaux tableaux de chasse en pratiquant toute l'année.

Dr Duramour : C'est vrai, mais il s'agit là de pratiquants de *top* niveau qui utilisent des techniques sophistiquées comme la remise en cause des textes composés ou le changement d'axe entre deux vagues télé. On ne saurait recommander ces techniques aux débutants.

Henri Joannis : Quelles sont les principales techniques ?

Dr Duramour : Comment résumer un tel corpus en quelques minutes ! En gros, il y a les techniques artisanales et les techniques scientifiques.

Henri Joannis : Par exemple ?

Dr Duramour : Citons les techniques artisanales : l'utilisation de parallèles judicieux : « Ce qu'il me faut pour vendre mes casseroles, c'est un film genre Coca-Cola, du gai, du jeune, du dynamique. Votre film n'est pas comme ça. » Difficile de se désengluer de ce parallèle.

Citons aussi le raisonnement tout simple : « Chaque ménage a en moyenne 1,7 enfant. Le message s'adresse bien à un, mais pas au 0,7 enfant qui reste. » Ou : « L'affiche métro sera bien vue par les passagers qui descendent mais pas par ceux qui montent. » Il y a là un raisonnement d'acier qui laisse l'opposition sans voix.

Le remplissage des blancs est aussi une technique qui a fait ses preuves : « Il reste du blanc en bas de l'annonce, grossissons le produit. » Ou : « Dans l'espace libre, rajoutons "nouveau", de toute façon, il y a de la place. »

Certains praticiens du remplissage des blancs conseillent même d'occuper au maximum l'espace libre d'une affiche en plaçant du texte du côté de la colle. Il s'agit là, cependant, de cas extrêmes qui vont au-delà de l'efficacité qu'on peut raisonnablement attendre de cette technique.

Henri Joannis : Ne pensez-vous pas que ces techniques sont un peu banales dans l'univers publicitaire d'aujourd'hui ?

Dr Duramour : Il y a plus original dans les techniques artisanales : ce sont les techniques publicides créatives.

Henri Joannis : Comment ! Vous utilisez la créativité pour combattre la créativité !

Dr Duramour : Mao Tsé Toung a dit : « Il faut porter la barbe pour combattre un ayatollah. »

Henri Joannis : Quelles techniques de ce type pouvez-vous citer ?

Dr Duramour : Commençons par l'onomatopée. Un *« berk »* bien placé peut porter un coup sérieux à une campagne. D'une façon générale, l'onomatopée est un continuum qui va du pôle « bof » au pôle « sniaf, sniaf, sniaf. ». C'est au praticien de choisir la bonne onomatopée et surtout le bon moment.

Citons aussi le jeu de mot, très efficace dans les réunions nombreuses, transformer un slogan ou un titre en un jeu de mot de sous-préfecture a bien des avantages. Surtout, si on y ajoute une touche rabelaisienne.

Un texte dit : « C'est un revêtement idéal pour les pièces du fond » et le praticien, au quart de tour, enchaîne : « Mais votre phrase est une contrepèterie ! » Petit exercice mental pour chacun… Rires gras… Rien de tel pour faire patiner une campagne !

Tout ceci peut se synthétiser dans une approche éprouvée, le quart d'heure du rire. Elle demande un peu d'organisation. Elle consiste à repousser à la fin d'une séance de trois heures, la présentation de la création. Après deux heures et demie sur les études, le Nielsen, le nouveau produit, le plan de déroulement de la campagne en cours, on arrive à la création. Le phénomène d'heureuse détente et d'aimable fantaisie qui se produit alors est particulièrement favorable au publicide, même avec des pratiquants peu entraînés dans ces techniques.

Henri Joannis : Ne pensez-vous pas que tout cela est un peu dépassé ?

Dr Duramour : Il est vrai que les pratiquants éprouvés regardent un peu de haut ces méthodes trop faciles. C'est pourquoi, aujourd'hui, on tend de plus en plus vers le publicide scientifique. Par exemple, la stratégie indienne.

Henri Joannis : La stratégie indienne ? N'est-ce pas un coup d'échecs comme l'ouverture espagnole ?

Dr Duramour : Vous n'y êtes pas du tout. C'est une riposte à la grossière simplification que cherche à imposer le *briefing* créatif. Elle consiste à introduire dans ce *briefing* une stratégie qui, comme la statue de Shiva, a huit bras : trois cibles, un objectif primaire, un objectif secondaire et trois promesses. C'est garanti pour faire éclater aux entournures le message publicitaire le mieux cousu.

Une variante de cette approche est le coup de l'entonnoir. Cela consiste à pousser dans l'entonnoir du *briefing* la totalité du positionnement en guise de promesse : « ... sert à trois usages, se prépare de deux façons, est riche, léger, énergétique et digestible, existe en trois tailles mais aussi dans la grande boîte économique... » Le créatif qui reçoit çà dans l'entonnoir a du mal à digérer, ce qui donne des messages publicitaires hypertrophiés ou cirrhosés. Très performant, l'entonnoir !

Henri Joannis : Mais on a vu sortir de copy stratégies, même compliquées, des créations fortes et originales. Vous leur laissez faire la loi ?

Dr Duramour : Nous avons, dans ce cas, d'autres techniques. J'en citerais deux : le puritanisme stratégique et le *prétesting* à un pied.

Henri Joannis : Que de neutrons dans votre ogive ! Et il s'agit... ?

Dr Duramour : Parlons du puritanisme stratégique. Cette technique consiste à éliminer toute création qui ne contient pas en clair, en mots et en images, les huit éléments de la *copy stratégie*. Si la cible est « les mères », on veut voir une mère dans le visuel et si possible deux, d'âge différent ; ça élargit le marché. Si on veut viser les jeunes, on veut voir écrit en gros : « Pour les jeunes ». Et si on veut rendre plus moderne une image de marque, on veut voir : « Dans le vent » écrit quelque part. Quelques praticiens admettent qu'on puisse, dans ce cas, le dire avec « Pour la femme d'aujourd'hui », mais les spécialistes du publicide les plus avertis reconnaîtrons avec moi qu'il ne s'agit plus de confrères mais de dangereux poètes.

Henri Joannis : En quelque sorte, il faut que la création soit le décalque exact de la stratégie.

Dr Duramour : Absolument. On pourra d'ailleurs bientôt confier ce travail de création à un ordinateur. On introduit les données marketing dans l'ordinateur à une extrémité et la copy conforme sort à l'autre. Nous effectuons des recherches dans ce domaine. Le premier ordinateur ainsi programmé a sorti un poème lettriste. Mais c'est qu'il y avait un court-circuit. Pour le deuxième, le message que l'ordinateur nous a sorti, a été : « Je pars fonder ma propre agence. » Les recherches continuent.

Henri Joannis : Et le prétest à une jambe ?

Dr Duramour : À un pied Monsieur ! Vous savez qu'un message publicitaire est efficace quand il est en équilibre sur trois pieds : une forte valeur d'attention, une compréhension/communication efficace, un effet répétitif qui ajoute à sa valeur. Étant donné que les techniques de prétest sont lourdes et complexes pour le premier facteur, rapides et aimablement psychologico/sémantiques pour le second et inexistantes pour le troisième, on ne teste que le second... à fond. Ce qui fait choisir une affiche qui communique bien tout ce qu'il y a à dire après exposition de 14 minutes et réponse à 17 questions. La finesse de la technique consiste à négliger le facteur attention qui fera que l'affiche choisie passera inaperçue quand elle sera sur un mur. Et une autre finesse est qu'un message original risque d'être repoussé au premier impact, c'est-à-dire au prétest alors que dans la réalité, après 4 ou 5 expositions, il aura accoutumé l'œil du public et créé une image de marque forte.

Henri Joannis : Mais si on vous oppose qu'une partie de l'efficacité publicitaire échappe à ce type de test ?

Dr Duramour : Jeune homme, apprenez que l'efficacité publicitaire, c'est ce qui est mesuré par mon test.

Henri Joannis : Vous croyez ?

Dr Duramour : N'oubliez jamais le théorème de Sputz : « Tout phénomène que la science ne peut mesurer n'existe pas. »

Henri Joannis : Pourtant, on voit dans les médias des campagnes fortes et originales, créées à partir de stratégies précises et choisies à l'aide de prétests.

Dr Duramour : Personne n'est parfait, comme disait Jack Lemmon.

Henri Joannis : De toute façon, on ne préteste pas toujours.

Dr Duramour : C'est vrai, c'est alors qu'il faut recourir à d'autres techniques sophistiquées.

Henri Joannis : Oui ?

Dr Duramour : Je recommande souvent, dans ce cas, le gaz asphyxiant sémantique : l'étouffement de la fraîcheur et de l'innovation sous l'édredon de mots sans contours précis. Par exemple : « Le titre manque de *pschitt.* » Ou : « Je trouve le *jingle* un peu fla-fla ! ». Très difficile de répondre dans le même langage.

Cette technique s'est aussi scientifisée dans les dernières années. Citons quelques émanations de praticiens avancés : « C'est un message qui ne sera métabolisé que par les recentrés. » Ou : « La relation adulte/enfant n'est pas assez transactionnelle. »

Devant ça, il faut pas mal de temps pour essuyer la buée de ses lunettes.

Henri Joannis : Oui mais le danger de ces mots, c'est que l'opposition les comprendra un jour et pourra répondre par des contre-gaz asphyxiants.

Dr Duramour : C'est pourquoi nous avons des armes prêtes pour les années futures.

Henri Joannis : En quelque sorte, la prospective du publicide ?

Dr Duramour : Exactement !

Henri Joannis : Pouvez-vous m'en dévoiler quelques-unes ?

Dr Duramour : Je vous citerai deux approches qui vont bientôt devenir performantes : « Ça ne fait pas assez appel au lobe gauche. » Et : « Le taux de compression linguistique n'est pas à son maximum. ». Difficile à contrer, n'est-ce pas ? Ce sont les prochaines flèches au curare du publicide.

Henri Joannis : Et où trouve-t-on les meilleurs pratiquants du publicide ?

Dr Duramour : Certains pensent qu'ils sont chez les annonceurs. Grave erreur ! Il y en a chez les annonceurs, certes, et à tous les niveaux, mais il y en a aussi chez les commerciaux d'agences. Certains sont de fins spécialistes du puritanisme stratégique, chez les spécialistes d'études, pour le test à un pied, par exemple. Il y a certains patrons d'agences qui sont des remplisseurs de blanc. J'ai même lu dans *Stratégies* un article où l'on voyait le publicide pratiquer dans la création même. Les illustrateurs se plaignaient que leur créativité était tuée par les agents qui les représentent. Nos techniques sont universelles. Tout publicitaire est un pratiquant sans le savoir.

Henri Joannis : Pour conclure, quel conseil donneriez-vous aux professionnels que votre *science* intéresse ?

Dr Duramour : Je leur dirais : « Ne cherchez pas tout de suite la perfection, commencez par quelques accords avant de vous lancer dans la symphonie publicide. Je vous en recommande deux » :

« Demandons l'avis de Nathalie, ma secrétaire, elle a beaucoup de goût. » Ça n'ouvre pas seulement la porte de la secrétaire mais aussi celle de toutes les démolitions, et surtout :

« Voyez-vous, la publicité, ça me passionne et la campagne, j'aime pas. » Vlan. C'est le direct du gauche de Mohamed Ali ou le revers croisé de Peter Sampras. Simple et imparable.

Henri Joannis : Merci, Docteur Duramour d'avoir bien voulu tracer pour nous ce passionnant panorama. Pouvez-vous, avant de sortir, remettre sur la table mon briquet en or qui est actuellement dans votre poche ?

Dr Duramour : Voilà ! Simple déformation professionnelle. J'ai besoin de faire disparaître tout ce qui brille. *Bye, bye !*

Section 5
Vendre et acheter la créativité

1/ Les étapes de la création publicitaire

La première étape dans la création consiste à imaginer et à décrire sous forme de « documents créatifs » encore rudimentaires, la manière dont on va exprimer concrètement, dans l'annonce, le message défini abstraitement dans la copy stratégie.

Au tout premier stade de la création, les annonces ne sont pas encore finalisées. S'il s'agit d'annonces presse ou d'affiches, elles se présentent sous forme de maquettes (ou *roughs*). S'il s'agit de films TV ou cinéma, les documents de création se présentent soit sous forme d'un simple texte (le script), soit sous forme de *storyboard*, c'est-à-dire d'une série de dessins figurant les principaux plans du futur film, accompagnés des paroles.

Après validation par l'annonceur, on passe à une seconde étape : la production. Vendre un projet de campagne à l'annonceur est une étape décisive pour l'agence *v. figure 1 ci-contre.*

a) Vendre une campagne : un exercice difficile

La vente est une priorité économique absolue pour une agence. Un bon taux de transformation des campagnes présentées en campagnes vendues est le signe d'une bonne agence.

La vente d'une campagne dite « créative » à un annonceur est l'exercice le plus difficile qu'il soit donné de faire à un publicitaire. En effet, il doit vendre des idées, des mots, des images qui n'existent pas ou qui sont à l'état d'ébauche. Il faut non seulement convaincre que le concept est le bon mais aussi le matérialiser en lui donnant l'apparence la plus favorable tout en restant proche de la réalité future.

b) Un processus en allers-retours

Il est très rare qu'une campagne soit acceptée du premier coup. Généralement ce n'est qu'après de nombreux allers-retours qu'une campagne finit par être validée par le client et produite. Un client peut être séduit par une idée sans accepter l'exécution créative qui en est faite. On demande alors à l'agence de retravailler sur de nouvelles exécutions. Ensuite, l'exécution peut convenir mais nombre de détails peuvent faire l'objet d'aménagements. La présence du produit, la taille du logo, font toujours l'objet de discussions entre l'agence et l'annonceur.

2/ Un exemple d'une campagne refusée : la Citroën C3

Il s'agit d'un film conçu par l'agence du réseau Euro RSCG en Hollande, pour la C3 de Citroën. Le film commence comme un clip de rap avec tous les clichés habituels : voitures de luxe, piscines, jeunes filles sexy et dénudées autour du chanteur. Tous chantent et dansent, en tournant autour de la voiture, une belle Citroën C3. Soudain, une voix prononce fortement «*Cut* ». C'est le réalisateur qui dit : « Enlevez le chanteur. Les danseuses aussi. Et les musiciens ». Tous le regardent étonnés. Il reprend « Centrez sur la voiture... ». La caméra décadre. On voit le réalisateur assis à côté d'un homme. Sur son siège est écrit « Client ». On comprend alors qu'il ne s'agit pas d'un clip mais d'une publicité. Les cameramen se concentrent sur la voiture. Le réalisateur dit au client « Alors, content ? ». Le client est ravi. Le *packshot* apparaît « Citroën C3 : la vie est belle ».

Ce film est bien dans les codes « postmodernes ». Il s'agit d'une publicité pour un produit qui présente le tournage... d'une publicité pour le même produit. Le tout sur le ton de la parodie, le réalisateur faisant ce que demandent généralement les clients : braquer la caméra sur la voiture. Ce film a fait l'objet de débats : l'idée est originale, assez drôle ; la chute (la révélation de fin) est inattendue.

Pourtant ce film a été refusé. Deux raisons ont expliqué ce choix :

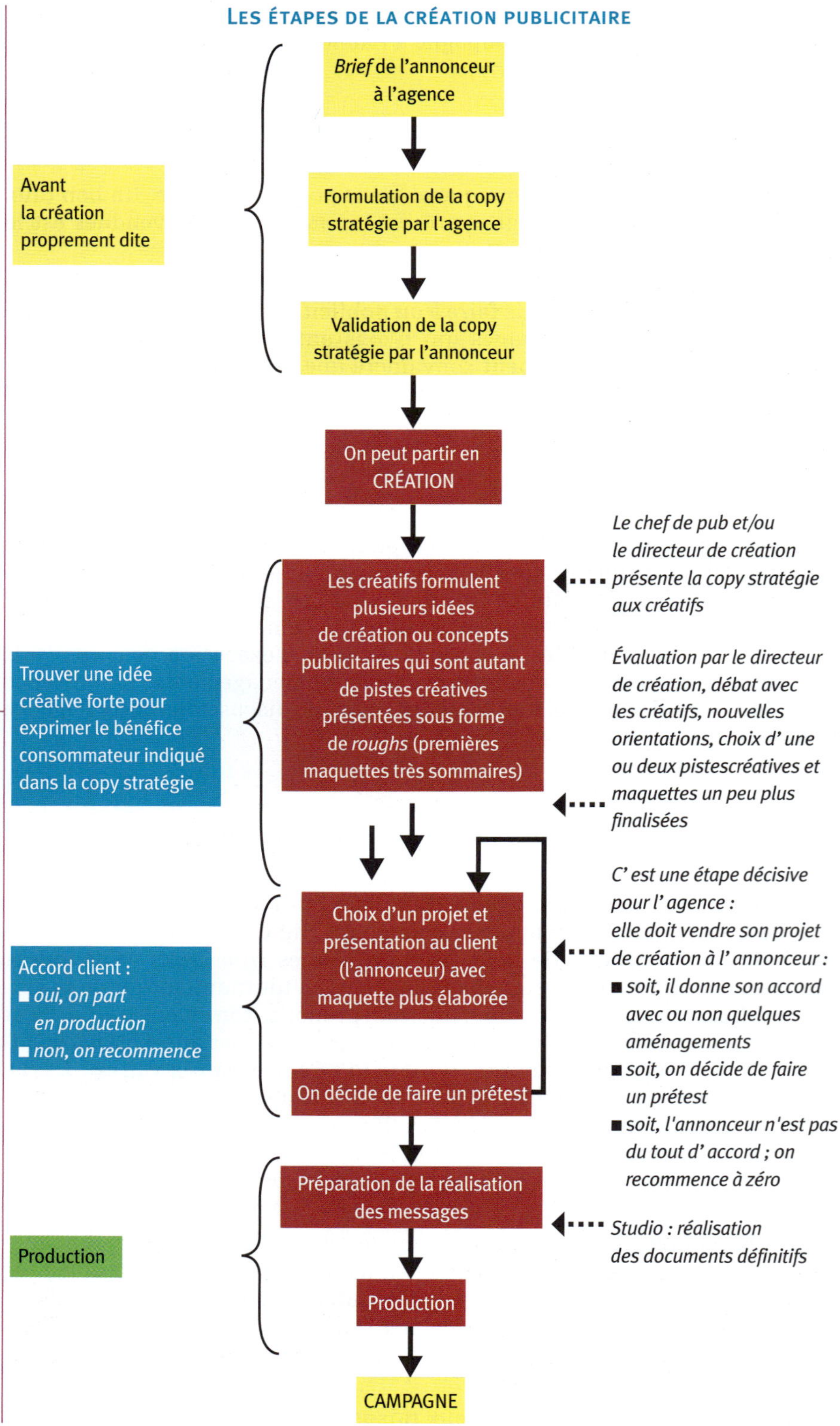
Les étapes de la création publicitaire
Avant la création proprement dite
Brief de l'annonceur à l'agence
Formulation de la copy stratégie par l'agence
Validation de la copy stratégie par l'annonceur
On peut partir en CRÉATION
Trouver une idée créative forte pour exprimer le bénéfice consommateur indiqué dans la copy stratégie
Les créatifs formulent plusieurs idées de création ou concepts publicitaires qui sont autant de pistes créatives présentées sous forme de *roughs* (premières maquettes très sommaires)
Le chef de pub et/ou le directeur de création présente la copy stratégie aux créatifs
Évaluation par le directeur de création, débat avec les créatifs, nouvelles orientations, choix d'une ou deux pistescréatives et maquettes un peu plus finalisées
Accord client :
■ *oui, on part en production*
■ *non, on recommence*
Choix d'un projet et présentation au client (l'annonceur) avec maquette plus élaborée
On décide de faire un prétest
C'est une étape décisive pour l'agence : elle doit vendre son projet de création à l'annonceur :
■ *soit, il donne son accord avec ou non quelques aménagements*
■ *soit, on décide de faire un prétest*
■ *soit, l'annonceur n'est pas du tout d'accord ; on recommence à zéro*
Production
Préparation de la réalisation des messages
Studio : réalisation des documents définitifs
Production
CAMPAGNE

Figure 1

– la première est discutable : elle est fondée sur un argument subjectif. On est loin d'une situation traditionnelle d'usage d'une automobile. Le produit n'est pas présenté dans un mode d'utilisation proche de la réalité ;
– la seconde est objective : le *story board* est compliqué. Effectivement, il peut poser des problèmes de compréhension. Il risque par ailleurs de ne pas tenir en 30 secondes.

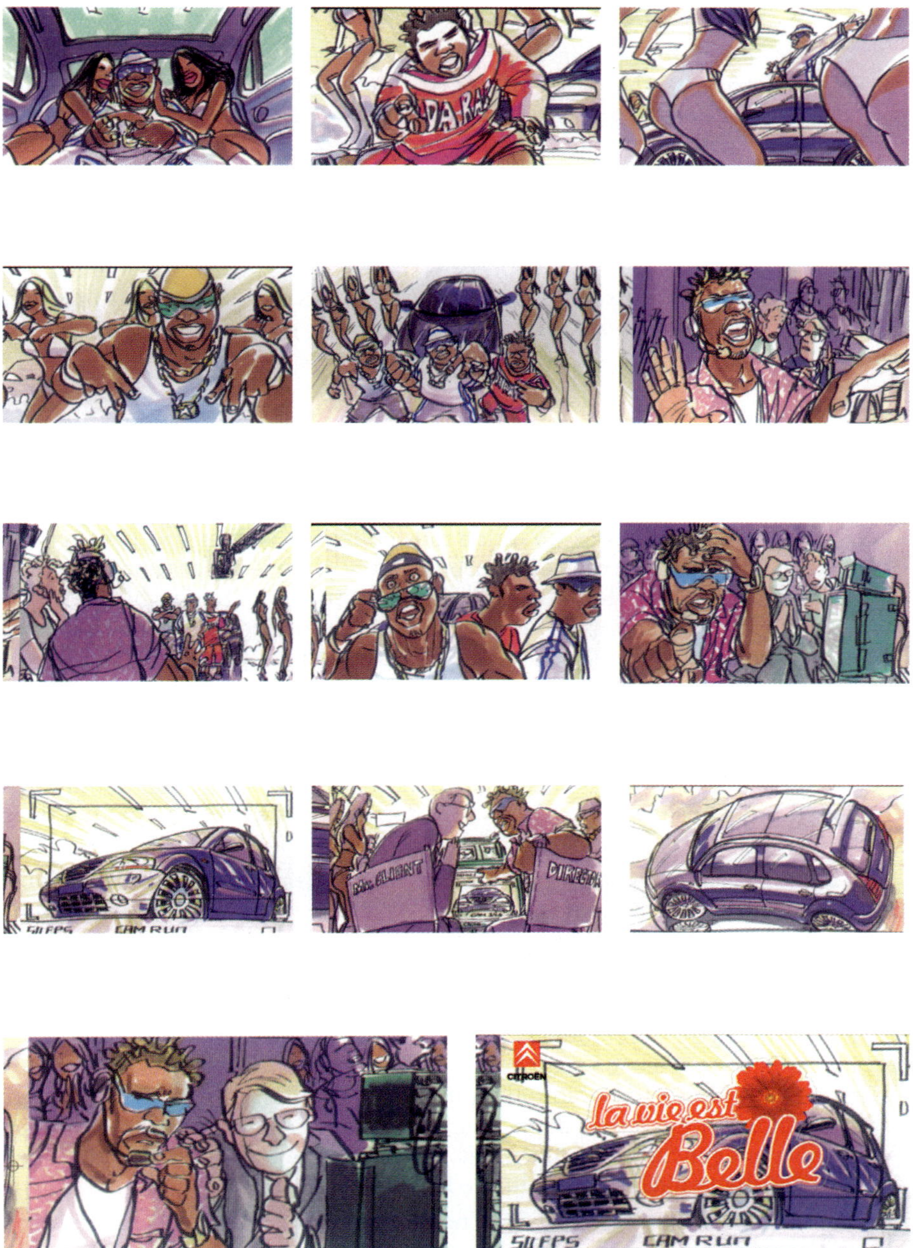

Source : Agence Euro RSCG Hollande.

Agence/annonceur : une histoire de séduction…

Lecteur !

Entrez dans le grand théâtre de la publicité !

Écoutez cette pièce où sont mis en scène des publicitaires en quête de l'idée géniale pour décrocher un budget et, un annonceur, maître de ces lieux, très professionnel et qui sait faire la différence entre le pouvoir de séduction des vendeurs et celui de la campagne proposée…

C'est le témoignage authentique, souvent humoristique, parfois même ironique, d'un grand publicitaire, Bernard Brochand qui, avec ses équipes, a conçu et gérer des centaines de campagnes pour des annonceurs très différents : des plus grands, comme Volkswagen, aux plus petits comme l'était Bernard Darty, à ses débuts, lorsqu'il lui « vendit » l'idée du contrat de confiance.

Si on a gardé cette belle histoire dans son « jus » avec les produits du moment et des surnoms qui cachent – très mal – les identités réelles des personnages, c'est tout simplement parce que ces saynètes n'ont pas pris une ride. On procède toujours ainsi aujourd'hui pour séduire un annonceur …

La saga d'un grain de café

Journaliste à *Factuel*, après qu'un de mes collègues se soit fait passer successivement pour un nègre à Châteauroux, pour un élève de terminale à Montpellier, je fus choisi par la rédaction pour pénétrer le milieu publicitaire où règnent, paraît-il, la manipulation des masses, les magouilles financières et où les consommateurs sont pris pour des cibles sur lesquelles on tire à coup de millions.

Ce qui nous intéressait particulièrement, c'était de mieux connaître les recettes utilisées, les techniques pratiquées dans cette société de consommation qui permettaient d'encercler, d'enfermer, de violer, de submerger l'individu pour le savonner, le gaver, le rajeunir et l'abreuver jusqu'à plus soif.

Je me suis donc fait engager dans une des plus grandes agences de la place, Havas-Conseil [(1)], comme *copywriter* junior. C'est le mot utilisé pour désigner un débutant travaillant au cœur même de l'agence, c'est-à-dire au service de création, là où naissent, fleurissent et souvent meurent les idées et les images dont nos enfants se régalent tous les soirs à la télévision familiale.

Je suis arrivé au bon moment : en effet, le groupe créatif auquel on m'affecta fut mis sous pression pour participer à une compétition unique, exceptionnelle, formidable pour laquelle toute l'agence allait être sur le pont, jour et nuit, pendant plus de six semaines. Cette compétition était engagée avec quatre autres agences de la place, les meilleures, pour l'obtention d'un des plus gros budgets nationaux, celui de la Maison du Café.

Comment allions-nous procéder pour gagner ou perdre ? Quelles idées allaient surgir de nos modestes cerveaux qui plongeraient définitivement la France entière dans le monde merveilleux du café de la Maison du Café ?

(1) Aujourd'hui Euro RSCG.

■ *Dans le monde publicitaire, on n'est jamais mis en compétition par hasard...*

Présenté et recommandé par un copain, mon engagement à Havas-Conseil devait être entériné par celui que j'appellerai « Poupou », le directeur général, aux yeux vifs et à la tête bien faite. On sentait immédiatement, au premier contact, que c'était un « bon »... C'est lui qui nous annonça que le « Pape », c'est le nom qu'il donnait à son ancien président, venait de lui apprendre qu'Havas-Conseil allait être consulté pour l'obtention du budget de la Maison du Café.

Une amitié profonde liait les deux hommes et elle remontait à une dizaine d'années, quand ils créèrent une des agences les plus créatives de la place, en même temps que fleurissait sur le marché ce qu'on a appelé la « nouvelle publicité ».

Si j'allais vivre enfin les secrets de fabrication de la manipulation et du désir de la consommation, ce n'était pas par hasard ; c'était en fait l'aboutissement d'une longue histoire, fait qui jouera un rôle très important dans l'issue des événements qui vont suivre. Le « Pape » et « Poupou » avaient déjà obtenu un succès incontesté dans le marché du café pour le lancement de la marque Jacques Vabre, actuel leader. Depuis de nombreux changements avaient eu lieu chez Jacques Vabre. Les deux actionnaires principaux de Jacques Vabre, Douwe Egberts les Hollandais et Jacob les Allemands, allaient se séparer, les seconds gardant Jacques Vabre, les premiers reprenant leur liberté et rachetant la Maison du Café. De nombreux cadres de Jacques Vabre rejoignirent la Maison du Café.

Les mois et les années passèrent, les campagnes succédèrent aux campagnes ; l'un des pères de celles de Jacques Vabre abandonna la publicité pour devenir scénariste de cinéma, pas celui qui fait vendre, l'autre, le vrai. Quant à « Poupou » et au « Pape », ils restèrent pendant 4 ans l'arme au pied, disponibles pour une nouvelle aventure. Ils enragèrent maintes et maintes fois de voir régner la médiocrité sur la communication des marques de café sur un marché aussi magique et excitant.

Pourtant, un jour, une lueur leur fait envisager leur retour prochain sur le marché du café. Le « Pape » a un déjeuner avec O.D. le directeur du marketing de la Maison du Café. Ce n'est pas un ancien de Jacques Vabre mais de Procter & Gamble (comme lui). Ils sont immédiatement sur la même longueur d'ondes, ils ont été broyés l'un et l'autre par la même machine, ils sont devenus « Proctériens » à vie...

À cette époque, la Maison du Café a une agence de publicité des plus respectables, Impact, qui est dirigée, animée, conduite par l'un des plus compétents et des plus célèbres publicitaires français, Pierre Lemonnier. Au cours du déjeuner, on parle de tout, de la vie qui passe, mais aussi de la publicité. Le « Pape » fait part de son regret, de son dépit à propos de Jacques Vabre qui demeure le modèle, l'exemple pour tous les torréfacteurs français. O.D. parle de ses nouvelles campagnes en cours et de son nouvel espoir sur celle qu'il est en train de mettre sur pied. Lemonnier, disciple d'Ogilvy, a un style qui lui est propre, on le prend tel qu'il est ou on le laisse. Il a de plus des rapports exceptionnels avec les Hollandais de la maison mère.

« Le Pape » voit bien que le moment n'est pas propice ; toutefois, il fait sans grand espoir des offres de service. O.D. lui fait comprendre poliment que ce n'est pas le moment, mais sait-on jamais ? C'est ce qu'on dit toujours... Au revoir, à bientôt, on se téléphone, si tu as besoin de quoi que ce soit, n'hésite pas... puis plus rien.

Comment un simple coup de fil peut transformer la vie entière d'une agence et rendre les esprits fanatiques... (18 février)

Février, O.D., l'annonceur informe le « Pape » qu'il est dans la liste des agences consultées. C'est le coup de téléphone qui fait oublier au publicitaire ses misères quotidiennes, ses rancœurs et qui le rend à la vie.

Havas-Conseil est en compétition pour l'ensemble du budget de la Maison du Café. Ils ont un bon produit, c'est formidable.

Tout commence, rien n'est gagné, ce sera difficile ; on sait toutefois, ils le disent en tout cas, que cette consultation sera exemplaire ; pas de magouille, des « pros » et des gens honnêtes du côté de l'annonceur, des adversaires de grande qualité du côté des agences. Tout le monde semble prêt à se défoncer d'autant plus que les règles sont claires, mais on sent bien que la part du jeu, du hasard, du coup de génie dominera tout, jusqu'au dernier jour.

« Poupou », le directeur de l'agence, désigne un très jeune mais très bon commercial, J.H.R., pour coordonner l'ensemble de l'opération. Je demande à consulter les carnets de rendez-vous de ceux qui vont intervenir, côté agence. Je suis stupéfait à leur lecture : plus de 15 rendez-vous avec le client en 7 semaines, 30 « points de rencontre » d'une durée minimum de 3 heures à l'intérieur de l'agence, 4 week-ends entiers mobilisés, plus de 20 personnes sollicitées, des centaines d'heures de travail et d'angoisse.

Tout cela pour une idée, plus exactement pour avoir le droit de démarrer une collaboration, ou encore pour avoir la chance d'être publié ou affiché, pour gagner des honoraires que l'on espère immenses ! Quelle grandeur ! Quelle dérision !

Du côté client, les motivations sont simples : ils cherchent l'idée qui les fera décoller et rattraper Jacques Vabre. Ils vont, comme nous allons le voir, s'attacher à rendre les agences en compétition les plus productives et ceci dans l'espace de temps le plus court possible, puisqu'ils veulent être à l'antenne (de TV) au plus tard début juin.

Il n'y a pas de temps à perdre et la tâche me paraît, à moi, jeune débutant, absolument insurmontable ; il faut comprendre le problème posé, l'analyser et, pour ce faire, connaître le marché et l'environnement, apprécier par ailleurs les forces et les faiblesses de ses adversaires (je parle des torréfacteurs), s'accrocher à un calendrier qui est impossible à tenir. Mais ce qui m'intéresse le plus, c'est comment vont se déclencher ces idées, cette création qui va nous séduire d'abord nous-mêmes, puis notre client, et enfin surtout ce fameux consommateur, le but ultime que nos experts décortiqueront en tranches socio-économiques, socioculturelles, en gros ou petits buveurs de café, etc. Spectateur déguisé en modeste acteur, je fus frappé, au cours de ces sept semaines folles, par la concentration que chacun porta à sa tâche. Que d'énergie, que de talents, que de soucis, que d'efforts déployés pour vendre quelques tasses de café en plus !

Dans la création publicitaire, l'organisation du temps n'apparaît pas comme un élément déterminant (18 février-3 avril)

En reprenant les carnets de rendez-vous des protagonistes, j'ai eu un certain mal à les réorganiser en une suite logique parfaitement pensée et exécutée.

À la réflexion, cette difficulté prouve qu'on ne trouve pas des idées sur commande et pourtant je pense que le climat, les rencontres à un bon moment, et donc l'organisation du temps par ceux qui dirigent la manœuvre, peuvent aider grandement à déclencher le processus créatif. Peut-on le systématiser, doit-on même essayer de le faire ? Mes amis publicitaires, les « bons », seraient tout à fait contre cette suggestion, car ce serait leur enlever une grande partie de leur magie.

Voilà donc reconstituée, remise en forme, la démarche que nous avons suivie ; voici les temps forts de notre emploi du temps :

18 février : Coup de téléphone au « Pape ».
20 février : Le *briefing* de l'agence par l'annonceur.
23 février-2 mars : Discussion entre la marque et l'agence pour aboutir à un *briefing* approfondi :
– image ;
– Maison du Café : son origine, ses résultats ;
– motivations des consommateurs.
3 mars : Choix des créatifs et *briefing* médias.
4 et 5 mars : Réunions de groupes de consommateurs à l'agence. Validation des résultats (9-13 mars).
6 mars : Précision des copy stratégies aux créatifs par le « Pape » et « Poupou ».
10 mars : Premiers concepts créatifs.
13 mars : Choix des campagnes à pousser.
18 mars : Première présentation confidentielle au client.
20 mars : Présentation officielle à l'état-major de la Maison du Café.
23 mars : Questionnaire détaillé sur les campagnes présentées, envoyé par le client.
24 mars : Nouveau *briefing* des créatifs.
27-28 mars : Présentation des campagnes à des groupes de consommateurs.
29 mars : Week-end des nouvelles approches.
30 mars : Seconde présentation officielle des campagnes modifiées à l'état-major de la Maison du Café.
2 avril : Présentation aux Hollandais.
3 avril : Négociation des honoraires.

Cher lecteur, vous ne saurez qu'à la fin de cet article si l'agence a oui ou non gagné ce budget... En attendant et en vivant avec moi, en direct, ce suspense, je vais vous raconter à « ma manière » quelques-uns des épisodes les plus marquants.

Six pages dactylographiées pour un briefing *exemplaire (20 février-2 mars)*

De l'avis de tous, des petits comme des grands, des créatifs comme des commerciaux, le *briefing* du client était exceptionnellement bien fait, clair et précis.

Une petite faiblesse à noter toutefois, un certain manque de créativité dans la copy stratégie proposée mais ce n'était rien quand on avait lu les objectifs donnés à la communication qui étaient suffisamment précis et ambitieux pour que l'agence, en parfaite osmose avec le client, puisse effacer valablement cette faiblesse.

Six créatifs en quête de l'idée géniale

Le temps passait très vite. Le problème fut retourné dans tous les sens ; il fallait désormais agir. « Poupou » décida de mettre trois équipes créatives en compétition à l'intérieur de l'agence, ce qui risque toujours de créer une certaine tension mais qui aboutit, quand l'ensemble est bien maîtrisé et la règle du jeu bien établie, à des résultats très supérieurs.

Le « Pape » et « Poupou » insistèrent lourdement pour faire valoir combien il était difficile d'accomplir un acte créatif dès l'écriture de la copy-stratégie, c'est-à-dire au niveau même du « quoi dire ». En général, tout le monde est capable d'écrire une stratégie mais, là encore, on y retrouve que ce qu'on veut bien y mettre, c'est-à-dire souvent très peu. Trop souvent, on reste vague, on n'apporte aucune valeur ajoutée. Et pourtant, j'entendrai souvent au cours de mon passage dans cette agence combien le « quoi dire » est capital pour que notre consommateur chéri se précipite dans les rayons remplis de paquets de la Maison du Café.

Lors de la désignation des créatifs, je me suis aperçu qu'ils vivaient en couple : un *copywriter* et un *art director*. En français, l'un chargé des mots, l'autre des images. Cette façon d'aborder les problèmes créatifs publicitaires est répandue dans la quasi-totalité des agences de publicité du monde entier.

Trois équipes d'âge, de caractère, d'expérience différents furent désignées :

- la première (François et Pierre) était celle qui était la plus célèbre, elle s'occupait depuis longtemps des campagnes Darty, avec le célèbre « contrat de confiance » dont ils étaient l'inventeur. Ce n'était pas *a priori* des spécialistes de produits de grande consommation ; c'était pour eux l'occasion de montrer qu'ils savaient aussi y réussir ;
- la second (Nicole et G.S.) était très connue pour ses succès dans l'alimentaire : Gold de Kanterbrau, Jacquemaire, etc. Nicole est un petit bout de femme à l'esprit vif et au regard plein de malice, plein de détermination ; elle sait défendre ses idées jusqu'au bout avec une fermeté et une ténacité sans égale comme seules les femmes de caractère peuvent le faire ;
- la troisième (Jean-Louis et J.B.) était une équipe de jeunes, disons plutôt de débutants. Ils n'avaient pas grand-chose à montrer dans leur « book », si ce n'est quelques ébauches de campagnes refusées. J'en profite pour signaler que chaque créatif a son « book » dans lequel figurent ses « œuvres » et qui lui permet de se vendre quand il recherche du boulot. En dehors d'un salaire confortable, l'ambition de tout bon créatif est de constituer son « book », certains, les moins bons, le font parfois en trichant et il n'est pas rare de trouver la même célèbre campagne figurer dans plusieurs « books ».

À partir de la copy stratégie proposée par le client dans son *briefing*, l'agence essaya de la reformuler pour la rendre plus performante et plus compréhensible pour les créatifs.

Je vous rappelle l'objectif image, la copy stratégie et les objectifs de communication du client. L'agence n'avait aucun problème sur les premiers et les derniers de ces éléments. En particulier les objectifs de communication, pleins de bon sens, correspondaient parfaitement au style de l'agence dans sa démarche créative habituelle.

Éléments du *briefing* annonceur

Objectifs de communication

- Améliorer substantiellement la visibilité des campagnes Maison du Café
- Créer pour la Maison du Café une personnalité spécifique
- Unifier le ton et le contenu des messages délivrés sur les différents médias
- Respecter les données positives liées à l'image existante de la marque (marque ancienne, faisant des produits de qualité, etc.)

Objectif image

Établir la Maison du Café comme une marque de tradition à qui la ménagère peut faire confiance

Copy stratégie

Promesse produit : le *meilleur arôme* est celui des cafés en grains sous-vide de la Maison du Café

Support : la Maison du Café possède une *expérience inégalée dans le temps*

Bénéfice consommateur : la satisfaction de pouvoir *servir un excellent café*

Ton : vivant, chaleureux, proche du consommateur

Remarque : sur la base des éléments de contexte et des objectifs de communication définis ci-dessus, une reformulation de cette copy stratégie peut être envisagée.

De l'interprétation et de la reformulation de la copy stratégie client

Avant même de réécrire de nouvelles copy stratégies, le « Pape » et « Poupou réunirent les commerciaux et les créatifs concernés pour les nourrir de leur expérience dans les approches créatives de produits de grande consommation alimentaire. Un grand débat s'instaura qui fut, pour le néophyte que j'étais, fort intéressant et fort instructif car il nous guida par la suite pour la recherche des idées.

Fallait-il adopter un discours de « producteur » type Jacques Vabre ou un discours « consommateur » type Hollywood Chewing-gum, Nescafé, etc.?

Les avantages et les inconvénients respectifs de l'un et de l'autre furent débattus, rejetés, adoptés, contestés. Déjà, on sentait que le « Pape » était plutôt favorable à une approche « producteur » ; son raisonnement consistait à affirmer que dès qu'un produit alimentaire est choisi en fonction de son arôme et de son goût, il est impossible de démontrer ses qualités qui sont elles-mêmes interprétées d'une manière spécifique et personnelle par chacun des consommateurs. Il préférait mettre en avant les supports de la promesse (choix des grains, origine, etc.) plutôt que la promesse elle-même. C'était la démarche de Jacques Vabre qui, obligatoirement, aboutissait à un discours dit de « producteur ». Le goût et l'arôme seraient ressentis et appréciés par le consommateur d'une façon induite par le ton et l'atmosphère de la forme même de la communication.

« Poupou », par contre, peut-être par plaisir du jeu et de la discussion, soutenait plutôt l'approche consommateur. Il avait peur que les créatifs, en adoptant la démarche de producteur, aboutissent à une campagne identique à celle de Jacques Vabre.

Cette discussion se retrouva non pas tellement dans les copy stratégies mais dans leur interprétation créative :

– l'équipe créative A choisit les stratégies n° 1 et 4 ;
– l'équipe créative B choisit la stratégie n° 2 ;
– l'équipe créative C choisit la stratégie n° 3.

Vous les retrouverez ci-après ; leurs différences vous apparaîtront minimes et pourtant ce qui en sortira vous montrera qu'elles ne sont pas innocentes car elles peuvent conduire à des imaginaires différents...

Le « Pape » et « Poupou » insistèrent au cours de cette réunion sur le côté magique du produit à promouvoir et sur la notion extrêmement subjective et personnelle du goût et de l'arôme, quelle que soit l'approche adoptée, producteur ou consommateur. Ils revinrent plusieurs fois sur l'expérience qu'ils avaient acquise quelques années plus tôt, lorsqu'ils s'étaient occupés du budget Jacques Vabre. Ils avaient pu mesurer combien la musique, le folklore, l'ambiance Sud-américaine, le ton nouveau de la campagne à l'époque, avaient donné à Jacques Vabre sa personnalité plus que ne l'avaient fait des éléments objectifs comme la sélection des grains, l'origine, le soin porté à leur torréfaction. Tout en soulignant l'importance de la musique, la force imaginaire des symboles et des images utilisés, ils nous mirent en garde sur les précautions à prendre avec un produit tel que le café : sa noblesse, son origine, son image, empêchent d'en parler d'une certaine manière ; on ne peut pas dire n'importe quoi sur ces grains naturels et magiques qui nous viennent du fond des temps. En particulier, l'humour semble devoir être exclu.

Copy stratégie	Promesse	Support	Ton
Copy stratégie n° 1	En buvant un café de la Maison du Café, vous avez la certitude de boire un excellent café.	L'expérience La fraîcheur de l'arôme	Chaleureux Populaire
Copy stratégie n° 2	En buvant un café de la Maison du Café, vous avez la certitude de boire un excellent café.	Un café au goût unique	Aventure
Copy stratégie n° 3	En buvant un café de la Maison du Café, vous avez la certitude de boire un excellent café.	Le caractère de nos grains	Événementiel
Copy stratégie n° 4	En choisissant la Maison du Café, vous faites de votre maison la Maison du Café.	Un excellent café	Sympathique Chaleureux Affectif

Avant de laisser les créatifs devant leurs feuilles blanches, deux contraintes supplémentaires leur furent imposées :

1. les concepts créatifs devaient être exprimés dans un média qui était indiscutable : la télévision avec un spot de 30 secondes. C'était la priorité mais leur déclinaison dans d'autres médias comme l'affichage et la radio devaient être étudiés corrélativement. La création est en effet un élément déterminant du choix des médias, l'un ne pouvant se faire sans l'autre. Certains concepts ne sont efficaces que dans certains médias. L'homme médias de talent intervient sans aucun doute dans l'acte créatif d'une manière importante. C'est pourquoi on avait demandé à M.G., qui est considéré comme l'un des meilleurs spécialistes médias de la place, de participer aux diverses réunions créatives et d'intégrer cette dimension essentielle dans ses objectifs médias ;

2. chacun de ces concepts devait avoir une dénomination simple et mémorisable, comme le titre d'un roman ou d'un long métrage de cinéma. Ces dénominations faisaient partie de la règle du jeu et du *show*, elles avaient très souvent une influence non négligeable dans la décision finale du client.

Désormais, le sort en était jeté, on se donnait rendez-vous dans huit jours pour voir les premières images ; chacun d'entre nous en avait déjà en tête quelques-unes banales et déjà vues ; on espérait qu'elles allaient se transformer et nous étonner...

Mais sur ce qui se passa entre ce vendredi 6 mars et le vendredi 13 mars, je n'ai rien à dire, car aussi bon journaliste que je fus, il m'a été impossible de démonter le « mécanisme » qui s'est mis en route dans la tête de chaque créatifs pour aboutir aux idées qu'ils proposèrent huit jours plus tard.

Toutes les idées sont séduisantes, le plus dur c'est de les juger

Au départ, nous avions quatre copy-stratégies, nous eûmes à l'arrivée quatre concepts publicitaires que « Poupou » et le « Pape » classèrent immédiatement en trois catégories. Ces quatre concepts se déclinaient en huit campagnes, mais ils n'en retinrent à la première lecture que quatre :

- une campagne « consommateur » : « les volets clos » (proposée par Nicole) ;
- une campagne « producteur/consommateur » « les grains de caractère » (faite par Jean-Louis) ;
- deux « campagnes/producteur » :
  - « À la recherche de la Maison du Café » (Pierre) ;
  - « Les marins » (Nicole, encore).

Avant de vous donner mon avis personnel, je vous demande d'imaginer leur présentation avec un élément important qui vous manquera, c'est « l'audio-musical » qui était enregistré et qui donnait une idée plus précise du ton et de l'atmosphère des campagnes, en particulier pour « les volets clos » avec la musique du film de Brialy et « les marins » avec une vieille chanson de marin (« Ho hisse et ho ») qui a rendu célèbre le chanteur Hugues Auffray. Toutefois, les visuels (v. plus loin) vous donneront une bonne idée du type de présentation qui nous fut faite le vendredi 13 mars.

En tant que témoin et surtout néophyte, toutes ces campagnes m'étonnèrent, même celles que « Poupou » et le « Pape » avaient éliminées au premier coup d'œil. Elles m'étonnèrent agréablement et j'ai eu un mal fou à me faire mon propre jugement. Je les aimais toutes et ceci d'autant plus qu'en vieux

Storyboard de la campagne « Les volets clos »

Storyboard de la campagne « Les marins »

routiers, le « Pape » et « Poupou » multipliaient émerveillements et félicitations à chacun des créatifs qui les présentait. Toutefois, par-ci par-là, ils soulignaient quelques détails qui méritaient selon eux un meilleur traitement.

J'ai su, par la suite, qu'ils avaient été plutôt déçus l'un et l'autre par les idées qui leur avaient été présentées. Pourtant, ils n'en laissèrent rien paraître. Ils parurent pleinement satisfaits comme s'ils avaient devant eux la campagne du siècle. Le « Pape », qui préférait les campagnes « producteur », resta cohérent avec lui-même; il annonça au bout d'une longue discussion qu'il préférait, sans pour autant diminuer le mérite des autres campagnes, celle que l'on appelait « les marins » avec leurs chansons qui foisonnent dans l'Europe entière depuis des siècles. Il manœuvra habilement pour faire savoir aux créatifs que la déclinaison d'une telle campagne était facile mais qu'il faudrait peut-être introduire des *reasons why* plus variées et plus solides dans leur véracité et leur intérêt pour le consommateur, que celles qui figuraient dans la chanson. Enfin, il insista pour que l'on gomme un peu cette approche purement producteur et que l'on montre aussi le résultat obtenu par la dégustation d'un bon café.

De la même manière, « Poupou » défendit deux campagnes qu'il trouvait très intéressantes, « les grains de caractère » et « les volets clos ». Sur la première, qui était fort originale, une longue discussion s'établit avec les créatifs. Jusqu'où pouvait-on jouer avec les grains de café ? Pouvait-on les travestir sans les ridiculiser, leur donner des traits de caractère qui ne leur enlèveraient rien de leur vraie nature ? Il leur fut demandé de faire des essais et d'aller plus loin pour vérifier si cette idée tenait la route. La campagne « les volets clos » ou encore « j'aime ma maison, La Maison du Café », qui était, elle, une véritable approche consommateur, n'était pas apparue, à « Poupou », assez spécifique. Il alla jusqu'à laisser entendre qu'elle serait parfaitement adaptée pour une Collective du Café. Quant à la quatrième campagne, tout le monde se régalait à écouter Pierre la raconter mais on sentait bien qu'elle était trop proche de la démarche Jacques Vabre.

L'ensemble du groupe paraissait satisfait mais l'enthousiasme, un peu artificiel du début, était quelque peu tombé à la fin de la réunion. On avait du bon matériel mais pas de coup de cœur véritable... Devant ces incertitudes, un des participants suggéra que l'on fasse avant la présentation officielle du 20 mars (nous étions le 13 mars) une présentation officieuse au directeur du marketing, O.D. et à son adjoint. Ceci permettrait à l'agence de roder sa présentation mais surtout d'enregistrer les réactions aux concepts créés et peut-être trouver ou rebondir sur l'idée qui nous ferait gagner le budget. Vous constaterez que je ne dis plus « ils », mais « nous » comme si déjà les campagnes présentées m'appartenaient...

Comment la parole de Saint Bernard, « si tu veux voir, écoute d'abord », est d'or en matière de création publicitaire

J'avais été surpris par ma première rencontre avec les images, les concepts que l'on avait exposés à « Poupou » et au « Pape ». Comme je vous l'ai déjà dit, j'avais été séduit par toutes les idées du premier jet. Ma surprise fut encore plus grande lors de la présentation au client, même si cette dernière était non officielle, amicale et sans cérémonial. En effet, la manière de présenter, d'éclairer les idées, de faire vivre des images banales, d'emmener les spectateurs dans l'imaginaire, donna aux concepts une autre force et une autre signification.

La force de conviction de mes nouveaux amis publicitaires m'avait conquis. Aussi, quelle fut ma surprise de voir que les gens de la Maison du Café avaient des réactions neutres et même sans enthousiasme. Le courant ne passait absolument pas. Après la présentation des 4 campagnes par les représentants d'Havas-Conseil, O.D., le directeur du marketing de l'annonceur, qui prit des notes d'une façon continue, fit une analyse critique, claire et nette de chacune d'entre elles. Il déclara même sans ambages que si les approches lui paraissaient professionnelles, donc d'un bon niveau, aucune d'entre elles ne valait le coup de foudre. Devant cette douche froide, les présentateurs revinrent en arrière et insistèrent sur les arguments essentiels qui auraient dû déclencher l'adhésion sinon l'enthousiasme de nos interlocuteurs.

Une à une les campagnes furent passées au peigne fin. « Poupou » et le « Pape » essayèrent par leurs multiples questions de connaître les préférences du client pour l'une ou l'autre des campagnes. En procédant par élimination, il apparut que la campagne « à la recherche de la Maison du Café » ne recueillait que très peu de suffrages. Par contre, les trois autres campagnes semblaient intéressantes. Certes, il leur manquait quelque chose, on le sentait bien, mais on ne savait pas quoi. Toutefois, en bon « Proctérien » qui se respecte, O.D. paraissait avoir un penchant plus grand pour la campagne « j'aime ma maison, la Maison du Café » pour son côté essentiellement « résultats consommateur ». Il fit pourtant une réflexion qui me parut anodine mais qui fit réagir le « Pape » et « Poupou ».

En effet O.D., qui avait l'esprit systématique et qui n'était ni frappé ni enthousiasmé par les campagnes qu'on lui avait montrées, chercha ailleurs un point qui pourrait être à l'origine d'un nouveau départ ou d'une grande idée. Il le trouva quant à lui dans la promesse d'une des copy stratégies.

« En choisissant la Maison du Café, vous faites de votre maison la Maison du Café ».

Il trouva cette idée créative et se dit quelque peu déçu de ce que l'agence n'ait pas su en tirer un concept et une exécution plus exclusifs et plus étonnants que « j'aime ma maison, la Maison du Café ».

Cette indication encourageait l'agence à aller plus loin dans cette direction. D'ailleurs, l'ensemble des participants reconnaissait la validité et la force du concept de base.

On revit une fois de plus toutes les campagnes et à chacune fut apportée sa part d'amélioration de détails pour la présentation officielle qui devait avoir lieu 48 heures après. Qui ? Quoi ? Dans quel ordre ? La répétition fut complète. Elle devait évidemment tenir compte des réactions qu'avaient eues O.D. et son adjoint. Ils ne s'étaient en fait intéressés qu'à la création ; la réflexion stratégique et l'approche marketing les satisfaisaient pleinement. « Pape » et « Poupou » le comprirent parfaitement et décidèrent, ce qui ne se fait jamais, de faire l'impasse totale sur la partie marketing de la présentation et d'aller directement aux médias et à la création. J.R., coordinateur de l'opération à l'intérieur de l'agence, fit un peu, et même beaucoup, la « gueule » car l'essentiel de son travail (qui était fort bien fait) était, sur une simple décision des deux « gourous » de service, complètement éliminé de sa présentation. Il fut vite consolé quand ils lui dirent qu'il présenterait les copy-stratégies qui constituaient le cœur du *show* qui aurait lieu dans 48 heures.

La présentation officielle ou le grand théâtre de la publicité

Tout était prévu, la lumière tamisée, les boissons chaudes, tièdes ou glacées. On avait fait une description minutieuse de chacun des membres de l'état-major qui jugeait ; l'ordre de présentation fut encore revu une demi-heure avant, le trac étreignait tous les participants de l'agence, ils jouaient sur une idée, un très gros budget en une heure trente... C'est la même atmosphère que j'ai ressentie comme journaliste dans les vestiaires quelques minutes avant le coup d'envoi ou dans les loges d'un théâtre quand on termine sa dernière cigarette avant d'entrer sur scène...

Ils arrivèrent enfin. Ils étaient sept : le président, le directeur général, son adjoint, le directeur du marketing et son adjoint, et deux charmantes jeunes femmes chefs de produit. Elles n'étaient pas contentes et montrèrent leur agressivité dès leur arrivée à cause d'une mauvaise indication d'adresse. On se présenta les uns aux autres ; le « Pape » fit un discours d'introduction un peu pompeux et flatteur qui souligna la chance qu'avait l'agence aujourd'hui de participer à une telle compétition. « Poupou » embraya immédiatement sur la présentation et annonça « tout de *go* » qu'il n'y aurait pas de section marketing... Silence, sourire, on avait gagné une bonne heure pour parler de l'essentiel.

Dès lors, chacun multiplia son charme, sa détermination, son humour, sa compréhension pour mieux convaincre qui le président, qui le directeur général, qui le directeur du marketing... La première partie consacrée aux médias fut tout à fait remarquable : rigueur, faits, talent, clins d'œil, intelligence, tout y était et, comme à l'habitude, M.G. fit la différence par sa précision, sa clarté et sa compétence. La deuxième partie, introduite par J.H.R. qui présentait la copy-stratégie, fut un véritable feu d'artifice et les campagnes prirent une réalité dépassant de beaucoup celle que recevrait le consommateur, car elles étaient commentées, soulignées, éclairées, justifiées par une série d'éléments objectifs et subjectifs que chacun des acteurs accumulait d'une manière qui paraissait spontanée et naturelle. Nos interlocuteurs avaient encore quatre agences à voir et ils s'étaient donné comme règle de ne pas laisser apparaître leurs préférences pendant cette présentation officielle. Ils restèrent donc silencieux, posant de très rares questions, la plupart anodines. Je sentis, moi plus particulièrement, que certains bouillaient d'envie de montrer leur adhésion à l'une ou l'autre campagne ; c'était un grand progrès, le directeur des ventes et le président semblaient pencher pour les « marins » et O.D. pour « les volets clos ». Ce qui était extraordinaire et qui me frappa fut la merveilleuse richesse ajoutée donnée aux images et au son par leurs défenseurs qui avaient parfaitement intégré toutes les réactions des confrontations précédentes. Quel piège aussi pour quelqu'un de non averti !... On repassa les chansons et les campagnes une nouvelle fois. Puis, le temps passa très vite, les deux heures furent atteintes. Avec l'accord de tous les participants de l'agence, le « Pape » annonça au président la recommandation de l'agence. Il souligna combien l'agence était divisée sur ce point, mais qu'il fallait trancher, même si la différence était infime quant à la qualité. Il recommanda donc ce qu'il avait voulu depuis le début recommander, c'est-à-dire la campagne « les marins » et J.H.R. montra au même moment une charte qui confortait l'engagement du « Pape ».

Recommandation agence

« LE CAFÉ VIENT D'ARRIVER, IL EST À LA MAISON DU CAFÉ »

Justifications

- Campagne faisant vivre la marque en lui donnant une personnalité ; en effet, le fait de passer par le packaging pour décrire une aventure de la Maison du Café donne une dimension nouvelle à la marque et lui permet de se renouveler
- Campagne s'appuyant sur des points image positifs de la marque en les redynamisant Les supports de cette campagne sont en effet deux qualités importantes et reconnues de la Maison du Café : la tradition et la fraîcheur
- Facilité de déclinaison en promotion et dans des actions de distribution
- Campagne se déclinant parfaitement sur tous les médias

Le président nous remercia tous pour la très grande performance que nous venions de faire et mis à chacun du baume au cœur en nous disant « à très bientôt » en levant la séance. Tout le monde parti, une certaine euphorie régnait chez les publicitaires, d'autant plus grande que le directeur général des ventes avait dit, en aparté au « Pape » que nous étions bien meilleurs que l'agence qu'ils avaient vue la veille. Avant de se quitter, on se promit de faire comme si rien n'était gagné et de prendre contact avec les membres du jury que nous connaissions pour avoir leurs réactions sur notre présentation et sur celles de nos concurrents. Il fallait aussi profiter du week-end à venir pour espérer qu'une idée géniale, née dans l'esprit de l'un d'entre nous, aide à emporter le « morceau ».

Dès cet instant, l'attente fut longue, comme toujours trop longue. Au cours du week-end, le petit monde publicitaire commença à lancer des faux bruits, de fausses rumeurs... : telle agence tenait la corde, tel brillant créatif avait fait un tabac, l'agence était déjà choisie ou rien n'était encore décidé. Nous multipliâmes les coups de téléphone au « prospect ». Même question, même réponse : c'était une bonne présentation, nous n'avons pas encore vu tout le monde. On sentait bien que l'agence n'avait pas fait le trou, qu'elle n'avait pas perdu. Le doute bien entendu s'instaura et s'amplifia, mais on se rassura quand O.D. téléphona à « Poupou » le lundi 23 mars pour lui dire qu'il lui envoyait une série de questions sur les deux campagnes : « les volets clos » et « les marins » avec la grille d'évaluation des campagnes utilisée par la société Douwe Egberts.

Nous n'étions donc pas éliminés. Mieux encore, nous avions droit à nouveau à la parole. Tous les gens concernés examinèrent avec beaucoup d'attention les deux documents envoyés par O.D. à « Poupou ». Ils commencèrent à écrire les réponses à toutes les questions posées. Dans la discussion et pour nous permettre de mieux y répondre, il fut décidé de tester à travers quelques groupes de consommateurs les deux campagnes « les marins » et « les volets clos ». On demanda au client un délai de grâce de 8 jours pour répondre à ses suggestions sans lui dire que nous testions les campagnes.

O.D.

À

« POUPOU »

Questions

1. La visibilité de la campagne n'est-elle pas liée plus à des points d'exécution (ambiance de port, air connu, animation type opérette) qu'à la force du concept ? Celui-ci (le café vient d'arriver, il est à la Maison du Café) est-il crédible et mémorisable ?
2. Comment la campagne débouche-t-elle sur la réalité d'aujourd'hui ?
3. La campagne fait-elle de la Maison du Café une marque accessible ? Quels sont les éléments incitatifs à l'essai ?
4. Quelles sont les perspectives de déclinaison à terme ?
5. La campagne recommandée est en rupture complète par rapport au passé. Dans le contexte concurrentiel intense, est-elle suffisamment visible ?
6. Le rapprochement de la qualité d'autrefois à la qualité d'aujourd'hui est-il crédible ?
7. Le bénéfice consommateur (dégustation, arôme) apparaît-il clairement ?
8. La campagne ne renforce-t-elle pas les points positifs d'image au lieu de s'attaquer aux problèmes ? (manque de dynamisme, de sympathie, etc.)
9. Quelles sont les perspectives d'assimilation de paroles nouvelles sur un air connu ?
10. La forme *jingle* est-elle vraiment distinctive dans l'univers publicitaire en général ?
11. La campagne « J'aime ma maison, la Maison du Café » paraît soutenue par un concept plus riche quoique pas abouti :
    a) Peut-on envisager des exécutions plus événementielles autour de ce thème ?
    b) Quel est le risque de confusion avec les campagnes Nectar/Nescafé ?

Critères d'évaluation des campagnes présentées

Groupe 1 : caractéristiques de communication

- 1.1. Capacité à créer un événement
- 1.2. Aspect distinctif *versus* concurrence
- 1.3. Crédibilité
- 1.4. Perspectives de mémorisation
- 1.5. Perspectives de déclinaison

Groupe 2 : expression de la stratégie

- 2.1. Expression du bénéfice consommateur
- 2.2. Accessibilité de la marque
- 2.3. Implication du consommateur
- 2.4. Sympathie associée à la marque
- 2.5. Dynamisation de la marque

Groupe 3 : cohérence avec l'image existante

- 3.1. Confiance induite
- 3.2. Référence à la tradition
- 3.3. Image de qualité supérieure

En publicité, il y a souvent peu de différences entre prétest et prétexte

Le « Pape » et « Poupou » qui ne croient pas beaucoup à la vertu des tests, pensaient essentiellement utiliser ceux-ci pour vendre leur campagne, apporter un plus par rapport à leurs adversaires et sécuriser leur client potentiel d'une façon objective.

Par ailleurs, avoir une confirmation de leur intuition ne pouvait pas faire de mal. Enfin, il fallait à nouveau stimuler les créatifs, les encourager à se mettre à nouveau au travail. Les tests pouvaient les aider à relancer la machine.

Les tests furent faits sur 4 groupes de consommateurs ; il nous fallut 48 h pour mettre tout en place et ils eurent lieu le vendredi 27 et le samedi 28 mars. On se donna rendez-vous dimanche chez le « Pape » à Saint-Cloud pour analyser les résultats, voir ce qu'on pouvait en tirer et, en tout cas, préparer nos réponses pour le lundi 30 mars à la Maison du Café.

Les bonnes surprises ou les beaux dimanches de Saint-Cloud

Les résultats et les conclusions des tests confortèrent chacun des défenseurs de l'une ou de l'autre campagne sur leurs positions. Ils y trouvèrent de nouveaux arguments mais aussi des idées d'amélioration qu'ils portaient déjà en eux.

Le « Pape » qui était chez lui s'accrocha plus que jamais à sa campagne des marins. Il avait trouvé dans une autre agence du groupe qui avait un budget de disques de second plan, un splendide 33 tours intitulé : *Les plus belles chansons de marins* par la Musique de la flotte. Il nous fit écouter plusieurs fois des chansons de marins, d'ailleurs superbes, provenant de tous les coins du monde. Il faut reconnaître qu'elles confortèrent les participants quant à la pérennité de la campagne des marins. Puis, en discutant, le *storyboard* de départ s'améliora comme par enchantement (est-ce l'appel de la mer ou le charme des chansons que l'on venait d'entendre...) ; il s'élargit, il prit de l'ampleur. D'un concept « le café vient d'arriver, il est à la Maison du Café », qui mettait en avant, de façon induite certes, la fraîcheur du café, nous passâmes à un concept où le choix des grains, leur sélection, la dégustation, l'arôme exceptionnel du café de la Maison du Café, devenaient les héros de l'histoire. En effet, cette maison du café située sur le port où tout le monde se donnait rendez-vous, était maintenant le centre, le cœur de l'histoire. Les marins qui s'y rendaient n'étaient plus seuls, bien au contraire ; ils s'estompaient pour laisser la place aux consommateurs jeunes et vieux, aux connaisseurs, aux dégustateurs et aux experts de la Maison du Café. Toute cette atmosphère donnait désormais au café un goût, une saveur, un arôme, uniques et différents de ceux de Jacques Vabre. L'époque choisie (1850-1860) lui attribuait en plus la garantie d'une tradition inégalée. Tout y était, la promesse et ses supports, le ton et la musique, la chaleur de la dégustation, enfin la vérité retrouvée du produit lui-même, la Maison du Café retournant à sa véritable vocation première.

L'enthousiasme gagna rapidement toute l'équipe, en particulier le « Pape » qui était tombé amoureux de cette campagne. Nostalgie, nostalgie, quand tu nous tiens...

Mais c'est quand même grâce à un plan de ce film : un paquet de la Maison du Café posé sur le rebord de la fenêtre de cette maison du café située sur le port, qu'une idée maîtresse simple, claire, forte, jaillit à l'esprit de l'un des participants à cette réunion ; il fallait trouver une réponse au problème qui consistait à rentrer et à sortir de cette maison du café. D'un seul coup, il n'y eut plus d'ambiguïté, la solution consistait à fondre, à identifier cette maison du port à une maison qui était le symbole figurant sur le paquet. Pour y rentrer ou en sortir, il suffisait de passer par le paquet... cqfd... Non seulement, ce n'était plus le port, ce n'était plus les marins, les consommateurs, ce n'était plus la maison elle-même qui était le centre, le cœur ou l'objet de notre histoire, c'était le paquet lui-même. Tout était dit, tout était fait. On parlait d'un paquet et l'histoire commençait (le temps où elle se situait ne gênait en rien), on finissait par un paquet et l'histoire se terminait.

On passa pour mémoire à l'examen de la campagne des « volets clos » et c'est alors que « Poupou » se rendit compte avant tout le monde que l'idée créative que nous venions de trouver fonctionnait également très bien pour la campagne des « volets clos ». La maison qui figurait sur le paquet devenait la maison de chacun. La boucle étant bouclée, chaque maison devenait la maison du café par l'intermédiaire du paquet comme on le voit dans le *storyboard* ci-joint. Il fallait désormais mettre tout cela en harmonie ; c'était le temps qui nous manquait. Il fut décidé de refaire les *storyboards* dans la nuit, ou tout au moins essayer d'y introduire cette notion nouvelle de « paquet », *deus ex machina* de toute l'histoire.

On savait bien que les modifications seraient insuffisantes par manque de temps. Mais c'était un détail car, maintenant, nous étions tous convaincus qu'aussi bien dans le cas des « marins » que dans celui des « volets clos », nous tenions l'idée créative qui répondait parfaitement aux besoins et à toutes les questions de nos interlocuteurs de la Maison du Café.

Pour gagner, on dit qu'il ne faut jamais se retourner dans la dernière ligne droite... (lundi 30 mars-jeudi 2 avril)

Pour nous tous, c'était la présentation de la dernière chance, les yeux rougis par le manque de sommeil, nous nous retrouvâmes, en bande, sur le chemin d'une banlieue triste où se trouvait le siège social de notre prospect adoré et tant désiré. Le décor, à l'aube de cette époque de l'année, n'était pas encourageant pour ceux qui allaient vendre de la chaleur et des chansons. Nous étions plus que jamais déterminés ; chacun connaissait son rôle et jouerait d'autant plus juste qu'il était complètement convaincu de la qualité des deux campagnes qui ballottaient dans un grand carton dans le coffre de la voiture.

Nous nous installâmes dans la salle de conférence attenante au bureau du président. Nous reprîmes les questions posées une à une. Nous y répondîmes par des affirmations, par les résultats des tests, par des convictions plus intimes mais surtout par les diverses modifications apportées au cours du week-end aux *storyboards* et qui constituaient en elles-mêmes des réponses frappantes et indiscutables.

« Poupou » et J.H.R. décrivirent avec minutie et enthousiasme les améliorations de fond et de détail, dans les mots et dans les images. Tout était bien rond ; le Directeur Général, qui contrôlait la direction des ventes, laissa même transparaître son enthousiasme en proclamant à la fin de la présentation qu'il s'engageait à atteindre un taux de distribution suffisant et que c'était désormais à la publicité de jouer. Nous comprîmes sans mal que c'était de la nôtre qu'il s'agissait.

Le président souriait aux anges et, avec une complicité maligne, demanda à nouveau quelle était la recommandation de l'agence. Rien n'avait été décidé de notre côté avant la présentation. Je savais combien le « Pape » était attaché à la campagne des marins mais on sentait qu'il ne se battrait plus à mort pour la défendre tant celle des « volets clos » avait été améliorée. Il tenta bien un dernier baroud d'honneur mais après une nouvelle vente de « Poupou » pour les « volets clos » et l'assentiment général qui se dégageait de l'assemblée pour cette dernière campagne, il recommanda de lui-même les « volets clos », ajoutant une crédibilité supplémentaire au choix de l'équipe.

Tout le monde se congratula et j'ai cru que le président allait nous dire que nous avions gagné le budget. Nous planions tous et quelle fut notre déception quand O.D. nous déclara que notre concurrent tenait lui aussi une campagne très différente et très intéressante et que rien n'était encore décidé !

Nous repartîmes avec, sur nos visages, toute la tristesse de la banlieue dans laquelle nous avions passé une matinée ensoleillée. Nous attendîmes 24 heures, sans courage, un peu désemparés, déconnectés, désintéressés. Un coup de téléphone d'O.D. nous réveilla pour nous demander une nouvelle présentation devant le Hollandais actionnaire de service. Il nous annonçait aussi qu'en tout état de cause, la décision serait prise le vendredi 3 avril.

Nous reprîmes le chemin de Bagnolet, sachant qu'il fallait tenir car, bien qu'agacés par cette multiplication des présentations, nous sentions bien que nous étions au bout de la ligne droite, au dernier *sprint*, au dernier coup de rein qui devait nous faire gagner ou perdre.

Un grand Hollandais fort sympathique, entendit pour la première fois notre présentation qui nous était maintenant à tous très familière, à un tel point que chacun y ajoutait son grain de sel personnel pour la rendre plus attrayante. Le Hollandais fut touché par notre discours, d'abord par le script du « Port et des Marins », dont une des séquences ressemblait à une estampe qui figurait en bonne place sur le calendrier de la maison mère Douwe Egberts et auquel il ne devait pas être étranger. Ensuite et surtout, il réagit favorablement, avec l'enthousiasme tempéré et bien connu des gens du Nord, au *storyboard* des « volets clos ». Il parut très content de voir que le symbole de la « Maison » figurant sur le paquet était le véritable héros de l'histoire. Nous apprîmes plus tard qu'il était lui-même à l'origine de la présence de ce symbole sur le paquet.

« Il y a des matches qui se gagnent durant les prolongations sur un simple coup de dé... »

En effet la présentation au Hollandais fut la dernière, car à 9 h du matin le vendredi 3 avril, O.D. téléphona au « Pape » pour lui dire que nous avions gagné la compétition avec la campagne « les volets clos ». Je me trouvais dans son bureau quand le « Pape » reçut ce coup de téléphone. J'ai bien vu à son visage illuminé que nous avions gagné mais comme pour tous les vainqueurs des combats difficiles, la joie s'estompe rapidement pour faire face à une sorte de tristesse, proche de la mélancolie. Il savait bien que, dans le fond, rien n'est jamais gagné, surtout dans les métiers de l'éphémère et du dérisoire.

Section 6
LA PRODUCTION DES MESSAGES

Le rythme de travail imposé par la prospection et la conquête d'un budget ne se ralentit pas le jour où il est acquis. Bien au contraire, c'est là où tout commence. À partir du moment où l'annonceur a donné son accord, c'est une véritable course contre la montre qui commence. Il faut en effet produire dans des délais généralement très courts les messages dont les projets ont permis à l'agence de remporter la compétition.

La phase de la production des messages va de l'accord du client sur une maquette (*rough* pour une campagne magazine ou affichage, *storyboard* pour un film TV ou cinéma, maquette de musique simplifiée pour un message radio), au passage réel de l'annonce dans la presse, du spot à la télévision, du message à la radio, etc.

La production met en cause de nombreuses personnes provenant de secteurs très divers : le commercial, la création, l'achat d'art, des illustrateurs ou des photographes, des maisons de production TV et des réalisateurs, des maisons de production radio, le service fabrication de l'agence, le *producer* TV ou radio de l'agence, etc.

C'est l'ensemble de ces services et de leurs relations au cours de la phase de production que l'on va découvrir. Mais avant de décrire les méthodes et les moyens de la production, il faut rappeler son importance décisive : la meilleure idée du monde, mal réalisée, perdra toute sa force et pourra même, dans certains cas, aller à l'encontre de ce qu'on voulait exprimer. À l'inverse, une idée peu originale peut être sauvée par une excellente réalisation. C'est le cas de bien des campagnes, celles dont on dit, un peu méchamment, qu'elles ne sont pas géniales mais très professionnelles.

1/ LA PRODUCTION DES FILMS DE TÉLÉVISION

La qualité des visuels, des effets spéciaux, des choix musicaux devient de plus en plus importante. Les jeunes « ont dans l'œil » les effets spéciaux de *Matrix* et du *Seigneur des Anneaux*. On ne peut raisonnablement, quand on prétend au statut de grande marque, se situer en dessous de ces critères visuels qui deviennent des codes obligés. On appelle donc de grands réalisateurs spécialisés dans la publicité. Nombre d'entre eux sont aussi des stars du vidéo clip (Mondino, M Gondry) ou se sont essayés au long métrage (Spike Jonze, Tarsem). Ces réalisateurs ont une très forte valeur ajoutée. Les grandes maisons de production (Première Heure, Téléma, Pac, etc.) se les disputent. Elles ont des « écuries » de réalisateurs qu'elles mettent à la disposition des agences. Leur rôle est ensuite de prendre la responsabilité du tournage. Elles nomment sur chaque projet un directeur de production qui pilote de A à Z le tournage. Il est l'interlocuteur des créatifs de l'agence. L'agence est elle-même en relation avec le client. La production n'est pas supposée avoir de relations directes avec celui-ci.

La production d'un film de télévision comporte deux principaux types d'opérations :

– la *préparation* du film et le tournage proprement dit ;
– le *montage* et, le cas échéant, les *opérations de postproduction* faites sur le film.

Les délais nécessaires et le coût des opérations qu'elles impliquent varient considérablement d'un film à l'autre en fonction des exigences de réalisation (par exemple un tournage dans un pays lointain), des truquages nécessaires ou de l'importance et de la complexité des décors à réaliser. Un film publicitaire de trente secondes réclame en général un délai moyen de deux à trois mois.

Le planning type de réalisation d'un film TV

Opérations	Délais
Appel d'offre	
Remise du *storyboard* par le service de production de l'agence aux maisons de production sollicitées	
Transmission à l'annonceur des propositions retenues par l'agence	2 semaines
Choix d'une maison de production et d'un réalisateur	1 semaine
Préparation du tournage :	1 mois
Shooting-objectif	
Préparation	
Réservation du studio	
Construction du décor, recherche d'accessoires, réalisation des costumes	
Recherche des acteurs	
Découpage du film	
Réunion de préproduction	
Tournage	3 jours
Postproduction (montage et truquages)	1 semaine
Passage à l'antenne	

Le nombre et la complexité des opérations qui figurent dans cette liste (pourtant simplifiée), l'importance des moyens mis en jeu, la qualité des professionnels auxquels on a recours témoignent du souci de perfection dont font preuve les publicitaires pour la préparation et le tournage d'un film qui ne dure que vingt ou trente secondes. C'est la brièveté même du film publicitaire qui en fait sa difficulté particulière et qui impose une précision et une exigence extrêmes. Chaque détail compte, chaque enchaînement devient essentiel. Tout dire en trente secondes (parfois huit !) sans tout raconter. Ce sont ces contraintes exceptionnelles qui ont conduit à la réalisation de véritables chefs-d'œuvre. Si certains réalisateurs de longs métrages jugent encore le cinéma publicitaire comme un « art mineur », ils sont aujourd'hui de plus en plus nombreux à admettre que c'est une excellente école.

Les délais dont on dispose pour produire les films publicitaires étant généralement très tirés, c'est un redoutable compte à rebours qui est engagé et qui bute sur une date impérative, celle du passage à l'antenne. L'organisation et la maîtrise du planning doivent donc être parfaites. Enfin, on n'oubliera pas qu'au travers du film qui est produit, il y a des intérêts économiques considérables qui sont en jeu et qui sont évidemment sans commune mesure avec le coût effectif de réalisation. Il faut donc mettre toutes les chances de son côté en faisant appel aux meilleurs professionnels et en acceptant de payer les vrais talents à leur prix.

a) La préparation et le tournage

1° La préparation du tournage

Lorsqu'une maison de production a été retenue par l'annonceur à partir des propositions sélectionnées par l'agence, celle-ci prépare ce qu'on appelle un *shooting-objectif* du film. C'est un document qui précise le choix des personnages (casting), le stylisme (choix des vêtements et des accessoires), les décors à réaliser, les couleurs à respecter, les lumières à employer, la façon dont on présentera le produit, le *packshot*, etc.

2° La réunion de préproduction

Lorsque la maison de production a bien avancé la préparation du tournage à partir des instructions contenues dans le *shooting-objectif*, on tient une réunion de préproduction avec l'agence et l'annonceur. C'est une étape capitale pour le bon déroulement du tournage d'un film. Le réalisateur doit montrer, ce jour-là, qu'il a parfaitement compris les objectifs de communication de la marque et qu'il est capable de transformer un squelette appelé *story-board* en un film réussi. Au cours de la réunion de préproduction, on arrête les choix définitifs sur les sujets suivants :

- découpage plan par plan du film ;
- repérages ;
- casting ;
- stylisme ;
- intentions musicales.

b) Les coûts de production

Une feuille de service établie par la maison de production et contrôlée par l'agence précise les interventions de chacun : comédiens et techniciens. Les moyens mis en place pour le tournage sont souvent considérables. Le coût de production des films publicitaires de télévision est souvent élevé. Un « grand film » spectaculaire peut coûter 1,5 à 2 millions d'euros. Ces films sont souvent amortis par une diffusion dans plusieurs pays.

1° Comment peut-on expliquer de tels coûts ?

Il faut évidemment faire appel à un ensemble de causes. En France, on produit peu de films TV et cinéma : 1 000 environ par an contre 3 000 en Allemagne ou 60 000 aux États-Unis !

Il y a un nombre considérable de professionnels qui interviennent dans la réalisation d'un film publicitaire, près d'une centaine. Le coût est spectaculaire parce qu'on le ramène à la durée : 20 ou 30 secondes. En réalité, une grande part des coûts de production est fixe.

Le coût total d'un film varie beaucoup selon la notoriété du réalisateur auquel on fait appel et surtout en fonction des difficultés techniques qu'il faut surmonter.

> « Pour le film Citroën C3, nous avons utilisé un avion qui venait survoler de très près la voiture en train de rouler en paysage découvert. Les caméras gèlent au-dessus de 2 000 m, il faut donc un équipement spécial… »

> « On tourne les films d'été pendant l'hiver et les films d'hiver pendant l'été. Comme il n'arrive jamais que nous puissions tourner un an à l'avance, il nous faut soit travailler en trucage, soit aller dans un pays qui nous offre l'été pendant notre

hiver ou l'hiver pendant notre été... le climat tropical le moins cher et le plus fiable (climat + décor + coût du voyage + assistance technique locale) se trouve à Ceylan, Bali, en Afrique du Sud ou au Brésil... vouloir traduire ce climat en studio ou à Saint-Tropez c'est en vérité gâcher le film en gâchant de l'argent ».

2° Un devis type

L'AACC et le SNPCRT (Syndicat national de la publicité cinématographique et radiotélévisée) ont élaboré un contrat type[1] et un devis type qui recense plus de 250 postes de facturation possibles. Le SNPCRT donne régulièrement des informations actualisées sur les coûts de production.

2/ La production des messages radio

La production des messages radio a au moins deux caractéristiques intéressantes pour l'annonceur : sa rapidité et son coût généralement assez faible.

La production radio demande, en général, des délais très courts : de quelques heures à quelques jours. Son coût est relativement modique mais il peut varier de 1500 à 30 000 euros selon que l'on se contente d'un spot *speaking* (une voix avec un fond musical) ou que l'on demande à un compositeur très connu de créer un *jingle* (c'est le logotype sonore de la marque) ou une musique originale et que l'on fait appel à la voix d'un acteur très connu.

Le coût de production des messages radio ne varie pas en proportion directe du nombre de messages réalisés. On peut ainsi les multiplier assez facilement pour éviter la monotonie et l'impression de matraquage. En général, on fait des messages de 30 secondes, mais d'autres formats de 5 à 60 secondes restent possibles quoique relativement plus onéreux en termes d'achat d'espace.

Les étapes de la production d'un message radio

Il y a deux types de messages : les directs antenne et les préenregistrés. Ces derniers doivent passer par les étapes suivantes :

Stratégie de création (axe, argumentation, format, etc.)
↓
Choix d'une maison de production → Producteur indépendant / Service de création des régies
↓
Maquette
↓
Casting (choix des voix)
↓
Création musicale (en France, 20 musiciens en font la quasi-totalité)
↓
Réalisation (studios spécialisés)
↓
Édition des bobinos (bandes enregistrées)
↓
Livraison aux stations
↓
Paiement des droits d'auteurs (droits SACEM et droits BIEM : Bureau international d'édition musicale)

Figure 2

(1) *V. www.aacc.fr, rubriques : juridique et relations agences-annonceurs.*

3/ La production des affiches

Le premier problème qui se pose est le choix d'un artiste : photographe ou illustrateur (dessinateur, peintre, etc.). Une première sélection se fait sur les dossiers présentés par l'acheteur d'art de l'agence. Il (ou elle) est spécialisé dans la recherche d'artistes de talent en tous genres, susceptibles de travailler en *free lance* avec l'agence.

Dans le cas d'une illustration, on peut commencer par réaliser une maquette pour bien se mettre d'accord sur l'esprit de l'affiche. Ensuite, l'artiste réalise l'affiche selon son style. La photographie pose des problèmes plus difficiles. Il s'agit de trouver les différents intervenants en fonction des exigences de la photographie désirée. Si elle nécessite la mise en place d'un décor, il faut choisir un décorateur. Il faut parfois trouver des accessoires. C'est un styliste qui est alors chargé de leur recherche. Il faut chercher le ou les mannequins correspondant au style voulu. Dans ce cas, une présélection est réalisée par le photographe.

Parfois, la photographie impose la recherche d'un paysage, tâche qui est alors confiée à un régisseur qui propose plusieurs sites qu'il est allé photographier. Parfois, il est nécessaire de créer de toutes pièces le sujet de la photographie. Ces travaux préliminaires achevés et contrôlés, la prise de vue peut être alors réalisée. L'image est ensuite envoyée avec la maquette au studio d'exécution pour qu'on y monte sur publication assistée par ordinateur (PAO) le document avec textes et logos.

Les délais nécessaires à la création du document sont variables et dépendent du type de travail qu'il faut réaliser. En moyenne, pour une illustration, il faut compter deux à trois semaines. Pour une photographie, il faut de deux jours à une semaine de préparation plus une journée pour la prise de vue elle-même. Il est très difficile de donner un coût moyen pour cette phase car il varie considérablement selon les moyens à mettre en œuvre et la notoriété des artistes chargés de la réalisation.

En ce qui concerne la fabrication, les délais varient suivant les saisons et le planning des imprimeurs. Ils se situent autour de deux ou trois semaines. Le coût de fabrication d'une affiche de 4 × 3 m en quatre couleurs revient à 8 euros environ l'unité pour un petit tirage. Pour un tirage en six couleurs, le prix s'accroît de 40 % environ. La fabrication d'une affiche est assez complexe. On commence par envoyer la création à la photogravure. Pour que cette phase soit réussie, il est indispensable que les documents fournis soient de bonne qualité et qu'ils présentent une bonne densité. C'est pourquoi tous les documents opaques (peintures, gouaches, dessins) sont reprographiés. L'épreuve de photogravure est présentée aux responsables de la création pour accord sur le niveau des couleurs. Éventuellement, certaines modifications sont apportées. Si trop de corrections s'imposent, un retirage est effectué. La photogravure est ensuite réalisée dans une dimension réduite et projetée ensuite au bon format. On fait alors le report sur plaques aux différents formats exigés. Tout est prêt pour le tirage. Celui-ci s'effectue par morceaux de 1,20 × 1,60 m sur des machines de plus en plus perfectionnées qui réalisent de l'impression en deux, quatre, six, huit couleurs en *offset*, technique la moins coûteuse pour des tirages à plus de cent exemplaires. Pour des petits tirages, on utilise parfois la sérigraphie (impression sur écran de soie).

4/ La production des annonces presse

Elle suit un cheminement qui est évidemment assez proche de ce que l'on vient de voir pour les autres formes de messages publicitaires.

Les principales étapes sont :

1. la présentation par l'agence et l'acceptation par l'annonceur d'un *rough* (maquette) ;
2. le *shooting objectif*: document déterminant avec précision le stylisme, le casting, tous les éléments permettant de décrire, sans ambiguïté, le message tel qu'on veut qu'il soit réalisé ;
3. le choix du « couple » photographe-styliste, à partir de la mise en concurrence de plusieurs professionnels ;
4. l'arrêt d'un devis précisant les coûts et les droits d'auteur (à négocier de préférence pour une longue durée, 5 ans par exemple) ;
5. le repérage des décors ;
6. la présentation de stylisme ;
7. la prise de vue ;
8. la retouche, l'exécution et la fabrication ;
9. la remise des documents au support.

Les délais de remise des documents avant parution de l'annonce sont variables selon les supports. Ils vont de quelques jours à une semaine pour la presse quotidienne; il faut compter deux semaines pour les hebdomadaires et cinq semaines pour les mensuels.

Les coûts de production d'une annonce presse varient évidemment beaucoup selon l'originalité du message et les exigences de l'agence. Le budget pour les prises de vue est en moyenne de l'ordre de 10 000 euros mais il peut aller jusqu'à 25 000 euros pour un photographe connu.

Les erreurs les plus fréquentes – et dont les conséquences sont les plus considérables – tiennent généralement au manque de simplicité (les projets compliqués sont plus coûteux et surtout entraînent des problèmes imprévus), au manque de précision dans les *shooting objectives* (il ne faut pas craindre de tout détailler, même ce qui paraît être des évidences), au manque de temps conduisant à des plannings hypertendus. Enfin, il faut savoir rester « dans le vent » sans sacrifier exagérément à la mode de tel ou tel photographe ; sinon, c'est tout le problème de la production des messages qui est pris à l'envers. On a une annonce qui « colle » au photographe alors que cela devrait être l'inverse.

Source : cette annonce a été réalisée pour le Syndicat national de la presse quotidienne régionale (agence FCA ; conception : M. Aubree, D. Gaussen, J.-M. Leydier ; photographe : M. Meunier).

Le marché de l'espace publicitaire est très concurrentiel en France, plus que dans les autres pays européens. En France la presse est toujours le média qui a les plus fortes recettes publicitaires mais l'écart avec la télévision a beaucoup diminué. Gutenberg pourra-t-il faire longtemps un bras d'honneur à la télévision ainsi qu'aux autres médias électroniques comme Internet, le sixième média qui est, en fait, devenu le cinquième en 2003 avec des recettes publicitaires supérieures à celles du cinéma ?

Chapitre 3
Les médias publicitaires et le média-planning*

* *Ce chapitre a été écrit pour la cinquième édition de* Publicitor *avec le concours de* Michel Grandjean, *président directeur général de MPG, une importante agence médias ; et pour la sixième édition avec celui de* Stéphanie Sabourin, *directrice marketing et développement de ZénithOptimédia.*

On s'était habitué depuis plus de vingt ans à une progression continue du marché publicitaire jusqu'à ce que l'explosion de la bulle Internet et la crise économique provoquent une forte régression en 2001 et 2002. Depuis, le marché publicitaire s'est repris mais au-delà de l'impact de la conjoncture économique à laquelle les recettes publicitaires des grands médias sont toujours très sensibles, on doit prendre en compte l'effet des arbitrages des annonceurs qui intègrent de plus en plus dans leurs politiques de communication des moyens autres que publicitaires. Ceci est l'objet de la dernière partie de cet ouvrage sur la communication intégrée.

On trouve dans ce chapitre une présentation détaillée des grands médias publicitaires, classés par ordre décroissant de leurs recettes publicitaires.

Avant de décrire les grands médias un par un, on propose au lecteur un tour d'Europe qui montre qu'ici comme ailleurs, les différences l'emportent largement sur les convergences. C'est l'objet de la première section qui est suivie par une analyse technique sur les définitions et la mesure des audiences de chaque média. On dit toujours qu'on achète de l'espace dans un média ou un support[1]. En réalité, on achète de l'audience. Or, la définition et la mesure de l'audience varient selon le média. Cela ne simplifie pas la tâche des agences et des annonceurs lorsqu'il s'agit de construire et d'évaluer des plans faisant appel à plusieurs médias.

Plan du chapitre

(1) *On appelle « support publicitaire » tout ce qui peut véhiculer un message publicitaire.* Le Monde *est un support publicitaire mais un quart de page 8 du* Monde *du 25 avril 2004 est aussi un support. Il y a donc un très grand nombre de supports possibles. Les grands médias publicitaires : presse, télévision, radio, affichage, cinéma et maintenant Internet regroupent des supports qui communiquent de la même façon.*

Section 1
Les médias en Europe

L'Europe des médias n'existe pas encore ni en termes d'offre, par le manque de médias européens ni en termes de consommation des médias. Avec l'élargissement de l'Europe au 1er mai 2004, les indicateurs médias se sont modifiés, accentuant encore les disparités des marchés et de la consommation des médias.

Après une phase de forte concentration des groupes internationaux (AOL/Time Warner, etc.), la tendance récente a plutôt été au développement d'actions locales (par exemple, Dassault rachetant la Socpresse, etc.) et au renforcement de certaines positions comme celle du *New York Times* qui possède maintenant 100 % de *l'International Herald Tribune*.

1/ L'utilisation des médias par les annonceurs

Le marché américain domine toujours très largement avec plus de 50 % des dépenses publicitaires mondiales.

a) Le marché publicitaire français représente 3 % des dépenses mondiales, en baisse relative

Au cours des dix dernières années, les dépenses publicitaires dans les grands médias ont augmenté beaucoup plus aux États-Unis qu'en Europe. Les investissements publicitaires en Asie progressent fortement, en raison notamment de la croissance économique chinoise *(v. figure 1 ci-contre)*.

Ces chiffres sont de l'année 2002. En conséquence, il s'agit ici de l'Europe des 15. L'élargissement à 25 ne devrait pas modifier sensiblement le panorama d'ensemble, compte tenu de la faiblesse des marchés publicitaires des nouveaux membres.

b) En Europe, ce sont les Allemands qui investissent le plus, et de loin, en publicité médias

Les cinq grands marchés d'Europe représentent 72,4 % des investissements totaux de l'Europe des 25 *(v. figure 2 ci-contre)*.

Les investissements publicitaires dans les cinq grands médias dans le monde[1] en milliards de dollars US

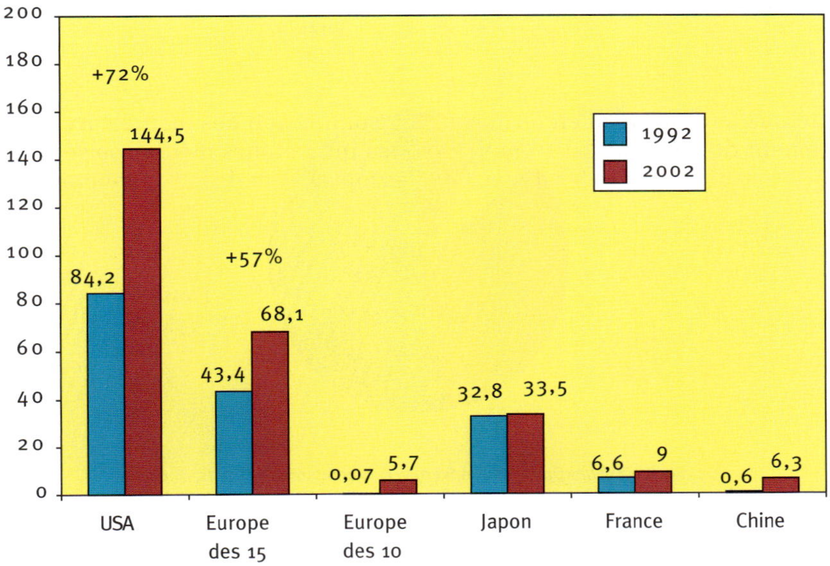

Figure 1

Source : ZenithOptimedia. Advertising Expenditure Forecasts, 2003.

Les dépenses publicitaires dans les cinq grands medias en Europe, en 2002 en millions de dollars US

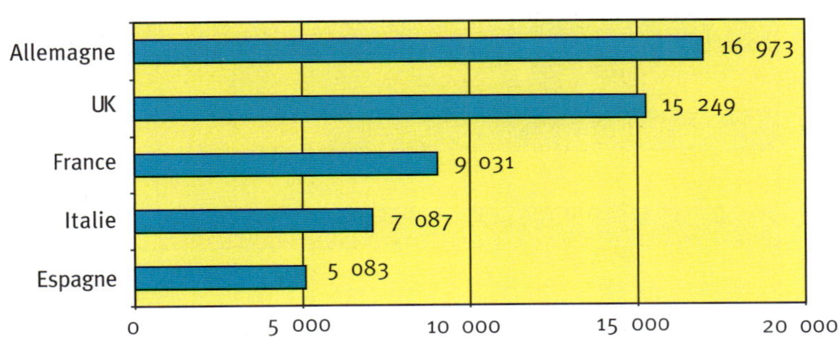

Figure 2

Source : ZenithOptimedia. Advertising Expenditure Forecasts, 2003.

2/ Le poids des médias est différent selon les pays

a) La répartition des investissements plurimédias varie beaucoup

Le média télévision est au premier rang en Europe du Sud, en Europe centrale et Europe de l'Est. La presse domine dans les autres pays. Bien qu'encore faible, le poids d'Internet est partout en progression significative.

(1) Europe des 15 : hors Luxembourg ; Europe des 10 : hors Chypre, Malte et Slovénie. Source : ZenithOptimedia Market and Mediafact, 2003.

Figure 3

La répartition des investissements publicitaires en Europe, en 2002

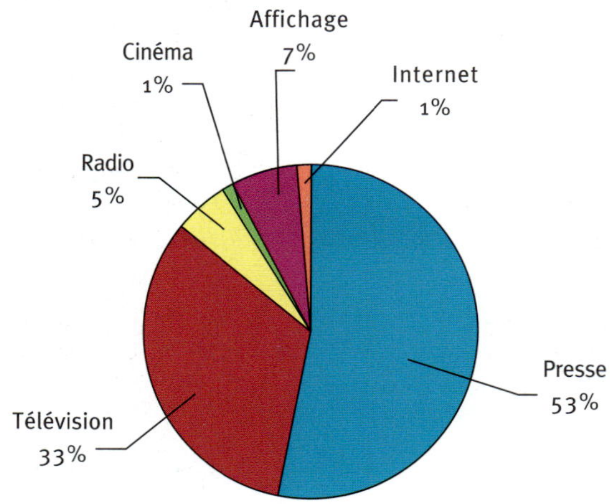

Source : ZenithOptimedia. Advertising Expenditure Forecasts, 2003.

Figure 4

La part de chaque média dans les dépenses plurimédias, en Europe, en 2002

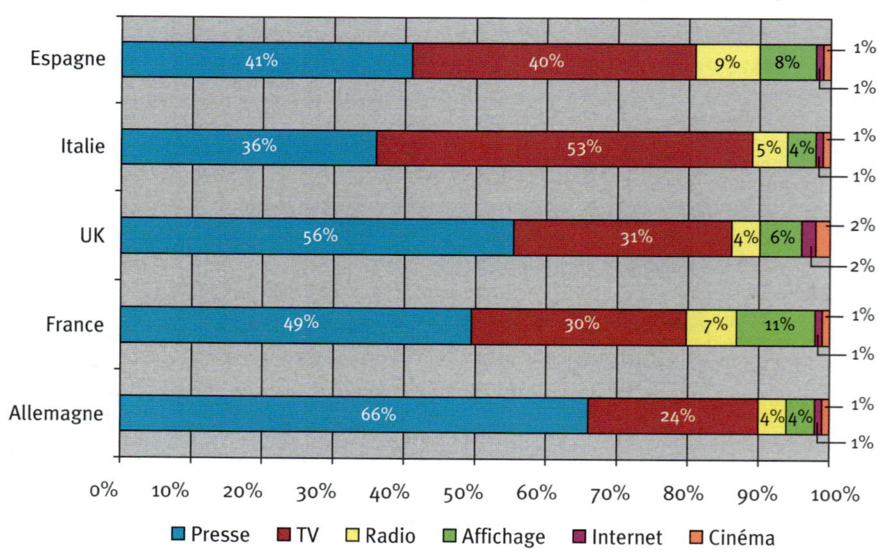

Source : ZenithOptimedia. Advertising Expenditure Forecasts, 2003.

b) L'Allemagne est le troisième plus grand marché publicitaire au monde derrière les USA et le Japon

Le marché allemand de l'espace publicitaire est plutôt conservateur. La presse y représente 66,1 % des investissements publicitaires ; 2/3 des recettes publicitaires de la presse allemande vont aux quotidiens dont les Allemands sont de gros consommateurs : 88 % lisent un quotidien contre 17 % en France, mais ils lisent moins les magazines (74 %) que les Français (92 %).

L'audience TV est très fragmentée en Allemagne, ce qui s'explique principalement par la régionalisation du pays. La concurrence est forte entre les très nombreuses chaînes de télévision : 70 % des foyers peuvent recevoir une moyenne de 23 chaînes de télévision et 93 % des foyers souscrivent au câble ou à un bouquet satellite. Il y a 13 chaînes publiques, plus de 25 chaînes privées (hors chaînes internationales) et environ 20 chaînes paneuropéennes ou internationales.

La radio est un média régional voire local, 7 stations seulement sur près de 250 étant nationales. Ceci s'explique par l'allocation des fréquences radio qui se fait au niveau de chaque État fédéral.

c) La Grande-Bretagne est le quatrième marché publicitaire dans le monde : sa presse est puissante et innovatrice, son marché TV très complexe

La position de la presse quotidienne est forte avec 19 quotidiens, dont 9 du week-end, qui assurent une couverture quotidienne de 52 % de la population totale.

LA DIFFUSION DES QUOTIDIENS NATIONAUX EN GRANDE-BRETAGNE

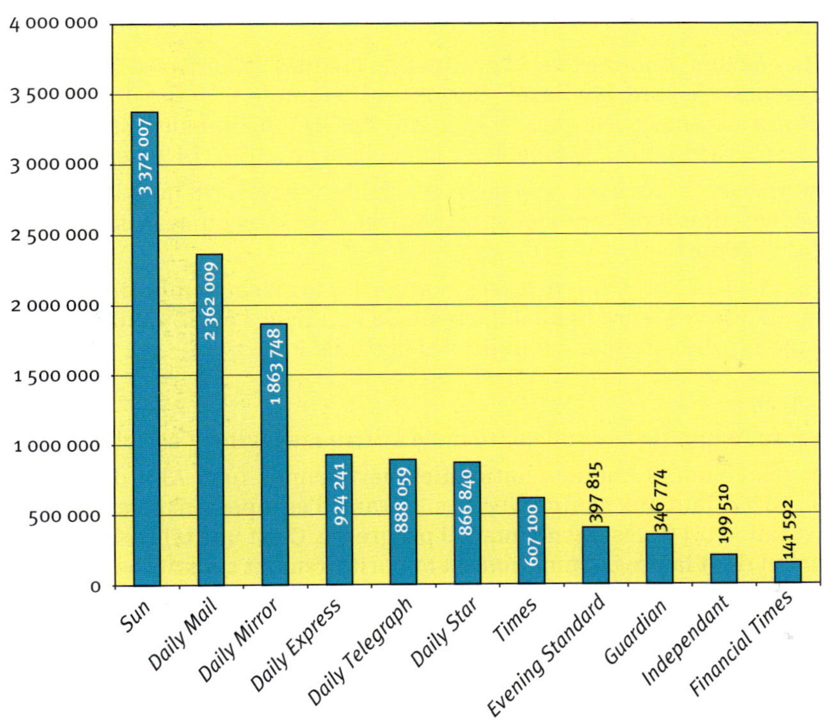

Figure 5

Source : ABC, Aug.2003/Jan.2004.

En Grande Bretagne, la presse magazine est un marché secondaire (par rapport à la France) mais il est en progression. Le nombre de titres a cru de 62 % entre 1986 et 2002 mais la presse magazine ne recueille que 28 % des investissements presse. Une des explications tient à l'absence de news magazines.

L'offre TV est très importante : 9 chaînes nationales, plus de 50 chaînes payantes, une vingtaine de chaînes internationales et paneuropéennes. Le câble et le satellite se développent et touchent plus de 50 % des foyers britanniques. Après un démarrage difficile, le numérique terrestre est aujourd'hui le plus important en Europe, son accès ne nécessitant pas d'abonnement payant : 3 chaînes commerciales (ITV, Channel 4, Five) et 2 chaînes publiques (BBC1 et BBC2 qui n'ont pas le droit de faire de la publicité) totalisent près de 80 % de l'audience TV.

L'offre radio est significative. En moyenne, un Anglais a le choix entre une quinzaine de stations mais l'audience reste fortement concentrée sur les stations de la BBC qui représentent 51 % de l'audience totale de la radio.

L'affichage est pénalisé par une réglementation sévère en dehors des plus grandes villes.

d) L'Italie et l'Espagne sont des marchés où la négociation de l'espace publicitaire reste prépondérante

1° L'Italie

L'Italie est un marché où l'offre média est concentrée sur un petit nombre de gros acteurs.

La télévision domine avec 2 groupes de chaînes qui attirent 90 % des téléspectateurs. Ce sont Mediaset (Berlusconi – Canale 5, Italia 1 et Rete 4) et Publitalia (chaînes publiques : RAI 1, RAI 2 et RAI 3). Comme l'Espagne, l'Italie est en retard pour l'équipement en câble et satellite (14 % des foyers).

En presse, l'offre est importante et très segmentée. On note le poids de la presse féminine et de la presse sportive avec des titres puissants comme *Gazzetta dello Sport*.

L'audience de la radio reste très centrée sur le réseau public de la RAI (50 % de l'audience totale nationale). Le reste de l'audience est toujours très éclaté bien que l'Italie ait été le pionnier des stations FM.

2° L'Espagne

La presse régionale est puissante mais l'offre magazine y est plus limitée.

En télévision, 4 chaînes nationales hertziennes font 73 % de l'audience totale, 18 % allant aux chaînes locales. Le taux d'équipement en câble et satellite est faible (21 % des foyers) mais il progresse. C'est une télévision de divertissement dont la programmation est majoritairement constituée de films, *sitcoms*, jeux et *reality shows*.

En radio, l'audience se concentre sur peu de réseaux avec une offre importante : 15 radios nationales, 13 régionales, 1 100 locales.

e) Le Bénélux, la Suisse et l'Autriche

Ce sont des marchés médias « sans frontières », conditionnés par le multilinguisme et le débordement de médias étrangers : français en Belgique et Suisse, allemands en Suisse et surtout en Autriche.

f) La France est le marché médias européen le plus original

La répartition des investissements publicitaires sur les cinq grands médias a toujours été plus équilibrée en France qu'ailleurs, en raison de l'importance de l'affichage et de la radio. Cela a créé un contexte plus concurrentiel que dans les autres pays, à la fois entre les médias et au sein de chaque média (Europe 1 contre RTL, Avenir contre Dauphin, etc.). Cette concurrence explique les caractéristiques et l'évolution du marché publicitaire français.

3/ L'offre médias et l'équipement des foyers en Europe

a) La diversité des médias et l'équipement des foyers varient beaucoup selon les pays

Ces écarts peuvent être considérables. Ainsi, il y a en Allemagne six fois plus de chaînes TV qu'en Espagne.

LE NOMBRE DE CHAÎNES DE TÉLÉVISION[1] ET DE STATIONS DE RADIO, PUBLIQUES ET PRIVÉES, À COUVERTURE NATIONALE

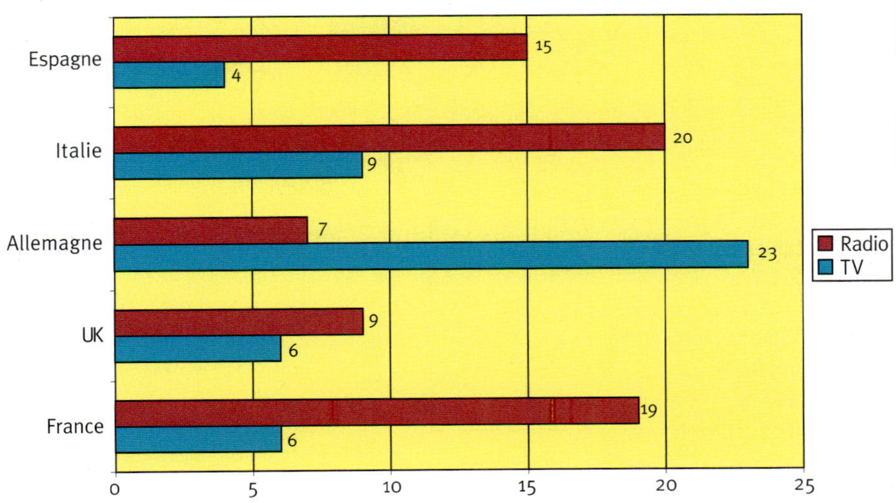

Source : ZenithOptimedia Advertising Media Forecasts, 2003.

Figure 6

(1) *Pour la télévision, on a retenu les chaînes ayant une pénétration potentielle supérieure à 70 %.*

b) L'équipement câble et satellite : la France est en retard, plus pour le câble que pour la télévision par satellite

Le taux d'équipement câble et satellite des foyers TV, en Europe, en 2002

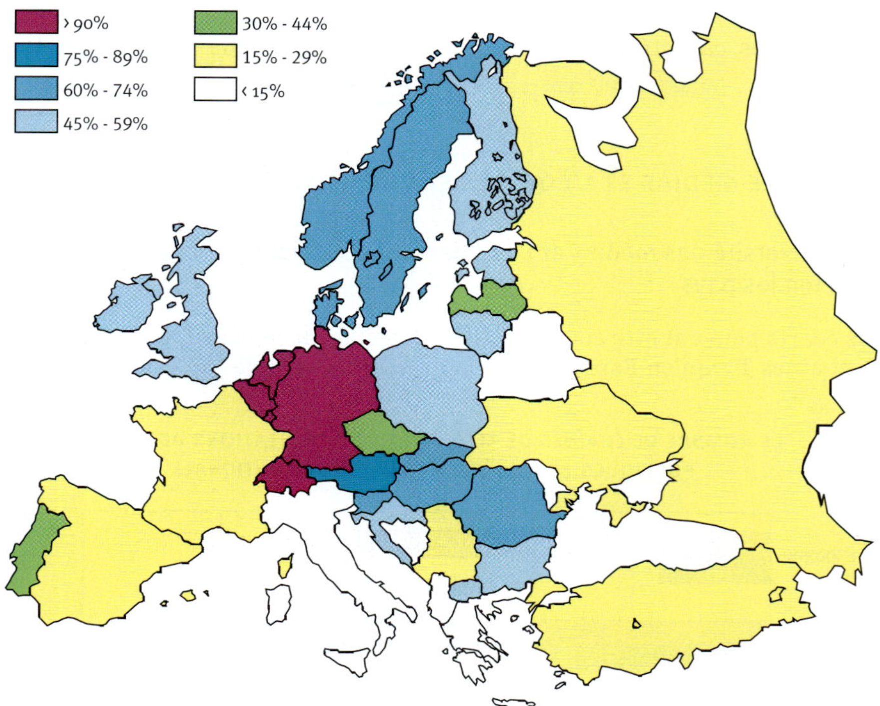

Figure 7

Taux d'équipement câble et satellite des foyers
Europe : 40,1 %
Europe de l'Ouest : 51,4%
Europe centrale/Est : 28,5%
États-Unis : 84 %
Japon : 35,6 %

Source : Instituts locaux, IP Television key facts, 2003.

4/ La fréquentation des médias est très différente selon les pays

Les différences les plus marquées concernent la presse et Internet. Ces thèmes sont développées respectivement dans les sections 3 et 8.

a) La télévision et la radio

LA COUVERTURE CUMULÉE JOURNALIÈRE EN TV ET EN RADIO, PAR PAYS

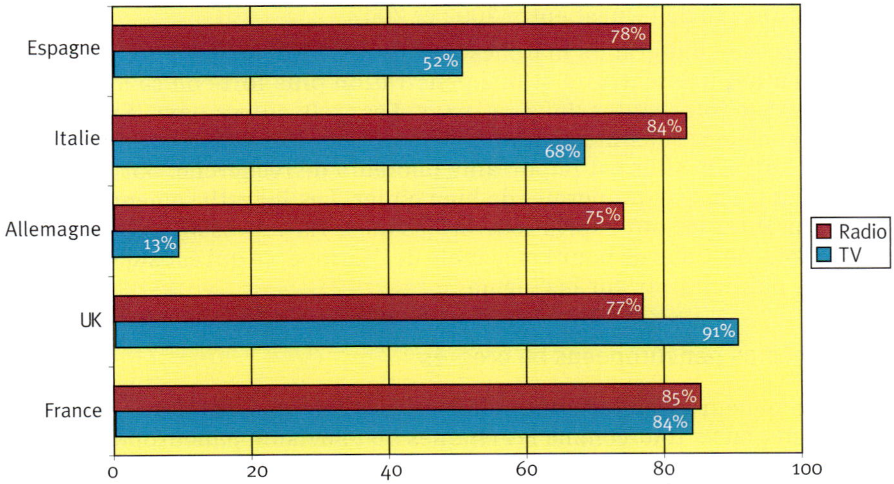

Sources : TV : IP Television Key Facts 2003. Radio : ZenithOptimedia Market and Mediafact, 2003.

Figure 8

C'est en France que la durée d'écoute journalière de la télévision est la plus faible.

LA DURÉE D'ÉCOUTE JOURNALIÈRE, PAR TÉLÉSPECTATEUR OU AUDITEUR, TV ET RADIO, EN MINUTES, PAR PAYS

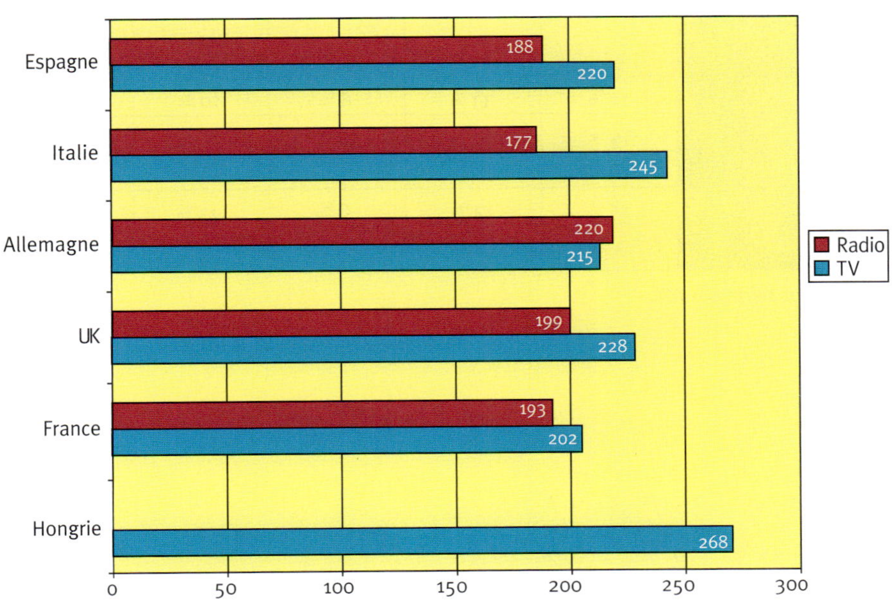

Sources : TV : IP Television Key Facts 2003. Radio : ZenithOptimedia Market and Mediafact, 2003.

Figure 9

b) Internet : un média à la fois local et transnational

La pénétration d'Internet continue à progresser en Europe avec environ 150 millions d'internautes en Europe et des prévisions de croissance forte : + 30 % en Europe de l'Ouest entre 2002 et 2007.

Au sein des cinq grands marchés européens, l'Allemagne et le Royaume-Uni présentent une maturité et une pénétration plus forte de ce média avec plus de 50 % d'internautes dans ces pays. Les trois autres pays (France, Italie, Espagne) sont sensiblement au même niveau, entre 33 % et 36 % d'internautes. L'offre de sites est importante (moteurs de recherche, portails, sites thématiques, etc.) ce qui permet de bien cibler. Les investissements publicitaires sur Internet ont repris leur croissance. Ils représentaient en 2002, 976 millions de dollars pour l'ensemble de l'Europe, ce qui est supérieur aux dépenses publicitaires sur le cinéma.

c) Des médias paneuropéens en progrès

La presse paneuropéenne, essentiellement économique, est d'origine américaine ou anglaise, tout comme les chaînes de télévision paneuropéennes. On note le fort développement de chaînes comme Eurosport et Euronews.

Figure 10

LA RÉPARTITION DE L'AUDIENCE DE QUELQUES TITRES SUR DIFFÉRENTS PAYS D'EUROPE

Titres	France	UK	Allemagne	Italie	Espagne
Financial Times	6 %	50 %	10 %	5 %	5 %
International Herald Tribune	16 %	10 %	21 %	13 %	6 %
Wall Street Journal Europe	5 %	15 %	22 %	7 %	8 %
The Economist	10 %	33 %	8 %	10 %	8 %
Time	14 %	18 %	15 %	10 %	10 %
Newsweek	16 %	10 %	15 %	10 %	13 %
Fortune	15 %	12 %	8 %	13 %	7 %
Forbes Global	3 %	12 %	30 %	7 %	15 %

Source : Europe 2003 Ipsos-RSL.

L'AUDIENCE DES CHAÎNES DE TÉLÉVISION PANEUROPÉENNES SUR LE « TOP 4 % » DE LA POPULATION DE CINQ PAYS EUROPÉENS (PLUS HAUTS REVENUS)

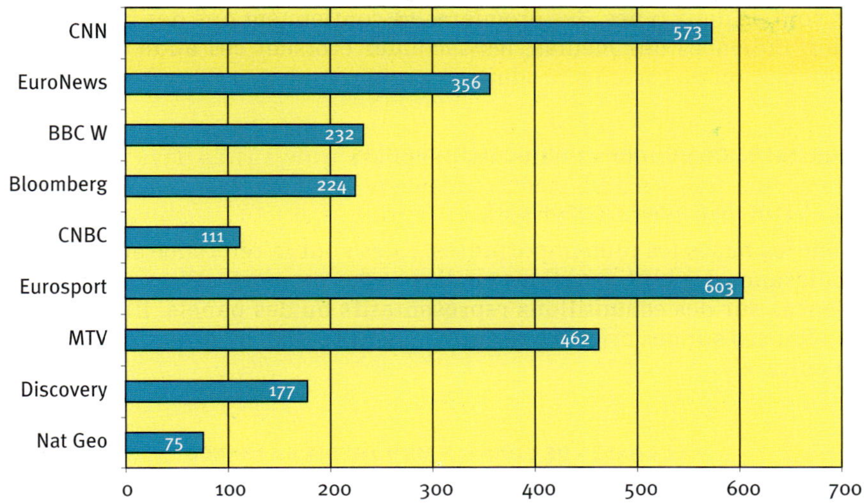

Source : Europe 2003 Ipsos-RSL.
Légende : cinq pays d'Europe : France, Grande Bretagne, Allemagne, Italie, Espagne (7 547 000 individus au total). Audience quotidienne en milliers d'individus.

Figure 11

Section 2
Les études d'audience des médias

L'audience est l'ensemble des lecteurs, auditeurs ou spectateurs d'un support ou d'un plan de supports. C'est donc une notion variable selon le média, que ce soit en termes de définition donnée à son audience, de méthodologie utilisée pour la mesurer et, *in fine*, de précision dans sa connaissance. L'audience la mieux mesurée aujourd'hui est celle de la télévision ; la moins bien connue est celle de l'affichage même si des progrès significatifs ont été faits au cours des dernières années.

Le Centre d'études des supports publicitaires[1] (CESP) est un organisme tripartite (annonceurs, supports, agences) qui fut à l'origine des premières études d'audience en France, en 1957, pour la presse écrite. Puis le CESP étudia les autres médias jusqu'en 1993, date à laquelle il ne réalisa plus d'études d'audience et devint un organisme certificateur des études faites par des organismes privés (audit des méthodes et des mesures).

(1) Sur l'historique de la mesure d'audience v.r www.cesp.org

1/ LES BASES DE DONNÉES MÉDIAS

Elles sont de deux types : les premières ne contiennent que des informations sur les audiences des médias, les secondes croisent ces audiences avec la consommation de certains produits.

a) Les bases de données uniquement médias

1° Les bases de données monomédia

Ce sont les bases les plus importantes. Elles sont la référence en matière de connaissance des audiences des médias et des supports. Elles mesurent les audiences sur des échantillons représentatifs ou des panels. Elles étudient les audiences sur des critères essentiellement sociodémographiques, parfois socioculturels.

Figure 12

LES BASES DE DONNÉES MONOMÉDIA EN FRANCE

Presse	TV	Radio	Affichage	Cinéma	Internet
■ Diffusion contrôle ■ Euro PQN/SPQR ■ AEPM ■ France des cadres actifs Ipsos ■ France des hauts revenus ■ IPSOS IT ■ etc.	■ Panel Médiamat ■ Médiacabsat	■ Enquête 75 000+ Médiamétrie ■ Panel radio Médiamétrie ■ Enquête Médialocales Médiamétrie ■ Enquête Été Médiamétrie	■ Affimétrie	■ 75000 Médiamétrie ■ CNC ■ Cinescan Médiamétrie	■ Barobase Médiamétrie ■ Profiling Panel Nielsen ■ Netratings

Source : ZenithOptimedia.

2° Les bases de données plurimédias

Ce sont les enquêtes SIMM, TGI, Consojunior ou Paris Média. Elles donnent des chiffres sur la consommation des différents médias pour certaines populations.

b) Les bases de données « média-produit »

Elles se font à partir de panels et donnent des informations non seulement sur la fréquentation des médias mais aussi sur les opinions ainsi que sur les achats de différents produits et services, d'où leur nom : média-produit.

Les données sont fournies par des enquêtes très diverses :

- enquêtes annuelles plurimédias/produit : SIMM, TGI, Consojunior ;
- enquêtes en continu monomédia TV/produit : TV Scan, Media SPAN-AUDE, Scannel TV ;
- enquêtes en continu plurimédias/produit : Behavior Scan.

2/ La mesure de l'audience de chaque média

Les contacts avec chaque média étant de nature différente, leur mesure se fait sur des définitions spécifiques.

a) La mesure de l'audience de la presse

1° Définitions

- *Le lecteur*

Est considérée comme lecteur d'un support de presse, toute personne déclarant avoir eu un contact avec ce support. On adopte donc une *définition large de la lecture* qui inclut toutes les occasions de contact, de la lecture régulière et attentive d'un numéro à son feuilletage plus ou moins rapide.

- *La lecture dernière période ou LDP*

On interroge les individus sur la lecture de la veille pour les quotidiens, de la semaine ou du mois précédent pour les hebdomadaires et les mensuels.

- *La reprise en main*

C'est le nombre de fois qu'un lecteur consulte un même numéro.

- *Le taux de circulation*

C'est le nombre moyen de lecteurs pour un même numéro.

Exemple

☞ *Le Figaro* a 950 000 lecteurs (données 2002-2003) pour une diffusion moyenne de 341 000 exemplaires. Le taux de circulation moyen est de :

$$\frac{950\,000}{341\,000} \text{ soit } 2{,}8.$$

- *Diffusion totale, diffusion payée et gratuite*

La diffusion totale est le nombre d'exemplaires d'un titre réellement mis en circulation. La diffusion est égale au tirage moins les invendus et autres exemplaires qui n'ont pas été mis sur le marché. La diffusion totale est égale à la diffusion payée plus la diffusion gratuite ; celle-ci peut être importante pour certains titres. Les éditeurs déclarent sur l'honneur leurs chiffres de diffusion à l'Office de justification de la diffusion (OJD) dénommé aujourd'hui « Diffusion Contrôle » qui peut procéder à des vérifications. Tous les titres n'ont pas une diffusion certifiée par l'OJD.

Figure 13

Diffusion totale et diffusion payée de la presse grand public, en France, en 2002

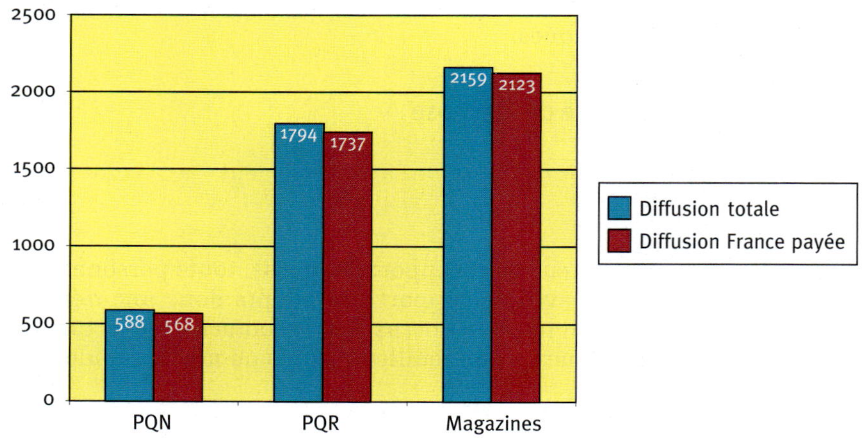

Légende : PQN : presse quotidienne nationale ; PQR : presse quotidienne régionale. En millions d'exemplaires.
Source : OJD Diffusion Contrôle.

- *Couverture cumulée*

Pour la radio et la télévision, on appelle audience cumulée le nombre ou le pourcentage de personnes différentes ayant écouté le support au cours de la période d'étude (tranche horaire, journée, semaine, etc.), et ceci, quelle que soit la durée de cette écoute.

Pour la presse, on appelle audience cumulée de plusieurs parutions d'un même support, le sous-ensemble de l'audience globale du support qui a été en contact avec au moins une des parutions considérées.

Comme il s'agit de comptabiliser un cumul d'auditeurs ou de téléspectateurs, le terme « auditoire » serait préférable à « audience cumulée ».

2° La mesure de l'audience de la presse quotidienne

L'étude la plus importante est l'enquête Euro PQN-SNPQR faite par Ipsos, par interviews par téléphone, au domicile des personnes interrogées, suivies d'un questionnaire auto-administré portant sur des données d'équipement, de consommation et de modes de vie.

3° La mesure de l'audience de la presse magazine

L'association pour l'étude de la presse magazine (AEPM) regroupe les principaux groupes éditeurs (Appm), Général média et IP Groupe. L'AEPM procède à un sondage annuel[1] auprès de 20 000 personnes représentatives de la population résidant en France, âgées de plus de quinze ans. Le recrutement de l'échantillon se fait sur quotas et l'enquête qui dure quarante minutes environ, se déroule en face à face, au domicile de l'interviewé.

b) La mesure de l'audience de la télévision

C'est le média dont on connaît l'audience avec le plus de précision, seconde

(1) Source : www.pressemagazine.com/aepm/presenq.htm.

par seconde. C'est le seul média (avec Internet maintenant) dont on mesure l'exposition à la publicité (audience moyenne de l'écran). Pour les autres médias, on mesure non pas l'audience du message publicitaire mais l'audience des supports qui véhiculent le message.

Il est donc capital de ne pas perdre de vue que le nombre de contacts achetés dans un plan d'insertions mesure l'exposition aux supports et pas forcément l'exposition aux messages.

La déperdition peut être considérable car la cible peut voir, écouter ou lire les supports qui contiennent le message sans lui prêter attention. Mais pour la télévision, c'est différent car, connaissant l'audience en continu, éventuellement seconde par seconde, on peut obtenir l'audience des écrans publicitaires et, théoriquement, celle des spots qui les composent.

Depuis septembre 1992, Médiamétrie est l'unique institut d'audimétrie en France. Les audimètres sont des appareils qui enregistrent automatiquement l'écoute de la télévision dans des foyers constitués en panel représentatif. Les premiers audimètres ont été installés aux États-Unis en 1936 par Nielsen pour la radio puis pour la télévision. Par la suite, on installa une mesure par audimètres en Grande-Bretagne et en Allemagne dans les années soixante et beaucoup plus tard, en 1981, en France. On utilisait auparavant un carnet d'écoute que les panélistes remplissaient.

Le principe de l'audimètre est simple. C'est un appareil branché sur un récepteur de télévision ou un magnétoscope qui enregistre automatiquement tous les mouvements affectant le téléviseur avec l'indication des chaînes écoutées. Les audimètres sont reliés à un ordinateur central auquel ils envoient leurs données par téléphone ou par une ligne spécialisée. Ainsi, tous les matins, les chaînes de télévision, les régies publicitaires, les centrales d'achat et agences médias, et par leur intermédiaire, les agences et annonceurs, disposent d'informations précises sur les audiences réelles de la veille.

La technique utilisée dans le panel Médiamat géré par Médiamétrie et contrôlé par le CESP est celle de l'audimètre à bouton poussoir (*people meter*). Les personnes qui regardent la télévision doivent appuyer sur une sorte de télécommande pour qu'on les reconnaisse. Cette technique permet de connaître les audiences individuelles et non pas seulement par foyer. Lorsqu'une famille panélisée reçoit des invités, ils sont sollicités pour déclarer leur présence.

Les audiences fournies dans les rapports livrés par Médiamétrie sont les pénétrations en taux moyen. On calcule, sur la durée de chaque émission, la moyenne du nombre de présents, seconde par seconde. On traduit ensuite cette moyenne en pourcentage de pénétration sur la base de la population concernée. Ainsi, si un journal télévisé obtient un score de 20 % sur les ménagères, cela signifie qu'il y avait en moyenne, à chaque seconde de la durée du journal, 20 % des ménagères équipées de télévision à l'écoute de ce journal.

Les audiences sont comptabilisées sur l'écoute en direct, donc sans prendre en compte les écoutes différées par relecture sur magnétoscope d'une cassette antérieurement enregistrée. Ces données sont traitées à la demande.

La technologie de l'audimètre évolue constamment pour prendre en compte l'évolution de l'équipement de la population (multiéquipement, câble, satellite et numérique).

c) La mesure de l'audience de l'affichage

L'Affimétrie a été créé en 1991 par trois grands afficheurs : Avenir, Dauphin et Giraudy.

L'Affimétrie mesure pour toutes les agglomérations de plus de 100 000 habitants, les déplacements d'un échantillon représentatif de 60 000 personnes, quels que soient leur mode de transport, le motif et l'heure de leurs déplacements. L'Affimétrie ne retient que les passages qui permettent une visibilité réelle des affiches. Il s'agit donc d'une évaluation des potentialités de contacts réels. L'audience de chaque réseau est évaluée en occasions de voir (ODV), en couverture, en répétition et en GRP[1] et les données d'audience sont disponibles sur la population des adultes, par âge et CSP.

d) La mesure de l'audience de la radio

Pour la radio, la définition d'un auditeur (audience de la journée) est :

> « Une personne qui a écouté au moins une fois la radio (ou une station donnée) au cours des dernières 24 heures, quelle que soit la durée de l'écoute ».

L'enquête « 75 000 + Médiamétrie » se fait sur la radio et le cinéma. C'est une enquête téléphonique sur un échantillon de 75 250 personnes âgées de 13 ans et plus, sur 43 semaines dans l'année, soit 250 interviews par jour, dimanches et jours fériés inclus. Les personnes sont interrogées à leur domicile entre 17 h 30 et 21 h 30 sur leur écoute au cours des dernières 24 heures. Les résultats de « 75 000 + Médiamétrie » sont exploités et diffusés quatre fois par an.

e) La mesure de l'audience du cinéma

Les données d'audience tirées de l'enquête commune avec la radio « 75 000 + Médiamétrie » sont fournies tous les deux mois. Elles portent sur l'âge, la strate d'habitat et la CSP des spectateurs.

f) La mesure de l'audience d'Internet

La mesure de l'audience se fait par des panels d'Internautes.

(1) Sur ces différentes notions, v. la section 10 : le média-planning, le choix des supports.

Section 3
LA PRESSE

- Toujours le premier média pour les investissements publicitaires
- Un ensemble hétérogène regroupant des types de presse très différents
- Faiblesse en France de la presse quotidienne nationale, force des magazines
- Une relation très forte entre les lecteurs et leurs quotidiens régionaux
- D'excellentes possibilités de ciblage

1/ LES PRINCIPALES CARACTÉRISTIQUES DE LA PRESSE

a) La presse reste le premier média publicitaire mais l'écart avec la télévision diminue

En 1999, la presse représentait 42 % des investissements plurimédias ; en 2003, sa part est tombée à 35 % des investissements, juste devant la télévision (32 %)[1].

Figure 14

LA RÉPARTITION DES INVESTISSEMENTS PLURIMÉDIAS, EN FRANCE, EN 2003
INVESTISSEMENTS PLURIMEDIAS : 16,6 MILLIARDS D'EUROS BRUT

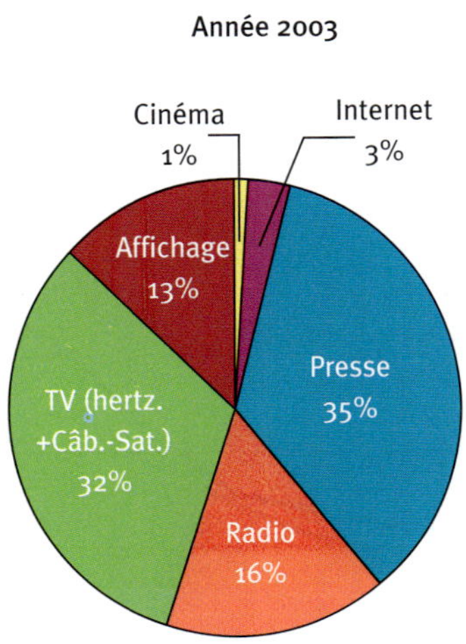

Source : TNS Sécodip.

Le développement de la télévision s'est surtout fait au détriment des recettes publicitaires de la presse mais la situation semble s'être stabilisée.

(1) Selon les organismes d'étude, les recettes publicitaires des médias et les dépenses de publicité des annonceurs sont comptabilisées différemment, ce qui donne des écarts souvent importants. TNS Sécodip mesure les investissements publicitaires des annonceurs. TNS Sécodip s'appuie sur une pige (recensement des publicité dans les différents médias) et valorise les insertions en brut tarif, hors remises et dégressifs mais en incluant les abattements saisonniers ou sectoriels inscrits aux tarifs. L'Institut de recherches et d'études publicitaires (IREP) évalue les recettes publicitaires nettes des médias à partir d'enquêtes auprès des régies. Les chiffres de l'IREP s'établissent commissions de régies et petites annonces incluses, remises déduites. Chaque année, l'IREP présente ses résultats en commun avec ceux de France Pub. Les études de France Pub sont faites par Comareg, une société qui dépend du groupe Havas. Les données de France Pub proviennent d'enquêtes faites auprès d'un panel d'entreprises françaises de toute taille et de tous secteurs. Elles mesurent les investissements nets des annonceurs, y compris les rémunérations des agences et les frais techniques, ceci pour les grands médias publicitaires et le hors-médias. V. http ://marketcom.free.fr. On trouvera les données de l'IREP sur www.irep.asso.fr et celles de France Pub sur www.francepub.fr.

Figure 15

L'ÉVOLUTION DE LA PART DE CHAQUE MÉDIA, EN FRANCE, DANS LE TOTAL DES INVESTISSEMENTS PUBLICITAIRES EN POURCENTAGE, DEPUIS 1968, DATE DU DÉBUT DE LA PUBLICITÉ À LA TÉLÉVISION

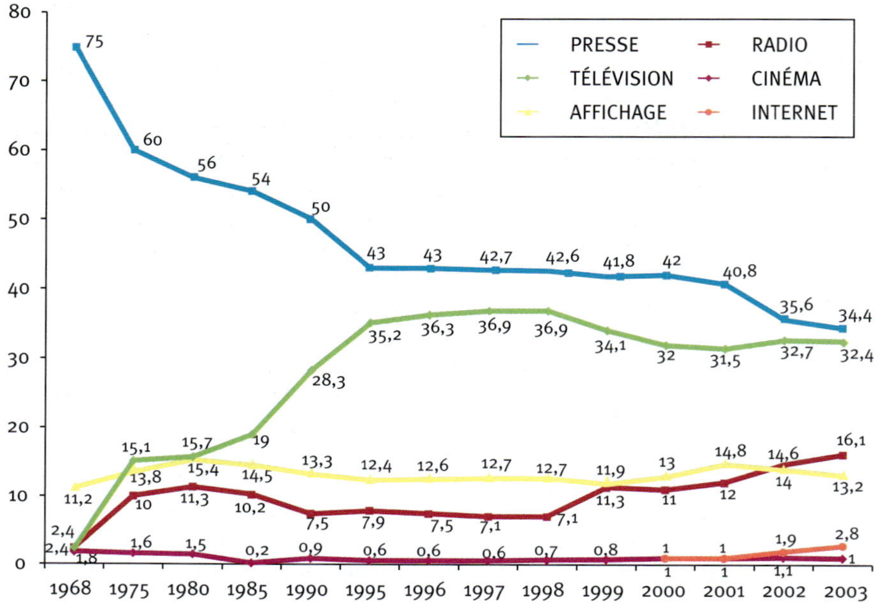

Source : TNS Secodip.

La répartition entre les cinq grands médias a fortement évolué au cours des dernières années. La presse a perdu en part de marché, la radio a beaucoup progressé.

Figure 16

L'ÉVOLUTION DES INVESTISSEMENTS PUBLICITAIRES DANS LES GRANDS MÉDIAS, EN MILLIONS D'EUROS

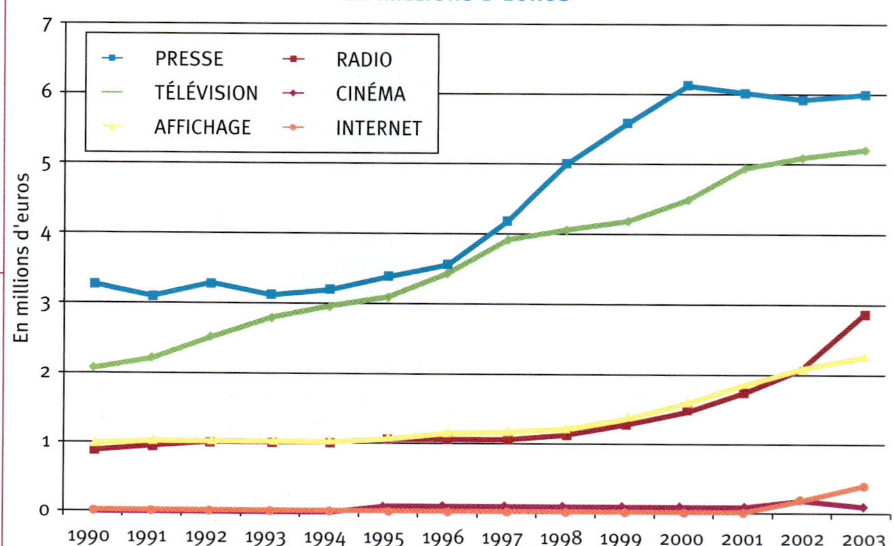

Source : TNS Secodip.

b) La presse est un ensemble hétérogène

Il y a peu de points communs entre un quotidien national comme *Le Monde* et un journal de petites annonces comme *La Centrale des particuliers*, entre un magazine comme *Elle* et un journal économique comme *La Tribune*.

Les principales catégories usuelles sont la presse grand public et la presse professionnelle. On subdivise la presse grand public en cinq catégories :

- *la presse quotidienne*, au sein de laquelle on distingue la presse quotidienne nationale (PQN) et la presse quotidienne régionale (PQR). Il existe également une presse hebdomadaire régionale (PHR), comme *Les Affiches de Grenoble, L'Écho de l'Ouest, Hebdo Vendée, etc.*, qui traite de la vie politique, économique, culturelle, associative de sa région ;
- *la presse magazine* se caractérise par une offre très riche : presse télévision, presse féminine, presse de centres d'intérêt, presse économique, etc. ;
- *les gratuits : 20 Minutes, Métro ;*
- *les journaux d'entreprise ou consumers magazines :* ce sont des journaux à usage interne ou externe, gratuits (revues des compagnies aériennes distribuées à bord des avions) ou payants (le magazine *Épok* de la Fnac).
- *la presse on line* doit maintenant être ajoutée à cette liste. Ce sont des sites éditoriaux créés sur Internet comme *Journal du Net* ou les versions en ligne de titres classiques.

LES DIFFÉRENTES FORMES DE PRESSE

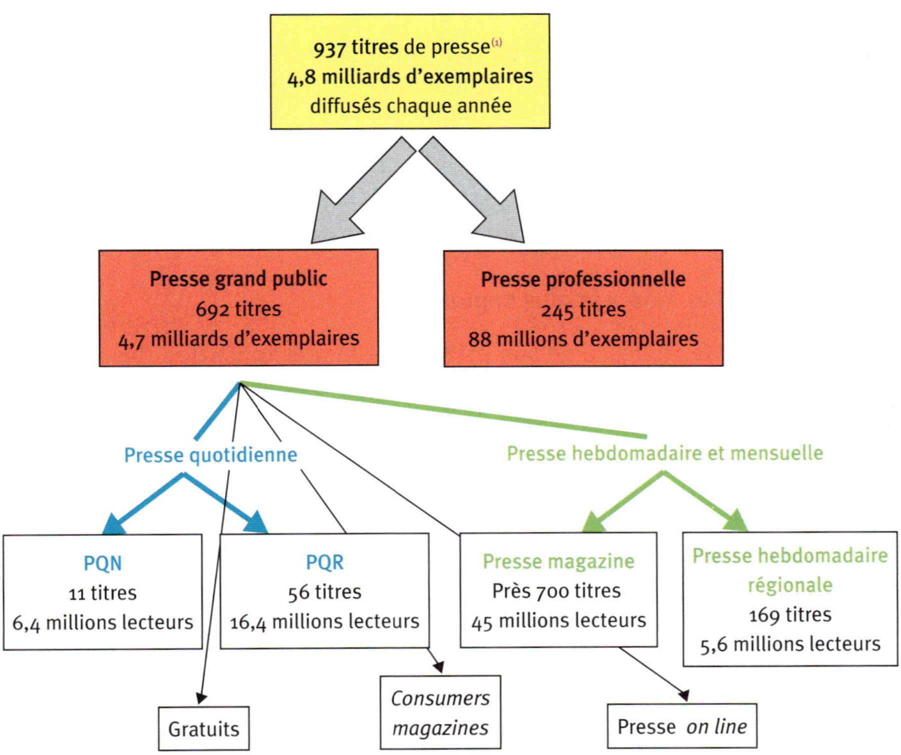

Source : chiffres OJD 2002 (Diffusion France Payée).

Figure 17

(1) Il ne s'agit ici que du nombre de titres contrôlés par Diffusion Contrôle (OJD).

c) Une relation très particulière à la presse

Les relations entre les médias et leurs publics sont très inégales. La plupart des téléspectateurs ne sont pas attachés particulièrement à une chaîne (sauf pour certaines chaînes thématiques mais elles sont encore peu développées en France). Ils se lient plus à certains programmes auxquels ils peuvent être très fidèles qu'aux chaînes qui les diffusent. L'affichage ne crée pas de relation affective avec ses publics ! La presse est, de tous les médias, celui dont le lien avec les audiences est le plus fort.

1° Des liens de nature très différente selon le type de presse

On choisit un titre, on lui est fidèle pour ses opinions politiques (la presse quotidienne nationale, en particulier), pour des croyances qu'on partage (par exemple : *La Croix*), pour des centres d'intérêt (la presse magazine), pour l'appartenance à une communauté locale (PQR et PHR)[1], etc.

2° La presse est le seul média qu'il faut acheter directement et fréquemment (achat au numéro), ce qui suppose une implication forte et soutenue

3° Une grande fidélité (voire un prosélytisme) qu'on n'a pas l'habitude de rencontrer dans la plupart des marchés

4° Une grande liberté de « consommation »

La presse est le seul média que l'on peut « consommer » n'importe quand, n'importe où, que l'on peut reprendre en main selon un rythme choisi par chaque lecteur.

Cela entraîne, en contrepartie, une forte dispersion des temps de fréquentation du média et une difficulté de mesure (reprise en main d'un titre plusieurs jours voire plusieurs semaines après la parution du numéro). La presse est différente des autres médias dont la fréquentation est liée à un moment spécifique : la radio domine le matin, la TV réunit de très fortes audiences le soir, le cinéma est surtout vu le week-end, l'affichage dépend évidemment des déplacements des individus.

d) La presse est le média le plus segmentant

Compte tenu de la richesse de son offre et de la spécialisation des titres, la presse est le média le plus segmentant ce qui est particulièrement vrai pour la presse magazine.

Figure 18

LA DIVERSITÉ ET DE L'HYPERSPÉCIALISATION DES TITRES DE PRESSE : EXEMPLES DE QUELQUES TITRES LANCÉS EN 2002 ET 2003 EN PRESSE FÉMININE

Année de parution	Titre	Nombre d'exemplaires en 2003
2002	*Bien dans ma Vie*	213 560
2002	*Muteen*	61 384
2002	*Version Femina*	–
2002	*Vivre au Féminin*	191 262
2003	*Mods*	–
2003	*Glamour*	–

(1) PQR : presse quotidienne régionale ; PHR : presse hebdomadaire régionale.

e) Les Français lisent peu la presse quotidienne mais sont de grands lecteurs de magazines

Les Français sont de faibles consommateurs de quotidiens	Les Français sont de grands lecteurs de magazines
Les plus fortes diffusions en : ■ France : *Ouest France* 785 113 exemplaires ■ Allemagne : *Bild* plus de 3,9 millions ■ Grande-Bretagne : *The Sun* 3,5 millions ■ Japon : *Yomiuri Shimbun* 14 millions *34 % des Français de plus de 15 ans lisent un quotidien par jour (surtout des quotidiens régionaux) contre 80 % des Allemands ou des Britanniques*	■ 96 % des adultes lisent au moins un magazine (au cours du dernier mois). C'est l'un des taux les plus forts, au monde ■ 10 % des Français lisent près de 30 % des magazines *En moyenne, un lecteur lit 6,9 titres (lecture dernière période)*

f) La vitalité de la presse

Très sensible à la conjoncture économique et en particulier à la santé du marché publicitaire, la presse reste toujours un univers où s'investissent les passions et l'esprit d'entreprise.

1° C'est un univers en perpétuelle recomposition

Le développement considérable de la presse de télévision (près de 30 millions de lecteurs par jour) a accompagné celui de la télévision. Les années soixante-dix et quatre-vingt ont vu l'essor prodigieux de la presse gratuite (plus de 500 journaux et une diffusion totale supérieure à 50 millions d'exemplaires). Les années 2000 ont vu l'arrivée des quotidiens gratuits (les groupes de presse de PQN et PQR investissent ce nouveau secteur). La presse a été l'un des tout premiers secteurs à se mettre à l'heure d'Internet. Les quotidiens qui ont offert une version en ligne gratuite s'interrogent. Quand elle a peu de valeur ajoutée par rapport à la version papier (*Libération*, *Le Monde*), elle concurrence les ventes en kiosque. En revanche, *Les Échos* recrutent de nouveaux lecteurs « papier » avec une édition en ligne qui est payante mais qui a une forte plus-value.

La presse régionale se lance dans la bataille des *city guides* sur Internet et l'arrivée de la télévision numérique interactive lui donne la possibilité de créer des chaînes locales. Ainsi, les 17 principaux groupes de presse régionale ont constitué un GIE pour étudier la création de 20 chaînes locales.

2° La presse française s'internationalise de plus en plus

Les concepts éditoriaux sont transposés d'un pays à l'autre avec des rédactions nationales qui s'adaptent aux particularismes locaux. La France exporte sa presse et, en retour, accueille des formules d'origine étrangère comme *Prima*, *Géo*, *Auto Plus*, etc.

g) Un mode de diffusion particulier mais en mutation

Le système de la diffusion de la presse est en France très atypique. Il a été mis en place, à la Libération, par la loi Bichet du 2 avril 1947 qui a instauré un système coopératif pour donner les mêmes chances de distribution aux petits et grands supports. Trois sociétés sont en présence :

- les NMPP crées en 1947 sont la principale société de messageries de presse. Le capital est détenu à 51 % par cinq coopératives d'éditeurs et à 49 % par Hachette. Les NMPP distribuent 2500 titres ;
- les Messageries lyonnaises de presse (MPLP), créées en 1945 distribuent 800 titres et concurrencent les NMPP en proposant un taux de commission inférieur ;
- *Le Parisien/Aujourd'hui* (Groupe Amaury) a quitté récemment les NMPP et assure sa diffusion par ses propres moyens.

En comparaison avec d'autres pays, notamment d'Europe du Nord, la part des abonnements est beaucoup plus faible et il y a peu de distribution à domicile. À cela, il faut ajouter les aléas de La Poste pour les abonnements. Les méthodes de diffusion de la presse, en France, freinent donc son marché.

2/ Les recettes publicitaires de la presse

Premier média en France pour le total des recettes publicitaires qu'elle draine, la presse séduit les annonceurs de façon très variable qu'elle soit quotidienne ou magazine.

La presse magazine vient au premier rang avec 34,5 % des recettes publicitaires de l'ensemble de la presse en 2003, un rang qu'elle occupe depuis plus de quinze ans. Avec 24,6 % du total des recettes publicitaires de la presse, la PQR occupe le second rang mais elle stagne depuis plusieurs années. La PQN a plus de mal à résister. Elle ne réunit plus que 8,2 % des recettes publicitaires totales de la presse.

a) La presse magazine attire près d'un tiers des recettes publicitaires totales de la presse

La forte audience de la presse magazine, sa spécialisation par centres d'intérêt qui sont d'excellents critères de segmentation en marketing, la qualité de la reproduction des visuels, la possibilité (variable) d'avoir du rédactionnel sont autant d'atouts de la presse magazine auprès des annonceurs.

b) Le développement des couplages

Depuis la création du couplage « 66.3 »[1] qui réunit la quasi-totalité des quotidiens régionaux au sein d'une offre commerciale simple d'accès et accessible financièrement (le ticket d'entrée pour une utilisation nationale de la

(1) En 1991, les 66 titres de la PQR se sont fédérer pour créer le 1er couplage publicitaire : le « 66.3 » (3 insertions dans les 66 quotidiens régionaux). Cette offre, d'un concept unique, permet aux annonceurs de mener une campagne commerciale sur l'ensemble du territoire, bénéficiant ainsi du maillage formé par les titres régionaux (au moins un par département). Source : http :// www.hexagone-regie.com.

L'ÉVOLUTION DES RECETTES PUBLICITAIRES ENTRE LES DIFFÉRENTES CATÉGORIES DE PRESSE, HORS « DIVERS »

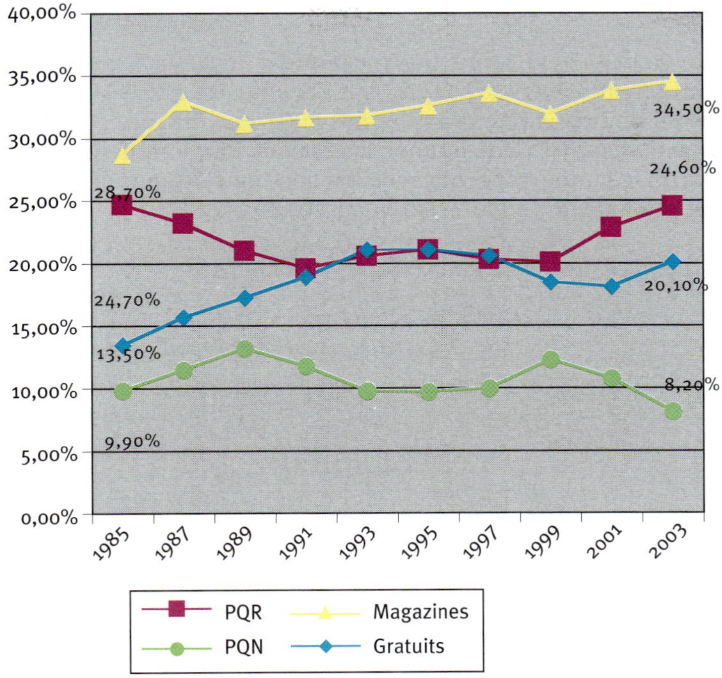

Source : IREP.

Figure 19

PQR étant enfin abordable), les couplages publicitaires se multiplient dans la presse.

Souvent intrarégie et sectoriel dans un premier temps comme c'est le cas de H_30 du Groupe Expansion (*L'Expansion, L'Entreprise et La Vie Financière*), le phénomène d'offres commerciales couplées s'est accéléré avec le développement de nombreux couplages interrégies (habituellement concurrentes) au bénéfice de l'ensemble des annonceurs. Ces offres sont aujourd'hui issues de véritables réflexions marketing, en termes de cibles, de nombre d'insertions, de tarifs et de positionnement publicitaire. Certaines mettent en avant les atouts d'un segment de presse (comme PQN5 qui regroupe cinq grands quotidiens nationaux : *Le Figaro*, *Le Monde*, *Libération*, *Les Échos* et le *Journal du Dimanche*). « Gold J-13 » propose aux annonceurs de passer une campagne dans 13 hebdomadaires en régie chez Interdeco couvrant globalement 70 % de la population des 25-65 ans avec une pression de 196 GRP et une ouverture du planning 13 jours avant parution.

Ces différents couplages (on en recense 70 à ce jour) tentent d'offrir une alternative aux médias dits « puissants » comme la télévision. Au-delà du levier de productivité financière qu'ils représentent, ils ne doivent pas être perçus comme une simplification de préconisation mais seulement comme une simplification d'utilisation, leurs critères de performances (puissance sur cible, économie, affinité[1] emplacements publicitaires, etc.) devant être étudiés au même titre que chacun des supports qui les composent, pour un annonceur donné, une période donnée, un objectif de communication précis, etc.

De nouveaux produits ont été récemment proposés au marché. Ils se situent à mi-chemin entre le couplage et l'achat titre à titre. La Grande Régie propose ainsi depuis le début de l'année 2004 une dizaine de produits commerciaux baptisés « Les Instantanés », destinés à de nouvelles cibles comme les femmes dirigeantes ou les bac + 4. Selon la régie, ils seront vendus au plus offrant sur le mode des enchères à la hollandaise[2].

3/ La presse quotidienne nationale

- Des supports qui sont plus parisiens que nationaux, plus masculins que féminins
- Une presse sélective par la catégorie socioprofessionnelle (ex : cadres), le militantisme ou un centre d'intérêt particulier (sport, finance, etc.)
- Une presse dynamique dans un marché concurrentiel avec des évolutions très différentes selon les titres
- Une charge publicitaire très variable selon les titres
- Un équilibre financier lié non seulement au marché publicitaire proprement dit mais aussi aux petites annonces (emploi, immobilier) et à la publicité financière

a) Un petit nombre de quotidiens nationaux et des audiences limitées

Il n'y a, à ce jour, que onze quotidiens nationaux en France. Encore comptet-on dans la PQN *Le Journal du dimanche,* un titre dit du « 7e jour » et qui est de fait un hebdomadaire. Le *Parisien/Aujourd'hui* dont la diffusion se fait à plus de 75 % en région parisienne pourrait être classé dans la presse quotidienne régionale. Enfin, on compte dans la PQN, deux supports qui ne sont pas des quotidiens grand public : *Les Échos* et *La Tribune.*

De tous les titres de la PQN, *L'Équipe* a la plus forte audience avec 1 904 000 lecteurs. Viennent ensuite, *Le Parisien/Aujourd'hui* (1 825 000 lecteurs), *Le Monde* (1 412 000), *Le Figaro* (71 000).

Au cours des dernières années, la PQN a bien développé ses ressources publicitaires en raison notamment d'une politique marketing dynamique : nouvelles maquettes, nouveaux contenus, couplages entre titres ; ces derniers se sont multipliés mais leur mise en œuvre est un peu plus difficile que pour la presse quotidienne régionale (comme « 66.3 »), les titres de la PQN étant en concurrence ce qui n'est pas le cas de la PQR.

(1) V. la signification de ces termes à la section 10 sur le média-planning.

(2) Enchère descendante : le vendeur baisse progressivement le prix de départ jusqu'à ce qu'il trouve un acheteur ou que l'on atteigne le « prix de réserve ».

Les Échos et *La Tribune* prospèrent sur le segment particulier de la presse économique, les abonnements étant souvent le fait des entreprises et non des individus et le marché publicitaire étant différent de celui de la PQN grand public.

b) La publicité financière est une ressource majeure de la PQN

LES SECTEURS QUI ONT INVESTI LE PLUS EN PUBLICITÉ DANS LA PQN, EN 2003, EN PART DE MARCHÉ DE L'ESPACE

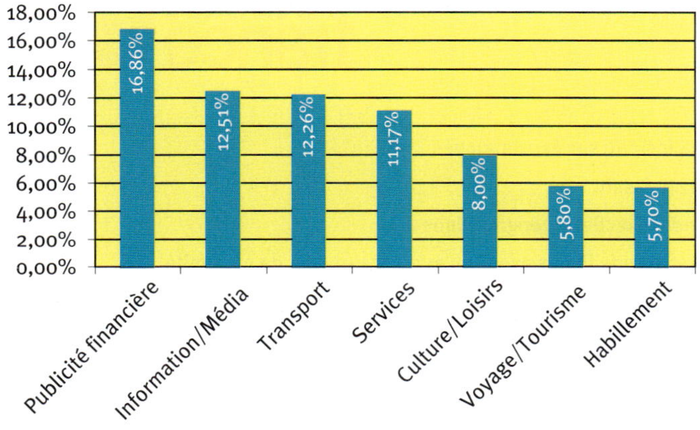

Source : Sécodip.

Figure 20

c) Les recettes publicitaires de la PQN ont progressé en valeur absolue mais moins vite que celle des autres médias

La part de la PQN est en diminution pratiquement constante depuis plus de quinze ans. Elle n'était plus que de 4 % en 2003. On notera que ce chiffre est inférieur à celui qui a été donné, plus haut, dans la figure 19. En effet, on calcule ici la part de la PQN dans les recettes des 5 grands médias alors que dans la figure 19, le total des recettes publicitaires incluait, en plus, celles des gratuits.

L'ÉVOLUTION DE LA PART DE LA PRESSE QUOTIDIENNE NATIONALE DANS LES RECETTES PUBLICITAIRES DES CINQ GRANDS MÉDIAS

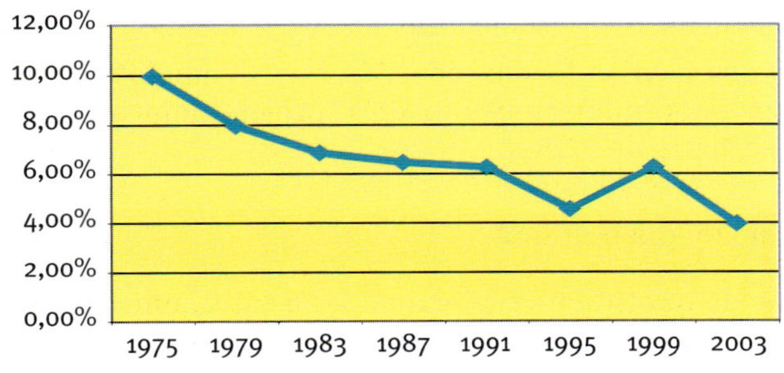

Source : ZenithOpimedia.

Figure 21

4/ La presse quotidienne régionale

On trouvera la liste et la présentation de tous les quotidiens régionaux sur www.pqr.org.

- **Un média installé sur deux marchés**
- **Un média puissant**
- **Une grande sélectivité géographique**
- **Des liens très privilégiés avec son audience (média de proximité)**
- **Un coût très élevé**
- **Des possibilités techniques assez limitées au plan de l'expression publicitaire avec toutefois des améliorations notables (ex : quadrichromie)**

a) La PQR a deux marchés publicitaires : national et local

Le marché publicitaire de la PQR comprend d'une part les annonceurs nationaux qui utilisent la PQR dans des campagnes nationales et d'autre part les annonceurs régionaux. Le marché des annonceurs nationaux est faible ; le marché local, important, est encore sous exploité. En conséquence, la part de la publicité dans les recettes totales est moins importante pour la PQR qu'elle ne l'est pour la PQN ou les magazines.

L'absence de concurrence (ou le peu de concurrence) entre les titres de la PQR les protège mais n'incite pas au dynamisme. Pourtant, la PQR a une autre concurrence, bien réelle. Ce sont les multiples supports locaux qui vont de l'affichage au bulletin paroissial. La diversité de ces supports ne facilite pas leur analyse et l'élaboration de plans disséminés sur de très nombreux titres. Hormis quelques agences médias, peu d'entre elles ont un accès à une banque de données sur ces médias locaux. ZenithOptimedia *via* son outil Zoom Territoires recense l'ensemble des médias locaux français.

Le marché des médias locaux pourrait être dynamisé par la création de chaînes de télévision numériques locales, projets dont on a dit qu'ils intéressaient les éditeurs de PQR.

b) La PQR est un média puissant

La soixantaine de quotidiens régionaux a, au total, une diffusion moyenne de 6 millions d'exemplaires par jour, 17,8 millions de lecteurs de plus de 15 ans (lecture dernière période). 29 % des lecteurs lisent leur journal tous les jours.

La diffusion de la PQR comparée à celle de la PQN, diffusion totale (payée et gratuite)

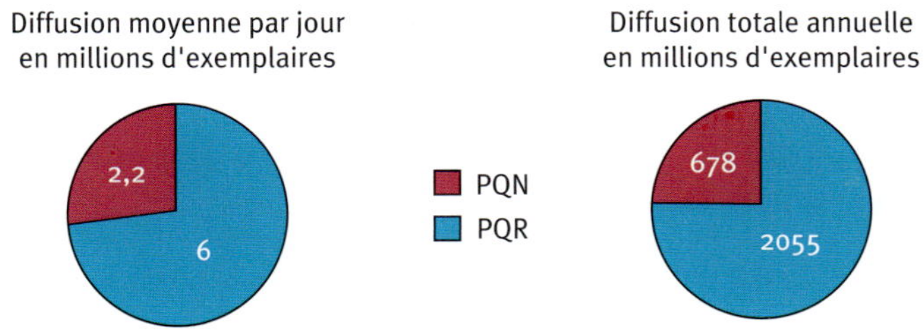

Source : OJD.

Figure 22

c) L'audience de la PQR reflète bien la population sauf sur le critère de l'âge

Les jeunes lisent assez peu la PQR, les seniors sont surreprésentés.

Le profil de l'audience de la PQR, en indice par rapport à la population française

Hommes	Femmes	15/24 ans	25/34 ans	35/49 ans	50/64 ans	+ 65 ans
106	94	72	75	96	120	127

Source : ZenithOpimédia.

Figure 23

Le taux de circulation des titres de la PQR est souvent élevé. Ainsi, *Ouest France* a une diffusion de 785 113 exemplaires avec 2 196 000 lecteurs soit un taux de circulation de 2,8 qui s'explique par une lecture familiale.

d) La PQR s'est concentrée en organisant un contexte peu concurrentiel

Les titres de la PQR sont regroupés dans quelques groupes qui sont généralement en position de monopole dans leur zone de diffusion et qui pratiquent le couplage pour les insertions publicitaires.

Les régies publicitaires de la PQR

RÉGIES	Nombre de titres	Nombre d'exemplaires/jour
Hexagone Régie	20	2 032 000
Publiprint Régions	12	782 000
Régions Communication	17	1 946 000
Nord & Est Publicité	12	1 297 000
TOTAL	61	6 057 000

Source : ZenithOpimédia.

Figure 24

Exemple

☞ Hexagone Régie assure la vente de l'espace publicitaire des groupes et titres suivants :

Groupe Nice Matin	Groupe Midi Libre
■ *Nice Matin* ■ *Var Matin* ■ *Corse Matin*	■ *Midi libre* ■ *L'Indépendant* ■ *Centre Presse*
Groupe Dépêche du Midi	**Les Indépendants**
■ *La Dépêche du Midi* ■ *Le Petit Bleu du Lot-et-Garonne* ■ *La Nouvelle République des Pyrénées*	■ *La Provence* ■ *L'Écho* ■ *Le Courrier Picard* ■ *Le Courrier de l'Ouest* ■ *Le Maine Libre* ■ *Presse Océan* ■ *L'Éclair* ■ *La Marseillaise* ■ *L'Écho du Centre* ■ *L'Éveil de la Haute Loire* ■ *Le Télégramme*

e) La distribution est le secteur qui investit le plus en PQR

Le poids des secteurs en PQR, en 2003, en part de marché valeur de l'espace publicitaire de la PQR

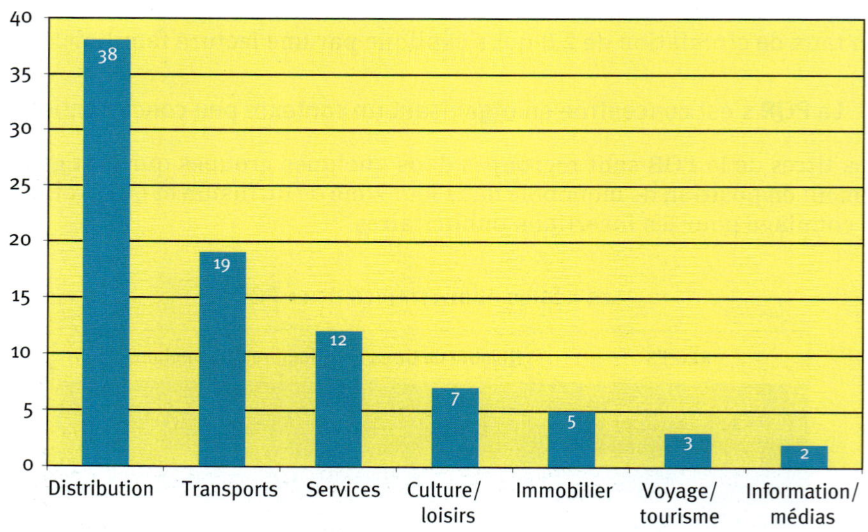

Figure 25

Source : Sécodip.

5/ La presse magazine

- Plus de 30 % des recettes publicitaires de la presse
- Une offre très riche : segmentation croissante, titres spécialisés,
- parfois hyperspécialisés sur des centres d'intérêt
- Des titres qui peuvent être très puissants

a) Les secteurs qui investissent le plus dans la presse magazine

Le poids des secteurs dans la presse magazine, en 2003, en part de marché de l'espace, hors divers, autopromotion et abonnements

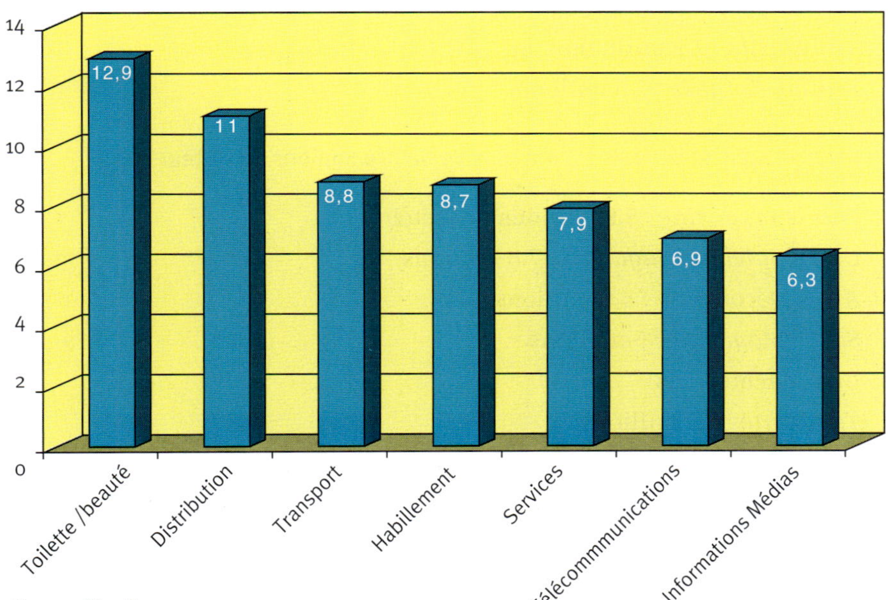

Source : Sécodip 2003.

Figure 26

b) Une audience considérable et une offre très riche

Selon l'AEPM, il y avait en 1997, 1 257 titres de magazines en France. Ce chiffre évolue constamment avec le lancement permanent de nouveaux titres. Chaque jour, 30,7 millions de Français lisent au moins un magazine soit 64 % des Français (chiffres AEPM, 2003). Les magazines sont d'une grande diversité. On les classe de différentes façons :

1° Selon la fréquence de parution

Les magazines peuvent être biheddomadaires (ex : *France Football*), hebdomadaires (ex : *L'Express*), bimensuels (ex : *L'Auto-Journal*), mensuels (ex : *Capital*), bimestriels (ex : *Art et Décoration*).

2° Selon le contenu

On distingue la presse TV (par exemple : *TV magazine)*, la presse féminine (*Modes & Travaux*), la presse économique et financière (*Investir*), les *news* (*Le Point*), les *pictures* (*Paris Match*), la presse seniors (*Notre Temps*), la presse parentale (*Parents*), les centres d'intérêt (*Première* pour le cinéma), etc.

c) Des titres puissants avec une presse TV qui domine[1]

1° Six hebdomadaires ont plus de sept millions de lecteurs

- *TV Magazine :* 14,1 millions de lecteurs
- *Version Fémina :* 9,2 millions
- *Télé Z :* 8,7 millions
- *Télé 7 Jours :* 8,4 millions
- *Télé Loisirs :* 7,9 millions
- *Femme Actuelle :* 7,6 millions

2° Dix mensuels et bimestriels ont plus de quatre millions de lecteurs

- *Plus le magazine :* 9,9 millions de lecteurs
- *Canal Satellite Magazine :* 7,8 millions
- *Art & Décoration :* 5,5 millions
- *Santé Magazine :* 5 millions
- *Géo :* 4,6 millions
- *Top Santé :* 4,6 millions
- *Télé 7 Jeux :* 4,4 millions
- *Notre Temps :* 4,3 millions
- *Maison & Travaux :* 4,1 millions

(1) Source : AEPM, chiffres 2003.

Les cinq magazines les plus lus par les hommes et les femmes : une écrasante domination de la presse TV

Figure 27

Hommes	Femmes
1. *TV magazine* : 6,9millions de lecteurs	1. *TV Magazine* : 7,03 millions de lectrices
2. *Télé Z* : 4,17 millions	2. *Version Fémina* : 5,65 millions
3. *Télé 7 Jours* : 3,82millions	3. *Femme Actuelle* : 5,45 millions
4. *Télé Loisirs* : 3,67 millions	4. *Télé 7 Jours* : 4,56 millions
5. *Version Fémina*: 3,57 millions	5. *Télé Z* : 4,51 millions

d) Une menace à terme ?

Les magazines qui ont le plus de succès sont ceux qui sont spécialisés ou qui ont su trouver un ton très particulier. Ils devront affronter demain les nouveaux médias hypersegmentés : sites éditoriaux du web, chaînes thématiques de télévision numérique par le câble, satellite, télévision *via* Internet.

Les éditeurs de magazines ayant par définition des contenus, leur ressource sera de les adapter à ces nouveaux formats et à ces nouveaux modes de diffusion.

Section 4
La télévision

- **Des investissements publicitaires en progression malgré la hausse des tarifs**
- **Un média de masse qui devient de plus en plus hétérogène**
- **Le média dont on connaît le mieux les audiences**
- **3 h 22 d'écoute par Français quotidiennement**
- **Une audience très fluctuante selon les programmes et le moment**
- **Un fort encombrement publicitaire qui nuit à son efficacité**
- **Un ticket d'entrée élevé et un petit nombre d'annonceurs**

La publicité a été introduite à la télévision en octobre 1968. Jusqu'en 1983, le monopole d'État, soumis à des pressions venant notamment de la presse, a freiné le développement de l'offre télévisuelle et l'espace publicitaire a été contingenté ce qui a contribué à l'essor des autres médias, de l'affichage et de la radio en particulier. Depuis le 1er janvier 2004, la publicité à la télévision a été autorisée aux secteurs de la presse (toutes les chaînes), de la distribution et de l'édition littéraire ; mais, pour l'instant, ces deux secteurs ne peuvent faire de la publicité que dans les chaînes du câble et du satellite. L'ouverture sera complète à compter du 1er janvier 2007, ce qui à terme, pourrait remettre en question l'équilibre des médias en France.

Figure 28

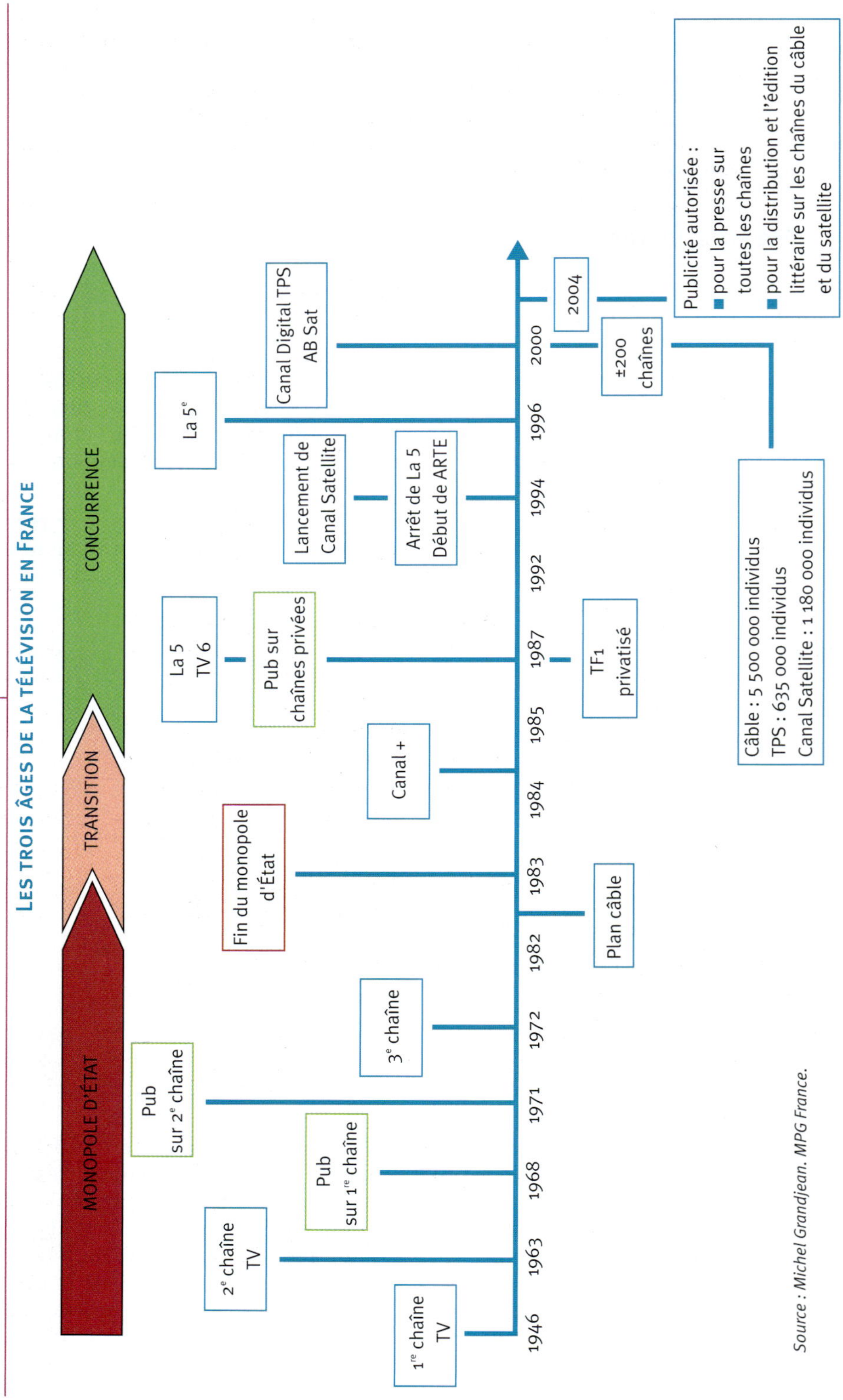
LES TROIS ÂGES DE LA TÉLÉVISION EN FRANCE
MONOPOLE D'ÉTAT
TRANSITION
CONCURRENCE
1946
1963
1968
1971
1972
1982
1983
1984
1985
1987
1992
1994
1996
2000
2004
1re chaîne TV
2e chaîne TV
Pub sur 1re chaîne
Pub sur 2e chaîne
3e chaîne
Plan câble
Fin du monopole d'État
Canal +
La 5 TV 6
Pub sur chaînes privées
TF1 privatisé
Lancement de Canal Satellite
Arrêt de La 5 Début de ARTE
La 5e
Canal Digital TPS AB Sat
±200 chaînes
Câble : 5 500 000 individus
TPS : 635 000 individus
Canal Satellite : 1 180 000 individus
Publicité autorisée :
pour la presse sur toutes les chaînes
pour la distribution et l'édition littéraire sur les chaînes du câble et du satellite
Source : Michel Grandjean. MPG France.

1/ LA TÉLÉVISION EST UN MÉDIA DE MASSE QUI DEVIENT PLUS HÉTÉROGENE

Tous les foyers français ou presque sont aujourd'hui équipés pour recevoir la télévision. Les 5 à 6 % qui n'ont pas de récepteur de télévision se rencontrent surtout dans les CSP élevées.

a) Une audience cumulée[1] très élevée

En 2003, 77 % des Français âgés de plus de 15 ans ont regardé la télévision chaque jour, 3 heures 22 minutes en moyenne. On peut estimer que 65 % des Français regardent la télévision chaque soir pendant le *prime time*. Certaines émissions peuvent réunir des audiences considérables. Ainsi, l'émission qui a rassemblé le plus de téléspectateurs en 2003 est le Journal de 20 heures de TF1 animé par Patrick Poivre d'Arvor, le 20 mars, avec 21 millions de téléspectateurs âgés de 15 ans et plus. C'était l'annonce du déclenchement de l'opération militaire « Liberté pour l'Irak ».

b) Un média de plus en plus hétérogène

Les chiffres précédents montrent que la télévision est bien un média de masse. Pourtant, le développement du volume des programmes diffusés, leur diversité, la multiplication des chaînes, l'évolution et la segmentation des modes de « consommation » de la TV font que ce média est de moins en moins un *mass media* au sens premier du terme.

1° Le développement des chaînes thématiques

Serait-ce la fin de l'âge d'or des chaînes généralistes, voire leur déclin irrémédiable comme certains l'annoncent ? Ce serait oublier que les très grosses audiences se font aujourd'hui autour d'événements majeurs. Or, le coût de ces événements ne les rend pas accessibles aux petites chaînes.

2° La fragmentation croissante des audiences au cours de la journée

Elles ne se concentrent plus autant dans le *prime time*.

DÉCOUPAGE DE LA JOURNÉE ET TARIFS :
MOYENNE DU TARIF D'UN SPOT DE TRENTE SECONDES DIFFUSÉ DANS LA TRANCHE

	Day Time 03h00 - 18h59	*Access Prime Time* 19h00 - 20h00	*Prime Time* 20h00 - 22h00	*Night Time* 22h00 - 2h00
Lundi/vendredi	4 791 Euros	17 515 Euros	32 426 Euros	8 093 Euros
Week-end	6 648 Euros	19 464 Euros	29 472 Euros	8 623 Euros

Source : Médiamétrie.

Figure 29

(1) *L'audience cumulée est le pourcentage ou le nombre d'individus ayant eu au moins un contact avec la télévision au cours d'une période (ici, le calcul a été fait par Médiamétrie sur un jour moyen), quelle qu'en soit la durée.*

c) Des variations sensibles de l'audience

Les facteurs les plus discriminants sont l'âge, la CSP et bien entendu le moment d'écoute.

1° L'audience et la durée d'écoute par individu (DEI) varient beaucoup selon l'âge et la CSP

La DEI est de 1 h 59 pour les 4 à 10 ans, de 2 h 11 pour les 11à 14 ans, de 3 h 18 pour les ménagères de moins de 50 ans et de près de 4 h 19 pour les seniors. Les CSP+ fréquentent moins la télévision : 2 h 40 en moyenne.

2° La variation de l'audience quantitative et qualitative

En effet, l'audience quantitative et qualitative de la télévision fluctue selon le moment, au cours de la journée, entre la semaine et la fin de semaine, selon les saisons.

Figure 30

L'ÉVOLUTION DE L'AUDIENCE MOYENNE EN %, DANS LA JOURNÉE

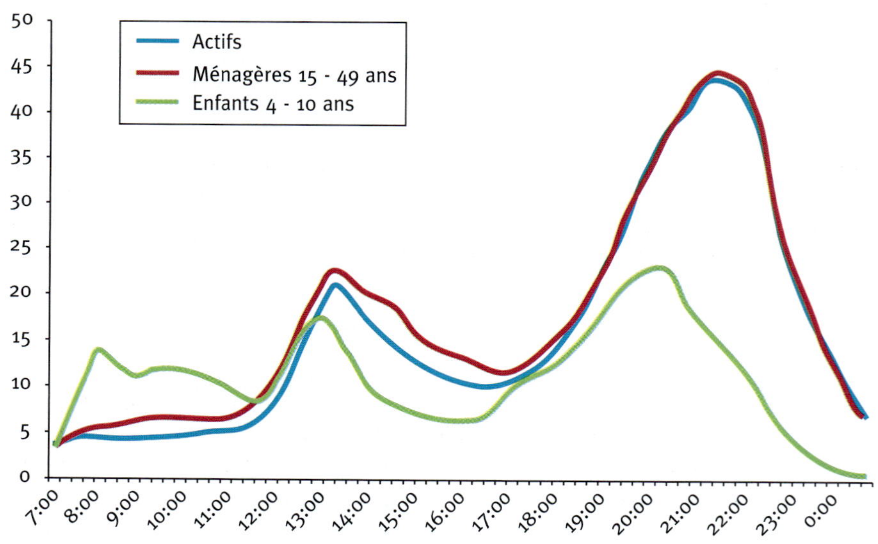

Source : Médiamétrie.

L'ÉVOLUTION DE L'AUDIENCE MOYENNE DE LA POPULATION ACTIVE DU LUNDI AU VENDREDI (L/V) ET LE WEEK-END (S/D), EN %

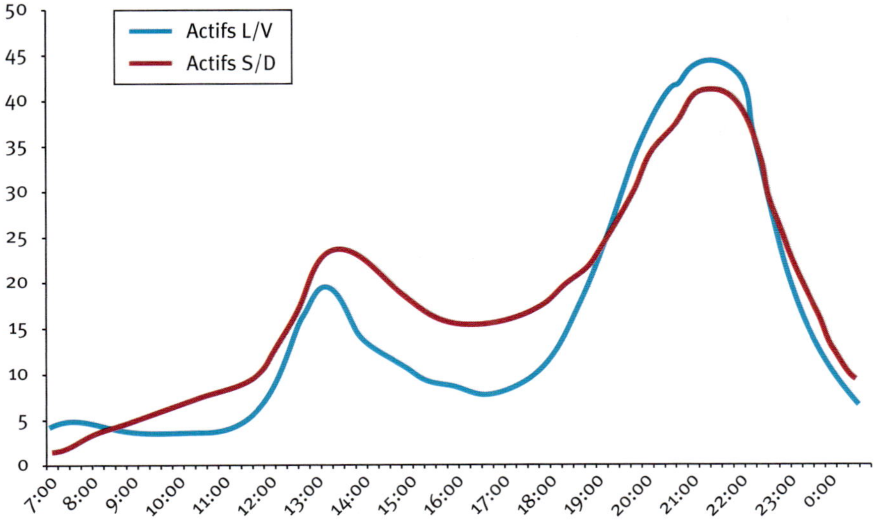

Source : Médiamétrie.

Figure 31

3° Des audiences qui varient beaucoup selon les programmes

4° Une audience de masse qui peut être aujourd'hui bien ciblée

Comme on l'a vu dans la section 2 de ce chapitre consacrée à la mesure des audiences, on a une connaissance très précise de l'audience TV. On peut donc cibler à partir des caractéristiques des téléspectateurs et selon leurs centres d'intérêt en fonction de la nature des programmes.

2/ LES INVESTISSEMENTS PUBLICITAIRES À LA TÉLÉVISION

La part de la publicité dans les ressources des chaînes est très variable. TF1 et M6 se financent à 100 % par les recettes publicitaires qui ne représentent que 46 % des revenus de France Télévisions (le solde étant la redevance) et 6 % seulement des recettes totales de Canal +.

a) TF1 est nettement *leader* en part d'audience et en part de marché publicitaire

En 2003, il y avait en France six chaînes à caractère principalement généraliste et une multitude de chaînes thématiques mais qui ne rassemblent encore qu'un pourcentage limité de l'audience. M6 fait maintenant jeu égal avec France2 en part de marché publicitaire. Les chaînes thématiques représentent moins de 7,6 % du marché publicitaire TV.

b) Un fort encombrement publicitaire avec des coûts croissants

Le jeu de l'offre et de la demande conduit à un paradoxe : les insertions publicitaires sont de plus en plus nombreuses, les coûts augmentent et dans le même temps, l'efficacité de la publicité diminue en raison principalement de la saturation des téléspectateurs.

1° Le volume de la publicité a plus que doublé pendant les années quatre-vingt-dix

Le développement des investissements publicitaires à la télévision s'explique plus par l'augmentation du budget moyen par marque que par l'accroissement du nombre de marques présentes dans les écrans publicitaires. L'encombrement publicitaire croissant (plus de 70 000 écrans publicitaires par an soit plus de 500 000 spots) peut provoquer une diminution de l'efficacité de la publicité à la télévision.

2° Dans le même temps, les tarifs ne cessent d'augmenter

En moyenne[1], le coût d'utilisation de la TV auprès d'un public de référence, les ménagères âgées de moins de 50 ans, a augmenté de 3 % par an depuis 1997. Le coût GRP (C/GRP) est le coût pour exposer 1 % de la cible : ici, les ménagères de moins de 50 ans. Le format est le spot de 30 secondes.

Figure 32

L'ÉVOLUTION DU COÛT GRP TV EN EUROS

	1997	1998	1999	2000	2001	2002
Coût GRP Ménagères < 50	3193	3232	3309	3601	3618	3700

Source : SNPTV.

En raison de la hausse des coûts, les budgets des annonceurs doivent s'accroître pour conserver la même part de voix et la même efficacité sauf à imaginer des utilisations moins normées de la télévision : réduire les formats, revoir la part des investissements dans la tranche du *prime time*, investir plus dans les chaînes thématiques, sélectionner des émissions dont les centres d'intérêt sont très proches de la cible, etc.

c) Un petit nombre d'annonceurs

En 2002, 872 annonceurs ont communiqué en télévision sur 3 973 produits et services. Le budget moyen investi par produit est de 12 millions d'euros.

Figure 33

LES DIX PREMIERS ANNONCEURS EN TÉLÉVISION, EN FRANCE, EN 2003

	En K euros
DANONE	199 005
NESTLÉ FRANCE SA	164 416
PROCTER & GAMBLE FRANCE	153 613
UNIVERSAL MUSIC	123 143
LEVER FABERGE FRANCE	110 629
FERRERO FRANCE	103 273
LORÉAL PARIS	90 217
GEMEY MAYBELLINE GARNIER	88 557
RECKITT BENCKISER	84 272
HENKEL FRANCE	81 629

Source : Sécodip.

(1) *Source : Syndicat national de la publicité télévisée : http :// www.snptv.org.*

Figure 34

LES SECTEURS QUI ONT INVESTI LE PLUS EN TÉLÉVISION EN 2003

En K euros

AUTOMOBILES	378 529
ÉDITION MUSICALE	316 459
ULTRA-FRAIS GAMME	256 163
ÉDITION VIDÉO-DVD	177 234
BANQUES DE DÉTAIL	119 879
CHOCOLAT	113 041
TÉLÉVISION	104 049
SOINS DU VISAGE FEMME	92 544
FROMAGES	90 539
TÉLÉPHONIE MOBILE	90 260

Source : Sécodip.

3/ Les formes de présence des marques à la télévision

Quand on parle de la publicité à la télévision, on pense immédiatement au spot de 20 ou 30 secondes. En réalité, on peut faire de la publicité à la télévision avec de nombreux autres formats.

a) Les écrans avec des spots de durée variable sont la forme dominante de la publicité à la télévision

Les spots dans des écrans représentent 95 % des recettes publicitaires. Le format le plus utilisé est le 20 secondes.

Les spots de plus de 45 secondes comprennent les « infomerciales »[1] (en anglais *infomercials*). Ce sont des émissions proches du téléachat, où l'on propose aux téléspectateurs l'achat d'un produit longuement présenté (souvent une demi-heure aux États-Unis).

On a abusivement francisé cette dénomination pour désigner des films publicitaires qui durent une minute ou un peu plus et dont le but est de provoquer l'appel d'un numéro de téléphone. À la différence du téléachat, la citation de la marque du produit est possible mais il est interdit, en France, de faire une offre directe d'achat ce qui est évidemment un inconvénient majeur pour les annonceurs. Le numéro de téléphone donné à l'écran ne peut pas permettre au téléspectateur de commander le produit mais uniquement d'obtenir des compléments d'informations et éventuellement de laisser ses coordonnées pour obtenir de la documentation et/ou un bon de commande. Cette réglementation très stricte ne permet donc pas d'envisager actuellement un développement important des « infomerciales ».

b) Les formes de présence des marques à la télévision autres que les spots[2]

Ces modes de présence des marques à la télévision sont parfois combinés entre eux.

(1) Extrait de www.tf1.fr. Certains disent infomercial, infomerciaux. La traduction du terme anglais n'est pas encore fixée.

(2) Classement établi par Daniel Bô.

1° Le sponsoring ou parrainage de programme

C'est l'association régulière d'une marque à un programme, comme Darty et la météo. Le parrainage peut être aussi événementiel. Le parrain est alors associé à une émission exceptionnelle ou à un événement (exemple : le café Grand-Mère et la fête des grands-mères). Le sponsoring peut être technique : une marque aide la réalisation d'une émission et est présente à l'écran (par exemple : une marque assure le chronométrage d'une compétition ou dépouillement informatique des résultats d'une élection). Le sponsoring de production consiste dans l'intervention d'un annonceur dans la conception et la production d'un programme. Ainsi, La Poste fut coproducteur de *Juliette en toute lettre*, série qui se déroulait dans un bureau de poste.

Figure 35

LES ATOUTS ET LES INCONVÉNIENTS DU PARRAINAGE TV POUR LES ANNONCEURS

ATOUTS	INCONVÉNIENTS
■ Vecteur de notoriété ■ Touche un public ciblé par les émissions parrainées ■ Permet aux secteurs interdits totalement ou partiellement de publicité dans les écrans d'accéder à la télévision (distribution, édition) mais le tabac et l'alcool restent interdits en parrainage ■ Permet à de petits budgets d'être présents en TV mais il n'est pas efficace de faire du parrainage *one shot* (v. ci-contre) ■ Peut pallier l'encombrement publicitaire des écrans	■ La réglementation du parrainage est très contraignante : ❑ on ne peut pas montrer le produit ❑ on ne peut pas délivrer un message publicitaire classique avec de l'argumentation ■ Le parrainage suppose des investissements sur une longue durée pour être efficace ■ Le parrainage d'un programme hors *prime time* favorise la répétition au détriment de la couverture

Source : tableau élaboré à partir d'un document MPG, www.mediapoche.com.

2° Les rubriques services

C'est la création d'un mini-programme par la chaîne avec le parrainage d'un annonceur.

Exemples

☞ Trafic Infos.

☞ Météo des neiges.

☞ Leroy Merlin : « Du côté de chez vous ».

3° La médiatisation d'événements

C'est la diffusion d'opérations « terrain » à l'antenne.

Exemple

☞ Le Paris-Dakar.

4° Les droits d'asile

C'est la présence d'un produit sous forme de cadeau proposé aux candidats dans les émissions de jeu. Le coût est fonction de la durée de la « vitrine ».

5° Le placement de produit

C'est la présence d'un produit dans un film cinéma ou une émission TV.

Cette technique de promotion concerne toutes les formes de productions audiovisuelles (films, téléfilms, séries, clips, etc.). Elle se pratique aussi, à bien moins grande échelle, dans la production littéraire.

Exemple

☞ On rappelle régulièrement aux lecteurs de SAS que les Gitanes sont les cigarettes préférées de Malko, le héros de la série et Gaston Delagrange est le seul cognac qu'il boit.

Pro. p.ag. anda, une agence de placement de produits, définit ainsi son rôle et ses méthodes de collaboration avec ses clients :

> « Le placement de produits n'est pas et ne sera jamais une opération d'achat d'espace publicitaire. On place une marque ou un produit en situation réelle en l'intégrant dans une histoire, dans une action. La légitimité et la performance du placement sont liées au fait qu'il intègre le produit dans le film et non qu'il adapte le film au produit. »

6° Le *bartering* ou troc

Souvent confondue avec le *sponsoring* TV, cette forme d'intervention strictement financière permet aux annonceurs de troquer des programmes dont ils contrôlent les droits contre de l'espace publicitaire.

L'échange de marchandises ou de services est une vieille pratique qui reste toujours d'actualité, notamment dans le secteur de la communication.

Lorsqu'au milieu du XIXe siècle, Charles Havas créa son agence de presse et son service de courtier en espace publicitaire, il lui arriva d'échanger avec des journaux, des informations fournies par son agence de presse contre de l'espace publicitaire qu'il commercialisait ensuite. Aux États-Unis, la pratique des *due-bills* est encore fréquente. Les entreprises de supports qui font de la publicité pour des hôtels échangent de l'espace contre des chambres qui sont ensuite données ou revendues au sein de ces entreprises ou à l'extérieur. Aux États-Unis, aux débuts de la radio, la majorité de l'espace publicitaire des stations de radio était vendue sous forme de troc. Cela reste une activité importante pour les médias *broadcast* (télévision et radio). Certains en ont fait leur métier. Ce sont les courtiers en troc d'espace publicitaire (*barter brokers*).

En France, on réserve plutôt le terme *bartering* à l'échange d'un programme de télévision contre de l'espace publicitaire. Ce sont les lessiviers, en particulier Procter & Gamble, qui ont développé cette idée. Ainsi, aux États-Unis, un annonceur peut financer la réalisation d'une série (généralement un *Soap Opera* comme Dallas qui fut le premier grand succès en France) qu'il offre à une chaîne contre tout ou partie de l'espace publicitaire qui accompagne la diffusion de la série. L'annonceur utilise cet espace pour ses marques ou vend ce qui ne l'intéresse pas à des entreprises non concurrentes.

Section 5
La radio

- Un média dont le succès ne se dément pas et qui est plus important en France qu'en Europe, en moyenne
- Le média du comportement : création de trafic vers les points de vente, promotion, lancements de produits, etc.
- Le média de la distribution
- Un média dégagé des contraintes techniques : rapidité et faible coût de la production des messages radio
- Une communication éphémère
- La possibilité d'une utilisation différenciée, en finesse ou en force

99,1 % des foyers possèdent au moins un type d'appareil radio en état de marche. En moyenne, chaque foyer a 5,6 appareils radio en état de marche.

Avec 16 % de part de marché[1] des recettes publicitaires des six grands médias, la radio se classe au troisième rang après la presse, la télévision et juste devant l'affichage. Les recettes publicitaires de la radio ont augmenté de 17 % en 2003, en raison principalement de l'augmentation du nombre d'annonceurs et des tarifs.

1/ L'offre

La radio est historiquement très puissante en France avec 1 103 opérateurs pour 3 229 fréquences. La couverture cumulée journalière atteint 83,4 % de la population française.

a) Les grandes familles de la radio

On classe les radios en quatre grandes familles :

- les *généralistes* : ce sont les plus anciennes et les moins nombreuses mais c'est parmi elles que l'on trouve les plus fortes audiences ;
- les *musicales* : elles se sont créées dans les années quatre-vingt avec la suppression du monopole d'État ;
- *les thématiques* (hors musique) qui sont soit des créations des généralistes comme France Info, France culture, RFI, etc. du groupe Radio France, soit des indépendants comme BFM ou Radio Classique ;
- les *locales* : elles ne couvrent qu'un petit territoire mais elles appartiennent le plus souvent à des réseaux pouvant comporter plusieurs dizaines de radios locales.

(1) Données TNS Sécodip.

Les quatre grandes familles de radio : généralistes, musicales, thématiques et locales

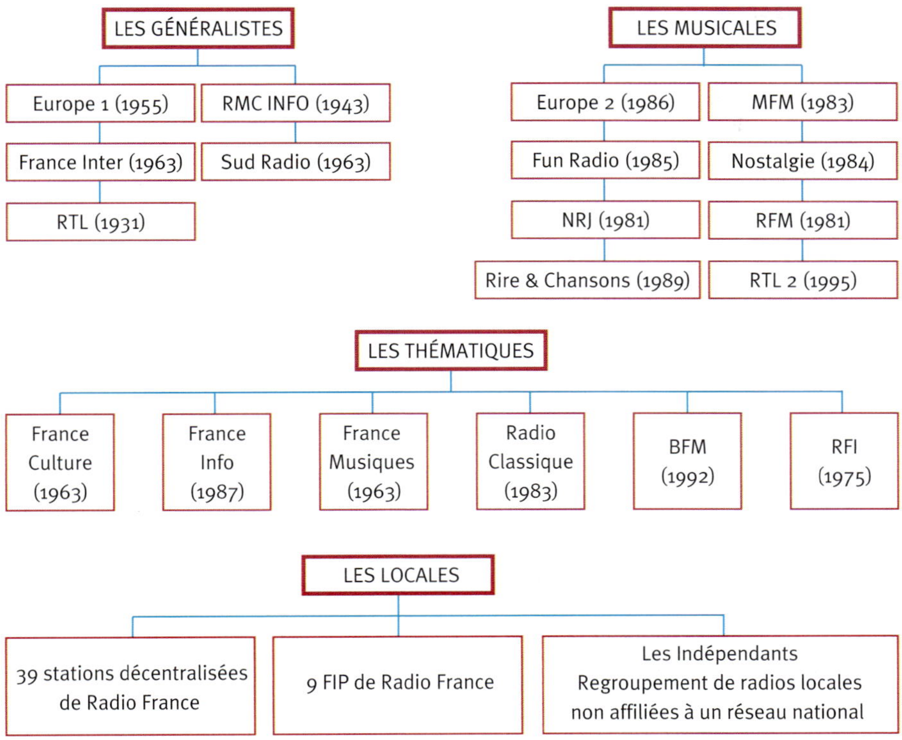

Source : ZenithOptimedia.

Figure 36

b) Les régies publicitaires

Dans le tableau page suivante, on présente les sept régies publicitaires de la radio. Les dates qui figurent à côté du nom des stations sont celles de leur création.

Figure 37

Les régies publicitaires en 2003

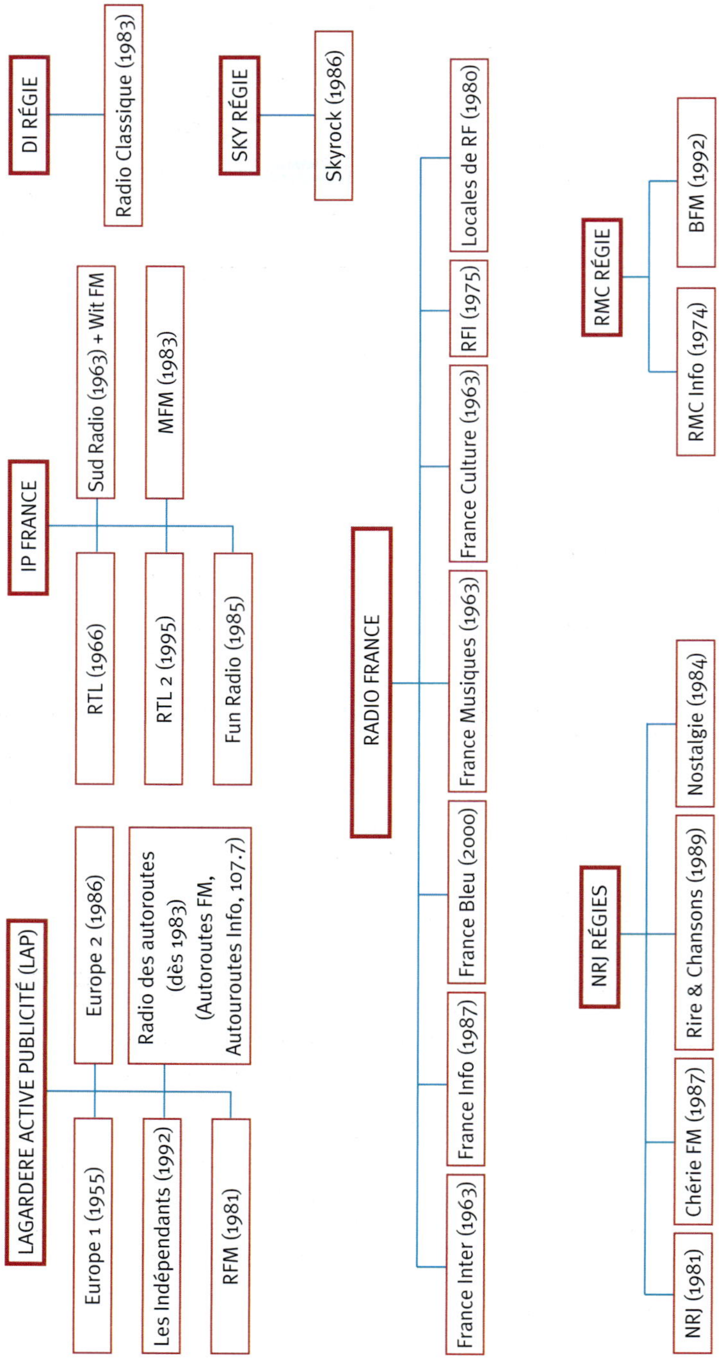

Source : ZenithOptimedia.

Le poids des investissements par régie : NRJ régie et IP France font 60 % du marché, en 2003

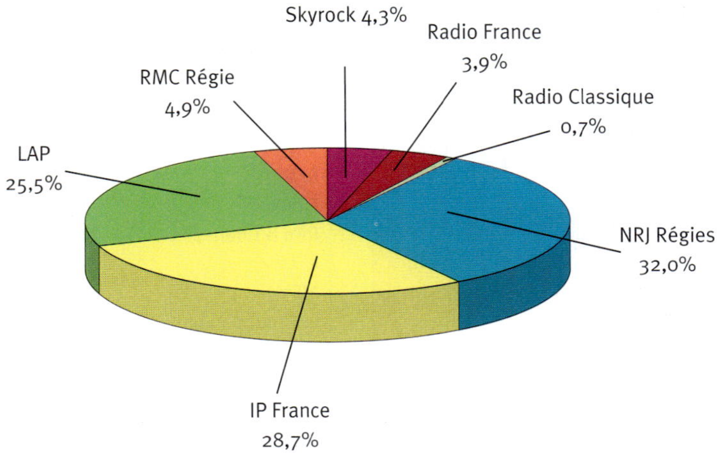

Source : ZenithOpimedia.

Figure 38

Les régies vendent les stations en packages.

Exemple

☞ IP vend des offres multistations comme celles-ci :

- l'offre *First radio* inclue les cinq stations de la régie (RTL, RTL 2, Fun Radio, Sud Radio et MFM) ;
- l'offre *Radio Sport* inclue trois stations de la régie (RTL, Sud Radio et MFM) ;
- l'offre *Générations* inclue trois stations de la régie (RTL2, Fun Radio et MFM) ;
- l'offre *Influences classiques* inclue trois stations de la régie (RTL, Sud Radio et MFM).

c) Un fort encombrement publicitaire

Les investissements publicitaires se concentrent sur certaines stations. Ainsi, NRJ Régies (NRJ, Chérie FM, Nostalgie et Rires & chansons) représente 46 % de la durée de la publicité sur les stations musicales (NRJ, Chérie FM, Nostalgie, Rire & Chansons, MFM, Skyrock, RTL2, Fun Radio, RFM, Europe 2 et Les Indépendants).

En 2003, 40 % du volume publicitaire radio ont été diffusés par les stations « musicales adultes », 30 % par les généralistes, 19 % par les « musicales jeunes », 4 % par les stations « économique + classique » et 3 % par Radio France et Les Indépendants.

Figure 39

NOMBRE D'HEURES DE PUBLICITÉ, EN 2003

GÉNÉRALISTES :	2 694 heures
RTL	719 h
Europe 1	611 h
RMC Info	823 h
Sud + Wit	418 h
France Inter	124 h

THÉMATIQUES :	553 heures
BFM	226 h
France Info	176 h
Radio Classique :	151 h

MUSICALES :	5 339 heures
NRJ	818 h
Nostalgie	551 h
Chérie FM	598 h
Europe 2	525 h
Skyrock	319 h
RFM	508 h
Fun Radio	506 h
Rire & Chansons	469 h
RTL2	490 h
MFM	309 h
Les Indépendants	245 h

Source : ZenithOpimedia.

d) Les coûts GRP[1]

Le coût GRP augmente et cela est dû bien plus à l'augmentation des tarifs (comme pour les autres médias) qu'à celle des audiences.

D'une station à l'autre, le coût GRP peut varier du simple au double.

Figure 40

COÛT DU GRP BRUT PAR STATION EN EUROS

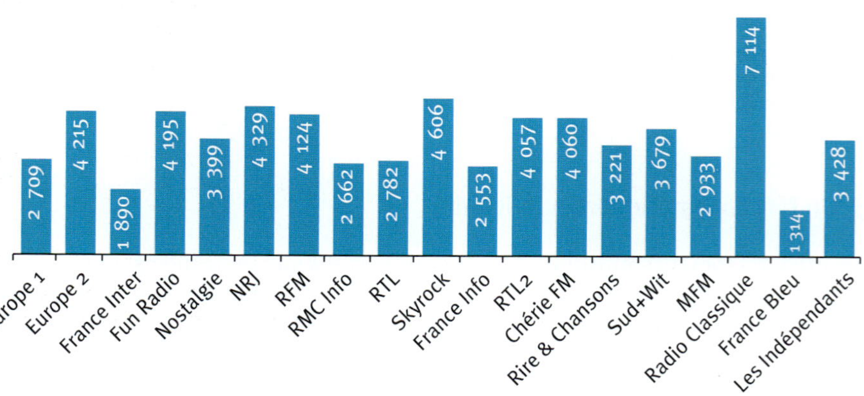

Source : Médiamétrie, sept.-déc. 2003, lundi-dimanche, ensemble 15 ans +.

La loi de l'offre et de la demande entraîne une augmentation importante du coût GRP le mercredi, jeudi et le vendredi, avant le samedi jour des achats.

(1) *Sur la notion de GRP, v. section 10 le média-planning.*

Le coût du GRP brut en euros selon le jour de la semaine

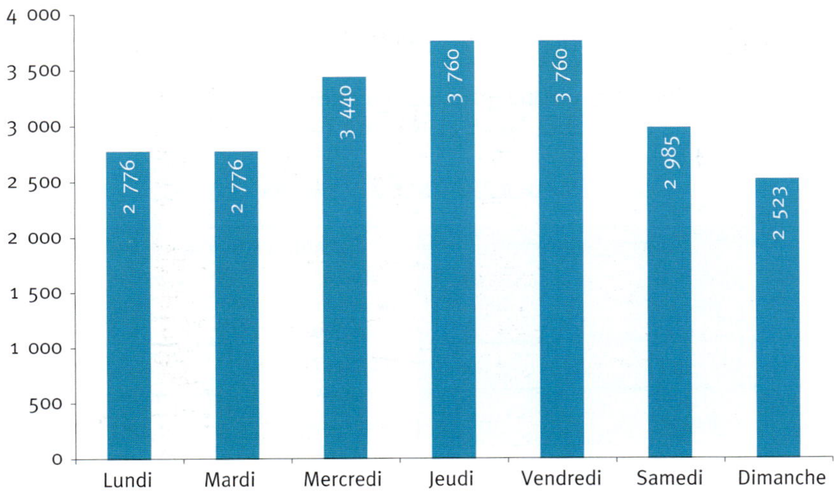

Source : Médiamétrie, sept.-déc. 2003, lundi-dimanche, ensemble 15 ans +.

Figure 41

2/ L'audience de la radio

Comme on l'a vu précédemment, l'audience cumulée journalière de la radio est forte : 83,4 % de la population des plus de 15 ans. Elle est en progression.

La durée d'écoute individuelle a nettement augmenté au cours des dernières années : 146 minutes par jour en 1991 et 152 minutes en 2003.

En radio le *prime time* se situe en début de journée. C'est le *drive time*.

L'audience moyenne dans la journée

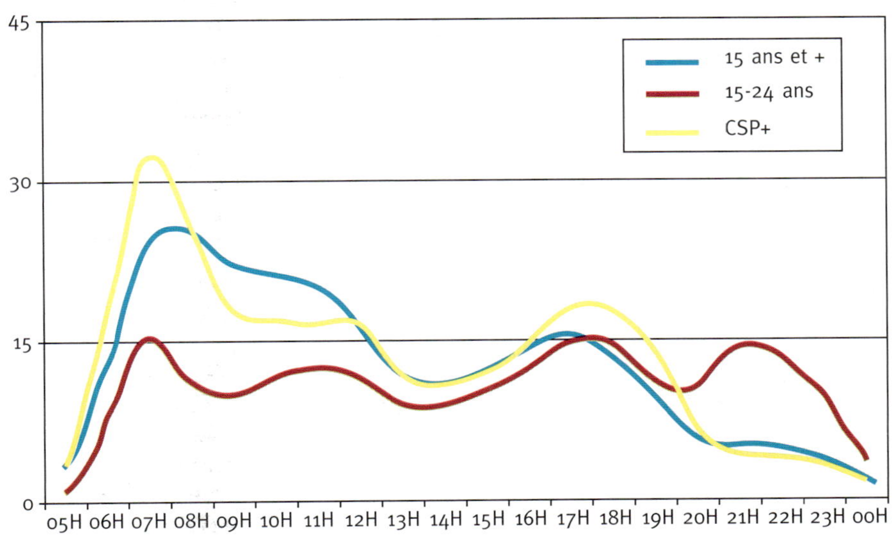

Source : Médiamétrie, année 2003, quart d'heure moyen en pénétration (lundi-vendredi).

Figure 42

a) RTL est leader en part d'audience et en recettes publicitaires

Les trois stations qui ont les plus fortes recettes publicitaires sont dans l'ordre : RTL, NRJ et Europe 1.

Les trois stations qui ont les plus fortes audiences sont trois radios dites « généralistes » : RTL, France Inter et Europe 1.

Figure 43

Parts d'audience des radios

RADIOS GENERALISTES	
RTL	11,9%
France Inter	10,0%
Europe 1	8,0%
France Bleu	5,9%
RMC Info	2,6%
Sud + Wit	0,9%

RADIOS THEMATIQUES	
France info	4,5%
Radio Classique	0,7%

RADIOS MUSICALES	
NRJ	6,9%
Nostalgie	5,8%
Chérie FM	4,2%
Europe 2	4,2%
Skyrock	4,0%
Fun Radio	3,4%
RFM	3,3%
RTL 2	2,8%
Rire & Chansons	1,8%
MFM	1,2%

Source : étude 75 000 + Médiamétrie Radio, part d'audience en 2003, 5h-24h, lundi-vendredi, cible 15 ans et plus.

b) Qui écoute quoi, à la radio ?

Les jeunes plébiscitent les musicales, les seniors les généralistes. Ces derniers sont moins nombreux à écouter la radio mais ils l'écoutent plus longtemps.

Figure 44

Durée d'écoute par auditeur (DEA) selon la cible en minutes par jour

	Total radio	Programmes généralistes	Programmes musicaux
Ensemble 13 ans et +	172	148	123
Homme	179	140	129
Femme	164	158	116
13-24 ans	130	68	109
De 25 à 34 ans	167	117	129
De 35 à 49 ans	177	130	130
De 50 à 59 ans	190	160	127
60 ans et plus	193	175	129
CSPI+	167	126	108
CSPI-	184	140	141
Actifs	177	133	129
Inactifs	166	167	113
Commune rurale	172	149	126
Agg. < 20 000 hab.	171	150	126
Agg. 20 à 50 000	174	155	121
Agg. 50 000 à 100 000	177	156	131
Agg. 100 000 à 200 000	169	151	124
Agg. > 200 000	170	148	118
Paris	171	141	118

Source : enquête 75 000 + Radio, Médiamétrie, sept.-déc. 2003, 5h-24h, lundi-vendredi.

3/ Les annonceurs

Dans les dix premiers annonceurs en radio, on trouve surtout des opérateurs de télécommunications et des grands distributeurs, mais en 2003, c'est Danone qui a le plus investi.

Les dix premiers annonceurs radio ont dépensé 636 millions d'euros en 2003 soit 26 % du total des investissements de tous les annonceurs en radio.

Les dix premiers annonceurs en radio, en France, en 2003

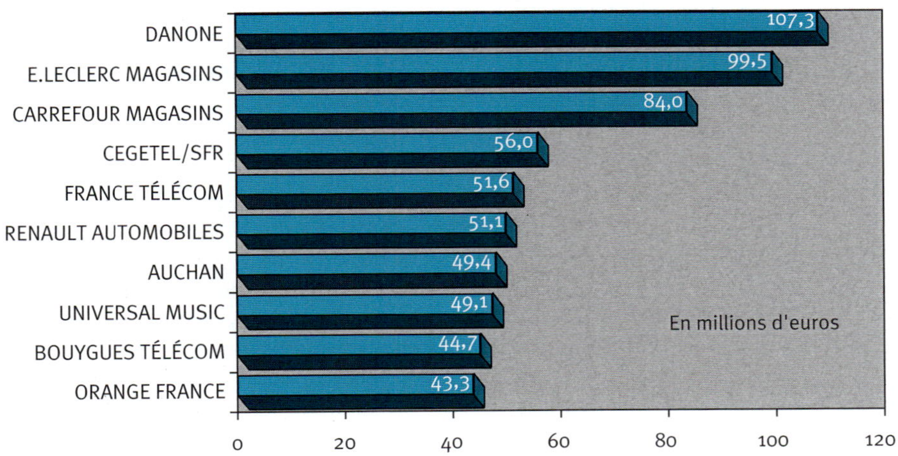

Source : TNS Secodip.

Figure 45

Les investissements en radio sont marqués par une forte saisonnalité, l'investissement étant le plus fort au mois d'octobre.

Section 6
L'affichage

L'affichage est parfois dénommé « publicité extérieure » ce qui est la traduction littérale de l'anglais *Outdoor advertising*.

- **Le média de masse par excellence mais avec une très bonne sélectivité géographique**
- **Un média immédiatement efficace**
- **Le média dont on connaît le moins bien l'audience**
- **Exigeant au plan créatif**
- **Une offre exceptionnelle en France avec une très grande diversité de formats**
- **Le média de la distribution**

1/ Les caractéristiques et les utilisations de l'affichage

L'affichage est un média qui présente de grandes qualités : sa puissance, sa souplesse d'utilisation avec une grande sélectivité géographique, la rapidité avec laquelle il distribue des ODV, etc. mais il a aussi un gros défaut : c'est le média dont on connaît le moins bien les audiences.

a) L'audience globale de l'affichage

L'affichage peut toucher tout le monde, avec une forte répétition dans un minimum de temps. Il convient donc bien à des communication peu ciblées (hors critère géographique) pour annoncer un événement ou le lancement d'un produit.

1° Le média de masse par excellence

L'affichage est le plus vieux de tous les médias publicitaires. C'est le seul des cinq grands médias qui n'a qu'une fonction strictement publicitaire. C'est un média populaire puisqu'il est le seul à être offert à tous, gratuitement, dans la rue. En effet, pour tous les autres médias, il faut payer soit directement (un journal, une redevance de télévision, une entrée de cinéma), soit indirectement (l'achat d'un équipement de radio ou de télévision).

2° L'affichage est un média de masse mais c'est un média souple qui permet un certain ciblage

Les audiences de l'affichage dépendent évidemment directement de la nature des réseaux. Souvent spécialisés (par exemple : l'affichage dans le métro), ils sont plus développés dans les zones de forte densité humaine.

- *Une excellente sélectivité géographique*

L'affichage permet de communiquer en 24 heures sur l'ensemble du territoire mais aussi à des endroits très précis comme la zone de chalandise d'un hypermarché. L'affichage a une grande souplesse d'utilisation. La pression publicitaire est modulable selon les villes et les régions.

- *Un média urbain*

L'affichage se complaît dans les sites très peuplés. Ailleurs, les audiences sont souvent trop faibles pour justifier des investissements et des coûts d'exploitation élevés pour la création et l'entretien des réseaux d'affichage.

- *Une audience active*

En toute logique, l'affichage touche ceux qui circulent le plus ; l'audience est plus masculine que la moyenne ; elle est plus jeune et de CSP moyennes et supérieures.

3° Une puissance et une efficacité immédiates

L'affichage délivre rapidement des ODV et donne très vite une forte répétition.

Performances d'un réseau à sept jours

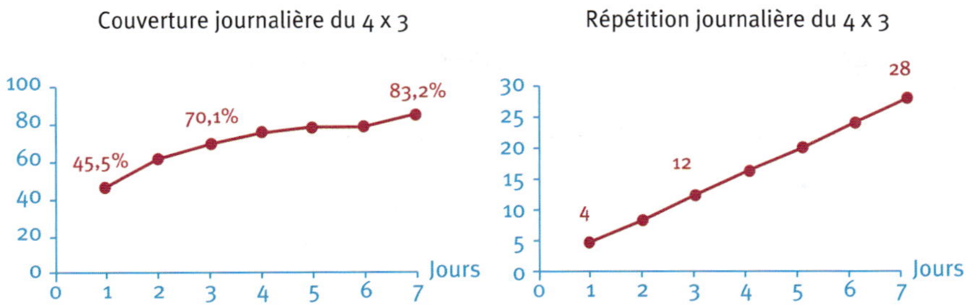

Légende : pour un réseau urbain national, grand format 4 × 3, dans 54 agglomérations de plus de 100 000 habitants dont Paris-Banlieue, réunissant 20 130 000 personnes de plus de 15 ans, soit 43 % de la population française.

Sources : données Affimétrie, 1er trimestre 2004.

Figure 46

4° L'affichage, un média dont l'audience est mal connue

Malgré les progrès des études récentes de l'Affimétrie, l'évaluation des performances d'un plan en affichage reste très imprécise, comparée à la qualité de la mesure d'autres médias comme la télévision, en particulier.

L'intérêt de la pige Sécodip est limité en affichage parce qu'elle s'appuie sur les données déclaratives de certains afficheurs seulement et que les investissements sont donnés en brut, ce qui est loin de la réalité compte tenu de l'importance des dégressifs en affichage.

b) Des caractéristiques de communication très intéressantes

Média évènementiel, média de l'impact visuel, média innovant dans ses formes et ses emplacements, l'affichage est très exigeant sur le plan créatif et il ne tolère pas la demi-mesure.

1° C'est le média de l'événement

Avec son format (4 × 3 mètres et parfois plus avec les formats géants), la liberté donnée à la création (supports originaux, messages en relief, débordant des panneaux, etc.), sa pose en 24 heures (voire en 12) des campagnes de 7 jours, une montée en couverture très rapide, c'est véritablement le média du spectacle et de l'annonce des événements.

2° C'est un média de l'image, très exigeant, au plan de la création

C'est ce qui lui donne sa force d'impact et son universalité. Les textes des affiches publicitaires sont nécessairement très courts. L'affichage doit être vu de loin et compris immédiatement. Fréquenté par tous les publics, les messages qu'il porte doivent être accessibles à tous de façon quasi instantanée. L'affichage fait « éclater » la création. C'est souvent le média favori des créatifs car il ne se satisfait pas d'idées moyennes.

3° C'est un média aux formes multiples et qui peuvent être créatives

Les formes d'affichage sont diverses et on en invente constamment de nouvelles. La variété de l'affichage est infinie puisqu'il peut investir n'importe quel support : du corps humain (les hommes sandwich) aux matériels les plus étonnants (affichage sur les perches de téléski, par exemple). L'affichage se prête aux utilisations les plus originales comme la publicité lumineuse imaginée par André Citroën sur la Tour Eiffel.

4° L'affichage construit rapidement de la notoriété

Parce qu'il permet des plans avec une forte répétition des messages en très peu de temps, l'affichage est efficace pour construire ou entretenir la notoriété d'une marque et d'un produit.

5° L'affichage génère du trafic sur les points de vente

C'est un média qui peut être très proche du moment d'achat en utilisant les réseaux dans les parkings des grandes surfaces ou la publicité sur les caddies®.

2/ Une offre exceptionnelle en France

L'affichage est un « produit publicitaire » et comme tous les produits, sa réussite dépend de ses innovations et de leur adaptation aux attentes des clients : les annonceurs. En France, la qualité de l'affichage, de ses techniques et de son marketing, est remarquable : qualité des réseaux, innovations constantes dans les formats, qualité du service de pose et d'entretien des affiches, etc. Le savoir-faire des sociétés d'affichage françaises leur a permis de devenir des acteurs majeurs au plan mondial mais il a aussi suscité les convoitises de groupes étrangers.

a) Un secteur qui se concentre

Les grands afficheurs sont maintenant réunis dans des groupes puissants. Decaux est devenu le n° 1 mondial de l'affichage avec le rachat du pôle affichage d'Havas (Avenir, AP Systèmes, RCI, etc.). Il est aujourd'hui à égalité avec l'américain Clear Channel qui a repris Dauphin. Giraudy a été acheté par la Deutsche Bank.

b) Une offre abondante et variée

On compte 450 000 emplacements sur tout le territoire national avec une grande variété de formats :

- affichage 4 × 3 mètres ;
- affichage transports ;
- affichage mobilier urbain ;
- affichage hypers, parkings ;
- affichage rural ;
- affichage lumineux.

Les principaux types de réseaux d'affichage en milieu urbain

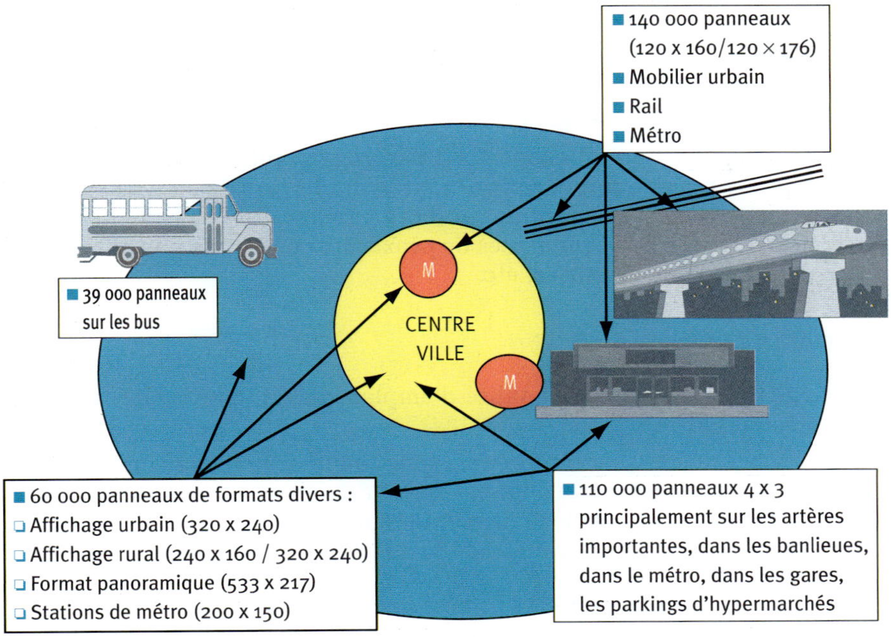

Source : MPG.

Figure 47

Le grand format 4 × 3 domine en attirant près des 2/3 des investissements en affichage, en millions d'euros, en 2003

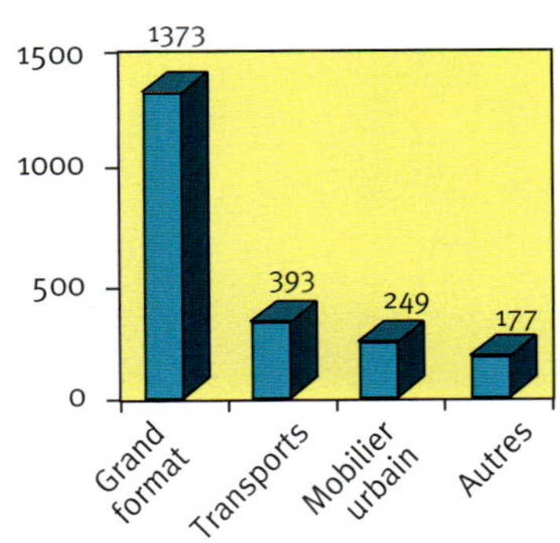

Source : Secodip.

Figure 48

1° Le grand format 4 × 3

Le panneau de 4 mètres de longueur sur 3 mètres de hauteur est le format le plus usuel en France. On en compte 200 000 environ. On le commercialise par vagues de 7 jours. Les afficheurs proposent une multitude de réseaux qui permettent de couvrir les centres-ville, les périphéries, les grands axes, les centres commerciaux, etc.

2° Le mobilier urbain

Il comprend 80 000 panneaux. Inventé par Decaux, c'est le haut de gamme de l'affichage, présent en centre ville.

3° L'affichage dans les transports

Cela représente 90 000 panneaux, flancs et arrières de bus, affichage dans le métro (France Bus et Métrobus), format mobilier urbain (120 × 176) dans les gares (France Rail), format 80 × 120 dans les aéroports (AP Systèmes).

4° L'affichage sur les lieux de vente

SMA commercialise de l'affichage 4 × 3 parkings grandes surfaces, dans un peu plus de 300 hypers, soit la moitié environ des hypers de plus de 3 500 m^2 ; Mediaperformance gère le parc de caddies® ; Insert et ACV vendent de l'espace dans les vitrines de commerces de proximité comme les pharmacies, les bureaux de tabac, les librairies, etc.

c) Une offre de grande qualité

L'affichage offre une grande qualité d'emplacements, d'entretien des panneaux, d'éclairage, etc.

Les afficheurs français font depuis longtemps des efforts remarquables et le parc français des panneaux est qualitativement et quantitativement (30 % de l'offre européenne) le meilleur du monde.

Figure 49

Des exemples de réseaux et de coûts

	Nombre de panneaux	Tarif Net	Coût moyen par panneau pour 7 jours
Réseau Villes de plus de 100 000 habitants (4X3)	4800	650 000 €	135 €
Réseau Villes de plus de 100 000 habitants (arrières de bus)	10 000	455 000 €	46 €
Réseau Villes de plus de 20 000 habitants (mobilier urbain)	3360	129 500 €	38,5 €

Source : ZenithOpimédia.

d) L'affichage est très réglementé

La publicité par affichage est interdite en dehors des lieux qualifiés d'agglomérations par les règlements relatifs à la circulation routière.

La réglementation de l'affichage est précisée dans la deuxième partie, au chapitre 5, à la section 5.

3/ Les annnonceurs et l'affichage

L'affichage est le média le plus ancien. C'est, comme on l'a vu, le média dont on connaît le moins bien l'audience et pourtant, il continue à séduire les annonceurs français grâce à ses qualités de communication évoquées plus haut. Dans les autres pays où il n'occupe que des positions très marginales, il a du mal à s'imposer mais il arrive néanmoins à progresser grâce à des propositions innovantes. Ainsi, Decaux, inventeur du mobilier urbain, a réussi à exporter sa formule dans de nombreux pays, les États-Unis entre autres.

a) Avec 12 % des investissements plurimédias, l'affichage se classe, en France, au 4e rang des grands médias derrière la presse, la télévision et la radio

La France est l'un des pays où l'affichage est le plus développé.

LA PART DE L'AFFICHAGE DANS LES INVESTISSEMENTS MÉDIAS, EN 2002 DANS DIFFÉRENTS PAYS (EN %)

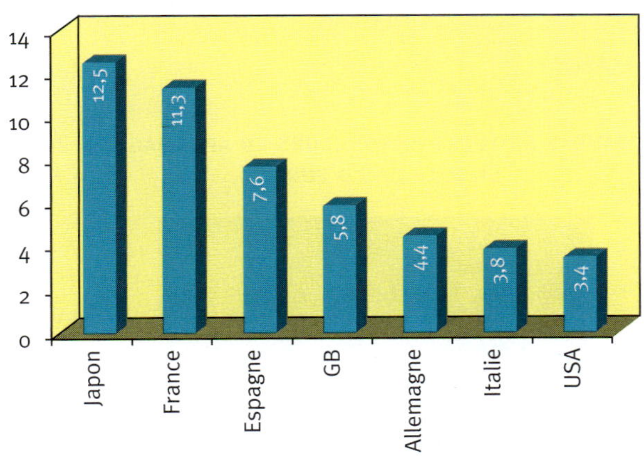

Source : Advertising Expenditure Forecasts/ZenithOptimedia.

Figure 50

b) Les dix premiers secteurs investisseurs dans l'affichage

La distribution domine largement avec près d'un quart des investissements publicitaires dans ce média. Le fait qu'elle ait été longtemps interdite de télévision en France explique l'importance de ses dépenses en affichage.

Figure 51

LES INVESTISSEMENTS PAR SECTEUR EN 2003, EN MILLIONS D'EUROS

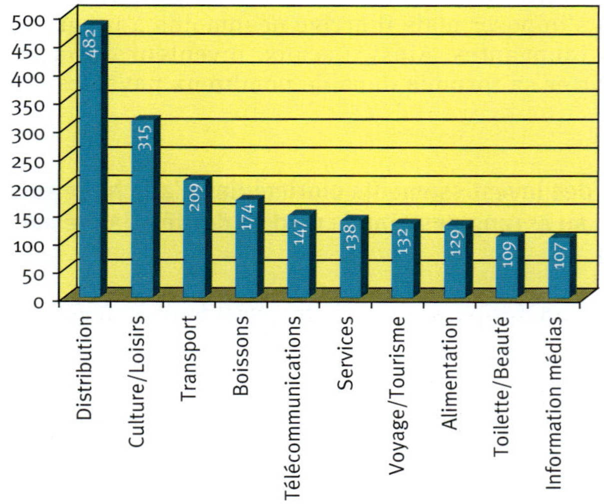

Source : Sécodip.

Figure 52

LES DIX PREMIERS GROUPES ANNONCEURS EN AFFICHAGE EN 2003, EN MILLIONS D'EUROS

1. Auchan Groupe	*81,2*
2. France Télécom Groupe	64,0
3. Nestlé Entreprises Groupe	55,9
4. Carrefour Groupe	52,3
5. PSA Groupe	45,7
6. Kingfisher Groupe	42,8
7. Vivendi Universal Groupe	35,7
8. E. Leclerc Magasins	34,1
9. LVMH Groupe	30,1
10. Renault Groupe	29,9

Source : Sécodip.

Le rang de Vivendi s'explique par la publicité de son pôle télécommunications (Cégétel).

Section 7
LE CINÉMA

Le premier film publicitaire au cinéma fut réalisé en 1897 par les frères Lumière pour le savon Sunlight. Après avoir été, dans la première moitié du XXe siècle, un média populaire, le cinéma n'a plus qu'une place très marginale dans les dépenses des annonceurs mais il reste un média plus important que ne le laisse entendre ses faibles recettes publicitaires.

- **Moins de 1 % des dépenses publicitaires plurimédias**
- **Une audience jeune, urbaine, cultivée**
- **Des capacités de communication exceptionnelles**

1/ LES RECETTES PUBLICITAIRES DU CINÉMA

C'est sans doute plus par habitude que l'on continue à classer le cinéma dans la catégorie des grands médias car il est vraiment très peu utilisé par les annonceurs. Même Internet fait mieux en termes de recettes publicitaires et ceci en dépit de son extrême jeunesse et de ses avatars liés à l'éclatement de la « bulle » en 2001.

a) Moins de 1 % des dépenses plurimédias

La part du cinéma dans les dépenses publicitaires se situe, en France (0,6 %), dans la moyenne européenne.

LA PART DU CINÉMA DANS LES INVESTISSEMENTS PUBLICITAIRES EST VARIABLE SELON LES PAYS MAIS ELLE RESTE TRÈS FAIBLE

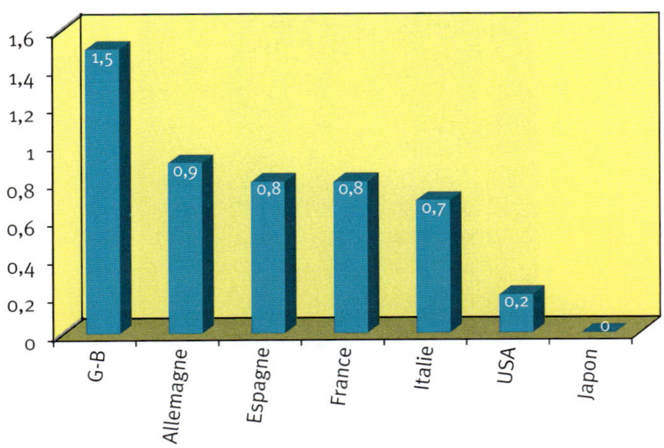

Figure 53

Légende : en pourcentage du total des investissements publicitaires par pays, en 2002.

Source : ZenithOptimedia.

Après une baisse sensible due aux effets de la loi Évin de 1991, les recettes publicitaires du cinéma ont progressé jusqu'en 2002. L'année 2003 pourrait marquer le début d'un palier persistant.

Figure 54

L'ÉVOLUTION DES RECETTES PUBLICITAIRES DU CINÉMA, EN FRANCE, EN MILLIONS D'EUROS

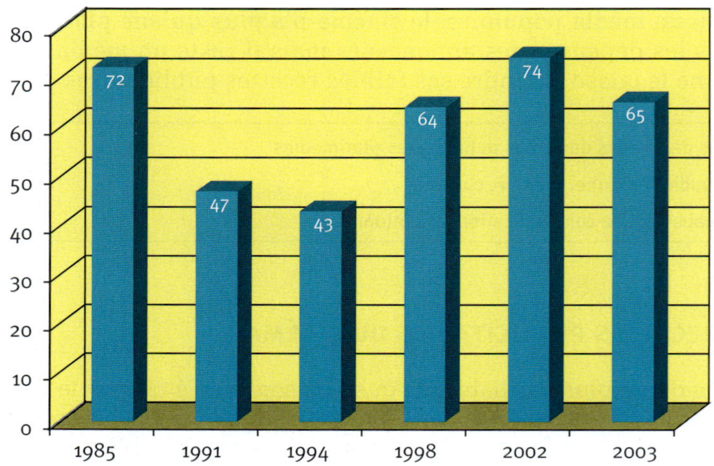

Source : IREP.

Figure 55

LES DIX PREMIERS GROUPES ANNONCEURS AU CINÉMA

1. Nestlé Entreprises	*12 002*
2. Nike France	9 876
3. Vivendi Universal Groupe	9 508
4. La Poste Groupe	7 249
5. Auchan Groupe	6 094
6. Danone Groupe	5 338
7. Gaumont Buena Vista Int.	5 205
8. Pathé Groupe	4 950
9. United Int. Pictures	4 505
10. Coca-Cola France	4 484

Légende : investissements en milliers d'euros, chiffres 2003.

Source : Sécodip.

b) Une saisonnalité très marquée des dépenses publicitaires

Les entrées varient beaucoup selon la période de l'année. Les dépenses de publicité au cinéma ne se contentent pas de suivre cette saisonnalité. Elles l'exagèrent, avec un pic en décembre et une quasi-absence en juillet.

LES INVESTISSEMENTS PUBLICITAIRES MENSUELS DANS LE CINÉMA, EN MILLIERS D'EUROS, EN 2003

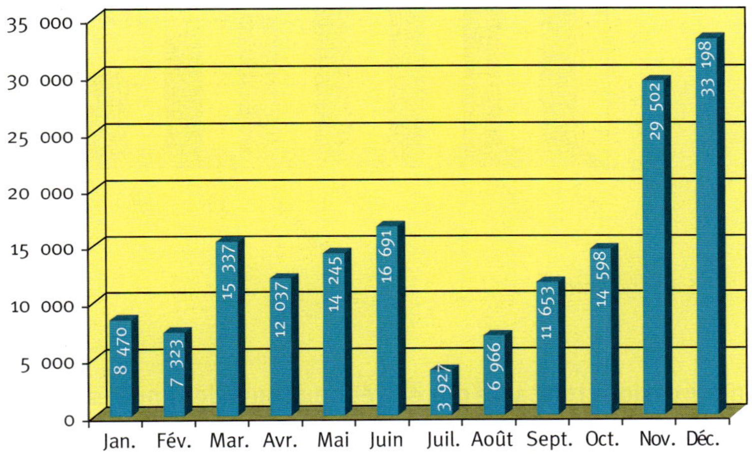

Source : Sécodip.

Figure 56

2/ L'AUDIENCE DU CINÉMA

Faut-il voir un paradoxe dans l'importance de la fréquentation des salles de cinéma en France et l'extrême faiblesse des recettes publicitaires de ce média ? La publicité (autre que l'autopromotion qui consiste à faire passer les bandes annonces des prochains films) a progressivement déserté les salles pendant qu'elle investissait de plus en plus le contenu des films, par exemple sous la forme de « placement produit ». On se reportera sur ce qui a été dit sur cette technique, plus haut, dans la partie consacrée aux différentes formes de publicité à la télévision.

a) La France est le deuxième marché occidental du cinéma en nombre d'entrées

On sait rarement que la France vient juste après les États-Unis et loin devant la Grande-Bretagne, l'Allemagne ou le Japon.

Figure 57

Le nombre d'entrées annuelles par habitant, en 2002

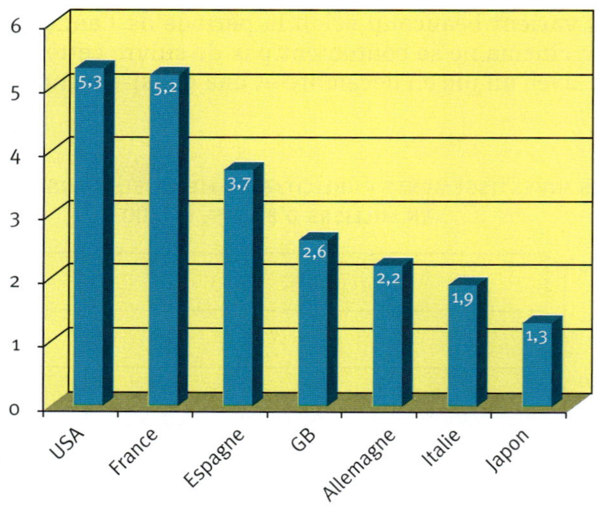

Source : CNC 2003.

b) Une progression croissante des entrées au cours des années quatre-vingt-dix

Figure 58

Le nombre d'entrées annuelles en France, en millions

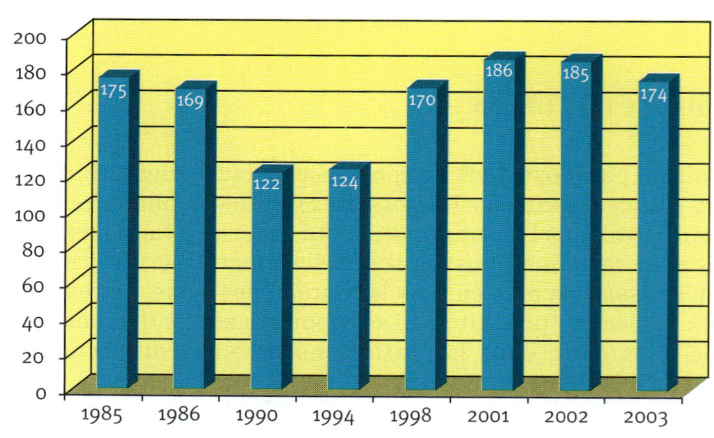

Source : CNC 2003.

60 % des Français vont au cinéma au moins une fois par an, 35 % au moins une fois par mois, 5 % au moins une fois par semaine.

c) Les 15/24 ans sont le cœur de cible du média cinéma

LE PROFIL DE L'AUDIENCE (DOUZE DERNIERS MOIS) DU CINÉMA SELON L'ÂGE

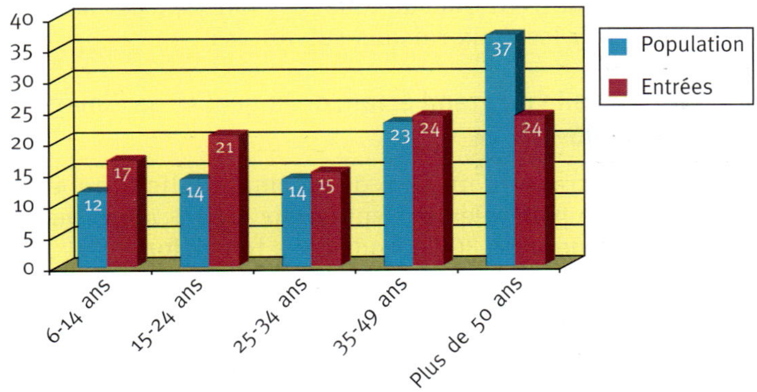

Source : Médiamétrie 75000 janv.- déc. 2003. Mois moyen, base annuelle / INSEE, janvier 2003.

Figure 59

Les jeunes, étudiants, urbains, CSP+ sont surreprésentés dans l'audience du cinéma. Ce sont des cibles intéressantes en marketing mais le cinéma n'a pas un taux de pénétration élevé sauf sur les 15-24 ans. Les contacts d'un message avec sa cible sont espacés et la répétition moyenne d'une publicité est faible. Il est donc rare que le cinéma soit utilisé comme média principal dans un plan médias.

Exemples

☞ Campagne « type » nationale
4 semaines/format 30 secondes
Ciné Puissance (Circuit A), Vision d'ensemble (Mediavision)
Nombre de salles : 3 375
Budget brut : 1 300 000 euros HT
auquel il faut ajouter les frais de copies estimés à 127 000 €

Performances (individus de 15-24 ans)[1] :
Couverture : 40 %/Répétition : 2.1/GRP : 84
Performances (individus de 15-34 ans) :
Couverture : 32 %/Répétition : 2.0/GRP : 65

☞ Campagne « type » agglos > 200 000 hab.
4 semaines/format 30 secondes
Ciné 200+ de Circuit A + Vision Optimum de Mediavision
Nombre de salles : 2 463
Budget brut : 1 226 000 euros HT
Estimation des frais de copies : 91 000 €

Performances (individus de 15-24 ans) :
Couverture : 46 %/Répétition : 2.1/GRP : 96
Performances (individus de 15-34 ans) :
Couverture : 39 %/Répétition : 2.0/GRP : 79

Dans un plan médias, le cinéma sert le plus souvent de complément à la télévision, à la fois pour des raisons économiques (on « amortit » les coûts de conception et de production du film sur le budget télévision) et pour des raisons d'audience. Un plan cinéma sert à renforcer la pression d'un plan télévision sur les jeunes. En effet, les 15/24 ans suivent moins la télévision que la moyenne (moins de 2 heures par jour pour 60 % des 15/24 ans). Or, cette tranche d'âge est plus cinéphile que la moyenne.

(1) Sur les notions de couverture, répétition et GRP, la section10 sur le média-planning.

3/ Des qualités exceptionnelles de communication mais un coût élevé

Toutes les études démontrent que, de tous les médias, c'est le cinéma qui a le meilleur impact pour les deux raisons suivantes :

a) La richesse sensorielle du grand écran, de la qualité de l'image et de la plénitude du son

Certaines études montrent qu'un film de cinéma publicitaire a un taux de mémorisation prouvée généralement supérieur à 50 % alors qu'il n'est, en moyenne, que de 15 % pour un 30 secondes à la télévision.

b) Une grande disponibilité de l'audience

C'est le média de la détente par excellence.

c) Une mesure précise de l'audience

On dispose à la fois du décompte des entrées et des données de l'étude « Médiamétrie 75 000 » (v. la section 1 sur la mesure des audiences).

d) L'achat d'espace et les régies

On achète le cinéma à la semaine. Les films publicitaires sont projetés à chaque séance du mercredi matin au mardi soir. La commercialisation se fait en modules qui regroupent des salles homogènes sur le plan de la fréquentation. Les tarifs varient selon les salles, le format des films et la période de diffusion. Il y a en France deux régies : Médiavision (salles Gaumont, Pathé et affiliés, indépendants) qui « contrôle » 70 % des entrées et Circuit A, filiale d'UGC, pour les 30 % restants mais qui a un poids plus important sur la région parisienne.

Section 8
Internet

Les premières publicités sur Internet sont apparues aux États-Unis en 1994 et en France en 1997. On manque donc de recul pour analyser ce média ; on en manque d'autant plus qu'il se transforme continuellement, sur tous les plans, que ce soit en termes d'audience, de techniques d'accès ou encore d'usages privés et professionnels.

Avant d'aborder les utilisations strictement publicitaires d'Internet qui ne sont que l'une de ses multiples facettes, on dégage les grandes tendances d'évolution de son audience et on analyse les caractéristiques de ce média incomparable, au sens où toute référence à un média classique est réductrice.

1/ L'AUDIENCE D'INTERNET : LE PASSAGE DE L'ENFANCE À L'ADOLESCENCE[1]

On a souvent d'Internet l'image d'un média d'hommes, de jeunes, d'urbains, de personnes plutôt aisées. C'est encore vrai mais cela mérite d'être nuancé, la progression de la pénétration d'Internet gommant peu à peu les fortes disparités originelles.

a) L'évolution du taux de pénétration

Il était de 42,8 % dans la population française au 1er janvier 2004, soit 21 901 000 internautes.

Ce taux de pénétration est en progression rapide : + 17 % d'internautes entre décembre 2002 et décembre 2003. La France rattrape progressivement son retard sur les États-Unis et l'Europe du Nord.

b) L'évolution de la répartition hommes/femmes

Elle s'équilibre de plus en plus : les nouveaux entrants sont surtout des femmes, les hommes restent cependant majoritaires en France alors que la parité hommes/femmes est acquise aux États-Unis depuis 2002.

LES FEMMES DANS LA POPULATION INTERNAUTE EUROPÉENNE EN 2003

Pays	% de femmes dans la population internaute
Suède	47 %
Grande-Bretagne	45 %
Pays-Bas	44 %
France	43 %
Suisse	43 %
Espagne	42 %
Allemagne	41 %
Italie	37 %

Figure 60

Source : Nielsen//NetRratings, panel à domicile, mai 2003.

Remarque : à la même date, les femmes représentaient 52 % des internautes aux États-Unis.

c) L'évolution selon l'âge des internautes

Comme le montre la figure ci-après, la pénétration d'Internet diminue avec l'âge : les 25-34 ans sont en forte progression. Les 35-49 ans sont, avec 25,7 % des internautes, la tranche d'âge la plus importante en part d'audience.

(1) Les chiffres d'audience d'Internet proviennent de Barobase-Médiamétrie, décembre 2003. De nombreuses données mentionnées dans cette section proviennent de http :// www. Journaldunet.com/. On recommande vivement au lecteur de consulter ce site pour prendre connaissance des nombreux dossiers publiés sur la publicité en ligne, en France et dans le monde.

LA STRUCTURE DE LA POPULATION DES INTERNAUTES FRANÇAIS SELON L'ÂGE

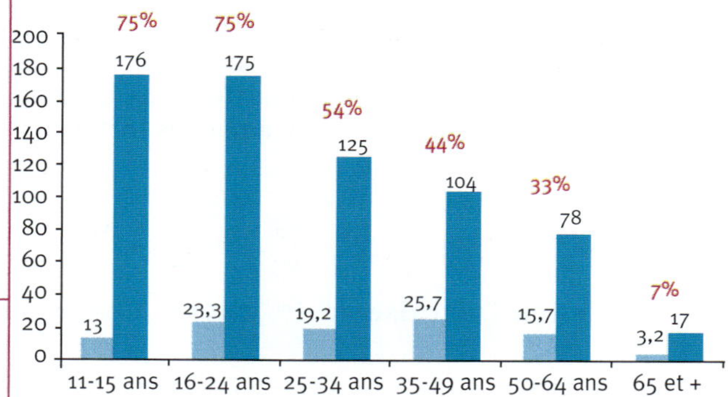

Figure 61

Légende : en bleu clair figurent les parts de chaque tranche d'âge dans la population totale des internautes français (par exemple, les 16-24 ans représentent 23,3% des internautes); en bleu foncé, on trouve des indices de pondération (par exemple, un indice de 176 pour les 11-15 ans signifie qu'on trouve 1, 75 fois plus d'internautes dans cette classe d'âge qu'en moyenne, dans la population française (base 100)) ; enfin, les pourcentages en rouge donne le taux de pénétration d'Internet pour chaque classe d'âge (par exemple, dans les classes 11-15 ans et 16-24 ans, 75% des individus sont des internautes).

Source : www.journaldunet.com. 2004.

d) L'évolution selon la profession et l'éducation

La population d'internautes est plus éduquée que la moyenne française. La pénétration d'Internet est en effet deux fois plus forte chez les étudiants et les cadres que chez les employés et trois fois plus élevée que chez les ouvriers.

Dans les autres catégories, la pénétration d'Internet serait bien plus élevée si le coût de l'équipement informatique et de l'accès au réseau était moins important.

LA STRUCTURE DE LA POPULATION DES INTERNAUTES FRANÇAIS SELON LEUR PROFESSION

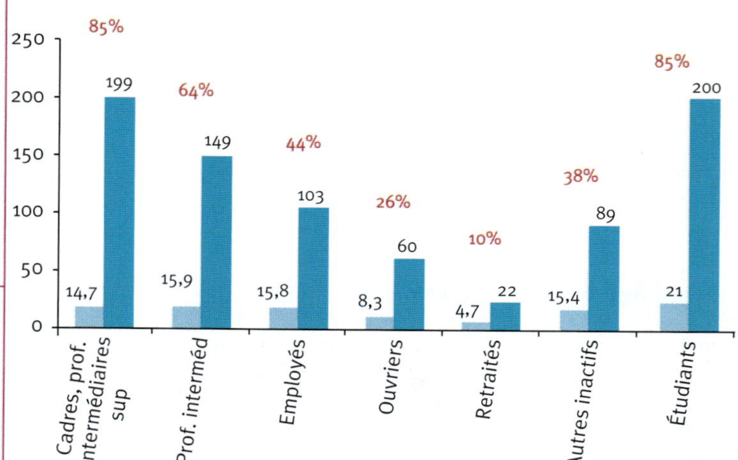

Figure 62

Légende : en bleu clair figurent les parts de chaque tranche d'âge dans la population totale des internautes français ; en bleu foncé, on trouve des indices de pondération ; enfin, les pourcentages en rouge donne le taux de pénétration d'Internet pour chaque classe d'âge.

Source : www.journaldunet.com. 2004.

e) L'évolution de l'audience selon la saison

La fréquentation d'Internet est sensiblement moins saisonnière que les autres médias. La baisse en août est relativement limitée.

La fréquentation mensuelle d'Internet, en milliers d'internautes en France

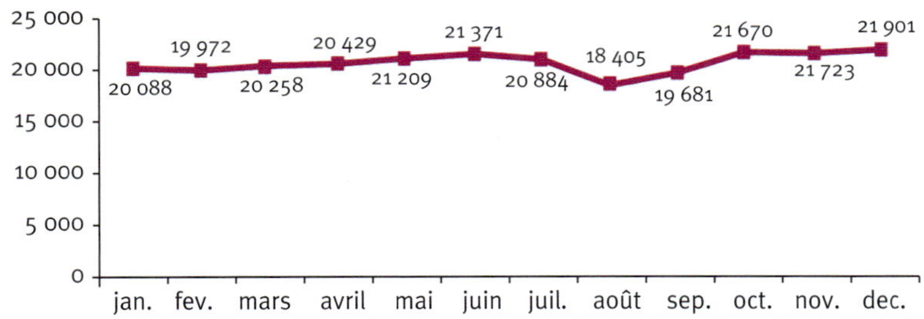

Source : www.journaldunet.com 2004.

Figure 63

f) La répartition de l'audience selon le degré d'utilisation d'Internet

On note de très fortes disparités dans l'utilisation d'Internet. L'audience s'analyse en trois parties sensiblement égales au plan quantitatif : un tiers de gros utilisateurs, un tiers d'utilisateurs moyens et un tiers d'utilisateurs très occasionnels. Parmi tous ceux qu'on appelle « internautes », seulement un sur six fréquente Internet tous les jours !

La fréquence d'utilisation d'Internet

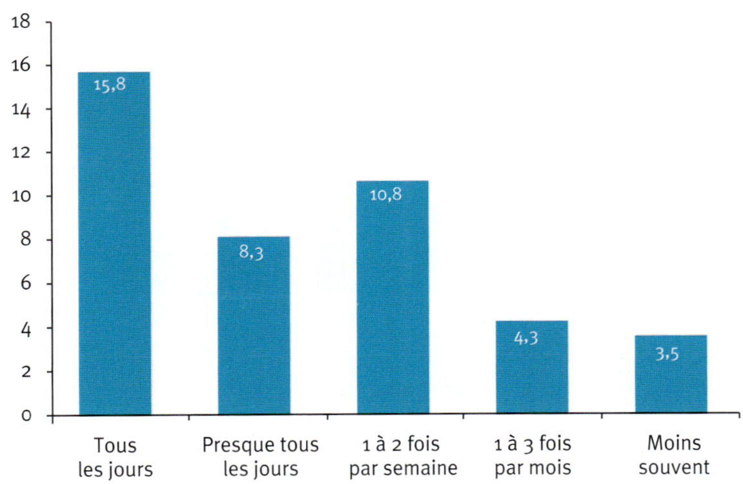

Figure 64

g) Des lieux de connexion variés

Les panels d'internautes permettent maintenant de mesurer l'audience d'Internet hors domicile notamment sur le lieu de travail. La connexion à domicile reste prépondérante mais ces données sont appelées à beaucoup évoluer avec le développement de nouveaux modes d'accès en ligne comme le téléphone portable.

Figure 65

L'accès à Internet selon le lieu de connexion

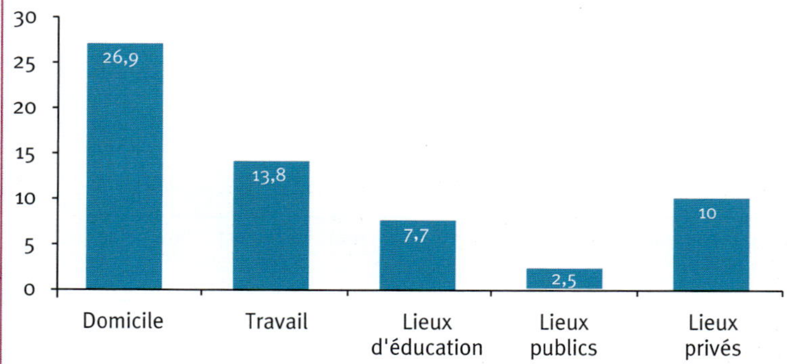

Légende : lieux d'éducation : 1) dans une école, un collège ou un lycée, 2) dans une université ; lieux publics : dans un cybercafé ou un lieu public ; lieux privés : chez des amis ou parents.

Source : www.journaldunet.com.

h) L'évolution de l'audience selon l'habitat

La population des Internautes est encore fortement urbaine mais l'écart entre grandes villes et petites villes se réduit.

Figure 66

L'indice de pondération des internautes par type d'habitat

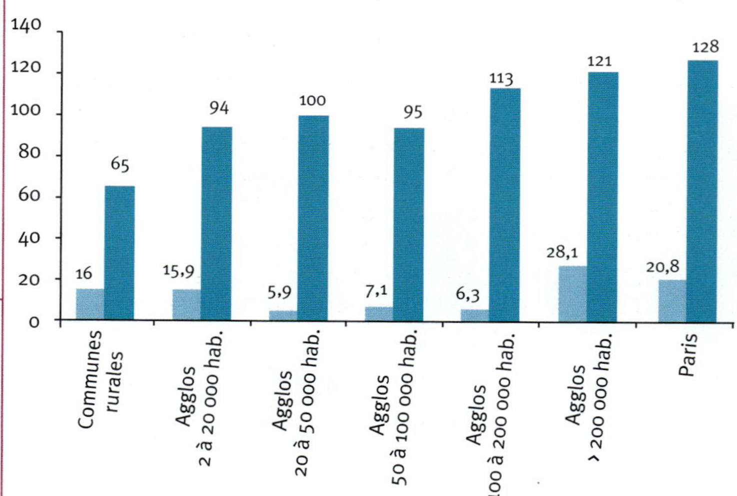

Légende : en bleu clair : la part de la catégorie d'habitat dans la population totale d'internautes ; en bleu foncé, les indices de pondération. Paris est surreprésenté mais l'écart avec le reste de la France est moins important qu'on ne se l'imagine généralement.

Source : www.journaldunet.com.

Après avoir été très atypique au début d'Internet, la population des internautes se rapproche rapidement de la population française dans son ensemble, un phénomène qui reproduit ce qu'on a observé dans les pays comme les États-Unis et l'Europe du Nord où la pénétration d'Internet est en avance sur la France. De l'ensemble des caractéristiques évoquées ci-dessus, on retiendra une dimension majeure qui devrait perdurer : les écarts importants entre gros, moyens et petits utilisateurs.

2/ INTERNET, LE PLUS POLYVALENT DES MÉDIAS, A DES CARACTÉRISTIQUES TRÈS ORIGINALES

On découvre peu à peu les multiples utilisations d'Internet. On réalise qu'il peut tout faire (informer, promouvoir, vendre, dialoguer avec un individu, envoyer un même message à des millions de personnes, etc.) : tout faire mais aussi tout mal faire !

a) Le seul grand média interactif

La publicité qui utilise les *mass media* classiques est une communication à une seule voie, de l'émetteur au récepteur. Pour obtenir un retour d'information (savoir si la communication a été reçue et comprise), on fait des prétests et des post-tests (études avant et après campagne sur échantillon) mais ce n'est qu'un pis aller.

Le marketing direct est une communication interactive mais le retour d'information est très limité (remontée des coupons, prises de rendez-vous, commandes). Ce sont plus des réactions comportementales que l'on observe (ce qui n'est pas si mal !) qu'un véritable dialogue engagé entre émetteur et récepteur.

La promotion des ventes est une communication à sens unique.

De toutes les formes importantes de communication, seuls les commerciaux [1] (communication interpersonnelle) fonctionnaient jusqu'à ce jour sur le mode de la communication interactive. Internet est le nouveau canal de communication interactif avec une audience autrement plus large, plus accessible et moins coûteuse que le canal des vendeurs. Cela ne signifie pas qu'Internet se substituera aux vendeurs.

Média interactif, capable de transmettre une grande richesse d'information, Internet a un avantage économique : le faible coût du contact.

(1) « Commercial » est compris ici au sens large de toute personne en contact avec le public et chargée de promouvoir une marque et ses produits.

Figure 67

L'ARBITRAGE ENTRE RICHESSE ET COÛT DE L'INFORMATION SELON LES MÉDIAS D'APRÈS EVANS ET WURSTER[1]

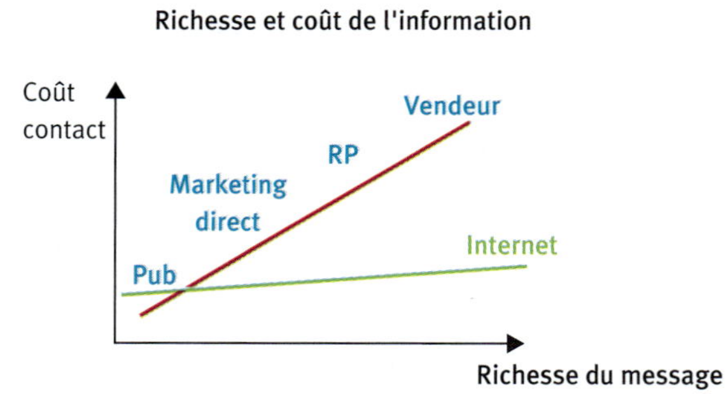

Plus la diffusion d'un canal de communication est large, plus réduite est (généralement) la quantité d'information transmissible, sauf par Internet.

Figure 68

L'ARBITRAGE ENTRE DIFFUSION ET RICHESSE DE L'INFORMATION D'APRÈS EVANS ET WURSTER

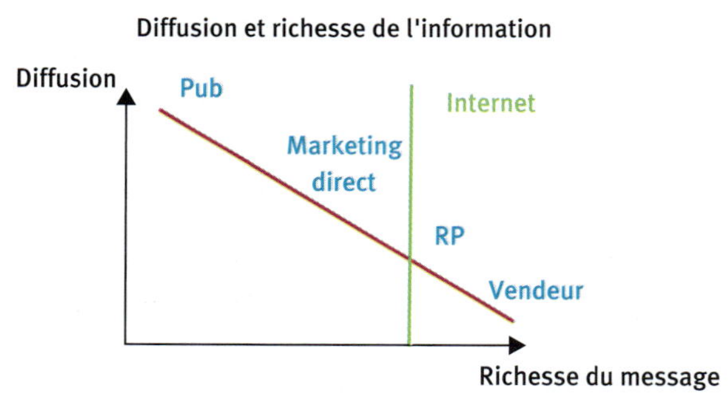

b) Un média qui peut toucher tous les publics de l'entreprise

On peut entrer en contact avec les clients par un site d'entreprise, un site de marque, un site marchand, un *mail*, une bannière publicitaire, etc. Une entreprise peut communiquer avec ses collaborateurs par Intranet ; ceux-ci peuvent dialoguer entre eux par Intranet ou Internet. Les sites d'entreprises comportent souvent des rubriques financières destinées aux actionnaires. Enfin, l'entreprise peut, par Internet, s'adresser aux citoyens en développant des messages institutionnels sur son éthique, sa mission, son métier.

(1) *Philip B. Evans et Thomas S. Wurster*, « Strategy and the New Economics of Information », *Harvard Business Review, Sept.-Oct. 1997, p. 70-82.*

La diversité des cibles potentielles d'Internet

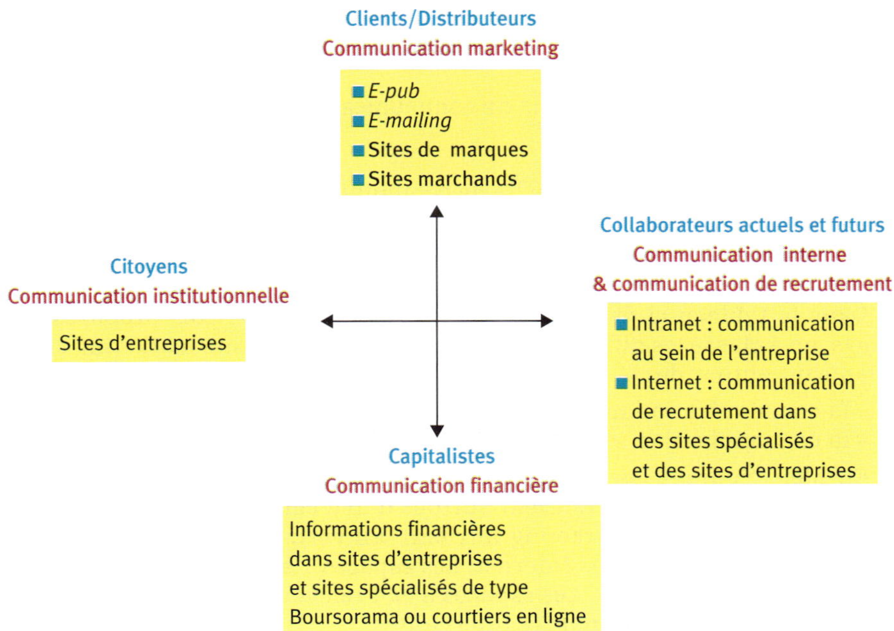

Figure 69

c) Internet, un média polyvalent par ses audiences et la façon de communiquer avec elles

C'est un média mondial et local, média de masse (*one to many*), un média de ciblage pour toucher un segment précis de marché (*one to few*), un média individuel (*one to one*).

Même si Internet ne peut pas, à ce jour, rivaliser en termes de puissance avec la télévision, le développement de sa pénétration permet de toucher plusieurs millions de personnes sur des sites comme Google, Yahoo ! ou Wanadoo.

1° Internet est le média du marketing direct et du marketing relationnel par sa capacité de communication individualisée

E-mail, newsletters, etc. sont autant d'outils qui peuvent aider à construire une relation durable et personnalisée avec les clients. Ces techniques sont développées dans la troisième partie de cet ouvrage consacrée à l'étude des moyens autres que publicitaires qui constituent ce qu'on appelle le hors-médias.

2° Internet est un média d'information

Internet est un excellent outil pour diffuser une information abondante et actualisée sur les entreprises, les produits (modes d'emploi, conseil, etc), les tarifs, les conditions de vente, etc.

3° Internet est un canal de vente

Très performant pour la vente de produits numériques (logiciels, édition, musique, etc.), Internet est un mode de distribution de plus en plus important tant en *B to B* qu'en *B to C*.

4° Internet est un média de publicité

Cette faculté est analysée de façon approfondie dans le paragraphe 3 ci-dessous.

d) Internet est d'abord un média de communication *pull*[1] (communication demandée)

Certes, Internet est aussi un média de communication *push* (communication non sollicitée comme les bannières publicitaires dans les sites) mais il est moins efficace lorsqu'il fonctionne de façon intrusive que lorsqu'il répond à la demande de l'internaute.

Dans le tableau ci-dessous, réalisé à partir de deux axes proposés par Briggs, on a classé les différentes formes de communication marketing en les organisant autour de :

– la communication impersonnelle/la communication personnalisée ;
– la communication sollicitée/la communication non sollicitée.

En bleu, figurent les principaux moyens classiques de communication marketing. On voit qu'ils relèvent surtout d'une communication impersonnelle et non sollicitée (marketing intrusif). En vert, figurent les principaux moyens de communications Internet. Les espaces 1 et 2 correspondent à une communication demandée. Les espaces 3 et 4 relèvent d'une communication intrusive, souvent rejetée par les internautes.

Les différents types de communication *on line* et *off line*

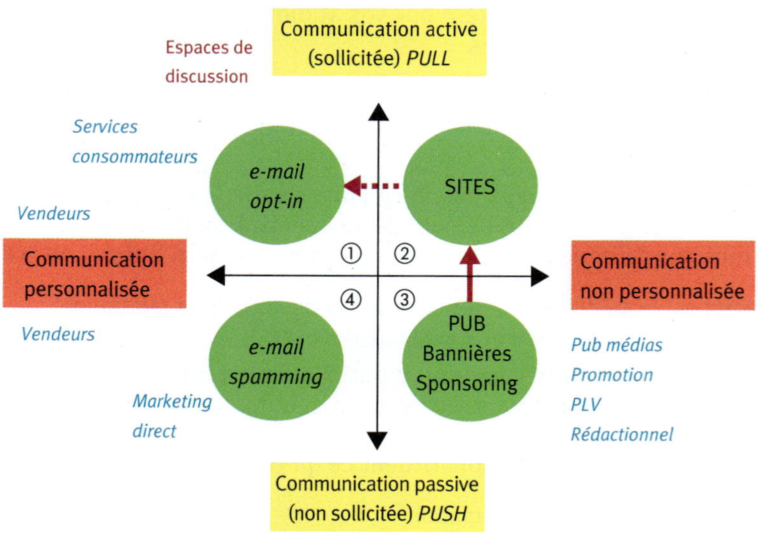

Figure 70

e) Internet permet de transmettre les contenus en temps réel

Concevoir, imprimer, diffuser une brochure, un catalogue, un tarif, etc. demande beaucoup de temps. Internet ne diminue pas le temps de conception, ne baisse pas toujours les coûts de réalisation. En revanche, Internet supprime pratiquement les coûts de diffusion et permet surtout d'actualiser les données avec un accès immédiat et à coût réduit (pas de stocks de brochures

(1) *On ne confondra pas la communication* pull *et* push *et les stratégies de marketing* pull *(tirer le client vers le produit) et* push *(pousser le produit vers le client en stimulant la distribution, en faisant de la promotion sur le point de vente, etc.).*

et de catalogues à passer au pilon !). On comprend tout l'intérêt d'Internet pour des constructeurs automobiles par exemple, pour communiquer à leurs agents une documentation technique et tarifaire très détaillée et qui demande une actualisation fréquente.

f) Le média des médias : des formes d'expression polyvalentes grâce à la richesse du multimédia

Internet est une plate-forme technologique qui peut accueillir des médias très divers : radio, télévision, presse en ligne, etc. Les limites tiennent à l'équipement des internautes, au débit possible, au coût d'accès mais elles reculent rapidement.

3/ Internet : média publicitaire

Les débuts, très récents d'Internet en tant que média publicitaire, ont été chaotiques. Après un départ fulgurant, des espoirs insensés, on a connu une sévère récession suivie aujourd'hui d'une reprise qui n'est pas encore assurée. Le développement rapide des recettes publicitaires en ligne au début d'Internet explique que la plupart des *start up* ait fondé leur modèle économique sur les revenus publicitaires : services gratuits avec l'espoir d'une audience importante qui pourrait être revendue aux annonceurs sous forme d'insertions publicitaires (bannières et sponsoring de sites ou de rubriques). De nombreuses *start up* purent réunir des fonds considérables venant de gros financiers et de petits actionnaires qui spéculaient sur la croissance exponentielle de la publicité en ligne. Hélas, elle s'arrêta net avec l'éclatement de la bulle Internet, ce qui sonna le glas de la plupart des *start up*. Seules survécurent celles qui réussirent à intégrer dans leur modèle économique des ressources autres que strictement publicitaires (v. l'étude sur Yahoo !). En 2001-2002, nombreux furent ceux qui proclamèrent qu'Internet était un média publicitaire mort-né. Mais 2003 et 2004 montrèrent des signes de reprise avec notamment une diversification des annonceurs testant les possibilités de ce média et le développement de nouvelles formes de publicité en ligne comme les liens promotionnels.

Comment faire évoluer son modèle économique après l'échec du « tout publicité »*

Yahoo![1]

- Président : Terry Semel
- Activité : services et information par Internet destinés aux particuliers et aux entreprises
- Chiffre d'affaires : 1,6 milliard de dollars
- Nombre de salariés : 3 600
- Capitalisation boursière : environ 30 milliards de dollars (à fin février 2004)
- Site : www.yahoo.com

* *Par Julien* Lévy, *professeur associé au Cnam et directeur scientifique du Master HEC/ Télécom Paris « Management et nouvelles technologies », coauteur de* Mercator, *7e édition, Dalloz, 2003.*

Les origines

Yahoo ! fait partie des entreprises mythiques du Net. C'est en 1994 la rencontre de deux étudiants en ingéniérie électrique de Stanford, David Filo et Jerry Yang (v. ci-contre). À l'origine, Yahoo ! est un annuaire du web. Les deux fondateurs recensent et classent par catégories et sous-catégories les sites présents sur le web naissant.

Rapidement, la notoriété du site dépasse la communauté de Stanford. Dès l'été 1994, le site accueille 10 000 visiteurs par jour. Il attire l'attention des investisseurs alors que la « folie Internet » s'apprête à commencer. Comme les deux fondateurs, bien que très doués, ne sont pas des gestionnaires, ils recrutent un vétéran des affaires, Tim Koogle. Celui-ci crée la société (qui n'avait pas de forme juridique) en mars 1995. Il recherche bientôt des partenaires financiers. Il s'adresse à la société de capital-risque de référence Sequoïa Capital et il fait ensuite entrer dans le capital l'entreprise japonaise Softbank.

L'entreprise grandit et fait une entrée en bourse fracassante le 12 avril 1996 (soit un an après la création de l'entreprise), Yahoo ! étant valorisée un milliard de dollars une heure après sa cotation... ce qui n'est pas mal pour une entreprise de 49 personnes, qui fait alors 1,4 million de dollars de chiffre d'affaires et 643 000 dollars de pertes...

L'entreprise

Aujourd'hui, l'entreprise est une marque Internet de premier plan qui travaille en 13 langues. L'entreprise a des filiales en Europe, en Asie, en Amérique latine, au Canada et aux États-Unis. Yahoo ! attire 237 millions de visiteurs individuels tous les mois, pour un total de 1,9 milliard de pages vues.

Alors que bon nombre de concurrents comme Excite.com, NBCi, AltaVista et Go.com ont échoué et disparu, Yahoo ! survit et se développe. Aujourd'hui, des millions d'internautes utilisent my.yahoo.com ou finance.yahoo.com comme la page d'accueil de leur navigateur. Des millions d'autres ont recours aux différents services offerts par Yahoo ! tels que le *mail*, les jeux, les films, l'hébergement, le téléchargement de musique, les rubriques de groupes et de rencontres, la météo, etc.

En 2000, l'essentiel des revenus de Yahoo ! provient de la publicité (87 % des revenus). Mais la chute des recettes publicitaires sur le Net, qui fait suite à la crise des *start up* qui étaient parmi les premiers annonceurs, conduit à une chute des revenus en 2001 et à l'entrée de Yahoo ! dans le rouge avec des pertes record. Le résultat est un effondrement de la capitalisation de l'entreprise. Le patron de l'entreprise, en annonçant les résultats très mauvais du premier trimestre 2001, présente sa démission début mars 2001.

Si l'année 2001 a été très sombre, les années 2002 et 2003 voient un net rétablissement de la situation. Ce résultat n'est pas seulement dû à l'amélioration du marché de la publicité, mais à l'élargissement du modèle économique de l'entreprise.

TABLEAU DES REVENUS DE YAHOO !

Chiffre d'affaires	1997	1998	1999	2000	2001	2002	2003
Trimestre 1	10,07	30,21	86,04	230,8	180,2	192,7	282,9
Trimestre 2	14,11	41,21	115,2	272,9	182,2	225,8	321,4
Trimestre 3	18,13	53,62	155,1	295,6	166,1	248,9	356,8
Trimestre 4	25,11	76,41	201,1	310,9	188,9	285,8	663,9
Total Année	67,41	203,2	588,6	1 110	717,4	953,1	1 625

Légende : en vert, les trimestres qui ont vu une progression du chiffre d'affaires ; en rouge, une régression.

■ *La transformation du modèle économique de Yahoo !*

En mai 2001, Yahoo ! recrute un nouveau président, Terry Semel (v. ci-contre), en charge de rétablir les finances de l'entreprise. Terry Semel n'a pas fait sa carrière dans la « nouvelle économie » puisqu'il vient des studios Warner de Hollywood. Ce recrutement est significatif d'un choix fait de la part de Yahoo ! : développer les contenus et les rentabiliser.

Le constat réalisé par l'équipe dirigeante est clair : si la publicité doit toujours être une partie significative des revenus de Yahoo !, l'entreprise est bien trop dépendante de cette source de revenus alors que les perspectives ne sont pas bonnes sur le marché de la publicité en ligne. Il faut donc faire évoluer le modèle économique de l'entreprise.

La transformation du modèle économique de Yahoo ! est particulièrement difficile pour plusieurs raisons :

– peu de synergies dans l'activité. Yahoo ! propose pas moins de 25 activités différentes (de la météo à l'*e-mailing* en passant par les communautés et les services financiers), qui s'adressent à des publics différents ;
– les clients sont habitués à des services gratuits et il semble difficile de leur demander de payer pour ces services (en 2001, seulement 4 % des revenus de Yahoo ! venaient de paiements des internautes). Par ailleurs, si les services deviennent payants, on peut s'attendre à une chute de la fréquentation et donc des pages vues avec publicité qui sont vendues aux annonceurs ;
– une des raisons pour lesquelles les gens ne payent pas est que les services sont peu différenciés, c'est-à-dire qu'on peut en retrouver de similaires sur d'autres sites comme MSN.

L'activité de Yahoo ! est regroupée en six domaines principaux, qui donne lieu à plus de 20 rachats d'entreprises telles GeoCities (communautés) ou HotJobs (offres d'emploi).

Pour chacun de ces domaines d'activité, il est décidé de développer les sources de revenus suivantes :

– *la publicité* : vente de bannières et de *sponsorship*, c'est-à-dire des revenus publicitaires traditionnels sur le Net. Yahoo ! compte 70 000 annonceurs différents ;
– *les liens commerciaux :* lorsqu'un mot-clef est tapé sur l'annuaire, Yahoo ! affiche un ensemble de liens permettant à l'internaute de trouver les sites liés à ce mot. Yahoo ! fait payer les mots-clefs et les liens commerciaux qui vont avec ;
– *les annonces* : elles sont payantes : offres d'emploi, ventes de voiture et annonces immobilières, etc. ;
– *les services « Premium »* : un certain nombre des services proposés aux internautes sont payants. L'abonnement couvre tous ces services additionnels tels un meilleur service de *mail*, l'hébergement d'un site personnel, l'accès à des informations réservées, etc. ;
– *les transactions :* Yahoo ! est un intermédiaire entre les internautes et les marchands qui payent l'entreprise Yahoo ! pour pouvoir commencer ;
– *l'accès à haut débit :* il est proposé en partenariat avec SBC Communications.

Les résultats annoncés pour l'année 2003 montrent une forte progression du chiffre d'affaires à 1,62 milliard de dollars (+70 %) pour un bénéfice net de 238 millions de dollars (+455 %). Cette situation est pour partie due au rétablissement du marché publicitaire et pour partie à la diversification du modèle économique.

Les résultats proviennent de trois grandes sources de revenus :
– les services marketing (publicité, annonces, transactions) 1,2 milliard de dollars ;
– les liens : 127 millions de dollars ;
– les abonnements (services « Premium » et accès à haut débit) : 298 millions de dollars. L'entreprise compte 1,1 million d'abonnés à l'accès à haut débit ainsi que 1,1 million d'abonnés qui payent les services « Premium ».

On peut estimer que les revenus non publicitaires de Yahoo ! sont passés de 13 % en 2000, à 24 % en 2001, 28 % en 2002 et un tiers en 2003.

À ce jour, Yahoo ! est un bon exemple d'entreprise née sur Internet qui a réussi à se développer en s'affranchissant de la seule recette publicitaire.

a) La définition de la publicité sur Internet

La publicité sur Internet est faite des *insertions publicitaires* (bandeaux publicitaires, sponsoring, liens commerciaux, etc.) *payantes ou non*[1] dans des *supports en ligne*.

C'est la définition retenue par les agences, les régies et la plupart des organismes d'études. Elle exclut :
– les coût de création et de développement des sites de marques et de *e-commerce ;*
– le marketing direct en ligne : *e-mail* commercial et *newsletters*.

Les sites supports publicitaires sont de deux types principaux selon leur contenu et l'importance de leur audience :
– sites de type moteurs de recherche, portails (ex : http://www.yahoo.com ; http://www.wanadoo.fr) qui attirent aujourd'hui l'essentiel de la publicité : plus de 80 % des budgets vont, en effet, à ce type de sites ;

(1) Les échanges d'espace publicitaire entre sites sont fréquents, ce qui ne facilite pas la mesure précise de la publicité sur Internet.

– les sites spécialisés ou sites thématiques (ex : http://www.boursorama.com). Ce qui importe est la proximité du contenu éditorial du site et des thèmes de l'annonceur. Le critère sur lequel on juge ces sites est l'affinité entre l'audience du site et la cible choisie.

b) Le marché de la publicité en ligne

Comme on l'a vu, après un départ très prometteur, les recettes publicitaires souffrirent beaucoup en 2001 et 2002. Mais, au printemps 2004, *Le Journal du Net* annonçait de bonnes nouvelles :

> « Après un gain de 50 % sur l'ensemble de l'année 2003, le marché de la publicité en ligne confirme sa bonne santé en affichant une progression de 67,4 % au premier trimestre. Le secteur télécoms demeure le plus actif. ».

Avec un peu plus de 3 % des dépenses plurimédias en 2004, les dépenses de publicité en ligne dépassent maintenant celles du cinéma. Le sixième média est devenu le cinquième mais la prochaine marche (devenir quatrième en dépassant l'affichage) sera autrement plus difficile.

LES DÉPENSES DE PUBLICITÉ SUR INTERNET, EN FRANCE, EN MILLIONS D'EUROS

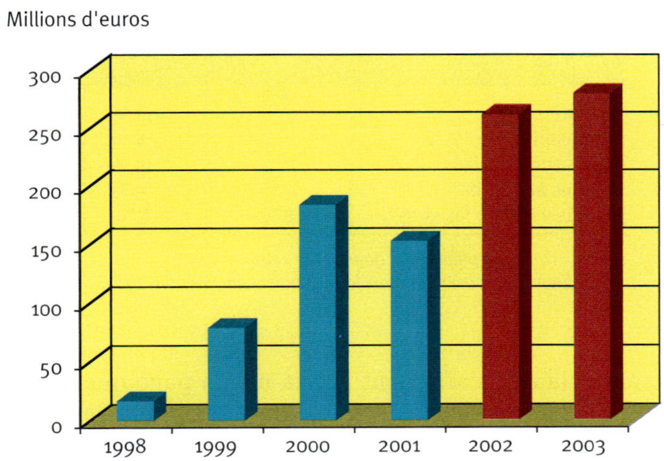

Figure 71

Remarque : ces données ne sont pas homogènes parce que les organismes et les méthodes d'étude ont changé. De 1997 à 2001 compris, ce sont des données IAB/PriceWaterhouseCoopers (en 1997, 1998 et 1999, ce sont des résultats brut, hors négociation) ; à partir de 2002, ce sont des données ZenithOptimedia.

Le marché américain de la publicité en ligne étant le premier au monde, il est intéressant de suivre son évolution et de connaître ses prévisions.

Figure 72

Les dépenses de publicité sur Internet aux USA et les prévisions comparées aux médias classiques en milliards de dollars

Années	Dépenses publicité en ligne	Dépenses publicité off line (grands médias classiques)	Part des dépenses en ligne
2002	6,0	144,5	4,15 %
2003	6,9	148,8	4,63 %
2004	7,8	156,4	4,98 %
2005	8,6	163,0	5,27 %
2006	9,3	170,1	5,43 %

Source : eMarketer (e-pub) *Zenith Media (publicité* off line*), décembre 2003.*

Aux États-Unis, comme ailleurs, les bannières ont été au début le format quasi unique puis le sponsoring de sites et de rubriques s'est rapidement développé. Aujourd'hui, ce sont les liens commerciaux (appelés également liens promotionnels ou liens sponsorisés) qui ont le vent en poupe.

Figure 73

États-Unis : évolution de la part des différents formats publicitaires utilisés en ligne

Formats	2001	2002
Bannières	36 %	29 %
Sponsoring	26 %	18 %
Liens commerciaux	4 %	15 %
Petites annonces	16 %	15 %
Exclusivités sur les sites	8 %	8 %

Source : comme la plupart des données de cette section, ces chiffres sont publiés sur www.journaldunet.com. Sécodip 2004.

Les liens commerciaux[(1)] s'affichent sur la même page que les résultats d'une recherche faite à partir de mots-clefs dans un moteur. Celui-ci (Google dans l'exemple ci-dessous) vend des mots-clefs (exemple : avion) avec l'affichage de liens vers les entreprises ou les marques qui ont payé[(2)] pour être associés à ces mots-clefs.

Les liens commerciaux tirent le marché de la *e-pub*. La société d'études eMarketer estimait qu'en 2003, ils représentaient un marché de deux milliards de dollars aux États-Unis et prévoyait près de trois milliards en 2005. Mais tout change si vite sur Internet qu'on a appris à prendre les prévisions avec beaucoup de prudence.

(1) Les expressions lien commercial et lien promotionnel sont synonymes. Lien sponsorisé à la même signification mais est impropre.

(2) V. les modalités de la commercialisation de ces liens à : https ://adwords.google.fr/select/?hl=fr.

EXEMPLE DE LIEN COMMERCIAL

Légende : en tapant le mot « avion » dans Google, on voit apparaître sur la droite des sites qui ont été référencés pour ce mot-clef.

Source : www.google.fr.

c) Les annonceurs sont de plus en plus nombreux et ils appartiennent à des secteurs de plus en plus diversifiés

En 2003, parmi le « top 100 » des plus grands annonceurs sur les médias classiques, 90 ont investi en publicité en ligne mais ces dépenses sont le plus souvent marginales dans leur budget total. Les grands annonceurs utilisent souvent Internet comme un média de complément, pour des actions ponctuelles qui s'intègrent à des programmes faisant appel à d'autres moyens de communication.

LES SECTEURS QUI INVESTISSENT LE PLUS EN PUBLICITÉ SUR INTERNET, EN FRANCE, EN 2003

Figure 74

Rang	Secteur	Nombre de bannières
1	Télécommunications	10 791
2	Voyage-Tourisme	6956
3	Services	5924
4	Distribution	5 337
5	Information-Média	4 690
6	Informatique	3 728
7	Culture-Loisirs	2 858
8	Transport	1 547
9	Édition	1 120
10	Immobilier	534

Source : Le Journal du net, *2004.*

d) La création publicitaire est le point toujours faible d'Internet

Le publicité sur Internet est souvent perçue comme une gène à la navigation. Pour surmonter cette obstacle, elle se doit d'être particulièrement attractive, ce qui est loin d'être le cas général aujourd'hui.

Exemple

☞ Bannières pour Houra, un site marchand.

L'HUMOUR, UN REGISTRE QUI VA SOUVENT BIEN À LA PUBLICITÉ EN LIGNE ET À SON AUDIENCE

Source : www.houra.fr.

1° La créativité est pénalisée par des contraintes techniques

Plus la création est sophistiquée (avec, par exemple, des animations très travaillées, de la vidéo, etc.), plus cela augmente le poids informatique du message. Pour des raisons techniques, ces bannières peuvent être refusées par les supports qui les limitent le plus souvent à 12 Ko. Il faudra attendre une pénétration plus importante du très haut débit chez les particuliers pour donner plus de latitude à l'expression des créatifs.

Figure 75

LES CONNEXIONS À HAUT DÉBIT PAR TYPES D'ACCÈS, DANS LES PRINCIPAUX PAYS EUROPÉENS EN MILLIERS DE LIGNES, AU 31 DÉCEMBRE 2003

Pays	ADSL	Câble	Total	Evolution annuelle
Royaume-Uni	1. 820	1.364	3.184	+ 139,0 %
Italie	2.280	211	2.491	+ 173,7 %
France	3.043	394	3.437	+ 108,6 %
Espagne	1.720	436	2.157	+ 81,2 %
Belgique	790	488	1.278	+ 47,0 %
Allemagne	4.500	66	4.566	+ 40,0 %
Pays-Bas	951	929	1.880	+ 92,8 %
Suède	592	364	956	+ 66,8 %

Source : Point Topic et Le Journal du Net.

2° On investit peu dans la création sur Internet

Quelques milliers d'euros suffisent pour concevoir et produire les bannières d'une campagne. Il ne semble pas raisonnable d'investir beaucoup plus tant que les budgets d'achat d'espace sont très limités mais le talent a son prix et sans argent, on fait rarement des miracles...

3° Les internautes évitent souvent la publicité sur Internet

La publicité sur Internet ralentit la navigation et perturbe les écrans même avec une connexion haut débit. Plusieurs études[1] ayant montré que près de 50 % des internautes ne voyaient pas les messages (ce pourcentage est d'autant plus important que l'internaute est expérimenté), les publicitaires se sont évertués à trouver des formats plus intrusifs comme le *pop up*. L'irritation croissante des internautes provoquée par l'apparition soudaine de ces fenêtres publicitaires en plein écran a donné naissance à un marché de logiciels anti-*pop up*. Aujourd'hui, de nombreux sites abandonnent progressivement le format *pop up*. Ce n'est pas en essayant de passer en force que la publicité réussira sur Internet.

4° Les formats sont disparates

On est toujours à la recherche des formats les plus efficaces pour faire de la publicité sur Internet. On en teste continuellement de nouveaux. *L'International Advertising Bureau* (IAB) recommandait en 2004 six formats (bannière 468 × 60, bannière 728 × 90, *skyscraper* 120 × 600 et 160 × 600, 300 × 250 et 180 × 150). Ces recommandations changent régulièrement[2].

e) Le *web planning*

Les principes fondamentaux du *media planning* restent valables pour Internet. La définition de l'audience d'Internet est évidemment spécifique à ce média. Les qualités propres à Internet autorisent une souplesse d'utilisation beaucoup plus grande que pour les autres médias.

1° La définition de l'audience sur Internet est plus laxiste que pour les autres médias

Pour la télévision, on donne les audiences minute par minute ; pour la radio, on donne l'audience par demi-quart d'heure ; pour la presse, on donne la LDP (lecture dernière période, c'est-à-dire le nombre de lecteurs du numéro de la veille pour un quotidien, de la semaine précédente pour un hebdomadaire, etc.).

Pour Internet, on mesure l'*audience* des sites *cumulée sur les trente derniers jours*, en visiteurs uniques, c'est-à-dire le nombre d'individus différents qui ont fréquenté ce site. Ainsi, pour être compté comme un internaute dans l'audience de Yahoo !, il suffit d'être allé au moins une fois sur Yahoo ! au cours des trente derniers jours, que l'on y soit resté deux secondes ou deux heures.

2° Les sites délivrent lentement leur audience annoncée et cela ne favorise pas la répétition

Quand on annonce 3 000 000 de visiteurs uniques (différents) sur un site, pendant 30 jours, ces 3 000 000 d'individus peuvent venir en 3 jours puis revenir. Ils peuvent aussi se distribuer linéairement, en amenant, chaque jour, 1/ 30e de l'audience annoncée. Ce sont deux variantes totalement différentes pour les annonceurs. Dans le premier cas, ils auront rapidement une forte couverture avec des campagnes de faible durée et beaucoup de répétition avec des campagnes plus longues. Dans le second cas, il auront une couverture qui progressera lentement avec la durée de la campagne avec très peu de répétition. Comme c'est ce second cas de figure qui prédomine sur Internet (dis-

*(1) François-Xavier Hussherr (thèse non publiée, Université Dauphine, 2000), utilisant la technique de l'*eye tracking* (analyse du chemin parcouru par l'œil) aboutit à une conclusion qui va dans le même sens qu'une étude de Motivaction : en moyenne, une publicité n'est pas vue par 48 % des internautes.*

(2) Pour suivre l'évolution des formats préconisés : http :// www.iabfrance.com.

tribution lente des contacts), il faut éviter les campagnes très courtes si on veut faire de la couverture et obtenir un minimum de répétition.

Figure 76

LA COURBE D'ACCUMULATION DES CONTACTS SUR INTERNET EN POURCENTAGE DE L'AUDIENCE DÉLIVRÉE SUR L'AUDIENCE ANNONCÉE EN FONCTION DU NOMBRE DE JOURS

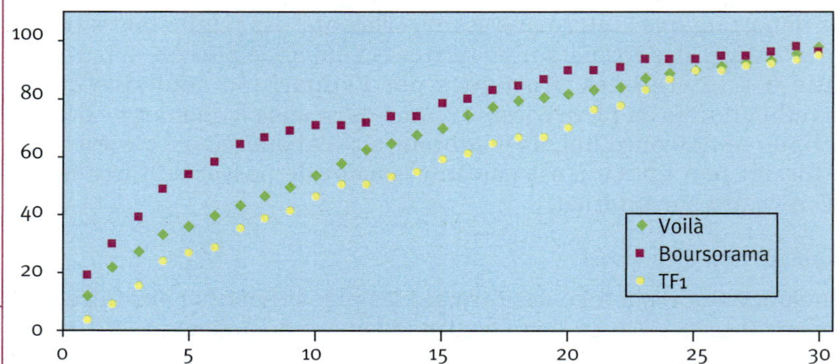

Source : étude sur trois sites. Septembre 2000. Recherche effectuée par J. Lendrevie avec le panel NetValue et France Télécom R&D.

Commentaires : l'étude a été faite pour trois sites : Boursorama (carré violets, courbe du haut), un site pour lequel on pouvait présumer une forte répétition ; Voilà (un moteur sur lequel on devrait revenir souvent : losanges verts, courbe du milieu); tf1.fr, le site de la chaîne (points jaune, courbe du bas) sur lequel on devrait également revenir souvent pour consulter les programmes. La distribution des ODV est très décevante même pour les sites pour lesquels on attendait une forte fréquentation. Il faut, en effet, près de trois semaines pour atteindre 80 % de l'audience annoncée de Boursorama et plus encore pour les deux autres sites. Cela signifie qu'avec une campagne courte d'une ou deux semaines (comme c'est souvent le cas dans la pratique) on est loin de faire la couverture annoncée et on reste très faible en répétition.

NB : ces résultats ne présument pas de l'évolution de l'audience de ces trois sites depuis la date de l'étude.

Internet est aujourd'hui un média qui manque de puissance en comparaison avec des médias classiques comme la télévision ou l'affichage.

Internet est par définition le média du ciblage et de l'affinité grâce aux nombreux sites qui sont construits sur des centres d'intérêt. Il se rapproche en cela de la presse magazine. Les sites thématiques sont donc intéressants *a priori* mais il manquent souvent d'audience. On comprend donc l'intérêt des liens commerciaux qui permettent de cibler par centre d'intérêt les vastes audiences des moteurs et grands portails.

3° Une grande souplesse pour le média-planning en ligne

On peut suivre, en temps réel, les performances d'un plan d'insertions et on peut intervenir pour modifier instantanément la campagne. Les serveurs de publicité et les logiciels de gestion des bannières[1] (Ad servers ou Ad Managers) offrent des possibilités nouvelles, très intéressantes. On peut adapter les insertions à la tranche horaire ou au profil des internautes. On peut optimiser immédiatement ces insertions en remplaçant une bannière par une autre si le taux de clic est jugé insuffisant. On peut, avec la méthode dite du « *capping* », éviter la surexposition d'un individu en stoppant l'envoi d'une bannière après deux ou trois expositions sans clic. En effet, après trois expositions, il est très improbable que l'internaute qui n'a pas cliqué, le fasse.

(1) V. par exemple : Accipiter AdManager, http ://www.accipiter.com ou Dart, OAS, Netgravity.

4° Le coût de la publicité en ligne a baissé

L'euphorie des débuts d'Internet avait entraîné des tarifs peu raisonnables. La crise qui suivit, l'abondance de l'offre d'espace en ligne, ont conduit à des négociations considérables sur les tarifs officiels ce qui a ramené le coût des insertions à des niveaux compétitifs.

COMPARAISON DES COÛTS POUR MILLE CONTACTS (CPM) PAR MÉDIA

Figure 77

Comparaison des coûts bruts pour 1 000 contacts (en euros)			
		Cible	
Média	CSP+	Ménagère ‹50 ans	Homme ‹50 ans
Radio	29	27	16
Presse magazine	30	27	26
Internet	38	47	29
Presse quotidienne	45	83	31
TV nationale	62	35	39
Cinéma	186	243	154

Source : Carat Expert, 2002.

LES RÉGIES, LA VENTE D'ESPACE PUBLICITAIRE ET LES CAMPAGNES SUR INTERNET*

* *par Christophe* TOURNAN, *directeur de clientèle, régie Wanadoo.*

LES PRINCIPALES RÉGIES SUR LE MARCHÉ FRANÇAIS DE LA PUBLICITÉ EN LIGNE

Sept acteurs se partagent 90 % du marché : AOL (fournisseur d'accès), Google (moteur de recherche), MSN (portail), Lycos (portail), Tiscali (fournisseur d'accès), Wanadoo (fournisseur d'accès),Yahoo ! (portail).

LE POIDS EN AUDIENCE DES PRINCIPAUX INTERVENANTS

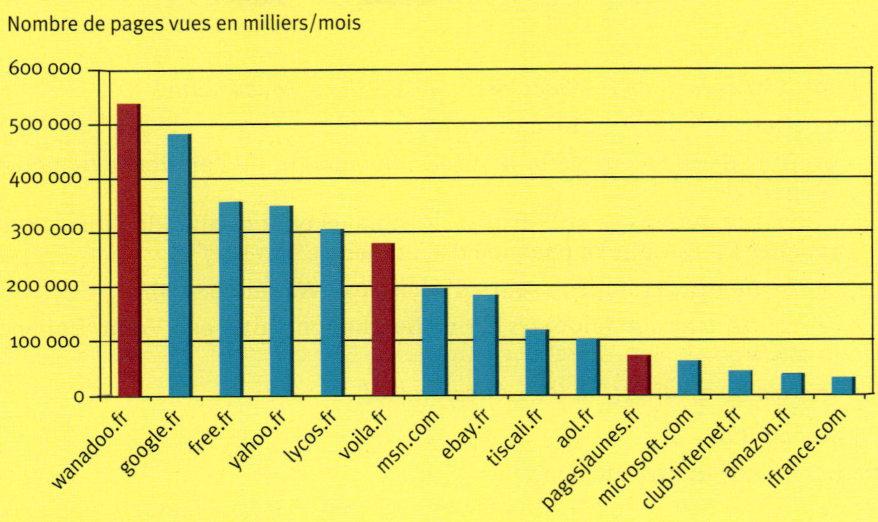

Source : Nielsen, Net ratings, mars 2004.

L'échec du modèle économique unique basé sur le financement du site Internet par la publicité, a poussé les principaux supports Internet à revoir leur stratégie :

- certains comme AOL, Tiscali, Wanadoo, etc. ont choisi d'intégrer leur régie en tant qu'unité d'affaires au sein de leur société, au même titre que le sont l'abonnement, l'animation ou les services payants, pour dégager des revenus supplémentaires et dépendre moins de leurs recettes publicitaires propres ;
- d'autres, comme DoubleClick, I-media, ont choisi des régies externes positionnées sur une offre multicibles, basée sur un réseau de sites.

Le rôle principal d'une régie Internet est *de monétiser* l'audience du ou des sites dont elle a la charge. Elle vend une exposition à la marque sur un environnement en adéquation avec la problématique et la cible de l'annonceur, en exclusivité ou en part de voix.

Trois principaux indices de performance sont utilisés pour commercialiser les espaces publicitaires Internet :

- le nombre de pages vues ou le nombre de pages vues avec publicité (PAP) ;
- le nombre de visiteurs uniques (VU) sur une période donnée ;
- la couverture ou le taux de *reach* qui définit le nombre de personnes connectées à un site sur une période donnée par rapport à l'ensemble de la population internaute.

L'ORGANISATION D'UNE RÉGIE INTERNET : UN EXEMPLE

Wanadoo régie commercialise les espaces publicitaires de l'ensemble des sites du groupe Wanadoo et du groupe Emap

Le positionnement de Wanadoo régie : « Simplifiez- vous Internet »

Les bénéfices-clients sont formulés ainsi :

- profiter de la valeur de la marque Wanadoo et de l'audience (abonnés Wanadoo) ;
- utiliser la puissance et l'affinité (le ciblage) et la qualité de l'insertion ;
- toucher l'internaute à chacune des étapes de son *surf :*
  - *site de départ* (fournisseurs d'accès, ex : Wanadoo, AOL) ;
  - *site de passage* (moteurs de recherche, portails, ex : Voilà, Yahoo !, MSN) ;
  - *sites de destination* (ex : *Autojournal*).

L'organisation

Elle repose sur quatre éléments.

❑ *Une force commerciale*

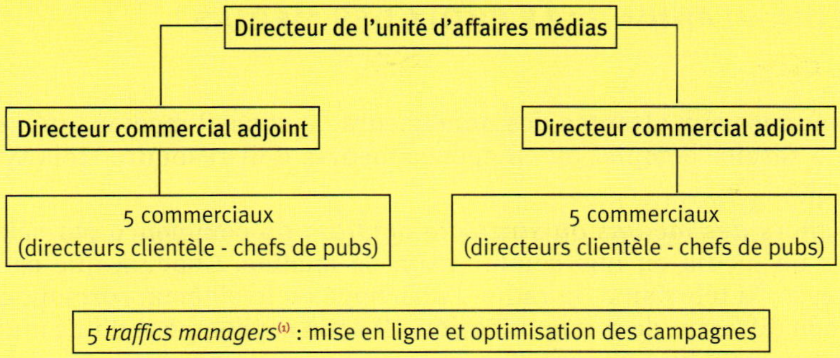

❑ *Une équipe marketing*

Elle travaille en étroite collaboration avec de nombreux instituts d'études pour mieux comprendre le comportement des internautes face à la publicité, améliorer son efficacité et mesurer les résultats des investissements *on line* (post-tests).

❑ *Une équipe dédiée à la mise en ligne*

Les *traffic managers* assurent la mise en ligne et l'optimisation des campagnes.

❑ *Un laboratoire créatif*

Il a pour mission d'accompagner les clients annonceurs dans la création, l'adaptation et l'intégration de leurs campagnes sur l'ensemble des sites du groupe Wanadoo.

Le portefeuille des commerciaux est mixte (agences de communication et centrales / annonceurs).

Les différentes problématiques rencontrées sur Internet sont :

- la création de trafic vers les sites des annonceurs ;
- la notoriété/image/visibilité ;
- la vente directe (e-commerce) ;
- le recrutement et l'enrichissement de bases de données.

Les « produits » proposés aux annonceurs sont classés en quatre familles :

- les formats dits « classiques » : bandeaux, *skyscrapers, pop up,* etc. ;
- les formats intégrés : publi-éditorial, dossiers spéciaux ;
- les formats de recrutement : *newsletters*, *sponsors links* et *e-mailing* (Wanadoo data) ;
- les formats inédits : vidéos, *interstitiels*, flash transparents, etc.

(1) On a respecté ici l'orthographe anglaise du terme « traffic ».

Section 9
LE MÉDIA-PLANNING : LE CHOIX DES MEDIAS*

** Par Michel GRANDJEAN, président de MPG France (groupe Havas Advertising), l'une des toutes premières agences médias.*

Pour répondre aux attentes des annonceurs, le conseil médias, qu'il soit en agence à service complet ou en agence médias doit résoudre trois types de problèmes :

- le *choix des médias ou stratégie médias* : on commence par sélectionner un média ou une combinaison de médias. Chacun, que ce soit la presse, la télévision, la radio, l'affichage ou le cinéma, correspond à un mode différent de communication. Chacun est composé d'une multitude de supports très variés ;
- le *choix des supports ou plan des supports* : on choisit dans le cadre du ou des médias retenus, les véhicules (supports) dans lesquels on insérera le message. Ainsi, si on a choisi la presse quotidienne (média), on établira ensuite la liste des titres (supports) et le calendrier des insertions des messages ;
- la *négociation et l'achat de l'espace publicitaire dans les supports sélectionnés* : c'est une fonction importante dans un marché où l'ajustement de l'offre à la demande s'exerce quasiment en temps réel, où les prix de revient sont flous, où le produit de base (l'audience) n'est qu'un paramètre parmi beaucoup d'autres. L'achat d'espace doit prendre en compte la qualité de l'espace. Il ne s'agit pas d'un simple achat en vrac ou de la recherche forcenée du taux maximum de remise sur les tarifs officiels. Définir et appliquer une politique intelligente d'achat média permet d'accroître la rentabilité des investissements.

De plus en plus souvent, il faut d'abord discuter de la définition des objectifs de l'annonceur : part de marché, volume de ventes, prise d'abonnements, connexions, etc. Ceci permet de bien adapter les moyens (investissement médias) aux objectifs poursuivis. La stratégie des moyens concerne non seulement ce qu'il est convenu d'appeler les *mass media*, mais aussi le hors-médias, et bien sûr, tout ce qui relève des nouvelles technologies, Internet en particulier.

Pour l'annonceur le point commun, entre tous ces véhicules, est souvent l'audience, un concept inventé pour gérer les tarifs (l'audience n'est en fait qu'une monnaie d'échange) mais qui reste pourtant éloigné de l'efficacité média (retour attendu sur investissement). L'audience d'un support est comme une note de musique. Il faut en assembler beaucoup pour obtenir une partition et pas dans le désordre. Et il faut orchestrer plusieurs instruments, en l'occurrence, plusieurs médias.

Même ceux qui n'ont pas beaucoup d'oreille comprennent qu'il est plus facile de comparer deux pianos, qu'un piano et une trompette. En publicité, c'est un peu la même chose. Il est plus aisé de choisir entre deux supports d'un même média – parce qu'ils relèvent du même mode d'expression – qu'entre deux médias différents. On peut penser que la sélection des supports est aujourd'hui relativement bien maîtrisée, sans sous-estimer toutefois l'importance des facteurs de choix qualitatifs (emplacement, environnement rédactionnel, ou type de programme) mais le problème est infiniment plus compliqué lorsqu'il s'agit de comparer des médias. Un spot diffusé à la télévision et une affiche posée sur une palissade n'entreront jamais dans la même équation. Les médias fonctionnent de manière très différente les uns des autres et on ne sait pas vraiment comment ils communiquent. À tout prendre, c'est plus simple en musique. Un mauvais compositeur qui hésiterait pour son orchestration entre le piano et la trompette, pourrait essayer une fois avec le piano, une fois avec la trompette et même une fois avec les deux ensemble. Mais en publicité, on ne peut pas essayer une fois la télévision, puis une fois l'affichage, puis, etc. même si les expériences, les marchés tests, les études permettent de réduire les incertitudes dans ce domaine.

Puisqu'on ne peut pas choisir les médias et le *mix* média d'une manière tout à fait rationnelle, il faut le faire avec du bon sens, de l'expérience et de l'imagination. C'est peut-être mieux ainsi, à condition d'avoir du talent.

1/ Des enjeux stratégiques pour les annonceurs

a) Pour la majorité des annonceurs, les investissements médias constituent un élément clef de la stratégie d'entreprise

Les raisons sont les suivantes :

- *c'est souvent le troisième poste de dépenses* dans les comptes d'exploitation après les achats de matières premières et les frais de personnel ;
- *c'est un support majeur de la vie des marques ;*
- *c'est un facteur de différenciation par rapport à la concurrence ;*
- *c'est un accélérateur* des ventes, notamment lors du lancement des produits et de services nouveaux.

L'achat d'espace, comme l'achat de la matière première (même si la comparaison a ses limites), est pour l'entreprise un facteur de productivité financière. Ceci est d'autant plus vrai que les médias ont des tarifs inflationnistes. La rareté de l'offre d'espace dans les médias puissants fait monter les prix et fait inévitablement tâche d'huile sur l'ensemble de l'offre médias. Dans cette perspective, fonction achat et fonction marketing doivent apprendre à s'enrichir mutuellement pour le bénéfice de l'entreprise.

b) La notion d'achat d'espace n'est pas simple

En première approximation, c'est un achat d'audience (à l'origine c'était simplement l'achat d'une surface en presse), mais l'audience est elle-même le résultat d'un programme, d'un éditorial, ou d'un événement, etc. dont le succès est difficile à prévoir. Il contribue pourtant à l'efficacité de l'investissement de l'annonceur.

c) Le paysage médias est de plus en plus complexe

Les annonceurs doivent trouver des emplacements efficaces dans un environnement, celui des médias, de plus en plus touffu, aux contours mal définis. Ils sont tentés, à juste titre, d'exploiter les opportunités offertes par les nouveaux médias. Pourtant, les médias classiques les plus puissants comme les chaînes généralistes de télévision sont loin d'avoir dit leur dernier mot.

2/ L'AGENCE MÉDIAS

La fonction média a d'abord été exercée en agence de publicité dite « à service complet », au sein d'un département spécialisé qui s'occupait à la fois des négociations, des relations avec les médias (relations publiques plus que relations professionnelles) et du conseil médias. Ces départements étaient souvent très liés à la création. Dans le pire des cas, ils n'étaient que des annexes de ces départements (ceci vaut encore sur certains marchés). Le message imposait ses exigences au traitement des médias et à l'optimisation des investissements de l'annonceur, ce qui, pour un marketing de masse, n'était pas toujours injustifié[1].

Par la suite, le marché des médias est devenu de plus en plus concurrentiel, notamment en radio. Dans ce contexte, la négociation est apparue comme un facteur pertinent d'ajustement de l'offre à la demande. Un fort pouvoir de négociation supposait une concentration des achats médias, d'où la naissance des centrales d'achat.

Puis, la négociation est souvent apparue excessive, pour certains médias tout au moins, ou sans signification quand son objet était d'annuler – en partie – des augmentations abusives de tarifs. Les débordements de certains acteurs contribuèrent à la promulgation de la loi Sapin en 1993.

Les agences de publicité réagirent naturellement à la concurrence nouvelle des centrales d'achat en créant leurs propres centrales, dites « centrales intégrées ».

La complexité croissante du paysage des médias (développement de la télévision commerciale, multiplication des nouveaux titres de presse, multiplication des stations de radio) a nécessité davantage d'expertise. Pour satisfaire ce besoin, il fallait des structures spécialisées et des investissements en études et recherches importants. Les entités spécialisées en achat médias devinrent des centres d'expertise médias ; les véritables *agences médias* étaient nées.

Ces agences médias ont leurs clients directs, c'est-à-dire qu'un contrat direct est établi entre les agences médias et leurs clients, ces annonceurs pouvant avoir des contrats, indépendamment, avec une ou plusieurs agences *full service*. En revanche, la fonction médias est le plus souvent centralisée chez les annonceurs pour bénéficier de l'effet volume qui *a priori* accroît le pouvoir de négociation.

Aujourd'hui, les agences médias développent leur expertise sur l'ensemble des supports de communication classiques (du *prime time* télévision jusqu'aux imprimés sans adresse) et anticipent l'évolution des nouveaux médias dont le périmètre est encore à définir. Au-delà de l'achat d'espace, les agences médias sont concernées par l'efficacité globale de la communication et son impact sur les marques.

Sur le marché français, cinq agences médias dominent. À elles seules, elles traitent près de 80 % des investissements médias.

Les agences médias doivent avoir une taille critique, non seulement pour profiter d'un effet volume favorable à la négociation mais aussi pour pouvoir investir en recherche, en bases de données, en création de logiciels. Il y a une différence de nature entre l'agence de publicité classique, à service complet qui peut être en théorie artisanale et l'agence médias qui doit avoir une dimension industrielle, toutes proportions gardées.

(1) *Le message et le média ont toujours été liés. Dans le cadre des stratégies de masse visant à conquérir de nouveaux consommateurs, c'est le message qui dictait sa loi au média ; dans le cadre d'une stratégie de fidélisation ou de* one to one, *ce peut être le média, mieux ciblé, proche de l'individu, qui impose le message, en fonction par exemple des centres d'intérêt et en jouant sur la grande fragmentation des audiences (dans l'utilisation d'Internet par exemple).*

Les cinq premiers réseaux mondiaux d'agences médias : classement par groupes de communication (un groupe pouvant avoir plusieurs réseaux), en 2003

Figure 78

Groupes	Volume d'activité en milliards US $
1. PUBLICIS (Starcom MediaVest + ZenithOptimedia)	34,3
2. WPP (Mindshare + Mediaedge)	33,7
3. INTERPUBLIC (Initiative + Universal McCann)	27,6
4. OMNICOM (OMD + PHD)	24,2
5. AEGIS MEDIAS (Carat + Vizeum)	19,6

Source : Institut Recma, 2004, CB News, *20 avril 2004.*

En France, certaines agences médias ont toujours été indépendantes (comme Carat, actionnaire Aegis) ; d'autres ont gagné leur indépendance (MPG, ex-Médiapolis, actionnaires Havas Advertising et Rodes). La correspondance entre les groupes de communication (WPP, Omnicom, Interpublic, Havas Advertising, Publicis), les agences de publicité et les agences médias n'est pas d'une grande simplicité et les évolutions sont permanentes.

Sur le marché européen, la concentration est à peine moindre. Le marché américain est désormais très attentif à cette évolution. Des annonceurs, leaders mondiaux, ont déjà concentré leurs achats médias dans des entités spécialisées plus ou moins indépendantes des agences de publicité à service complet.

La rémunération des agences médias varie selon les prestations demandées par leurs clients annonceurs : jusqu'à 5 % du montant de l'achat d'espace pour les médias classiques. Certaines prestations peuvent être facturées sur devis. Les honoraires versés par les annonceurs constituent la seule ressource des agences médias. En effet, la loi Sapin interdit toute rémunération provenant des médias ou liée à une activité de grossiste. Plus de transparence crée plus de confiance entre l'agence et ses clients. Cependant, l'interdiction d'exercer l'activité de grossiste pénalise le développement des agences médias françaises par rapport à leurs concurrents étrangers, le statut obligatoire de mandataire constituant une exception française.

L'activité des agences médias est en général un prolongement de celle des agences à service complet. La frontière entre les deux est parfois délicate à définir. Il appartient donc à l'annonceur de préciser, le cas échéant, les modes de fonctionnement entre ces deux prestataires.

3/ L'achat d'espace

L'achat d'espace est, au moins en théorie, le dernier maillon dans le processus médias avant le déroulement de la campagne. C'est au minimum une fonction d'exécution mais en réalité son importance est primordiale. Il s'agit notamment de maîtriser des tarifs complexes, définir une politique de négociation, contrôler l'inflation des coûts.

a) Le processus administratif

Ce processus est en partie réglementé par la loi Sapin. Il comprend les phases suivantes :

1° La prise d'options auprès des supports

L'acheteur mandaté par l'annonceur prend des options après avoir consulté les supports sur les modalités de réalisation du plan média défini préalablement, en termes de délais, de disponibilités, d'emplacements, etc.

2° L'envoi des ordres aux supports

C'est la confirmation des options. À la différence de l'option, l'ordre est un acte officiel qui engage l'agence (elle est mandataire) et le client sur le plan financier.

3° Le contrôle de la bonne exécution

Après parution (en presse), diffusion (radio, télévision, cinéma) ou pose (affichage), l'acheteur contrôle la bonne exécution des ordres, le plus souvent avec l'appui d'un service de pige. Il revient à l'acheteur d'effectuer les réclamations nécessaires en cas de non-conformité, ceci en liaison avec le service fabrication si la qualité de reproduction est en cause.

4° Le contrôle des factures par l'acheteur (au sein de l'agence mandataire)

L'achat d'espace est plus ou moins complexe selon les médias. En PQR, le mécanisme de l'achat a été simplifié grâce à la mise sur pied de couplages comme le « 66.3 ». En télévision, de nouvelles formes d'achat sont apparues pour fluidifier l'offre d'espace : vente aux enchères de certains écrans, création d'un second marché (FTV en 2000). D'autre part, les systèmes EDI[1] se sont développés ce qui facilite le suivi administratif et, en théorie, la gestion des plannings.

b) Le négoce

Il a deux volets : l'un qualitatif, l'autre quantitatif.

1° La dimension qualitative

Cela consiste à obtenir, par exemple des emplacements de qualité, à bénéficier de rédactionnel, à négocier les délais de remise de documents (si le planning du technique l'exige), et même à négocier les conditions d'une annulation éventuelle de la campagne.

2° La dimension quantitative

Il s'agit d'acheter au meilleur prix mais sans nuire à la qualité de l'achat. Cette négociation est strictement réglementée par la loi Sapin qui dispose que :

- l'intermédiaire (agence ou agence médias) est mandataire ;
- la transparence et les conditions de négociation entre le média et l'annonceur doivent être assurées ;
- le tarif du support et l'ensemble de ses composantes doivent figurer dans un document officiel : les conditions générales de vente (CGV) ;

(1) EDI : échange de données informatisées.

– pour un support donné, l'application des CGV ne peut pas, toutes choses égales, être discriminatoire entre les annonceurs d'un même secteur, qui achètent le même volume, durant les mêmes périodes, etc. ;
– la négociation doit s'exercer au bénéfice exclusif de l'annonceur.

Aujourd'hui, les tarifs des supports sont devenus extrêmement complexes et parfois difficiles à interpréter. Dans certains cas, les tarifs de base (tarifs faciaux) ont tendance à croître plus vite que les performances des supports. Cela peut entraîner un dérapage des négociations, avec au final, de telles baisses des prix par rapport aux tarifs officiels qu'ils en sont ridiculisés.

La négociation elle-même dépend d'une multitude de paramètres : volume d'achat, progression du chiffre d'affaires avec le support, part de marché réalisée, répartition du volume d'achat selon les périodes (période creuse, période pleine, *prime time*, *all time*, etc.), opportunité d'accueil d'un annonceur prestigieux ou provenant d'un secteur nouveau pour le support, intérêt d'une campagne très cohérente avec le contenu rédactionnel, etc. Tout ceci peut constituer pour l'acheteur des atouts dans la négociation.

4/ Les principes de sélection des médias

Deux types de décisions différenciées : le choix des médias et le choix des supports

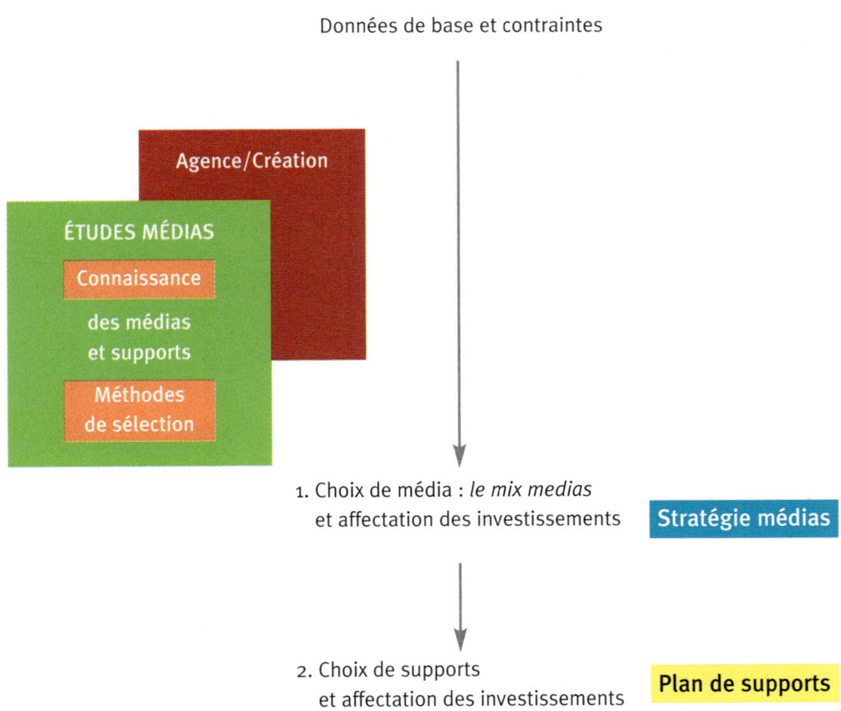

Figure 79

a) Savoir éliminer

Le choix des médias étant plus pragmatique que scientifique, on procède généralement par élimination, d'abord en évinçant les médias tout à fait inadaptés ou indisponibles, ensuite en évaluant ceux qui restent à partir des objectifs énoncés dans la stratégie médias. Généralement, on cherche à ne retenir qu'un seul média : le média de base autour duquel on étudie ensuite différentes combinaisons avec d'autres médias dits « médias d'accompagnement » ou « médias secondaires ».

Figure 80

LES ÉTAPES DE LA SÉLECTION DES MÉDIAS

Étape n° 1 : donner à ceux qui vont choisir les médias l'énoncé du problème à résoudre, les objectifs à atteindre et les contraintes à respecter

Étape n° 2 : étape la plus simple : on évince les médias indisponibles parce qu'ils sont interdits (c'est le cas de secteurs économiques qui ne peuvent pas faire de publicité à la télévision), parce qu'ils sont saturés (pas de place dans les délais requis) ou parce qu'ils sont manifestement inadaptés au problème (la télévision nationale par exemple, si on ne dispose que d'un tout petit budget)

Étape n° 3 : on évalue les médias restants selon leur aptitude à couvrir la cible de la façon la plus efficace et la plus économique et selon leur aptitude à communiquer et à valoriser le message

Étape n° 4 : si un seul média ne suffit pas à satisfaire les objectifs de la stratégie médias, on étudie ses combinaisons possibles avec les médias qui restaient à l'étape n° 3

b) Se méfier des idées reçues

Il n'y a pas de théorème pour la sélection des médias, mais il y a beaucoup de postulats que l'on formule souvent sur le ton définitif que permet une longue expérience ou une grande incompétence. On recense ci-dessous les effets les plus pervers.

1° L'effet Panurge

On évite de penser et on fait comme les autres. Cela conduit à des décisions apparemment moins risquées et plus faciles à justifier. On choisit par exemple les médias utilisés par les leaders mais sans considérer que ce qui peut être adapté pour celui qui détient une part de marché importante peut être une erreur pour un autre annonceur.

2° L'effet prestige

Être présent – même faiblement – à la télévision et, mieux, avant le journal de 20 h, est parfois plus « valorisant » pour l'annonceur qu'une présence – même efficace dans un hebdomadaire de province.

3° L'effet cliché

Certaines idées toutes faites et générales sur les médias peuvent être redoutables : par exemple, le cinéma est trop cher, tout le monde regarde la télévision.

4° L'effet nombril

On a souvent tendance à juger les médias selon sa propre expérience de lecteur, d'auditeur ou de spectateur. Ainsi, on peut entendre : « Les cadres supérieurs ne regardent plus la télévision, mais ils lisent *Le Monde* » ou bien : « Pendant les vacances on ne lit plus les quotidiens, on ne regarde plus la télévision, on n'écoute que la radio, sur la plage... »

5° L'écran de fumée

Impressionner les autres : les concurrents, la distribution, etc. par une présence forte auprès d'eux mais en réalité, faible auprès des consommateurs, peut être une stratégie pertinente. Néanmoins, le coût de ce type d'action doit être justement apprécié. Dans de nombreux cas, une action, conçue spécifiquement pour être adaptée à ses vraies cibles, sera plus efficace.

c) Bien poser le problème à résoudre (le *briefing* médias)

La qualité du *briefing*, premier maillon de la chaîne qui conduit au choix d'un média, est déterminante. Si le problème est mal posé, si on a oublié une information décisive, les spécialistes médias peuvent aboutir à des conclusions totalement erronées mais qui se rapportent à des investissements considérables, toujours importants car il n'y a pas de budget insignifiant pour quelque annonceur que ce soit.

1° Les objectifs et l'esprit du *briefing* médias

Le *briefing* médias doit remplir trois objectifs complémentaires :

- donner aux hommes médias toutes les informations nécessaires mais rien qu'elles, pour proposer une stratégie médias, un choix de médias, puis un plan de supports ;
- être l'occasion d'impliquer l'équipe médias pour lui faire comprendre et vivre l'ensemble du problème posé par l'annonceur ;
- associer les autres équipes de l'agence, et notamment la création, à la réflexion sur les médias.

C'est le commercial, chargé de la campagne, qui doit préparer et faire le *briefing*. Il situera d'abord le contexte dans lequel a été engagée la campagne : définition du problème de l'annonceur, éléments très caractéristiques du marché, du produit, de la concurrence, de la distribution, objectifs et stratégies de marketing et de communication, contraintes à respecter. Le cadre de la campagne ayant été fourni, le *briefing* développera les éléments de marketing et de communication qui sont directement liés au choix et à l'utilisation des médias.

L'APPORT DU COMMERCIAL : LE *BRIEFING* MÉDIAS

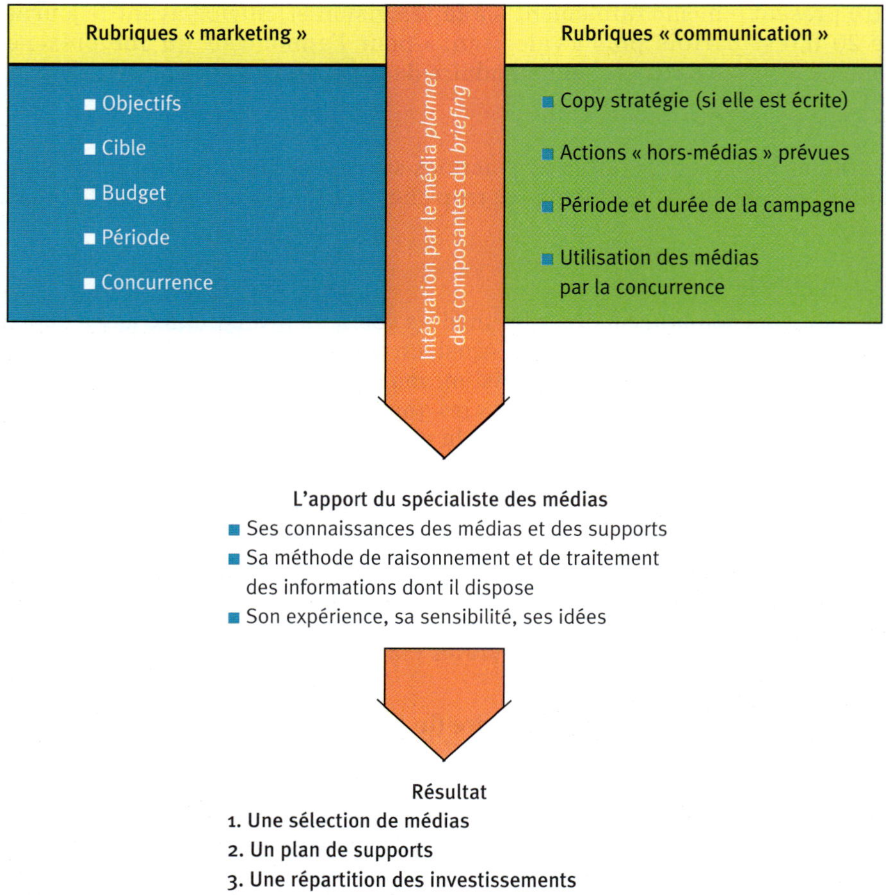

Figure 81

Le *briefing* médias n'est pas un exposé et à plus forte raison, une leçon faite par le commercial à l'équipe des médias. Il doit être la possibilité d'un premier échange d'idées entre les différentes composantes de l'agence en associant notamment l'équipe de la création. En effet, à ce stade de la campagne, la réflexion sur les médias se fait en même temps que celle qui est conduite sur le message et chacune doit enrichir l'autre. Il est donc impératif que l'esprit dans lequel se fait le *briefing* média ne soit pas celui de la lecture d'un cahier des charges mais plutôt de l'engagement d'une réflexion commune.

2° Les principales rubriques du *briefing* médias

- *Les objectifs généraux*

Ils consistent à rappeler les objectifs marketing et définir les objectifs de la communication.

- *La cible*

C'est un maillon essentiel qui conditionne la qualité de la démarche médias : il n'est pas de stratégie médias viable sans qu'une cible pertinente soit définie. En effet, c'est la cible qui, par sa taille et son homogénéité :

– conditionne le budget : couvrir efficacement l'ensemble des ménagères coûte évidemment plus cher que couvrir efficacement les ménagères urbaines et jeunes ;
– détermine l'exclusion de certains médias : le cinéma peut être exclu pour couvrir les plus de 65 ans mais sûrement pas pour les moins de 25 ans. La TV est exclue pour renforcer la pression sur une région ;
– préfigure la pression publicitaire par individu : une cible surexposée aux médias (donc probablement à la publicité, notamment à celle des concurrents) requiert plus de répétition qu'une cible sous-exposée. De même, une clientèle à conquérir coûte plus cher qu'une clientèle à maintenir.

Dans les pages précédentes, on a distingué deux types de cibles : la cible marketing et la cible de communication. Le média-planning en introduit un troisième : la cible médias : elle comprend tous ceux auprès de qui les médias et les supports doivent véhiculer le message. La cible médias peut être définie comme un sous-ensemble de la cible de communication puisqu'une partie des personnes visées peut l'être par les médias, une autre par les actions hors-médias, la zone de recouvrement des cibles médias et hors-médias étant généralement assez importante.

En outre, il faut *choisir et décrire une cible pertinente.* La cible médias doit être adaptée aux moyens de l'annonceur, à son problème marketing, à sa stratégie de communication. Elle doit aussi être présentée de façon pertinente par le responsable du *briefing.*

La cible doit être décrite avec des critères opérationnels, c'est-à-dire des critères identiques à ceux dont on se sert pour connaître l'audience des médias et des supports. Comment peut-on choisir les supports les plus efficaces pour toucher la cible si l'audience des supports est analysée en catégories sociodémographiques et la cible en styles de vie ? Ce point de cohérence est essentiel.

La taille de la cible doit être suffisante pour qu'on puisse exploiter de façon statistiquement fiable les données disponibles sur l'audience des supports.

Les analyses de segmentation ou de typologie ne doivent pas conduire à une sophistication excessive qui se traduirait par un émiettement exagéré de la cible. Les segments les plus minces, les pondérations les plus compliquées et les croisements les plus audacieux sont toujours assimilables par l'ordinateur mais ce dernier n'indique pas le moment où il n'y a plus la moindre once de bon sens marketing.

- *Le budget*

Le plus souvent, le niveau du budget est déterminé par l'annonceur. Lorsqu'il demande à l'agence de le conseiller sur le budget souhaitable, la recommandation dépend pour beaucoup du service médias puisque l'achat d'espace est le poste budgétaire le plus important. Mais elle dépend aussi des coûts de création et de production, des honoraires, etc. Ce doit donc être une réflexion collective au sein de l'agence.

Les choix des médias et des supports influencent évidemment les coûts d'achat d'espace mais aussi les frais techniques, le coût de production des messages variant beaucoup selon le média choisi. La radio est le média le moins coûteux. C'est pour la télévision et le cinéma que les frais techniques sont généralement les plus élevés. Cela pénalise souvent le cinéma qui a des audiences évidemment beaucoup plus limitées.

Le *briefing* média précise :

- si le budget est prédéterminé : ses composantes, ce qui est exclu/inclus : taxes, montant des frais techniques, mode d'achat d'espace et de rémunération de l'agence, réserves éventuelles, clé éventuelle de répartition dans le temps, etc. ;
- si le budget doit être défini : la fourchette d'investissement réaliste, ou le ratio d'investissement exprimé en pourcentage du chiffre d'affaires de l'annonceur, de son marché, etc.

- ***La période d'action***

Afin d'instruire le choix de la meilleure période d'action des médias, on précisera dans le *briefing* :

- la saisonnalité des ventes ;
- la période des campagnes précédentes (le cas échéant) ;
- les périodes d'action des principaux concurrents ;
- la durée de l'action (prévue pour notre campagne) ;
- la date de démarrage.

- ***Les éléments du message***

Si elle a déjà été établie, la copy stratégie (stratégie de création) doit être jointe au *briefing*. On précisera au moins :

- la nature de la promesse et des supports de cette promesse ;
- le *planning* de la création et de la production des messages ;
- le format des messages qui peut être envisagé.

- ***L'activité promotionnelle prévue***

Il s'agit ici de donner des informations sur la nature de la distribution, le rôle attendu des distributeurs, les actions prévues auprès d'eux, avec eux, etc. :

- la campagne médias doit-elle soutenir cette activité ?
- les types de promotion ;
- le calendrier des promotions prévues ;
- le cas échéant, les actions de relations publiques.

- ***La concurrence***

Elle est présentée telle qu'elle ressort de la pige Sécodip (trimédias) et des piges affichage et cinéma avec :

- le montant global au cours des exercices précédents ;
- la ventilation par média ;
- la chronologie des campagnes de la concurrence.

- ***Le déroulement du média-planning***

On précise :

- la date à laquelle la stratégie médias doit être présentée à l'annonceur ;
- la date de présentation du plan de supports.

d) Éliminer les médias impossibles

Sur la ligne de départ, tous les médias doivent être considérés comme égaux mais ils ne sont pas tous libres.

1° Les contraintes légales

Le premier filtre résulte de la réglementation. Parfois la publicité de certains produits et services est interdite ou strictement limitée pour un ou plusieurs médias.

2° Les délais de réservation

Le second filtre résulte des disponibilités des supports envisagés, c'est-à-dire de l'espace libre à l'achat parce que non réservé antérieurement par un autre annonceur. Les délais de réservation sont très variables d'un média à l'autre, mais aussi selon les supports.

Les délais moyens de réservation

Magazines	Noir et couleur : 3 à 4 mois
Quotidiens	Noir : 3 jours Couleur : 3 à 8 jours
Affichage	Très variable selon les supports En général : 4 à 5 mois Decaux (France entière) : 12 mois
Radio	Selon horaire, période, jour : 48 heures à 3 mois
Cinéma	2 semaines
Télévision	Réservation : 3/4 mois avant puis optimisation au jour le jour

Figure 82

En réalité, ces délais dépendent étroitement de la période d'insertion (période chargée ou période creuse) et des supports eux-mêmes. Ils résultent le plus souvent d'une négociation.

3° Les délais de production

Le troisième filtre résulte des délais purement techniques de production du message, soit du fait de l'agence et de l'annonceur, soit du fait du média.

- *Les délais de production,* stricto sensu

Ce sont ceux qui sont requis pour les prises de vue, le tournage d'un film, le montage d'une bande son, etc. Ces différentes opérations sont décrites à la fin du chapitre 2 de la deuxième partie.

- *Les délais de production qui tiennent aux médias*

Ce sont ceux qui sont nécessaires à l'impression (presse, affichage), à la répartition entre les salles des copies des films de cinéma, etc.

Figure 83

LES DÉLAIS MOYENS DE REMISE DE DOCUMENTS

■ Magazines	Noir Couleur } ± 4 semaines
■ Quotidiens	
❑ nationaux	Quelques jours (moins d'une semaine)
❑ régionaux	2 semaines
■ Affichage	15 jours à 1 mois (selon les supports)
■ Radio	Quelques jours avant
■ Télévision	Remise des films et bandes vidéos, 5 à 10 jours avant diffusion
■ Cinéma	Province : 2 semaines Paris : 1 semaine

e) Évaluer les médias disponibles

Cette comparaison consiste à apprécier l'aptitude des médias disponibles à :

- communiquer le message (critères de communication) {
  - véhiculer le message dans sa plénitude ;
  - valoriser le message ;
- couvrir la cible (critères de marketing) {
  - atteindre la cible ;
  - de manière efficace ou suffisante (avec quelle répétition ?) ;
  - de façon économique (à quel prix ?).

1° Communiquer le message

- ***Véhiculer le message dans sa plénitude : le contrat minimum***

Il s'agit de vérifier que le média envisagé possède bien toutes les qualités de communication nécessaires à l'expression du message. C'est, en quelque sorte, le contrat minimum entre le média et le message.

Ce principe général ne peut guère être expliqué et développé indépendamment d'un message précis. De nombreuses tentatives ont été faites pour répertorier les critères sur lesquels on pourrait évaluer et comparer les qualités de communication des médias. On se limitera ici à mentionner trois éléments qui interviennent le plus souvent :

- la possibilité de la couleur ;
- le mouvement ;
- l'espace, c'est-à-dire les formats disponibles exprimés en surface pour les médias imprimés ou en temps pour les médias audiovisuels.

- ***Valoriser le message : la plus-value média***

Au-delà des qualités minima requises pour communiquer le message, le média peut avoir des caractéristiques qui, bien employées, peuvent apporter une véritable valeur ajoutée au message. Ce sont notamment :

- la crédibilité du média[1] ;
- le prestige qui lui est attaché. On a souligné précédemment l'image excellente dont jouit généralement la télévision auprès des annonceurs ;

(1) Plusieurs enquêtes ont été faites pour mesurer la confiance que font les Français aux différents médias. Les résultats obtenus doivent être interprétés avec prudence. À titre d'exemple, voici quelques extraits de l'étude faite par l'Union des syndicats de la presse quotidienne régionale :
« Question : Dans lequel de ces moyens d'information pensez-vous que l'on peut le plus facilement faire confiance à la publicité ?
PQR : 29 %, TV : 18 %, Revues : 14 %, Radio : 4 %, Affiches : 4 %, Quotidiens parisiens : 1 %, Ne sait pas : 30 % ».

– l'ambiance, neutre ou porteuse, du média ;
– les centres d'intérêt des médias, selon, par exemple, qu'ils sont locaux, nationaux, internationaux.

2° Couvrir la cible

Les médias peuvent être évalués selon leur aptitude à :
– *atteindre la cible,* c'est-à-dire à la couvrir ;
– *couvrir la cible de manière efficace,* c'est-à-dire avec la répétition nécessaire et au moment pertinent ;
– *couvrir la cible de manière économique,* c'est-à-dire en provoquant des « contacts utiles » avec la cible au moindre coût.

Ces différentes notions (audience, audience utile, occasions de voir, coût pour mille, etc.) permettent non seulement d'apprécier l'intérêt relatif des différents médias possibles mais surtout de mesurer l'efficacité des plans d'insertion dans les supports. Ceci est donc développé dans la section suivante consacrée au choix des supports.

L'ANALYSE COMPARÉE DES CARACTÉRISTIQUES QUALITATIVES DES GRANDS MÉDIAS

Caractéristiques qualitatives	Télévision	Radio	Presse quotidienne	Magazines	Affichage	Cinéma
1° Caractère événementiel « le signal d'alarme » « la nouvelle »	+	+++	+++	+ *News Magazines*	++	(–)
2° Construction et renforcement d'image	+++	+	+	+++	++	+++
3° Création d'attitude : quantité d'information transmise	(–)	(–)	++	++	(–)	(–)
4° Création d'attitude : emprise de l'imaginaire sur le réel	+	+	(–)	+	+	+++
5° Esprit régional	(–)	+	+++	(–)	++	(–)
6° Rapidité de la mise en œuvre	(–)	+++	+++	(–)	(–)	(–)
7° Durée physique du message	(–)	(–)	+	++	+	(–)

Source : cas d'utilisation des médias et comparaison avec la PQR. Commission Marketing SNPQR/SQR.

Figure 84

Section 10
LE MÉDIA-PLANNING : LE CHOIX DES SUPPORTS

1/ LES DÉFINITIONS DE BASE

a) L'audience

1° L'audience

C'est l'ensemble des lecteurs, auditeurs, spectateurs ou téléspectateurs d'un support (ou d'un plan) presse, radio, cinéma, télévision. Pour l'affichage, l'audience d'un emplacement est définie comme l'ensemble des individus passant à proximité. Le concept d'audience est donc imprécis pour l'affichage.

Ainsi caractérisés par leurs audiences, les supports deviennent relativement comparables et on peut les classer selon l'importance des audiences utiles qu'ils recouvrent. D'autres facteurs interviennent sans que leur influence n'ait été mesurée précisément à ce jour : le contexte rédactionnel, la conception de la maquette (pagination publicitaire, volume et répartition...), etc.

2° L'audience utile

C'est la partie de l'audience totale d'un support (ou d'un média) qui appartient à la cible.

3° La structure de l'audience d'un support (ou d'un média)

Elle peut s'appréhender par sa composition, c'est-à-dire par la répartition en pourcentage de l'audience selon les items d'un critère.

Exemple

☞ Composition de 100 lecteurs d'un journal de télévision selon le critère d'âge :

15 à 24 ans :	25 %
25 à 49 ans :	43 %
50 à 64 ans :	18 %
64 ans et plus :	14 %
	100 %

b) L'audience et l'ODV

Quelle que soit la méthodologie utilisée pour la mesure de l'audience (interview, panel, audimètre, comptage, etc.), tout individu appartenant à l'audience d'un support a une probabilité non nulle d'être exposé à un message publicitaire véhiculé par ce support. Cette probabilité varie très sensiblement selon les modalités de ce contact avec le support. Ainsi le contact affichage correspond pour un individu au fait d'être passé à proximité d'un emplacement, alors que le contact cinéma implique la présence de l'individu à une séance (mais pas nécessairement sa présence durant la projection de la bande publicitaire).

Le contact support génère donc une Occasion De Voir (ou d'entendre) le message véhiculé par ce support : c'est la fameuse ODV ou ODE. L'ODV se transformera éventuellement en perception effective du message selon une multitude de variables qui déterminent l'impact réel propre à l'instant, à l'individu, au message et au support. L'écart peut donc être très grand entre l'ODV et la perception du message (*a fortiori* entre l'ODV et l'évolution d'une image ou d'un comportement) : si grand que certains pourraient être tentés de minimiser l'intérêt de l'ODV. Il faut donc souligner que l'ODV est le premier maillon de la chaîne de la communication. C'est un point de passage obligé et nécessaire. Sans ODV, il n'y a pas la moindre chance d'avoir de perception, de déplacement d'image... Sans ODV, il n'y a pas de communication.

Au-delà, il ne faut jamais oublier que :

- la fiabilité de l'ODV dépend de la qualité de la mesure de l'audience ;
- la valeur de l'ODV est très variable selon le média ;
- la valeur de l'ODV peut aussi varier selon les supports à l'intérieur d'un même média ;
- l'ODV peut sous-estimer les chances d'exposition au message. En général, un magazine n'est pas lu en une seule fois. Il peut être repris en main plusieurs fois (par exemple pour les programmes de TV). Théoriquement, chaque reprise en main constitue une ODV. Dans la pratique, par souci d'économie plus que par impossibilité, ce phénomène de reprise en main n'est guère pris en compte. Certaines études du CESP (budget temps) ont tenté d'appréhender cet aspect de l'ODV mais on continue généralement à simplifier le problème : à un couple individu/support, on ne fait généralement correspondre qu'une seule ODV.

c) Les phénomènes d'audience entre deux insertions : duplication et cumulation

L'analyse de ces phénomènes emprunte à la théorie des ensembles.

1° La duplication

C'est l'ensemble des individus qui appartiennent à la fois à l'audience du support A et à l'audience du support B (en d'autres termes, ce sont les lecteurs/auditeurs communs à A et à B). S'agissant de trois supports A, B, C, on pourrait parler de triplication, puis de quadriplication pour quatre supports, etc.

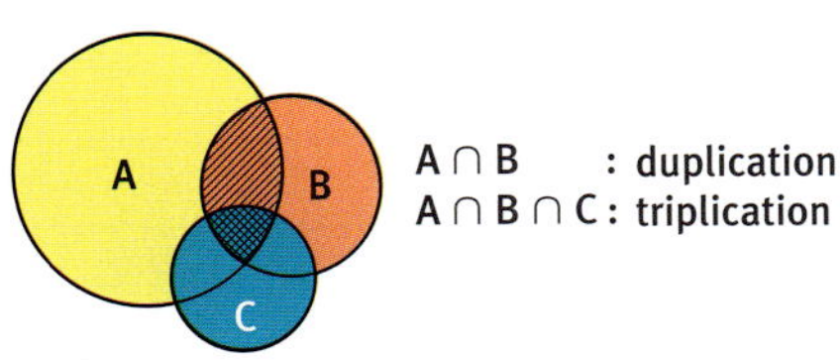

Figure 85

2° La cumulation (ou accumulation)

C'est l'accroissement d'audience résultant de la énième insertion par rapport à la (n – 1)^{e} dans un même support. Ces phénomènes sont à analyser auprès des seuls « individus-cibles ».

d) Les phénomènes d'audience dans un plan de supports : la distribution des ODV

En réalité, dans un plan média qui est la combinaison d'un grand nombre d'insertions dans plusieurs supports, les phénomènes de duplication et de cumulation s'enchevêtrent simultanément.

La figure 86 illustre le cas d'un plan très simplifié qui n'utiliserait que deux supports A et B (duplications en hachures) et deux insertions (1 et 2) dans chacun.

On constate facilement que par rapport à ce plan, certains individus ne seront jamais touchés, d'autres auront 1 ODV, 2 ODV, 3 ODV ou 4 ODV. Il est donc possible de classer les individus en fonction de leur exposition aux 2 insertions dans les 2 supports.

On dit par exemple que sur 100 individus (appartenant à la cible),

30 % auront 0 ODV — 30 % non exposés ;
32 % auront 1 ODV
20 % auront 2 ODV
14 % auront 3 ODV
4 % auront 4 ODV
} couverture cumulée à 1 ODV = 70 %.

Figure 86

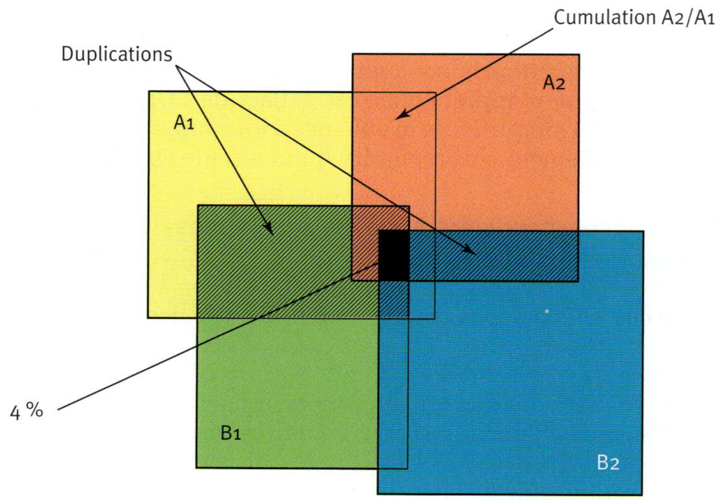

Figure 87

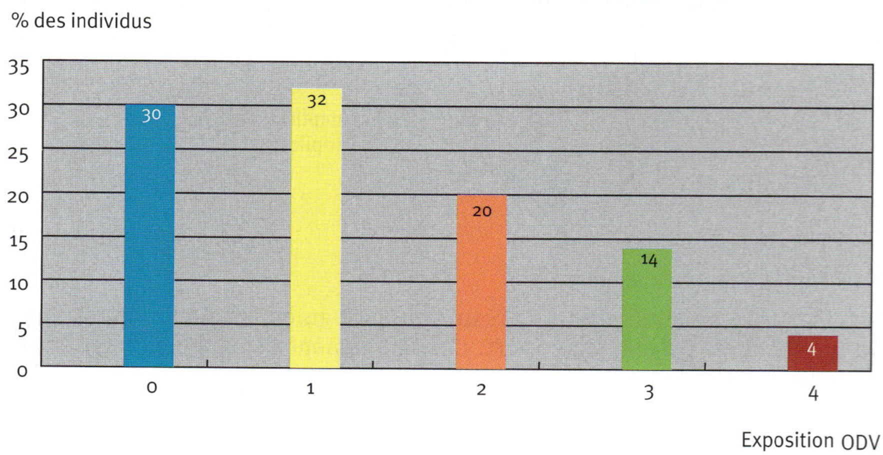

L'ensemble des individus ayant au moins 1 ODV – soit 70 % dans cet exemple – est assimilé à la population atteinte (on dira « couverture ») par ce plan ; on écrira que la couverture ou couverture cumulée de ce plan est égale à 70 %.

Cette notion est cependant d'un intérêt limité puisqu'elle revient à confondre des individus exposés 1 fois au plan de supports avec des individus exposés 4 fois (ou n fois dans un plan réel).

Elle reste pourtant très largement utilisée parce qu'elle est simple et qu'elle est optimiste.

La distribution des individus selon leurs ODV est plus généralement présentée en cumulé, sous la forme suivante :

- sur 100 individus (appartenant à la cible), ont 1 ODV ou plus d'une ODV = 70 % ;
- 2 ODV ou plus de 2 ODV = 38 %, etc ;
- ce que l'on note ainsi $C1^+ = 70\,\%$
  $C2^+ = 38\,\%$.

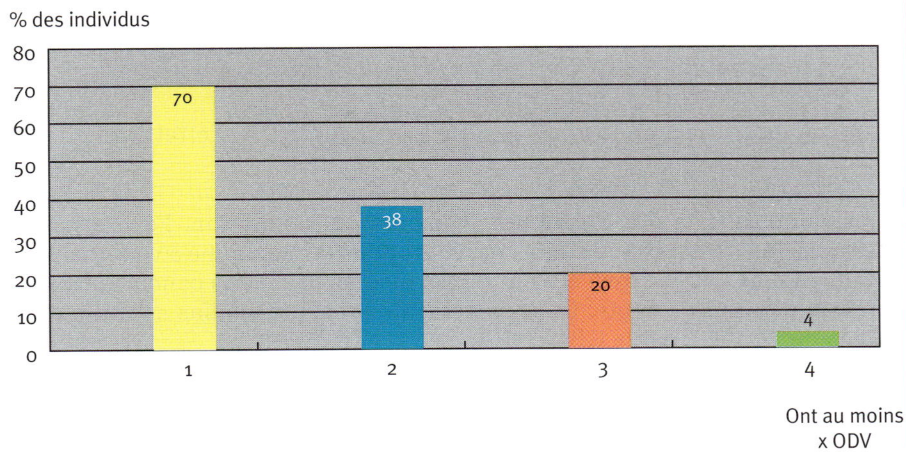

Figure 88

Cette distribution caractérise un plan médias au strict niveau statistique. Dans la pratique, cette distribution est calculée, par des modèles d'évaluation de plans, à partir des banques de données sur la fréquentation des médias.

e) Les indicateurs de la distribution des ODV[1]

Par commodité, il s'avère nécessaire de simplifier cette distribution des contacts supports. On définira dans ce cadre :

1° Le nombre total de contacts supports ou nombre d'ODV

C'est tout simplement la somme des ODV fournies par chaque insertion dans chaque support.

2° La répétition moyenne

C'est le nombre moyen d'ODV par individu atteint au moins une fois (c'est-à-dire appartenant à la couverture).

À la couverture cumulée et d'une certaine manière à la répétition moyenne, se substituera, souvent avec avantage la couverture à x ODV et plus.

(1) Il s'agit bien entendu d'ODV sur la cible (quitte à ce que parfois la cible soit l'ensemble de la population).

3° La couverture à x ODV et plus, notée Cx+

DÉFINITION

Cx+ exprime le pourcentage de la population cible ayant au moins x occasions de voir (ODV) le message. C'est, en d'autres termes, le pourcentage de la population cible ayant une répétition supérieure ou égale à x. L'indicateur Cx+ est une synthèse de la couverture et de la répétition (*reach and frequency*).

La détermination de x reste pragmatique. Elle doit tenir compte en tout cas :

- du média auquel x s'applique (il peut être approché par les taux d'impact) ;
- du traitement (format, etc.) ;
- du poids de la concurrence ;
- de la période et de la durée de l'action ;
- des investissements antérieurs réalisés ;
- évidemment du produit (impliquant ou non, banal ou non) ;
- fondamentalement de la copie.

Le Cx^+ constitue bien souvent un indicateur prédictif de l'effet publicitaire.

4° Le *Gross Rating Point* (GRP)

La pression médias sur différents segments de population, l'évolution de cette pression dans le temps (mois par mois pour la campagne à venir ou pour les campagnes antérieures) et la pression médias des plans concurrents doivent être prises en compte. Un indicateur de pression médias est utile dans cette perspective, c'est le GRP.

Figure 89

GRP

- **Nombre d'expositions (ODV/ODE) à un plan de supports pour 100 individus de la cible (ou de la population).**
- **Se calcule par addition des pénétrations (*Rating*) de chaque insertion du plan, ce qui revient au produit de la couverture cumulée (en %) par la répétition moyenne :**

$$GRP = C \times Rm.$$

Très employé, le GRP est cependant d'un intérêt limité. Sa valeur prédictive de l'effet publicitaire est en tout cas très inférieure à celle de la couverture à x ODV et plus : ce n'est après tout que le produit de deux indicateurs de la première génération, la couverture cumulée multipliée par la répétition moyenne. Le GRP permet par exemple de souligner les hétérogénéités de la télévision (performance très variable selon les segments de population). L'exemple suivant concerne les ménagères :

soit un GRP sur l'ensemble des ménagères	:	500
GRP sur les 25 % les plus exposées	:	1 200
GRP sur les 50 % moyennement exposées	:	400
GRP sur les 25 % les moins exposées	:	0

f) La fonction réponse

La relation de cause à effet entre d'une part l'exposition aux supports (occasion de voir le message) et d'autre part, l'efficacité publicitaire, constitue la fonction réponse. La courbe de réponse associe à chaque nombre x d'ODV une certaine efficacité (par exemple, la probabilité pour que le comportement de l'individu qui a été exposé x fois aux supports soit modifié).

La fonction réponse pourra donc être intégrée à la distribution des ODV, par exemple en pondérant les individus selon leur exposition à un plan. Le plan pourra alors, au moins en théorie, être caractérisé non seulement par la distribution des individus selon leurs ODV mais aussi par le calcul de son rendement.

Remarque : une interprétation économique de la fonction réponse consiste à remplacer en abscisses les ODV par un niveau d'investissement.

Le bilan représenté ci-dessous a été réalisé après une campagne dans des magazines à partir d'une étude faite sur un échantillon représentatif de la cible visée :

- en ordonnées, figurent soit la perception spontanée de la campagne, soit la perception suggérée (exprimée en % de la population cible). Ce sont les indicateurs de l'efficacité ;
- en abscisses, figure l'exposition probable à la campagne, cette exposition (ODV) ayant été reconstituée à partir des déclarations de lecture, par l'échantillon, des magazines utilisés dans le plan médias.

L'ajustement entre les points fournis par l'étude donne l'allure de la fonction réponse.

Exemple : la fonction réponse et le bilan de campagne

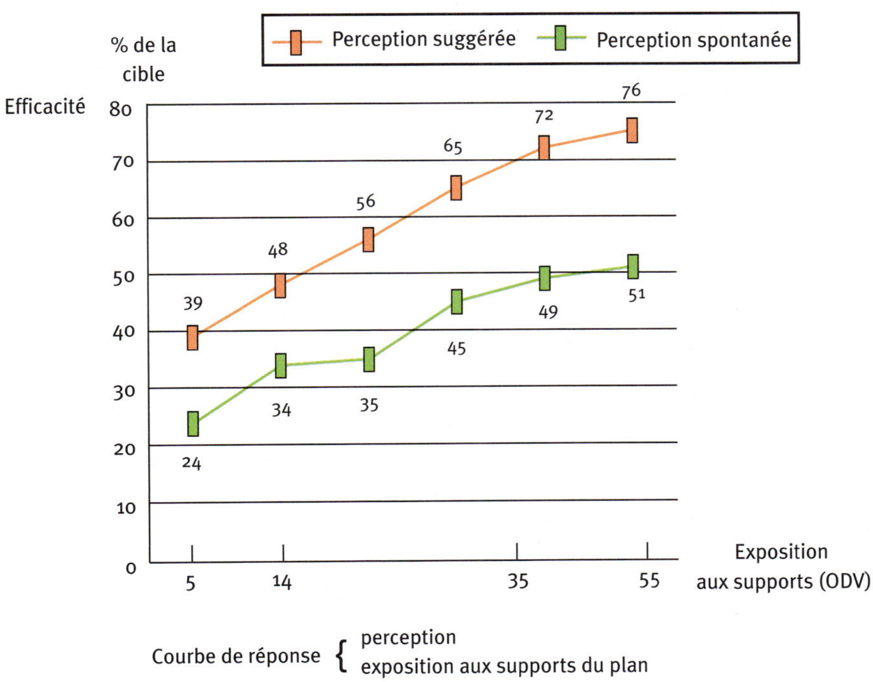

Figure 90

Perception suggérée
Perception spontanée

Mettre en équation *a priori* la fonction réponse relève des grandes ambitions que l'on ne peut jamais satisfaire vraiment. La fonction réponse ou courbe de réponse est pourtant une hypothèse de base de bon sens. Elle se trouve d'ailleurs souvent confirmée par l'expérience et lorsqu'on fait des bilans de campagne.

2/ L'analyse d'un support

On considérera successivement les critères quantitatifs et qualitatifs. Cette distinction est commode pour la clarté de notre propos mais la limite entre ces deux catégories n'est pas nette. Il convient, en tout cas, de ne pas les opposer systématiquement.

a) Les critères quantitatifs

En plus de l'audience, on se sert des notions suivantes : pénétration d'un support, affinité, coût par mille, taux de circulation.

1° La pénétration d'un support

Elle désigne le pourcentage de la cible qui a fréquenté le support au cours de la période de référence utilisée dans l'enquête d'audience. Il s'agit le plus souvent de la pénétration moyenne. Elle est, par exemple, mesurée pour la presse sur plusieurs numéros et non pas sur un numéro précis.

2° L'affinité de la cible

C'est pour un support donné, le rapport de son audience utile sur son audience totale. L'affinité exprime la proximité entre le support et la cible.

3° Le coût par mille (CPM)

C'est le coût pour mille personnes exposées.

C'est pour un support donné, le rapport :

$$\frac{\text{Coût d'une insertion}}{\text{Audience}}$$

Le coût par mille utile est le rapport à l'audience utile. C'est le coût pour mille personnes exposées appartenant à la cible. Comme on l'a déjà souligné, ce CPM peut être plus pertinent si l'on affine les composantes de ce rapport, en particulier, le dénominateur. Ainsi, on pourra préférer à l'audience utile, l'audience utile régulière, l'audience utile croisée avec sa dimension socio-psychologique (v. les études de styles de vie), l'audience utile pondérée par l'évolution de la diffusion (dans le cas de nouveaux périodiques, de l'apparition de chaînes radio ou TV concurrentes, etc.).

Figure 91

Exemple : audience totale, audience utile, CPM, CPM utile

Coût de l'insertion	50 000 €		
Audience totale	1 000 000 d'individus		Affinité 50 %
CPM	$\frac{50\ 000\ €}{1\ 000}$ = 50 €		
Audience utile	500 000		
CPM utile	$\frac{50\ 000\ €}{500}$ = 100 €		

4° Le taux de circulation (en presse uniquement)

C'est le rapport : $\frac{\text{Audience (mesurée par sondage)}}{\text{Diffusion (mesurée par audit)}}$

Cet indicateur est précieux pour mieux apprécier la réalité de l'audience, au-delà d'aléas statistiques ou méthodologiques difficiles à éviter.

b) Les critères qualitatifs

1° Le contexte rédactionnel

C'est le critère le plus évident. Accorder le message et le contenu rédactionnel, c'est être en harmonie avec les centres d'intérêt du lecteur ou de l'auditeur à l'instant où il fréquente ce support. Dans certains cas, le lecteur peut même percevoir comme un tout également pertinent, les informations publicitaires et rédactionnelles ; un message concernant les pompes à chaleur n'a certainement pas le même effet dans un magazine consacré aux spectacles et dans un magazine consacré à la maison.

2° Le contexte publicitaire

On distinguera le volume publicitaire et l'environnement publicitaire.

- *Le volume publicitaire*

Les messages publicitaires se concurrencent-ils ou au contraire multiplient-ils les ODV (comme la présence de plusieurs magasins dans une rue commerçante attire les clients) ?

Aucune étude n'a tranché définitivement cette question, pourtant importante, surtout sur un marché parfois encombré.

Il nous semble que la question se pose différemment selon :

- la nature du média et notamment selon son mode de fréquentation. Là où l'individu peut choisir la publicité qu'il veut voir, la charge publicitaire est mieux supportée mais c'est au détriment éventuel de l'impact ;
- la disposition de la publicité à l'intérieur du support : dans les magazines, on opposera, par exemple, les cahiers publicitaires aux mises en page qui permettent une étroite imbrication entre le rédactionnel et la publicité.

- *L'environnement publicitaire*

La nature des messages, le prestige des annonceurs présents dans le support, leur sérieux, etc., rejaillissent sur l'ensemble des publicités.

3° Les caractéristiques techniques du support

À l'intérieur d'un média homogène, on trouve des supports présentant des caractéristiques différentes. Le confort d'écoute pour la radio (variable selon les zones, selon la nature des ondes), la qualité de reproduction pour la presse, la fiabilité de l'entretien pour l'affichage, le réglage du poste récepteur pour la TV, l'intensité de l'éclairage de la salle de cinéma durant la projection des films publicitaires, sont autant d'éléments qui peuvent varier d'un support à l'autre.

4° Une multitude d'autres facteurs peuvent être évoqués

Ce sont par exemple, et en vrac, les images des supports, ou dans un tout autre domaine, les opérations promotionnelles qu'ils peuvent cautionner.

3/ La construction et la comparaison des plans

a) Le choix des supports

La méthodologie la plus usuelle – et c'est souvent la meilleure – consiste à classer les supports selon :

– leur coût par mille sur cible (ou CPM utile) : la pertinence de ce classement dépend, à l'évidence, du mode de calcul du CPM. Ce classement constitue *l'échelle d'économie* ;
– leur puissance : c'est *l'échelle de puissance* ;
– leur affinité : c'est *l'échelle d'affinité*.

Les calculs correspondant à ces concepts sont le plus souvent réalisés sur ordinateur. Ces échelles constituent de bonnes bases de comparaison mais elles ne conduisent pas automatiquement à une décision parce qu'il faut intégrer d'autres critères plus qualitatifs et parce que ces trois hiérarchies sont à peu près divergentes : sur une cible donnée, le même support pourra être le premier en puissance, énième en économie et énième en affinité. Il convient alors de pondérer l'importance à accorder à ces différentes échelles. En général, c'est l'échelle d'économie qui est la plus décisive ; puissance et affinité n'interviennent qu'à titre subsidiaire.

b) La construction des plans

Construire un plan consiste à définir :
– une combinaison de supports : c'est une sélection parmi les « supports candidats » qui sont eux-mêmes le résultat d'une première sélection ;
– un nombre d'insertions (ou de passages) pour chaque support ;
– un rythme, un déroulement dans le temps (ou dans l'espace).

Ceci doit se faire dans le cadre des objectifs et des contraintes définis dans la stratégie médias. On pourra alors construire et analyser plusieurs plans, à partir des caractéristiques mesurables des supports ou d'autres qui peuvent être moins objectives.

Figure 92

1° Éléments mesurables	Les supports les plus économiques :	plan P1
	Les supports les plus puissants :	plan P2
	Les supports ayant la meilleure affinité :	plan P3
	Une combinaison de supports selon les trois critères :	plan P4
2° Autres éléments	Les supports les plus prestigieux ou leaders :	plan P5
	Les supports dont l'audience progresse :	plan P6
	Les supports très utilisés par les concurrents :	plan P7
	Les supports peu utilisés par les concurrents :	plan P8
	Les supports impressionnant la distribution :	plan P9
	Une combinaison des supports selon ces catégories :	plan P10
3° Combinaison de supports selon 1° et 2° :		plan P11

Il y a donc une multitude de plans théoriquement possibles. Leur comparaison se fait notamment à partir de la distribution des ODV ou ODE dont on a vu qu'elle caractérise un plan au niveau statistique.

Les indicateurs de la distribution des ODV sont alors calculés par ordinateur.

4/ L'évaluation d'un plan médias par la pénétration mémorielle : le ß et la « loi du souvenir »

A. Morgensztern énonce une loi qui régirait le phénomène de la pénétration publicitaire ; cette loi comporte deux volets :

- la fréquentation des supports. Elle peut s'inscrire dans une formule mathématique qui se détermine à partir de données d'audience connues ;
- le mécanisme d'accroissement du souvenir lorsque le nombre d'insertions du message augmente. Cette loi du souvenir a été établie sur le cinéma, avant d'être généralisée aux autres médias.

La prise en compte de ces deux volets permet l'évaluation d'un plan média : c'est le concept de pénétration mémorielle. Ces concepts sont à la base du modèle Archimède.

Selon Armand Morgensztern[1], le souvenir dépend d'un coefficient unique *ß* qu'il suffit de mesurer lors du premier contact avec le message. À chaque nouveau contact, une fraction constante de « mémorisés », appliquée sur ceux qui n'avaient pas encore retenu le message, s'ajoute aux mémorisés du contact précédent.

Exemple

☞ Si ß = 10 % :

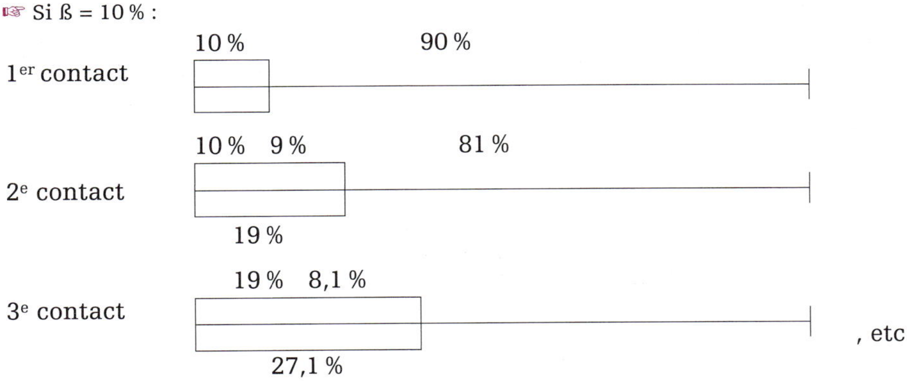

Selon A. Morgensztern, la généralisation de ce principe autorise son emploi à une variété de messages à *ß* différents et par conséquent le calcul global du souvenir d'une campagne multimessages et multimédias... Dans la mesure où les *ß* moyens issus des différents médias présentent une stabilité exemplaire, on peut associer en première approximation un *ß* à chaque média :

- radio 5 % ;
- annonce quadri magazine 10 % ;
- TV 20″ 17 % ;
- cinéma 70 %.

5/ Le calendrier des insertions

Le plan qui en fin de compte a été retenu parce qu'il paraît être optimum prévoit le calendrier précis des insertions dans chaque support retenu. On trouve dans le tableau ci-après un exemple de calendrier d'insertions selon la présentation habituelle des agences médias.

(1) V. notamment les articles suivants d'A. Morgensztern, « Approche physique de la communication publicitaire », « Optimisation média : une nouvelle approche théorique ». « Le ß et sa descendance » (IREP), « Démémorisation et durée de vie des campagnes » (IREP, étude n° 31). V. également, Y.C. Queroix : « Un modèle d'évaluation de la pénétration mémorielle dans le temps : exemples d'application » IREP 81.

Un exemplaire de calendrier médias

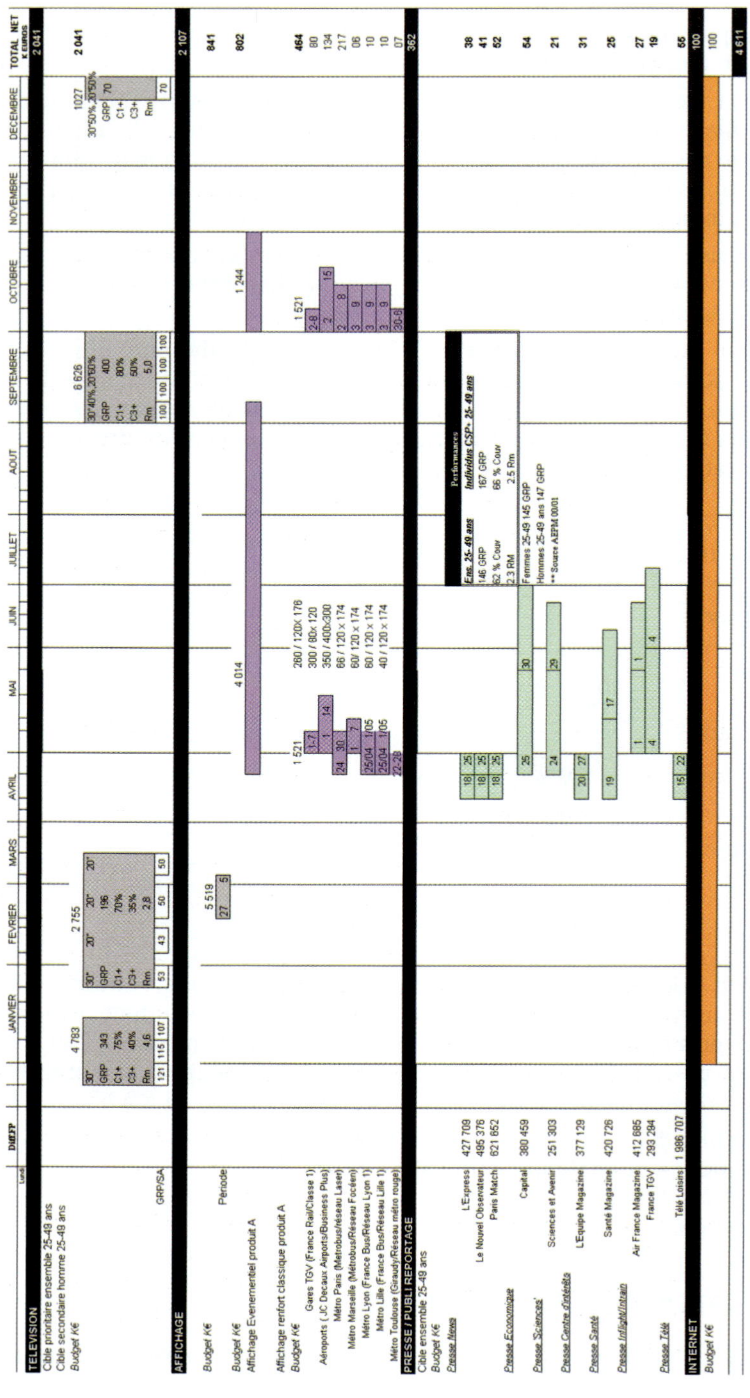

6/ Guide pratique à l'attention de l'annonceur*

* *Ce guide a été rédigé par Stéphanie Sabourin, directrice marketing et développement de ZenithOptimedia.*

L'annonceur est souvent un peu perdu face à une recommandation médias. Il ne dispose pas toujours de toutes les connaissances techniques nécessaires et ne comprend pas clairement les enjeux et les implications précises de ce qui lui est présenté.

En guise de synthèse de ce chapitre consacré aux grands médias et aux méthodes du média-planning, on trouve ci-dessous une liste de questions dans laquelle l'annonceur pourra puiser pour mieux comprendre les recommandations de son agence et, le cas échéant, pour les faire évoluer afin qu'elles soient parfaitement adaptées à sa stratégie, sa marque, son marché et ses moyens financiers.

Les questions à poser sont de deux niveaux :

- d'ordre stratégique tout d'abord : le plan proposé par l'agence médias est-il en phase avec le marché, la marque, la stratégie marketing et les objectifs de communication de l'annonceur ?
- d'ordre opérationnel ensuite : comment l'agence médias explique-t-elle le détail de ses choix en matière de supports, de position dans ces supports, de calendrier d'insertions, de négociation des tarifs, etc.? Tout cela relève des techniques de média-planning et d'achat.

Voici quelques pistes pour amorcer des discussions approfondies entre annonceurs et agences médias.

a) La compréhension des leviers du marché

1. Quels sont les leviers clés de succès sur mon marché que vous avez pu identifier ?
2. Quels liens y a-t-il entre mes investissements médias et mes ventes ou ma notoriété ? Quelle élasticité avez-vous pu noter ?
3. Est-ce que le marché est influencé par des tendances culturelles ou sociales : les avez-vous prises en compte, dans le choix de cible par exemple ?
4. Avez-vous pris en compte le processus d'achat de ma marque ? En quoi les choix stratégiques de votre plan médias en tiennent-ils compte ?
5. Avez vous utilisé toutes les données disponibles que ce soient *tracking*[1] études média/produit dont vous disposez ?
6. Est-ce que vous avez pris en compte tous les éléments du *marketing-mix* dans votre approche stratégique[2] ?
7. Comment avez-vous identifié les meilleurs points de contact pour influencer le comportement des consommateurs ?[3]
8. Au-delà des budgets par média, quels sont les principaux points de différenciation de votre plan par rapport à la stratégie médias des concurrents ?
9. Que pensez-vous des moyens de communication que les concurrents n'utilisent pas ?
10. Pour quels rôles les concurrents utilisent-ils chacun des médias retenus ?
11. Quels sont les principaux points pour action que vous tirez de votre analyse de la concurrence ?

(1) Études en continu.

(2) Il faut intégrer la politique de produit, de prix et de distribution alors qu'on a trop tendance à ne tenir compte que de la politique de communication.

(3) Sur un marché donné et suivant la position de la marque sur ce marché, certains points de contacts sont plus appropriés que d'autres. L'annonceur doit savoir comment l'agence a identifié ces points de contacts : médias traditionnels, bouche à oreille, marketing direct, visites en magasin, promotion, sponsoring, Internet, etc. Comment l'agence a t-elle défini ces points de contacts majeurs ?

b) La connaissance et la compréhension de la cible

1. Quels sont les aspérités de notre profil consommateur actuel comparé à celui des concurrents et tel que vous avez pu l'analyser dans Simm, TGI[4] ou à partir de nos propres données consommateurs ?
2. Avez-vous identifié des groupes de populations au sein de la cible qui nécessitent un traitement particulier ?
3. En plus des données sociodémographiques, avez-vous pris en compte des données comportementales sur la cible de communication ?
4. Pour mieux comprendre la cible, avez-vous effectué une quelconque étude qualitative de type *focus group*, interview téléphonique ou *via* le web, etc. ?
5. Quel est le niveau de confiance, de crédibilité des médias que vous recommandez, pour ma cible, compte tenu de mon secteur d'activité ?

c) La pertinence de la proposition (plan médias et supports recommandés) en termes d'efficacité

1. En quoi les actions que vous proposez répondent-elles point par point à nos objectifs ? Sont-ils tous traités ?[5]
2. Avez-vous pris en compte, au-delà des grands médias, l'influence de tous les points de contacts, pour les exploiter dans le dispositif ?
3. Est-ce que les pics en termes de communication de ma marque sont en phase avec les pics de vente du secteur ?
4. En quoi la stratégie que vous proposez est propre à ma marque et me permet de me différencier des concurrents ?
5. Est-ce que la stratégie permet de faire vivre la personnalité de ma marque, de façon efficace, auprès de mes consommateurs actuels et potentiels ?
6. Avez-vous évalué la justesse de notre budget, ne pensez-vous pas que nous investissons trop ou trop peu compte tenu de nos objectifs ?
7. Quelles sont vos méthodes d'évaluation du budget (historique, par rapport aux objectifs, par rapport aux investissements de la concurrence, etc.) ?
8. Dans quelle mesure votre dispositif crée-t-il davantage d'implication, de « connections » entre ma marque et la cible ?
9. Quelles sont les principaux points dans votre recommandation qui permettent de rentabiliser davantage notre investissement ?
10. Quel est le rôle que vous avez assigné à chaque média et support dans les différentes étapes du processus d'achat ?
11. Quelle est l'interaction entre les différents supports retenus pour chaque média envisagé ?
12. Quels *benchmarks* avez-vous pour évaluer l'efficacité de ce que vous proposez ?
13. Sommes-nous au-dessus des seuils d'efficacité pour chaque action que vous proposez ?
14. Quelles techniques de mesure des résultats nous proposez-vous ?
15. Comment jugez-vous l'efficacité des plans médias et supports des deux années précédentes ? Sur quels points faut-il modifier la méthode d'évaluation des performances ? Qu'est-ce qui vous permet de penser que nous serons plus efficaces qu'avant ?

(4) En France, Simm (France uniquement) et TGI (international dont France) sont les deux études de référence qui permettent d'analyser des profils consommateurs, que ce soient des profils sociodémographiques mais aussi des données d'attitudes, de consommation de produits et de médias. Ces études sont achetées par les agences médias leaders du marché.

(5) Cette question a pour but d'éviter les stratégies médias à la Panurge et de vérifier que l'on a une stratégie réellement sur mesure, qui n'omet aucun des objectifs de l'annonceur.

d) L'analyse détaillée de la construction du plan proposé

1. Comment avez-vous fixé les objectifs de pression par média ? Quel est le niveau de pression minimal par média pour émerger sur mon secteur ?
2. Comment est définie la répartition par format (GRP, budget) [6] ?
3. Dans le calendrier des actions, avez-vous pris en compte les impératifs de notoriété pour notre marque[7] ?
4. Comment avez-vous défini la répétition minimum pour que le message soit efficace ?
5. Pourquoi une stratégie de continuité plutôt qu'une stratégie de vagues ? Ou l'inverse.
6. Pouvez-vous m'expliquer simplement le fonctionnement de votre outil média-planning/de votre outil propriétaire d'aide à la décision[8] ?
7. Avez-vous pris en compte nos périodes promotionnelles pour définir le calendrier des vagues d'action ?
8. Avez-vous pris en compte tous les facteurs contextuels tels que la saisonnalité des coûts, de l'audience, de l'encombrement général ou spécifique au secteur ?
9. Comment dans le schéma opérationnel de votre plan médias et supports, prenez-vous en compte les « aspérités comportementales » de la cible[9] ?
10. En quoi votre plan favorise-t-il le bouche à oreille ?
11. Dans l'évaluation du coût médias, avez-vous pris en compte le coût de production (film TV, message radio, encart, etc.) dudit média ?
12. Dans quelle mesure les contextes que vous offrez à notre communication influencent-il de façon bénéfique notre image de marque[10] ?
13. Dans la construction des dispositifs recommandés, avez-vous pris en compte la réceptivité du consommateur au moment où il est exposé à la campagne (ex : céréales : radio, heure du petit déjeuner) ?
14. En télévision, presse, etc. quelle est votre recommandation en termes d'environnement (effet de contexte recherché, cible comportementale[11]) ?
15. Quelles sont les idées originales, « opportunistes » (fêtes, événements particuliers, etc.) permettant à ma marque d'émerger ? Les avez-vous intégrées dans le dispositif ?
16. Quelle est votre recommandation en termes de position dans l'écran, dans le titre de presse ? Disposez-vous de données statistiques sur l'efficacité des différentes positions ?

e) L'achat

1. Est-ce que mon taux de négociation est compétitif par rapport à d'autres annonceurs du même média ? Quels sont vos *benchmarks* ?
2. Est-ce que vous avez utilisé au mieux tous les leviers des conditions générales de vente[12] (volume, périodes creuses, etc.) ?
3. En plus de la négociation sur les prix, avez-vous négocié, par exemple, des post-tests gratuits ou d'autres types d'études à la charge du média ?
4. Est-ce que les emplacements sont valorisés dans le taux de négociation[13] ?
5. Si je rajoute ou j'enlève du budget en cours d'année, quelles sont les implications sur le taux de négociation ?
6. Quel est le standard d'optimisation du C/GRP sur ma cible[14] ?
7. Est-ce que l'optimisation du taux de négociation (concentration, exclusivité des supports utilisés) ne va pas à l'encontre de l'optimisation de l'achat sur ma cible (C/GRP)[15] ?

(6) Très fréquemment, une campagne est déclinée en plusieurs formats : par exemple film TV 30″et film TV 15″, ou double page quadri et simple page quadri. Se pose alors la question de la répartition du budget et des performances attendues par format. Le choix de la répartition soulève de nombreuses questions : la quantification de l'efficacité des différents formats (par exemple, mémorisation des formats au regard de leurs différences de coût), l'utilisation dans le temps (format long puis format court, ou format long avec un format court, etc.). Les arbitrages sont souvent difficiles.

(7) Une marque a des objectifs de notoriété annuels qui fluctuent relativement lentement, mais également des objectifs de notoriété publicitaire qui eux peuvent évoluer très rapidement et très fréquemment au gré des campagnes. Le pilotage de cette notoriété publicitaire est essentiel lorsque la concomitance de la campagne avec une période spécifique est capitale pour l'efficacité de la campagne : synergie d'une campagne TV avec la campagne promotionnelle en magasin, synergie de la campagne presse avec la saisonnalité du marché, etc. Les agences médias ont développé des outils qui permettent de modéliser la notoriété publicitaire de la marque en fonction des actions médias et qui permettent ainsi de définir au plus juste le calendrier des actions médias dans le temps.

(8) Les agences médias leaders du marché ont développé de nombreux outils de média-planning ou d'aide à la décision. Les outils de média-planning sont pour beaucoup communs à l'ensemble des agences (par exemple : Popcorn TV permet au média-planneur et à l'acheteur de faire des simulations de plans TV, de tester les plans TV, de sortir des échelles de puissance des écrans TV, etc.). Les outils pro-

priétaires sont eux spécifiques à chaque agence. Ils sont pour la plupart issus des réseaux mondiaux de ces agences pour rentabiliser des coûts de développement particulièrement élevés. Ces outils permettent au stratège médias, au média-planneur, à l'acheteur, de rationaliser sa décision, d'optimiser les performances des dispositifs proposés. Beaucoup d'annonceurs ne comprennent pas le fonctionnement de ces outils ou sont dubitatifs sur leur efficacité, ou bien encore pensent que tous les outils des grandes agences sont équivalents. Ils ne prennent pas la peine de se pencher sur la question et beaucoup d'agences médias ne font pas l'effort d'expliquer de façon simple et pédagogique à leur client le fonctionnement de ces outils.

(9) Deux annonceurs peuvent avoir pour cible les femmes de 25-34 ans, CSP AB, urbaines. Néanmoins, alors que la cible de l'un des annonceurs va lire Le Monde, *surfer sur Internet tous les week-ends depuis son ordinateur portable, aller voir* Lost in Translation *au cinéma, et regarder* Sex & the City *sur le câble, la cible de l'autre annonceur va lire* Prima, *regarder* Sous le soleil *et aller voir* Coup de foudre à Manhattan *au cinéma. L'annonceur doit s'assurer que son plan tient compte des particularités comportementales de sa cible. En résumé, le choix des environnements ne s'arrête pas aux caractéristiques socio-démographiques de la cible.*

(10) Le contexte médias, l'environnement qui est donné à la marque a une influence sur la perception de la marque. Ainsi, H & M qui communique dans Vogue *se donne un supplément de crédibilité sur une cible lectrice du titre et peut être prescriptrice en terme de mode, dans son environnement immédiat.*

(11) La question a pour but de soulever la nécessité d'une approche qualitative du traitement médias. Les performances

8. En quoi la répartition par *day part* et semaine/week-end[16] permet d'optimiser ma distribution de contacts sans dégrader mon C/GRP ?
9. Est-ce que vous avez pris en compte dans le taux de négociation les synergies avec les autres médias du groupe[17] ?
10. Avez-vous, dans la programmation TV beaucoup d'écrans puissants ? Expliquez sur quelles bases vous avez choisi de mêler écrans très et peu puissants.
11. Dans le dispositif TV, comment va fonctionner la facturation compte tenu de la différence entre cours d'ordre et fin d'ordre[18] ?
12. Est-ce que vous avez envisagé une partie de l'achat TV en CINEOP[19] ?
13. Quelle est votre recommandation de budget sur le câble et le satellite ? Pourquoi ?
14. Quels sont les délais d'annulation sur le plan presse et quelle est l'incidence sur mon taux si j'en annule une partie ?
15. Combien de temps à l'avance devons-nous réserver le dispositif pour avoir les meilleurs emplacements ?
16. Est-ce que vous avez envisagé une exclusivité régie[20] ?
17. Est-ce que les emplacements en 2e partie sont aussi efficaces[21] ? Avez-vous des *benchmarks* ?

SUITE ET FIN DES NOTES

de couverture et de répétition du plan sur une cible démographique ne sont pas suffisantes pour assurer l'efficacité du dispositif. La connaissance de la cible en termes de comportements doit aller de pair avec la connaissance du contenu des supports recommandés pour assurer la meilleure efficacité du message.

(12) Chaque support édite une fois par an des conditions générales de ventes (CGV). Le média-planneur et l'acheteur recommandent à l'annonceur la meilleure façon d'exploiter les CGV pour atteindre les objectifs au moindre coût. Quel volume va-t-on accorder à tel support pour atteindre les paliers de dégressifs les plus intéressants sans dégrader les performances du dispositif dans sa globalité ?

(13) Les emplacements (position dans l'écran TV, dans le magazine, etc.) représentent un coût exprimé en pourcentage du prix de l'espace. Dans le taux de négociation donné par l'agence média, est-ce que ce coût est quantifié et vient augmenter la négociation présentée ?

(14) Si j'achète théoriquement un spot 30'' dans tous les écrans TV, j'obtiens un coût GRP (C/GRP) théorique moyen sur ma cible. Si je n'achète que les écrans intéressants (puissants/économiques/en affinité) sur ma cible, mon C/GRP sera inférieur puisque l'achat est ciblé. Le standard d'optimisation est la différence entre les deux C/GRP. Certaines cibles avec une consommation très spécifique du média ont un taux d'optimisation très élevé (les cibles enfants), d'autres cibles plus standards (les ménagères < 50 ans) ont des taux d'optimisation plus faibles, autour de 10 % par exemple (le taux d'optimisation dépend également de la période d'action, du secteur, du taux d'encombrement).

(15) L'idée ici est de mettre l'accent sur la prudence à avoir vis-à-vis d'un taux de négociation. Ce que je gagne d'un côté, je peux le perdre de l'autre. Le taux de négociation obtenu réduit le coût mais ne doit pas diminuer l'efficacité de l'action (par exemple : une exclusivité régie qui restreindrait trop fortement le taux de couverture envisageable sur la cible).

(16) La répartition par day part *ou tranche horaire est utilisée en TV et en radio. C'est un élément essentiel de média-planning. C'est le poids (des GRP ou du budget) par tranche horaire significative :* le day, l'access, le peak (access + peak = prime) *et* le night. *Le poids de ces tranches horaires ainsi que la répartition entre la semaine et le week-end vont influencer la distribution des contacts. Certaines tranches horaires sont davantage consommées par des petits consommateurs TV,* peak *et* night *en TV par exemple, et permettent d'améliorer la distribution des contacts (par exemple : optimisation du pourcentage de la cible touchée 3 fois et plus). Néanmoins ces tranches horaires peuvent avoir un C/GRP plus cher que le* day *ou l'*access. *Toute la pertinence de la recommandation tient dans la capacité à trouver la meilleure répartition pour augmenter à la fois le nombre de GRP délivrés et la façon dont ils sont délivrés.*

(17) Groupes possédant plusieurs médias différents : TV, Internet, presse, etc.

(18) Une partie des dégressifs obtenus est liée à des engagements dont principalement la PDM (part de marché) accordée au support. Le montant annuel de la PDM est connu une fois publiés les investisse-

ments plurimédias de l'annonceur par Sécodip. La publication intervenant début d'année suivant la période de communication, les remises fin d'ordre sont données à l'annonceur l'année suivante. Ceci va avoir une incidence sur la facturation. L'annonceur est facturé 5 à 10 % en moyenne au-dessus de son budget fin d'ordre sur l'année en cours, la différence étant rattrapée en mars-avril de l'année suivante. Le budget annuel pour sa comptabilité est le budget fin d'ordre.

(19) Les CINEP sont un mode d'achat d'espace spécifique à France Télévisions (France 2, France 3, France 5) avec une commercialisation des écrans en net et à la seconde. Ce mode de vente concerne le meilleur de l'offre de France Télévision. Contrairement à la commercialisation classique de l'espace en TV (prix fixe des écrans), les CINEP sont commercialisées sous forme d'enchères (adjudication). L'adjudication a lieu tous les jeudis matin de 10 h à 12 h pour des écrans de 3 semaines à 2 jours avant. L'espace restant (formats trop courts, ou offre insuffisante) se retrouve sur le second marché. Les avantages des CINEP est que l'investissement n'est pas pigé par Sécodip et peut donc être utile pour maintenir une PDM sur une chaîne concurrente (levier de négociation), par contre cela rentre dans les contrats de France Télévision. Les indices habituels pour les formats courts étant désavantageux (non proportionnels à la durée), l'achat à la seconde des CINEP rend l'achat en format court plus compétitif. Les CINEP permettent également de trouver de l'espace au dernier moment. En revanche, la revente de l'espace n'est pas assurée si la campagne est annulée ou décalée.

(20) L'exclusivité régie permet d'obtenir une négociation exceptionnelle.

(21) Certains secteurs d'activité sont très attachés aux emplacements en 1re partie de magazine (luxe, cosmétique, etc.) ; ce sont des emplacements « vitrines » dont la meilleure efficacité sur le consommateur potentiel n'est pas prouvée. Cette question illustre encore une fois la nécessité de ne pas s'arrêter aux conventions mais de se poser les bonnes questions.

Picasso & le Robot : un concept publicitaire qui a très bien voyagé

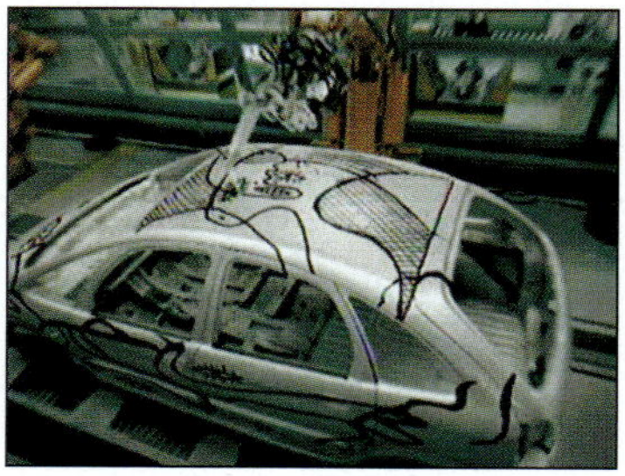

Source :
Agence EURO RSCG 27.
Production : PARTIZAN MIDI MINUIT.
Réalisation : Éric Coignoux.

Par sa simplicité et l'universalité de l'idée créative, qui présentait un robot tentant d'échapper à la routine des chaînes de montage, ce film pour la Xsara Picasso de Citroën a séduit les populations de pays aux cultures très variées, de la Chine à l'Europe, en passant par l'Amérique du Sud.

Chapitre 4
La publicité à l'heure de l'international

La mondialisation n'est pas un processus récent. Les entreprises américaines se sont vraiment lancées à la conquête de l'Europe après la Seconde Guerre mondiale. Les pays émergents sont devenus le centre des attentions des sociétés industrielles et technologiques dans les années soixante-dix.

Pourtant, c'est seulement dans les années quatre-vingt que sont posées les bases de la mondialisation telle qu'on l'entend aujourd'hui. À cet égard, l'article publié en 1983 par le professeur Théodore Levitt, a marqué une étape clé. Sobrement intitulé « *The globalization of markets* »[1], cet article prophétisait « l'émergence de marchés globaux pour des produits de consommation courante standardisés, à une échelle encore jamais imaginée ». Ces produits « technologiquement avancés, fonctionnels, fiables et accessibles » étaient supposés initier un cercle vertueux. L'homogénéisation des pratiques culturelles, des goûts, et des cultures nationales marquait l'avènement d'un consommateur global[2]. Selon Levitt, les produits, dans la mesure où ils ont une forte valeur ajoutée, l'emportent sur les différences culturelles. Face à une bouteille de Coca-Cola, à un rasoir Gillette, ou à une machine à laver, les différences s'estompent.

> « La terre est ronde mais souvent, on ferait mieux de faire comme si elle était plate. L'espace est courbe, mais pas pour la vie quotidienne ici sur terre. »[3]

Dans les années quatre-vingt-dix, le développement international des marques s'est accéléré. Les grandes entreprises multimarques, les l'Oréal, Danone, Nestlé, etc. ont concentré leurs portefeuilles de produits sur quelques « supermarques » mondiales. La publicité s'est globalisée dans le sillage de ces grandes marques. L'idée d'avoir une campagne unique, à l'échelle planétaire, s'est révélée séduisante pour les managers des grandes multinationales.

Dans la deuxième section, on montre qu'on est revenu de cette thèse. Après les années du « tout global » servi par des campagnes uniques, les marques semblent aujourd'hui faire le choix de l'équilibre entre dimension globale et nécessaire proximité avec les consommateurs locaux. De fait, il y a autant de solutions qu'il y a de marques. Plutôt que de s'enfermer dans une doctrine rigide, les marques réagissent souvent au coup par coup, selon le contexte et la qualité des campagnes présentées par leurs agences. L'ordre du jour est au pragmatisme tant dans la conception des campagnes que dans leur exécution, ce qui est développé dans la troisième section.

Plan du chapitre

(1) *Theodore Levitt,* « The globalization of markets », *Harvard Business Review, may, 01, 1983.*

(2) *On utilise ici le terme « global » au sens anglais qui signifie à la fois mondial et uniforme dans le monde.*

(3) *Extrait de l'article de T. Lewitt, cité par Philip M. Parker dans « Pourquoi les marchés ne convergeront pas ». Dans cet article, P.M. Parker développe la thèse de la physioéconomie selon laquelle bien des différences de comportement, attribuées à la culture ou à la génétique, résultent de différences physiologiques entre les populations : influence du climat et autres facteurs géographiques et naturels. V. « L'art du marketing », sur http ://www.lesechos.fr/cgi-bin/btnimpr.pl.*

Section 1
La tentation de la globalisation dans les années quatre-vingt-dix

De nombreux facteurs se sont réunis dans les années quatre-vingt-dix pour accélérer le processus d'internationalisation. La mondialisation est devenue une nécessité pour faire face à l'évolution des marchés et des consommateurs et pour satisfaire les appétits de croissance des entreprises.

1/ Les facteurs accélérant la globalisation

a) La taille critique

Il est nécessaire d'avoir une taille importante pour rentabiliser les investissements dans un environnement très concurrentiel. Cette taille permet de développer des économies d'échelles, de réduire les coûts et ainsi de rester au niveau de compétitivité de concurrents qui agissent déjà à l'échelle mondiale.

Être global permet aussi de répartir les risques entre les continents : si l'Asie va mal comme lors de la crise de 1998, l'Europe ou les États-Unis peuvent aller mieux. Ainsi, quand le marché européen de Renault traverse une passe difficile, Nissan vient à la rescousse avec de bons résultats aux États-Unis et en Asie.

b) Le pouvoir de négociation

Être global, c'est faire face au pouvoir de négociation de fournisseurs eux-mêmes devenus globaux. Un constructeur automobile a plus de poids et peut obtenir des prix plus avantageux quand il a une taille mondiale face au pouvoir de négociation d'équipementiers comme Siemens ou Bosch.

C'est aussi pouvoir négocier face à des distributeurs qui sont devenus d'énormes structures internationales. En 2003, Walmart « pèse » 259 milliards de dollars de chiffre d'affaires, soit plus que le produit intérieur brut de la Suède, pour autant que ces chiffres soient comparables. Carrefour, le distributeur le plus international, et le hollandais Ahold ont atteint la taille d'acteurs mondiaux.

c) La globalisation des tendances socioculturelles et de la consommation

Les années quatre-vingt-dix ont été marquées par une conviction, qui orientait les décisions de nombreux chefs d'entreprise : la naissance d'un consommateur planétaire. De nombreux centres d'intérêts semblaient s'homogénéiser. Des phénomènes à très forte visibilité, comme le développement du sport sur tous les continents, ont convaincu de l'émergence d'attentes identiques dans le monde entier. L'Asie s'est convertie au culte du football. David Beckham est devenu une star immense à Hong Kong ou Singapour. Nombre de grands événements globaux donnent le rythme à la planète entière, comme la Coupe du monde de football.

D. BECKHAM, F. BARTHEZ,
AFFICHÉS DANS LES RUES DE HONG KONG POUR UNE PUBLICITÉ
POUR LA BIÈRE BUDWEISER

Source : photo de N. Riou.

Les grands événements sont désormais retransmis aux quatre coins de la planète. Les programmes qui rencontrent un grand succès en télévision sont les mêmes partout. La télé-réalité est devenue un phénomène mondial. Les grands succès du cinéma, comme *Matrix*, sont lancés le même jour dans le monde entier. Les sites Internet les plus fréquentés, comme Amazon, AOL ou Yahoo !, présentent une offre similaire partout.

Ainsi dans les années quatre-vingt-dix, de grandes marques sont convaincues qu'elles peuvent s'appuyer sur ces grands événements ou courants culturels pour développer des messages homogènes à l'échelle planétaire et ce, d'autant plus qu'on voit de plus en plus de produits réussir dans le monde entier. Le téléphone mobile rencontre partout le même engouement. Les cosmétiques se développent hors du monde occidental. On en vient à consommer les mêmes voitures, les mêmes ordinateurs, les mêmes lessives.

2/ LE DÉVELOPPEMENT DES CAMPAGNES INTERNATIONALES

Les années quatre-vingt-dix ont fortement influencé les politiques publicitaires des marques dans de nombreuses catégories de produits.

Exemple

☞ En 1998, Coca-Cola n'avait qu'une seule campagne publicitaire, celle des Ours.

Les managers internationaux se sont persuadés que les grandes idées ont la capacité de voyager. Dans tous les domaines, architecturaux, littéraires ou cinématographiques, certaines réalisations suscitent partout le même engouement. Pourquoi n'en irait-il pas de même pour la publicité ?

Harry Potter : les grandes idées voyagent

Le film Harry Potter lancé en Chine en février 2003.
Source : photo de N. Riou.

L'emblème de la Tour Eiffel repris par une chaîne de télévision de Singapour pour annoncer la retransmission du tournoi de Roland Garros

Source : www.aef.com.

Certaines campagnes de publicité ont obtenu d'excellents résultats à l'échelle planétaire, renforçant l'idée qu'une même campagne pouvait séduire tout l'univers.

Exemple

☞ Le film de lancement de la Citroën Xsara Picasso appelé « Le Robot », dont on a vu des extraits du *photoboard* au début de ce chapitre, a eu des résultats spectaculaires dans tous les pays où il est passé jusqu'à la Chine. Les barrières culturelles se sont effacées devant la simplicité et la force de l'idée créative, qui présentait un robot souhaitant échapper aux servitudes du travail à la chaîne. Plutôt que d'argumenter sur un avantage produit, on a joué sur l'imaginaire contenu dans le nom Picasso. Le film a véhiculé des valeurs universelles de créativité, d'originalité et du rejet du conformisme, qui ont parfaitement fonctionné dans les pays où il a été diffusé.

QUELQUES EXEMPLES DE RÉSULTATS (1) DU FILM « LE ROBOT » POUR CITROËN XSARA PICASSO

	Espagne	Royaume-Uni	France
Reconnaissance	77 %	90 %	95 %
Attribution parfaite (2)	65 %	73 %	85 %
Agrément total	80 %	84 %	89 %

Le succès de quelques campagnes globales a fait tâche d'huile. Nombre d'entre elles se sont développées, notamment dans les secteurs technologiques, l'automobile ou le luxe.

a) Les facteurs qui favorisent le développement d'une campagne globale

1° L'universalité des valeurs de marque

Les marques se construisent sur des valeurs, une personnalité, qui sont plus ou moins universelles.

Exemples

☞ Quand Levi's développe l'idée d'affranchissement, la marque *surfe* sur une réalité universelle de l'adolescence.

☞ Nike vise le concept de dépassement de soi.

☞ Apple s'attaque à la recherche de la différence.

2° Le stéréotype culturel

Les stéréotypes ont longtemps été utilisés pour le développement international de grandes marques. Le stéréotype de l'Amérique jeune et triomphante a été à la clé du succès international de Coca-Cola (avant de devenir un élément de rejet, comme on va le voir par la suite). La façon dont les Chinois perçoivent les Européens est conforme aux stéréotypes habituels. Ainsi les Français sont individualistes, portés sur l'art de vivre et la séduction quand les Allemands sont sérieux et orientés sur la qualité et la fiabilité de leurs produits.

Exemples

☞ La gastronomie italienne a bien soutenu Barilla.

☞ La vision du luxe français fait beaucoup pour Dior ou Vuitton.

☞ La solidité et la qualité allemande ont beaucoup aidé les constructeurs automobiles haut de gamme allemands, au point qu'Audi a longtemps signé en allemand ses campagnes en Angleterre « *Vorsprung durch technik* » (« le progrès par la technologie »).

3° La centralisation du management de nombreuses entreprises

La centralisation est inscrite dans les gènes de certaines sociétés comme Gillette, où les décisions se prennent au siège, à Boston, pour l'ensemble des pays où la marque est présente. Dans certaines sociétés, et souvent dans les structures où la famille d'origine a conservé une certaine emprise, le pouvoir est

(1) *V. chapitre 6, section 2 le texte sur les post-tests.*

(2) *L'attribution parfaite est la restitution du nom de la marque et du modèle sur présentation du* storyboard.

peu partagé, les décisions se prennent tout en haut. Il est donc naturel que pour leur communication, ces sociétés privilégient des campagnes globales qui permettent de n'avoir qu'un seul centre de décision pour de nombreux pays.

b) Les avantages d'une campagne globale

Les tenants du « tout global » avancent trois arguments principaux : cohérence, concentration des moyens financiers et simplicité.

1° La cohérence de l'image

Cet élément est apparu comme un atout pour de nombreuses marques qui développent des campagnes dans plusieurs pays.

La marque parle d'une seule voix dans tous les pays où elle est présente. Un seul concept de communication est servi par une même campagne. L'image est la même partout, sans brouillage, sans distorsion.

Exemple

☞ C'est au nom de cet objectif de cohérence de l'image que fin 2003, McDonald's a fait une entorse à sa politique de décentralisation publicitaire en lançant une grande campagne de marque développée à l'échelle mondiale. L'idée était de reconquérir les jeunes, une cible, fortement courtisée par les concurrents alors que McDonald's se concentrait sur la famille. L'objectif était de réaffirmer le nouveau positionnement de l'enseigne sur les jeunes, de façon parfaitement homogène et contrôlée par le siège. Le concept de communication était : « C'est tout ce que j'aime » (*I'm lovin it*). Les films montrent des tranches de vie, positives, vues par McDonald's, sur fond de musique rythmée, interprétée par Stomy Bugsy en France et Justin Timberlake aux États-Unis. Le choix de lancer un nouveau concept identique partout, s'est traduit par une campagne globale développée par une agence allemande, même si ce principe ne s'inscrivait pas tout à fait dans la culture publicitaire de McDonald's qui laissait habituellement plus d'autonomie aux pays.

2° L'efficacité

Développer une seule campagne permet de partager le coût de celle-ci entre de nombreux pays et donc d'avoir des moyens très accrus. Un gros budget de production s'amortit mieux sur une quinzaine de pays que sur un seul, où il serait même impossible. Ces économies sur la production permettent de disposer de plus gros budgets et ainsi de développer des campagnes très spectaculaires en recrutant par exemple des stars internationales. Ces gros moyens investis en production confèrent une dimension événementielle aux campagnes qui ne peut que développer la présence à l'esprit de la marque et le lien qui l'unit à ses consommateurs. Pour des raisons de coût, ce type de campagne à gros budget n'est possible qu'à l'échelle européenne, voire mondiale.

3° La simplicité dans les processus de travail

Développer une seule campagne depuis le siège permet d'éviter d'avoir des équipes dans chacun des pays avec des filiales. Cela facilite le fonctionnement quotidien, en évitant la multiplication des campagnes et les difficultés de gestion qu'elles entraînent.

Section 2
Le mariage du global et du local

1/ Les limites du tout globalisé

a) La spécificité des marchés locaux

La volonté d'internationalisation des années quatre-vingt-dix s'appuyait sur un fondement : le consommateur global. Celui-ci est désormais à classer parmi les mythes déchus du marketing. Il ne concerne pas l'ensemble des marchés, mais se limite à certains d'entre eux. Il est vrai que ceux-ci ont une forte visibilité sociale, comme c'est le cas pour les jeunes ou les consommateurs de marques de mode ou de luxe. En revanche, sur de nombreux marchés, la diversité culturelle est dominante.

La volonté globalisatrice s'est heurtée de plein de fouet à la diversité des cultures locales. Le marketing et la publicité reposent sur la séduction, et celle-ci ne peut passer que par une réelle proximité avec les consommateurs. Nombre de marques emblématiques ont vu leur position s'effriter du fait d'un trop grand éloignement des préoccupations du consommateur local. Procter & Gamble, Coca-Cola, McDonald's et consorts ont traversé des périodes de doute pour s'être laissé aveugler par un unique consommateur, supposé global. Nombre de produits sont avant tout culturels. La bière, le vin, les yaourts, les biscuits et la majeure partie du secteur alimentaire obéissent à des réflexes culturels locaux. Les voitures ou la lessive se situent au carrefour du global et du local. Les attentes semblent globales, mais on n'achète pas ces produits pour les mêmes raisons. On ne les consomme pas au même moment, dans les mêmes conditions. Le nouveau design de la BMW Série 7 plaît aux États-Unis, mais déroute en Europe. Un parfum se vend souvent sur un imaginaire de séduction en France, sur le fait qu'il sent bon aux États-Unis. Les imaginaires publicitaires restent ancrés dans une culture locale. L'érotisme est débridé dans les pays du Nord et puritain au Sud.

Les registres publicitaires varient selon les cultures. L'humour voyage mal. Les petits détails, jeux de mots, clins d'œil qui créent les aspérités des campagnes, et donc de l'impact, sont fortement enracinés dans les cultures locales. L'identification se fait mal dans des campagnes trop éloignées des réalités quotidiennes des consommateurs. La publicité doit être ancrée pour être forte, mémorisable. On se reconnaît, on s'identifie mieux dans ce qui nous est proche. Ainsi, l'étude annuelle IPSOS présentant le palmarès des meilleurs scores publicitaires 2002 et 2003 le montre bien. Les campagnes préférées des Français sont des campagnes locales, ou au moins conçues par des agences françaises. En 2002, le meilleur résultat va à un film Yop à l'esprit très gavroche. Il est suivi par la Française des Jeux, Brandt, Seb, le CIC ou Volvic. En 2003, c'est le film Évian « *We will rock you* » qui triomphe.

On retrouve cette diversité au niveau des équipes locales des entreprises et des agences. Les hommes font la richesse des entreprises. Les organisations trop centralisées produisent de la frustration. Les groupes qui développent une stratégie internationale réalisent que le succès vient du terrain et de la connaissance des réalités culturelles locales. On ne peut se contenter d'un siège autoritaire et de filiales locales exécutantes. Les décisions publicitaires se prennent de plus en plus souvent au niveau local.

b) La montée des résistances

Les éléments justifiant la globalisation des campagnes étaient nombreux. Mais l'image de la globalisation qui s'est diffusée dans nombre de pays occidentaux ou en développement, s'est dégradée. Elle a été assimilée au capitalisme américain triomphant, partant à la conquête du monde, associée à la volonté d'exporter le modèle et les valeurs de l'Amérique sur le thème si contestable du « Si c'est bon pour nous, c'est bon pour vous » !

Les dérapages se sont multipliés, entachant l'image de ce modèle. Les *sweatshops*[1] asiatiques de Nike ont suscité une levée de bouclier. De même, les affaires Enron ou Parmalat ont créé la suspicion sur le plan moral, marquant les limites du capitalisme financier.

Les altermondialistes ont investi sur le terrain du tout globalisé. Ils ont porté la critique sur le devant de la scène médiatique[2]. Pour eux, les marques sont apparues comme le symbole du capitalisme global dans tout ce qu'il avait d'outrancier. Naomi Klein a dénoncé les marques qui créent :

> « Un état fasciste, où nous saluons tous le logo, et avons peu d'opportunité pour la critique car nos journaux, télévisions, stations de radio, serveurs, rues et magasins sont tous contrôlés par les intérêts des grandes multinationales ».

Les critiques se sont organisées autour de deux thèmes majeurs : la quête du profit au détriment de l'humain, et l'homogénéisation culturelle. Les mots de justice, de respect de la dignité humaine, d'économie à visage humain sont devenus des *leitmotive*. On a reproché aux marques d'utiliser leur marketing pour séduire les consommateurs des pays occidentalisés sans se préoccuper de respecter la dignité des employés dans les pays en développement, ou de l'impact de mauvaises conditions de travail sur leur santé. La polémique a « enflé » sur le sujet des marques de confiserie qui utilisent des stars pour séduire les enfants. On les accuse de favoriser le développement flagrant de l'obésité dans cette population.

Symbolisant la « marchandisation » de notre culture, les marques ont en parallèle été attaquées sur l'idée qu'elles envahissent les espaces privés et deviennent la culture de référence. Plus un événement qui ne soit sponsorisé, plus une activité qui ne soit récupérée par les marques, affirment les altermondialistes. Ils dénoncent la standardisation des goûts, l'homogénéisation des habitudes de consommation, la réduction de la diversité. McDonald's et son fameux *Big Mac* ont été utilisés comme symbole de l'imposition du modèle américain au détriment des pratiques alimentaires locales.

Ces critiques n'ont pas manqué d'être entendues par les entreprises. Elles ont porté atteinte à ce que celles-ci ont de plus cher : l'image de leurs marques qu'elles ont mis des années à construire ne ménageant pas leurs efforts et leurs investissements. En même temps qu'elles redécouvraient la force de la diversité culturelle, elles se heurtaient à une critique massive. Les politiques ont changé, les tendances du management international témoignent d'un plus grand pragmatisme.

(1) On appelle sweatshops *les usines, souvent en Asie du Sud-Est, faisant travailler leurs équipes dans des conditions dégradantes pour la personne humaine (horaires ne respectant pas les réglementations internationales, travail d'enfants, mauvaises conditions de sécurité, etc.).*

(2) Naomi Klein, No Logo, *Actes Sud, 2001.*

2/ Les tendances du management international

a) Les limites des campagnes globales

Face à la difficulté du tout international, nombre de grandes marques ont fait leur révolution culturelle. De toutes parts, on s'intéresse à nouveau au consommateur local. On se rapproche de sa culture. On se passionne pour ses spécificités.

Exemples

☞ Procter & Gamble a lancé en 2003 Ariel Style, une variante répondant aux attentes spécifiques du marché français : la préservation de la couleur et de l'aspect des vêtements. Une campagne de publicité spécifiquement conçue pour la France l'a accompagnée.

☞ Always lance des serviettes hygiéniques spécifiquement françaises, répondant à une attente de confort.

☞ Après s'être voué au tout international, Unilever invente un nouveau métier : *insight local manager*. Leur présence dans chacun des grands pays les positionne en garants de la pertinence des produits et des messages par rapport aux cultures locales.

Les campagnes trop uniformes ne font plus florès. On revient à des modes d'organisation plus flexibles.

Exemple

☞ Citroën a voulu développer un mode d'organisation publicitaire très centralisé au début des années 2000. L'exemple et les résultats du film « Le robot » allait dans le sens de l'uniformisation. C'était possible pour la Xsara Picasso. Mais la magie du nom Picasso ne pouvait pas servir les autres modèles.

L'espoir d'une plus grande efficacité avec une campagne unique a souvent été déçu. Dans nombre de cas, un film international se résume à un « plus petit dénominateur commun ». Pour satisfaire les directeurs marketing de nombreux pays et ne pas heurter les diverses sensibilités culturelles, les créatifs n'ont d'autre choix que de s'orienter vers un compromis. On veut plaire un peu à tout le monde, et surtout ne déplaire gravement à personne. La force des idées créatives diminue ; les films deviennent passe-partout, perdant leur impact et leur force de conviction.

Pour toutes ces raisons, l'histoire récente du management des marques internationales suit un mouvement de balancier. Après les années du tout globalisé, les marques cherchent des solutions mixtes, intégrant une dose de local.

b) Le développement du pragmatisme

Les marques continuent à s'étendre dans le monde. Elles ne peuvent négliger l'attrait des marchés en développement où les croissances frôlent les deux chiffres. L'infléchissement de leurs politiques ne marque pas un désintérêt pour l'international. En revanche, elles ont abandonné le dogmatisme du tout international. Elles apprennent à s'adapter aux situations spécifiques, aux particularités locales. Nombre d'entre elles entreprennent même une grande opération de séduction du consommateur local. La nouvelle priorité est le *customer focus* : ne pas passer à côté des attentes du consommateur local, car c'est la somme de ses actes d'achats qui jour après jour, fait la force des grandes marques globales.

La publicité s'est convertie aux solutions sur mesure. Chaque marque est traitée comme un cas particulier. On peut développer des campagnes pour s'adapter à la situation particulière d'un pays mais on peut aussi faire circuler ces campagnes, si elles font leurs preuves.

Les marques globales adaptent leurs politiques selon les objectifs de chaque campagne et l'état du marché. Elles pourront sur un sujet particulièrement important (lancement, nouvelle identité de marque), ne faire qu'une seule campagne.

Exemples

☞ La nouvelle identité McDonald's n'a fait l'objet que d'une seule campagne.

☞ Le lancement de la 407 Peugeot s'est fait à partir d'une seule campagne. On a jugé que le film pouvait être utilisé partout. De même, quand Peugeot a constaté que le film « Le sculpteur » développé pour la 206 en Italie, obtenait des résultats excellents, jusqu'à susciter un véritable engouement dans le public, la marque n'a pas hésité à utiliser cette campagne dans de nombreux pays, alors qu'elle était initialement prévue pour la seule Italie.

Dans d'autres cas (par exemple, Coca-Cola), on sera plus attaché au respect des particularités locales. On s'efforcera de construire une personnalité de marque identique partout, au moyen de campagnes différentes dans chaque pays, conçues pour être au plus près des attentes locales. On privilégie souvent les économies d'échelles en développant des films télévisés globaux. Leurs coûts de production très élevés rendent réellement attractifs la diffusion internationale et le partage des frais entre les différents pays. En revanche, on donne beaucoup plus de liberté à chaque pays pour des créations locales lorsqu'on est en presse et en radio.

Les managers locaux reprennent un peu plus d'indépendence. Ils peuvent utiliser un film international s'ils le jugent adapté à leur situation. Ils peuvent aussi le refuser. Chaque marque s'organise comme elle l'entend, selon sa propre stratégie, et ses intuitions sur son marché. Les développements produits sont toujours globaux, mais, avant un lancement, on vérifie que le produit va être apprécié dans les différentes cultures.

Tout ceci laisse entrevoir une mondialisation plus nuancée. La conquête des marchés du monde n'a d'avenir que dans l'alliance du global et du local.

Section 3
Les méthodes de travail agence/annonceur à l'échelle internationale

Le développement de campagnes internationales implique des processus et des structures de travail bien précises, que l'on va découvrir ici. L'organisation du travail à l'international implique le choix d'un pays « centre » où se trouvent les équipes de coordination de l'annonceur et de l'agence. Ces deux structures ont pour mission d'organiser le travail des pays. La coordination, généralement composée d'un petit nombre de personnes, a cependant un rôle d'équipe de direction. La coordination décide des grandes options stratégiques et créatives.

1/ Les missions de la coordination

a) L'intégration des besoins en amont

Il s'agit de connaître les plans médias des différents pays, les calendriers de lancement des principaux modèles et les besoins de chaque pays pour pouvoir organiser le planning de travail créatif de façon à répondre aux attentes locales.

b) Le conseil stratégique aux pays

En cas de besoin, la coordination constitue une ressource qui peut venir en aide aux différents pays. Quelle stratégie adopter pour un lancement ? Comment positionner tel modèle ? Comment décliner en promotion la publicité d'image de marque ? ... Autant de sujets sur lesquels la coordination intervient en conseil auprès des pays.

c) La circulation des idées, des campagnes et de l'information

La coordination a une vision d'ensemble. Elle peut ainsi devenir un laboratoire des tendances internationales. Elle connaît toutes les campagnes, toutes les initiatives marketing des différents pays. Elle a ainsi pour mission de faire circuler les idées. Toutes les campagnes ne sont pas internationales. Certains projets sont seulement développés à l'échelle locale. Lors de ses visites dans les pays, la coordination peut suggérer l'utilisation d'une campagne développée par un autre pays, si celle-ci répond bien aux besoins locaux. Cela peut aider une filiale à éviter une production coûteuse et un long développement créatif sur certains sujets.

Pour la circulation de l'information, les agences mettent souvent au point avec leur client un site Intranet réservé aux équipes locales et présentant les projets de campagnes en cours, les actions de la concurrence, les bases de données recensant les photos disponibles, ainsi que toutes les autres informations importantes qui doivent être partagées en temps réel.

Le site Intranet, les *mails*, etc. permettent aux équipes de travailler efficacement à distance. En revanche, le jugement des campagnes ou le conseil stratégique ne peuvent se passer de contacts physiques avec les pays. Le métier de coordinateur implique donc de nombreux déplacements.

d) Le suivi des relations avec les filiales

Chaque agence locale a pour interlocuteur direct un client local. Le tout est consolidé au centre par la coordination qui a généralement accès à la direction générale des groupes. En cas de mauvaise relation entre un client local et son agence locale, la coordination peut intervenir pour aider à résoudre le conflit, en tant qu'intervenant extérieur. Elle est censée respecter un principe de neutralité entre les parties. Elle peut aussi demander un changement d'équipe à l'agence locale si le problème ne peut se résoudre autrement. Elle représente enfin une ressource à la disposition de l'agence locale pour que celle-ci améliore sa prestation pendant une période donnée.

e) La coordination du travail créatif

Enfin, le rôle majeur de la coordination est d'organiser le travail créatif du réseau d'agences. Elle développe généralement un *brief* centralisé. Elle peut ensuite faire ce *brief* à quelques agences de son choix ou mettre tout le réseau en compétition sur ce *brief*, pour garantir le meilleur résultat possible à son client. Elle sert alors d'arbitre avec le client international dans la compétition d'agences. Elle sélectionne les projets des différentes agences qui sont jugés dignes d'intérêt et donc présentés au client international. Elle gère ensuite les processus de tests internationaux et fait la présentation finale à la direction générale du client, généralement avec l'agence locale.

2/ Les procédures de travail à l'échelle internationale

Dans la plupart des cas, la coordination se fait à l'échelle d'un continent, c'est-à-dire pour nous Français à la dimension européenne. Mais certaines marques travaillent autrement, parce que leur cible présente peu de différences selon les continents. C'est par exemple le cas de la cible jeune qui a les mêmes idoles, les mêmes comportements aux quatre coins de la planète ou, tout simplement, parce que le pouvoir est centralisé depuis Paris ou Londres pour le monde entier. Il en va de même des constructeurs automobiles français : les décisions se prennent à Paris, que ce soit chez Renault, Citroën ou Peugeot. Il est donc naturel que les agences aient calqué leur structure sur celle de leurs clients annonceurs. Les agences des constructeurs français ont donc développé des équipes décisionnelles internationales basées à Paris.

À l'échelle mondiale, et pour des annonceurs qui s'implantent sur de nouveaux marchés, le rôle du réseau publicitaire sera d'épauler et d'accompagner le développement d'une marque à l'international. L'annonceur compte sur son agence pour l'aider à « sentir » le marché, à connaître les consommateurs, leurs comportements, les modèles dans lesquels ils se projettent. Le rôle des équipes locales des agences est donc déterminant. Elles doivent aider à apporter des réponses à des questions variées, comme le fait de savoir s'il faut utiliser Claudia Schiffer pour la publicité de Citroën en Chine. Elles valident la justesse des options prises au niveau international et peuvent dans certains cas (campagnes promotionnelles, etc.) développer elles-mêmes du travail créatif.

Sur l'Europe de l'Est, l'Asie, l'Amérique du Sud, la coordination doit aider son réseau à développer le niveau de service attendu par les grands clients internationaux. Elle doit souvent participer à des compétitions. Le client international prenant position dans un nouveau pays peut souhaiter voir si son agence est au niveau des meilleures agences de ce marché. L'équipe de coordination doit alors se déplacer pour aider son agence locale à gagner le budget et vérifier que le niveau des équipes est conforme aux standards internationaux.

Les différentes étapes du développement d'une campagne internationale[1]

Briefing du client à la coordination agence
↓
Briefing unique de la coordination aux agences locales
↓
Présentation de la création des agences locales à leurs clients locaux (non systématique)
↓
Présentation de la création des agences à la coordination agence
↓
La coordination agence présente les campagnes sélectionnées à la coordination client
↓
Analyse des campagnes par la coordination client et le directeur de la filiale locale du client
↓
Sélection de la campagne
↓
Tests internationaux
↓
Présentation à la direction générale client pour validation définitive
↓
Production

3/ Les familles de management d'une marque globale

Il existe trois façons de manager la communication d'une marque globale : la coordination libre, la coordination flexible et la coordination ferme.

a) La coordination libre

Certaines entreprises ont, par culture ou philosophie, des modes de fonctionnement très décentralisés. D'autres travaillent sur des marchés très influencés par des facteurs culturels ou très disparates. Ainsi, le secteur de l'alimentaire est très lié aux habitudes culturelles locales. Difficile de développer une campagne internationale pour un fromage ! Boursin a d'ailleurs tenté de le faire en 2001, avant de revenir à une approche locale. Le rapport au café, au chocolat, aux produits diététiques, etc. est différent dans chaque pays européen.

Dans ce contexte, mieux vaut ne pas faire preuve de rigidité. Tout dogmatisme international doit être banni. Les marques veulent préserver la proximité avec leurs consommateurs locaux, comprendre leurs attentes, partager leur humour, être proches de leurs besoins. Dans cette configuration, mieux vaut développer une campagne de publicité différente par pays. Dans ce cas, la stratégie, comme la création, peuvent varier.

La coordination libre respecte les particularités des marchés locaux. Elle n'impose rien, les décisions sont prises au niveau local. C'est une structure légère dont le rôle se limite à la circulation de l'information. Elle permet d'avoir des équipes locales très impliquées, et des campagnes très adaptées aux marchés locaux. La multiplication des campagnes augmente les chances d'en avoir une gagnante.

(1) Cette figure est indicative, chaque marque ayant sa propre organisation.

Exemple

☞ Coca-Cola, après avoir très fortement centralisé sa communication, est revenu à une structure beaucoup plus flexible. La campagne « Chihuahua » dont la musique a été numéro un en France pendant l'été 2003 a été développée par l'agence Mc Cann Ericksson Madrid. Les résultats étant excellents en Espagne, le film a été importé en France et a connu un grand succès.

En revanche, ce type d'organisation présente plusieurs inconvénients :
- la duplication des coûts de production et de création ;
- l'absence de contrôle du centre sur la création ;
- l'absence de contrôle budgétaire.

b) La coordination flexible

La coordination flexible consiste à marier certains principes de la coordination libre avec plus de contrôle. Dans ce schéma, la stratégie est déterminée au niveau international et s'applique à l'ensemble des pays. Le positionnement est identique, l'image globalement semblable, mais elle passe par des créations différentes. La marque recherche l'équation magique *global stature, local relevance*, visant à conserver son aura de marque vraiment globale, en montrant sa capacité à adapter son discours aux particularités locales.

L'avantage est de préserver des équipes motivées et impliquées dans les développements publicitaires, que l'on doit néanmoins convaincre sur un positionnement unique. La coordination permet d'avoir une bonne entente entre les agences et les clients au niveau local. Ceux-ci ont de plus la possibilité d'utiliser des éléments communs, comme la réflexion stratégique, tout en maintenant des exécutions adaptées à chacun des pays.

Mais les inconvénients sont les mêmes que pour la coordination libre. Il n'y a pas ou peu de contrôle de la création et la réduction des coûts de production est quasiment inexistante.

Le choix de ce type de coordination est lié à une décision de la direction générale d'unifier les positionnements d'une marque, en tenant compte des différences et des motivations nationales. Cela implique des similarités dans les attentes et les bénéfices-produit.

Exemple

☞ Peugeot a adopté ce type de coordination, afin de respecter l'image de sa marque, très différente dans de nombreux pays.

Autour d'une plate-forme stratégique commune visant à mettre l'accent sur le style des modèles, nombre de pays développent leurs propres campagnes, alors que certains préfèrent récupérer des campagnes internationales ayant fait leurs preuves dans d'autres pays.

c) La coordination ferme

L'objectif est d'avoir une image strictement identique dans tous les pays. Le concept est donc de n'avoir qu'une seule stratégie servie par une seule et même campagne internationale. Dans ce cas de figure, l'équipe centrale dispose de moyens importants. Elle est nécessairement forte, motivée et dispose d'un réel pouvoir dans l'entreprise, afin de faire respecter ses choix.

En revanche, les inconvénients sont assez nombreux :

– les décisions sont lourdes à prendre. Elles impliquent tous les pays. Il faut donc leur présenter la campagne, faire face à leurs commentaires, leurs éventuelles frustrations. L'engagement local sera faible. Les équipes risquent de se démotiver, ou de chercher à contourner l'autorité pour développer des campagnes « en solo » sans le signaler à l'équipe centrale ;
– si le marché n'est pas totalement homogène, la campagne risque de passer à côté des attentes et de la culture locale, et donc de perdre en efficacité.

Trop de campagnes internationales aboutissent à des compromis. On sent les effets d'un nombre trop important de réunions et la volonté de satisfaire tout le monde. Ce qui garantit une bonne création est l'engagement, la prise de risques.

En conclusion, la coordination ferme est une structure qui fonctionne bien sur des marchés très homogènes comme ceux de la haute technologie.

Exemple

☞ Intel a une campagne unique développée aux États-Unis pour l'ensemble du monde. Personne ne s'en plaint, les attentes vis-à-vis des puces électroniques étant les mêmes dans le monde entier.

PEPSI : UN EXEMPLE DE COMMUNICATION INTERNATIONALE

Pepsi Cola a fait le choix de l'homogénéisation internationale. La marque a mis en place une organisation séparant les États-Unis des autres pays. Elle a créé une équipe dédiée à l'international, hors États-Unis. L'agence choisie pour diriger les développements est CLM/BBDO, basée en France. Celle-ci centralise la coordination et la direction stratégique et créative du budget. Elle est en charge du processus de développement de campagnes internationales.

L'objectif est de faire de Pepsi une marque « icône » des *teenagers*. La publicité a pour mission de créer une relation émotionnelle forte entre Pepsi et sa cible. Elle doit ainsi s'appuyer sur un *insight* puissant et universel, qui résonne dans l'esprit des jeunes. L'objectif est de faire une campagne dans laquelle les jeunes se projettent. Il fallait donc trouver un concept universel qui guide par la suite toutes les actions de la marque, du développement produit au packaging et à la communication médias et hors-médias.

■ Ask for More : *la naissance d'un concept de communication globale*

Les équipes du réseau international BBDO ont commencé par s'interroger sur les modes de vie, les aspirations des jeunes du monde entier. Y-avait-il un *insight* universel qui pourrait se traduire par un concept global ?

Source : Agence BBDO.

La réponse à cette question passait par des interviews de centaines de *teenagers* dans tous les principaux pays où la marque est présente, de l'Espagne à la Thaïlande, du Brésil aux Émirats arabes unis. Pour mieux saisir les aspirations des jeunes, l'agence a privilégié la libre-parole. Il s'agissait de rencontrer les jeunes dans les lieux qu'ils fréquentent quotidiennement :

campus, discothèques ou terrains de sports furent ainsi préférés aux traditionnelles salles où se déroulent les études consommateurs.

Les jeunes sont impatients et exigeants. Leurs attentes face à la vie sont grandes. Ils sont moins en rébellion contre leurs parents que ne l'étaient les générations précédentes. Ils sont plus pragmatiques. Ils veulent profiter de la vie, en s'y intégrant, plus qu'en la contestant. L'adolescence est une période clé pour expérimenter, essayer. C'est une époque pendant laquelle on souhaite aussi profiter au maximum des possibilités qu'offre le monde.

La campagne presse et affichage est fidèle à la stratégie. Elle prend en considération une donnée propre à la marque : ce sont les parents qui achètent pour leurs enfants lors des courses hebdomadaires en hypermarché. Contrairement à la communication de marques comme Diesel, la campagne ne pouvait donc pas exclure les parents.

Les grands films d'image développés par Pepsi ont été conçus comme autant de mini-spectacles au service du concept de marque.

Le produit n'est pas central au sens des publicités lessivielles, sa différence tangible n'est pas facile à mettre en avant par rapport à ses concurrents. On n'achète pas une fonction produit, mais on achète une image. Le choix se fait sur l'attitude véhiculée par la marque, l'image qu'elle donne de vous. L'usage de célébrités est fait pour faciliter l'émergence de la marque, renforcer son appartenance au club des très grandes marques mondiales pouvant s'offrir des stars internationales comme Britney Spears ou David Beckham. Le choix de ces stars illustre la démarche d'une marque qui souhaite se concentrer sur les thématiques les plus porteuses sur la cible des jeunes : le football et la musique, plus pertinente pour les jeunes filles.

Si le choix a été fait de mettre l'emphase sur la marque, le produit joue néanmoins un rôle dans l'édifice de communication. Il est à l'origine d'une stratégie qui revendique l'énergie de la vie. La caféine et le cola contenus dans la formule produit, donnent cette énergie qui permet d'en demander plus à la vie. La marque se construit donc sur une réalité produit. Il n'y a pas de bon film Pepsi si on peut enlever le produit de l'histoire.

Une déclinaison de l'idée sur les actions promotionnelles

En parallèle des films d'image, étendards de la marque, Pepsi Cola monte un concept promotionnel pour rivaliser avec Coca-Cola sur le territoire du football. En 2001, Pepsi décide de décliner l'idée de marque sur les opérations promotionnelles, dans une optique de communication intégrée. Le concept identifié est *Challenge the stars*. L'idée promotionnelle est de permettre aux jeunes de se mesurer avec leurs stars favorites.

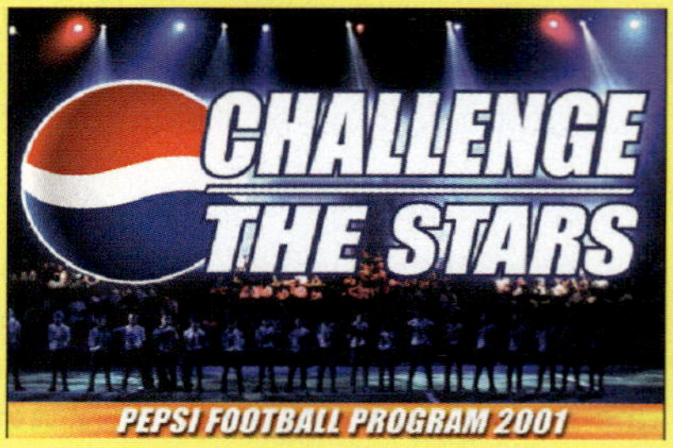

Source : Agence BBDO.

Elle passe par l'organisation d'un événement permettant aux jeunes de rencontrer physiquement les stars du football de l'équipe parrainée par Pepsi. Les gagnants du concours Pepsi sont ainsi conviés sur un stade, pour jouer contre leurs champions favoris. Le lien avec le concept de marque s'impose : n'est-ce pas en demander plus à la vie que de pouvoir se mesurer avec ses champions favoris sur un stade ?

Une mécanique déployée sur plusieurs médias

La mécanique promotionnelle intègre un grand nombre de canaux de communication. L'objectif est d'utiliser chaque point de contact pour faire vivre aux jeunes des expériences interactives servant le thème promotionnel.

UN FILM TV THÉMATIQUE PRÉSENTE L'IDÉE DU CHALLENGE

Source : Agence BBDO.

Un jeune adolescent croise David Beckham dans les vestiaires d'un stade. Il vient de jouer et est mort de soif. Il demande à l'adolescent de lui prêter sa canette de Pepsi pour se désaltérer. Le jeune s'exécute. Beckham lui rend la canette et le garçon lui fait signe qu'il aimerait bien son T Shirt. Beckham est très flatté d'avoir un tel fan et s'exécute. Le garçon prend le T Shirt et essuie la canette de Pepsi avant de le rendre à Beckham médusé. Il se retourne et s'en va dans le couloir. On découvre alors qu'il porte le maillot de l'équipe adverse de celle de Beckham.

LA PROMOTION SE DÉCLINE SUR DES MOYENS DE COMMUNICATION INNOVANTS

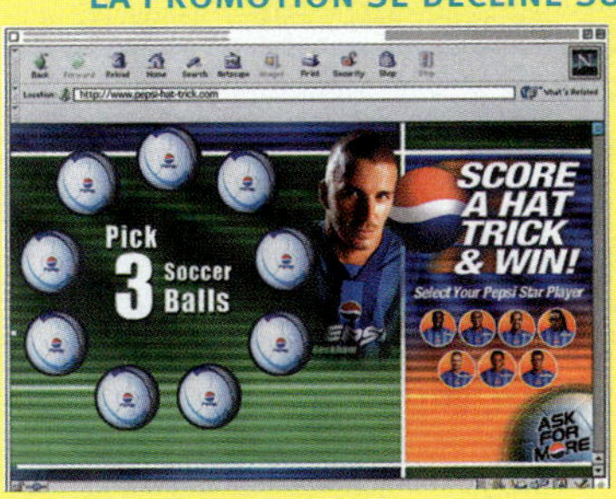

Cartes à gratter virtuelles sur Internet.

Téléphone.

Lieu de vente.

SMS.

Source : Agence BBDO.

Le lancement de Pepsi X

Le concept global de la marque guide aussi la politique d'innovation produit. Le choix de lancer un *energy cola* sous le nom de Pepsi X en 2003 s'inscrit dans la logique de marque. La promesse d'un coup de fouet a ses racines dans un effet produit physique stimulant. Celui-ci traduit dans les faits la promesse *Ask for more*. Le produit passe du registre fonctionnel (un produit au goût cola très fort et à l'effet stimulant affirmé), à un bénéfice émotionnel (« il vous porte plus haut et vous aide à vivre plus que pleinement chaque moment »). Pepsi X est ainsi positionné comme Le Cola énergisant dont on a besoin dans tous les moments où on veut profiter pleinement de la vie, où l'on a envie de ressentir la sensation *fun* et exaltante de pouvoir relever tous les défis.

L'idée publicitaire est globale par essence : « Vivez la vie à la puissance X ». Le film, tourné en Australie, par un des réalisateurs les plus côtés, Tarsem, met en scène des milliers de figurants.

Le film se passe la nuit dans le désert. Une *rave* géante est en train de se dérouler. Des milliers de jeunes dansent en plein air. La nuit s'efface progressivement face au soleil qui pointe à l'horizon. Les jeunes commencent alors à courir, emportant avec eux leur sono. On comprend qu'ils courent vers l'Ouest afin de retrouver la nuit et pouvoir continuer à danser. Ils finissent par rattraper la nuit et se remettent à faire la fête.

Film pour le lancement de Pepsi X.

Source : Agence BBDO.

Le film illustre de façon très spectaculaire le positionnement de Pepsi X. Dans un contexte thématique privilégié par la marque, la musique, il met en scène une situation type où le besoin d'un supplément d'énergie se manifeste. Par cette situation *bigger than life* , on comprend bien le positionnement du produit, et le bénéfice qu'il apporte, au service de l'idée de marque.

Le cas Pepsi illustre une décision stratégique d'entreprise. La marque Pepsi se donne une dimension très globale par des films internationaux et l'appel à des stars mondiales connues de Singapour à Rio en passant par l'Europe et les États-Unis. Les dirigeants de Pepsi ont considéré que les avantages du global l'emportaient sur ceux du local.

Comme on l'a précisé plus haut, il n'y a pas de règle marketing, il y a des politiques d'entreprise. Coca-Cola a fait le choix contraire et développe aujourd'hui sa communication à l'échelle locale. La problématique de Coca-Cola n'est pas la même, la marque est spontanément vécue comme une des marques globales dominantes. Son objectif est donc plutôt d'éviter les inconvénients que véhicule cette image et de ne pas s'exposer aux critiques sur l'exportation du modèle américain. On est ici dans le cas d'un effet de source. L'image de la source, c'est-à-dire celle de la marque émettrice, implique un décodage particulier de ses messages. Celui-ci lui impose de se préoccuper de l'environnement culturel local et du respect de la diversité.

Par contre, Pepsi est en situation de conquête du statut de marque globale. La communication agit comme le fer de lance de la dimension globale. Le film lancé en février 2004, mettant en scène Britney Spears, Beyoncé, Pink et Enrique Iglesias dans le Colisée de Rome au temps des gladiateurs est un spectacle à part entière où la marque déploie son envergure mondiale.

Source : Agence BBDO.

L'architecture de la communication Pepsi privilégie le global mais contient aussi le degré de flexibilité qui permet aux filiales d'adapter leurs messages à la culture locale. Les directeurs marketing locaux ont la liberté d'utiliser un film ou de le refuser. Ils peuvent également adapter des films pour intégrer des stars nationales mais alors, ils doivent payer la production de ces messages spécifiques.

Globale par essence mais intégrant une composante locale sur mesure, mixant films spectacles à dimension projective et opérations multicanaux proches du terrain, la politique de Pepsi illustre bien les tendances dominantes du management des marques internationales.

Hier

Les premières agences n'étaient que des courtiers d'espaces publicitaires. Elles ne faisaient pas de création ni de conseil stratégique.

La première publicité du savon « Ivory » de Procter & Gamble en 1881 : « un savon qui flotte et qui est pur à 99,44 % ». Cela deviendra l'un des slogans les plus célèbres aux États-Unis.

Aujourd'hui

Source : www.wpp.com.

Aujourd'hui, les petites agences artisanales ont fait place à de puissants groupes de communication, comme WPP, qui dominent le marché mondial de la publicité-médias et du hors-médias.

Ariel est une marque de Procter & Gamble, le premier annonceur mondial (ou l'un des tout premiers selon les années). Les investissements de P&G s'expliquent par la multiplicité de ses marques et de leurs marchés, dans le monde entier.

Chapitre 5
LES AGENCES ET LES ANNONCEURS

Dans la première section, on voit comment les annonceurs, les agences et les médias forment la trilogie de base qui structure l'univers de la publicité :

- les annonceurs commandent, orientent et paient les campagnes produites pour leur compte ;
- les agences conçoivent les campagnes ;
- les médias vendent leurs emplacements disponibles pour la publicité.

Les agences et les annonceurs ont recours à de nombreux spécialistes pour la réalisation des campagnes de publicité, de promotion des ventes, de marketing direct ou de relations publiques, tous ces professionnels faisant eux-mêmes souvent appel à des sous-traitants.

La publicité est faite de tous ces hommes et de tous ces métiers. La deuxième section leur est consacrée.

La troisième section analyse les relations entre les agences et leurs clients (les annonceurs) : comment sont-elles choisies, évaluées, rémunérées ?

Enfin, on termine ce chapitre en évoquant le rôle des organisations professionnelles qui, entre autres fonctions, sont les interlocuteurs de l'État pour définir les codes d'autodiscipline et la réglementation qui encadrent la pratique publicitaire (section 5).

PLAN DU CHAPITRE

Section 1
Les agences et le marché publicitaire

Tout en effectuant une forte concentration, le marché publicitaire a traversé une passe difficile de 2001 à 2003. Il semble qu'une reprise s'amorce en 2004, qui laisse augurer un cycle plus positif.

1/ Le secteur de la communication

Le secteur de la communication n'est pas facile à appréhender ; il dépasse le cadre des grandes agences de publicité. Celles-ci font appel à de nombreuses petites entreprises expertes dans leurs domaines et couvrant l'ensemble de la chaîne de production des messages publicitaires.

a) Le périmètre du secteur de la communication

La délimitation du secteur de la communication d'entreprise n'est pas simple. Suivant la définition qu'on lui donne, son importance varie considérablement. Les chiffres doivent donc être interprétés avec prudence car ils ne sont pas toujours fiables. On retiendra donc plutôt les ordres de grandeur.

Dans son acception étroite, celle qui est retenue par les statistiques professionnelles et officielles[(1)], le secteur ne comprend que les intermédiaires qui vivent, *stricto sensu*, de la publicité et de recettes du hors-médias. Ce sont essentiellement :

- les agences de publicité, de marketing direct, de promotion des ventes, de design produit, de relations publiques, etc.
- les agences médias (centrales d'achat et conseils en média-planning) et les régies qui promeuvent et vendent l'espace publicitaire des supports ;
- les sous-traitants : imprimeurs, routeurs, illustrateurs, photographes, etc. qui déclarent avoir une activité principale liée à la publicité. Ils sont des dizaines de milliers. Les statistiques ne prennent en compte qu'une partie d'entre eux.

Ainsi défini au sens strict, le secteur de la publicité (et du hors-médias) est de faible à moyenne importance économique. Dans le tableau suivant, il est délimité par l'ellipse en pointillés. Au sens large, le secteur de la publicité comprend les annonceurs et les médias dont on sait l'importance économique, sociologique et politique.

(1) Les principales sources sont l'étude annuelle de France Pub publiée conjointement avec celle de l'IREP. V.www.francepub.fr et www.irep.asso.fr.

Le secteur de la publicité

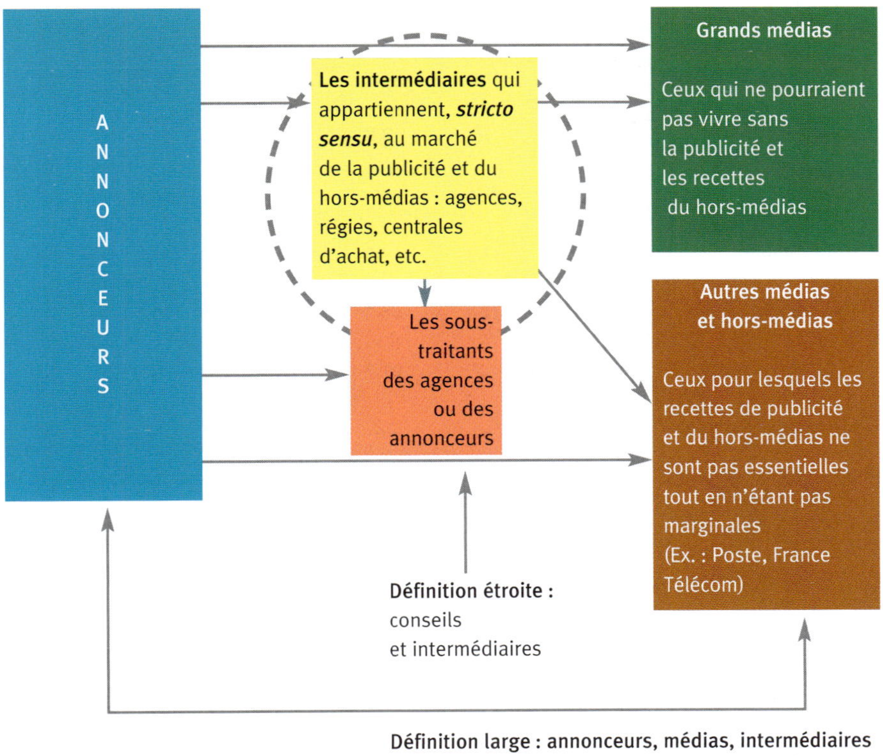

Figure 1

b) Les dépenses des annonceurs

Les premiers annonceurs du marché sont les annonceurs de grande consommation qui doivent soutenir de nombreuses marques. On retrouve ainsi dans les dix premiers annonceurs Danone, Nestlé et Procter & Gamble. Les constructeurs automobiles – Renault en premier – sont également parmi les annonceurs les plus importants avec les grandes enseignes de distribution. Les opérateurs de téléphonie, qui, avec le secteur technologique avaient porté la croissance du marché en 2000 sont en recul. Mais Cegetel et France Télécom comptent tout de même parmi les grands annonceurs.

Figure 2

LES DIX PREMIERS ANNONCEURS , EN FRANCE, EN 2003

Annonceur	Dépenses en millions euros	% Presse	% Radio	% Télévision	% Affichage	Autres*
1. Danone Ultrafrais	309,53	0,4	34,7	64,2	0,6	0,1
2. Renault	283,86	36	18,8	28,6	10,5	15,1
3. Nestlé	240,64	8,7	2,9	68,3	14,6	5,5
4. Carrefour	213,92	37,3	40,2	–	21,3	1,2
5. E. Leclerc	206,16	34,1	48,3	–	16,5	1,1
6. Universal Music	180,4	1,7	27,7	68,3	1,2	1,1
7. Procter & Gamble	173,6	6,5	2,8	88,5	2,1	0,1
8. Cegetel/SFR	166,49	13,3	33,6	25,2	18,1	9,8
9. Citroën	160,76	33,7	16,2	34,4	12,5	3,2
10. Peugeot	160,64	34,9	12,6	33,3	15,4	3,8

Source IREP, 2004, www.aacc.fr.
Légende : (*) Cinéma, Internet.

Chaque secteur a ses propres priorités en termes de choix des médias. On voit que les annonceurs de grande consommation restent très fidèles à la télévision (même si Danone s'est distingué en 2003 en investissant fortement en radio). Les distributeurs qui n'avaient pas accès à la télévision jusqu'à 2003, utilisent massivement la presse, l'affichage et la radio. Enfin, les constructeurs automobiles investissent très fortement en presse et en télévision dans des proportions pratiquement équivalentes.

Dépenses de communication des annonceurs en 2003

	Dépenses en milliards d'euros	Part de marché sur total médias et hors- médias en %
Presse	4,29	14,42
Télévision	3,744	12,59
Affichage	1,379	4,63
Radio	0,921	3,10
Cinéma	0,1	0,34
Total 5 grands médias	10,434	35,08
Annuaires imprimés et électroniques	1,014	3,41
Marketing direct	9,65	32,44
Promotion	4,752	15,97
Publicité par l'événement	2,106	7,08
Relations publiques	1,661	5,58
Achat d'espace Internet	0,131	0,44
Total hors-médias	19,313	64,92
Total marché	29,748	100

Source : France Pub.
Légende : en bleu : dépenses médias ; en vert dépenses hors-médias.

Figure 3

Le marché total est, en 2003, de 29,7 milliards d'euros, ce qui fait de la communication un secteur « industriel » de taille moyenne. Tiré par le développement du marketing direct et de la promotion, le hors-médias représente 64,9 % du montant total des investissements. La publicité grands médias lui est donc nettement inférieure et représente 35 % du montant des investissements (v. partie 3, chapitre 1).

2/ La publicité est un secteur concentré

a) Un secteur géographiquement très centralisé

Les deux tiers de ses effectifs travaillent à Paris ou dans la région parisienne et la proportion est encore plus élevée si l'on ne compte que les personnels des agences de publicité. Les sièges sociaux des principaux annonceurs se retrouvent également, en majorité, à Paris. C'est également vrai des grands médias, presse quotidienne régionale exceptée. Cependant, la communication régionale s'étant développée, de grandes agences comme Euro RSCG, Publicis, Young & Rubicam, etc. ont créé des réseaux en province pour suivre les budgets de la distribution – premier secteur annonceur en France – ou de l'automobile.

b) Un secteur de plus en plus concentré

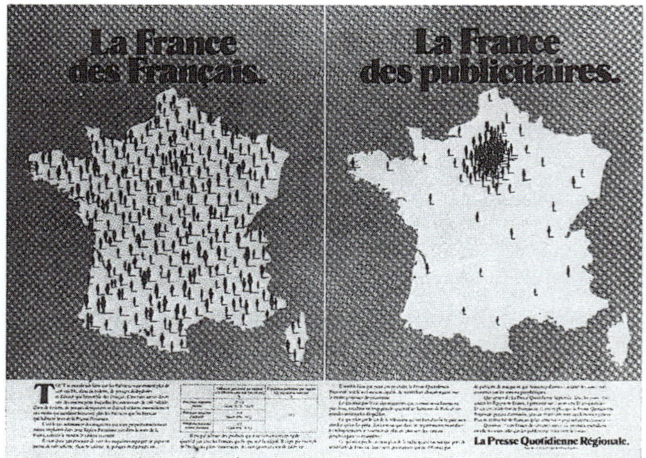

Le mouvement de concentration s'est amorcé il y a déjà près de vingt ans. Il se poursuit et touche toutes les composantes du secteur : concentration des annonceurs, des groupes de médias, des régies, des agences qui forment des groupes de communication puissants au plan mondial.

LES PREMIERS GROUPES PUBLICITAIRES EN FRANCE*

1. Havas Advertising
2. Publicis Groupe
3. TBWA France
4. DDB Communication
5. Ogilvy
6. Mc Cann Erickson
7. Young & Rubicam
8. BBDO
9. Lowe
10. J Walter Thomson
11. Groupe Grey
12. FCB
13. Saatchi & Saatchi

Source : AACC, 2003.
Légende (*) : depuis 2002, les agences ne publient plus leurs résultats de marge brute. Les chiffres de marge brute ne peuvent donc figurer ici. Il s'agit de l'activité de ces groupes sur le seul marché français. Au plan mondial, Publicis précède maintenant Havas comme on le verra ci-contre.

c) Deux groupes publicitaires français dans les cinq premiers mondiaux

Les cinq groupes dominant le marché publicitaire mondial
Chiffre d'affaires en milliards de dollars

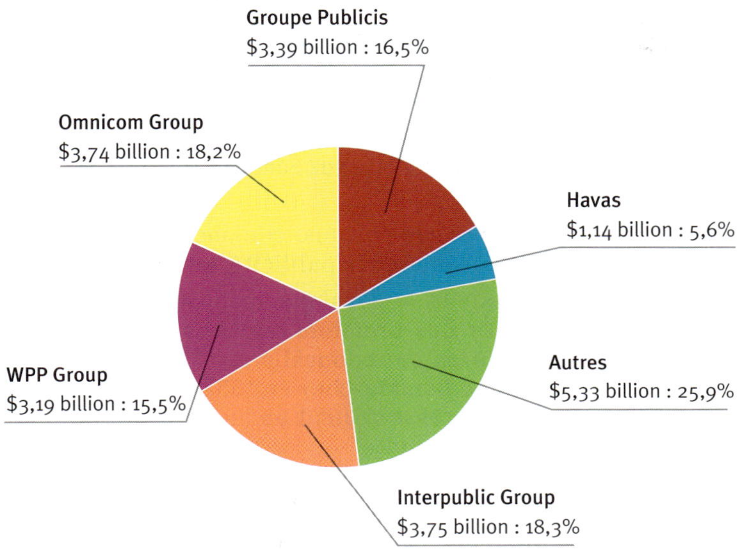

Source : Advertising Age, *Agency Report 2004.*
Ces chiffres ne comprennent pas les revenus des activités hors-médias dites de « marketing services *».*

Figure 4

Le marché mondial de la publicité a connu un taux de croissance de 3,4 % en 2003, après une année de récession en 2001 et une année de quasi-stagnation en 2002. Il est dominé par le groupe Omnicom qui rassemble les réseaux publicitaires BBDO, DDB et TBWA. Derrière Omnicom se situent le groupe Interpublic (Mc Cann Erickson, FCB, Lowe) et l'anglais WPP (J. Walter Thompson, Ogilvy, Young & Rubicam). Le français Publicis s'est positionné comme le numéro quatre, après le rachat de Bcom3. Le groupe Havas est le cinquième groupe mondial. À elles seules, ces cinq holdings contrôlent 74,1 % du marché mondial de la publicité.

La France est le seul pays européen qui a su résister à l'« invasion » des grosses agences américaines. Mieux, deux groupes, Havas et Publicis ont su à la fois préserver leur indépendance et se hisser par croissance interne et externe dans les cinq premiers au plan mondial. Outre la qualité de leur management qui explique leur place actuelle, plusieurs raisons peuvent être avancées :

- lorsque les agences américaines ont cherché à s'implanter sur le marché français dans les années soixante-dix, il y avait déjà deux groupes anciens et puissants : Havas et Publicis ;
- les régies bien tenues par ces deux groupes ont joué le rôle d'un glacis de protection ;
- la politique des pouvoirs publics a pu les aider en limitant, parfois en interdisant, la vente d'agences à des intérêts étrangers.

3/ Les agences conseils en publicité

L'histoire des agences traduit la professionnalisation puis l'internationalisation d'un métier encore récent. Sous l'impulsion des évolutions technologiques et des attentes des annonceurs, les agences doivent sans cesse réactualiser, voire réinventer leur territoire de compétence.

a) L'évolution des agences de publicité

1° Les premiers publicitaires du XIXe siècle aux années trente, l'agence courtier d'espace

La deuxième moitié du XIXe siècle voit une conjonction de conditions favorables qui expliquent la naissance de la publicité, au sens moderne du terme.

La révolution industrielle et le développement de nouveaux moyens de transport favorisent l'essor des premiers marchés importants de grande consommation. La distribution se renouvelle avec l'apparition des grands magasins (Boucicaut crée « Au Bon Marché » en 1852 et il invente les méthodes modernes de promotion). La presse devient un média important qui va avoir de plus en plus besoin de la publicité.

En 1836, Émile de Girardin publie le premier numéro du journal *La Presse*, basé sur une nouvelle formule de quotidien bon marché. Il finance en partie son journal avec de la publicité et il explique :

> « La question de la publicité marchande n'est pas seulement industrielle, elle est encore sociale et renferme en elle le principe d'une réforme entière de la presse politique ».

Les journaux parisiens imitent *La Presse* qui connaît un succès éclatant. Mais pour assurer leur indépendance complète vis-à-vis de ceux que l'on n'appelait pas encore les annonceurs et pour sauvegarder leur liberté de plume, les journaux ne veulent pas s'occuper eux-mêmes de prospecter et de recueillir des ordres publicitaires. On en charge donc des régisseurs indépendants.

Un saint-simonien, Charles Duveyrier, prend en régie la publicité des principaux journaux et fonde la Compagnie générale d'annonces. En novembre 1857, c'est le grand tournant. Cette société s'unit à l'agence d'information de Charles-Louis Havas qui a créé tout un réseau de correspondants en Europe. Ainsi, pour la première fois, on voit apparaître une société chargée à la fois des correspondances de presse et de la régie des annonces. Cet amalgame permet aux journaux de couvrir directement le coût de l'information par les recettes de publicité.

Aux États-Unis, le premier agent publicitaire Volney B. Palmer s'installe à Philadelphie en 1841[1]. C'est d'abord un courtier d'espace. Il vend dans tout le pays l'espace de 1 400 journaux contre une commission de 25 %.

Les premières véritables agences, c'est-à-dire celles qui développent la fonction de création des messages publicitaires, apparaissent quelques années après. Ce sont notamment Bates, Ayer en 1869, J. Walter Thompson en 1871, Lord et Thomas[2] qui engage en 1907 un *copywriter* nommé Claude Hopkins[3].

La première moitié du XXe siècle amorce la passage de la réclame à la publicité moderne. En France, il faut attendre les années trente pour voir se créer des agences qui préfigurent véritablement les agences actuelles.

(1) *D. Aaker et J. Myers,* Advertising Management, *Prentice Hall, p.8.*

(2) *L'agence Lord&Thomas est l'ancêtre de la grande agence actuelle Foote, Cone and Belding. V. partie 2, chapitre 2, section1.*

(3) *Claude C. Hopkins,* My life in advertising and Scientific advertising, *Advertising Age Classics Library, McGraw-Hill, 1966.*

Plusieurs agences de publicité se créent selon la conception nouvelle de l'agence-conseil comme R.L. Dupuy, H. Hénault (Synergie), Jep et Carré, Damour, De Plas, Alexandre, etc. J. Walter Thompson et Sodico Mac Cann s'implantent en France pour servir des annonceurs américains (Palmolive, Cadum, Pilules Carter, etc.).

M. Bleustein-Blanchet crée Publicis en 1927. La première annonce de Publicis[1] paraît pour le Comptoir Cardinet, dans le *Petit Parisien*, aux environs de Noël 1927. Puis ce furent les fourrures Brunswick (« Le fourreur qui fait fureur »), Lévitan et les chaussures André, quatrième client, premier gros budget et premier utilisateur de la radio dont Marcel Bleustein-Blanchet va saisir toute la nouvelle importance. La publicité pour les radios d'État ayant été supprimée en 1934, M. Bleustein-Blanchet décide d'avoir sa propre radio. Ce sera Radio-Cité qui devient la grande radio privée d'avant-guerre. Beaucoup d'innovations sont apportées : émissions non-stop, jeux radiophoniques, premier journal parlé diffusé toutes les heures, flashes spéciaux.

En 1935, Marcel Bleustein-Blanchet s'associe à Léon Régnier pour fonder la société Cinéma et Publicité. C'est le début d'une longue histoire entre Havas et Publicis. En 1938, Publicis crée Régie-Presse.

2° L'âge d'or de la publicité : les années soixante, l'agence à service complet, le modèle américain

• *Le contexte économique est alors très favorable au développement de la publicité*

Les marchés de grande consommation progressent de façon considérable : biens d'équipement ménager, automobiles, produits d'entretien, etc. Le pouvoir d'achat augmente rapidement, la société française se transforme en profondeur. En s'urbanisant, elle adopte de nouveaux modes de vie et de communication.

La distribution se transforme. Elle développe des méthodes de vente où la communication est de moins en moins personnelle et où les produits doivent être de plus en plus prévendus par la publicité. Le libre-service se répand au début des années soixante. Les premiers hypers et centres commerciaux font leur apparition. De nouveaux grands groupes de distribution se créent.

Les produits se banalisent, la publicité les différencie. On découvre les objets à jeter. La publicité les propulse. La concurrence devient de plus en plus vive. La publicité est son arme favorite.

Les *mass media* se diversifient. Les audiences de la radio et des magazines se développent. Les Français achètent leurs premiers téléviseurs mais la publicité de marque ne sera autorisée à la télévision qu'en 1968[2].

• *Le modèle américain*

Les entreprises européennes découvrent le marketing, directement importé des États-Unis. C'est le temps des certitudes et de l'optimisme. C'est le règne de la méthode, l'avènement triomphant du marketing proctérien, la croyance dans les procédures et les bibles, la découverte du traitement informatique des données. La publicité n'échappe évidemment pas à ce courant. On apprend les méthodes américaines. C'est l'époque de l'USP[3], de la *reason-why*, de la démonstration du produit, de la puissance des budgets qui s'enflent et des débuts de la mesure de l'efficacité de la publicité. C'est un grand

(1) *Source : documents Publicis, www.publicis.fr.*

(2) *Il est peut être utile de préciser que cela n'a rien à voir avec les événements de mai 1968.*

(3) Unique Selling Proposition.

moment pour les lessiviers et les écrivains de copy stratégie, d'autant plus que le développement du marketing et de la publicité se fait sans être freiné par une réglementation très stricte ou par la contestation des consommateurs. L'UFC, créée en 1951, ne prendra son essor qu'après 1972. L'Institut national de la consommation (INC) est fondé en 1968 mais pendant les premières années, sa revue *50 millions de consommateurs* n'a qu'une audience confidentielle. Ralph Nader, c'est encore chez les autres.

3° Les crises : l'agence flexible et totale

Dans la période moderne, trois crises, de nature très différente, ont, chacune, secoué, à leur façon, la publicité, les annonceurs et les publicitaires.

- *1968*

L'après 68 ouvre les portes de la publicité à de nouveaux et jeunes talents. Toute une nouvelle génération d'agences et de publicitaires apparaît à ce moment. En quelques années, ils se hissent aux tout premiers rangs : Roux-Séguéla-Cayzac bien sûr mais aussi les animateurs de TBWA et bien d'autres encore comme Feldman, Calleux, Créhalet, Foliot, Robert, Boulet, Dru, Brochand, etc. C'est la nouvelle vague de la publicité en France. Certains sont encore aux commandes aujourd'hui.

- *Les chocs pétroliers des années soixante-dix*

Le premier choc pétrolier, celui de 1973, a le plus d'impact. L'expansion des dépenses publicitaires est stoppée tout net et il faut trois ans pour voir le marché redémarrer fortement. Les difficultés économiques accentuent la concurrence. C'est le début de la guerre des spéculatives. Le *new business*[1] prend une importance décisive dans les agences. En même temps, celles-ci se découvrent un nouvel adversaire : les centrales d'achat. C'est en 1973 que Gilbert Gross prend son essor. Cette même année, huit centrales se créent mais les publicitaires n'en mesurent pas immédiatement toutes les conséquences.

L'année 1975 est marquée par une forte sensibilisation aux thèmes de la protection des consommateurs. Les Français se déclarent en majorité hostiles à la publicité, au moment même où les annonceurs sont de plus en plus convaincus de son intérêt. La loi Scrivener de 1978 introduit une réglementation beaucoup plus sévère de la publicité mensongère en renversant la charge de la preuve et en aggravant les sanctions. Ces mesures sont bénéfiques. Alertés, annonceurs et agences renforcent leur vigilance. L'autodiscipline fait de vrais progrès.

- *La crise de 1990*

La crise de 1990 est plus la crise des agences que la crise de la publicité. La récession économique mondiale bouscule des agences déjà fragilisées et qui avaient souvent bâti leurs stratégies sur une extrapolation infinie de la croissance du marché publicitaire.

Cette crise est conjoncturelle pour l'économie mondiale mais structurelle pour la publicité mondiale. Elle oblige les agences à se poser des questions fondamentales sur leur métier et leurs politiques. Le marché est entré en stagnation, dans un univers très concurrentiel. En parallèle, l'environnement se durcit. Les centrales d'achat prennent une part dominante de l'achat d'espace. Or les agences étaient traditionnellement rémunérées sur cette activité. Enfin, la législation évolue. La loi Sapin a interdit aux agences de percevoir des com-

(1) *On appelle* new business, *la conquête de nouveaux budgets par une agence.*

missions de la part des médias, pratique qui était tolérée jusque-là. Elle a pour conséquences une plus grande transparence mais aussi une perte de revenu importante pour les agences. Certaines d'entre elles vont beaucoup souffrir. Parties dans la course à la concentration dans les années quatre-vingt, elles avaient acquis des agences dans le monde entier, au prix fort, souvent en s'endettant. La baisse de revenu dans les années quatre-vingt-dix les met dans des situations proches de la banqueroute. C'est la fin de deux symboles de la réussite publicitaire française des années quatre-vingt : BDDP est racheté par TBWA et RSCG par Eurocom du groupe Havas.

- *La crise de 2001*

Les années 2001-2002 sont difficiles pour les agences. Après une année 2000 artificiellement euphorique, en raison principalement des investissements publicitaires des *start up* qui cherchaient à se faire connaître, les agences sont confrontées à un ralentissement économique mondial doublé d'un arrêt brutal des financements du secteur technologique. L'optimisme en matière de consommation, qui avait marqué la fin des années quatre-vingt-dix, s'est transformé en frilosité ou attentisme sur fond de menace terroriste. Les investissements médias regressent de 5 % en 2001. La situation reste morose en 2002. On connaît une légère reprise en 2003 avec une croissance des dépenses médias et hors-médias de 1,6 % en France (+0,3 % pour les médias, +2,8 % pour le hors-médias)[1]. Le redressement devrait être plus marqué en 2004 si l'on en croit les prévisions actuelles de +2,8 % pour la France (médias et hors-médias).

b) Les fonctions et l'organisation des agences

1° Les fonctions des agences vis-à-vis des annonceurs

Une agence de publicité est un prestataire de services qui fournit à l'annonceur (son client) tout ou partie d'une gamme étendue de services. Ils peuvent s'ordonner en trois fonctions principales :

- une fonction de conseil en communication : détermination de la stratégie, conception des campagnes ;
- une fonction de création et de fabrication des annonces ;
- une fonction d'intermédiaire ou de négoce (en achat d'art, en édition, etc.).

Les rôles respectifs de l'agence et de l'annonceur sont bien codifiés, en principe tout au moins.

(1) *Source France Pub, étude 2003/2004, avril 2004. V. www. francepub.fr.*

Figure 5

AGENCES ET ANNONCEURS. QUI FAIT QUOI ?[1]

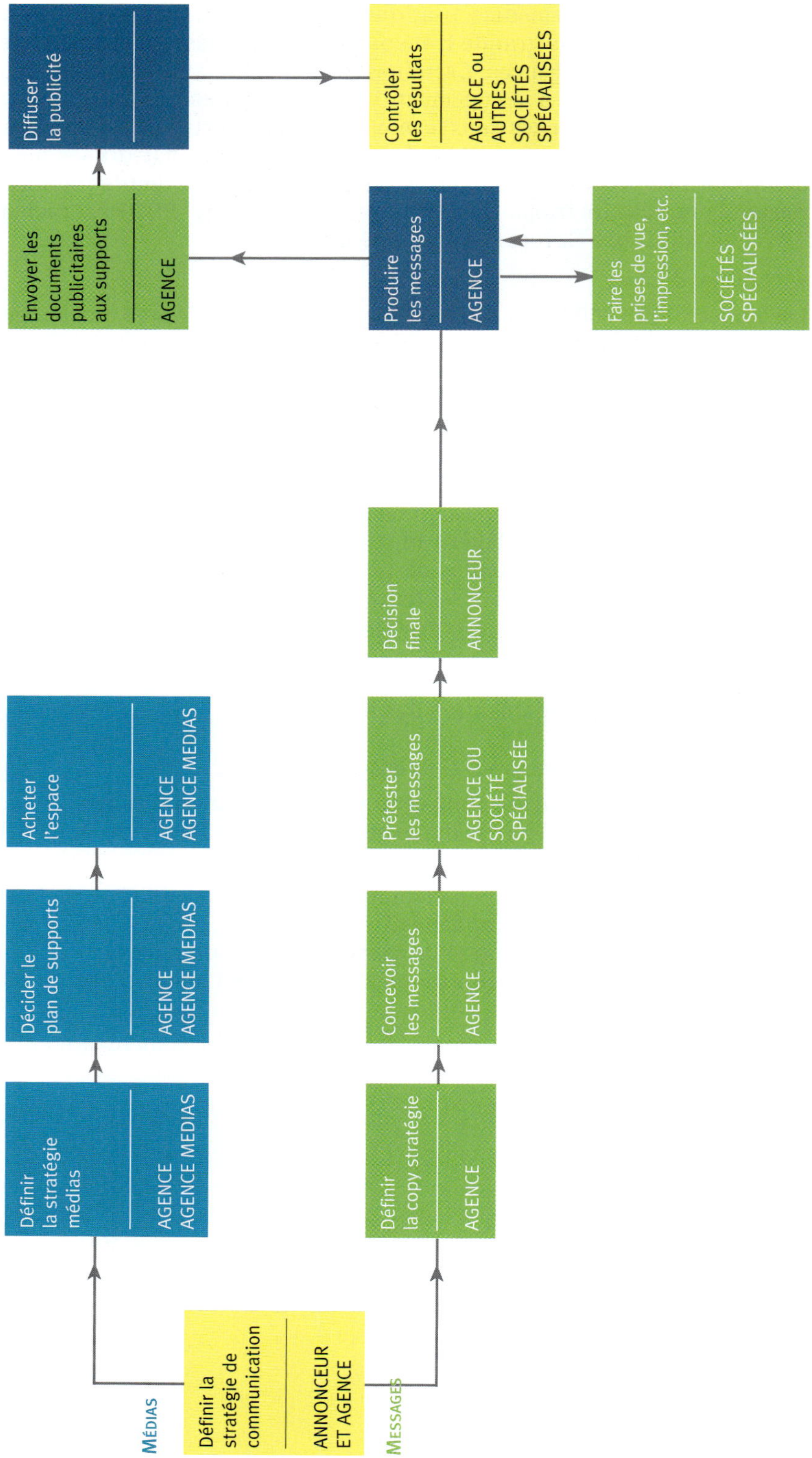

(1) Ce tableau a été fait à partir de celui de K. Longman, Advertising, *p. 30 et 31, Marcourt, Brace, Jovanovich éditeurs.*

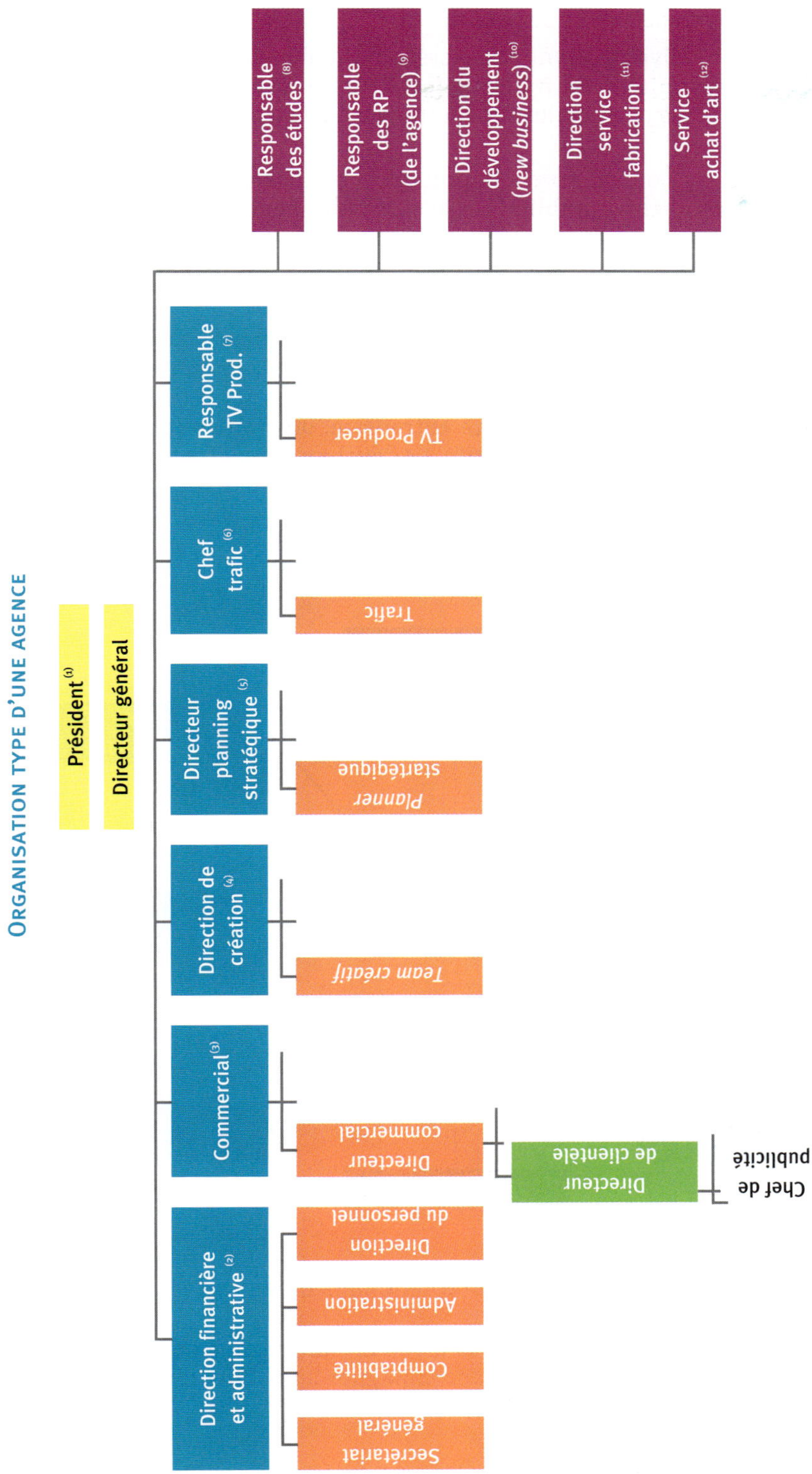

Les rôles :

(1) V. section 2.

(2) V. section 2.

(3) V. section 2.

(4) Le directeur de création anime et oriente la création. Il stimule et suppervise les teams créatifs. Mi-commercial, mi-créatif, il insuffle à l'agence une personnalité.

(5) V. section 2.

(6) Le chef trafic (ou traffic) organise la campagne du début à sa fin, il veille à son bon déroulement. Il fait le lien entre les différents services. Ses qualités : l'ordre et la méthode.

(7) Le TV producer *organise la production et la réalisation des spots publicitaires TV, cinéma et radio. Il est à la fois l'interlocuteur de l'agence (créatifs, commerciaux, etc.), de l'annonceur et des maisons de production. Ses qualités : la rigueur et l'organisation.*

(8) Homme de marketing, le responsable des études est chargé d'analyser, étudier, comprendre les marchés, les consommateurs. Il intervient avant, pendant et après une campagne (études, sondages, tests, etc.).

(9) Le responsable des RP s'occupe de la communication externe de l'agence, dont il est le « porte-parole ». Ses qualités sont l'ouverture, l'organisation, le charisme.

(10) V. section 2, § 2.

(11) Le directeur du service fabrication connaît sur le bout des ongles l'ensemble de la chaîne graphique. Gestionnaire, il est à la recherche du meilleur prix, technicien il recherche la meilleure qualité et contrôle le rendu final des travaux livrés.

(12) L'acheteur d'art est chargé de la recherche de créateurs extérieurs à l'agence (photographes, maquettistes divers, freelances, etc...). Sa qualité : savoir reconnaître le meilleur talent au meilleur prix.

Figure 6

2° L'organisation d'une agence de publicité

Toute la section suivante étant consacrée aux hommes et aux métiers de la publicité, on se limitera ici à l'essentiel. L'organisation d'une agence est conçue autour de ses principales fonctions de conseil à l'annonceur et de création des messages.

La fonction de conseil en communication est assurée par les commerciaux : ce sont les chefs de publicité et leur encadrement. Ils gèrent un ou plusieurs budgets. Ils défendent dans l'agence les intérêts des annonceurs.

Les services de création conçoivent les annonces en liaison étroite avec les commerciaux.

Selon la dimension de l'agence, les services techniques de fabrication sont plus ou moins développés. Pour des réalisations complexes comme celles des messages TV, on fait toujours appel à des prestataires spécialisés extérieurs à l'agence. Enfin, comme dans toute entreprise, on trouve une fonction de direction et des services administratifs. Le développement (recherche de nouveaux budgets ou *new business*) est assuré par les principaux responsables de l'agence.

Figure 7

STRUCTURE TYPE D'UN GROUPE DE COMMUNICATION

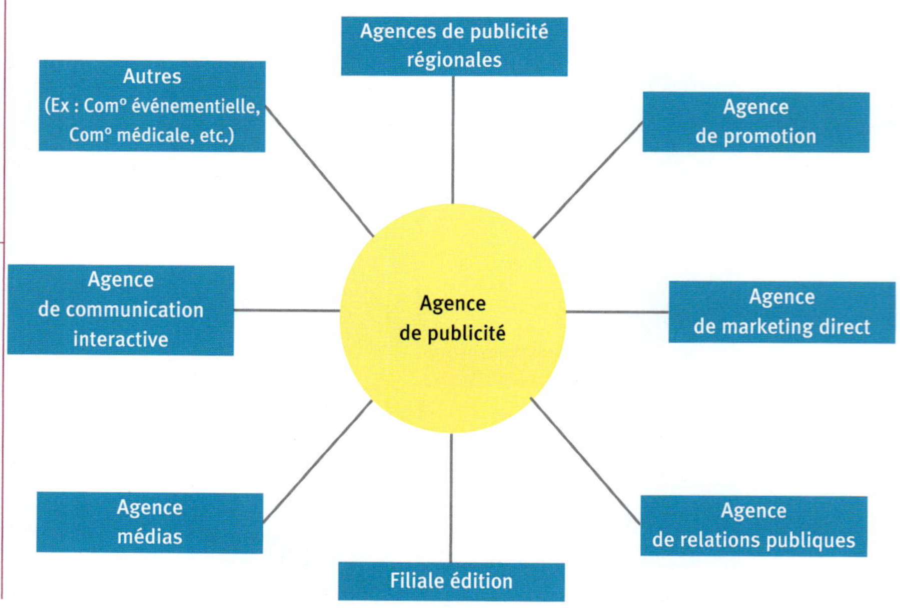

c) Le développement des réseaux internationaux d'agences[1]

Depuis plus de trente ans, des réseaux d'origine américaine ont implanté des agences dans le monde entier pour accompagner leurs clients : Grey/Procter & Gamble ; Lintas/Unilever ; McCann/Coca-Cola ; BBDO/Apple ; DDB/Volkswagen, etc.

En 1960, 6 % seulement de la marge brute de ces réseaux provenait des marchés hors États-Unis. Aujourd'hui, ce chiffre s'élève à plus d'un tiers.

(1) Ce texte a initialement été rédigé par Béatrice Borwin, de l'agence DDB. Il a été réactualisé pour l'édition actuelle.

Ces réseaux, au nombre d'une quinzaine environ pour les plus importants, ont beaucoup investi pour :

- *s'implanter dans de nombreux pays :* recherche de partenaires locaux, formation des nouveaux venus à la culture des réseaux, etc. Un réseau digne de ce nom doit couvrir la quasi-totalité du monde économiquement développé, c'est-à-dire un peu plus de 80 pays ;
- *exploiter de nouveaux marchés :* l'Europe de l'Est dans les années quatre-vingt, l'Amérique latine dans les années quatre-vingt-dix, etc. ;
- *agir contre la concurrence* pour résister, notamment, au développement des réseaux dits « indépendants » ;
- *répondre aux attentes de leurs actionnaires* qui veulent plus de rentabilité et de croissance et qui ne se suffisent plus d'investissements sur le seul marché Nord-américain.

C'est ainsi que pour se développer à l'international, les agences ont continué et continuent encore aujourd'hui à multiplier les fusions et acquisitions, non seulement dans le domaine de la publicité mais aussi dans toutes les autres disciplines de la communication.

Exemples

☞ En septembre 2002, Publicis a racheté le groupe B3Com, comprenant les réseaux Leo Burnett et d'Arcy, avant de fusionner ces deux enseignes, sous le seul nom Leo Burnett.

☞ Les grands réseaux, ayant besoin d'une importante surface financière pour asseoir leur politique de développement et de diversification, se sont rapprochés pour former des holdings comme Omnicom (BBDO, DDB, BBDP, TBWA), WPP (J. Walter Thompson, Ogilvy & Mather, Young & Rubicam), Interpublic (McCann Erickson, Lowe Group, FCB). Ces mammouths de la communication sont cotés en bourse et ont pu lever des fonds considérables pour proposer une offre complète de services marketing.

4/ Le développement des agences médias

Agences médias est la nouvelle appellation du concept traditionnel de centrale d'achat d'espace. Un changement de nom qui traduit l'évolution de leur métier. Celui-ci s'est inventé sur l'achat d'espace : en regroupant de nombreux annonceurs, on augmente sa puissance d'achat et donc son pouvoir de négociation auprès des médias qui vendent leur espace publicitaire. Progressivement les centrales d'achat ont eu un tel succès que les agences de publicité ont abandonné leur rôle de conseil médias, à leur profit.

Le classement qui suit témoigne de la bonne santé d'un marché qui a cru de 7,3 % en 2003. Après le lancement d'agences médias indépendantes des groupes de communication, le marché s'est concentré. Tous les leaders, à l'exception de Carat, appartiennent aux grands groupes de communication. La structure du marché français présente une différence par rapport au marché mondial : Carat, appartenant au groupe Aegis, d'origine française, domine largement, alors qu'il n'est que 4e au niveau mondial. On trouvera, plus haut, dans cette partie au chapitre 3, section 9, le classement des premières agences médias en France.

À l'achat d'espace, les agences médias ont ajouté le conseil en choix de médias et de supports. Aujourd'hui, elles vont plus loin encore en intervenant au niveau de la stratégie de communication, un domaine qui était celui des seules agences de publicité. Leurs recommandations médias dépassent les grands médias et traitent de tous les points de contacts entre une marque et ses publics. Du fait du développement de la communication intégrée, ces agences deviennent les architectes des dispositifs de communication des marques. Enfin, les agences médias étendent leurs domaines d'expertise. En développant des agences de communication événementielle, de relations publiques ou de *marketing services*, elles créent une offre globale qui concurrence celle des agences de publicité.

Aujourd'hui, la tendance est au rapprochement entre agence médias et agence de publicité sous l'impulsion des annonceurs qui recherchent une meilleure synergie médias/création. Les fonctions médias sont trop intimement liées au processus créatif pour que ces deux professions puissent s'ignorer plus longtemps. Le recrutement récent de publicitaires par les agences médias, la création de postes de *planning stratégique* transversaux intervenant au sein d'un groupe de communication, tant sur la publicité que sur le hors-médias sont autant de signes de la volonté de rapprochement actuelle.

Section 2
LES HOMMES ET LES MÉTIERS DANS LES AGENCES

Cette section est une galerie de portraits et on a, volontairement, forcé un peu le trait. Évidemment, toute ressemblance avec des personnages actuellement vivants et en activité est complètement fortuite et indépendante de notre volonté.

Les agences regroupent de nombreux talents différents et présentent une grande diversité de profils humains dont les plus emblématiques sont les créatifs.

1/ LE CRÉATIF

Il espère être un jour l'une des 4 ou 5 stars de la profession. Il a moins de 30 ans, il écrit ou il dessine des images, il se dit « concepteur ». Pour les mauvaises langues, cela veut dire qu'il n'écrit plus ou qu'il ne sait pas dessiner. Il laisse ce soin à ses nombreux assistants qui se « tapent » les *body copy* (c'est-à-dire les quelques lignes qui figurent sous les images dans les annonces) ou qui font et refont les *roughs* (ce sont les premières maquettes présentées sous forme de brouillons au client).

Désormais, le créatif peut être indifféremment de sexe masculin ou féminin. En général, c'est un être apparemment sûr de lui, en éternelle représentation pour mieux cacher aux yeux de son public une véritable angoisse existentielle. Contrairement à un auteur de littérature ou de cinéma, il ne signe pas ses œuvres, il est inconnu du grand public, ce qui le rend encore plus angoissé. Il cherche donc par tous les moyens à s'affirmer dans son propre milieu. Il constitue continuellement ce que l'on appelle communément son *book*, c'est-à-dire son dossier où s'accumulent les preuves de son talent et de ses succès. Il cherche à travers les récompenses des festivals ou des grands prix à être reconnu et remarqué. Il est très touché de figurer en bonne place dans les palmarès du Club des directeurs artistiques où il est jugé par ses pairs, seul jugement qu'il reconnaît car émis par de vrais connaisseurs.

Autre signe d'affirmation de soi, son salaire, qui lui permet de se situer dans le hit-parade des créatifs. Il se comporte un peu comme un footballeur professionnel, c'est-à-dire comme si sa carrière devait s'arrêter à 30 ans.

Il est très rare qu'il s'identifie à une entreprise (sauf s'il en est le créateur ou l'actionnaire principal). Ceci est très compréhensible quand on connaît sa vie qui, pour la plupart, est faite de frustrations. Certes, il crée mais avec des contraintes qui lui sont imposées et à propos desquelles il émet des jugements plutôt négatifs car il les juge inutiles. Il est canalisé, corrigé, effacé, gommé tout au long du processus créatif par des êtres qui n'ont, d'après lui, ni sa sensibilité, ni son sens artistique : ce sont d'abord les commerciaux de l'agence mais aussi les clients qu'il considère comme des empêcheurs de tourner en rond. Enfin, il est très rarement publié dans son texte intégral et malheureusement aucun de ses publics ne le sait... car ils ne voient que ce qui paraît. Il souffre d'autant plus que l'acte créatif est toujours très impliquant : il part des tripes et du cœur quels que soient les dons naturels du créateur.

Il a horreur de passer pour un besogneux, aussi joue-t-il avec beaucoup de talent à la facilité. Une des preuves en est l'organisation de son temps de travail. Il a des horaires extrêmement lâches et des vacances répétées, ce dont il est fier. Un autre signe de cette facilité, mais aussi de sa spécificité, c'est sa tenue vestimentaire. Elle se veut décontractée et dans le coup mais, souvent, se trouve stéréotypée.

En dehors de son travail de créateur publicitaire, il a, en général, des activités multiples où il peut se révéler. Il écrit des romans, des nouvelles, parfois il peint... Il se veut au courant et entretient parfois une culture générale de bon niveau bien que ceci soit de plus en plus rare chez la jeune génération qui croit qu'on n'invente rien avec des références du passé.

Son origine est si diverse que l'on a beaucoup de mal à dégager des filières ou des recettes pour découvrir ou susciter de nouveaux créatifs. Toutefois, on peut dire que le nombre de *self made men ou women* qui figurent parmi les créatifs est certainement très important en comparaison à d'autres professions. Comme le *music-hall* ou le cinéma, la publicité est un « art populaire » qui fait naître des vocations chez toutes les classes sociales de la société française. Les diplômes et la richesse ne sont en rien une carte d'entrée dans ce petit monde. Les idées, l'acharnement et, pourquoi pas, le talent, ouvrent les portes des agences à ceux qui veulent devenir des créatifs.

Sa manière de travailler, depuis Bernbach, est tout à fait particulière puisque la création publicitaire se fait désormais, dans le monde entier, par couple : un *copywriter* et un *art director*, les mots et les images. On ne sait d'ailleurs jamais si le concept ou l'idée maîtresse de la campagne vient de l'un ou de l'autre. Il y aurait beaucoup à dire sur ces attelages mais il faut constater que même les stars de la création publicitaire ne peuvent pas se passer de ce couple comme si le besoin d'un miroir ou d'un mur pour renvoyer la balle était indispensable à tout acte créatif en publicité.

Malgré le côté superficiel, égocentrique et capricieux du personnage, le créatif demeure un être attachant par sa fragilité. Il a besoin qu'on s'occupe de lui et il est sensible aux nombreuses attentions de son entourage qui lui donnent l'impression que rien n'est possible sans lui. Dans le fond, il a raison car la surprise, l'étonnement, le ravissement, le rêve, dans un métier difficile, parfois même cruel, ne peuvent venir que de lui.

Parmi la masse des vrais créatifs, une centaine en France, il y a toujours au fil des temps et des campagnes, des perles rares, des talents confirmés ou inédits qui s'imposent et qui enchantent. Ceux-là dépassent la condition du créatif anonyme et artisan pour atteindre la notoriété qu'ils méritent, tant à l'intérieur qu'à l'extérieur de la profession qu'ils exercent. Ils sont en France 5, 6, peut-être 10 à mériter le qualificatif de « star » ou de « vedette », mais ils sont essentiels à la publicité car leur génie s'impose à des millions de consommateurs qui se retrouvent en eux.

2/ Le commercial d'agence

Comme le créatif, il est assez jeune. Toutefois, sa moyenne d'âge peut monter jusqu'à 35 ans ; que l'on soit créatif ou commercial, on meurt jeune dans la publicité française : il faudra encore au moins une génération pour que cet état de fait change et que, comme aux États-Unis, on trouve des créatifs et des commerciaux respectés et respectables, bien dans leur peau et qui ont dépassé la cinquantaine.

Sa fonction est multiple. Ce devrait être un coordinateur avisé, un initiateur dynamique, un contrôleur implacable, un créateur à sa manière de l'ensemble de la campagne publicitaire du produit ou du service dont il a la charge.

C'est un homme ou une femme au savoir universel qui peut passer, sans peine, des yaourts aux locomotives, en restant disponible à tout instant. Sa curiosité est sans relâche. Son flair et son jugement lui permettent en un clin d'œil de trier, de classer et surtout de choisir l'idée ou le concept qui sera le bon pour son client et pour la publicité toute entière.

C'est aussi quelqu'un qui a une grande culture publicitaire, qui a engrangé toutes sortes d'expériences dans les domaines les plus divers du marketing, ce qui lui permet d'être écouté avec attention et suivi dans ses conseils par les clients les plus exigeants. Il allie avec art, rigueur et imagination, méthode et improvisation, savoir et intuition.

C'est enfin une personne chaleureuse qui entretient dans cette atmosphère absurde de Sisyphe, la bonne humeur et la joie de vivre. C'est ce qu'il a de plus important à transmettre tant à l'intérieur pour faire et surtout faire refaire, qu'à l'extérieur car c'est lui le marchand d'espoir et ce qu'il vend ne doit en aucun cas être frelaté mais de grande qualité et plein de sincérité et de fraîcheur.

On se doute bien qu'aucun homme ou femme ne possède toutes ces qualités qui feraient de lui ou d'elle le commercial idéal. Ceux ou celles qui s'en approchent, comme dans le domaine créatif, sont rares. Là encore, bien que le plus souvent leur formation universitaire soit plus solide que celle des créatifs, leur origine est tout aussi diverse. Par rapport à d'autres métiers, c'est dans cette fonction de publicitaire d'agence que l'on trouve le plus grand nombre de gens qui ont faim, c'est-à-dire qui en veulent et qui démontrent une certaine rage de réussir. Et il en faut car, même si elle n'a pas la même profondeur que chez ses collègues créatifs, la frustration existe aussi chez eux. Leur ambition est de passer de l'état d'esclave de luxe à esclave de très grand luxe en devenant si possible patron d'agence. Il y a malheureusement peu d'élus et à 40 ans la vie devient dure pour un commercial d'agence.

Comme chez les créatifs, mais avec moins d'emphase et moins de notoriété, les « stars » existent chez les commerciaux. On se les arrache à prix d'or mais, pour rester à leur meilleur niveau, le temps consacré à leur métier prend rapidement le dessus sur leur temps libre ; aussi, peu d'entre eux peuvent tenir ce rythme et durer autant qu'on voudrait bien le croire. Leur vie se confond avec leur métier et souvent la lassitude les guette.

Par rapport à un monde considéré comme superficiel, la plupart des commerciaux sont des gens très sérieux (ce qui ne veut pas dire ennuyeux) ; leur tenue vestimentaire est à la mesure du message de cohérence qu'ils veulent faire passer, en particulier à leurs clients, par le biais de quelques signes de fantaisie (cravate, pochette) mais, dans l'ensemble, ils se veulent rassurants.

Plaque tournante, honnête homme, aventurier[(1)], imprésario, confident, le commercial joue un rôle essentiel dans la vie publicitaire.

3/ Le *planner* stratégique

C'est l'agence anglaise BMP (Boase Massimi Pollit) plusieurs fois désignée comme l'agence la plus créative de l'année, qui mit au point une méthodologie originale en matière de création publicitaire. Elle l'a appelée *planning*. Depuis, cette nouvelle approche s'est développée et a généré l'émergence d'un nouveau profil dans toutes les grandes agences.

Le *planner* vient d'horizons variés : sociologie, grandes écoles, sociétés d'études et parfois même anciens commerciaux ou créatifs. Ce qui compte c'est sa curiosité, et son sens de l'analyse. Il y a autant de façons de voir le rôle du *planning* stratégique qu'il y a d'agences ; aussi, les profils varient. Néanmoins, à peu près toutes sont d'accord pour dire que le *planner* est l'ambassadeur du consommateur dans l'agence. Le *planner* adore donc suivre les tendances, qu'elles viennent de la rue ou des ouvrages sur les grandes évolutions sociales ou de la mode. Il se dit réceptif aux « signaux faibles » envoyés par les consommateurs et qui pourront faciliter le développement d'une bonne campagne. Il est en permanence connecté, abonné à de nombreux journaux, toujours à l'affût des dernières nouveautés. Son tempérament est flexible : il sert de charnière entre le commercial, le créatif et l'annonceur. Il doit donc savoir s'adapter à ces différents interlocuteurs. Il est cependant étiqueté comme « l'intello » de la bande. Les créatifs lui reprochent souvent de compliquer des messages, qu'eux devront exprimer en quelques mots ou trente secondes. Pourtant, un de ses rôles les plus importants est de trouver les « angles » : les façons d'exprimer un message qui vont être fraîches, originales et inspirantes pour les créatifs. Il est celui qui a un peu de recul par rapport aux commerciaux « absorbés » par leurs clients, pour réfléchir et identifier les propositions qui vont séduire les consommateurs. Par ailleurs, cela fait toujours bien de le « sortir » de temps en temps chez les clients pour qu'il fasse une présentation magistrale sur les tendances de consommation. Il devient

(1) Au moins, au sens donné dans l'analyse des styles de vie.

alors une sorte de gourou. S'il sait se faire apprécier des clients, son rôle peut devenir très important. Il participe alors à toutes les réunions sur la stratégie de la marque, les choix de communication, et devient le « garant des valeurs de la marque » dans ses différentes prises de parole en communication intégrée. Le *planner* est un individualiste : il n'a pas d'équipe, pas de pouvoir au sein d'une agence. C'est à lui d'utiliser son influence pour faire sa place et devenir légitime dans le processus de développement des campagnes.

4/ Le gestionnaire

Comme dans tous les métiers, c'est une race à part mais dans la publicité le contraste par la nature même du travail, est encore plus grand. En effet, celui qui a la charge de la bonne gestion d'une agence de publicité en est vraiment le bouc émissaire. Il a la plus sombre des réputations qui l'assimile le plus souvent à tous les poncifs bien connus, allant du « CRS » au « SS ». Et pourtant, sans lui, sans son contrôle incessant, sans sa logique implacable au milieu de la folie la plus douce, les agences de publicité n'existeraient pas, en tant qu'entreprises.

Dans la publicité, le gestionnaire est en général du sexe masculin. Il n'a pas d'âge et a l'air de mieux vieillir dans sa profession que les créatifs ou les commerciaux dans la leur.

Il est habillé très sobrement, le plus souvent avec élégance et on peut dire que c'est la plus grande influence qu'a pu avoir sur lui son appartenance au milieu de la publicité. Par rapport aux gestionnaires des autres métiers ou professions, il a plutôt l'allure d'un *play-boy*, comme quoi tout est relatif...

Dans l'agence, on lui reproche avant tout sa méconnaissance des vrais problèmes publicitaires. Il n'est jamais d'accord quand on lui affirme qu'il faut savoir payer cher un photographe, qu'il ne faut pas hésiter à aller très loin au soleil, dans les Îles pour tourner un film sur des pâtes, qu'inviter un client dans un grand restaurant est capital pour les bonnes relations, etc.

Il ne craque pour ainsi dire jamais et c'est tant mieux. Il fait son bonhomme de chemin, persuadé de détenir la vérité en toutes circonstances.

Et pourtant, il faut qu'il soit doué de beaucoup de souplesse et d'une grande vivacité d'esprit pour s'adapter au monde très mouvant et inattendu des agences de publicité, en particulier dans le domaine de la gestion.

Il demeure néanmoins très irritant pour les commerciaux et les créatifs car il constate les faits de la manière la plus objective possible. Il ne les influence pas, ni ne les transforme et surtout il ne sait pas mesurer (ou il fait semblant de ne pas savoir) combien il est difficile d'aller chercher de nouveaux budgets ou de réussir une campagne de publicité. Il brise les rêves les plus fous et paraît souvent ne rien apporter en échange. Son rôle est celui du « méchant » comme dans les dessins animés mais sans lui les « bons » n'existeraient pas et il n'y aurait pas de « héros » et très certainement pas de « pièce » du tout.

5/ Le patron d'agence

Le monde des patrons d'agences se limite à celui de la publicité qui est extrêmement petit et que l'on peut qualifier de « club d'admiration mutuelle ». Il est très structuré, il a ses habitudes, ses haines et ses amitiés, ses bruits de couloirs, ses stars du moment, sa culture, ses livres, ses crises et ses dérisoires triomphes. À tous ces titres, il s'apparente de très près au monde du *show business*.

En dehors de certaines caractéristiques insupportables pour quiconque n'en fait pas partie, il n'en demeure pas moins extrêmement vivant, avec des personnalités marquées, fortes, diverses et très attachantes. Bien qu'ils soient toujours en compétition, il se dégage de ce petit cercle une impression d'une grande fraternité et surtout d'un grand amour d'un métier que chacun considère bien sûr comme le plus beau du monde.

Il est extrêmement difficile de faire le portrait type des patrons d'agence. Ils ont toutefois certains traits communs que l'on peut décrire d'une manière tout à fait subjective : ces patrons sont tous dotés d'une énergie et d'une rage de convaincre peu communes, sont très à l'aise matériellement parlant, accumulent les signes extérieurs du milieu auquel ils appartiennent, de la voiture à la tenue vestimentaire en passant par tous les gris-gris ou accessoires à la mode. Ils se targuent d'être cultivés et se considèrent souvent comme de grands sportifs. Ceci se traduit d'ailleurs chez eux par la recherche d'une certaine élégance, d'un style et souvent par un charme certain.

Et pourtant, sous des aspects qui reflètent la facilité, la sûreté de soi, l'aisance matérielle, la joie de vivre, ces patrons d'agence sont souvent angoissés, sans doute plus que ne l'est la moyenne de leurs collègues dans le monde des affaires.

Section 3
Les relations agence/annonceur

Les grandes campagnes sont presque toujours le fruit d'une bonne entente entre un annonceur et son agence. C'est pour cela qu'il est crucial que l'annonceur sache choisir l'agence qui convient le mieux à ses besoins et qu'elle sache vendre ses services. Ce sont les thèmes qui sont développés dans cette section.

1/ Le choix d'une agence

Le choix d'une agence, c'est sérieux. Prendre une agence, c'est souvent d'abord en quitter une. Il est nécessaire de savoir, avant d'entreprendre une telle démarche, que cela occupe beaucoup de temps et que le risque de se tromper est grand. Les bons annonceurs, et souvent les plus grands, ne s'y lancent que lorsqu'ils ont tout tenté pour éviter la rupture avec leur agence actuelle. Cela n'est pas surprenant quand on sait qu'il faut souvent plus d'un an pour bien connaître les problèmes de l'annonceur avant même de produire une communication efficace et adaptée.

On dit encore que le choix d'une agence, c'est comme celui d'un docteur : on le fait le plus souvent sur la confiance qu'il inspire, la réputation qu'il a. On ne saura qu'il peut guérir que lorsqu'on l'aura consulté, écouté ses conseils et suivi avec attention son traitement.

Quand il y a changement, l'attente de ceux qui l'ont provoqué est souvent immense. On voit même les plus raisonnables espérer des miracles immédiats de la nouvelle agence.

Existe-t-il de mauvaises et de bonnes agences ? Il n'y a pas d'agence idéale. Chaque client, chaque produit ou service a des problèmes et des besoins différents et qui changent avec le temps. Il y a donc des agences différentes qui ont chacune leurs qualités et leurs défauts. Une agence brillante au niveau de la création peut être un danger pour la stratégie à long terme de l'entreprise. De même, une agence laborieuse ne conviendra pas à un industriel qui réussit par sa créativité et son intuition personnelle.

Aujourd'hui, la bataille qui fait rage sur le marché de la publicité fait que les mauvaises y résistent de moins en moins et disparaissent de plus en plus vite. Par conséquent, le problème n'est pas tant de savoir si son agence est « mauvaise » que de déterminer si le profil de l'agence répond bien aux besoins créatifs du produit ou du service concerné.

Quand peut-on remettre en cause son agence ? Il ne faut se faire aucune illusion : changer d'agence ne résoudra pas les problèmes internes à la société. Il faut d'abord identifier la nature et la source des difficultés que l'on rencontre. Une mauvaise performance peut être liée au produit, au marché. Elle peut être la conséquence de problèmes au niveau de l'annonceur. Elle peut avoir pour origine un mauvais fonctionnement du système de communication interne, un mauvais *briefing* à l'agence, un climat « agence-annonceur » qui n'est pas satisfaisant, etc.

Aucune agence n'est toujours parfaite. Il y a cependant quelques signes qui doivent alerter l'annonceur :

- l'agence grossit trop vite et les clients existants risquent de souffrir d'un service moins bon ;
- l'agence vieillit, s'embourgeoise, la routine s'installe, les idées fraîches n'arrivent plus ;
- l'agence ne se développe pas au même rythme que l'annonceur et ne peut plus atteindre le degré de professionnalisme et de sophistication attendu par l'annonceur, notamment en matière de communication intégrée ;
- l'agence devient « l'armée mexicaine ». Les gens ayant fait le succès de l'annonceur ont eu de la promotion et personne ne les remplace ;
- pour des raisons objectives mais aussi humaines, il y a un manque de communication évident entre l'annonceur et l'agence ce qui crée un blocage au niveau créatif ;
- l'agence ne pense pas suffisamment aux problèmes futurs et manque d'initiative.

Pour choisir une nouvelle agence, les annonceurs procèdent généralement en deux temps :

- l'établissement d'une première liste d'agences possibles, suivie d'une *short list* ;
- la consultation des agences retenues selon des procédures variées pour aboutir à la décision finale.

a) La présélection des agences

L'étude Ballester faite chaque année auprès d'un échantillon d'annonceurs donne des indications précises sur les procédures de sélection utilisées en France. La constitution d'une première liste d'agences se fait surtout à partir de relations personnelles, les annonceurs ayant auparavant éliminé systématiquement les agences qui travaillent pour des marques concurrentes. Les annonceurs sont naturellement pointilleux sur ce point. Certains et non des moindres ont une conception très large de la notion de concurrence.

Le système d'information et d'évaluation des agences devrait être bâti par chaque annonceur, en fonction de ses besoins propres. Il devrait être appliqué à tous les postulants mais il faudrait qu'il demeure un guide, ni plus ni moins.

On trouvera ci-dessous des questions types à personnaliser pour tenir compte des problèmes et des objectifs spécifiques à chaque annonceur.

Questionnaire type pour s'informer sur une agence

1. L'agence : description générale

- Quand a-t-elle été créée, par qui ?
- Quelle est sa taille, son CA, l'importance de son personnel ?
- Son évolution récente ?
- Son capital, sa répartition, qui est majoritaire ?
- Quels sont ses 5 plus gros clients ?
- A-t-elle une spécialisation, dans un secteur particulier, dans un type de problèmes de communication ?
- En dehors de la publicité, maîtrise-t-elle d'autres outils de communication ? Lesquels ?
- Quelle est son implantation régionale, internationale ?

2. La direction de l'agence et son personnel

- La direction est-elle actionnaire ?
- Quelle est son expérience professionnelle ?
- Travaillera-t-elle directement avec nous ?
- Quelle est son ambition, de façon générale, et pour votre budget ?
- Comment anime-t-elle et motive-t-elle ses collaborateurs ?
- Quel est le *turn-over* au sein de l'agence ?
- Quels sont les collaborateurs qui seraient amenés à travailler sur notre budget ?
- Quel est leur expérience, leur niveau de professionnalisme, leur capacité d'initiative, leur intérêt pour notre produit et notre marque ?
- Participent-ils aux résultats de l'agence ?
- Travaillent-ils en équipes, lesquelles, comment ?
- Comment sont-ils encadrés ?

3. La création

- Voir la bande-agence, rassemblant tous les films récents produits par l'agence
- Obtenir la création des trois dernières campagnes réalisées par l'agence
- Quelles sont les trois créations jugées les meilleures par l'agence ?
- Trois campagnes dont l'agence pense que ce ne sont pas des chefs-d'œuvre, pourquoi (plus difficile à obtenir) ?
- Qui fait la création ? Fait-on appel à des *free lance* (créatifs extérieurs à l'agence) ?
- Qui dirige la création ?
- Quelle personnalité ont les créatifs ?

- Est-on en contact direct avec les créatifs ?
- Quel type de *briefing* reçoivent-ils ?
- Quelle est la qualité d'exécution des campagnes ?
- Les créatifs sont-ils plus performants pour un média particulier ?
- L'agence a-t-elle un style de création particulier quelle est sa philosophie en matière de création ?

4. L'aide que l'agence peut nous apporter en amont de la création

- L'agence peut-elle comprendre notre stratégie marketing, y adhérer, enrichir notre réflexion stratégique sur notre marque ?
- Fournira-t-elle des données marketing que nous n'avons pas ?
- Est-elle capable d'initiatives, dans quels domaines ?
- A-t-elle participé à la création de nouveaux produits ?
- Croit-elle à la recherche ? Quelle recherche et qu'en fait-elle ?

5. Les autres services disponibles (en faire une liste exhaustive)

6. Les clients de l'agence

- Quels sont-ils ? Y a-t-il un concurrent de ma marque ?
- L'agence est-elle dominée par un client ?
- Le budget qu'on pourrait lui confier serait-il dominant dans l'agence ?
- Quelle est la fidélité des clients ?
- Quelle est la qualité professionnelle des clients ?
- Quels sont les budgets significatifs que l'agence a gagnés ou perdus au cours des trois dernières années ?

7. Rémunération

- L'agence est-elle attachée à un certain mode de rémunération ? Lequel ?
- Quels sont les niveaux de tarification pratiqués pour le conseil, la création, les frais techniques ?
- Quelle est la politique de l'agence en matière de droits d'auteur sur la création ?
- L'agence demande-t-elle à être rémunérée pour les spéculatives ? Combien ?

b) Le choix final d'une agence

Les annonceurs, dans leur très grande majorité (80 %) mettent en concurrence plusieurs agences, les autres disent retenir une agence à la suite d'un « choix délibéré », un euphémisme pour signifier une décision très personnelle et sans doute très subjective.

1° Les campagnes spéculatives

Le recours à des spéculatives (on demande à chaque agence mise en compétition de proposer une campagne complète dite « campagne spéculative ») est encore le procédé le plus fréquemment utilisé bien que la pratique, moins lourde, de la note de réflexion marketing soit de plus en plus fréquente.

2° Les procédures à suivre et les précautions à prendre par les annonceurs pour sélectionner une agence par spéculative

- ***S'y prendre suffisamment longtemps à l'avance***

Les campagnes spéculatives allongent sensiblement les procédures de sélection et il est absurde de demander aux agences de faire un projet de campagne si on ne leur laisse pas suffisamment de temps pour travailler. Il vaut mieux alors faire la sélection, simplement, sur dossier et entretiens.

- ***Présélectionner un nombre limité d'agences après une instruction soigneuse de leur dossier***

On a vu certaines compétitions pour lesquelles on avait sollicité plus de dix agences. De façon générale, il n'est pas raisonnable de dépasser le nombre de trois ou quatre agences. Au-delà, le travail court le plus grand risque de n'être pas sérieux. Cela jette le discrédit sur l'appel d'offres. Les agences y vont « pour voir » et l'annonceur ne peut pas préparer consciencieusement les spéculatives et la sélection lorsqu'il y a un trop grand nombre de compétiteurs.

- ***Préciser clairement et par écrit les conditions de la spéculative***

Ceci doit être fait pour chaque agence sollicitée : calendrier, dédommagement le cas échéant, représentants de l'annonceur qui suivent la spéculative, modalités de la présentation des projets, etc. Il faut garantir que toutes les agences seront traitées sur un strict pied d'égalité.

- ***Préparer un* briefing *très précis***

Il sera remis et discuté au cours d'une réunion entre l'annonceur et chaque agence. On devra se prêter aux demandes éventuelles de complément d'informations. Il ne s'agit pas de choisir l'agence qui sait le mieux jouer à la devinette mais il faut aussi veiller à ne pas privilégier l'une d'entre elles. On précisera la forme et les limites des travaux attendus. L'impression que laisse un projet dépend souvent du degré de finalisation des maquettes présentées. Aussi, pour emporter la décision, certaines agences font-elles des investissements considérables pour réaliser les messages de façon presque achevée. De telles pratiques pénalisent les petites agences aux moyens naturellement plus limités et faussent les critères de choix de l'annonceur. Il est donc utile de préciser le degré de finalisation des maquettes.

- ***Organiser la présentation des recommandations des agences***

On leur laissera suffisamment de temps et on évitera le style « jury d'examen ».

- ***Prendre une décision rapidement après la fin des présentations***

- ***Donner aux agences non retenues les raisons pour lesquelles elles ont été écartées***

- ***Remercier... tout le monde !***

3° Les critères de choix d'une agence

Les annonceurs sont de plus en plus exigeants. Les études Ballester montrent que les principaux critères sur lesquels on juge une agence sont, dans l'ordre :

- la *capacité d'écoute* de l'agence lui permet-elle de bien comprendre la problématique de ses clients ? Ce critère de choix se détache nettement avec plus de 50 % des citations ;
- la *créativité* de l'agence ;
- l'*intelligence stratégique* de l'agence et son aptitude à être une véritable force de proposition ;
- la possibilité de travailler en *confiance* avec l'agence, ce qui est lié à l'implication réelle de ses dirigeants et collaborateurs ;
- le rapport *qualité/prix* des prestations de l'agence.

4° Les pièges à éviter dans l'évaluation d'une nouvelle agence

Même les annonceurs les plus expérimentés sont sensibles aux présentations bien huilées, aux *shows* bien préparés et aux surprises bien programmées. Ils devraient pourtant savoir qu'il n'y a pas de « super-agence » et qu'il faut toujours se méfier de la poudre aux yeux.

- *Un* superman *et des superpromesses*

Il y a toujours un gourou, un *superman* dans la présentation ou la spéculative. Il est brillant, il promet de tout faire, et même un peu plus. Demandez-lui combien de temps il consacrera à votre problème, quels sont les hommes qui seront tous les jours sur votre budget. Exigez qu'il s'engage vraiment et méfiez-vous des promesses intenables.

- *Les « géants » et les « multinationales rigides »*

La communication publicitaire est un artisanat : c'est le domaine de la fabrication des prototypes ; ce n'est ni la beauté des sièges sociaux, ni la richesse des organigrammes qui vous apporteront « l'idée qui fera décoller vos ventes ». Il faut se méfier des approches universelles et rigides que certaines agences multinationales veulent appliquer sans discernement. On ne parle pas de la même manière à un Sicilien qu'à un Écossais.

Mais les grosses agences ne sont pas, par nature, mauvaises (ce sont souvent des petites qui ont réussi) et il y a d'excellentes agences multinationales.

- *Les formules magiques*

Beaucoup d'agences mettent en avant leurs méthodes de travail, leur philosophie, leurs croyances. C'est bien et quand elles n'en ont pas, c'est inquiétant. Mais ce n'est en aucun cas la garantie du succès. Il faut aussi se rapporter aux résultats et aux faits. Le client lui-même ne doit pas imposer à ses agences trop de contraintes ou de principes qui les empêcheraient de s'exprimer en toute liberté et brimeraient sans coup férir leur créativité.

- *Le super-show « coûteux »*

Quand une agence vous fait une présentation coûteuse (hors du cadre d'une spéculative rémunérée bien définie), il faut que vous sachiez que c'est avec l'argent de ses clients actuels ; demain, vous serez l'un d'eux. Demandez-vous si la préférence que vous êtes tenté de donner au projet de telle agence tient bien à des raisons de fond et non pas au caractère mieux fini de sa présentation.

- *Les agences arrogantes*

Certaines agences même bonnes répètent souvent avec trop d'insistance qu'elles sont les meilleures. À force d'agir ainsi, elles arrivent à le croire et, première conséquence, pensent que les clients, eux, deviennent mauvais.

2/ Le *new business*

Le *new business* (ou le développement d'une agence) est devenu aujourd'hui un élément capital dans la survie d'une agence. En effet, l'écrasement des marges et la stagnation du marché rendent absolument nécessaire le développement à outrance pour faire face à l'augmentation des charges. De cette nécessité est née une bataille sans merci entre les agences. La fonction développement s'est systématisée, une nouvelle race de chasseurs de primes a surgi. En principe, ce sont les responsables suprêmes de l'agence qui sont chargés de cette lourde responsabilité. Il y a bien quelques spécialistes qui ne vivent que de ça mais l'essentiel désormais est fait par les plus haut placés, et en conséquence, le niveau de la compétition, la surenchère s'élèvent chaque jour.

Pour bien montrer combien, en matière de développement, les agences sont passées de l'amateurisme au professionnalisme le plus pointu, on va décrire dans les pages suivantes comment une agence s'organise aujourd'hui pour gagner le maximum de budgets de qualité.

Faire du *new business*, c'est séduire. On conviendra que ce serait naïf et très prétentieux de faire une *check-list* indiquant ce qu'il faut faire pour séduire. Il n'y a pas de règles pour réussir en matière de développement. Cependant, l'expérience aidant, des principes de bon sens peuvent être énoncés.

Il faut bien reconnaître qu'en publicité comme ailleurs, c'est « le savetier qui est souvent le plus mal chaussé ». Les agences sont des entreprises comme les autres; elles doivent faire leur plan de marketing comme font leurs clients. Ce plan est la base même de toute planification en matière de *new business*.

Comme toute entreprise, l'agence a un produit spécifique à vendre (créativité, marketing, etc.), un objectif d'image spécifique, etc. Tous les éléments du *marketing-mix* de l'agence doivent concourir au développement et au gain de nouveaux clients de bonne qualité. Tout bon marketing consiste d'abord à développer son chiffre d'affaires avec les clients déjà acquis. Les raisons en sont évidentes. Les agences l'oublient parfois.

Pour fidéliser les clients de l'agence et faire plus de chiffre avec eux, des priorités doivent être établies. Des missions doivent être assignées aux responsables, elles doivent être suivies et contrôlées régulièrement. Pour être informé, il faut établir des liens particuliers à tous les niveaux et dans tous les secteurs de l'entreprise cliente. Ces liens peuvent se consolider à travers quelques trucs comme :

- un rapport mensuel envoyé au client sur l'état des relations, des avantages accordés, des erreurs commises ;
- des contacts directs avec les services des ventes, la production, l'administration chez l'annonceur ;
- des lettres personnelles envoyées en certaines occasions à divers échelons du client ;
- un fichier précis et à jour de toutes les personnes importantes chez le client ;
- le maintien du contact avec ceux qui partent de l'entreprise ou qui sont promus ailleurs.

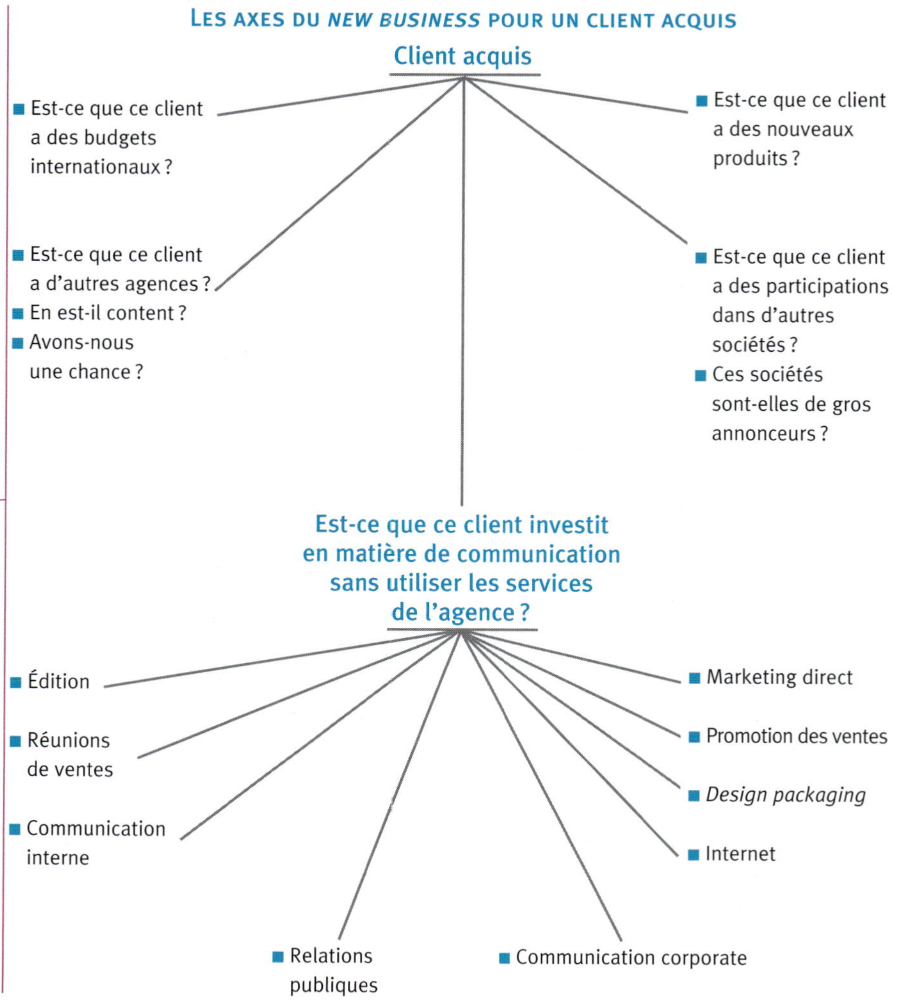

Figure 8

a) Les prospects

1° La définition des prospects

Seuls les bons clients font une bonne agence. C'est la raison pour laquelle une définition précise des prospects doit être faite par les responsables du développement. Chaque prospect doit avoir sa carte, outil de travail lourd à mettre à jour mais indispensable. Les prospects se divisent en trois catégories :

- premier contact ;
- avancé ;
- très avancé.

Chaque fiche ou dossier de prospect devrait contenir les informations suivantes :

- *Sur le produit*
  - Ses caractéristiques particulières ainsi que celles des produits de la concurrence.

– L'agence qui a le budget du produit.
– La part de marché.
– Le chef de produit.

• *Sur les relations agence/annonceur*

– Qui contacter ?
– Qui est décisionnaire ?

2° Le *fact-book* sur le marché et les produits

Avant de visiter un prospect, il est nécessaire de bien connaître les éléments du marché, l'évolution des sociétés concurrentes, les problèmes particuliers du prospect. Toutes ces informations doivent faciliter le dialogue.

3° Un contact permanent

Le développement demande de la constance et de la persévérance. Pendant des mois, on ne va rien voir puis, d'un seul coup, les spéculatives succèdent aux spéculatives : un, deux, trois, quatre échecs, il ne faut pas désespérer, la cinquième tentative sera la bonne.

Il faut donc souvent plusieurs mois, parfois des années, pour gagner un client. La meilleure arme est toujours le contact personnel. Une liste de relance doit être établie avec les fréquences de contact et les responsables de ces contacts. Pour avoir de bons résultats, un nouveau contact par jour et plus est nécessaire (il y a environ 8 000 annonceurs qui ont des budgets inférieurs à 150000 euros, un peu plus de 1000 qui ont des budgets compris entre 150 000 et 800 000 euros).

4° Le rapport de *new business*

Chaque visite effectuée chez un prospect doit être suivie d'un rapport de *new business* à classer dans le dossier afférent à ce client potentiel. Chaque mois, les responsables du développement doivent sortir un bilan de leur activité en indiquant :

– qui a été contacté ;
– qui sera contacté ;
– qui sera responsable ;
– les prochaines étapes.

5° Les *mailings* vers les clients potentiels

Ils peuvent avoir pour objet l'envoi :

– d'informations sur l'agence : on enverra une fois tous les deux mois un point donnant des renseignements sur la vie de l'agence ;
– d'articles de presse nationale et internationale relatifs aux problèmes du prospect ;
– d'information sur la création, le lancement de nouveaux produits ;
– d'annonces considérées comme exemplaires ;
– d'une lettre personnelle annonçant des événements spéciaux.

6° L'invitation des prospects à des événements sociaux, culturels, économiques, professionnels

Il faut multiplier les occasions de rencontres avec les prospects pour mieux les connaître mais aussi leur montrer la capacité, la richesse, le professionnalisme du personnel de l'agence. Ces occasions peuvent aller d'une invitation à une première de cinéma jusqu'à une journée de séminaire très sérieux, sur les médias par exemple.

b) La présentation d'agence

1° Les principes

Il est impératif :

- d'identifier les décisionnaires ;
- d'accumuler les raisons pour lesquelles ces décisionnaires doivent choisir telle agence ;
- de connaître le prospect : son marché, son produit, sa communication publicitaire, ses problèmes ;
- d'être flexible dans la présentation à partir d'un canevas représentatif de l'esprit mais aussi du style de l'agence. Ne jamais être plus nombreux que le client ;
- de savoir provoquer la décision au bon moment. Pour gagner des budgets, il faut au cours d'une présentation classique ou d'une spéculative ne pas rater l'instant mystérieux où l'ensemble des décideurs est prêt à dire « oui ». Cet instant passé, tout est perdu, tout au moins jusqu'à la prochaine occasion qui, comme toujours, est pour le lendemain matin ;
- d'organiser avec beaucoup de soin les spéculatives et ne pas lésiner sur les moyens. Dans une spéculative, il y a tellement de choses à faire qu'il faut surtout ne pas perdre son sang-froid. Il faut organiser tout ce qui est organisable : on sait par avance qu'on sera en retard et que c'est toujours quelques heures avant la présentation fatidique que l'on trouvera l'idée, celle qui fera, peut-être, remporter le budget. Tout le monde le sait mais personne ne le fait . Il faut donc que l'ensemble des participants n'attende pas la dernière minute pour se mettre au travail.

2° Quelques trucs

Pour convaincre le prospect, il faut :

- faire des répétitions de la présentation ;
- trouver des exemples les plus proches possible de la situation du client ;
- garantir le suivi : c'est capital car tout le monde fait des fautes ;
- envoyer toujours un document de la présentation après l'avoir faite (à faire parvenir dès le lendemain avec la prise en compte des réactions du client) ;
- mettre sur le document destiné au client son nom écrit (sans faute d'orthographe) ;
- trouver un moyen pour provoquer une deuxième rencontre ;
- essayer de connaître l'opinion du prospect sur votre agence par un ami hors du *business* ;
- chercher si on a des amis communs ou des *hobbies* à partager avec le prospect, etc. ;
- surtout savoir rester toujours sincère, partir gagnant et, lorsque cela ne marche pas, rester convaincu que rien n'est jamais définitivement perdu.

3/ La rémunération des agences

Pendant longtemps, les agences-conseil ont été rémunérées, de façon quasi exclusive, par une commission en pourcentage, assise sur le montant de l'achat d'espace qu'elles traitaient. Le taux de base était, en principe, de 15 %, sous forme de réduction sur les tarifs des supports. Les agences se rémunéraient donc sur l'achat d'espace pour des prestations beaucoup plus larges : conseil stratégique, création, suivi des budgets, etc., les frais techniques étant généralement facturés en sus, pour tout ou partie.

a) Les modes de rémunération : commission, honoraires et forfait

La rémunération globale sous forme d'un pourcentage du budget couvrant toutes les prestations de l'agence, se rencontre de moins en moins fréquemment. La formule des honoraires est largement pratiquée mais les annonceurs utilisent de plus en plus la méthode du forfait et sont de plus en plus sensibles à des formules d'intéressement. À l'instar des cabinets de conseil, on développe notamment une approche basée sur les fonctions des membres de l'équipe dédiée à un annonceur. On met en relation le nombre de personnes travaillant sur un budget et le pourcentage de leur temps passé. Selon leur poste on applique des salaires-fonction. On ajoute un taux couvrant les frais généraux de l'agence et une marge bénéficiaire pour arriver au montant total de la rémunération. On donne des exemples de ce type de tarification dans la quatrième partie du chapitre 3 à la section 2.

b) Les modes de rémunération : l'intéressement aux résultats, une méthode qui gagne du terrain

Existe-t-il un système de rémunération idéal qui pourrait satisfaire deux parties aux exigences parfois contradictoires ? Les annonceurs le voudraient juste (ne rémunérer que le travail effectif des agences), simple et précis (pour éviter les contestations), stimulant et, bien sûr, le moins coûteux possible bien que bon nombre d'annonceurs soient suffisamment raisonnables pour comprendre qu'il est de leur intérêt de bien rémunérer la qualité de service.

L'intéressement aux résultats de l'annonceur est un vieux serpent de mer qui, pendant longtemps, a surtout agité les colloques d'experts. Mais la pratique a évolué rapidement au cours des dernières années.

L'*Association of National Advertisers* (ANA), qui est l'organisation la plus représentative des annonceurs aux États-Unis, indique dans une étude que 53 % de ses membres incorporent une forme d'intéressement dans leur système de rémunération. Ils sont beaucoup moins nombreux en France.

c) Le niveau de rémunération des agences

Si l'on calcule la rémunération des agences en pourcentage du budget global qui leur est confié, et ce, quel que soit le mode de rémunération, le taux moyen s'établit à 11 % environ, soit en nette régression par rapport aux 15 % traditionnels. Ce taux est très variable selon l'importance des budgets, les grands budgets étant, proportionnellement, moins bien rémunérés que les petits.

4/ La nature contractuelle des relations agence/annonceur

a) Le contrat type

Un contrat est établi entre l'agence et l'annonceur qui ont choisi de travailler ensemble. Ce contrat a pour objet de préciser les droits et les obligations des parties, la durée du contrat et le mode de rémunération choisi.

Un contrat type a été établi en application de l'arrêté du 15 décembre 1959. Sa dernière version date de 1998. La liberté contractuelle demeurant la loi des parties, ce contrat type ne présente aucun caractère obligatoire mais il peut servir de référence aux tribunaux. En l'absence d'accords particuliers ou lorsque certains points sont passés sous silence, les dispositions du contrat type peuvent régler les rapports entre annonceurs et agents de publicité.

Les rubriques du contrat type (1)

1. Objet du contrat
2. Prestations de l'agence
3. Rémunération
4. Approbation des devis
5. Conditions de facturation et modalités de règlement
6. Exclusivité et confidentialité
7. Propriété littéraire et artistique
8. Durée du contrat et résiliation
9. Responsabilités de l'annonceur et de l'agence
10. Mandat (v. loi « Sapin », section 5)
11. Attribution de juridiction.

b) Les droits d'auteur sur la création

À qui appartient la création ? À l'agence qui en est l'auteur ou à l'annonceur qui a passé commande et qui a rétribué l'agence pour réaliser la campagne ? À qui appartient la création après la résiliation du contrat ? L'annonceur peut-il réutiliser des éléments de la création et à quelles conditions ?

La question des droits d'auteur est à l'origine d'une controverse permanente entre agences et annonceurs. Elle n'est pas simple à régler compte tenu de sa complexité juridique.

> « Bien que l'œuvre publicitaire (2) ait une finalité économique, elle est protégée par le Code de la propriété intellectuelle. Aucune distinction n'est faite entre les œuvres de l'art pur et les œuvres de l'art appliqué (principe de l'unité de l'art).
>
> La création publicitaire est protégée si deux conditions sont réunies :
>
> – sa mise en forme : les idées ne sont pas protégeables par le droit d'auteur mais par l'action en concurrence déloyale ;
>
> – son originalité : l'empreinte de la personnalité de l'auteur.
>
> Dès lors que ces deux conditions sont remplies, toute création publicitaire mais aussi les *roughs*, les maquettes, les typons, les films, constituent des œuvres à part

(1) V. l'intégralité du texte du contrat type sur le site de l'AACC : www.aacc.fr/contrat.html.

(2) Ces données sont extraites du dossier réalisé sur la question par l'AACC.

entière. À ce titre, tous les éléments matériels qui ont servi à la réalisation de la création définitive sont protégés. [...]

La cession des droits ne se présume jamais. »

1° Les points de vue divergents des annonceurs et des agences

On trouvera une analyse détaillée des deux points de vue dans les dossiers réalisés par les organisations professionnelles des deux parties ; UDA pour les annonceurs et AACC pour les agences. Le site de l'AACC, www.aacc.fr, propose une analyse juridique de la question avec plusieurs modèles de clauses de propriété littéraire et artistique. L'AACC distingue trois types de situations :

- *l'agence cède la création sans limite et sans contrepartie.* L'AACC recommande à ses membres de ne pas choisir cette solution ;
- *la protection maximale de l'agence.* Elle se réserve la propriété de la campagne ;
- *une solution médiane :* l'agence cède la création publicitaire avec contrepartie. La cession se fait soit à la rédaction du contrat avec l'annonceur, soit elle prend effet au moment de la résiliation du contrat, pour le cas où l'annonceur utiliserait ultérieurement des éléments de la création dans une nouvelle campagne, dans un *packaging*, une opération de promotion des ventes, etc.

L'AACC insiste sur le fait que :

« Quel que soit le modèle de clause choisi dans le contrat[1], une place particulière doit être faite aux éléments d'identification de l'entreprise créés par l'agence (marque, logo, sigle, conditionnement...). Ces éléments sont cédés à l'annonceur car celui-ci les utilise personnellement et directement. Par conséquent, l'agence devra percevoir une rémunération pour cette cession, distincte de sa rémunération globale ».

2° Quelques conseils pour éviter des problèmes

Il est impératif de :

- régler la question des droits d'auteur dès la rédaction du contrat entre l'annonceur et l'agence ;
- aborder la question avec les agences au moment de leur consultation, avant de se décider pour l'une d'elles ;
- aborder non seulement la question des droits d'auteur de l'agence mais aussi celle des droits des tiers :

« Si la création publicitaire est une entité, un tout conçu dans une même finalité et sous une direction unique, elle intègre souvent des créations spécifiques sur lesquelles les intervenants (extérieurs à l'agence) ont des droits, tout au moins un droit moral. L'agence acquiert les droits d'exploitation de ces intervenants... En principe, l'acquisition des droits par l'agence est limitée à l'exploitation envisagée de la campagne »[2].

Il est bon que l'annonceur vérifie auprès de son agence les conditions de cession des droits des intervenants extérieurs : créatifs, illustrateurs, mannequins, etc. ;

- de consulter, dans tous les cas de figure, en interne ou non, un juriste spécialiste de ces questions.

(1) *Extrait du dossier de l'AACC, cité précédemment.*

(2) Op. cit.

Section 4
LES ORGANISATIONS PROFESSIONNELLES

Les relations entre les annonceurs, les agences et les médias et la défense de leurs intérêts propres passent aussi par des organisations professionnelles que l'on a classées en trois types :

– les organismes de représentation comme l'UDA et l'AACC ;
– les organismes d'étude et de recherche comme France Pub ou l'IREP ;
– les organismes d'autodiscipline comme le BVP.

Ces différents organismes sont évoqués tout au long de cet ouvrage. On se contentera donc ici de ne citer que les plus importants et de rappeler succinctement leur nature et leur rôle.

1/ LES ORGANISMES DE REPRÉSENTATION

a) AACC (www.aacc.fr)

L'Association des agences-conseil en communication est le principal syndicat professionnel. Il regroupe près de 200 agences en publicité, communication marketing (hors-médias) et communication santé. Cette organisation existe depuis 1973. Pour pouvoir adhérer à l'AACC, les agences doivent respecter toutes les règles professionnelles définies par l'association, visant le service aux annonceurs, les conditions de l'achat d'espace, l'indépendance de l'agence, la rémunération, la responsabilité de l'agence pour les informations fournies à l'annonceur, le respect des individus, etc.

Les agences membres de l'AACC sont tenues d'adhérer au BVP. Le label AACC garantit à l'annonceur des fournisseurs ayant un minimum de professionnalisme mais l'AACC n'est pas un ordre professionnel ni un bureau de placement.

Défendant les intérêts des agences, l'AACC participe aussi à des travaux de réflexion sur l'évolution de la profession, organise le prix Effie qui récompense les campagnes les plus efficaces, contribue à la moralisation de la profession et à de meilleures relations avec les consommateurs en favorisant l'autodiscipline.

Considérée comme un partenaire représentatif de la profession par les pouvoirs publics, l'AACC défend ses intérêts en France et en Europe au travers notamment de l'EAAA (*European Association of Advertising Agencies*) et de l'EAT (*European Advertising Tripartite*).

b) UDA (www.uda.fr)

L'Union des annonceurs est une association de la loi de 1901 qui représente les entreprises faisant appel à des agences de publicité. Les dépenses publicitaires des membres de l'UDA (aux alentours de 400) correspondent environ aux trois quarts des dépenses totales, en France. Les membres de l'UDA sont originaires de tous secteurs et sont de toute taille mais ce sont surtout les plus gros annonceurs qui dominent, ce qui est important à noter pour comprendre les prises de position de l'UDA.

L'UDA joue un rôle à trois niveaux :

- représentation des annonceurs auprès des pouvoirs publics, des organisations de consommateurs et des organisations professionnelles de publicitaires comme l'AACC ;
- promotion de la qualité de la publicité et contribution à une meilleure connaissance du fonctionnement des mécanismes publicitaires et des problèmes qu'ils posent à l'annonceur ;
- aide aux adhérents dans leurs relations avec les agences : informations sur les médias et supports, sur les règles déontologiques, informations juridiques, etc.

L'UDA publie régulièrement des études sur des sujets variés dont le parrainage, ainsi que sur les relations entre annonceurs et agences.

c) UFMD

L'Union française du marketing direct est une association 1901 qui fédère des associations professionnelles du secteur du marketing direct. Elle a pour mission la promotion des techniques du marketing direct tant auprès des entreprises que du grand public. L'UFMD publie une étude annuelle, *Les chiffres du marketing direct*.

2/ Les organismes techniques d'études et de recherche

a) France Pub (www.francepub.fr)

L'étude annuelle publiée conjointement par France Pub et l'IREP fait référence en matière de statistiques sur la communication en France. France Pub qui dépend de la Comareg (groupe Havas) étudie les dépenses des annonceurs.

On trouvera les statistiques publiées par France Pub pour 2003 dans la troisième partie, au chapitre 1, à la section 1.

b) IREP (www.irep.asso.fr)

L'Institut de recherche et d'étude de la publicité est une association 1901 qui réunit des professionnels de la publicité et des universitaires. Chaque année, l'IREP publie une analyse du marché de la publicité en France. L'IREP évalue les ressources publicitaires des médias. C'est donc une approche complémentaire de France Pub qui mesure les dépenses de communication des annonceurs. L'IREP organise périodiquement des séminaires sur des sujets techniques. Les comptes rendus de ces travaux sont publiés.

c) IAB (www.iab-france.fr)

L'*Internet Advertising Bureau* a été créé en 1996 aux États-Unis et a essaimé dans plusieurs pays : au Canada, en France, au Royaume-Uni, en Allemagne, etc.

IAB a pour vocation de promouvoir Internet comme support publicitaire, d'étudier l'évolution du marché publicitaire sur Internet et l'efficacité de la publicité en ligne, de défendre enfin les intérêts des acteurs du marché publicitaire sur Internet.

Le Chapitre français de l'IAB publie des études sur les dépenses de publicité sur Internet en France et des travaux de recherche sur l'efficacité de la publicité *on line*.

d) IP

IP est une régie de télévision, radio et presse. IP publie une note de conjoncture du marché publicitaire français.

3/ Les organismes de contrôle et d'autodiscipline

Comme on l'a vu, plusieurs organismes professionnels comme l'AACC et l'UDA ont un rôle en matière d'autodiscipline.

a) BVP

Le Bureau de vérification de la publicité est un organisme d'autodiscipline qui a pour objet la loyauté, la véracité et la moralité de la publicité. Il élabore des recommandations, conseille les agences de publicité et les annonceurs et intervient auprès des annonceurs, des agences ou des supports pour faire modifier ou arrêter les publicités qu'il juge inacceptables.

Le rôle du BVP est développé dans la section suivante consacrée à la réglementation de la publicité.

b) CSA

Entre autres missions, le Conseil supérieur de l'audiovisuel a la responsabilité de contrôler la réglementation en vigueur concernant la publicité sur les chaînes hertziennes de télévision.

Section 5
Réglementation et déontologie de la publicité

La publicité est vieille comme le monde, la publicité mensongère aussi mais sa répression réelle a dû attendre la loi de finances du 2 juillet 1963 qui en fit, pour la première fois, un délit.

Cette loi fut, en réalité, peu efficace car son texte en limitait la portée. De plus, les sanctions prévues étaient trop faibles pour être réellement dissuasives.

Depuis, la protection des consommateurs a été considérablement renforcée par une réglementation plus complète et plus rigoureuse mais aussi en raison des progrès réels de l'autodiscipline, en France.

Le dispositif actuel n'est pas parfait mais le consommateur français est, aujourd'hui, l'un des mieux protégés.

1/ La réglementation de la publicité en France

a) Les domaines et les motifs d'intervention du législateur

Ils sont bien résumés dans un texte[1] du SJTI, service du Premier ministre mis à la disposition du ministre chargé de la Communication :

> « Le législateur a cherché un équilibre entre plusieurs impératifs et diverses préoccupations :
>
> – la liberté de communication, affirmée notamment dans les lois sur la presse et sur l'audiovisuel, a motivé en particulier l'ouverture des ondes de la télévision et de la radio à la publicité ; cette liberté est, en outre, invoquée à l'appui des dispositifs d'aide financière à la presse ;
> – la transparence financière et le respect des règles de la concurrence ;
> – les actions rangées sous le sceau de la défense de l'intérêt général : interdiction de la publicité politique[2], autorisation de la publicité comparative, restrictions à la publicité pour le tabac et l'alcool, défense de l'environnement invoquée dans le domaine de l'affichage...
> – le souci de maintenir un équilibre économique entre les médias du point de vue de l'accès à la ressource publicitaire ; l'existence de « secteurs interdits » à la publicité audiovisuelle procède notamment de ce souci ; les limitations quantitatives de la publicité (pagination pour la presse, temps d'antenne pour la radio ou la télévision) se justifient aussi par la volonté de limiter la pression publicitaire et donc le risque de lassitude des lecteurs ou auditeurs ;
> – la liberté d'entreprise.
>
> Le secteur public est invité à un effort particulier, par exemple en ne coupant pas les films télévisés et les autres œuvres audiovisuelles par des spots publicitaires. Par ailleurs, la publicité est régie par les dispositions générales du droit et par un code de bonne conduite[3] défini par la profession. Le bureau de vérification de la publicité a pour mission de s'assurer de l'adéquation des messages publicitaires à ce code. »

Ces propos appellent plusieurs commentaires.

1° La réglementation actuelle dépasse largement le cadre de la protection des consommateurs et des seuls biens et services de consommation

Elle est aussi l'expression d'une volonté de régulation des acteurs économiques et politiques. En matière économique, elle est complétée par les actions en concurrence déloyale et par les textes sur la propriété intellectuelle (droits d'auteur et protection des idées).

Au-delà de la défense du consommateur , la protection du citoyen relève, entre autres, des pouvoirs conférés à la CNIL pour faire respecter la loi sur l'informatique et les libertés individuelles.

(1) *Extrait de* Indicateurs statistiques de la publicité 2000, *La Documentation française.* Mission d'observation statistique, d'étude et de documentation sur les médias, *SJTI, Premier ministre.*

(2) *En dehors des périodes de campagnes électorales et dans le cadre de contraintes très précises sur les budgets et les médias autorisés.*

(3) *V. le texte du Code de bonne conduite de la CCI et les recommandations du BVP.*

La restriction de la publicité politique s'inscrit dans l'effort plus large d'organisation de la vie politique (réglementation sur le financement des partis politiques) et de lutte contre la corruption (v. la loi Sapin).

2° Les motivations du législateur et des pouvoirs publics sont nobles mais certaines dispositions relèvent en fait d'un effet de *lobbying* visant à protéger des intérêts particuliers sous couvert de la défense de l'intérêt général

Si la distribution a été longtemps interdite de publicité à la télévision[1] c'était pour défendre les intérêts de la presse régionale.

3° La réglementation actuelle est encore un *patchwork* de dispositions

Historiquement, ces dispositions se sont surtout intéressées à la publicité médias puis, progressivement, aux autres formes de communication commerciale comme la promotion des ventes et le marketing direct.

4° La réglementation a toujours un temps de retard, parfois important, sur le développement de nouveaux moyens de communication

Ainsi, il n'y a rien à ce jour de spécifique pour réglementer la communication marketing sur Internet, si l'on excepte une directive européenne sur les fichiers *opt-in*, directive dont on attend l'application (v. partie 2, chapitre 3, section 8).

5° Il est toujours aussi difficile de lutter contre les « petits » escrocs

Certains abusent de la naïveté des consommateurs en faisant de la publicité mensongère et des offres mirobolantes qui émanent souvent de sociétés plus ou moins fictives avec des boites postales très temporaires. Internet offre de nouvelles possibilités à ces escrocs.

6° Les pouvoirs publics pratiquent une politique de concertation et s'appuient sur la bonne volonté des acteurs : annonceurs, agences et médias, pour promouvoir l'autodiscipline

Cela a donné, à ce jour, des résultats plutôt satisfaisants mais l'autodiscipline ne peut évidemment pas être le seul mode d'action.

b) Les principes de la réglementation de la publicité mensongère

Les textes actuels permettent de sanctionner toutes les formes de publicité mensongère, les inexactitudes ou même les ambiguïtés des messages publicitaires qui peuvent induire les consommateurs en erreur, et ceci même si leur caractère mensonger n'est pas intentionnel.

Ainsi, peuvent être condamnées :

- des publicités insuffisamment informatives lorsque l'absence d'information est de nature à tromper les consommateurs, par exemple, une publicité pour un enseignement par correspondance ne précisant pas le niveau minimum requis pour suivre cet enseignement ;
- des images mensongères ou se traduisant par des allusions mensongères même si le message écrit qui les accompagne est exact ;
- les termes et les formulations qui peuvent suggérer que le produit, le service ou l'annonceur bénéficient de la caution d'un service public (par exemple : école de conduite française), de la caution d'un organisme sans but lucratif comme, par exemple, d'une association de consommateurs.

(1) *Interdiction devenue partielle en janvier 2004. V. plus loin.*

Peuvent être également condamnées les publicités induisant en erreur par l'utilisation de termes pseudo-scientifiques ;
- les présentations typographiques qui ne font pas suffisamment ressortir certains éléments indispensables à la compréhension exacte du message, peuvent permettre de qualifier le caractère mensonger de la publicité. Il en va de même lorsque la publicité ne peut pas être identifiée comme telle (publicité rédactionnelle).

La loi de 1973 a supprimé l'exigence de la preuve de la mauvaise foi de l'annonceur et a renversé la charge de la preuve, l'annonceur étant présumé de mauvaise foi et devant lui-même démontrer la véracité de la publicité. Dans certains cas, l'agence de publicité ou le support peuvent être responsables s'il est possible de prouver leur mauvaise foi.

On notera également la possibilité pour les associations de consommateurs d'ester en justice et de se porter partie civile.

Enfin, les sanctions sont sévères : la loi du 10 janvier 1978 a alourdi sensiblement les peines qui peuvent aller jusqu'à deux ans de prison et une amende dont le maximum a été porté à 50 % des dépenses de publicité constituant le délit. Par ailleurs, en cas de condamnation, le tribunal ordonne la diffusion, aux frais du condamné, d'annonces rectificatives.

c) Les principaux textes de loi

On consultera la rubrique « juridique » du site web de l'AACC : www.aacc.fr, qui donne une bonne vue d'ensemble de la réglementation de la publicité et où l'on peut consulter les principaux textes de loi. On a repris ci-dessous la structure de la présentation de l'AACC.

On ne traite ici que de la réglementation de la publicité. Les principales dispositions réglementaires concernant la promotion des ventes sont présentées dans la partie sur la promotion (v. partie 3, chapitre 2).

1° Les textes généraux

On retiendra deux textes fondamentaux :
- l'article 44 de la loi du 27 décembre 1973, dite « loi Royer », modifié par la loi du 10 janvier 1978 : ses principales dispositions viennent d'être présentées dans les lignes précédentes ;
- la loi dite « loi Sapin » sur la publicité et la transparence : cette loi, entrée en application en 1993, crée les conditions de la transparence des relations annonceurs-agences-médias pour l'achat d'espace.

2° La loi Sapin

Elle est dite « loi Sapin », du nom du ministre des Finances qui l'a faite adopter. Elle fait partie d'un dispositif plus large : la loi n° 93-122 du 29 janvier 1993 appelée « loi anticorruption ».

- ***Le système de l'achat d'espace avant la loi Sapin***

Avant 1993, lorsque les agences de publicité ou les centrales achetaient l'espace publicitaire, elles recevaient des supports une commission, traditionnellement fixée à 15 % du montant de l'achat d'espace à laquelle s'ajoutait fréquemment une surcommission, résultat de la négociation avec les supports et dont le montant était inconnu des annonceurs.

Les agences ou les centrales refacturaient ensuite l'achat d'espace aux annonceurs au tarif brut. Les annonceurs ne pouvaient donc pas connaître le coût réel de l'achat de l'espace. Le lien créé par la commission d'agence et les surcommissions versées par les supports pouvait laisser planer un doute sur l'objectivité de certaines recommandations d'agences à leurs annonceurs. Par ailleurs, le manque de transparence des flux financiers liés à la vente et à l'achat d'espace pouvait faciliter des financements occultes, notamment de partis politiques.

Avec le développement des surcommissions, les tarifs affichés par les supports étaient devenus souvent irréalistes, pénalisant les petits annonceurs qui achetaient au prix fort mais permettant aux gros annonceurs d'obtenir de bons prix d'achat.

- ***Les principales dispositions de la loi Sapin***

Elles portent sur :

- *la transparence des tarifs :* l'achat d'espace se fait désormais sur un tarif connu de tous. Les tarifs discriminatoires et les commissions occultes sont interdits. Cependant, la loi Sapin ne supprime pas toute possibilité de négociation mais elle doit se faire dans un cadre applicable à tous. L'original de la facture d'achat d'espace est envoyé directement par le support à l'annonceur ;
- *le rôle de mandataire de l'annonceur :* l'agence qui était commissionnaire du support devient mandataire de l'annonceur. Le lien est donc radicalement changé. L'agence (ou tout autre intermédiaire en charge de l'achat d'espace) achète au nom et pour le compte de l'annonceur. Le contrat entre l'annonceur et l'acheteur d'espace est obligatoire. Il doit être *exclusivement* un contrat écrit de *mandat*.

Chaque produit pour lequel l'annonceur fait de la publicité doit faire l'objet d'un mandat distinct. Dans leurs tarifs, les supports font généralement figurer une prime de cumul des mandats, souvent comprise entre 1 et 3 %. Une majorité d'annonceurs (60 % environ actuellement) ne rétrocède pas aux intermédiaires cette prime de cumul de mandat[1].

L'annonceur doit fournir au support ou à sa régie une attestation pour laquelle il déclare avoir mandaté telle entreprise (agence, centrale, etc.) pour effectuer en son nom, l'achat d'espace, la réservation des emplacements, la signature des ordres de publicité, leur gestion et leur suivi.

- ***Un bilan de la loi Sapin***

Très contestée à l'origine, la loi Sapin n'est plus fondamentalement remise en cause aujourd'hui. L'équilibre économique des agences a été très profondément perturbé par le nouveau système qui a été malencontreusement mis en place au moment où la crise économique touchait de plein fouet le marché publicitaire.

Toutefois, la loi Sapin n'a pas tout résolu : conçue pour assurer la transparence de l'achat d'espace publicitaire, la loi Sapin ne concerne pas les petites annonces et ne prévoit rien de précis pour le hors-médias dont on sait la part majoritaire qu'il a aujourd'hui dans les dépenses de communication des entreprises. Enfin, au cours des dernières années, la concurrence très vive entre les supports a entraîné un accroissement de la négociation des tarifs, et ce, malgré l'intention de la loi.

(1) V. le dossier UDA sur l'achat d'espace et le modèle de contrat de mandat avec commentaires.

3° Autres dispositions réglementaires

On rappelle ici certaines dispositions générales touchant à :

- *la protection des consommateurs :* articles L. 121-1 à 121-7 du Code de la consommation du 26 juillet 1993 ;
- *la protection de la personne :* loi du 6 janvier 1978 dite « loi informatique et liberté » ;
- *la protection du citoyen :* article 3 de la loi du 15 janvier 1990 ;
- *la protection de la langue française et son application à la publicité :* loi dite « loi Toubon » ; décret d'application du 3 mars 1995 ; circulaire d'application du 19 mars 1996 ;
- *la publicité comparative :* articles L. 121-8 à 121-13 du Code de la consommation (v. le paragraphe 3 sur la réglementation de la publicité comparative).

4° La loi Évin

La loi 91-32 relative à la lutte contre le tabagisme et l'alcoolisme du 10 janvier 1991 dite « loi Évin[1] » fait suite, en les modifiant dans le sens d'une rigueur accrue, à une loi dite « loi Veil » du 9 juillet 1976 et à une loi dite « loi Barzach » du 30 juillet 1987.

Les dispositions de la loi Évin sont en vigueur depuis 1993.

- ***La lutte contre l'alcoolisme (décret du 30 mars 1993)***

Jusqu'à la loi Évin, la publicité pour ces boissons était permise sauf dans certains cas. Elle est désormais *interdite de façon générale* avec toutefois des exceptions pour certains supports limitativement énumérés à l'article 17 du Code des débits de boissons. Elle reste autorisée dans la presse écrite (sauf publications pour la jeunesse) et pour certaines tranches horaires en radio et en affichage. Les messages publicitaires ne peuvent contenir que certaines indications limitativement énumérées (pour l'essentiel : degré volumique du produit, origine, dénomination, composition, nom et adresse du fabricant, mode de consommation). La publicité doit comporter un conseil de modération rappelant que l'abus d'alcool est dangereux pour la santé.

- ***Lutte contre le tabagisme***

La loi Évin dispose que toute publicité en faveur du tabac ou des produits du tabac est interdite, sauf à l'intérieur des débits de tabac et à condition qu'elle ne soit pas visible de l'extérieur de l'établissement. Les opérations de parrainage sont interdites lorsqu'elles ont « pour objet ou pour effet la propagande ou la publicité directe ou indirecte en faveur du tabac ».

Sont en outre interdits à la vente ou à la distribution, les verres, cendriers, épinglettes, etc. rappelant une marque de tabac.

Chaque unité de conditionnement des cigarettes doit porter diverses indications, avec, sur l'une des surfaces principales, la mention « Nuit gravement à la santé » et sur l'autre surface principale, une mention choisie parmi les suivantes « Fumer provoque le cancer », « Fumer provoque des maladies cardio-vasculaires », etc.

- ***Les sanctions***

La loi Évin prévoit une amende de 76 000 euros maximum. La cessation de la publicité illégale peut être ordonnée par le Tribunal. Enfin, on notera que les amendes peuvent être, en principe, multipliées par le nombre de publications illicites.

(1) *Ceci est extrait de l'ouvrage de Michel Toporkoff,* Le Juridictor, *Dalloz, 1993, p. 322.*

5° Autres réglementations sectorielles

Outre la loi Évin, il existe d'autres dispositions en matière de santé publique, d'énergie, d'armes à feu, de formation professionnelle, etc.

6° La réglementation par média

En sus des dispositions générales, chaque média fait l'objet de règlements particuliers.

- ***La télévision***

Les secteurs interdits, totalement ou partiellement, de publicité à la télévision sont la distribution, les alcools, le tabac, la publicité politique.

Ces secteurs évoluent, notamment sous la pression de la Communauté européenne, qui souhaite harmoniser les législations en la matière : ainsi l'édition a longtemps été interdite d'accès à la télévision. Elle a désormais le droit d'y accéder. Le décret du 7 octobre 2003 a autorisé, à partir du 1er janvier 2004, la publicité télévisée du secteur de l'édition littéraire sur les services de télévision exclusivement distribués par câble ou diffusés par satellite. Par ailleurs, ce décret a intégralement ouvert l'accès du secteur de la presse à la publicité télévisée.

L'interdiction de l'accès à la télévision pour les distributeurs n'est plus que partielle et temporaire. La date d'accès de la distribution à la publicité télévisée a été fixée en deux temps :

– 2004 : accès aux chaînes locales et thématiques du câble et du satellite ;
– 1er janvier 2007 : accès aux grandes chaînes hertziennes.

Cet accès comporte une limite : la distribution ne pourra communiquer en télévision que sur des sujets institutionnels. Les sujets commerciaux et promotionnels lui resteront interdits.

La durée de la publicité à la télévision est fixée à douze minutes maximum par heure avec interdiction de coupures publicitaires des programmes sur les chaînes publiques ; une seule coupure par programme est autorisée sur les chaînes privées.

Le décret du 27 mars 1992[1] édicte une réglementation restrictive pour le parrainage en télévision : les émissions télévisées doivent répondre aux exigences suivantes :

– leur contenu et leur programmation ne peuvent, en aucun cas, être influencés par le parrain dans des conditions susceptibles de porter atteinte à la responsabilité et à l'indépendance éditoriale de la société ou du service de télévision ;
– elles ne doivent pas inciter à l'achat ou à la location des produits ou services du parrain ou d'un tiers et ne peuvent, en particulier, comporter des références promotionnelles spécifiques à ces produits ou services ;
– le parrainage doit être clairement identifié au début ou à la fin de l'émission parrainée. Cette identification peut se faire par le nom du parrain, sa dénomination, sa raison sociale, son secteur d'activité, ses marques ou par les facteurs d'image et les signes distinctifs qui lui sont habituellement associés tels que sigle, logotype et indicatif sonore, à l'exclusion de tout slogan publicitaire (sauf accord explicite du CSA). Toutefois, lorsque le parrainage est destiné à financer une émission de jeux ou de concours, des produits ou services du parrain peuvent, sous

(1) *Extrait de l'ouvrage de Guy Raymond,* Droit du marketing, *Litec, 1992, p. 289 et 290.*

réserve de ne faire l'objet d'aucun argument publicitaire, être remis gratuitement aux particuliers à titre de lots ;
- au cours de l'émission parrainée et dans les bandes annonces, la mention du parrain n'est possible que dans la mesure où elle reste ponctuelle et discrète ;
- les émissions de télévision ne peuvent être parrainées par des entreprises qui ont pour activité principale la fabrication ou la vente de boissons alcoolisées, de produits issus du tabac, de médicaments uniquement disponibles sur prescription médicale ;
- les journaux télévisés et les émissions d'information politique ne peuvent pas être parrainés.

Le CSA a constaté de nombreuses dérives et infractions à cette réglementation. Il a obligé les chaînes à l'observer de façon plus rigoureuse.

• *L'affichage : la loi du 29 décembre 1979*

La publicité par affichage est interdite en dehors des lieux qualifiés d'agglomérations par les règlements relatifs à la circulation routière.

En agglomération, l'affichage est soumis à de nombreuses contraintes :
- l'absence de troubles du voisinage ;
- l'interdiction dans les zones de protection délimitées autour des monuments et des sites classés, dans les secteurs sauvegardés ;
- la publicité ne peut pas dépasser les limites du mur qui la supporte ;
- les supports posés au sol ne peuvent s'élever à plus de 6 mètres et dépasser 16 m^2 ;
- une surface maximum de 2 m^2 pour l'affichage sur les abris publics ;
- l'affichage lumineux est très strictement réglementé ;
- pour l'affichage mobile, la surface totale des publicités apposées sur chaque véhicule ne peut excéder 16 m^2. L'affichage mobile peut, en outre, être constitutif d'un acte de concurrence déloyale, lorsqu'on fait circuler, par exemple, des camions dans une manifestation organisée par la concurrence.

• *La presse écrite*

Le principe est la limitation de la publicité dans les revues destinées aux enfants et aux adolescents. En effet, la publicité ne doit pas exploiter la crédulité naturelle des enfants ou le manque d'expérience des adolescents.

2/ LA DÉONTOLOGIE

Ce sont les règles d'autodiscipline que se définissent et s'imposent les professionnels eux-mêmes. Certains organismes professionnels ont une vocation générale comme l'AACC, le BVP, etc. ; d'autres ont une activité limitée à un secteur ou une profession.

Il existe des codes généraux à caractère international et des codes sectoriels précisant les pratiques à respecter dans certaines professions.

Exemples

☞ Le Syndicat de la vente par correspondance a édicté une charte professionnelle.

☞ Les horlogers-bijoutiers, joailliers et orfèvres ont énoncé des règles d'autodiscipline pour la publicité sur les pierres précieuses.

a) Le Code international de pratiques loyales en matière de publicité : le Code de la Chambre de commerce internationale (CCI)

Le Code s'applique à la totalité du contenu de la publicité, y compris tous les mots et chiffres (qu'ils soient prononcés ou écrits), les présentations visuelles, la musique et les effets sonores.

Dans ce Code :

- le terme « publicité » est pris dans son sens le plus large pour englober toute forme d'action publicitaire en faveur de produits et services quels que soient les médias utilisés, y compris la publicité sur les emballages, les étiquettes et le matériel utilisé aux points de vente ;
- le terme « produit » comprend les services ;
- le terme « consommateur » désigne toute personne à qui est adressé un message publicitaire ou qui est susceptible de le recevoir en tant que consommateur final, commerçant ou utilisateur.

On trouvera le texte complet du code de la CCI dans le recueil des recommandations du Bureau de vérification de la publicité. Les principales rubriques du Code de la CCI ont pour thèmes la décence, la véracité, les comparaisons, les attestations et témoignages, le dénigrement, la protection de la personne privée, l'exploitation du renom commercial, l'imitation, l'identification de la publicité, la sécurité des consommateurs et les règles particulières à respecter pour les enfants et les adolescents.

b) Le Bureau de vérification de la publicité (BVP)

Le BVP a été créé en 1935, à l'initiative des publicitaires. C'est une association de la loi de 1901 dont l'objectif est, selon ses propres termes, « d'agir en faveur d'une publicité loyale, véridique et saine ». Le BVP s'inscrit dans une démarche qui encourage l'autodiscipline pour éviter à la publicité d'être étouffée par des textes réglementaires trop contraignants.

Les missions du BVP peuvent être classées en quatre catégories.

1° Le BVP élabore des recommandations à l'attention des professionnels de la publicité

À ce jour, ce sont plus de soixante recommandations qui ont été mises au point et qui constituent un véritable code d'autodiscipline. Les recommandations du BVP sont des règles que s'imposent volontairement les professionnels. Comme elles sont élaborées avec le concours des organisations professionnelles représentatives et en concertation avec les pouvoirs publics, cela leur confère une valeur de référence que le pouvoir judiciaire prend en considération.

2° Le BVP donne son avis aux annonceurs et aux agences

Le BVP est sollicité pour avis par les annonceurs et agences lorsqu'ils s'interrogent sur un projet de message.

3° Les services du BVP observent quotidiennement les publicités qui paraissent

Le BVP analyse également les publicités suspectes que lui envoient les consommateurs. Après étude, le BVP intervient, le cas échéant, auprès de l'annonceur concerné. Il l'invite soit à justifier ses allégations, soit à modifier ses assertions. En cas de refus, le BVP demande alors aux supports de cesser la diffusion des messages incriminés.

4° Le BVP donne son avis avant la diffusion des films publicitaires à la télévision[1]

Depuis le 1er septembre 1991, le CSA ne procède plus qu'au contrôle *a posteriori* des messages publicitaires diffusés sur les chaînes de télévision françaises. Depuis cette même date, le BVP a reçu, de l'UDA, de l'AACC et des régies de télévision, mission de donner son avis avant la diffusion des films afin de minimiser tout risque de litige avec le CSA, après la diffusion. Aujourd'hui, les régies de télévision exigent l'avis définitif du BVP avant tout montage d'un film à l'antenne. Le BVP donne ses avis dans les 48 heures. Ce système fonctionne bien.

On notera que l'avis du département du BVP peut être également sollicité pour des annonces de parrainage d'émissions de télévision ou pour des messages devant être diffusés sur Radio France.

Exemple de recommandation du BVP pour la publicité des automobiles

En plus des dispositions législatives et réglementaires applicables, la publicité pour un véhicule de tourisme doit, sous quelque forme que ce soit, respecter les règles déontologiques suivantes :

- la publicité ne doit pas argumenter sur la vitesse ou exploiter l'attrait que celle-ci pourrait représenter, tant dans l'expression visuelle, sonore, qu'écrite dans leurs messages ;
- elle ne doit pas évoquer la réserve de puissance des moteurs ou les possibilités de freinage à des fins d'encouragement à la vitesse, mais à les présenter comme des éléments de sécurité dont les effets sont variables en fonction de la qualité et de l'état des routes, des conditions atmosphériques et des réflexes du conducteur, cela afin de contribuer à développer chez les usagers le sens de leur responsabilité ;
- elle ne doit pas donner à penser, dans ses messages, que les qualités des véhicules en matière de sécurité active et passive permettent de transgresser les règles élémentaires de prudence qui s'imposent à tout conducteur ;
- elle ne doit pas mettre en scène, dans des conditions normales d'usage, des véhicules en contravention avec les règles du Code de la route ou les impératifs de sécurité ;
- elle ne doit pas susciter chez les conducteurs un comportement agressif, violent ou portant atteinte aux autres usagers de la route.

3/ La réglementation de la publicité comparative

Avant 1992, il n'y avait pas en France de texte interdisant la publicité comparative mais elle avait toujours été condamnée par la jurisprudence, soit au titre de la concurrence déloyale, soit au nom des articles 1382 du Code civil et 422-2 du Code pénal, ce dernier prohibant tout usage d'une marque sans l'autorisation de son propriétaire.

La publicité comparative a été autorisée, en France, par la loi du 18 janvier 1992 mais elle reste peu utilisée. Certains secteurs y ont eu recours pour développer des approches comparatives en matière de prix. C'est notamment le cas du secteur de la téléphonie.

Exemple

☞ Cegetel, 9 Télécom et Télé2 ont utilisé des campagnes de publicité comparative, souvent destinées à déstabiliser le *leader*, France Télécom. Ce dernier a notamment attaqué Télé2 qui avait développé une campagne télévisée avec une comparaison très explicite de ses prix avec ceux de France Télécom. Télé2 a été condamné pour non-

(1) Le texte suivant est extrait d'une lettre de l'UDA.

respect des règles en matière de publicité comparative, c'est-à-dire pour des questions de forme. Après modifications, Télé2 a pu continuer à diffuser sa campagne.

EXEMPLE DE PUBLICITÉ PRESSE TÉLÉ2 PARUE EN SEPTEMBRE 2003

Source : Télé2.

Dans d'autres secteurs, certaines marques ont fait des incursions dans ce domaine, comme la marque de purée Vico ou le journal *Les Inrockuptibles* (qui s'attaquait à *Télérama*).

a) La réglementation de la publicité comparative en France et à l'étranger

1° La loi autorisant la publicité comparative en France

La publicité comparative est maintenant autorisée mais avec de sévères restrictions qui visent à en garantir une pratique loyale.

L'article 10 de la loi du 18 janvier 1992 dispose :

« Art. 10. – La publicité qui met en comparaison des biens ou services en utilisant soit la citation ou la représentation de la marque de fabrique, de commerce ou de service d'autrui, soit la citation ou la représentation de la raison sociale ou de la dénomination sociale, du nom commercial ou de l'enseigne d'autrui n'est autorisée que si elle est loyale, véridique et qu'elle n'est pas de nature à induire en erreur le consommateur. Elle doit être limitée à une comparaison objective qui ne peut porter que sur des caractéristiques essentielles, significatives, pertinentes et vérifiables de biens et de services de même nature et disponibles sur le marché. Lorsque la comparaison porte sur les prix, elle doit concerner des produits identiques vendus dans les mêmes conditions et indiquer la durée pendant laquelle sont maintenus les prix mentionnés comme siens par l'annonceur. La publicité comparative ne peut pas s'appuyer sur des opinions ou des appréciations individuelles ou collectives.

Aucune comparaison ne peut avoir pour objet principal de tirer avantage de la notoriété attachée à une marque. Aucune comparaison ne peut présenter des produits ou des services comme l'imitation ou la réplique de produits ou services revêtus d'une marque préalablement déposée.

Pour les produits qui bénéficient d'une appellation d'origine contrôlée, la comparaison n'est autorisée que si elle porte sur des produits bénéficiant chacun de la même appellation.

Il est interdit de faire figurer des annonces comparatives telles que définies au présent article sur des emballages, des factures, des titres de transport, des moyens de paiement ou des billets d'accès à des spectacles ou à des lieux ouverts au public.

L'annonceur pour le compte duquel la publicité définie au présent article est diffusée doit être en mesure de prouver l'exactitude de ses allégations, indications ou présentations. Avant toute diffusion, il communique l'annonce comparative aux professionnels visés, dans un délai au moins égal à celui exigé, selon le type de support retenu, pour l'annulation d'un ordre de publicité. »

2° La réglementation et l'usage de la publicité comparative dans les autres pays

Dans de nombreux pays, la réglementation est moins contraignante et l'usage de la publicité comparative plus fréquent qu'en France.

- ***Les types de réglementation***

On distingue :
- les régimes *d'autorisation* : l'approche libérale (aux États-Unis) ; l'approche plus restrictive (Grande-Bretagne et France) ; l'autorisation par exception qui permet les formes de publicité comparative qui ne sont pas expressément interdites (en Suisse, Espagne, Portugal, Autriche) ;
- les régimes *d'interdiction* (en Allemagne, Belgique, Luxembourg) ;
- les régimes *jurisprudentiels* : il existe de nombreux pays sans législation spécifique où ce sont les tribunaux qui interprètent des textes à vocation plus large. Selon les cas, la publicité comparative peut être autorisée ou interdite. Le Danemark, la Grèce, les Pays-Bas, la Suède, etc. sont des exemples de pays dans cette situation.

- ***L'usage de la publicité comparative dans les pays où elle est autorisée***

Il est difficile d'établir des statistiques rigoureuses car les définitions de la publicité comparative changent d'un auteur à l'autre. De nombreux chiffres fantaisistes circulent. La définition la plus stricte consiste à ne retenir que la publicité comparative où un concurrent est expressément désigné. On peut aussi compter comme publicité comparative, les publicités où l'on peut reconnaître un concurrent sans qu'il soit réellement nommé. Ce sont, par exemple, les nombreuses publicités qui se réfèrent au *leader* sans désigner sa marque. Certains définissent la publicité comparative de façon encore plus large en englobant toute publicité ayant des termes de comparaison renvoyant à l'ensemble de la concurrence. Cette acception est trop large. Elle explique que l'on avance parfois des chiffres impressionnants mais fantaisistes 30, 40 % de la publicité serait comparative dans certains pays comme les États-Unis.

En fonction des habitudes et de la réglementation, l'usage de la publicité est très variable d'un pays à l'autre et au sein d'un même pays, d'un secteur à l'autre et d'un média à l'autre. C'est certainement aux États-Unis que la publicité comparative est la plus fréquente. D. Asker et J. Myers[1] citent une source qui paraît sérieuse et qui estime la part de la publicité comparative entre 7 et 25 % des annonces selon les secteurs. Elle est particulièrement fréquente pour les automobiles, les *soft drinks*, les analgésiques, etc. Elle tend à se développer à la télévision.

(1) Op. cit.

b) Les arguments pour la publicité comparative

1° Il était difficile à la France de rester isolée, la plupart des pays occidentaux acceptant la publicité comparative.

2° Au niveau des principes, on ne peut qu'être favorable, dans une économie de marché, à la publicité comparative. La comparaison est au centre de la démarche du marketing, du positionnement et de la stratégie publicitaire. On cherche à différencier les marques et à valoriser ces différences.

3° La comparaison est acceptée dans de nombreuses formes d'information. Les vendeurs dans un magasin, les représentants de commerce, les technico-commerciaux qui visitent la distribution ou la clientèle utilisent très fréquemment des argumentaires comparatifs. Pourquoi ne pas les permettre, dans les *mass media*, en direction du grand public ?

4° La publicité comparative peut être un stimulant de la concurrence et donc de l'économie de marché. Cette thèse, qui est souvent celle des pouvoirs publics, est contestable. Sur ce point, qu'apporte-t-elle de plus que la publicité classique ? Favorise-t-elle une concurrence loyale ? Ce n'est souvent pas le cas. Il était donc utile que la loi prévoit des conditions restrictives.

5° La publicité comparative peut contribuer à une meilleure information des consommateurs. C'est un discours généralement tenu par les associations de consommateurs mais largement contesté par les annonceurs et bon nombre de publicitaires.

6° La publicité comparative est factuelle, peu créative, souvent triste. Ce qu'on observe depuis de nombreuses années aux États-Unis semble donner raison à ces critiques mais on peut trouver d'heureuses exceptions comme les célèbres campagnes d'Avis contre Hertz *(v. ci-contre)*.

c) Les arguments contre la publicité comparative

1° L'état d'esprit de la publicité comparative relève souvent du dénigrement et de l'intention de nuire. Elle provoque de nombreux conflits, souvent des procès entre les annonceurs.
Cette affirmation doit être modérée à la lumière de l'expérience américaine où l'usage de la publicité comparative est plus libéral que ce que permet la loi française. Certes, il y a des procès aux États-Unis mais ils ne sont guère nombreux, rapportés au nombre de campagnes comparatives. En France, l'obligation de prévenir la partie « attaquée » limite les risques de procès mais restreint considérablement l'intérêt et donc l'usage de la publicité comparative.

2° Une publicité comparative déloyale peut causer un dommage considérable et parfois irréversible. Les sanctions juridiques arrivent trop tard, les dommages-intérêts sont parfois sans commune mesure avec le préjudice effectif.

3° Loin de contribuer à une meilleure information des consommateurs, la publicité comparative peut les égarer en faisant porter la comparaison sur des données très secondaires et en utilisant des données non objectives et peu rigoureuses. Ceci explique les précautions prises dans le texte de loi qui oblige à des comparaisons objectives et substantielles.

Quand Avis attaque…

… Hertz répond

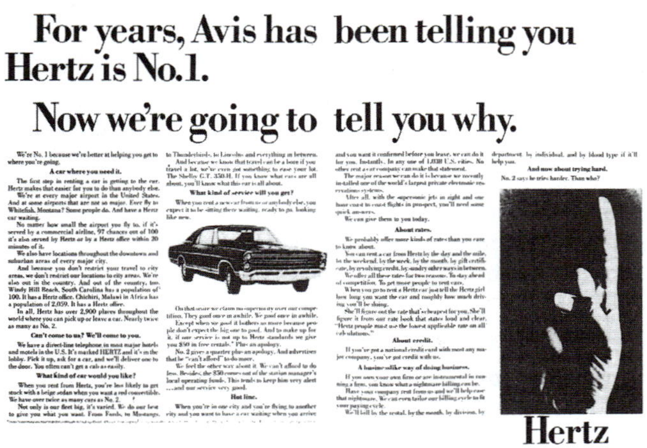

4° La publicité comparative est peu efficace sur le plan commercial. C'est un argument essentiel et qui, paradoxalement, est souvent peu mis en avant. Les recherches faites aux États-Unis confirment ce point. La publicité comparative introduit souvent de la confusion. Elle est fréquemment mal attribuée et, en citant le leader, on entretient souvent la notoriété de ce dernier. Compte tenu de tous les inconvénients notés, on comprend mieux l'hostilité de nombreux annonceurs, surtout les plus grands, ceux qui ont des marques leaders. Ils n'ont pas grand-chose à gagner à faire de la publicité comparative car il n'est pas intéressant de se comparer à plus petit que soi ! En revanche, la publicité comparative peut être utile à un challenger. Les grands moments de la publicité comparative aux États-Unis mettent en scène le numéro 2 contre le leader du marché : c'est Avis contre Hertz, Pepsi contre Coca-Cola, Schick contre Remington, etc.

La campagne des singes OMO : une efficacité exceptionnelle mesurée précisément

Créées par l'*American Marketing Association*, les *Effie Awards* récompensent chaque année les campagnes de publicité qui peuvent démontrer, chiffres à l'appui, leur efficacité. Le prix *Effie* a été introduit en France, en 1994. En 2004, le jury décerna le titre de meilleure campagne des dix dernières années à OMO pour la publicité qui lui permit de se sortir d'une mauvaise passe.

OMO fut en 1952 le premier détergent de synthèse vendu sur le marché français. Après une longue période de succès, la part de marché d'OMO se dégrada en raison notamment de la surenchère « technologique » et publicitaire de concurrents comme Ariel et Skip. À la fin des années quatre-vingt, la part de marché d'OMO n'était plus que de 6 % alors que celle du leader Ariel était de 18 %. OMO semblait être enfermé dans une spirale d'échec :
moins de part de marché ⇒ moins de budget publicitaire ⇒ moins de part de marché, etc. Le parti pris fut celui de l'audace créative pour se faire entendre avec un budget largement inférieur à celui d'Ariel. Ce fut la campagne des singes.

Comme on le verra dans ce chapitre, on mesure généralement l'efficacité de la publicité sur des critères de communication. La campagne des singes s'avéra très efficace sur ce registre avec des scores d'attribution allant jusqu'à 80 % et des scores d'agrément de l'ordre de 70 %.(1)

Mais l'objet final de la publicité est de faire acheter.

En trois ans, les campagnes des singes augmentèrent les ventes de 25 %. La part de marché d'OMO passa de 6,7 % à 9 %. Du cinquième rang sur le marché, OMO passa au troisième. On nota un rajeunissement significatif des acheteurs.

On dit souvent qu'on ne peut pas mesurer l'efficacité de la publicité par les ventes parce que les résultats commerciaux dépendent de nombreux facteurs dont l'impact de chacun est difficilement dissociable. Dans le cas d'OMO, on pouvait mesurer l'efficacité de la publicité par les ventes puisque les autres variables du *marketing-mix* ne connurent pas de modification sensible : pas d'évolution majeure des produits, des prix et de la distribution.

(1) *V. la présentation de la campagne des singes OMO, de ses résultats et de leur analyse par Bernard Pras,* La communication efficace, *tome 1. Ouvrage dirigé par Jacques Lendrevie, président des premiers prix Effie, Dalloz, 1995.*

Chapitre 6
La mesure de l'efficacité*

* *Ce chapitre a été rédigé par François* LAURENT, Consumer Insight Network Manager, *Thomson, vice-président IREP, président de la commision Études de l'UDA.*

La mesure de l'efficacité publicitaire constitue un problème difficile et les bons mots foisonnent sur le scepticisme ou l'impuissance des annonceurs et de leurs agences.

On connaît bien sûr cette formule fameuse attribuée à un industriel américain de la fin du XIXe siècle :

> « Je sais qu'un dollar de publicité sur deux ne sert à rien, mais je ne sais pas quel est ce dollar. »

Ces réflexions soulèvent deux types d'interrogations :

– la communication est-elle efficace ? La question, simple boutade il y a encore peu, devient aujourd'hui cruciale quand les financiers s'interrogent très sérieusement sur sa contribution au résultat d'exploitation ou plus simplement, quand les directeurs des ventes réclament plus de promotion en magasins, plus de réductions immédiates et « moins d'image » ;
– peut-on mesurer l'efficacité de la communication en général et de la publicité en particulier ?

L'efficacité publicitaire se mesure tant en amont du passage des campagnes dans les médias (domaine du *pretesting* traité dans la deuxième section) qu'en aval (domaine du *post testing* traité dans la troisième section).

Le plus souvent, on mesure l'efficacité de la publicité sur des critères de mémorisation et de communication (compréhension, agrément, attribution à la marque, etc.) mais les ventes constituent le but ultime de toute action de communication. On verra dans la quatrième section des méthodes qui permettent, dans certains cas, de mesurer directement l'efficacité de la publicité par les ventes.

Plan du chapitre

Section 1
L'EFFICACITÉ PUBLICITAIRE ET SON ÉVALUATION

Manque d'impact ou de *sex appeal*, fade, incompréhensible, compliquée, etc. : les jugements lapidaires ne manqueront jamais pour qualifier une campagne qui n'a pas marché, et le malheureux chef de produit aura bien du mal à s'y retrouver pour comprendre pourquoi son film n'a pas déclenché les effets escomptés. Tout cela prouve simplement que la publicité fonctionne à de nombreux niveaux et que bien des grains de sable peuvent se glisser dans des rouages pourtant bien huilés.

De toute façon, il sera alors pour lui trop tard, ou presque, pour déclencher un quelconque programme d'études et identifier les causes du dysfonctionnement. Il ne lui restera qu'à attendre une sanction qui ne saurait tarder, pour ne pas s'être prémuni en prévoyant les nécessaires phases de diagnostic suffisamment tôt en amont :

- un *post test* n'est pas une étude qui se fait au dernier moment, une fois la campagne lancée, ou pire, en cas de soupçons quant à son efficacité : les différentes étapes de tests se planifient au même titre que les prises de vue ou le *casting*, la remise des copies antennes ou l'implantation de la PLV en magasin, avec la réserve budgétaire qui s'impose ;
- le contrôle de l'efficacité publicitaire s'effectue le plus en amont possible, parfois alors même qu'aucune maquette n'a encore été réalisée. Les phases de *pretesting* ne sont pas simplement aussi importantes que celles de *post testing* : elles sont capitales. On peut éventuellement se passer de mesurer les effets d'un spot qu'on ne souhaite pas réutiliser : aucun « dircom »[1] ne devrait se permettre de ne pas prétester ses campagnes, c'est-à-dire mettre toutes les chances de succès de son côté ;
- le *post testing* ne constitue ni une sanction, positive ou négative, ni même le nécessaire passage des campagnes que l'on souhaite ultérieurement réutiliser : il s'inscrit dans un *process* globalisant de connaissance des éléments du *mix*, permettant de peaufiner au fil des mois les diverses actions marketing ; il ne prend évidemment de sens que si on le relie à ces dernières.

Dès qu'on ne limite pas le contrôle de l'efficacité publicitaire à une simple mesure, mais qu'on l'inscrit dans un processus complexe d'élaboration, d'optimisation, voire de connaissance des éléments du *mix*, il convient d'identifier, afin de les maîtriser, tous les leviers du mécanisme que l'on met en œuvre, et qui sont de deux ordres :

- les premiers ont trait au fonctionnement de la publicité en général : pour qu'une annonce, quelle qu'elle soit, rencontre sa cible puis la persuade de préférer votre produit à ceux de vos concurrents, elle doit franchir avec succès certaines étapes, éviter certains écueils ; ce sont des qualités que doivent avoir toutes les publicités ;
- les seconds concernent plus particulièrement la campagne étudiée : on lui a attribué un certain nombre d'objectifs (notoriété, inflexion d'image, proximité à la marque, etc.) que l'annonce doit absolument atteindre. On passe ici du général au particulier, de la publicité à *sa* publicité.

Le constat vaut bien évidemment tant pour la publicité déjà passée

(1) Appellation fréquente du directeur de communication.

(domaine du *post testing*) que pour la publicité en gestation (domaine du *pre-testing*) ; ceci conduira donc à distinguer deux types de critères d'évaluation, les uns communs à toutes les publicités, les autres spécifiques à celle testée.

Pour établir la liste des premiers, il faut envisager tout ce qui sépare l'émission d'un message de son action, discerner ce qui se passe à chaque étape, de la parution d'une annonce d'un magazine ou de la diffusion d'un spot à la télévision à l'instant où le consommateur se décide en magasin à acheter – ou ne pas acheter – le produit ou son concurrent.

La première étape est celle de la réception, ou plutôt celle de la perception du message par son destinataire, et la distinction est ici de taille : car combien de messages sont réputés délivrés (reçus) qui ne laissent aucune trace auprès de la cible visée ? Par ailleurs, le problème de la perception se révèle multiple, et toute annonce doit franchir diverses barrières, tant physiques que psychiques :

- *physiques* : on pénètre ici dans le domaine de l'exposition et le champ du *media planning*. Combien de téléspectateurs se trouvaient réellement à vingt heures trente devant leur petit écran quand mon spot a été diffusé ? Combien de lecteurs ont parcouru l'intégralité du magazine où était insérée mon annonce et ont physiquement pu la voir ?
- *psychiques* : tout n'est pas acceptable par tous ; la psychanalyse l'a démontré, et expliqué : nos peurs, nos inhibitions peuvent entraîner des phénomènes d'occultation et certains messages, voulus volontairement provocateurs pour attirer le regard, se verront immédiatement refoulés. Certains vont aimer l'annonce Mikli tandis que d'autres vont refuser de la regarder ;
- psychiques encore, avec *l'obstacle de la sélection* : on pénètre ici dans le champ des sciences cognitives. On est chaque jour soumis à une multitude de messages publicitaires, lesquels ne présentent le plus souvent pour nous qu'un intérêt mineur. Que notre cerveau ne comprenne pas immédiatement le sens de l'un d'entre eux, et il l'élimine sans autre forme de procès, ce qui ne sera pas le cas de messages de plus forte importance sur lesquels il pourra revenir, avant leur archivage en mémoire à long terme.

Source : Mikli.

On se situe ici à la frontière de la seconde étape, celle de l'interprétation, c'est-à-dire de ce phénomène particulièrement complexe par lequel le destinataire va conférer du sens au message qui vient de lui parvenir. Et là, on entre dans le champ de la sémiotique :

> « D'Aristote aux sémioticiens modernes, toutes les théories de la communication ont été fondées sur un seul et même modèle, que nous appellerons le modèle du code. Selon ce modèle, communiquer, c'est coder et décoder des messages. Récemment, plusieurs philosophes, dont Paul Grice et David Lewis, ont proposé un modèle tout à fait différent, que nous appellerons le modèle inférentiel. Selon ce modèle, communiquer, c'est produire et interpréter des indices »[(1)].

(1) *Dan Sperber et Deidre Wilson, « La pertinence ».*

Cela signifie que face à toute publicité, même mal ou partiellement perçue, le consommateur en réalise une interprétation, non pas à partir de ses seuls éléments intrinsèques, mais à l'aide de *tous ceux en sa disposition*. En d'autres termes, une publicité intrinsèquement parfaite pourra ne pas fonctionner – sera mal interprétée ou mal comprise – dans la réalité, parce que sa cible y aura collé une signification de circonstance, totalement indépendante du message lui-même, à partir d'indices, pour reprendre le terme de Grice, tirés :

- du *vécu publicitaire*. Un message se comprend par référence à une publicité antérieure de la marque ;

Exemple

☞ La campagne Evian avec le ballet nautique du troisième âge a succédé à la campagne très réussie des bébés nageurs.

PUBLICITÉS TV ÉVIAN 2001

- du *médium lui-même* : « Le message, c'est le médium », soulignait Marshall Mc Luhan[1] : placez une annonce pour des produits de beauté inconnus dans *Elle* ou *Marie-Claire*, ils y gagneront un luxe que jamais des magazines plus populaires ou plus familiaux ne sauraient lui conférer. Un atout que les *media planners* exploitent pour enrichir leurs plans médias ;
- de ce que l'on qualifiera de *liens hypertextuels* les plus divers ;

Exemple

☞ Quand Microsoft utilise *Start me up* des Rolling Stones pour le lancement d'une nouvelle version de Windows, la marque tente de capter à son profit certaines valeurs d'anticonformisme, de dynamisme propres à ce groupe de musique rock.

- de son *propre vécu personnel* : ainsi, une femme enceinte enrichit nécessairement la communication qu'elle perçoit pour les produits de puériculture.

Exemple

☞ L'annonce pour les petits frères des Pauvres ne signifiera pas la même chose pour le fils d'un parent dépendant ou pour un adolescent dont les parents sont en parfaite santé.

Source : Association les petits frères des Pauvres.

Cela conduit en termes de contrôle publicitaire à aller rechercher des éléments signifiants à l'extérieur du message lui-même et à comprendre comment et en quoi ils interfèrent avec ce dernier, le complètent ou l'infirment, pour *in fine* lui conférer une signification.

(1) *Marshall Mc Luhan*, Comprendre les médias, *op cit.*

Le récepteur ne va pas saisir et analyser l'annonce dans sa totalité, mais rebondir d'indices en indices : la seule signature Kookai au bas d'un visuel signifiera impertinence pour sa lectrice, sans qu'elle ait besoin d'en lire plus. Ce qui explique la difficulté qu'ont les marques à modifier leur image – c'est-à-dire tenter de développer un discours, infirmant celui traditionnellement véhiculé par leur propre nom. D'où la nécessité en *pre* et *post testing*, de contrôler avec soin la présence et la perception des codes marques.

Ces étapes franchies, le message publicitaire va pouvoir remplir sa mission, c'est-à-dire :

- modifier la connaissance que les consommateurs ont des produits et des marques, en augmentant notamment leur notoriété, en enrichissant leur image, en y associant les valeurs les plus diverses ;
- créer des attitudes favorables à leur égard, de la simple proximité à la prédisposition et à l'intention d'achat, sachant que les mécanismes diffèrent fortement d'une catégorie de produits à l'autre, d'où la nécessité d'adapter les outils de mesure à ces spécificités ;
- conduire enfin à un acte d'achat ; mais la publicité n'en constitue pas le seul élément déclencheur.

Ici, on passe du fonctionnement général de la publicité (« mon an-nonce sera-t-elle correctement perçue et comprise ? ») aux objectifs spécifiques assignés à un message particulier (« mon annonce réussira-t-elle à rendre mon produit plus désirable, ma marque plus attirante, dynamisera-t-elle mes ventes ? »). Les critères d'évaluation diffèrent désormais d'une publicité à une autre : ils dépendent étroitement de la stratégie de communication.

Copy stratégie, plan de travail créatif, etc. peu importe le nom donné au document rédigé par l'agence. Il constitue la base de travail essentielle de l'institut d'études, tout autant en *pre* qu'en *post testing*. Non seulement l'annonceur ne se retranchera pas derrière une quelconque confidentialité pour éviter de la communiquer, mais il l'enrichira de tous les commentaires nécessaires et pertinents ; quant à l'institut, il n'hésitera pas à le réclamer en cas d'oubli... quitte à s'entendre répondre : « Bon, je vais demander à l'agence de vous écrire quelque chose » ! Le cas n'est pas, hélas, si rare.

Avant d'entrer dans le détail des différents types de tests, un mot de la cible. Bien sûr, ce sera celle décrite dans la copy stratégie ou le plan de travail créatif, parfois la cible large, le plus souvent le cœur de cible. Mais il est plusieurs précautions à prendre :

- d'une part, il faudra équilibrer, tant que faire se peut, utilisateurs et non-utilisateurs du produit ou de la marque, les réactions des uns et des autres pouvant fortement différer : en effet, un utilisateur se montrera toujours plus sensible à son produit qu'un non-utilisateur, il percevra plus rapidement la communication le concernant, il présentera une plus forte tendance à la juger positivement ; toutefois, ils pourront inversement développer des réactions très brutales s'ils ont l'impression que leur marque favorite les trahit ;
- d'autre part, il faudra absolument tenir compte d'un autre phénomène : l'implication. Plus un produit est impliquant, plus les consommateurs jugent de manière critique et rationnelle la publicité qui leur est soumise. L'achat d'une voiture est impliquant, comme c'est le cas de la plupart des biens onéreux ; mais certains produits très abordables le seront également parce qu'ils touchent, par exemple à l'intégrité corporelle (crèmes de soin).

Une femme souffrant de problèmes de peau, hésitera longtemps avant de choisir une telle crème, alors que d'autres se laisseront porter par leur humeur ; un consommateur hésitera très longtemps avant d'acquérir un micro-ordinateur, parce que l'investissement représente pour lui plus d'un mois de salaire, tandis qu'un autre se laissera séduire par une promotion alors qu'il n'a pas urgence à renouveler son matériel. Tous les acheteurs ne sont pas égaux face à l'implication, mais les réactions des individus impliqués diffèrent profondément des non-impliqués : il conviendra d'y prendre également soin lors de la constitution des cibles.

Section 2
Le *pretesting*

Il existe deux formes de prétests publicitaires : les tests qualitatifs et les tests quantitatifs ; bien entendu, elles répondent à des objectifs différents et interviennent à des phases distinctes du processus créatif.

Les tests qualitatifs interviennent très en amont, quand il s'agit, soit de valider une direction créative, soit, et c'est le plus souvent le cas, de choisir entre plusieurs pistes :

- la validation ne concerne pas le seul travail des créatifs, mais également celui du planning stratégique ; les questions fondamentales auxquelles il devra être répondu sont : les arguments développés sont-ils pertinents ? La manière de les exprimer est-elle à la fois acceptable et compréhensible ?
- le matériel testé restera très sommaire : des dessins, des esquisses, parfois simplement des scenarii rédigés sans iconographie. Les tests qualitatifs ne s'intéressent qu'aux concepts, aux idées, indépendamment de leur exécution : ils jugent la pertinence de la copy stratégie et sa mise en œuvre.

Les tests quantitatifs, eux, ne remettent pas en cause la stratégie de communication. Ils se contentent de vérifier que la réalisation (spots télévisés, annonces presse, bandeaux Internet) reflète parfaitement l'intention communicante :

- le matériel testé se rapproche au plus près de l'exécution définitive : *animatics*[1], voire films déjà réalisés pour lesquels on dispose de suffisamment de *rushes* pour exécuter divers montages différents ;
- on se situe nettement plus ici dans un processus d'optimisation : les tests quantitatifs ne remplacent pas les qualitatifs, ils constituent la seconde étape du processus de contrôle publicitaire en amont ; se limiter aux seuls tests quantitatifs, c'est prendre le risque inconsidéré de découvrir, bien évidemment trop tard, que l'idée sur laquelle repose le film que l'on vient de tourner, ne fonctionne pas.

Qualitatifs ou quantitatifs, les prétests publicitaires se réalisent avant la première diffusion des messages. Toutefois, il est toujours possible de « prétester » un spot déjà passé à l'écran, mais dont les résultats se sont manifestement révélés catastrophiques, pour tenter de comprendre les raisons de cet

(1) Un animatics *est une forme élaborée de* storyboard. *Au lieu d'être une simple bande dessinée sur papier, l'*animatics *est une succesion de diapositives avec des fondus enchaînés et parfois une bande son.*

échec : soit sous forme qualitative (c'est même une des rares occasions où l'on testera qualitativement une exécution déjà finalisée) ; soit sous forme quantitative. On préférera les méthodologies ne cherchant pas à recréer la réalité (v. ci-après). Pourquoi parler de « prétest » dans ce cas puisque l'on se situe après diffusion ? Tout simplement parce que les guides d'entretiens, les questionnaires, et surtout les critères retenus sont très proches de ceux utilisés en *pretesting* et qu'on ne peut guère *post tester* une annonce que personne n'a jamais perçue.

1/ Les tests qualitatifs

Les tests qualitatifs revêtent la plupart du temps la forme de réunions de groupes, même si, dans la vie courante, la perception publicitaire constitue avant tout une expérience individuelle. La raison en est essentiellement l'apport de la dynamique de groupe à l'optimisation de la création.

a) L'échantillonnage

On prévoit deux groupes par cible et par piste créative à tester. Ainsi, on imagine une campagne pour laquelle une agence a développé trois directions créatives : on organise six groupes, chaque groupe étant systématiquement doublé pour éviter tout risque de biais non maîtrisé. Si l'annonceur souhaite réaliser les tests auprès de deux sous-populations (par exemple, l'une féminine, l'autre masculine) on aboutit rapidement à douze groupes. Pour éviter une telle multiplication, on réunit souvent les deux cibles au sein de groupes mixtes, en prenant bien soin de noter les différences dans les réactions ; toutefois, une telle solution, pour pratique qu'elle soit, ne peut s'envisager quand les populations étudiées divergent fortement.

Chaque paire de groupes approfondit une direction créative particulière. Ainsi, si l'on poursuit le raisonnement : les deux premières réunions consacreront la majeure partie de leur temps à la création A, B et C n'étant ensuite envisagées qu'en différentiel ; après rotation, les deux groupes suivants s'intéresseront essentiellement à B, avec en mineure C, puis A ; et enfin, on terminera par deux groupes focalisés sur C, suivie de A et B.

Souvent, lorsqu'on dispose de maquettes et non de simples *concepts boards*[1], chaque membre des groupes commence par remplir un questionnaire. Le but visé est double : d'une part obliger les participants à accorder une attention forte aux publicités avant le début de la discussion collective, et d'autre part leur permettre de se forger une opinion personnelle avant tout consensus ou tout phénomène de *leadership*.

Tous les individus « n'entrent » pas de manière identique dans un message : les jeunes souhaitent avant tout être étonnés par une annonce très créative, la fonction divertissante prime, alors que leurs aînés s'intéressent plus à son caractère informatif ; les personnes âgées préfèrent des communications faciles à comprendre, claires et limpides. Il conviendra d'en tenir compte, notamment dans le cas de groupes réunissant des individus d'âges différents.

Une analyse sémiologique préalable des communications concurrentes et des propositions créatives à tester permettra bien souvent de déceler, avant les groupes, les lignes de forces ou les faiblesses éventuelles des matériels à

(1) Planche avec des dessins, des photos, des collages, etc. qui illustrent le style que l'on veut donner à une campagne, à une marque, à un produit nouveau, etc.

tester. Elle se révélera alors très utile dans la confection, ou du moins l'aménagement, des guides d'animation en fournissant notamment des pistes d'approfondissement et de relance, là où spontanément les participants n'auront pas fortement réagi.

b) Que peuvent contrôler les tests qualitatifs ?

Les tests qualitatifs visent à contrôler non seulement si le message envisagé est susceptible de véhiculer la stratégie publicitaire, mais aussi s'il est également supporté par un scénario pertinent. Les principaux critères d'évaluation retenus varient selon les différents niveaux de perception.

1° Au niveau de la perception du scénario

Les critères retenus sont :

- la *restitution* : quelle trace la publicité laissera-t-elle dans la mémoire de la cible ?
- la *compréhension* : le scénario proposé est-il intelligible ?
- l'*agrément* : l'histoire racontée séduit-elle ?
- les *éléments discordants* : y a-t-il des éléments qui perturbent la compréhension ou l'agrément ?

2° Au niveau de la perception du message

La mesure porte sur :

- la *compréhension* : le message est-il compris ? Les consommateurs perçoivent-ils clairement le bénéfice proposé ?
- la *pertinence* : le bénéfice proposé leur paraît-il pertinent ?
- la *différence* : le bénéfice proposé contribue-t-il à créer une différence de marque ?
- la *légitimité* : la marque est-elle fondée à offrir un tel bénéfice ?

3° Au niveau de l'efficacité du message

Sont analysés :

- l'*imaginaire* produit/marque : quel est l'imaginaire construit autour du produit et de la marque ?
- l'*apport* au produit/à la marque : en quoi cette publicité améliore-t-elle l'image et/ou la situation du produit ou de la marque ?
- l'*appropriation* du produit : la publicité incite-t-elle les consommateurs à se saisir du produit, leur donne-t-elle envie de le posséder ?
- l'*intention* d'achat : cette envie d'appropriation ira-t-elle jusqu'à l'achat, du moins déclaré ?
- le *consommateur construit* : qui utilisera le produit, la marque ? Autre manière indirecte, de juger de l'appropriation du produit et/ou de la marque par la population cible.

4° Au niveau du schéma de communication

On s'interrogera sur :

- les *codes marques* : sont-ils identifiables, pertinents, cohérents ? C'est fondamental pour que fonctionne le *branding* publicitaire ;

– la *connivence* : quelle complicité se crée entre le consommateur et la marque ? Souvent, une telle connivence sera le seul justificatif de la promesse ;
– le *récepteur construit* : à qui s'adresse la publicité ? Quelle image en donne-t-elle ?

Enfin, tout prétest qualitatif doit se terminer par un retour à la copy stratégie (au plan de travail créatif) pour vérifier l'adéquation de la création aux objectifs de la communication, et notamment valider une dernière fois la pertinence de l'*insight*, du bénéfice et de son support.

2/ Les tests quantitatifs

a) L'objet des tests quantitatifs

Les tests quantitatifs sont souvent ressentis – évidemment à tort – comme des outils d'aide à la prise de décision de type *go/no go*, alors qu'ils sont essentiellement des instruments d'optimisation des exécutions : leur objet n'est pas de déterminer si la stratégie créative mise en œuvre est pertinente ou si le scénario imaginé la valorise efficacement (c'est la finalité de la phase qualitative), mais si la réalisation reflète fidèlement l'intention créative initiale et lui permet d'atteindre ses objectifs.

La dérive précédente se concrétise dans la pratique quotidienne par des méthodologies standardisées construites autour de deux critères : l'impact et la persuasion. Questions : ces deux mesures sont-elles appropriées et suffisantes ? Sont-elles fiables et cernent-elles toute l'étendue de la problématique ? Ou encore : une publicité « impactante » et persuasive stimule-t-elle nécessairement les ventes ?

Telles sont, entre autres, les questions que se sont posés entre 1977 et 1991 les membres de l'*Advertising Research Foundation*, puissante association interprofessionnelle américaine : existe-t-il un critère unique suffisant à prédire l'efficacité de tout message publicitaire ? Pour y apporter un début de réponse, ils n'ont pas hésité à investir deux millions de dollars de l'époque : le plan d'expérience consista à confronter au sein de zones tests hermétiques différentes méthodologies pour évaluer le pouvoir prédictif des principaux types de post-tests quantitatifs alors en vigueur aux États-Unis.

La réponse apparut relativement décevante :

> *« The study confirms... the principle that advertising works on a number of levels and that no single measure is adequate to measure effectiveness ».*

Le seul critère sensible, c'est-à-dire présentant une certaine corrélation avec les ventes, était... la *likeability*, que l'on traduira par « agrément » même si quelques exégètes, dépités d'un si piètre résultat, tentent d'y discerner « quelque chose de plus » ; et c'est de bon sens : comment réduire un processus aussi complexe que la communication publicitaire à un seul de ses éléments, voire deux tout au plus ?

Il n'est donc de bon prétest quantitatif que si il est multicritères. Cela permet de renvoyer dos à dos les tenants du prétest sur critère unique : l'impact ou la persuasion.

b) Les méthodes

La majorité des tests cherchent à recréer le contexte réel dans lequel les consommateurs perçoivent la publicité. Quand on interviewe des consommateurs dans la rue, dans un salon spécialisé, voire dans une camionnette garée dans une rue passante, les conditions ne reflètent guère celles dans lesquelles s'effectue généralement la réception publicitaire : dans son canapé bien au chaud ou en jonglant avec le couvert à débarrasser et le petit dernier à langer.

Certains instituts vont confier à leurs interviewés une cassette vidéo, voire un DVD, contenant un programme inédit, coupé de quelques spots pu-blicitaires, en leur proposant de le regarder tranquillement le soir même, à tête reposée ; il ne leur est pas demandé, *a priori*, de se prononcer sur de la publicité, mais sur des maquettes de séries ou d'émissions. Pour éviter qu'ils ne regardent plusieurs fois les spots, on ira jusqu'à utiliser des supports magnétiques auto-effaçables ; et pour coller au plus près aux méthodologies de *post testing* (les post-tests mesurant vraiment la réalité), le recueil de l'information pourra s'effectuer le lendemain par téléphone.

Les détracteurs de telles approches auront beau jeu de souligner qu'il y a loin du visionnage d'une cassette vidéo au sujet de laquelle vous savez que vous serez questionné, et de la paisible soirée passée devant son téléviseur après une journée de travail harassante ; et surtout : même si l'on s'est bien gardé de lui annoncer qu'il s'agit de test publicitaire, le consommateur n'est pas vraiment dupe lorsqu'il découvre les films concernés à l'écran, surtout s'il ne les a jamais vu auparavant. L'étude américaine de l'*Advertising Research Foundation*, qui bien évidemment aborda le sujet, ne put que renvoyer dos à dos les tenants des deux méthodologies.

La nécessité de recréer une situation de réalité tient essentiellement aux mesures de l'impact et de la persuasion ; cette dernière est issue du score de préférence compétitive relative introduit dès les années cinquante par Horace Schwerin pour la télévision commerciale et repris ultérieurement sous la dénomination d'*Advertising Research System*, ou méthode ARS, dont dérivent peu ou prou toutes les autres. Avant le test *stricto sensu*, on demande aux interviewés de choisir, à titre de remerciement, un petit cadeau parmi un panier d'une demi-douzaine ; après le test, c'est-à-dire après exposition à la publicité, il leur est demandé de confirmer, ou modifier, leur choix, la différence pour le produit testé ne pouvant être attribuée qu'à sa seule présence au sein du message publicitaire. C'est ainsi que la persuasion de ce dernier est évaluée.

On comprend le besoin de disposer du plan d'expérience le plus pur pos-sible, le plus proche de la réalité ; d'autres instituts, soulignant la difficulté de reproduire la réalité en laboratoire, préfèrent utiliser des approches indirectes pour cerner la propension d'une annonce à inciter à l'achat, ou du moins à s'intéresser à un produit particulier. *Mutatis mutandis*, l'alternative demeure la même quant à l'impact : certains professionnels considèrent que l'interrogation de consommateurs exposés au cours de tels plans d'expérience suffit à appréhender la perception réelle ultérieure des publicités, d'autres préfèrent analyser une à une les conditions d'un bon impact.

c) Que peuvent contrôler les tests quantitatifs ?

Quelle que soit l'approche retenue, aucun test sérieux aujourd'hui ne prétend se limiter à ces deux seules mesures. Les tests qualitatifs visent non seulement à contrôler si l'exécution développée est conforme à la stratégie publicitaire, mais aussi à vérifier si elle se révélera simplement efficace en tant que message publicitaire. Les principaux critères d'évaluation s'apprécieront à différents niveaux.

1° Au niveau de la perception de la publicité elle-même

La publicité laissera-t-elle une quelconque trace mémorielle ? Passera-t-elle les multiples barrières de la perception ? Là réside essentiellement le problème de l'impact, évalué :

- soit par mesure directe dans les tests reconstituant la réalité ;
- soit au travers de plusieurs mesures complémentaires convergentes (compréhension, implication, etc.) pour les autres.

2° Au niveau de la perception du scénario

La mesure porte sur :

- la *restitution* : quelle trace « mémorielle » la publicité laissera-t-elle ? Quels sont les éléments essentiels et secondaires du souvenir ?
- la *compréhension* : le scénario proposé est-il intelligible et surtout compris ?
- l'*agrément* : le message séduit-il ?
- les *éléments discordants* : certains éléments gênent-ils tant la compréhension que l'agrément ?

3° Au niveau de la perception du message

Seront analysés :

- la *compréhension* : le message est-il compris ? Les consommateurs perçoivent-ils clairement le bénéfice proposé ?
- la *marque* : quelle est la marque concernée par la publicité ? Le lien à la marque est-il efficace ou incertain ?
- la *pertinence* : le bénéfice proposé leur paraît-il pertinent ?
- la *différence* : le bénéfice proposé leur paraît-il différenciant ?
- la *légitimité* : la marque peut-elle revendiquer offrir un tel bénéfice ?

4° Au niveau de l'efficacité publicitaire

Pour les deux premiers points, la mesure s'effectuera au travers d'une batterie d'*items* stratégiques, rédigés à partir de la copy stratégie :

- l'*apport au produit* : en quoi, et jusqu'à quel point, la publicité construit-elle ou modifie-t-elle l'image du produit ?
- l'*apport à la marque* : en quoi, et jusqu'à quel point, la publicité construit-elle ou modifie-t-elle l'image de la marque ?
- la *persuasion*, l'*attractivité* et/ou l'*intention d'achat* ;
- le *consommateur construit* : à qui s'adresse le produit ? La cible se sent-elle concernée ? Au-delà de ce consommateur construit, c'est toute la question de l'appropriation du produit par les consommateurs auxquels il est destiné qui se pose ici.

5° Au niveau du schéma de communication

On s'interroge sur :

– les *codes marques* : sont-ils identifiables, pertinents, cohérents ? C'est fondamental pour expliquer la force ou la faiblesse d'un lien à la marque ;
– la *connivence* : quelle complicité se crée entre le consommateur et la marque ?

On notera que bon nombre de critères apparaissent communs aux tests qualitatifs et quantitatifs, ce qui ne signifie certainement pas que tests qualitatifs et quantitatifs soient interchangeables : les premiers se situent plus au niveau des potentialités : mon message est-il compréhensible ? Tandis que les seconds travaillent à partir de matériaux plus tangibles, dont ils envisagent déjà le résultat : que va-t-on comprendre de mon message, au travers de cette exécution ?

Généralement, on interrogera une population de 80 à 100 personnes reflétant la cible de communication, cœur de cible ou cible élargie selon les objectifs précis que l'on assignera au test. Toutefois, si l'on souhaite disposer de résultats sur deux segments différents (hommes *versus* femmes, moins de 34 ans *versus* plus de 35 ans, utilisateurs du produit *versus* non-utilisateurs), il conviendra de questionner au minimum 120 personnes de façon à disposer de deux sous-échantillons de 60 : en dessous, les marges d'erreurs sont trop fortes et les résultats inexploitables. Bien évidemment, plus on multipliera les sous-populations (hommes de moins de 34 ans *versus* femmes de moins de 34 ans, *versus* hommes plus de 35 ans, etc.), plus on multipliera les cellules de base de 60 à 80 interviewés. Enfin, tester deux films revient *ipso facto* à réaliser deux tests en parallèle.

Les tests quantitatifs alternent questions ouvertes (restitution, message, etc.) et fermées parmi lesquelles certaines sont normées : agrément, pertinence ou légitimité, et bien sûr persuasion, attractivité, intention d'achat, etc. Les résultats obtenus sur ces critères ne signifient rien dans l'absolu, mais seulement par référence à ceux obtenus, en moyenne, dans cette catégorie de produit, éventuellement pour ce type de cible : ainsi un score d'agrément de 3,7 sur une échelle de 0 à 5 ne prend de sens pour la publicité de telle marque de lessive que si l'on sait que pour l'ensemble des marques de lessives, la note d'agrément moyenne est de 3 (le test est alors positif) ou de 4 (l'annonce ne séduit guère).

Bien sûr, ces normes évoluent dans le temps, les consommateurs devenant publiphobes ou simplement parce que la catégorie de produits séduit moins (cas des produits technologiques après l'explosion de la bulle Internet) ; surtout, elles diffèrent d'un pays à l'autre, les pays en voie de développement se révélant souvent bien meilleurs spectateurs que les pays d'Europe de l'Ouest, les pays scandinaves étant traditionnellement les plus réfractaires aux messages publicitaires.

Section 3
Le *post testing*

Il existe quatre formes de post-tests publicitaires, tous quantitatifs : les tests normés, les tests par double mesure avant et après, les *trackings* et les tests probabilistes ; ils se différencient quant au référentiel permettant d'évaluer l'efficacité publicitaire des messages étudiés :

- les tests normés, où l'on compare les scores de la publicité testée à ceux d'une banque de données préexistante ;
- les tests par double mesure avant et après, où l'on évalue l'efficacité publicitaire d'un message en comparant le capital d'une marque avant et après campagne ;
- les *trackings* procèdent de même, mais la mesure s'effectue en totale continuité, semaine après semaine, au lieu de se résumer à deux simples points ;
- les tests probabilistes suivent les mêmes indicateurs, mais en les raccordant au niveau d'exposition des individus interrogés.

1/ Les tests normés

Les tests normés sont les plus simples à mettre en œuvre ; ce sont également les moins chers, même si l'économie financière n'est hélas que la contrepartie de résultats limités : non seulement, très peu de critères peuvent « se normer », mais ce ne seront jamais les critères stratégiques, qui diffèrent tous d'une marque à une autre.

Les principaux critères « normables » ont plus trait à la perception de la publicité qu'à sa compréhension et son interprétation, ainsi qu'à son efficacité, incitation à l'achat mise à part.

a) L'impact

Il correspond au niveau de perception de la publicité, évalué au travers de son souvenir : plus de gens se souviendront avoir vu une annonce, plus cette dernière sera jugée « impactante ». De ce fait, il est nécessaire d'effectuer la mesure au plus près de sa diffusion, avant que l'oubli ne s'instaure : étant chaque jour exposé à des centaines de messages publicitaires, le souvenir se révèle de plus en plus volatile !

Par ailleurs, se pose la question de l'accès au souvenir : comment solliciter la mémoire ? Par la marque : « Avez-vous récemment vu une publicité pour [marque] ? » Par la catégorie de produit : « Pour quelles marques de [produit] avez-vous récemment vu une publicité ? » On montre une image dont on aura pris soin de retirer la marque. Les approches sont nombreuses, aucune n'est parfaite. Citer la marque expose aux faux souvenirs pour les marques puissantes. Citer les catégories de produits peut ne rien signifier aux oreilles des consommateurs : qu'est-ce qu'un fromage à pâte molle ? Enfin on rappelera que les questionnaires par téléphone interdisent de présenter quelque document que ce soit, etc.

Et quand bien même un individu aura déclaré avoir vu ladite publicité, comment être sûr qu'il ne se trompe pas, qu'il n'évoque pas une précédente campagne ou, pire, celle du concurrent direct ? En lui demandant de décrire ce dont il se souvient, on passe ainsi d'un score brut à un score prouvé ; toutefois, un risque subsiste : il y a des annonces qui se ressemblent tant et surtout des sagas publicitaires qui comportent tant d'éléments communs, d'un spot à l'autre.

Le souvenir publicitaire ne constitue certainement pas un critère « dur » : ce n'est pas parce que certaines publicités ne marquent pas profondément la mémoire, ne s'y enracinent pas, qu'elles sont inefficaces : on peut très bien oublier avoir vu un spot télévisé pour une nouvelle marque de yaourt le jour où on est interrogé par l'institut d'études, tout en ayant entre-temps acheté le produit en magasin, et même l'avoir apprécié au point de le racheter ultérieurement.

b) Le *branding* ou attribution, ou encore lien à la marque

La mesure de l'attribution à la marque est plus ou moins précise selon la méthode utilisée pour mesurer le souvenir publicitaire. Si on fait un test de reconnaissance sur une annonce « caviardée », c'est-à-dire où l'on a fait disparaître la marque, le taux d'attribution est bien mesuré par le pourcentage des personnes qui restituent correctement la marque. Si en revanche on cite la marque dans la question (par exemple : « Vous souvenez-vous d'une publicité faite par Évian à la télévision ? »), on ne pourra évidemment pas dissocier le taux d'attribution du taux de mémorisation (impact).

c) L'agrément

Il ne constitue qu'un critère superflu en *post testing* : en *pretesting*, il peut être intéressant de le mesurer, car il est souvent prédictif de l'impact ; mais le mesurer après diffusion ne sert au mieux qu'à se faire plaisir… ce qui n'empêche pas les instituts d'études de le proposer systématiquement, et les annonceurs de le réclamer.

d) L'incitation à l'achat

C'est le seul réel critère d'efficacité publicitaire que peuvent prendre en compte les tests normés. C'est également un critère très intéressant dans la mesure où bien des facteurs peuvent influencer l'achat lui-même au-delà de la seule publicité, et donc venir polluer la mesure à ce niveau ultime.

La qualité des tests normés dépend de celle des banques de données dont disposent les instituts d'études de marché qui les proposent : on ne peut se comparer qu'à ses concurrents. Pour des produits aussi diversifiés que l'automobile, la norme à utiliser n'est évidemment pas celle du marché, mais celle du segment de marché. Bien sûr, on tiendra compte du niveau d'investissement de la campagne (on ne compare pas petites et grandes campagnes entre elles), mais également de la notoriété préexistante des marques (une marque connue génère plus de souvenir qu'une marque nouvelle), etc.

Certains instituts disposent de normes pour la quasi-totalité des sec-teurs existants, d'autres sont plus spécialisés ; par ailleurs, certains gros annonceurs disposent de leurs propres normes.

2/ Les tests par double mesure et les *trackings*

Tests par double mesure avant et après campagne et *trackings* fonctionnent sur des principes comparables, utilisant le même système référentiel : le *benchmark* auquel on compare sa marque après campagne n'est plus ici la norme moyennée d'un pool de marques et de campagnes, mais cette même marque avant campagne. Si 30 % des consommateurs se déclaraient prêts à acheter le produit avant que le spot ne passe à la télévision, et que ce score passe à 50 % après passage, nul doute que les 20 % complémentaires peuvent peu ou prou s'attribuer à cette vague publicitaire.

a) Les tests par double mesure

Ils se planifient très tôt : entre un et deux mois avant le début de la campagne, le temps de rédiger un questionnaire adapté, éventuellement le traduire en cas de test international, et mettre en place le terrain, sachant que les deux échantillons avant et après doivent être totalement appareillés, faute de quoi aucun résultat ne sera exploitable. Le principal avantage sur les tests normés, outre la plus grande pertinence du point de référence, tient à ce que les critères analysés correspondent étroitement aux objectifs particuliers de la campagne : notoriété, attractivité, image, etc.

Si on se limite à 2 fois 100 interviews, ce type de test demeure encore très abordable. Par contre, il fait l'impasse sur bon nombre d'éléments perturbateurs, et notamment toute l'activité publicitaire concurrente : que le *challenger* investisse fortement sur la même période que vous, et vos performances s'en verront diminuer d'autant. Mais il existe bien d'autres facteurs gênants : une mise en avant ponctuelle dans certains magasins diminuera la visibilité ; une rupture de stock d'un concurrent dynamisera involontairement les ventes ; une simple semaine de pluie amoindrira considérablement l'impact des annonces, si l'on vend des *soft drinks*, etc. Cela peut conduire à des campagnes qui démarrent en fanfare pour sombrer huit jours plus tard pour mauvais temps et forte activité concurrente conjugués !

b) Les *trackings*

On doit leur idée à Gordon Brown. Au lieu de se limiter à une mesure avant et après campagne, pourquoi ne pas renouveler l'exercice semaine après semaine, du 1er janvier au 31 décembre, ou du moins sur une période de plusieurs mois en cas d'activité saisonnière ? Le *tracking* est aux tests classiques ce que la vidéo est à la photo : au lieu de simples témoignages isolés, c'est toute l'histoire des marques qui revit. L'envers de la médaille, ce sont les coûts : le *tracking*, véritable Rolls du *post testing* publicitaire, demeure réservé aux annonceurs les plus dépensiers[1] même si l'on ne réalise que le strict minimum d'interviews nécessaires chaque semaine.

Le strict minimum, c'est entre 50 et 100 interviews, ce qui se situe bien en deçà des seuils de « significativité » ; on contourne l'écueil en dépouillant les résultats par moyennes mobiles sur 4 semaines : semaines 1 à 5, puis 2 à 6, 3 à 7, etc. Ainsi, chaque valeur « hebdomadaire » s'appuie en réalité sur 200 à 400 interviews, ce qui devient nettement plus fiable ; en revanche, la

(1) Ce qui ne veut pas dire que ces dépenses sont du gaspillage, loin de là.

méthode écrête les sommets et comble les dépressions : les courbes de réponse ont tendance à se tasser légèrement. De toute façon, on prendra soin de toujours vérifier marges d'erreurs statistiques et seuils de « significativité ».

Figure 1

UN EXEMPLE FICTIF DE PRÉSENTATION DE DONNÉES ISSUES D'UN *TRACKING*

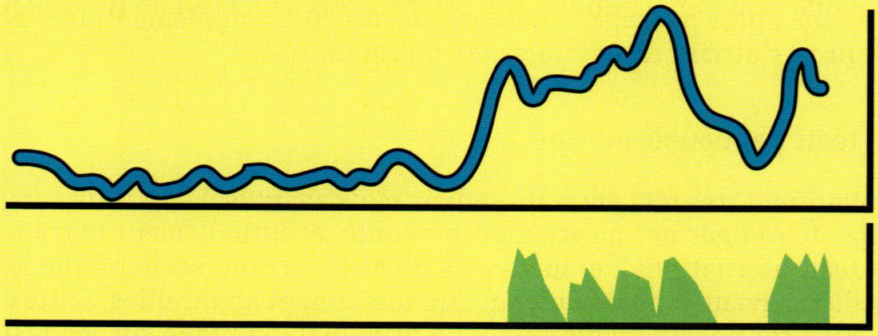

- L'axe horizontal du graphique ci-dessus est un axe temporel
- La courbe supérieure correspond à un critère d'image de marque
- Les pavés inférieurs symbolisent des investissements publicitaires
- L'image de la marque fluctue fortement en fonction de ces derniers

Un *tracking* ne s'intéresse évidemment pas à une seule marque, mais à toutes celles d'un même secteur concurrentiel, ce qui n'est pas parfois sans poser des difficultés de classification. Ainsi, où ranger une boisson comme Perrier qui se situe au carrefour des eaux minérales et des *soft drinks* ? Doit-on s'intéresser aux seuls yaourts quand on est producteur de yaourts ou à tous les desserts lactés ?

Véritable outil de *monitoring* de la vie des marques, le *tracking* multiplie analyses et diagnostics, en mixant critères de perception et d'efficacité.

1° Les critères de perception

Ce sont essentiellement l'impact et le souvenir publicitaire, éventuellement la reconnaissance et l'attribution de messages caviardés, voire la compréhension. Dans tous les cas, il s'agit d'éléments de diagnostics destinés à expliquer la performance ou la non-performance des critères d'efficacité.

2° Les critères d'efficacité ou de résultats

Tout *tracking* requiert des critères pérennes car il est hors de question de constamment modifier la structure du questionnaire ou la liste des marques étudiées, voire le simple libellé des questions, faute de quoi on perdrait toute possibilité de comparaison d'une période à l'autre. C'est pourquoi on ne se limitera pas aux seuls critères stratégiques issus de la copy stratégie : on envisagera aussi tous les aspects de la vie des marques : notoriété, image, attractivité, etc.

3/ Les tests probabilistes

Les tests probabilistes étudient les mêmes critères stratégiques que les *trackings*, dont ils diffèrent cependant fondamentalement en terme de référentiel. Alors qu'en *tracking*, une marque se compare à elle-même à des dates différentes, notamment avant et après campagne, ici, dans les tests probabilistes, une marque se compare à elle-même à des degrés différents d'exposition à une campagne publicitaire. Alors que le *tracking* pouvait se présenter comme un vaste outil de gestion de la vie des marques, les tests probabilistes entrent bien dans la catégorie des post-tests publicitaires *stricto sensu*.

Les tests probabilistes se caractérisent par une finalité essentiellement axée sur le *media planning*. Alors que le *tracking* est né en Angleterre de l'observation très empirique du vécu des marques, les tests probabilistes sont nés en France au sein des agences médias, de leur besoin d'optimiser finement les investissements de leurs clients. La question fondamentale n'est donc plus ici : « Ma création est-elle efficace ? » mais : « Combien, et comment, dois-je dépenser pour être efficace et atteindre mes objectifs stratégiques ? »

L'avantage des tests probabilistes réside dans la neutralisation des effets perturbateurs. En effet, dans un test par double mesure ou en *tracking*, il est difficile de totalement attribuer les résultats observés à la seule action publicitaire car les promotions, les campagnes concurrentes, les congés, la météo peuvent peu ou prou fausser la mesure. Ici, rien de tel, puisque les 100 à 200 interviews généralement nécessaires à ce genre d'enquête sont réalisés en une seule fois, après campagne. Par rapport aux autres tests, le questionnaire se complique d'un certain nombre de questions ayant trait aux habitudes médias des sondés : quand regardent-ils la télévision et quels types d'émissions, quels magazines lisent-ils, etc. ?

L'approche méthodologique est relativement simple : si je suis lecteur régulier d'un hebdomadaire, et qu'une annonce est passée deux fois dans ce titre, ma probabilité d'y avoir été exposé est de deux ; si je suis lecteur occasionnel (une fois sur deux), elle chute à un ; bien sûr, si je ne suis pas lecteur du titre, mon niveau d'exposition sera de zéro. Si la notoriété d'une marque X est de 30 % auprès des non-exposés, de 35 % auprès des individus exposés une fois et de près de 40 % auprès des exposés deux fois, on en déduit un apport d'environ 5 % par contact et on peut alors tracer la courbe de réponse du critère notoriété.

Toutes ces courbes de réponse se présentent généralement sous forme de courbes à rendement décroissant, le premier contact se révélant toujours plus puissant que les suivants : plus le taux d'exposition à la campagne s'élève, plus faibles sont les chances de convertir des prospects : si après avoir vu une annonce trois fois, je ne suis toujours pas convaincu de l'intérêt du produit, il y a peu de chance qu'un nouveau passage entraîne mon adhésion. À partir d'un certain seuil, différent d'une création à l'autre, le gain marginal devient négligeable au regard des investissements nécessaires, et mieux vaut alors développer une stratégie plurimédias ou reporter dans le temps une partie de ses dépenses.

Figure 2

Exemples de courbes de réponse

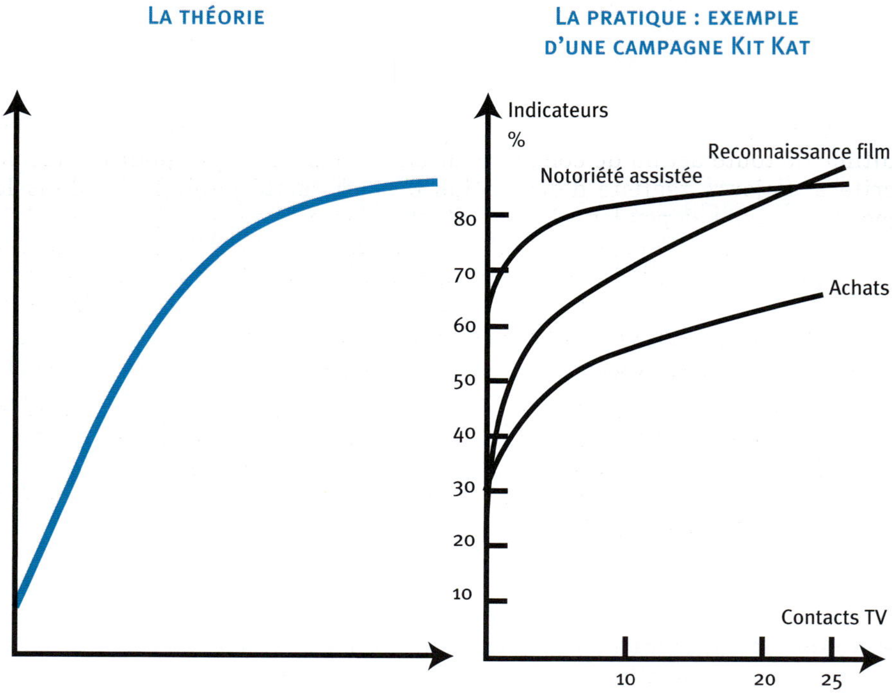

■ *L'axe horizontal est celui de la fréquence ou nombre de contacts*
■ *La courbe représente la performance d'un critère stratégique qui évolue plus ou moins proportionnellement à l'exposition de la cible à la campagne*

Source : Lendrevie et al., *Prix Effie 1994*, La communication efficace, *Dalloz, 1995*.

En télévision, le « probabilisation » des résultats d'un test est évidemment nettement plus compliquée qu'en presse, vu la multiplication des écrans et surtout la volatilité des audiences, d'autant que l'on ne peut guère asséner aux interviewés des questionnaires interminables ou leur demander des informations trop précises pour leur mémoire. Par ailleurs, vu la pénétration du média, il serait illusoire d'espérer trouver suffisamment de non-exposés absolus. Heureusement, la modélisation des courbes permet de lever bien des écueils ; toutefois, il convient de rester prudent, certaines courbes pouvant échapper au schéma général.

Section 4
L'efficacité par les ventes

En introduction à ce chapitre on a vu que si les ventes constituent bien le but ultime de toute action de communication, elles ne sont pas pour autant un critère toujours réaliste d'évaluation de l'efficacité publicitaire dans la mesure où elles dépendent de bien d'autres paramètres que la seule publicité. Le challenge consiste à isoler et à mesurer chacun des paramètres susceptibles de dynamiser ou de limiter les ventes d'un produit quelconque : communication *above* et *below*[1], mises en avant du produit sur le lieu le vente, action sur les prix et bien sûr opérations concurrentes, etc.

De tels objectifs nécessitent de vastes moyens :

- soit informatiques et mathématiques : on tente par modélisation de déterminer l'apport de toutes les composantes du *marketing-mix* de toutes les marques présentes sur un segment de marché ;
- soit matériels : on organise alors de vastes marchés tests sur des zones géographiques étanches.

1/ La modélisation

La modélisation utilise généralement comme matière première les résultats des panels distributeurs. Ces derniers mesurent à la semaine le niveau des ventes d'une grande majorité de produits commercialisés en libre service, en volume et en valeur ; ils notent évidemment la présence ou l'absence des produits de la marque (non-référencement ou rupture de stocks) et ils relèvent toutes les opérations promotionnelles *in store*.

Le problème essentiel consiste à isoler les ventes incrémentielles des ventes de base.

a) Les ventes de base d'un produit

Ce sont ses ventes en dehors de toute action publicitaire ou promotionnelle, tant de la part de la marque concernée que de ses concurrents ; en d'autres termes, les ventes de base – encore appelées niveau de base des ventes – ne constituent qu'un artifice méthodologique utile, aucune marque, aucun produit ne se trouvant jamais dans une telle situation.

b) Les ventes incrémentielles

Ce sont celles qui se situent au-dessus de ce niveau de base et qui sont liées tant à la publicité qu'à la promotion sous toutes ses formes : mises en avant, têtes de gondoles, jeux et concours, produit gratuit, etc. Les ventes incrémentielles pourront se révéler positives si ces actions sont efficaces, nulles dans le cas inverse, voire négatives si elles sont moins puissantes que celles des concurrents et que les ventes chutent !

(1) Above the line *: dépenses de publicité dans les grands médias ;* below the line *: dépenses hors-médias. V. plus de détails, dans la partie 3, chapitre 1er.*

c) Les éléments indispensables à la modélisation

Toute modélisation requiert de vastes historiques :

– d'une part, pour discerner le niveau de base des ventes incrémentielles : en effet, ce dernier n'est pas linéaire, il fluctue souvent selon une saisonnalité qui lui est propre, selon parfois des rythmes pluriannuels ;

Exemples

☞ Les ventes de jouets se concentrent sur la fin d'année.

☞ Les ventes des *soft drinks* dépendent au printemps des caprices de la météo.

☞ Les ventes de téléviseurs ont une saisonnalité influencée par les grands événements sportifs des années paires : Jeux Olympiques, coupes de football, etc.

– d'autre part, pour connaître les effets propres à la catégorie de produits des differents types d'opérations publicitaires et promotionnelles.

Certaines opérations génèrent des effets relativement mécaniques : ainsi une réduction de prix x % engendrera en moyenne y % de ventes incrémentielles ; d'autres fluctuent fortement : un concours pourra se révéler très attractif... ou catastrophique ! Tel est également le cas de la publicité qui pourra fortement dynamiser les ventes : lancement d'un nouveau parfum de yaourt, d'une nouvelle formule de détergent, etc. ; ou au contraire ne produire que peu d'effets apparents à court terme : entretien de l'image de marque, par exemple.

Une fois distinguée l'efficacité relative sur une période assez longue (plusieurs années) de tous les éléments du *marketing-mix* de toutes les marques en concurrence sur un secteur de marché, il faudra comparer celle de la dernière campagne comme à autant de *benchmarks* ; toutefois ce n'est qu'à force d'expériences, donc au terme souvent de plusieurs années de travaux, que de telles modélisations deviennent fiables.

2/ Les marchés tests

Les tests par modélisation, s'ils ne requièrent pas la mise en œuvre de moyens matériels extrêmement lourds et sophistiqués, nécessitent en revanche une très forte expertise mathématique et statistique : pour l'annonceur, les résultats semblent toujours sortir d'une « boîte noire » dont il ne maîtrise évidemment pas les paramètres, et surtout le *know how*.

Inversement, les marchés tests en zones étanches apparaissent méthodologiquement plus accessibles ; en revanche ils demandent une débauche de moyens hors de portée du premier annonceur venu. Seuls deux instituts peuvent faire en France ce type d'études dont les principes sont les suivants :

– chaque marché test se développe sur deux zones étanches, c'est-à-dire deux villes moyennes de province, comparables en nombre d'habitants et structures commerciales (hypers et supermarchés notamment) et aux zones de chalandises hermétiques, c'est-à-dire sans interpénétrations avec celles d'agglomérations voisines, de façon à ce que toute activité publicitaire et surtout promotionnelle soit parfaitement sous contrôle ;

– chaque zone dispose de ses propres panels distributeurs et consommateurs. Comme tout panel *distributeurs*, il mesure les ventes en volume et en valeur des marques présentes, et fournit des parts de marché hebdomadaires, des taux de présence en magasin et de rotation, des prix de ventes moyens ; toute offre promotionnelle est systématiquement relevée. Le panel *consommateurs* suit achats et réachats et permet de connaître le profil des clients, ainsi que leur fidélité aux marques au travers des QA/NA (quantités achetées par acheteur). Deux méthodes de recueil sont envisageables : soit les panélistes présentent une carte spécifique lors de leur passage en caisse, soit ils disposent d'un scanner à main pour effectuer eux-mêmes le relevé de leurs achats.

De tels dispositifs ne servent évidemment pas à tester une seule exécution publicitaire mais tous les éléments du *marketing-mix*, notamment lors du lancement d'un nouveau produit : packaging, assortiments, prix, offre spéciale, etc. La ville A, sans activité particulière, servira de *benchmark* à la ville B où sera lancée l'offre à valider.

La publicité, et plus spécialement la publicité télévisée, pose des difficultés particulières : impossible d'acheter une campagne en local sur les principales chaînes nationales, ne serait-ce que parce que le CSA l'interdit. Planifier ses spots sur les seuls décrochages locaux, voire sur les chaînes du câble, éloigne considérablement de la réalité. Deux solutions ont été élaborées pour contourner l'obstacle :

– un institut a développé un accord particulier avec TF1, qui l'autorise – au travers d'un club d'annonceurs – à substituer sur une des zones, le spot à tester à ceux des autres membres du club. À partir de là, la campagne publicitaire peut également s'évaluer de ville à ville, comme tout autre élément du *mix* ;
– l'autre institut a équipé ses panélistes d'audimètres semblables à ceux utilisés par Médiamétrie, ce qui lui permet de connaître pour chacun d'entre eux son niveau d'exposition à la campagne publicitaire diffusée ici en national. À partir de là, on procède un peu comme dans un post-test probabiliste en comparant les résultats entre ceux qui ont été peu, moyennement ou fortement exposés.

Le système relationnel et promotionnel de Danone

Danone a organisé son CRM (*Customer Relationship Management* ou gestion de la relation client) autour d'une base de données de plusieurs millions de foyers, d'un site www.danoneconseils.com (informations sur les nouveaux produits, pédagogie sur la nutrition, actions promotionnelles, etc.), de *Danoé*, d'un *call center* et du Bingo des marques, un grand programme promotionnel multimarques qui fonctionne depuis 1993. Ce système fait appel à de multiples canaux de communication : le téléphone, le courrier, Internet avec des sites, des *newsletters* et les *e-mails* pour envoyer de brefs messages à une population ciblée à partir de la base de données.

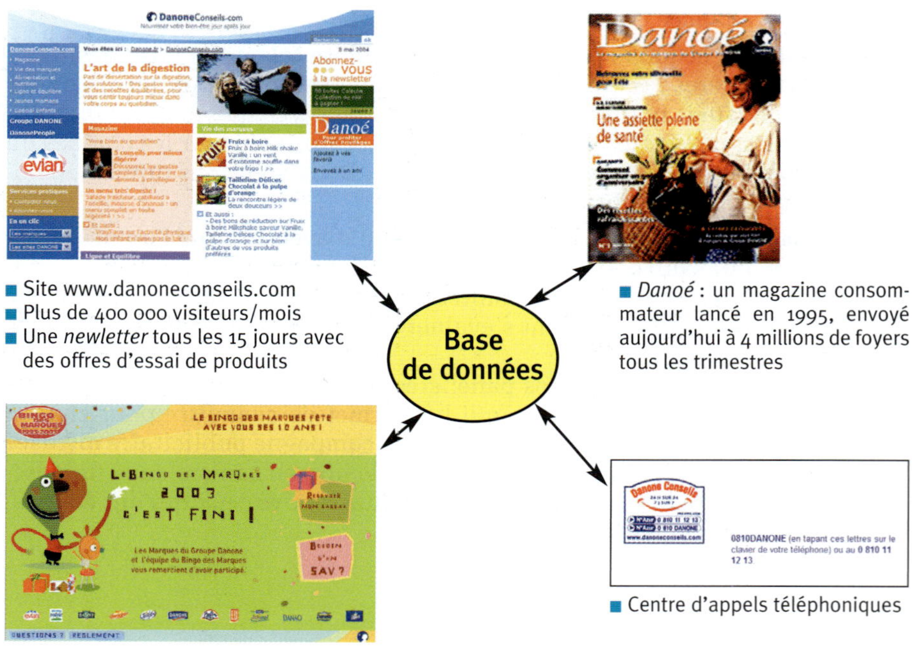

- Site www.danoneconseils.com
- Plus de 400 000 visiteurs/mois
- Une *newletter* tous les 15 jours avec des offres d'essai de produits

- *Danoé* : un magazine consommateur lancé en 1995, envoyé aujourd'hui à 4 millions de foyers tous les trimestres

- Centre d'appels téléphoniques

- Bingo des marques : opération promotionnelle multimarques du groupe Danone
- Objet de l'opération : collecter des preuves d'achat sur les produits des marques du groupe Danone
- Le Bingo des marques a été lancé en 1993. Sur le site du Bingo, on apprend que l'opération 2003 est achevée mais elle reprendra en septembre suivant !

Marketing direct sous toutes ses formes (publipostage, téléphone, e-mail), promotion des ventes (offres prix, jeux, etc.), centres d'appels, événementiel, relations publiques, relations presse, édition *on line* et *off line*, etc., sont autant de formes diverses de communication, étudiées dans cette partie, et que l'on combine pour lancer des nouveaux produits, relancer les ventes, entretenir une relation suivie avec le consommateur et le fidéliser. Le hors-médias n'est plus le parent pauvre de la communication marketing !

Troisième partie

LES MOYENS DE COMMUNICATION AUTRES QUE LA PUBLICITÉ : LE HORS-MÉDIAS

Par convention, tout ce qui n'est pas publicité, c'est-à-dire les insertions payantes dans les *mass media*, est considéré comme du hors-médias. On y trouve une grande variété de moyens de communication qui font l'objet d'énumérations et de classements différents selon les sources statistiques, les pays ou les habitudes de la profession.

Le premier chapitre est consacré à l'étude des rubriques et des dépenses du hors-médias qui sont devenues, depuis une vingtaine d'années, plus importantes que les dépenses de publicité.

Dans les chapitres suivants, on développe les principaux outils du hors-médias : la promotion des ventes, le marketing direct, les relations publiques, les relations presse, le parrainage et la communication événementielle. Le chapitre 2 répond à la problématique majeure des annonceurs : comment faire de la promotion sans dégrader la marque, en la respectant, voire en l'enrichissant ? Le chapitre sur le marketing direct développe son utilisation actuelle dans les programmes de marketing relationnel et de fidélisation. Ce type de marketing direct est organisé autour de bases de données qui nourrissent les actions, celles-ci apportant, en retour, de nouvelles informations sur les comportements des clients. C'est le cercle vertueux de la connaissance du client.

PLAN DE LA TROISIÈME PARTIE

Chapitre 1

LES RUBRIQUES ET LES DÉPENSES DU HORS-MÉDIAS

Depuis longtemps, la distinction médias / hors-médias a été adoptée par tous les professionnels, annonceurs et agences. Par « médias », on entend les dépenses de publicité faites dans les grands médias : presse, télévision, affichage, radio, cinéma et maintenant Internet, tout au moins pour les insertions payantes de messages publicitaires dans des sites web.

Par « hors-médias », on désigne toutes les dépenses de communication autres que la publicité comme la promotion des ventes, le marketing direct, les relations publiques, etc.

PLAN DU CHAPITRE

Introduction

MÉDIAS/HORS-MÉDIAS : UNE EXPLICATION HISTORIQUE QUI FAIT LA PART BELLE À LA PUBLICITÉ

La distinction médias/hors-médias a une histoire. On devrait plutôt dire qu'elle appartient à l'histoire du marketing. Celui-ci s'est d'abord développé pour les produits de grande consommation : alimentaire, entretien ménager, etc., c'est-à-dire pour des marchés de masse qui avaient besoin d'une distribution de masse (la grande distribution moderne) et d'une communication de masse : les *mass media*. La publicité, véhiculée par ces médias de masse, a donc été le moyen majeur de communication vers ces marchés de grande consommation.

Lorsqu'on est dans cette configuration, les budgets de communication sont construits sur une base publicitaire à laquelle on ajoute, le cas échéant, un ou plusieurs compléments comme des actions de promotion des ventes pour stimuler ponctuellement la demande. On a donc pris l'habitude de présenter les budgets de communication en mettant d'abord les dépenses de publicité ventilées selon les médias utilisés. On fait le total des « investissements médias » (la publicité), puis on trace une ligne sous laquelle on affiche les postes complémentaires de dépenses comme la promotion, le marketing direct, etc. De cette méthode de présentation sont nées les expressions anglaises : *Above the line* et *Below the line*. Elles sont synonymes de médias et hors-médias.

Figure 1

Above the line **(publicité médias) et** ***Below the line*** **(hors-médias) : exemple de présentation d'un budget de communication marketing**

Médias	Achat d'espace	Frais techniques	Honoraires
■ Télévision ■ Radio			
Total publicité			
Hors-médias ■ Promotion ■ Marketing direct			
Total hors-médias			
Grand total			

Il est intéressant de noter que l'expression *Below the line* est employée par les financiers pour désigner les dépenses ou les profits exceptionnels. Cela montre assez bien que dans ce type de présentation, on considère les dépenses de publicité (*Above the line*) comme normales et récurrentes alors que les autres dépenses de communication (*Below the line*) seraient exceptionnelles ou tout au moins de l'ordre du tactique et non du stratégique. *Below the line* ou hors-médias a toujours eu une connotation quelque peu péjorative, surtout dans la bouche des publicitaires qui ont tendance à considérer la publicité comme le noble art au service d'une grande cause (la marque), les autres techniques de communication comme la promotion des ventes, la communication sur le lieu de vente, le marketing direct, etc., étant perçues comme de nécessaires mais basses besognes où le vrai talent (celui de la créativité) ne peut s'exprimer pleinement. Or, les dépenses du hors-médias ont progressé beaucoup plus vite que les dépenses de publicité-médias qu'elles ont rejoint puis largement dépassé depuis le milieu des années quatre-vingt. Ce n'est pas une question de mode car le hors-médias répond à l'évolution des marchés et des problématiques des annonceurs comme le rôle majeur du point de vente, l'entretien d'une relation personnalisée et le suivi avec le client pour mieux le fidéliser.

Section 1
LES RUBRIQUES CLASSIQUES MÉDIAS/HORS-MÉDIAS ET LEURS LIMITES

En France, France Pub (organisme d'études créé par Comareg du groupe Havas) et l'IREP (une association réunissant annonceurs, médias et agences) donnent, ensemble, chaque année leurs estimations des dépenses de communication en France. France Pub mesure les dépenses médias et hors-médias des entreprises alors que l'IREP comptabilise les recettes publicitaires des grands médias.

LES DÉPENSES MÉDIAS ET HORS-MÉDIAS : 29,75 MILLIARDS D'EUROS, EN FRANCE, EN 2003 (1)

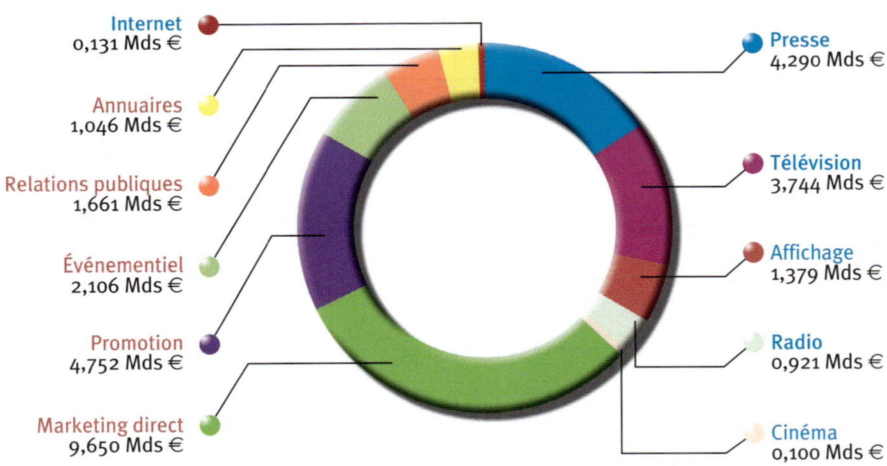

Légende : médias en bleu ; hors-médias en rouge.
Source : www. francepub.fr.

Figure 2

1/ LA CLASSIFICATION DE FRANCE PUB

On trouvera page suivante deux tableaux de France Pub. Le premier présente les grands postes de dépenses médias et hors-médias pour l'année 2003. Le second décrit le contenu de chaque rubrique.

(1) Les chiffres de France Pub et de l'IREP diffèrent sensiblement de ceux donnés par TNS Sécodip. On a expliqué dans le chapitre sur les médias publicitaires que cela tient aux méthodes de recueil des données.

DÉPENSES DES ANNONCEURS EN 2003

Figure 3

		Montant (milliards d'euros)	Parts de marché (en %)
MÉDIAS	**Presse :**	**4,209**	**14,84**
	presse quotidienne	1,036	3,48
	quotidiens nationaux	0,286	0,96
	quotidiens régionaux	0,750	2,52
	autre presse :	3,254	10,94
	Télévision	**3,744**	**12,59**
	Affichage	**1,379**	**4,63**
	Radio	**0,921**	**3,10**
	Cinéma	**0,100**	**0,34**
	TOTAL GRANDS MÉDIAS	10,434	35,08
HORS-MÉDIAS	**Annuaires**	**1,014**	**3,41**
	Marketing direct	**9,650**	**32,44**
	mailings	4,642	15,60
	distribution de prospectus	0,714	2,40
	éditions publicitaires	3,558	11,96
	autres	0,736	2,47
	Promotion	**4,752**	**15,97**
	Publicité par l'événement	**2,106**	**7,08**
	salons et foires	1,333	4,48
	mécénat, parrainage	0,773	2,60
	Relations publiques	**1,661**	**5,58**
	Achat d'espace Internet	**0,131**	**0,44**
	TOTAL HORS-MÉDIAS	19,313	64,92
	TOTAL MARCHÉ	29,748	100

Source : France Pub. www.francepub.fr.

Le contenu des rubriques de France Pub

MÉDIAS	HORS-MÉDIAS
Presse (hors petites annonces) ■ Presse quotidienne □ Nationale (PQN) □ Régionale (PQR) ■ Autre presse □ Presse magazine nationale □ Presse hebdomadaire régionale (PHR) □ Presse gratuite généraliste □ Presse professionnelle □ Journaux des collectivités locales et associations	**Promotion** ■ Par le prix et/ou le produit ■ Par le jeu ■ Objets publicitaires ■ Publicité sur le lieu de vente ■ Animations sur le lieu de vente
Télévision ■ Télévision nationale ■ Télévision périphérique* ■ Télévision locale, câble et satellite	**Marketing direct** ■ *Mailings* ■ Distribution de prospectus (ISA)** ■ Éditions publicitaires (plaquettes, catalogues, brochures) ■ Marketing téléphonique ■ Serveurs télématiques/vocaux ■ Numéros verts
Affichage ■ Grand format temporaire/permanent ■ Transport ■ Mobilier urbain ■ Petit format temporaire/permanent ■ Sur véhicule spécial ■ Affichage électronique ■ Peinture sur véhicule ■ Signalisation	**Publicité par l'évènement** ■ Salons, foires ■ Mécénat, parrainage
Radio ■ Stations périphériques ou publiques ■ Radios locales en réseau ■ Radios locales indépendantes	**Relations publiques** ■ Journées portes ouvertes ■ Relations presse ■ Loisirs offerts aux clients ■ Séminaires, colloques, formations
Cinéma	**Annuaires imprimés et électroniques**
Internet Achat d'espace	

Légende : (*)La télévision dite « périphérique » comprend les chaînes qui émettent à l'extérieur du territoire français comme Télé Monte Carlo. (**)Les prospectus ou ISA sont les imprimés sans adresse. On dit aussi « ISABAL » pour imprimés sans adresse distribués dans les boites aux lettres.

Figure 4

2/ Médias et hors-médias : une frontière qui n'est pas toujours claire ou pas toujours logique

a) Il y a parfois des dépenses médias dans le hors-médias

Un programme de promotion des ventes comprend généralement de la publicité faite dans les grands médias pour l'annoncer. Il en va de même pour les programmes de sponsoring, de mécénat et plus largement de relations publiques. On dit, mais c'est une règle très grossière, que lorsqu'on dépense un euro pour monter une opération de sponsoring, il faut dépenser un autre euro pour faire la publicité de cette opération dans des médias de masse.

Dissocier les dépenses entre l'opération proprement dite et la publicité qui l'accompagne n'a guère de sens, si ce n'est le respect de la nomenclature adoptée. Dans la réalité, les entreprises budgètent globalement ce type d'opérations sans faire de telles distinctions.

b) Certaines rubriques correspondent à des regroupements parfois contestables

Pour ne pas trop multiplier le nombre de rubriques, France Pub a procédé à des regroupements dont certains sont discutables.

Exemples

☞ La publicité par l'événement, une dénomination propre à France Pub et peu utilisée par les professionnels, comprend deux sous rubriques :
– les salons et foires ;
– Le mécénat et le parrainage.
Ce sont deux types d'opérations dont les objectifs et la mise en œuvre n'ont rien de commun.

☞ L'édition publicitaire ne relève pas toujours du marketing direct.

c) Où classer les différentes formes de communication sur Internet ?

L'achat d'espace Internet correspond à la publicité de type bannières de différents formats, sponsoring, liens promotionnels. Ce sont des insertions payantes dans des pages de sites web dont on achète l'audience. Ces dépenses devraient être classées dans les rubriques « médias » et non dans le « hors-médias ». L'explication tient peut-être à ce que l'on ne considère pas encore Internet comme un grand média publicitaire ; mais dans ce cas, pourquoi continue-t-on à classer le cinéma dans les grands médias alors qu'il rassemble moins de 1 % des dépenses publicitaires, soit trois fois moins qu'Internet pour les seuls achats d'espace dans des sites ?

Internet ne peut pas être rangé dans une seule rubrique, médias ou hors-médias. Internet est un média publicitaire, un outil de marketing direct, un véhicule pour les promotions, un média d'information sur les produits et les entreprises, etc. En fait, chaque rubrique des catégories médias et hors-médias peut se décliner en *off line* et *on line*, en mode classique et en mode Internet. Les chaînes de télévision, les titres de presse, etc. peuvent avoir des versions ou des compléments en ligne ; la promotion des ventes peut se faire sur Internet ; l'édition publicitaire peut être sur papier ou en ligne ; le marketing direct peut emprunter le canal de la poste (publipostages), du téléphone (télémarketing ou *phoning*[(1)]), d'Internet (*e-mailing*), etc.

d) Des postes importants de dépenses autres que publicitaires sont absents des rubriques classiques du hors-médias

On peut noter, au moins, deux lacunes majeures : la communication par le produit et la communication par les personnes.

(1) *Les Anglo-Saxons disent* telemarketing *; en France, on dit souvent* phoning*!*

1° La communication par le produit

Le produit au sens large de biens (tangibles) et services (intangibles) est souvent le mode de communication le plus important. Un bien communique par sa forme, ses matériaux, ses couleurs, sa commodité d'emploi (*design produit*), par son emballage (*design packaging*), par l'expérience qu'on retire de son usage. Selon les secteurs, les entreprises peuvent consacrer des budgets importants au *design produit* et au *design packaging*.

2° La communication par les personnes

Les services communiquent par le canal du personnel en contact avec la clientèle : qualité de l'accueil, service après-vente, etc. Certains personnels ne font que de la communication, d'autres ont un rôle plus technique (technico-commerciaux, par exemple). Ce sont des postes de coûts considérables dans la banque, l'assurance, les transports et le tourisme, la distribution spécialisée, etc. Ces dépenses ne sont pas prises en compte ou très mal prises en compte dans les statistiques des dépenses de communication des entreprises.

Les dépenses de force de vente sont imputées au budget commercial et non au budget de communication mais les commerciaux consacrent souvent une part importante de leur temps à des opérations qui relèvent strictement de la communication comme l'information sur les nouveaux produits ou les multiples opérations de promotion ou de relations publiques dont ils sont souvent des acteurs essentiels. Dans certains cas, ceux qu'on appelle « commerciaux » ne vendent rien et ne font que de la communication.

Exemple

☞ C'est le cas des délégués médicaux qui visitent les médecins pour le compte des laboratoires. Sachant que le coût d'une visite est de l'ordre de cent euros en moyenne et qu'un très gros laboratoire peut avoir plusieurs réseaux totalisant près d'un millier de délégués pour couvrir le seul marché français, le budget total est considérable. Il devrait à l'évidence être considéré comme de la communication et être rangé dans le hors-médias.

e) Une nouvelle classification des moyens de communication

On propose, ci-après, de classer l'ensemble des moyens de communication en quatre catégories :

- les moyens de communication au sens strict ;
- les moyens d'action marketing à fort contenu de communication ;
- l'entreprise et son personnel ;
- les sources extérieures à l'entreprise qui, par définition, émettent des communications peu contrôlables.

Les principaux moyens de communication

1. Les moyens de communication au sens strict

- **Publicité**
  - Publicité par *mass media* dont publicité sur Internet
  - Publicité sur les lieux de vente (PLV)
- **Communication non publicitaire**
  - Relations presse
  - Relations publiques
  - Communication événementielle
  - Parrainage (*sponsoring* et mécénat)
  - Services consommateurs
  - Sites Internet de marques et d'entreprises

2. Les autres moyens d'action marketing à fort contenu de communication

- **Le produit**
  - *Design* de marque : symboles de marque (logo, *jingles*, etc.)
  - *Design* packaging
  - *Design* produit
- **Les outils de la vente**
  - Force de vente
  - *Merchandising*
  - Promotion
  - Marketing direct

3. L'entreprise et son personnel

- **Personnel en contact avec le public**
- **Dirigeants de l'entreprise**
- **Identité visuelle de l'entreprise (*design* d'environnement : locaux, mobilier, signalétique)**

4. Les sources extérieures à l'entreprise

- **Prescripteurs, leaders d'opinion**
- **Distributeurs**
- **Presse et sites Internet**
- **Bouche à oreille traditionnel et en ligne**

3/ La précision des statistiques

a) La mesure la plus précise est celle de la publicité ; la moins précise est celle de la promotion des ventes

Les investissements publicitaires peuvent être appréhendés par la pige (TNS Sécodip) et en recoupant les déclarations des recettes des médias avec les déclarations de dépenses des annonceurs.

La promotion des ventes pose un problème délicat. Faut-il comptabiliser la promotion par les prix qui est très fréquente ? Il est difficile de suivre certains auteurs qui considèrent les rabais temporaires comme une dépense en multipliant le rabais unitaire par les quantités vendues. Ce n'est pas conforme à la réalité économique et cela conduit à gonfler exagérément le poste promotion des ventes. Ce point est développé dans cette partie au chapitre 2 sur la promotion des ventes.

b) Plus les dépenses de communication sont externalisées, mieux elles sont connues avec précision

LA STRUCTURE DES DÉPENSES DE COMMUNICATION DES ANNONCEURS

1. Coûts externes

- Achat d'espace publicitaire, achat ou location de fichiers, etc.
- Frais techniques (ex : impression, routage, etc.)
- Rémunération des agences, des créatifs *free-lance*[1], des conseils, etc.
- Études confiées à des prestataires extérieurs pour l'élaboration des campagnes (ex : études d'images, prétests) et le contrôle des résultats (ex : post-tests)

2. Coûts internes

- Coûts directs (ex : frais de personnel et autres coûts fixes des services de communication des annonceurs)
- Coûts indirects ou coûts cachés (ex : temps passé par les chefs de produit sur des opérations de communication, quote-part des frais généraux à imputer aux services marketing et communication)

Les dépenses de communication marketing des entreprises sont majoritairement des budgets confiés à des prestataires extérieurs. C'est vrai pour la quasi-totalité des dépenses de publicité. On fait appel aux médias, aux agences et à une multitude de fournisseurs pour les actions de publicité, de promotion des ventes, de relations publiques. On observe toutefois que les entreprises qui ont des budgets importants de marketing direct ont de plus en plus tendance à prendre en charge directement une partie significative de ces opérations, notamment lorsque le marketing direct s'intègre dans des politiques de CRM.

c) Plus les dépenses sont internalisées, moins elles sont connues avec précision

La qualité des statistiques dépend alors uniquement du bon vouloir des annonceurs et de l'existence, chez eux, d'une comptabilité analytique précise des dépenses de communication. Or, c'est loin d'être toujours le cas. Bon nombre d'annonceurs ont tendance à ne compter que les coûts externes, sans doute parce qu'ils sont les plus apparents. Ils évaluent rarement, avec précision, ce que l'on a appelé les coûts internes indirects de communication.

En conclusion, les données sur les dépenses de communication sont souvent imprécises et elles sont sous-évaluées, en particulier pour toutes les dépenses autres que publicitaires. Aussi, lorsqu'on dit que le hors-médias représente, en France, 65 % des dépenses de communication des entreprises, c'est nettement plus en réalité.

(1) *Indépendants.*

4/ Une synthèse des caractéristiques des principaux moyens de communication médias (publicité) et hors-médias

Ces caractéristiques générales méritent d'être nuancées selon les cas.

a) La publicité (médias)

SYNTHÈSE DES CARACTÉRISTIQUES DE LA PUBLICITÉ POUR LES ANNONCEURS

Avantages	Inconvénients
▪ Le meilleur moyen pour toucher des audiences de masse ▪ Efficacité pour valoriser la marque ▪ Effet rapide sur la notoriété, les ventes, mais plus lent sur l'évolution de l'image ▪ Capitalisation des effets ▪ CPM [1] faible pour cibles de masse ▪ Communication contrôlée par l'entreprise : intégrité du message respectée par les médias ▪ Impressionne la distribution ▪ Le plus polyvalent des moyens de communication ▪ Sous-traitée à des agences : moindre effort pour l'annonceur	▪ Déperdition souvent forte car elle cible assez mal ▪ Ticket d'entrée élevé (budget minimum) ▪ Efficacité difficilement mesurable ▪ Fort encombrement publicitaire des meilleurs supports ▪ Message réducteur ▪ Coût de l'espace en progression ; rentabilité en diminution ▪ Réactivité faible : temps nécessaire à la réalisation d'une campagne ▪ Moins efficace pour les produits en phase de maturité et déclin que pour les produits nouveaux ▪ Moins efficace pour fidéliser que pour recruter de nouveaux consommateurs ▪ Action qui, par définition, ne peut pas être cachée à la concurrence ▪ Risque de surenchère publicitaire

b) Le marketing direct

1° Le marketing direct non adressé

• *La publicité directe*

C'est de la publicité-médias avec des coupons réponses ou un numéro vert. On peut la classer indifféremment dans la publicité ou le marketing direct. Les bannières sur Internet que l'on clique pour aller sur un site marchand sont une forme de publicité directe.

• *Les imprimés sans adresse (ISA)*

Ce sont les prospectus, les offres promotionnelles, les journaux de distributeurs, etc. que l'on glisse dans les boîtes aux lettres.

2° Le marketing direct adressé

C'est le marketing direct *stricto sensu* (v. le tableau suivant), le plus performant, basé sur des fichiers personnalisés.

(1) CPM signifie coût pour mille personnes exposées à la publicité.

Il comprend :

– les publipostages ou *mailings* ;
– le télémarketing ;
– les *e-mails*.

SYNTHÈSE DES CARACTÉRISTIQUES DU MARKETING DIRECT

Avantages	Inconvénients
■ Ciblage très précis ■ Effet rapide, mesurable mais éphémère ■ Prétest des messages facile ■ Fidélisation ■ Ticket d'entrée faible ■ Moins visible, par la concurrence, que la publicité ■ Bon support d'accompagnement d'autres actions	■ Intrusion dans la vie privée, lassitude croissante, réglementation ■ Coûts de création et d'enrichissement des bases de données ■ Nécessité d'un excellent suivi des opérations ■ Souvent moins adapté que la publicité à la communication de marque

c) La promotion des ventes

SYNTHÈSE DES CARACTÉRISTIQUES DE LA PROMOTION DES VENTES

Avantages	Inconvénients
■ Effet immédiat ■ Effet sur les ventes souvent plus fort que celui de la publicité ■ Effet mesurable ■ Prix pas définitivement dégradé ■ Possibilité de cibler lieu et moment ■ Gêne la concurrence (ex. : remplir les rayons par une promotion avant lancement d'un produit concurrent)	■ Peut dégrader la marque ■ Augmente la sensibilité des consommateurs au prix ■ Coût réel pouvant être très important ■ Faible créativité ■ Facilement contrée par la concurrence et risque de cercle vicieux

d) Le sponsoring et la communication événementielle

SYNTHÈSE DES CARACTÉRISTIQUES DU SPONSORING ET DE LA COMMUNICATION ÉVÉNEMENTIELLE

Avantages	Inconvénients
■ Création rapide de notoriété, démultiplication par retombées presse ■ Impact sur image si opération bien choisie ■ Impact en interne ■ Prétexte à contacts personnels avec distribution, partenaires divers	■ Spéculatif avec effets pouvant être négatifs ■ Effet difficilement mesurable ■ Parfois « danseuse » du président ■ Actions trop souvent ponctuelles, pas assez LT

Section 2
L'ÉVOLUTION DES DÉPENSES HORS-MÉDIAS

En France, les dépenses hors-médias sont supérieures aux dépenses de publicité-médias depuis le milieu des années quatre-vingt.

1/ LE HORS-MÉDIAS EST QUANTITATIVEMENT PLUS IMPORTANT QUE LA PUBLICITÉ-MÉDIAS

Le hors-médias représente aujourd'hui près des deux tiers des dépenses de communication, en France.

a) Au cours des trente dernières années, les dépenses hors-médias ont progressé plus vite que les dépenses de publicité

Figure 5

ÉVOLUTION DE LA RÉPARTITION DES DÉPENSES DE COMMUNICATION EN DÉPENSES MÉDIAS ET HORS-MÉDIAS

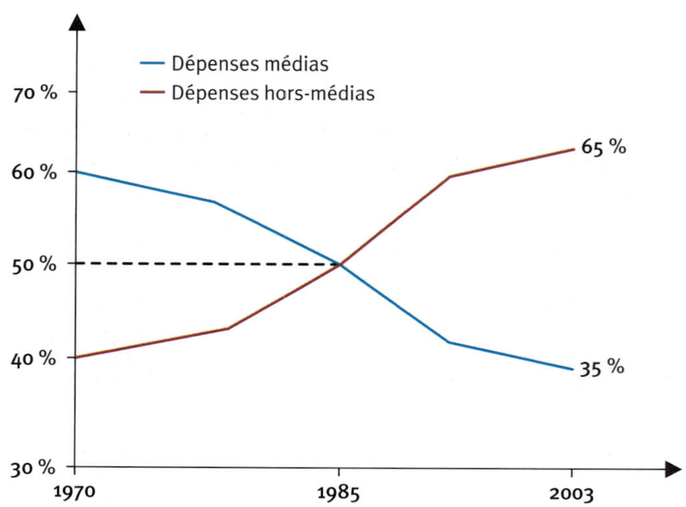

Source : AACC, IREP 1970-1987, France Pub 1987-2003.

Le graphique ci-dessus ne doit pas donner le sentiment que l'écart entre la part de la publicité et celle du hors-médias va continuer à se creuser très rapidement. En effet, le marché de la communication est aujourd'hui dans une phase de maturité et la répartition médias/hors-médias est maintenant assez stable.

Cependant, les dépenses hors-médias ont toujours progressé plus rapidement que les dépenses médias, et ceci, particulièrement dans les périodes de crise économique.

b) Les dépenses hors-médias sont moins sensibles que les dépenses de publicité à la conjoncture économique

ÉVOLUTION DES DÉPENSES MÉDIAS ET HORS-MÉDIAS EN VARIATIONS ANNUELLES (N SUR N-1)

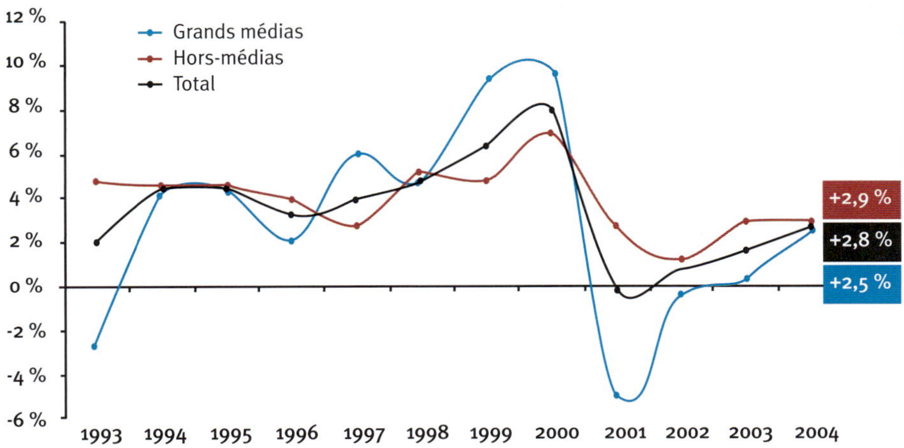

Source : France Pub.

Figure 6

Pendant les années de crise (1991 à 1997), les dépenses de publicité ont diminué ou stagné tandis que les dépenses de promotion des ventes et de marketing direct continuaient à progresser. Cela a été le cas, dans des proportions plus importantes encore, en 2001, année noire pour la publicité.

ÉVOLUTION DE LA PART DU HORS-MÉDIAS, EN FRANCE, EN POURCENTAGE DES DÉPENSES TOTALES

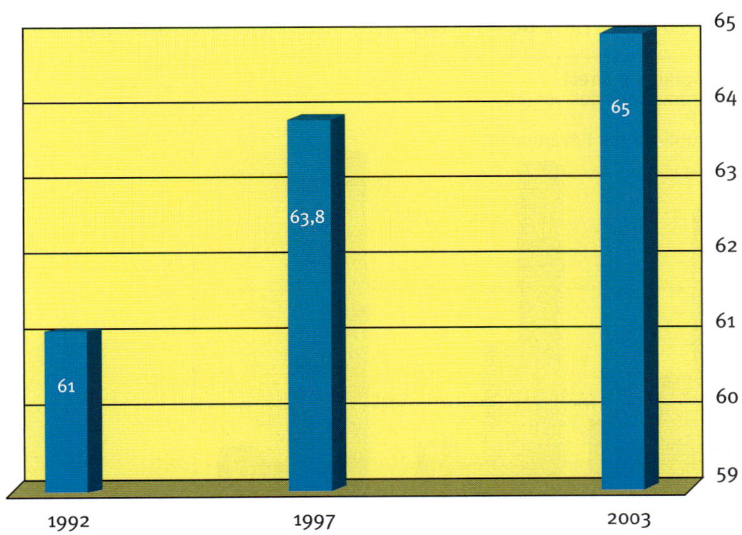

Source : France Pub.

Figure 7

Les dépenses de publicité sont particulièrement vulnérables à une mauvaise conjoncture. On a tendance à diminuer les budgets de publicité lorsqu'on s'aperçoit que les prévisions des ventes ne seront pas réalisées. Cette pratique a souvent été condamnée par de nombreux théoriciens qui maintiennent qu'il faut, au contraire, investir plus pour relancer les ventes. Ces principes peuvent paraître logiques mais ils résistent mal à la réalité vécue par les directions des entreprises :

– dans les moments difficiles, *les dirigeants sont obligés de naviguer à vue*. Pour maintenir à court terme le niveau de résultat escompté, ils coupent dans les budgets qui ont un retour à plus long terme : publicité de marque, sponsoring, mécénat, parfois relations publiques. En revanche, ils maintiennent ou bien même accroissent les dépenses qui peuvent stimuler immédiatement les ventes : promotion des ventes, marketing direct, *incentives* pour stimuler les forces de vente, etc. ;
– les *dirigeants sont aux ordres des actionnaires*. Les attentes à court terme des actionnaires sont en conflit avec la logique des marques qui demande des investissements constants sur une longue période ;
– les *budgets de communication sont souvent considérables*. En les rognant, on peut donc avoir un effet sensible et immédiat sur le résultat ;
– enfin, *la marge de manœuvre des dirigeants est très réduite* pour redresser rapidement les résultats en diminuant les dépenses. La restriction de personnel, la vente d'une activité, la mise au point d'un nouveau processus de fabrication, la recherche de nouvelles sources d'approvisionnement ou de nouveaux sous-traitants, etc. demandent du temps pour produire des effets significatifs. En revanche, on peut annuler en septembre, une vague de publicité prévue pour la fin d'année avec effet immédiat sur les comptes de l'année.

c) Ce sont les dépenses de marketing direct et, dans une moindre mesure, de promotion des ventes, qui tirent l'ensemble des dépenses hors-médias

Figure 8

ÉVOLUTION DES PRINCIPAUX POSTES DU HORS-MÉDIAS, EN POURCENTAGE DES DÉPENSES TOTALES DE COMMUNICATION

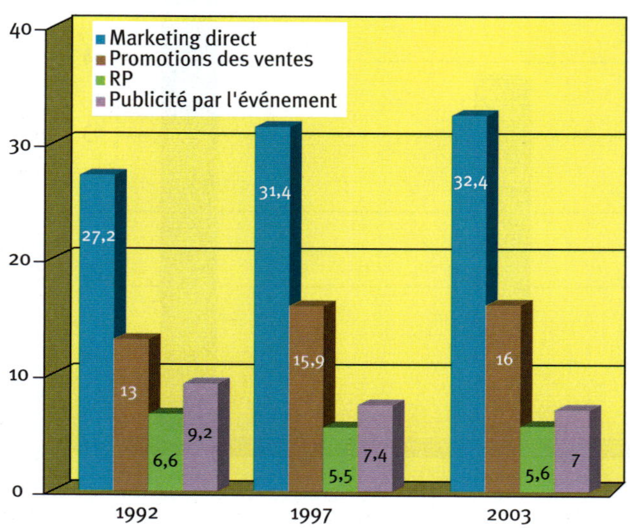

Source : France Pub.

Avec 32,5 % des dépenses totales de communication, le marketing direct est aujourd'hui pratiquement à égalité avec les dépenses de publicité. Dans les prochaines années, il deviendra le premier poste, au service du marketing relationnel et de fidélisation. Dans un contexte de plus en plus concurrentiel, il faut savoir être au plus proche de sa clientèle et savoir la retenir. Si l'aura des grandes marques se construit par la publicité, leur quotidien se fait avec des relations entretenues et personnalisées. La communication de masse, indifférenciée a besoin d'un dialogue permanent que permettent les techniques du marketing direct, techniques qui seront largement développées dans le chapitre 3 de cette partie.

2/ Les dépenses hors-médias varient beaucoup selon les secteurs

La communication individualisée est, par nature, le propre du marketing d'entreprise à entreprise (*Business to Business*), notamment pour les grands comptes pour lesquels la relation et la personnalisation sont les conditions *sine qua non* des affaires. On y fait du marketing et de la communication sur mesure.

Les services *B to B* et *B to C*[1], aujourd'hui la part dominante de l'économie des pays développés, comportent également une dimension relationnelle primordiale.

La part des dépenses hors-médias dans les différents secteurs d'activité en France, en 2003

	Tous secteurs	Biens de consommation	*B to B*	Ensemble secteur services	Dont distribution
Hors-médias	64,9 %	54,6 %	83,1 %	66,2 %	67,4 %
Médias	35,1 %	45,4 %	16,9 %	33,8 %	32,6 %

Source : France Pub.

Figure 9

La part du marketing direct dans les différents secteurs d'activité en pourcentage des dépenses totales de communication en France, en 2003

	Tous secteurs	Biens de consommation	*B to B*	Ensemble secteur services	Dont distribution
Marketing direct	32,4 %	24 %	41 %	27 %	32 %
Promotion des ventes	16 %	22 %	9 %	6 %	26 %

Source : France Pub.

Figure 10

C'est, très logiquement, la distribution qui investit le plus en promotion. En réalité, la promotion des ventes y est plus importante que ne le laisse supposer le chiffre de 26 %, une part importante des dépenses de promotion des distributeurs étant financée par les producteurs. C'est la technique dite de « la marge arrière »[2].

(1) B to C : Business to Consumer *ou* Business to Customer *: marketing et communication d'entreprise à consommateur ou d'entreprise à client.*

(2) *Sur les marges arrières, v. Lendrevie, Lévy, Lindon,* Mercator, *6e édition, Dalloz, 2003, p. 405.*

VENEZ TOUT NU, NOUS VOUS HABILLERONS !

Une idée de promotion pour un magasin en Allemagne

Comme on le verra dans ce chapitre, pour être efficace, une idée de promotion des ventes doit être :

- **S**imple : un concept facile à comprendre et à réaliser ;
- **S**pectaculaire : une promesse forte ;
- **S**ingulière : originale et propre à la marque ;
- **S**tratégique : cohérente avec la personnalité et les valeurs de la marque pour renforcer son positionnement.

Par les retombées presse et le bouche à oreille qu'elle a suscités, cette promotion, simple, spectaculaire, originale, drôle et sympathique, a eu un fort impact en termes de trafic au point de vente, de notoriété et d'image de l'enseigne.

Dienstag, 29. Februar 2000 — LOKALES

Aphrodite und Pascal, zwei die wissen, was sie wollen: „Spaß haben und sich kostenlos einkleiden."

Ungewöhnlicher Werbegag sorgt für viel Spaß und Empörung:

Flitzer-Ansturm auf Kleiderfirma Die Nackten froren vor Geschäft

Jö schau, jetzt rennen s' nackert durch die Stadt, damit ihnen einer was zum Anziehen gibt! Tatsächlich blieb manchem Passanten beinahe das Frühstückskipferl im Hals stecken, als sich vor Filialen einer Bekleidungskette Dutzende „Flitzer" sammelten, um einen Gutschein über 5000 Schilling zu ergattern . . .

Tumultartige Nackt-Szenen beim Wettrennen zu den Kassen

Seit Tagen ist auf Plakaten zu lesen: „Die ersten fünf Kunden, die splitternackt kommen, werden neu eingekleidet." Dass der Andrang allerdings so groß ist, hätten sich die Werbeköpfe wohl nicht gedacht. Allein vor der

VON SUSI REITERER

Filiale in der Wiener Mariahilfer Straße froren Montag früh rund 25 Flitzer.

Plattgedrückte Nasen, blanke Hinterteile – und ein Wunsch: Den Gutschein gewinnen. Schulschwänzer, Künstler, Studenten, Obdachlose – alle waren einig: „So billig gibt's nie wieder die neue Sommerkollektion."

Die Veranstalter freuen sich, der Werberat weniger. Er hat die Aktion scharf verurteilt und verlangt den sofortigen Stopp.

Chapitre 2

La promotion des ventes : concilier stimulation des ventes et capital marque*

* par José Jacinto, directeur associé de l'agence Publicis Dialog, agence de communication opérationnelle.

La promotion des ventes a longtemps été considérée comme un mal nécessaire, pour soutenir les ventes, passer un cap difficile, résister à une attaque de la concurrence. Les gens de communication, les publicitaires en particulier, l'ont souvent traitée avec dédain en y voyant des opérations tactiques, mécaniques, peu créatives et qui, de surcroît, pouvaient endommager sérieusement la marque en cassant les prix.

Dans ce chapitre, on évite une monographie détaillée, ennuyeuse et finalement assez stérile des multiples techniques de promotion. On s'attache à montrer l'évolution de la promotion, de la réclame promotionnelle à la promotion qui crée de la valeur pour le consommateur, pour le distributeur (*trade promotion*) et pour le producteur. La promotion peut recruter de nouveaux consommateurs, entretenir et développer la relation avec la marque ou l'enseigne, fidéliser les clients. Le temps est à la promotion innovante qui sert, à la fois, le marketing et le commercial, qui concilie objectifs de ventes et personnalité de marque.

Plan du chapitre

Section 1
L'univers de la promotion des ventes

Au tout début de son développement dans les années soixante [(1)] et jusqu'à la fin des années quatre-vingt, la promotion des ventes accompagne les marques dans leurs stratégies marketing et commerciale pour stimuler les ventes de

(1) On peut évidemment dater les débuts de la promotion des ventes beaucoup plus en avant dans le temps. Les soldes sont « vieilles comme le monde ». Boucicaut, l'inventeur de la formule des grands magasins (Au Bon Marché, 1852) faisait de la promotion mais les méthodes modernes de la promotion des ventes ne se développèrent véritablement qu'avec le marketing de masse et l'apparition de la grande distribution : hypers et supers, chaînes spécialisées.

leurs gammes de produits. Les objectifs assignés à la promotion des ventes sont déjà de recruter de nouveaux acheteurs et plus rarement de fidéliser les acheteurs habituels.

1/ Les débuts de la promotion des ventes

Les techniques sont plutôt simples mais efficaces. C'est le temps du *Promo Erectus* sous la forme de la « réclame » avec des couleurs vives (beaucoup de jaune et de rouge) pour attirer le regard du consommateur dans les linéaires des grandes surfaces alimentaires qui viennent de s'ouvrir. Dans les années soixante-dix et tout au long des années quatre-vingt, la multiplication des enseignes de distribution et des lancements de produits donne un rôle accru à la promotion des ventes. Elle est devenue un levier indispensable au même titre que la publicité. Pendant toutes ces années, la promotion des ventes se développe sous la pression d'une concurrence de plus en plus forte. Elle est sous la responsabilité du service marketing et reste une tâche importante des chefs de produit. Dans un contexte concurrentiel de plus en plus encombré, la promotion connaît une croissance considérable du nombre d'opérations qui a pu aller jusqu'à 20 % et plus par an ! Cette période durera une vingtaine d'années pendant lesquelles la promotion des ventes deviendra une discipline à part entière du marketing, avec ses méthodes particulières, ses règles de fonctionnement et de gestion opérationnelle, ses principes de communication et ses concepts de création, le tout dans un cadre juridique très précis. C'est l'ère de la *Promo Habilis*.

Au cours de cette période, le comportement du consommateur ne change pas beaucoup face aux techniques promotionnelles. La promotion des ventes se révèle d'une grande efficacité lorsque la notoriété et l'image d'une marque ne suffisent plus comme moteur de développement des ventes. Le consommateur joue le jeu en profitant des avantages offerts qu'ils soient financiers ou autres. La promotion reste une réponse tactique, à court terme, pour accélérer les ventes. Elle ne s'inscrit pas dans une démarche stratégique dans les plans marketing.

2/ Les évolutions de la promotion des ventes

a) *Pull* et *push*

Pendant longtemps, on a considéré qu'il y avait d'un côté la publicité et de l'autre la promotion. La publicité a pour objectif « d'attirer » (*pull*) le consommateur vers le produit tandis que la promotion a pour rôle majeur de « pousser » (*push*) le produit vers le consommateur.

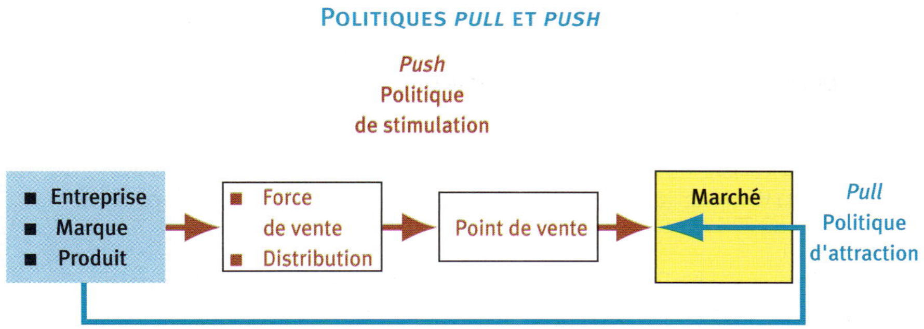

Figure 1

Les deux leviers *pull* et *push* doivent cohabiter[1] pour améliorer la lisibilité des valeurs de la marque et rendre le bénéfice produit concret et attractif. De cette démarche conjointe, il ressort que la promotion doit prendre sa part dans l'effort de différenciation de la marque dans l'espace concurrentiel. La promesse publicitaire doit se prolonger jusqu'au bénéfice promotionnel. La combinaison des deux stratégies permet de prendre le consommateur « en tenaille » et d'atteindre de façon plus sûre l'objectif commun : l'achat du produit.

b) De la technique promotionnelle au dispositif promotionnel valorisant la marque

Au-delà de la simple technique promotionnelle, les responsables marketing découvrent que la promotion des ventes peut couvrir un champ d'action « transversal » et que la simple technique promotionnelle doit disparaître au profit d'un dispositif promotionnel souvent supporté par une action dans les grands médias pour le faire connaître et le mettre en valeur. C'est la promotion de la promotion. La publicité devient alors – pour partie – la publicité de la promotion au service de la marque-produit ou de la marque-enseigne.

Aujourd'hui, on va plus loin encore. On cherche la proximité avec le consommateur. On lui propose une expérience unique au contact de la marque. En un mot, donner du sens à la relation marque-consommateur fait aussi partie des objectifs assignés au discours promotionnel. Les frontières entre la publicité classique, la promotion des ventes et autres actions hors-médias font progressivement place à des campagnes de communication intégrées qui utilisent en synergie tous les moyens permettant de stimuler les ventes. La dernière partie de cet ouvrage propose une méthode d'intégration de ces différents moyens.

c) Du consommateur final à l'acheteur en centrale : *trade marketing* et *trade promotion*

Un changement majeur a été l'émergence du *trade marketing*[2] avec la croissance rapide du nombre d'opérations conçues pour stimuler la coopération commerciale des distributeurs et stimuler les commandes passées par les acheteurs des centrales des grandes enseignes.

L'adhésion des équipes d'animation commerciale des grandes enseignes à une opération promotionnelle est la garantie d'une visibilité optimale de la marque : présence dans les prospectus (ISA), disposition en tête de gondole

(1) *Le plus souvent les politiques sont mixtes :* pull *et* push *mais il faut choisir un axe majeur. Est-il* pull *? Est-il* push *?*

(2) *Le* trade marketing *désigne le marketing vers le distributeur.*

et animation au point de vente. La promotion ne vise plus seulement le consommateur mais aussi le client de l'entreprise, c'est-à-dire le distributeur. Les industriels-fournisseurs ont maintenant leurs propres équipes de marketing-distributeur (on dit plus souvent : *trade marketing*) et les distributeurs-clients ont formé des acheteurs au marketing. Placés au cœur de la bataille marketing et des négociations commerciales, les opérations de promotion-distributeur (*trade promotion*) se sont développées rapidement.

Figure 2

LES OPÉRATIONS DE PROMOTION-DISTRIBUTEUR

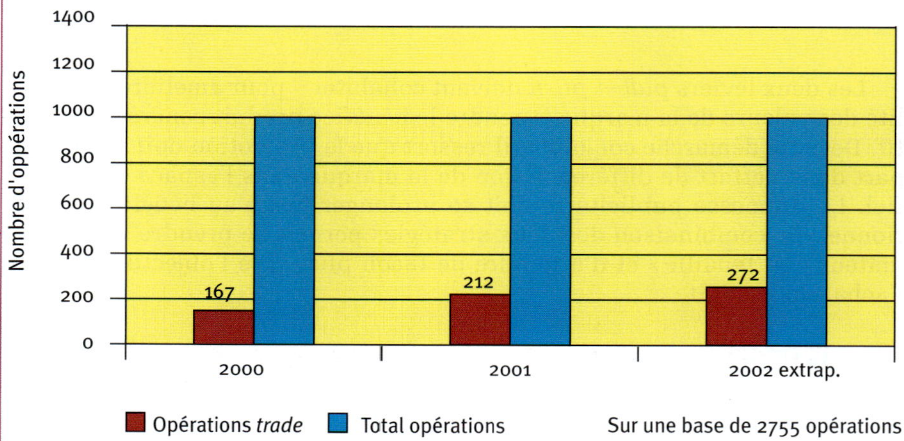

Source : SFDD.

Les objectifs du marketing-distributeur étant le chiffre d'affaires additionnel, la prise de part de marché et l'apport de marge, on peut logiquement en conclure que la promotion-distributeur a de beaux jours devant elle.

3/ QUI ACHÈTE EN PROMOTION ?

À partir des études faites sur le comportement des consommateurs face aux promotions, on peut tirer les conclusions suivantes :

- il existe un segment de consommateurs très impliqués par la promotion et un segment qui l'est beaucoup moins, voire pas du tout : 6 % seulement des consommateurs français sont réfractaires aux promotions ; 33 % disent n'acheter qu'en promotion, dans les grandes surfaces ; 60 % sont des acheteurs réguliers de produits en promotion ;
- quand le consommateur est sensible à la promotion, il l'est à toutes les formes de techniques promotionnelles, ce qui ne veut pas dire que toutes les formes de promotion ont strictement le même impact ;
- plus un client apprécie favorablement les marques de distributeurs (MDD), plus il achète en promotion, résultat logique qui découle de la sensibilité au prix. Les campagnes promotionnelles faites par des grandes marques leur permettent d'attaquer les MDD qui leur font concurrence ;

– le sexe (les femmes) et le revenu (les plus modestes) sont les critères qui expliquent le mieux la sensibilité à la promotion. On peut définir ainsi les principaux traits des adeptes de la promotion :
  – des consommatrices âgées de 30 à 49 ans, avec plusieurs enfants à charge. Plus il y a d'enfants [1], plus le pourcentage de produits achetés en promotion est important et ce, quel que soit le niveau social ;
  – des consommateurs jeunes avec des revenus modestes ou faibles que la Comareg [2] a évalué au nombre de 3,2 millions de personnes, en France.

Une étude faite par Auchan et publiée par *LSA* permet de mieux comprendre les attitudes des consommateurs en matière de promotion. Quatre profils différents de consommateurs ont été identifiés.

Les différents profils des consommateurs face à la promotion

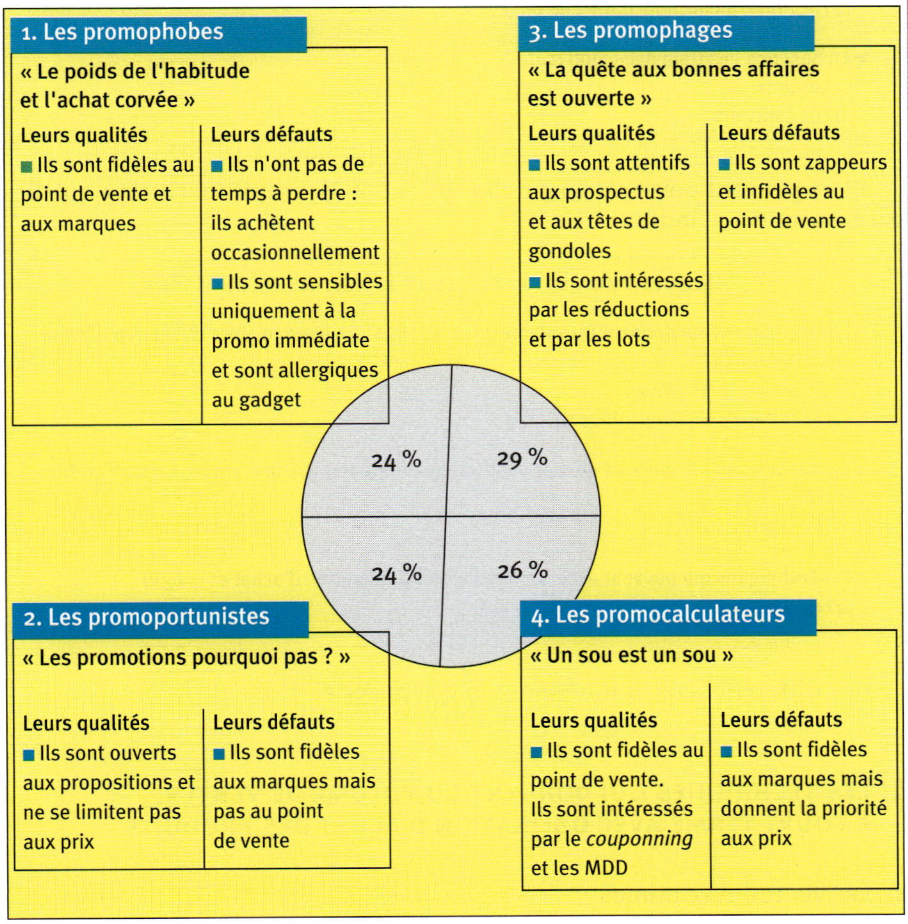

Source : LSA - *Auchan.*

Figure 3

(1) *Isabelle Muratore, « Les enfants et la promotion des ventes : enjeux et perspectives », www.univ-montp2.fr.*

(2) *Société appartenant au groupe Havas et qui, entre autres activités, fait l'étude annuelle France Pub en liaison avec l'IREP (Institut de recherche et d'études publicitaires). Cette enquête donne les chiffres des dépenses médias et hors-médias.*

Section 2
LES BÉNÉFICES-CONSOMMATEUR ET LES BÉNÉFICES-PRODUCTEUR APPORTÉS PAR LES DIFFÉRENTES TECHNIQUES PROMOTIONNELLES

Les techniques de la promotion des ventes sont très diverses. Elles peuvent être classées selon le bénéfice qu'elles proposent au consommateur.

TECHNIQUES PROMOTIONNELLES ET BÉNÉFICES-CONSOMMATEUR

- **Le bénéfice certain mais souvent dérisoire**
  - Les ventes avec primes
  - Les offres financières (offres de prix)
- **Le bénéfice incertain mais motivant**
  - Les jeux
  - Les concours

Elles peuvent être également classées selon l'objectif marketing qu'elles permettent d'atteindre.

TECHNIQUES PROMOTIONNELLES ET BÉNÉFICES-PRODUCTEUR

- **Les techniques qui donnent du volume à court terme à la marque, avec obligation d'achat des produits**
  - Les ventes avec primes
  - Les offres financières (offres de prix)
- **Les techniques qui peuvent donner de la valeur à long terme à la marque, sans obligation d'achat**
  - Les jeux
- **Les techniques qui peuvent avoir un double effet (obligation d'achat et image)**
  - Les concours

Ces différentes techniques sont développées ci-dessous.

1/ LES TECHNIQUES QUI DONNENT DU VOLUME DE VENTES, À COURT TERME AVEC OBLIGATION D'ACHAT DES PRODUITS

a) Les ventes avec primes

Les ventes avec prime consistent à offrir, gratuitement ou à des conditions avantageuses, un produit[1] pour l'achat d'un autre produit. Elles sont autorisées lorsque :

1. *la prime est de nature identique au produit en promotion* : il s'agit par exemple de la pratique du treize à la douzaine parfaitement acceptée en droit ;

(1) *On entend ici « produit » au sens large de biens (tangibles) et/ou services (intangibles).*

2. *la prime est de nature différente du produit en promotion mais de faible valeur* : elle porte, de façon indélébile, un marquage publicitaire. Dans ce cas :

– la valeur de la prime ne doit pas dépasser 7 % du prix du produit ou service en promotion, si celui-ci est inférieur ou égal à 75 euros ;

Exemple

☞ Si le produit en promotion est un baril de lessive à 10 euros, la valeur de la prime à son coût de revient devra être inférieure à 0,7 euro.

– la valeur de la prime ne doit pas dépasser 4,5 euros + 1 % du prix du produit ou service en promotion, si celui-ci est supérieur à 75 euros. La prime ne peut pas excéder 42,5 euros. Pour les objets produits en France, la valeur de la prime est appréciée à son coût de revient TTC.

Exemple

☞ Si le service en promotion est un téléphone mobile à 100 euros, la valeur de la prime ne doit pas excéder 4,5 euros + 1 % de 100 euros soit 5,5 euros.

« Pour un euro de plus »

Au cas où la prime est de nature différente du produit en promotion mais d'une valeur supérieure aux seuils mentionnés ci-dessus, elle est admise si elle est cédée au consommateur moyennant le versement d'une participation supplémentaire, sous réserve de ne pas revendre à perte. Il faut noter que pour les offres de ce type, le seuil de revente à perte se calcule par rapport au prix global du lot. Il n'y aura revente à perte que si le prix de vente global du lot est inférieur au cumul des prix d'achat effectifs des articles le composant.

Les conséquences de la loi Galland

Cette loi veut un meilleur équilibre dans les relations commerciales entre fabricants et distributeurs. Les principales dispositions sont :

- **de nouvelles modalités d'application de l'interdiction de la revente à perte ;**
- **l'abrogation de l'interdiction du refus de vendre ;**
- **l'encadrement des pratiques commerciales liées au référencement des produits.**

Cette régularisation des échanges commerciaux est en faveur des industriels.

Le *point positif* : la revente à perte n'a plus sa place dans les stratégies marketing des grandes enseignes qui cherchent plus de différenciation et investissent dans la fidélisation de leurs clientèles mais toujours dans un objectif de rentabilisation.

Le *point négatif* : au début, la loi a indéniablement eu des effets désastreux sur les prix des grandes marques avec en moyenne une augmentation d'environ 4 % à 5 % subie en grande partie par le consommateur. Le passage à l'euro s'étant fait au même moment, les Français ont eu l'impression, souvent justifiée, que les prix n'avaient pas cessé d'augmenter.

La loi Galland a amené les enseignes à trouver d'autres terrains de concurrence que le prix. Cela a donné du sens au *trade marketing* et au *trade promotion* pour construire de la différence entre les enseignes. Dans le même temps, on a vu se multiplier des réductions de prix déguisées : cartes de fidélité, bons de réduction, jeux, cadeaux, etc. et l'émergence des nouveaux instruments promotionnels.

La vente à prime est déclinable de trois façons :

1. *la prime directe* : on offre un objet différent remis gratuitement en même temps que le produit acheté. L'objet doit être impérativement marqué. La prime peut arriver entre les mains du consommateur qui a acheté le produit par différents moyens :

- une insertion dans le produit porteur de l'offre (*in-pack*). Les paquets de céréales en sont la brillante illustration tout au long de l'année ;
- une remise par un animateur des ventes en magasin contre l'achat des produits de la marque mise en avant en tête de gondole ;
- une remise en caisse centrale du magasin après passage aux caisses et contre la présentation de son ticket justifiant l'achat. Cette démarche est le plus souvent mise en place dans le cadre d'une opération de *trade promotion* entre l'enseigne et la marque ;
- la diffusion de la prime par Internet. Le client imprime directement le bon à remettre à la caisse du magasin ;

2. *la prime différée* : cette offre doit respecter les mêmes critères juridiques que la prime directe mais la remise en différé permet de faire collectionner le nombre de preuves d'achat requis pour obtenir la prime. Sa valeur peut être plus importante puisque la règle des 7 % s'applique sur le nombre total d'actes d'achats effectués ;

Exemple

☞ 10 preuves d'achat d'un produit acheté à 5 euros l'unité permettent d'offrir une prime d'une valeur égale à $10 \times 5 \times 7\,\%$, soit une prime de 3,5 euros.

3. *la prime différée autopayante* : on offre un article différent et supplémentaire à un prix particulièrement avantageux pour le consommateur en échange de l'achat unique ou répété de produits. Deux cas de figure existent : soit la participation financière du consommateur couvre totalement le prix d'achat de l'objet proposé par la marque (par exemple : un film DVD proposé à 7 euros avec le paiement d'un plein d'essence), soit ce n'est pas le cas et la marque « prend à sa charge » le complément du prix d'achat de l'article proposé.

b) Les offres de prix

On peut dénombrer une bonne dizaine de propositions différentes qui vont de la plus directe, « l'offre spéciale » pour un achat d'impulsion à l'offre différée la plus répandue comme le remboursement. La réglementation est moins stricte que pour les primes mais il y a un garde-fou majeur : l'interdiction de vente à perte.

2/ Les techniques qui peuvent donner de la valeur à long terme à la marque, sans obligation d'achat : les jeux

On promet la lune mais il y a peu d'élus. Cette pratique a un inconvénient pour le producteur : elle est sans obligation d'achat.

Les jeux recouvrent désormais des formes diverses telles que les « instants gagnants » ou les *sweepstake* (« codes gagnants ») qui incitent à l'achat du produit mais avec toujours la possibilité de participer sans acheter. Comme on le verra plus loin, l'usage des nouvelles technologies (serveurs vocaux, SMS, Internet) permet aux participants de savoir tout de suite s'ils ont gagné. On peut donc prévoir la disparition prochaine des mécanismes simplement basés sur des tirages au sort sur papier libre.

Ces nouveaux canaux de participation aux promotions semblent stimuler le nombre de jeux mis en place et favoriser la participation d'une cible jeune (12-29 ans) et motivée, ce qui est tout à fait nouveau.

Exemple

☞ « Orangina party » : pour jouer, le consommateur devait créer une communauté dont il devenait le parrain. Il devait choisir un signe de ralliement appelé identifiant. Les filleuls validaient leur entrée dans la communauté en saisissant l'identifiant de leur parrain. Pour soutenir leur parrain, ils devaient jouer entre le 4 août et le 31octobre 2003, en se connectant sur le site. Le parrain gagnant était celui qui, à la fin de l'opération, avait le plus grand de nombre de filleuls, quel que soit le canal utilisé.

WEB + SMS : ORANGINA CRÉE LA « PULPE ET BULLE PARTY » AUTOUR DE LA CRÉATION D'UNE « TRIBU »

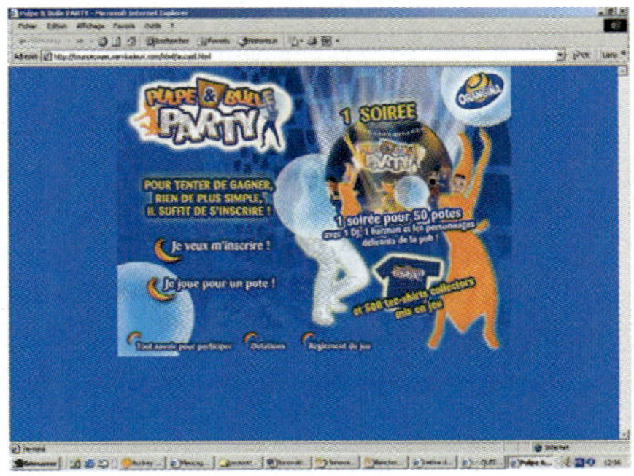

Source : Publicis Dialog.

3/ LES TECHNIQUES QUI PEUVENT AVOIR UN DOUBLE EFFET (OBLIGATION D'ACHAT ET IMAGE) : LES CONCOURS

Pour les producteurs, la possibilité d'obliger à l'achat est le grand intérêt de cette pratique. La technique des concours est fondée sur la sélection des gagnants par la perspicacité, la sagacité ou le talent créatif des participants [1]. On n'est donc plus dans le cas des jeux ou loteries qui ne font appel qu'au hasard pour sélectionner les gagnants. On demande aux participants de faire un effort important. Cela explique la forte désaffection qui a touché les concours s'adressant au grand public. Toutefois, ils renaissent aujourd'hui. Les *reality show* du type *Star Academy* ou *Nouvelle Star* ne sont, ni plus ni moins, que des concours adaptés pour la circonstance à la stratégie promotionnelle des chaînes de télévision. De la même façon, mais sans avoir des moyens médiatiques comparables, certaines opérations promotionnelles de marques exploitent le concours sous une forme analogue. Ainsi, on peut organiser un *casting* pour un film publicitaire où figurent les gagnants. La téléphonie mobile permet également au concours photo de retrouver une deuxième jeunesse. Il devient plus spontané, plus simple ou plus rapide dans son mode de participation, plus facile à gérer à n'importe quel moment de la journée (le téléphone est toujours avec soi !). Ce sont autant de nouvelles façons de participer sans trop de contraintes. Il suffit d'être original, drôle et d'avoir un peu de ...chance !

PROMOTION « PERRIER WANTED »

Source : Publicis Dialog.

(1) Les jeux et les concours sont les seules techniques promotionnelles qui nécessitent la rédaction d'un règlement complet généralement déposé chez un huissier et dont un extrait doit être communiqué au grand public.

Les nouvelles formes de « licences »

La licence est une valeur sûre pour garantir la « vente » d'une opération à la grande distribution pour une marque alimentaire ou non alimentaire. On apporte à l'enseigne la licence d'un événement qu'elle n'a pas la possibilité d'exploiter ou qui est déjà accaparé par un concurrent. Certaines marques (céréales, boissons) qui exploitent les licences à longueur d'année, transposent l'univers de la licence en magasin grâce à des PLV spectaculaires dignes de décors de théâtre ou de cinéma.

Liés à des événements sportifs (Coupe du monde, Jeux Olympiques, etc.) ou culturels (Fête de la musique), l'exploitation de licences permet de désaisonnaliser la consommation d'un produit ou plus simplement de le rendre plus attractif. Il ne s'agit plus d'une simple promotion *on pack* mais d'un dispositif complet (packaging, échantillonnage, prime ou jeu et PLV) qui œuvre pour amortir les coûts des droits d'exploitation de la licence. L'utilisation des licences doit être pertinente par rapport aux valeurs de la marque. C'est en allant au bout de cette démarche que certaines marques se lancent dans le cinéma. Comment ne pas évoquer cette nouvelle forme de promotion que les marques commencent juste à exploiter pour dire à leurs consommateurs qu'elles ont beaucoup de points en commun avec eux ? La démonstration de ce mode de promotion a été faite par la marque Fructis de Garnier dans un film (*Rrrrrr !!!* d'Alain Chabat) où la tribu des cheveux propres conserve le secret de la formule du shampooing tandis que la tribu des cheveux sales désespère de la trouver. La communication de la marque est destinée à une cible jeune et joue sur l'humour et le décalage. La marque est déjà bien implantée sur le marché ; elle est assez solide pour donner toute son ampleur à ce type de partenariat promotionnel. En fait, ce genre de démarche est très proche du « placement produit », une vieille technique qui consiste à mettre dans un film une voiture (Aston Martin et plus récemment BMW dans les *James Bond*), une montre (Omega *SeaMaster*), des bijoux (Chopard dans *Femme fatale* De Brian De Palma), etc., tout ceci contre rémunération.

Mais ici, on va plus loin. Il ne s'agit plus d'une insertion de type publicitaire mais d'une véritable coopération pour ne pas dire une coproduction. Après une timide entrée dans la littérature, une présence de plus en plus forte dans le cinéma et le sport, jusqu'où iront les marques ? Et quelles réactions provoqueront-elles ?

Section 3
La promotion des ventes au service de la marque passe par l'innovation

1/ Une accusation paradoxale : on dit que la promotion a des défauts majeurs et on en fait de plus en plus !

La promotion des ventes a longtemps eu une mauvaise image dans les milieux de la communication et tout particulièrement face à la publicité. Dans les années quatre-vingt, les concepts publicitaires ne se déclinaient pas en promotion, ou peu, afin de ne pas « mélanger les genres ». La promotion était souvent associée à une forme de dégradation de l'image de marque construite, à grands frais, par la publicité. Pourtant, la réalité est plus nuancée. Si la promotion était un facteur de nuisance déterminant dans la construction du capital de marque, son évolution s'en serait ressentie et les investissements promotionnels aussi. Aux États-Unis, les budgets consacrés à la promotion sont aujourd'hui supérieurs à ceux de la publicité-médias. Ce n'est pas encore le cas en Europe mais la tendance est la même. La promotion des ventes ne doit plus être considérée comme « la dernière roue du carrosse » de la communication ni comme un moyen peu noble pour compenser le manque d'efficacité de la publicité sur les ventes.

Certains – mais ils sont rares – ont toujours défendu la promotion des ventes. On pense particulièrement à l'article « *In defense of price promotion* » de John Quelch (professeur à Harvard Business School) et Paul Farris (professeur à l'Université de Virginie). Après avoir rappelé les principaux inconvénients attribués généralement à la promotion des prix (elle diminue la fidélité à la marque ; elle accroît la sensibilité des consommateurs au prix ; elle dégrade l'image de la marque ; elle focalise le management sur le court terme), ces deux auteurs font un plaidoyer étayé par une solide argumentation économique. La promotion-prix est un facteur majeur de souplesse de la politique marketing et commerciale dans des marchés de plus en plus segmentés.

Pour la défense de la promotion par les prix : les principaux arguments de J. Quelch et P. Farris

- **Elle permet aux producteurs de s'adapter aux variations de l'offre et de la demande, sans changer fréquemment leur catalogue de prix**
- **Elle permet à l'entreprise de s'adapter ponctuellement à la sensibilité au prix qui diffère selon les segments de clientèle. Elle donne de la souplesse à la politique marketing en permettant une discrimination par les prix, selon les segments et sur une base temporaire. Un tarif unique et immuable ne le permettrait pas**
- **Les coûts de promotion-prix étant des coûts variables, cela permet aux PME de combattre les grandes marques qui ont les moyens de faire de la publicité dans les grands médias**
- **En facilitant l'essai des produits nouveaux, en aidant à liquider les stocks de produits obsolètes, la promotion des ventes permet aux distributeurs de faire de la place aux innovations**
- **Les méthodes usuelles de calcul du coût de la promotion-prix par les entreprises sont inadaptées et elles la pénalisent. Le plus souvent, on multiplie le rabais par le nombre d'unités vendues en promotion et on y ajoute le budget nécessaire au montage de l'opération de promotion et à sa publicité. Il ne faut pas calculer le « manque à gagner » unitaire en partant du prix tarif mais du prix qu'il faudrait pratiquer si on renonçait à toute promotion. En effet, le tarif devrait être certainement diminué si on refusait de pratiquer des promotions**
- **La conclusion de Quelch et Farris fait sens : « Les promotions sur les prix sont un symptôme et non la cause des nombreux phénomènes dont on les accuse ». Une marque faible, peu d'innovation ou des bénéfices-consommateurs peu attractifs, une concurrence vive, un marché très différencié... conduisent aux promotions-prix pour « sauver les meubles »**

La promotion par les prix n'a donc pas tous les défauts dont on l'accable généralement. Et la promotion ne se résume pas aux seules baisses de prix. P. Chandon, B. Wansink et G. Laurent[1] ont fait une analyse des principales motivations sur lesquelles jouent les différentes formes de promotion. Ils les ont regroupées en deux catégories principales : utilité et plaisir.

(1) *Pierre Chandon, Brian Wansink, Gilles Laurent (2000), « A congruency framework of sales promotion effectiveness »,* Journal of Marketing, *64:4, 65-81.*

PROMOTION DES VENTES ET BÉNÉFICES-CONSOMMATEURS : ANALYSE PROPOSÉE PAR P. CHANDON, B. WANSINK ET G. LAURENT

Figure 4

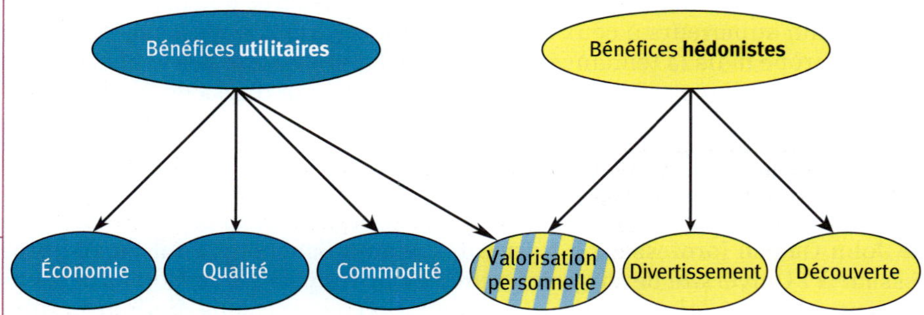

Légende :
Économie : *gains monétaires.*
Qualité : *en diminuant le prix, la promotion permet à certains clients d'accéder à des produits de qualité supérieure (par ex. : au lieu d'acheter une table de jardin en plastique, je prends une table en teck qui est en promotion).*
Commodité : *diminution du « coût » de la recherche de produit : gain de temps, décision plus rapide, etc.*
Valorisation personnelle : *je gère bien mon budget, j'ai fait une bonne affaire, je suis un consommateur intelligent.*
Divertissement : *ce jeu, ce cadeau, c'est* fun.
Découverte : *grâce à la promotion, je n'achète pas toujours les mêmes marques, j'essaie des produits nouveaux.*

2/ LES 4 S DE LA BONNE PROMOTION

- Simple
- Spectaculaire
- Singulière
- Stratégique

a) Simple et spectaculaire

Toute opération de promotion des ventes doit être simple à comprendre, notamment pour les opérations différées, et simple à réaliser. Toute opération de promotion des ventes doit faire une promesse très forte, une promesse spectaculaire. Simplicité et puissance de l'offre promotionnelle vont de pair.

Exemple

☞ L'une des opérations de promotion des ventes les plus réussies de ces dernières années a été le « Mois Carrefour » :
- tous les jours ;
- un nouvel article, allant du micro onde au billet d'avion ;
- à un prix défiant toute concurrence (par exemple : un lecteur de DVD à 79 euros à un moment où il était ailleurs à 150 euros minimum) ;
- en quantité limitée. Il n'y en aura pas pour tout le monde !

b) Singulière et stratégique

La promotion doit être originale mais ce ne doit pas être une créativité « passe-partout », qui peut être associée à n'importe quelle marque : « Il n'y a que ma marque qui peut faire cette promotion ».

Exemple

☞ Quand l'offre de remboursement dépend de la météo... La marque de glaces Master Food a lancé le pari « givré » de l'été 2003. La société Master Food s'était engagée à rembourser tous les achats de glace de ses marques (Mars, M&M's, Bounty, Twix, Snickers) effectués entre le 15 mai et le 15 août 2003, à la condition que la température dépasse 31° le 31 août. L'opération eut un écho médiatique considérable. Le jour venu, la température n'atteignit pas le seuil imposé mais les objectifs commerciaux étaient atteints. L'idée promotionnelle était parfaitement légitime pour une marque de glaces.

Source : www.cles-promo.com.[1]

Dans de nombreux cas, on ne peut pas prétendre que, seule, la marque peut faire tel type de promotion. Il faut alors vérifier qu'on peut répondre positivement aux questions suivantes :

– la forme de la promotion est-elle, dans son exécution, cohérente avec la signalétique de la marque et ses codes d'expression ? C'est le minimum que l'on puisse demander ;
– la promotion a-t-elle du sens pour le(s) segment(s) stratégique(s) de la marque ?
– la promotion est-elle cohérente avec la personnalité et les valeurs de la marque ?
– sert-elle le positionnement marketing de la marque ? Fait-elle évoluer de façon positive la notoriété et l'image de la marque, auprès des clients, auprès de la distribution ? En quoi ?

Exemples

☞ Le « Mois Carrefour » est une opération stratégique dans la mesure où elle nourrit et renforce le positionnement de l'enseigne sur les prix bas, un positionnement mis à mal, non seulement par la concurrence des autres hypers et supers de type Leclerc et Intermarché mais aussi et surtout par le développement des *hard discounts*.

☞ Le positionnement de Darty repose, depuis toujours, sur une triple promesse : prix, choix et service. Il y a longtemps, Darty lança une opération promotionnelle intitulée : « Darty, moins cher que Darty ». Ce fut un succès, en termes de ventes, mais les dirigeants constatèrent que cette promotion perturba de nombreux clients. Comment Darty qui nous promet, tous les jours, les prix les plus bas, peut-il faire encore moins cher sinon par une entourloupette ? Depuis, Darty a renoncé à faire des promotions sur les prix.

☞ De nombreuses marques de luxe font des soldes ou des promotions-prix qui sont réservées aux clients les plus fidèles ou les plus importants, sur rendez-vous et avec des messages personnalisés. La promotion a alors du sens. Les membres du « club » ont naturellement plus de droits que les autres. La promotion valorise le sentiment d'appartenance à l'univers de la marque.

☞ Le marketing relationnel développe de nombreuses promotions qui ne portent ni sur le prix, ni sur le produit. Ce sont des offres temporaires sur les avantages liés à la fidélité. Les *miles* sont un outil de fidélisation. Quand Air France double les *miles* sur certains vols, c'est une promotion qui s'inscrit dans la relation à la marque.

(1) On trouvera dans ce site beaucoup d'informations utiles sur la promotion des ventes et notamment, la description de nombreuses opérations promotionnelles.

3/ Des innovations qui peuvent mieux concilier de multiples enjeux

Elles visent à la fois à recruter de nouveaux clients, créer de nouvelles expériences avec la marque, entretenir et développer la notoriété, enrichir la marque par de nouvelles expériences avec elle, contribuer à la relation avec les clients.

a) Les possibilités offertes par les nouvelles technologies

Le développement des nouvelles technologies comme le téléphone portable, l'utilisation croissante d'Internet ont quelque peu bousculé un certain nombre de règles de base ancrées profondément dans la « technique » du métier de la promotion des ventes. La principale modification réside dans le changement de comportement des « promophiles », en permettant de jouer sur l'interactivité. On passe de la participation passive à la participation active puis à la participation interactive.

1° La participation passive

Afin d'avoir une chance de gagner le lot mis en jeu, il suffisait d'adresser son courrier et d'attendre le tirage au sort fait par huissier. Mais « les dés sont souvent jetés » et le participant n'avait aucun moyen d'agir pour améliorer son résultat ou son potentiel de chance de gain. Dans de telles conditions, la promesse manquait considérablement d'attrait pour susciter une forte participation des consommateurs.

De nouveaux supports comme les SVI (serveurs vocaux interactifs) ou désormais les SMS accélèrent considérablement le processus d'annonce sur le résultat final tout en multipliant la fréquence de participation. Des promesses fortes comme le « 1 gagnant par heure » ou encore « 100 gagnants par jour » trouvent leur justification dans l'utilisation de ces nouveaux canaux de participation. Toutefois, le résultat final reste totalement indépendant de l'intervention du participant mais depuis, un pas a été franchi.

2° La participation active

« Fais passer à ton voisin » pourrait être le principe sur lequel se fonde ce mode de participation. Générer la constitution d'un réseau ou d'une communauté avec l'objectif de se donner plus de chance de gagner une dotation qui peut être partagée par tous les participants, tel est le but de ce nouveau genre de promotion. Cela permet à l'entreprise de créer ou d'enrichir une base de données pour constituer un fichier riche, qualifié et actualisé. De façon logique, les promesses promotionnelles tournent souvent autour d'une fête entre amis ou des vacances en groupe à gagner. Un autre avantage apporté par ces nouvelles techniques est la diminution spectaculaire du temps nécessaire pour faire vivre ce genre d'opération. On a considérablement raccourci les délais liés à la « participation papier » !

Fondé sur l'étude des phénomènes communautaires, le *buzz marketing* (mot évoquant le bourdonnement à l'oreille d'un insecte) n'est ni plus ni moins que le bouche à oreille remis au goût du jour par des spécialistes du marketing. C'est une expression plus amusante que le marketing viral mais cela veut dire la même chose ! Il s'agit d'aider les marques à stimuler le bouche à oreille sur leurs produits et services en les connectant aux consommateurs les plus influents sur leur marché. Le *buzz* a toujours existé mais les nouveaux moyens de communication – Internet, téléphonie mobile, SMS, etc. – rendent plus facile la diffusion de l'information.

3° La participation interactive

Elle pourrait se résumer par une idée simple et forte : « Choisissez ce que vous voulez gagner ». Cette nouvelle forme de « participation à la carte » permet d'ouvrir la promotion au plus grand nombre car chaque participant peut non seulement choisir ce qu'il veut gagner mais aussi la façon dont il veut gagner et, par voie de conséquence, ce qu'il doit mettre en œuvre pour y arriver. Souvent le passage obligé pour atteindre son objectif reste la collection de preuves d'achat, ce qui a pour effet direct d'accroître les ventes de façon significative. Ce nouveau type de mécanique promotionnelle sert la cause des programmes de fidélisation à moyen où à long terme. Toutefois il ne peut vivre durablement que si on offre des dotations exceptionnelles.

b) Des promesses innovantes : une nouvelle génération de promesses ou « faire gagner ce qui ne peut être acheté »

Une journée à Paris avec Ricky Martin, être porte-drapeau lors de coupe du monde de football, une rencontre en tête-à-tête avec Céline Dion, être ramasseur de balles à Roland Garros, participer au tournage d'un épisode de *Friends*, jouer au basket avec Tony Parker ou, plus récemment, figurer dans la future publicité au cinéma d'une marque de boisson célèbre dans le monde entier. Voilà un certain nombre de promesses promotionnelles qui donnent envie de participer. Pourquoi ? Tout simplement parce que ces dotations ne se trouvent pas dans le commerce. Certes, elles sont très souvent réservées à un petit nombre de gagnants, ce qui peut avoir un effet dissuasif, mais en contrepartie, elles apportent une originalité extrême qui donne de la valeur à la marque, amplifie la différenciation du produit et provoque du désir chez le consommateur. Certaines valeurs de marque se construisent sur ce type de promesses « jamais vues » qui font vivre des expériences uniques à leurs consommateurs. Ainsi, à partir d'un concours photo, le consommateur peut voir sa photo exposée dans une galerie professionnelle grâce à une marque dont le positionnement du produit est fondé sur la créativité que l'on a en soi.

c) La théâtralisation de la marque et du produit sur le lieu de vente

En moyenne, on peut estimer que 40 % des achats se décident sur le point de vente, pour les produits de grande consommation de type alimentaire et entretien de la maison. Même si aujourd'hui, les achats d'impulsion (plus de 25 % des produits achetés en magasin ne sont pas inscrits sur la liste de courses) sont en léger retrait, il faut savoir que 10 % des produits initialement inscrits sur la liste de courses des consommateurs n'ont pas de marques définies. En ajoutant les achats de substitution (en cas de rupture sur une marque ou produit habituellement acheté), soit environ 5 %, on arrive à une décision sur le lieu de vente pour deux produits achetés sur cinq. On mesure aisément l'importance et les enjeux d'une mise en scène spectaculaire autour d'une offre promotionnelle au point de vente.

C'est donc dans le point de vente, qu'il soit traditionnel ou en ligne, que la marque de producteur doit « tirer son épingle son jeu » et que l'enseigne peut construire son positionnement sur le produit (La Maison du Chocolat, par exemple), sur le prix (Lidl), sur le service (Aquarel.fr), sur l'ambiance (Fnac).

La théâtralisation sur le lieu de vente est utile à toutes les marques. Pour les petites, c'est la seule issue pour être visible quand on n'a pas les moyens de faire de la publicité et des prospectus. Ces mises en scène, soit en tête de gondoles, soit en allée centrale, sont le plus souvent assurées par les producteurs mais de plus en plus d'enseignes les intègrent en amont dans leur programme annuel d'animation commerciale. On voit donc des opérations multimarques appartenant soit à la même entreprise comme le Bingo des marques de Danone ou L'Ileaux de Nestlé, soit plus rarement faites par des entreprises différentes et non concurrentes. Ces opérations sont conçues autour d'un thème unique et fédérateur, « habillées » par une PLV imposante et proposant des offres de dégustations ou de réductions immédiates.

OPÉRATION FERRERO, LE BUS DE L'ÉCOLE

Source : Publicis Dialog.

La répartition des investissements réalisés par les marques montre que la PLV consomme une grande partie des budgets points de vente (45 % environ), suivie par les animations (30 % environ), le reste allant à des forces de ventes supplétives.

Trois conditions doivent être réunies pour qu'une opération soit réussie :

1° Produire des ventes additionnelles

C'est toujours l'objectif principal de la promotion ! Une tête de gondole peut multiplier les ventes par deux. Une « massification » importante des produits en allée centrale peut multiplier les ventes par quatre. La bataille commerciale pour acquérir ces emplacements qui sont de vrais « moteurs d'achats » est rude entre les annonceurs et les enseignes sont de plus en plus exigeantes sur la qualité de la PLV et des animations.

2° Une exclusivité commerciale

« Nous souhaitons que les marques organisent des opérations spécifiques à notre enseigne » demandent les distributeurs. Pour conforter la politique de *trade marketing* entre distributeurs et fournisseurs, l'attribution à une seule enseigne d'une opération d'envergure est une solution optimale pour les deux parties : elle apporte de la différenciation à l'enseigne et elle permet de démontrer de façon spectaculaire toute la richesse de la gamme de produits du fournisseur présentés dans une « mini-boutique » ou un « mini-*corner* »[1].

Exemple

☞ Cette démarche a été bien illustrée par Nestlé et Carrefour. Le groupe alimentaire avait un double problème : redorer son image de spécialiste du chocolat auprès des consommateurs et accroître ses ventes qui baissaient chez Carrefour. Une opération

(1) Corner*: sorte de vitrine dédiée au produit d'une marque.*

promotionnelle intitulée « Chocolat en fête » a démontré toute la légitimité de Nestlé à prendre la parole autour du chocolat sous toutes ses formes : boissons, tablettes, barres, céréales, etc. avec des dégustations de produits en présence de conseillers experts en chocolat et d'animatrices de ventes qui proposaient un bénéfice direct et immédiat à tout participant à l'opération.

3° Des temps forts inscrits dans la durée

Il s'agit de passer d'opérations purement ponctuelles à des événements répétitifs, comme « Le printemps de la diététique », une opération reconduite chaque mois de mars par les marques de Nutrition & Santé : Céréal, Gerblé et Gerlinéa. Le concept de la « Foire aux vins » est fondé sur le principe de la pérennité mais on le voit maintenant se multiplier à plusieurs moments de l'année, ce qui lui nuira, très certainement.

d) De nouvelles formes de promotion par les prix

1° La prime de réservation

Le principe est simple : « Plus tôt vous réservez, moins cela vous coûte ! »

Exemples

☞ Un fabricant de consoles vidéo, lors du lancement de la version 2, a mis en place, longtemps avant l'arrivée du produit en magasin, toute une logistique assurant de façon certaine au client la possibilité d'avoir le produit. Il s'agit d'éviter le risque de rupture qui peut provoquer une telle déception que le consommateur « punit » la marque et se tourne vers un concurrent.

☞ Le Club Med a fait une campagne sur le concept du *Booking Bonus*, des avantages donnés à ceux qui réservent longtemps à l'avance. Ceci va à contre-courant des offres à prix cassés pour les départs immédiats qui font le succès des sites de voyages sur Internet comme la SNCF avec son offre « PREM'S ».

2° Les NIP ou les nouveaux instruments promotionnels

Derrière cette appellation trouvée par l'Institut de liaisons des entreprises de grande consommation (ILEC) se cachent tous les outils (plus ou moins récents) pour contrer le *hard-discount* et assurer la fidélité des clients :

- leur principe : cumuler les remises de prix et les superposer pour une marque ou un produit à un bonus lié à la possession d'une carte de fidélité ;
- leurs avantages : des baisses de prix directes et considérables, des « prix d'appel » sur les grandes marques nationales qui attirent le chaland ;
- leurs inconvénients : la complexité des offres qui rend les consommateurs perplexes, un coût élevé pour les marques qui financent ces promotions.

Malgré ces défauts, le pourcentage des entreprises (produits de grande consommation) qui ont recours aux NIP ne cesse de croître.

e) Quand les marques se déplacent à la rencontre des consommateurs : le *street marketing* est au bout de la rue !

Les marques n'hésitent plus à aller au-devant de consommateurs, actuels et potentiels, là où ils se trouvent.

Le *street marketing* commence (évidemment) par l'identification des lieux de rassemblement, très variés selon le profil de la population ciblée :

– les enfants et adolescents : les collèges, les lycées, les universités, les concerts, la Fête de la musique, etc. ou des lieux « en réseaux » comme les cinémas, les chaînes de vêtements, la restauration scolaire, les enseignes de musique, les jeux vidéo, etc. ;
– les adultes et jeunes adultes : les quartiers d'affaires, les quartiers *shopping*, les marchés de ville, les concerts, etc. ou des lieux « en réseaux » comme les clubs de sport, les cinémas, les grands magasins, la restauration d'entreprise, etc. ;
– les familles : les festivals et événements, les plages et campings, les stations de ski, etc. ou des lieux « en réseaux » comme des chaînes de restauration, les zoos et parcs d'attractions.

Pour la marque, le *street marketing* peut se révéler efficace lors du lancement d'un nouveau produit, pour le faire découvrir dans des situations qui mettront en valeur ses caractéristiques.

UNE OPÉRATION DE *STREET MARKETING*

Vittel

Source : Publicis Dialog.

f) De nouvelles opportunités ouvertes par l'évolution du cadre juridique

À la date de publication de cet ouvrage, un règlement européen était en préparation pour harmoniser les promotions. Il doit modifier certaines obligations prévues en droit français aux articles L.121-36 et suivants du Code de la consommation et en ajouter de nouvelles.

1° À propos des mécaniques avec dotations

Il est prévu :

– la possibilité de conditionner la participation à la loterie à un achat, ce qui provoquera une très forte croissance des jeux notamment dans les opérations de création de trafic et dans les animations des têtes de gondoles ;
– de nouvelles obligations d'information du consommateur comme l'indication des chances de gagner aux jeux ;

Exemple

☞ Mc Donald's applique déjà ce principe en précisant sur les supports PLV de son opération « Monopoly » : « 1 chance sur 4 ».

– la mise en place d'un système de traitement des réclamations et l'obligation de donner une réponse écrite dans les six semaines.

2° À propos des mécaniques avec primes

Il est prévu la possibilité de ne plus limiter la valeur des primes alors qu'aujourd'hui elle est cantonnée à 7 % du montant du produit acheté. Cela peut très vite déboucher sur des excès. Pourquoi ne pas offrir un ordinateur portable contre l'achat d'une paire de chaussures d'une très belle marque à la mode ? Ou tout simplement un cartable tout neuf pour l'achat d'un pot de Nutella ?

Ces nouvelles dispositions changeront radicalement la stratégie et la créativité dans la promotion des ventes.

Le marketing direct : de la vente à la relation et à la fidélisation

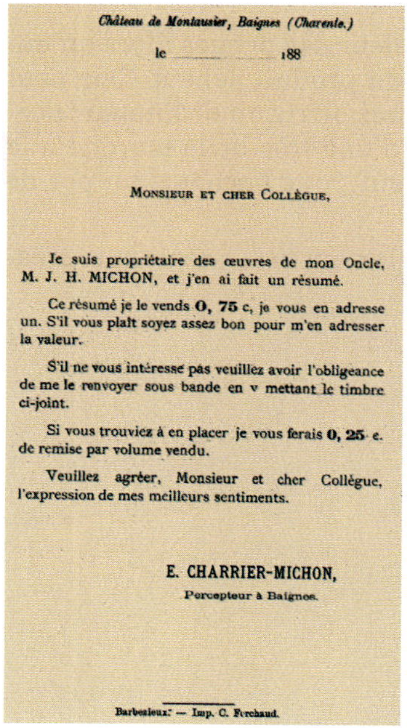

Château de Montausier, Baignes (Charente.)

le 188

MONSIEUR ET CHER COLLÈGUE,

Je suis propriétaire des œuvres de mon Oncle, M. J. H. MICHON, et j'en ai fait un résumé.

Ce résumé je le vends **0, 75** c, je vous en adresse un. S'il vous plaît soyez assez bon pour m'en adresser la valeur.

S'il ne vous intéresse pas veuillez avoir l'obligeance de me le renvoyer sous bande en v mettant le timbre ci-joint.

Si vous trouviez à en placer je vous ferais **0, 25** c. de remise par volume vendu.

Veuillez agréer, Monsieur et cher Collègue, l'expression de mes meilleurs sentiments.

E. CHARRIER-MICHON,
Percepteur à Baignes.

Barbezieux. — Imp. C. Ferchaud.

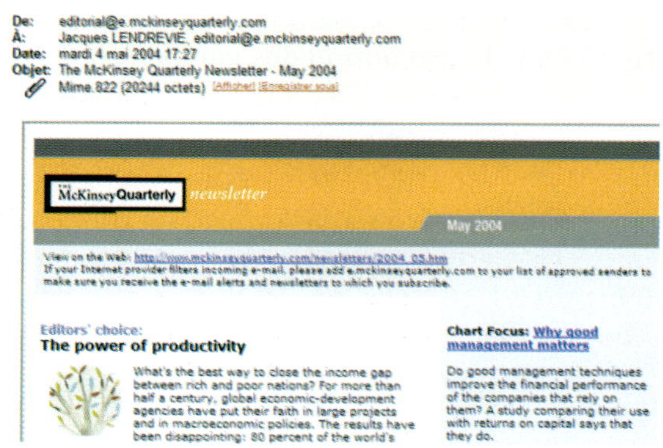

De: editorial@e.mckinseyquarterly.com
À: Jacques LENDREVIE, editorial@e.mckinseyquarterly.com
Date: mardi 4 mai 2004 17:27
Objet: The McKinsey Quarterly Newsletter - May 2004
Mime.822 (20244 octets) [Afficher] [Enregistrer sous]

The McKinsey Quarterly newsletter

May 2004

View on the Web: http://www.mckinseyquarterly.com/newsletters/2004_05.htm
If your Internet provider filters incoming e-mail, please add e.mckinseyquarterly.com to your list of approved senders to make sure you receive the e-mail alerts and newsletters to which you subscribe.

Editors' choice:
The power of productivity

What's the best way to close the income gap between rich and poor nations? For more than half a century, global economic-development agencies have put their faith in large projects and in macroeconomic policies. The results have been disappointing: 80 percent of the world's

Chart Focus: Why good management matters

Do good management techniques improve the financial performance of the companies that rely on them? A study comparing their use with returns on capital says that they do.

Source : The McKinsey Quaterly Newsletter.

À gauche, un ancêtre du publipostage dans les années 1880 : une lettre circulaire envoyée par un particulier qui cherche à faire fortune en vendant un traité de graphologie. Ce percepteur avait déjà intégré l'idée du marketing viral puisqu'il demandait à ses destinataires de promouvoir son ouvrage auprès de leurs connaissances.

À droite, une forme de marketing direct moderne : l'envoi d'une *newsletter* à une personne qui en a fait expressément la demande. L'émetteur respecte les principes du *permission marketing* ou marketing avec autorisation préalable.

Chapitre 3

Le marketing direct : de la vente à la relation et à la fidélisation

Les grandes maisons de vente par correspondance qui se sont développées dans la deuxième moitié du XIXe siècle sont les ancêtres du marketing direct. Elles ont imaginé les techniques fondamentales du marketing direct : constitution et gestion des fichiers, conception des messages (les catalogues), logistique et gestion des livraisons et de la facturation.

Le marketing direct moderne ne s'est réellement développé que plus récemment. Son « boom » aux États-Unis date des années quatre-vingt. Dans tous les pays occidentaux, c'est une forme de communication et de vente qui connaît aujourd'hui un grand succès. Le temps est au marketing relationnel et à la communication individualisée. Leur développement est favorisé par les progrès de l'informatique qui permettent de gérer d'immenses fichiers à des coûts continuellement décroissants et de personnaliser de mieux en mieux les offres. Originellement cantonné à la vente, le marketing direct devient de plus en plus un ensemble de techniques *off line* et *on line* pour développer des relations suivies et individualisées avec les consommateurs.

La première section donne une vue d'ensemble des types de marketing direct et de ses méthodes. La deuxième section est plus technique. Elle aborde la question-clé des bases de données qui sont le socle de toute opération de marketing direct. On y verra comment on enrichit la connaissance du client en suivant ses comportements dans le temps. Dans la troisième section, on énonce les principes d'efficacité des programmes de relations avec les clients et de fidélisation.

Plan du chapitre

Section 1
LES FONDAMENTAUX DU MARKETING DIRECT

Le marketing direct est une forme de communication et de commerce bien adaptée aux contraintes de la vie moderne. De plus en plus de femmes travaillent, les déplacements en ville sont de plus en plus pénibles. L'achat par marketing direct est facilité par l'usage des cartes de crédit, l'utilisation gratuite des numéros verts de téléphone et maintenant par Internet.

Dans certains cas, le marketing direct peut devenir la forme essentielle de commercialisation des produits ou des services d'une entreprise, notamment quand la création d'un réseau de points de vente est très coûteuse. C'est par exemple la politique de Cortal, de Banque directe ou de Norwich Union, une importante compagnie d'assurances britannique qui s'est développée en France par le moyen principal du marketing direct.

Le marketing direct est souvent une méthode de vente complémentaire, permettant d'exploiter un portefeuille de clients en le ciblant précisément, que ce soit en grande consommation (par exemple : Clarins) ou en *Business to Business* (par exemple : les distributeurs de fournitures de bureau comme Bruneau ou JPG).

Le marketing direct peut accroître le rendement d'autres moyens commerciaux. Ainsi, il peut améliorer la productivité des vendeurs en sélectionnant et en qualifiant les prospects. On ne concentre ainsi l'effort coûteux des commerciaux que sur les prospects les plus intéressants.

Le marketing direct limite les risques dans la mesure où les fichiers et les messages peuvent être testés. Par ailleurs, il permet des actions pointues, bien ciblées, n'engageant pas des budgets forcément très importants. Les résultats du marketing direct sont mesurables, souvent très rapidement et avec une excellente précision. Cet avantage est évidemment très prisé des entreprises. Il explique – mais il y a d'autres raisons – le développement considérable du marketing direct.

Internet a donné une nouvelle impulsion au marketing direct avec l'avènement du commerce électronique (ainsi, Dell est le numéro 1 mondial de la vente d'ordinateurs en les distribuant *via* Internet) et avec les possibilités offertes par le *e-mailing* marketing.

Enfin, comme il a été dit plus haut, le marketing direct est une approche relationnelle des marchés qui convient bien aux politiques de fidélisation, des programmes que les entreprises sont aujourd'hui de plus en plus nombreuses à mettre en œuvre.

Le marketing direct a cependant ses limites. La principale tient à la nécessité de disposer de fichiers de données clients de bonne qualité adaptés à la problématique des entreprises. Ces fichiers (ou bases de données) ne sont pas toujours faciles à trouver ou à constituer.

Bien que son champ d'action soit très large, le marketing direct ne se prête pas à tous les produits, notamment aux produits de très faible valeur unitaire et d'achats répétitifs.

Mais une menace sérieuse pèse sur l'avenir du marketing direct : la fatigue des consommateurs et leur coopération plus aléatoire pour alimenter les fichiers. Les consommateurs accepteront-ils toujours de donner des informations personnelles ? Ils tolèrent de moins en moins les intrusions dans leur vie privée. La pollution des publipostages n'est rien à côté de celle du marketing téléphonique et maintenant du *spam* : ces milliards de messages envoyés automatiquement dans les boîtes aux lettres des internautes.

On peut sérieusement envisager que l'usage des formes les plus intrusives du marketing direct soit, demain, encadré par une réglementation de plus en plus sévère.

1/ Les types de marketing direct

On classe le plus souvent les différents types de marketing direct selon le canal utilisé : la distribution en porte à porte, la poste (publipostage dénommé plus souvent *mailing*), le téléphone (en France, les professionnels disent souvent *phoning* alors qu'en anglais on dit *telemarketing* !), Internet (*e-mail*, *newsletters* ou lettres de diffusion).

On peut classer également les formes du marketing direct selon le degré de personnalisation. C'est une approche qui fait sens car la caractéristique la plus intéressante du marketing direct est la possibilité d'individualiser les messages. C'est en ceci que le marketing direct est différent (et complémentaire) de la communication par les *mass media*. Or, on rassemble dans les statistiques du marketing direct, des méthodes qui vont de la distribution d'imprimés sans nom et sans adresse au véritable *one to one* : une communication individualisée avec des messages très personnalisés.

Les types de marketing direct selon le degré de personnalisation

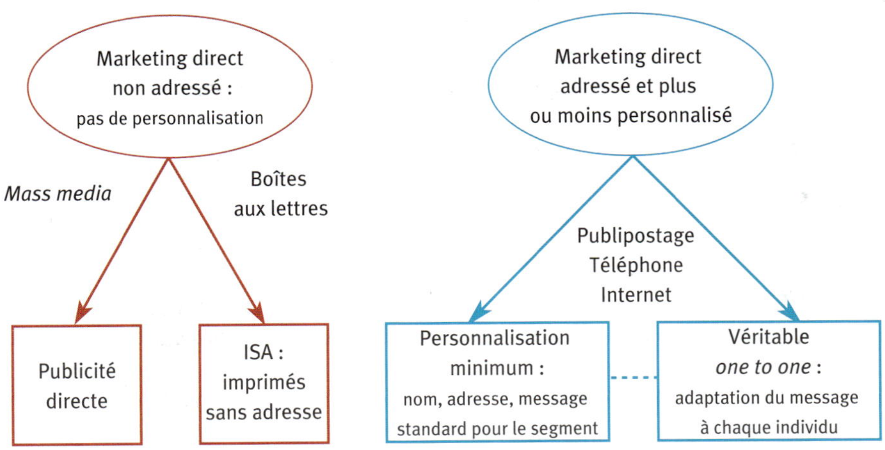

Figure 1

a) Le marketing direct non adressé : publicité directe et imprimés sans adresse

On ne connaît pas le nom et l'adresse des consommateurs auxquels on propose une offre. Le marketing direct non adressé consiste :

- soit à faire une publicité dans la presse, à la télévision ou à la radio avec, selon les cas, un coupon-réponse, une adresse postale ou électronique ou bien un numéro de téléphone qui peut être « vert » ;

– soit à distribuer des imprimés dans les boîtes aux lettres, en porte-à-porte, toutes boîtes ou selon des critères de sélection qui sont par exemple le code postal (v. ci-dessous l'encadré sur le géomarketing), la nature de la tournée postale, le type d'agglomération, etc., toutes choses visant à remplacer, tant bien que mal, un fichier personnalisé plus performant.

Ces méthodes, publicité directe ou imprimés, peuvent générer des fichiers en enregistrant les retours.

LE GÉOMARKETING

Le géomarketing est fondé sur l'analyse de données statistiques sur les populations, leur lieu de vie ou de fréquentation. Le géomarketing permet :

– l'optimisation de la présence commerciale d'une marque ou d'une enseigne de distribution dans un espace géographique donné, en fonction de l'environnement économique, démographique et concurrentiel ;

– l'optimisation de la communication : le géomarketing est un outil de ciblage et d'étude d'impact des campagnes de communication. Ainsi, on peut améliorer l'efficacité des choix d'emplacements d'affichage à partir des données des Directions départementales de l'équipement (DDE) qui renseignent sur les trajets de la population ; ou encore, les offres commerciales par *mailing* ou ISA peuvent être ciblées en fonction du type d'habitation ou de données CSP par quartiers.

Voici une méthode permettant d'optimiser la distribution des ISA grâce aux techniques du géomarketing :

■ ***1re étape : la construction des zones de chalandise*** (1)

❑ Étude de la distribution géographique des acheteurs de chaque magasin

Pour chaque magasin, on positionne les acheteurs dans des zones de référence ; il faut donc pour cela recueillir le code postal du lieu d'habitation des clients. On mesure ensuite la part de chaque zone, en pourcentage du chiffre d'affaires total et du nombre de clients.

❑ Création des zones de chalandise

Pour un magasin donné, on identifie des zones de différents niveaux : zone primaire, secondaire, etc. Ces niveaux sont construits en fonction de la répartition du chiffre d'affaires et des clients. La zone primaire sera ainsi constituée des codes postaux présentant le plus de clients ou de chiffre d'affaires.

■ ***2nde étape : étude du potentiel des zones de chalandise***

Une fois les zones de chalandise définies et quantifiées, il est intéressant d'estimer le niveau de potentiel de chaque segment de client sur chaque niveau de zones de chalandise. Le potentiel des segments est déterminé à partir d'indicateurs sociodémographiques fournis au niveau local par l'Insee et en utilisant des techniques statistiques particulières pour déterminer les profils. Connaissant ainsi les différents niveaux de zones de chalandise, leur importance actuelle et potentielle, on peut définir une distribution adaptée des ISA, personnaliser les offres et analyser les taux de retour.

(1) On appelle « zone de chalandise » d'un magasin, d'un centre commercial, etc. un espace géographique d'où provient un nombre significatif de chalands (clients réels et potentiels) de ce point de vente.

b) Le marketing direct sur fichiers (bases de données) ou marketing direct individualisé

C'est le marketing direct *stricto sensu*.

1° Les objectifs du marketing direct

On peut distinguer trois formes de marketing direct selon les objectifs poursuivis.

- ***Le marketing direct vendeur***

L'objectif est de provoquer un achat immédiat. C'est le volet du marketing direct directement issu de la vente par correspondance. Cette forme devient mineure; elle se cantonne à quelques secteurs : édition, vins, produits alimentaires de luxe, etc.

- ***Le marketing direct de qualification***

L'objectif est d'identifier des prospects intéressants qui seront ensuite traités par d'autres moyens commerciaux. Ainsi, un *mailing* permettra de qualifier des prospects puis de leur proposer un rendez-vous avec un vendeur qui devra conclure la vente. Ce type de marketing direct est souvent employé pour la vente de produits onéreux comme l'automobile, l'immobilier, etc. ou pour recruter des clients pour la banque, l'assurance, les services *B to B*, etc.

- ***Le marketing direct de fidélisation***

L'objectif est de créer puis d'entretenir des relations suivies avec des prospects et des clients. Le marketing direct peut être alors une communication très personnalisée. C'est un outil des politiques de fidélisation. Il est en plein développement.

2° La démarche du marketing direct

Le marketing direct individualisé comprend six composantes principales :

1. une cible précise;
2. une offre;
3. un fichier performant par rapport à la cible et l'offre;
4. un message : une mise en forme convaincante de l'offre;
5. un média : poste (publipostage), téléphone, Internet;
6. un système logistique pour traiter les commandes, les facturations et les expéditions. Les spécialistes du marketing direct reprennent souvent le terme anglais *fullfillment* pour désigner ces opérations.

Figure 2

LA SÉQUENCE DES OPÉRATIONS D'UN PROGRAMME DE MARKETING DIRECT

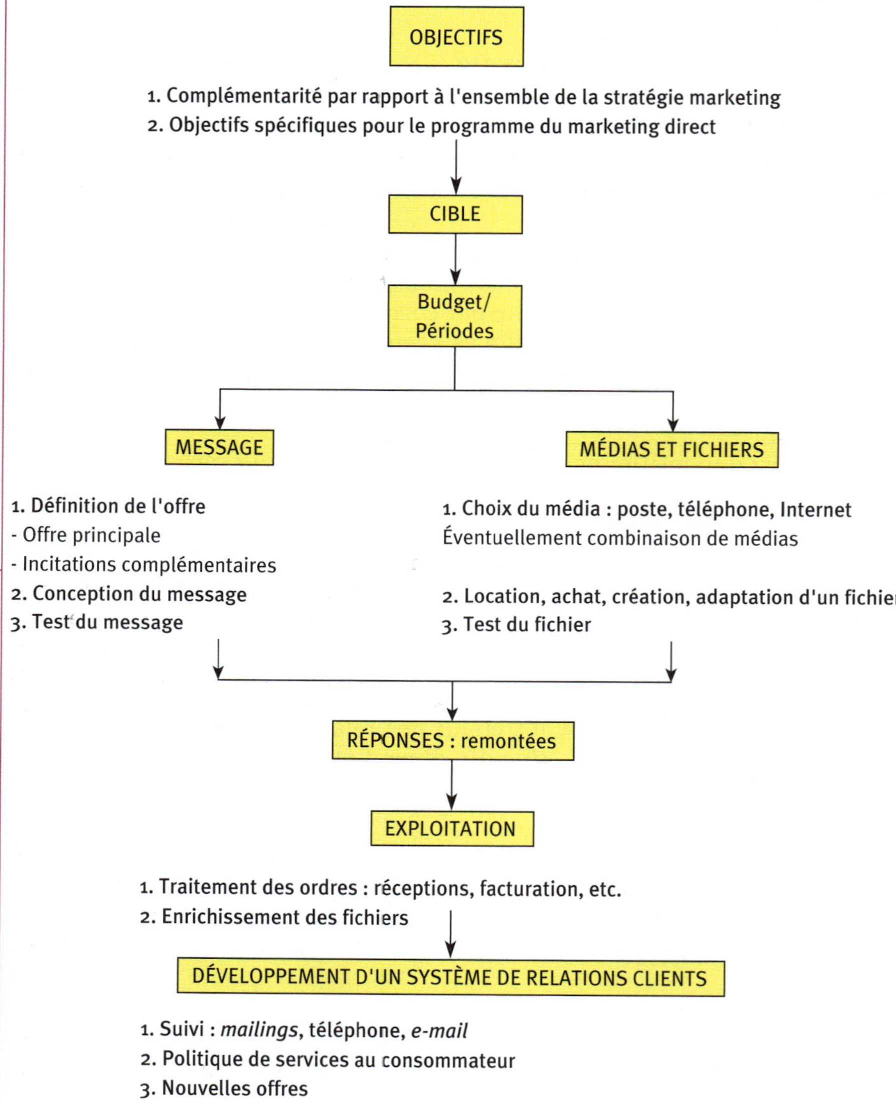

Source : ce tableau a été réalisé à partir du schéma proposé par Keegan, Moriarty et Duncan, Marketing, *Prentice Hall.*

2/ LES MESSAGES DU MARKETING DIRECT

Dans le cas du marketing direct vendeur, le message doit être particulièrement puissant puisqu'il doit remplir, à lui seul, et en peu de temps, toutes les fonctions de communication et de vente, c'est-à-dire :

- attirer l'attention et donner envie d'ouvrir l'enveloppe ou le *mail*, ou bien encore de continuer la conversation au téléphone avec le « télévendeur » qui a appelé ;

– donner envie de lire tout le message ;
– informer sur l'offre ;
– convaincre de son intérêt ;
– conclure la vente, c'est-à-dire provoquer l'ordre d'achat ;
– rassurer le consommateur sur le bien-fondé de sa décision et éviter qu'il ne se ravise avant d'expédier son ordre.

Un *mailing* ou publipostage est un ensemble de supports organisés en système, l'un renvoyant à l'autre. Les éléments de base de ce système sont :

– *l'enveloppe* : elle est décisive pour inciter le correspondant à l'ouvrir et à prendre connaissance du message ;
– *le message*, lui-même, qui comporte *l'offre* ;
– *la carte-réponse.*

On y ajoute souvent des documents d'information, des témoignages, parfois des éléments multimédias (des photos, une disquette d'ordinateur, une cassette, un CD Rom, etc.).

Le message peut s'analyser en deux composantes : le contenu et la forme.

a) L'offre proprement dite

Cette offre peut, elle-même, se subdiviser en une *offre principale* (par exemple : l'abonnement à une collection de livres) et *des offres complémentaires* qui servent à exciter l'intérêt du consommateur et à le rassurer (par exemple : un ouvrage gratuit et la possibilité de renvoyer les ouvrages commandés dans le mois suivant, la faculté de recevoir un ouvrage à l'essai, une offre promotionnelle sur les prix pour toute décision avant une certaine date, etc.).

b) La forme du message, c'est-à-dire la création

Selon certains spécialistes, la conception des *mailings*, des messages téléphonés ou des *e-mail* doit répondre à des règles très précises. Ceci peut avoir du sens pour les messages du marketing direct vendeur encore qu'il faille comprendre qu'il ne s'agit pas de principes absolument incontournables ; pour les messages du marketing direct relationnel, tout est affaire de cas particuliers !

Les principes de création des messages vendeurs s'inspirent généralement de la méthode AIDA[1] et reproduisent, en *mailing* notamment, la démarche suivie par les vendeurs, en face à face. On dit que lorsqu'on écrit un *mailing*, il faut imaginer ce qu'on dirait à un consommateur appartenant à la cible, si on l'avait devant soi.

Toutes les règles de création énoncées par les professionnels sont semblables, peu ou prou.

Voici, par exemple, les conseils que donne Bob Stone[2], un créatif américain :

> « 1. Dès l'accroche ou le premier paragraphe, proposez un avantage, le plus important. Vous ne pouvez pas vous tromper en mettant en avant, dès le départ, votre meilleur atout.
>
> 2. Insistez tout de suite sur cet avantage majeur dans le titre.
>
> 3. Dites clairement au lecteur la proposition que vous lui faites.
>
> 4. Appuyez ce que vous dites par des preuves et des témoignages.
>
> 5. Dites au lecteur ce qu'il risque de perdre s'il ne suit pas vos recommandations.

(1) *V. les modèles de l'action de la communication, partie I de cet ouvrage.*

(2) *Bob Stone,* Une méthode de marketing direct, *adaptation française par R. Durand et B. Siouffi, InterEditions.*

6. Dans votre conclusion, reformulez les avantages principaux que vous proposez.

7. Incitez à l'action immédiate. Nous savons tous que si une lettre est mise de côté ou classée, l'affaire est terminée. »

Pour d'autres spécialistes du marketing direct, il n'existe pas de règles imprescriptibles à respecter pour élaborer un message.

Voici ce qu'en disent les experts de l'agence Rapp & Collins :

« Parmi tous les registres de communication utilisés par une marque, le marketing direct est celui qui s'apparente le plus à un dialogue. Il met en scène deux acteurs : la marque et le client, qu'il soit acquis ou potentiel. Il est fondé sur la réciprocité : une action de la marque cherche à susciter une action du client. Il n'y a pas une méthode absolue pour réussir une stratégie et une création de marketing direct mais quelques règles de bon sens :

– le marketing direct, comme toute communication de marque, doit servir l'image de la marque, c'est-à-dire, d'abord, la respecter. Toute campagne de marketing direct se conçoit et se réalise en cohérence avec l'image de la marque, dans son esprit comme dans sa forme créative. Il existe donc autant de styles de marketing direct que de marques, et tout cliché issu de la VPC, toute mécanique toute faite, toute langue de bois promotionnelle risquent de dénaturer la marque ;

– le marketing direct s'adresse à une personne, en particulier, plutôt qu'à tous en général : le client est donc sa raison d'être et son moteur. C'est lui que doit cerner, comprendre, atteindre tout message, lui qui inspire toute stratégie, tout *brief*, toute création. Or, plus on en sait sur quelqu'un et mieux on peut communiquer avec lui, lui proposer ce qui l'intéressera et savoir quand et comment l'aborder. Voilà pourquoi le marketing direct développe des outils de connaissance client et de prospective :

- l'analyse croisée de toutes les données détenues par la marque (fichier clients, fréquence de consommation etc.) autrement dit le *datamining* ;
- les études consommateurs, les prétests et les post-tests qualitatifs (par entretien de groupes témoins, questionnaires, etc.) ou quantitatifs (étude du nombre de contacts générés, d'appels émis) ;
- les tests comparatifs de dispositifs de communication (film TV + *mailing*, annonces presse *versus* distribution d'imprimés sans adresse, Internet) ou les tests sur les messages d'angle d'attaque créatifs pour ajuster une stratégie avant de la mettre en œuvre ;

– le croisement de toutes ces informations permet de bâtir des stratégies et des créations plus pertinentes, plus audacieuses, qui permettront au marketing direct de parvenir à son but, qui est ambitieux : amener la cible à agir concrètement : décrocher son téléphone, venir en magasin, aller sur un site web marchand, utiliser de préférence la carte de paiement d'une enseigne, répondre à un questionnaire, etc. ;

– outre son objectif immédiat (provoquer une action du client), le marketing direct est également pour une marque l'arme idéale de fidélisation sur le long terme. Sa mission est alors de créer et nourrir un lien d'attachement à une marque, par tous les canaux de contact à sa disposition, des courriers aux centres d'accueil téléphonique (*call centers*), en passant par le site Internet de la marque et sa communication sur le lieu de vente. La cohérence entre ce type de communication et l'image publicitaire d'une marque, leur intelligence et leur qualité créative sont alors plus que jamais indispensables. Le dialogue noué entre une marque et ses clients devient alors un dialogue amical. »

3/ Les fichiers

Leur qualité conditionne l'efficacité du marketing direct. On a pu dire qu'il valait mieux avoir un message de qualité moyenne avec un excellent fichier que l'inverse.

a) Les fichiers de compilation

Ils sont faits à partir de sources d'adresses existantes qui peuvent être très variées, par exemple à partir de plusieurs annuaires.

b) Les fichiers de clients

C'est le cas d'une banque qui constitue des fichiers à partir des clients qui ont un compte courant chez elle. Elle segmente ce fichier autour de couples produits/clients (v. le cas Société Générale, en annexe à ce chapitre).

c) Les fichiers d'acheteurs par marketing direct

Ce sont les clients d'autres marques ayant déjà acheté par marketing direct (*Response lists*). On analyse leur intérêt selon la méthode RFM :

- Récence : date du dernier achat en marketing direct. Plus elle est proche, plus la probabilité de rachat est élevée ;
- Fréquence : nombre de commandes passées en marketing direct au cours d'une période donnée ;
- Montant de la dernière commande ou montant moyen des commandes passées au cours d'une période donnée.

Les fichiers peuvent être créés et entretenus par les entreprises elles-mêmes ; ils peuvent être achetés mais ils sont le plus souvent loués à des sociétés spécialisées, à des courtiers en fichiers (*list brokers*), les messages étant envoyés par des routeurs sans que les fichiers transitent par les entreprises qui les ont loués.

Une action ponctuelle de marketing direct peut se satisfaire d'un fichier adapté à la cible visée. Une politique de marketing relationnel et de fidélisation qui se développe sur de nombreuses années doit reposer sur une connaissance « dynamique » de la clientèle : une base de données qui vit avec les programmes d'actions.

Des fichiers, on passe ainsi aux bases de données clients qui sont des ensembles intégrant de multiples informations régulièrement actualisées et enrichies par les résultats des actions menées qui renseignent sur les attentes et les comportements des clients. Dans la section suivante, Pierre-Yves Larvor décrit le cycle vertueux de la connaissance des clients analysé en quatre étapes qui s'alimentent mutuellement en informations utiles.

Avant d'y accéder, on trouvera ci-dessous, en annexes à cette section, la présentation de deux outils récents de marketing direct : le *e-mailing* marketing et les centres d'appels ou centres d'accueil téléphonique, plus connus sous leur dénomination anglaise *call centers*.

Annexe 1

L'*E-MAILING* : *OPT-IN* ET OPTIMISATION[1]

L'*e-mail* marketing (c'est-à-dire à des fins commerciales) séduit une part grandissante d'annonceurs pour sa rapidité, son efficacité et son faible coût.

LES POINTS FORTS DE L'*E-MAIL* MARKETING

- Rapidité de mise en place et de retour d'une campagne *e-mailing*
- Richesse d'enseignements sur les points forts et faibles de la campagne, permettant une amélioration rapide des performances, à un niveau bien supérieur à ce qu'on peut faire en marketing direct classique
- De bons taux de retour pour l'instant
- Des coûts inférieurs au marketing direct classique
- Un registre plus large des modes d'expression (audiovisuel)
- Des fichiers d'adresses *e-mail* qui se développent rapidement, quantitativement et qualitativement

Le coût de l'*e-mail* est beaucoup moins élevé qu'un publipostage mais le coût quasi nul de la diffusion des *e-mails* a un grave inconvénient. Il est à l'origine du *spam*, l'envoi massif et non ciblé de messages qui polluent les messageries[2] et qui irritent les internautes. Comme c'est une atteinte à la vie privée, cela pourrait entraîner une réglementation sévère, voire une taxation des *e-mails* et, en conséquence, la limite du développement de cette nouvelle technique de marketing direct. Voilà pourquoi on ne fait pas figurer au premier rang l'avantage coût.

MONDE : NOMBRE DE *SPAMS* ENVOYÉS EN 2003 ET 2004 (EN MILLIARDS)

Année	Nombre
2003	15
2004	35

Source : Radicati Group et www.journaldunet.com.

L'efficacité de l'*e-mailing* se mesure de façon quasi immédiate et fiable :
- *le taux de distribution* : c'est le nombre d'*e-mails* envoyés auxquels on soustrait les NPAI (n'habite pas à l'adresse indiquée) et les *e-mails* non reçus pour cause de problème technique ;
- *le taux d'ouverture* : c'est le nombre d'internautes qui ont accepté de lire le message ; ce taux permet d'évaluer l'intérêt vis-à-vis de l'émetteur et de l'objet du message ;
- *le taux de clic* : c'est le nombre de destinataires qui manifestent un intérêt réel pour l'offre et qui rentrent dans une démarche proactive démontrée par le clic sur un lien qui prolonge la découverte du message initial.

(1) *Extrait de Lendrevie, Lévy, Lindon,* Mercator, *7e édition, Dalloz, 2003, page 631. V. également, Yan Claeyssen,* L'e-mail marketing, *Dunod, 2004.*

(2) *Le Syndicat national de la communication directe (SNCD) définit le* spam *ainsi : « C'est l'envoi de courriers électroniques à destination d'adresses e-mail collectées de manière déloyale. Cela signifie que les données n'ont pas été collectées de manière transparente, soit parce que l'internaute n'était pas informé de l'identité du collecteur, soit parce qu'on ne lui a pas précisé les finalités du traitement ou qu'on les a détournées. Enfin, il y a* spam *lorsqu' un courrier ne permet pas une désinscription sélective ou totale. »*

LES PERFORMANCES DE L'*E-MAILING* DANS LE MONDE

Données établies sur le premier trimestre 2003

Taux d'ouverture	39,2 %
Taux de clic	8,9 %
*Soft Bounce**	5,9 %
NPAI	6,6 %
Taux total d'erreurs **	12,5 %

Source : DoubleClick, 2003, www.journaldunet.com.
Légende : (*) Soft Bounce*: adresses qui n'aboutissent pas en raison de dysfonctionnements techniques.*
(**) Taux d'erreur total : Soft Bounce + *NPAI.*

Bien entendu, ces statistiques sont des moyennes sur des problématiques et des secteurs très variés. Les performances d'une opération d'*e-mailing* peuvent donc, selon les cas, avoir des résultats fort différents.

L'*e-mailing* bénéficie aussi des techniques de traçabilité de l'internaute. On peut suivre son parcours et optimiser l'efficacité d'une campagne *e-mailing*.

Ce nouvel outil du marketing direct répond à quelques règles spécifiques qui dépendent du caractère interactif d'Internet et du respect de l'intimité des internautes. Pierre-Yves Larvor conseille de suivre les règles suivantes :

■ *Respecter le cadre de la réglementation sur l'économie numérique : le tout* opt-in

Selon la directive européenne n° 2002/58/CE du 12 juillet 2002 et le rapport de la CNIL du 26 juin 2003, il n'existe qu'un seul moyen de se constituer une base de données clients et prospects, c'est l'*opt-in*.

Ce principe de l'*opt-in* pur repose sur quatre éléments clés :

1. l'inscription d'un internaute dans une base d'*e-mails* ne peut se faire qu'avec son consentement préalable. L'internaute doit donner obligatoirement son accord par une action qu'il initie de son plein gré ;

2. aucune démarche ne doit être nécessaire quand on ne veut pas recevoir un *e-mail* ;

3. le consentement de l'internaute doit être :
- spécifique : on ne peut pas inclure par exemple cette acceptation au sein de conditions générales de vente ;
- libre : l'internaute doit avoir la possibilité de ne pas s'inscrire ;
- informée : l'internaute doit être averti des conséquences de son inscription ;

4. toutes les anciennes bases d'*e-mails* doivent être « *opt-inisées* » si elles ne le sont pas.

■ *Tenir compte des contraintes techniques*

L'*e-mail* ne doit pas être trop lourd pour s'ouvrir rapidement. Le message *e-mail* peut être envoyé au format texte ou au format HTML ou les deux simultanément. Les messages en HTML permettent de placer des images et de mesurer l'ouverture du message. Les *e-mails* HTML ont en moyenne un taux de clic deux à trois fois supérieur mais il faut s'adapter au parc informatique de la cible à laquelle on s'adresse.

L'émetteur doit être clairement identifiable. Il est recommandé de ne pas abuser des pièces jointes, les internautes hésitant à les ouvrir en raison des virus.

Un titre clair et impactant

Le titre se décompose en deux parties : l'émetteur et l'objet. Il doit pouvoir s'exprimer en une dizaine de mots maximum avec une présentation concrète du bénéfice client à travers l'offre majeure.

Une incitation engageant au clic

L'objectif de l'*e-mail* est de provoquer une réaction de la part de l'internaute en lui donnant envie d'aller jusqu'au bout de la démarche de l'offre. Le canal Internet répond à des exigences de rapidité d'action et d'effet : le lien d'acceptation de l'offre doit être clair et évident à actionner.

Annexe 2

Les centres d'appel ou *call centers**

* *Cette partie a été réalisée par Farid Akani, directeur commercial & développement de la société Vitalicom.*

Le marché des centres d'appels

Avec l'émergence de nouveaux canaux de communication tels qu'Internet et les téléphones portables, le marché mondial global a doublé en 3 ans pour atteindre 58,6 milliards de dollars en 2003 (source : IDC).

Ovum, une société d'études américaine prévoit, au niveau mondial, un doublement de la capacité des centres d'appels de 7 millions de positions à 13 millions en 2006. Cette forte croissance bénéficiera surtout aux centres d'appels multicanaux.

La France est le troisième marché européen derrière la Grande-Bretagne et l'Allemagne avec un nombre de positions de l'ordre de 180 000 pour près de 3 000 sites en 2001 (source : Data Monitor). Pour l'année 2003, le marché a été estimé à 1 milliard d'euros. C' est une industrie assez récente qui a véritablement démarré en France, dans les années quatre-vingt-dix avec le développement des télécommunications. Il a connu jusqu'en 2000-2001 une croissance annuelle importante de l'ordre de 20 à 30 %.

Cependant, depuis les années 2000-2001, le secteur s'est stabilisé et a connu un ralentissement sérieux suite à l'éclatement des bulles Internet et télécommunications.

Les principaux donneurs d'ordre

Les télécommunications représentent aujourd'hui, à eux seuls, environ 30 % de l'activité. Suivent le secteur banques-assurances (20 %), les secteurs *High Tech et Utilities*, 15 % chacun, et la vente par correspondance avec 9 % (source : Ernst & Young).

Les différentes fonctions des centres d'appels

Acquisition de clientèle

- Vendre par téléphone
- Prendre des rendez-vous pour les forces de vente
- Constituer des fichiers suite à des campagnes médias
- Créer du trafic vers les points de vente, etc.

Ces opérations de vente directe et indirecte permettent d'élargir la base de clientèle des annonceurs

Fidélisation

- Développer la montée en gamme et les ventes croisées (*cross selling*)
- Traiter les demandes d'information et les réclamations des clients
- Optimiser la gestion des abonnements
- Diminuer le taux de résiliation des clients
- Conduire des opérations de recouvrement de créances, etc.

Ces opérations permettent de valoriser le « capital client » des annonceurs

Assistance

- Accompagner et conseiller les clients d'une entreprise dans l'utilisation de ses produits et services (*hot line*, service consommateur, etc.)
- Assister l'ensemble des utilisateurs d'un système d'information (*help desk*)
- Résoudre les problèmes liés à la non-conformité de la vente (service après vente)
- Gérer les situations de crise, etc.

Ces opérations permettent d'accompagner les clients en leur apportant des réponses individualisées

Études

- Connaître les clients d'une entreprise et son marché
- Évaluer la notoriété et l'image d'une marque
- Mesurer la qualité de service d'une entreprise
- Prétester des produits, etc.

Ces opérations éclairent les prises de décision relatives à la stratégie marketing et commerciale

Les perspectives d'évolution

Les grandes tendances du marché des centres d'appels peuvent être résumées ainsi :

1. une externalisation croissante de la part des entreprises privées comme des administrations ;

2. des centres de plus en plus sophistiqués :
   - avec une capacité de gestion de la relation client multicanale (voix, *mail*, *co-browsing*, SMS, courrier, etc.) ;
   - avec des télé-opérateurs hautement qualifiés pour une clientèle réduite (en *Business to Business*, notamment) ;
   - sous la forme de base de lancement d'activités pour le compte d'entreprises qui souhaitent s'implanter en Europe, par exemple. Ces structures accompagnent leur implantation commerciale ;

3. une répartition géographique des centres d'appels organisée selon le niveau de complexité des missions confiées, avec par exemple :

– en Europe : des profils de postes pointus, des équipements sophistiqués, la gestion et le contrôle de l'ensemble de la chaîne de valeur ;
– dans les pays émergeants : des profils généralistes, des activités ponctuelles ou monotâche pour des flux importants.

Section 2
Le cycle de la connaissance du client*

* *Cette section a été écrite par Pierre-Yves Larvor, directeur conseil, Publicis Dialog.*

L'efficacité des actions de marketing, en général, et de marketing direct, en particulier, est directement liée à la connaissance des clients : mieux connaître ses clients pour mieux vendre afin de mieux rentabiliser les investissements.

La connaissance du client doit évoluer tout au long de son « cycle de vie » et de sa relation avec la marque. Chaque étape de la relation va en effet contribuer à l'étape de vie suivante, comme le montre le schéma ci-dessous.

L'information nourrit l'action, qui, en retour, nourrit l'information.

Figure 3

Le cycle vertueux de la connaissance du client

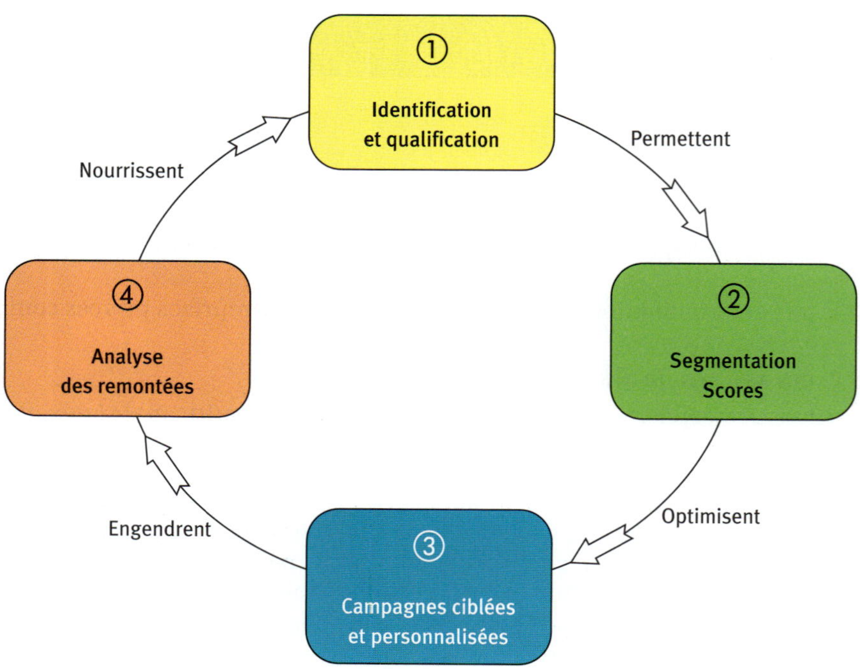

- *Étape 1 : identifier et qualifier*

Chaque prise de contact d'un client avec une marque peut être un motif ou un moyen de collecter les informations quel que soit le canal utilisé : *call center*, site Internet, boutiques, retour courriers de questionnaires, de coupons, d'offres de remboursement, etc.

- *Étape 2 : segmenter/scorer* [1]

À partir de toutes ces données individuelles et comportementales (achats effectués, types d'informations demandées au service clients, pages lues sur le site web, profession, âge, etc.), on peut déterminer des groupes de comportement homogènes, c'est-à-dire des segments et chiffrer leur intérêt.

- *Étape 3 : cibler et personnaliser la communication*

À partir de ces indicateurs synthétiques sur le comportement du client, on peut optimiser la personnalisation du contenu rédactionnel, la nature et la valeur de l'offre, le canal de communication, etc.

- *Étape 4 : faire un historique de tous les événements de la relation*

À chaque sollicitation de la part d'une marque correspond une réaction (ou une non-réaction) du client. Cette réaction est constatée ou estimée. Elle permet de mieux qualifier le comportement des individus figurant dans la base de données où l'on stocke (*data warehouse*) et d'où l'on extrait et exploite (*datamining*) ces informations collectées dans le temps.

1/ Première étape : identification et qualification, les données disponibles

La première étape : identifier et qualifier

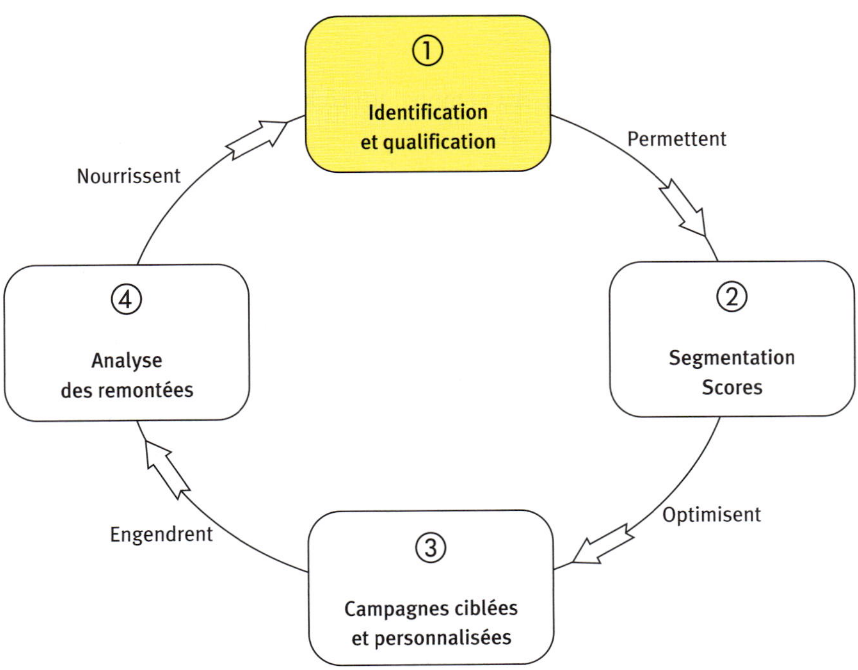

Figure 4

(1) « Scorer » est un anglicisme qui veut dire qualifier un client actuel ou potentiel sur une échelle en fonction de son intérêt commercial.

Les données disponibles sur le client peuvent s'organiser en quatre univers distincts.

Figure 5

LES QUATRE TYPES DE DONNÉES

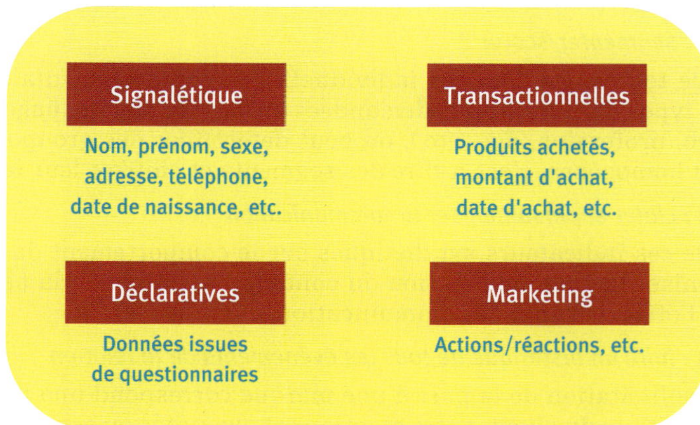

a) Les données de signalétique

Elles permettent l'identification de l'individu et sont nécessaires à l'établissement d'une relation :

- la civilité ;
- les nom et prénom ;
- l'adresse postale et électronique, le téléphone, etc. ;
- la date de naissance.

b) Les données transactionnelles

Elles sont liées aux achats (par exemple : un ticket de caisse) :

- le produit ou service acheté ;
- le montant de l'achat ;
- la date de l'achat, etc.

c) Les données déclaratives ou de profil

Elles sont issues de réponses à des questionnaires de qualification et/ou d'enrichissement par des études :

- CSP ;
- la structure du foyer (nombre d'enfants, situation familiale, etc.) ;
- les loisirs ;
- les comportements de consommation de services et produits ;
- les marques consommées.

d) Les données marketing

Elles sont issues de l'historique de tous les événements de la relation entre le client et la marque :

– les actions menées sur le client : nature et valeur des offres ;
– la réaction du client à l'action ;
– les demandes d'informations auprès du service client ;
– l'inscription à des rubriques sur le web, etc.

Les analyses de toutes ces données disponibles vont permettre la mise en œuvre de segmentations et/ou de scores.

2/ Deuxième étape : segmentation et scores

La deuxième étape : segmenter et « scorer »

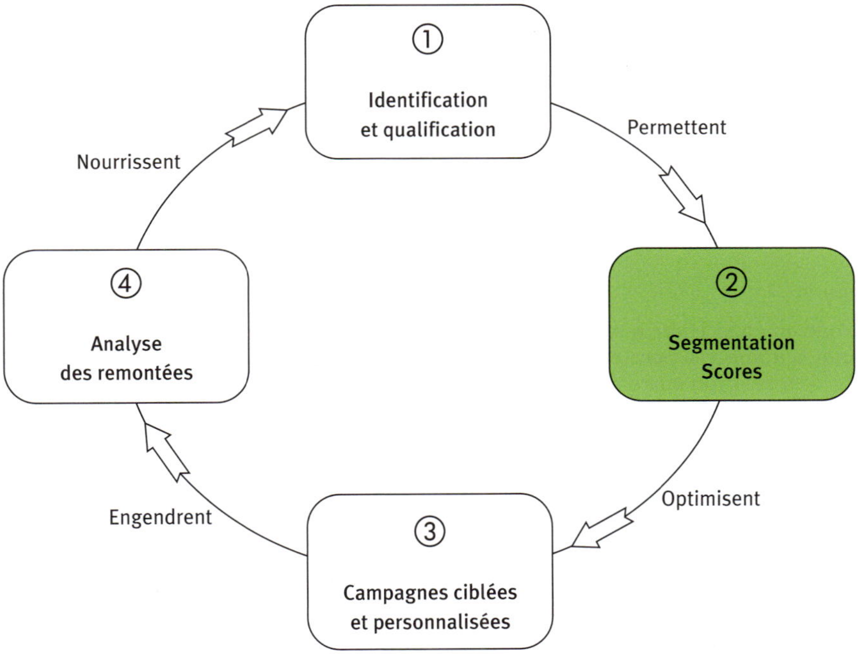

Figure 6

a) Les techniques de segmentation et de *datamining*

1° La segmentation

Une segmentation a pour objectif de construire des groupes de clients homogènes en termes de comportement et/ou en termes d'attentes.

Il n'existe pas une segmentation mais des segmentations. Une segmentation descriptive précisera la typologie du client : jeune ou moins jeune, CSP – ou +, femme ou homme, etc. et permettra de suivre l'évolution dans le temps des types de clientèle. Une segmentation opérationnelle pourra déterminer, par exemple, un niveau de service et d'accueil sur le point de vente ou sur un *call center*.

Les segments ainsi définis permettent d'avoir un suivi de l'activité commerciale et de faire des prévisions. Une bonne segmentation intègre des indicateurs quantitatifs et qualitatifs de mesure de performance des actions.

2° Les scores

Les scores ont pour objet d'identifier de façon individuelle les attentes, l'intérêt et le potentiel des clients, tant au niveau des produits que des actions à mettre en œuvre. Le calcul d'un score de ciblage fait intervenir à la fois des analyses statistiques et la connaissance du marché et de la marque par celui qui établit les scores.

Ainsi, les scores peuvent :

- qualifier le niveau d'intérêt ou la probabilité d'achat (scores dits « d'appétence ») ;
- évaluer le potentiel d'extension du chiffre d'affaires (scores de « potentiel ») pour une montée en gamme ou une opération de *cross selling* (1) ;
- analyser les mécanismes du renouvellement de l'achat ou identifier les événements provoquant la fin d'une relation commerciale (scores de « renouvellement ») afin de prévenir le phénomène d'attrition (*churn*) (2).

L'objectif de ces scores de ciblage est de rentabiliser les investissements de communication : comment augmenter les taux de transformation, donc le chiffre d'affaires, dans les mêmes contraintes budgétaires et avec le meilleur retour possible sur l'investissement ?

Exemple

☞ Pour un constructeur automobile, on peut proposer, de façon non exhaustive, des pistes d'analyse permettant d'établir des scores :
- la relation entre la marque et le consommateur : fidélité à la marque, ancienneté du dernier achat, financement, type de véhicule, prix du véhicule, etc. ;
- la relation entre le consommateur et « l'automobile » : rythme de renouvellement, nombre de véhicules détenus, type de véhicule, etc. ;
- la notion de foyer : elle permettra de prendre en compte la « vraie » notion de client (on décide rarement seul de l'achat d'une voiture ou d'un mode de financement) et d'identifier les potentiels de renouvellement (étude de la structure et des comportements du foyer, nombre et âge des enfants).

b) Un exemple de segmentation : la segmentation RFM appliquée au cas d'une marque de prêt-à-porter

L'analyse sur les critères RFM (récence, fréquence, montant) a été évoquée très rapidement dans la première section de ce chapitre. Elle a pour objectif d'identifier et de classer les groupes de populations en fonction de leur fidélité à une marque et de leur valeur pour l'entreprise.

L'analyse RFM repose sur les paramètres suivants :

- la récence (R) : l'ancienneté du dernier achat du client ;
- la fréquence (F) : le nombre de contacts ou d'achats du client pour la marque concernée.

Ces deux premiers paramètres qui nous éclairent sur la fidélité du client seront ensuite croisés avec la valeur-client, c'est-à-dire les informations sur les montants (M) des dépenses (la valeur-client peut être évaluée par le montant (M) d'achats cumulés sur une période, ou par le panier moyen du client, ou par la marge calculée sur le total des achats).

(1) Cross selling : *actions (notamment promotionnelles) ayant pour objet d'inciter les acheteurs d'un produit à acheter un ou plusieurs produits de la même entreprise ou d'une entreprise partenaire. On dit aussi « achats croisés ».*

(2) *Le taux d'attrition ou* churn *est le pourcentage de clients perdus.*

La séquence de l'analyse et de la segmentation RFM

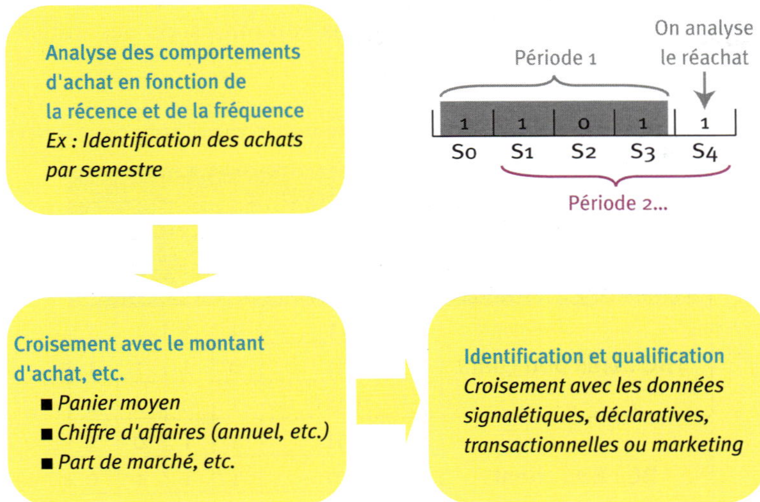

Figure 7

1° Analyse des comportements d'achat en fonction de la récence et de la fréquence

Sur une période d'observation définie – en fonction du contexte du marché et de critères propres à la marque –, l'analyse de la récence et de la fréquence consiste à suivre le niveau d'utilisation ou d'achat dans le temps des services et des produits d'une marque. Ceci se fait pour chaque client.

Ayant pris pour exemple le marché du prêt-à-porter, on analyse le comportement d'une cliente sur plusieurs années, chacune étant découpée en quatre périodes d'observation.

Les deux saisons correspondent aux collections dites d'été et d'hiver. Elles sont subdivisées en deux sous-saisons dont l'une est la saison des soldes. On a donc quatre périodes d'observation :

- une période collection printemps-été : PE 03 (03 pour 2003), PE 04 (ou pour 2004) ;
- une période soldes printemps-été : PE 03 soldes ;
- une période collection automne-hiver : AH 03 ;
- une période soldes automne-hiver : AH 03 soldes.

L'indicateur d'achat est binaire (mais il peut aussi être paramétré) : l'indice 1 signifie que la cliente a acheté sur la période ; 0 signifie qu'elle n'a pas acheté.

Analyse des comportements d'achat par trimestre

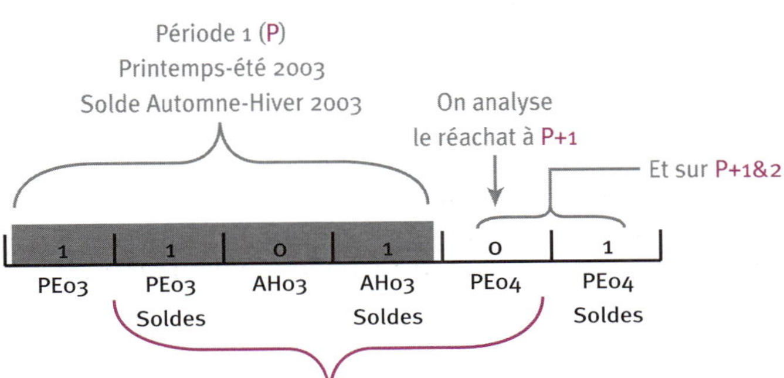

Figure 8

La première étape de l'analyse RFM consiste à observer le poids ou le volume des microsegments et leur évolution dans le temps.

Les microsegments sont définis par les combinaisons des indices 0 et 1 sur les périodes d'observation.

Figure 9

DÉFINITION DE SIX SEGMENTS À PARTIR DE VINGT-TROIS MICROSEGMENTS

Segment	Microsegment	Période -4	Période -3	Période -2	Période -1
TBC : Très bon client	1111	1	1	1	1
	0111	0	1	1	1
	1011	1	0	1	1
BC : Bon client	1101	1	1	0	1
	1110	1	1	1	0
	0011	0	0	1	1
CT : Client tiède	0101	0	1	0	1
	1001	1	0	0	1
	0110	0	1	1	0
	1010	1	0	1	0
CO : Client occasionnel	0001	0	0	0	1
	1100	1	1	0	0
	0010	0	0	1	0
	0100	0	1	0	0
	1000	1	0	0	0
CI : Client inactif	0000	0	0	0	0
NVX : Nouveau	X111	X	1	1	1
	X101	X	1	0	1
	X110	X	1	1	0
	X100	X	1	0	0
	XX11	X	X	1	1
	XX10	X	X	1	0
	XXX1	X	X	X	1

On analyse la récence/fréquence sur des périodes « d'observations glissantes ».

Ainsi, la fidélité peut se mesurer au regard :

- du taux de réachat sur le segment. Dans le cas de cette marque de prêt-à-porter, on a bien vérifié une forte corrélation entre la récence/fréquence et le taux de réachat. C'est souvent ainsi ;
- des analyses des transferts d'un segment à un autre d'une période à une autre. On établit des matrices de transfert des segments, ce qui permet

Évolution des segments : récence/fréquence dans le temps

Baisse du nombre de clientes actives plus forte chez les clientes les moins fidèles

Baisse plus marquée chez les clientes les plus fidèles sur les dernières périodes

Période d'observation glissante sur 1 année	PE2003-AH2003 SOLDES		PE2003 SOLDES-PE2004		AH2003-PE2004 SOLDES		AH2003 SOLDES-AH2004		PE2004-AH2004 SOLDES		PE2004 SOLDES-PE2005		AH2004-PE2005 SOLDES		AH2004 SOLDES-AH2005	
Segment	Effectif	%	Effectif	%	Effectif	%	Effectif	%	Effectif	%	Effectif	%	Effectif	%	Effectif	%
TBC	8 356	5,44%	7 359	4,48%	7 722	4,67%	7 412	4,17%	7 465	4,19%	6 460	3,49%	5 702	3,07%	4 814	2,41%
BC	7 729	5,03%	6 420	3,90%	6 517	3,94%	6 018	3,39%	6 630	3,72%	5 549	3,00%	4 544	2,44%	4 552	2,28%
CT	17 333	11,28%	13 719	8,34%	15 172	9,18%	12 312	6,93%	13 393	7,52%	9 473	5,12%	10 949	5,89%	7 512	3,76%
CO	47 544	30,94%	35 344	21,50%	42 269	25,58%	32 593	18,35%	38 691	21,72%	28 252	15,27%	34 969	18,81%	21 635	10,83%
CI	59 043	38,42%	78 259	47,60%	81 258	49,17%	95 353	53,69%	98 230	55,14%	115 521	62,42%	121 427	65,31%	139 639	69,89%
NVX	13 682	8,90%	23 307	14,18%	12 315	7,45%	23 903	13,46%	13 744	7,71%	19 820	10,71%	8 323	4,48%	21 643	10,83%
Total	153 689	100,00%	164 408	100,00%	165 254	100,00%	177 591	100,00%	178 152	100,00%	185 074	100,00%	185 914	100,00%	199 795	100,00%

Le nombre de nouvelles clientes se maintient à un niveau élevé

Figure 10

de définir les populations à activer pour optimiser la fidélité : faut-il, par exemple, investir pour garder les très bons clients ou plutôt chercher à faire monter les bons clients et les clients tièdes dans le segment supérieur ?

2° Le croisement avec le montant d'achat

Après avoir identifié et classé les groupes sur les critères de fidélité (récence/fréquence), il faut intégrer la notion de la valeur du client.

Dans cet exemple de prêt-à-porter, on a choisi de mesurer cette valeur par le montant cumulé des achats sur un an. Il figure dans la colonne « Montant ».

Dans ce tableau, comme dans les précédents, l'objectif est de mesurer le poids et l'évolution dans le temps des différents segments.

Figure 11

RÉPARTITION DU MONTANT D'ACHAT

Segment	Montant	PE2003-AH2003 SOLDES	PE2003 SOLDES-PE2004	AH2003-PE2004 SOLDES	AH2003 SOLDES-AH2004	PE2004-AH2004 SOLDES	PE2004 SOLDES-PE2005	AH2004-PE2005 SOLDES
TBC	‹ 120 €	140	112	112	116	89	192	204
	120 à 250 €	1 164	925	962	969	880	1 063	958
	250 à 500 €	3 014	2 550	2 615	2 534	2 464	2 238	2 013
	› 500 €	4 040	3 766	4 033	3 791	4 031	2 968	2 527
BC	‹ 120 €	621	492	493	563	505	666	203
	120 à 250 €	1 979	1 645	1 550	1 597	1 608	1 487	928
	250 à 500 €	2 966	2 445	2 553	2 235	2 565	1 939	1 747
	› 500 €	2 143	1 823	1 918	1 620	1 949	1 456	1 666
CT	‹ 120 €	2 960	2 312	2 296	2 180	2 053	1 580	2 224
	120 à 250 €	5 715	4 422	4 724	4 023	4 239	2 724	3 557
	250 à 500 €	6 008	4 679	5 481	4 036	4 711	2 834	3 595
	› 500 €	2 651	2 283	2 652	2 068	2 387	1 311	1 573
CO	‹ 120 €	26 645	20 876	21 374	19 482	20 109	17 127	15 931
	120 à 250 €	14 917	9 428	13 550	8 666	12 437	7 470	11 182
	250 à 500 €	5 034	4 086	6 262	3 681	5 212	3 724	6 324
	› 500 €	735	728	953	686	906	927	1 523
CI	0 €	45 911	65 191	68 195	82 308	85 192	[illegible]	[illegible]
Total	0 €	45 911	65 191	68 195	82 308	85 192	[illegible]	[illegible]
	‹ 120 €	6 073	4 758	4 855	4 468	4 551	[illegible]	[illegible]
	120 à 250 €	4 755	3 284	4 157	3 051	3 833	[illegible]	[illegible]
	250 à 500 €	3 404	2 752	3 382	2 497	2 990	2 147	2 736
	› 500 €	1 914	1 720	1 911	1 633	1 855	1 332	1 458

Forte diminution de clientes dépensant beaucoup dans les segments les plus fidèles

Mais augmentation chez les clientes occasionnelles

3/ TROISIÈME ÉTAPE : CIBLER ET PERSONNALISER LA COMMUNICATION

À l'issue de l'analyse des informations clients, RFM par exemple, on pourra définir les objectifs de communication : faut-il mieux développer les moyens de générer du trafic nouveau en point de vente ? Comment mieux recruter ? Compte tenu de la valeur-client, faut-il mieux développer une politique de fidélisation très exclusive ? Comment optimiser le *up-selling* et le *cross-selling* ? Et surtout quelles sont les cibles prioritaires pour chaque objectif ?

La troisième étape : mener des campagnes ciblées et personnalisées

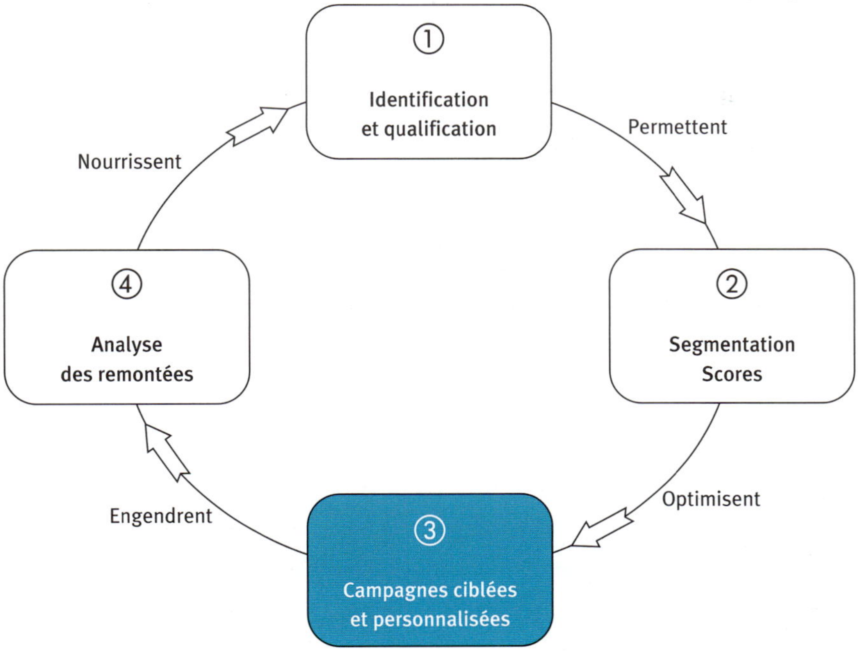

Figure 12

Les objectifs et les cibles ayant été définis, on détermine les paramètres qui, ensemble, définiront le plan d'actions.

a) La nature des offres

Quelles sont les offres ou services à proposer à mon client en fonction de ses attentes ?

La nature de l'offre peut être *transactionnelle* : offre de réduction, gratuité de services payants. Elle peut être *relationnelle* : invitation à un événement, conseil personnalisé, etc.

b) Le coût des offres et leur valeur perçue par le client

Quel investissement doit-on effectuer sur le client en fonction de son potentiel (chiffre d'affaires, rentabilité), de son intérêt et de sa probabilité d'achat (sa capacité à réagir à l'offre) ?

c) Le séquencement des actions

Quand et combien de fois faut-il solliciter le client ? Le dispositif de communication se construit en fonction de deux types de temps forts.

1° Les temps forts marketing

Ils sont liés à l'actualité de la marque et la saisonnalité des ventes. Par exemple, dans le secteur du prêt-à-porter, le lancement de chaque collection est un temps fort marketing essentiel.

Chaque marque de prêt-à-porter cherche à assurer un lancement réussi en invitant ses client(e)s à venir découvrir la nouvelle collection.

2° Les temps forts personnels

Les événements de la vie influencent la relation avec les marques. Ainsi, l'arrivée d'un enfant ou son âge peuvent déterminer de nouveaux besoins d'équipement, de logement. Plus prosaïquement, un temps fort personnel (une date d'anniversaire) peut être soit de caractère intime (mariage, naissance), soit de nature commerciale (date de contrat : « Vous êtes avec nous dans la banque X depuis 10 ans », etc.).

Le nombre de sollicitations ne doit pas conduire au harcèlement. Il faut toujours mettre une pincée de surprise assortie d'un privilège : « Vous êtes unique », « On ne fait pas ça pour tout le monde » mais, là aussi, mieux vaut ne pas en faire trop.

4/ Quatrième étape : l'analyse des remontées

LA QUATRIÈME ÉTAPE : ANALYSER LES REMONTÉES

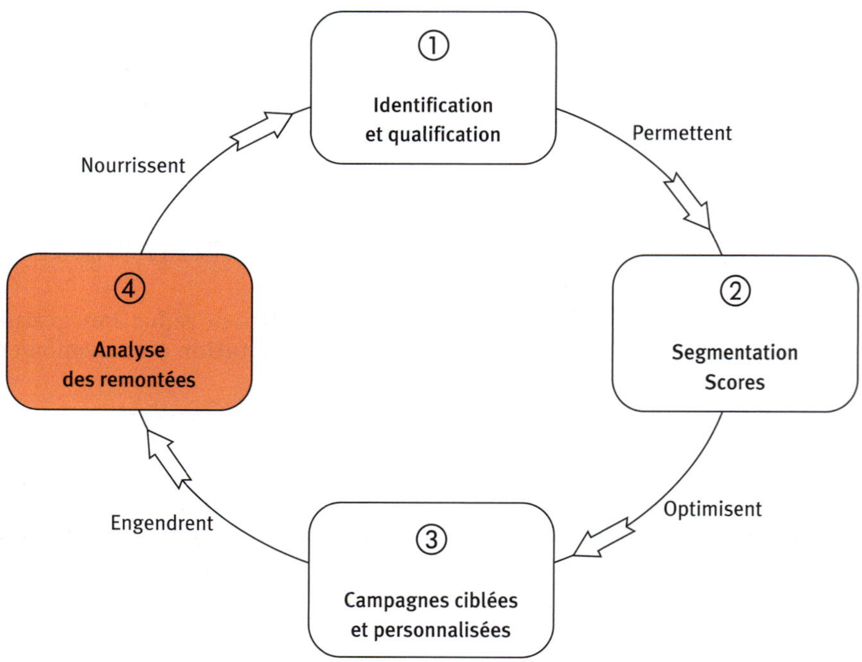

Figure 13

En premier lieu, *on met en œuvre des indicateurs de performance* permettant de mesurer pour chaque action, l'évolution sur :

– le taux de réachat ;
– le nombre de visites ;
– le montant du ticket moyen.

En second lieu, *on mesure l'évolution des comportements des populations* :

– l'évolution des populations des différents segments ;
– les transferts et migration des segments dans le temps ;
– le taux de réachat par segment ;
– le nombre de tickets moyen par segment.

On fait systématiquement des tests, avec échantillonnage des populations soumises aux actions. Les résultats sont comparés à ceux obtenus sur un échantillon « étalon » non exposé aux actions.

ILLUSTRATION DE LA MODÉLISATION ÉCONOMIQUE À PARTIR D'INDICATEURS D'ÉVOLUTION SUR LE TAUX DE RÉACHAT, LE PANIER MOYEN, ET LE TRAFIC

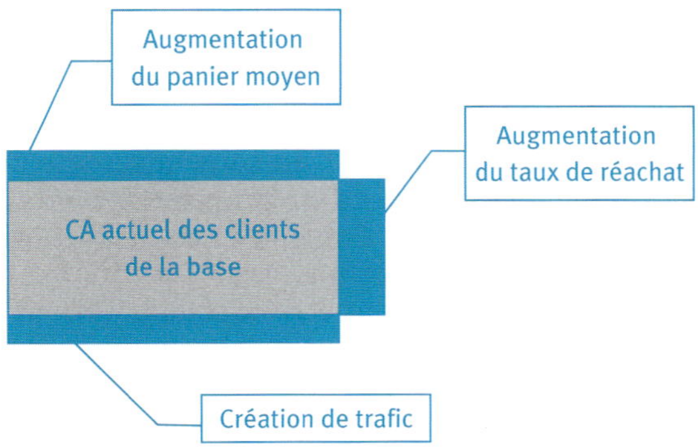

Figure 14

ESTIMATION DU RETOUR SUR INVESTISSEMENT

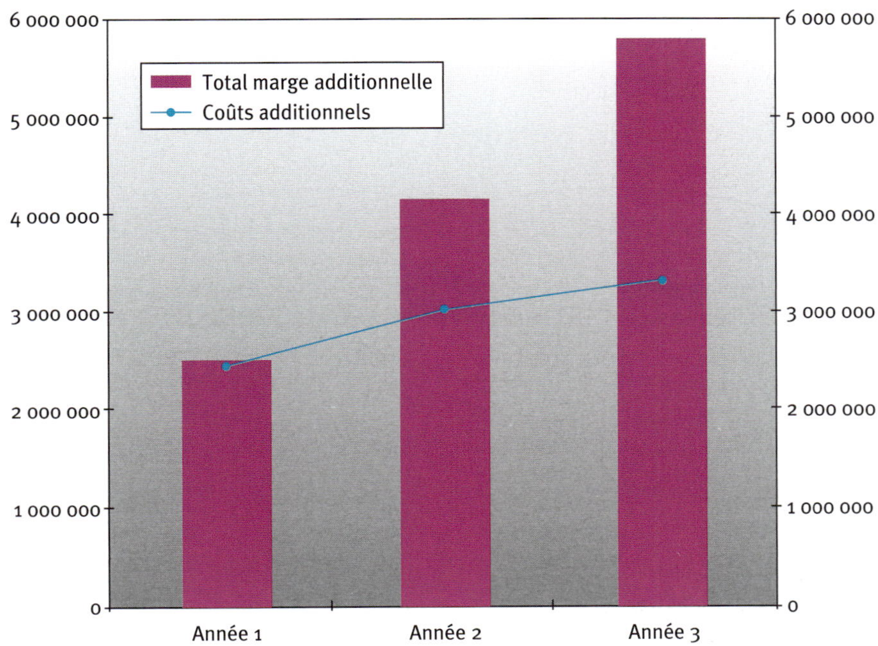

Figure 15

Section 3
LES PROGRAMMES RELATIONNELS ET DE FIDÉLISATION*

** Cette section se présente sous la forme d'un entretien avec Arnaud DE BAYNAST, directeur associé de Publicis Dialog. Elle est suivie par l'exposé d'un cas qui illustre, par deux programmes conçus pour la Société Générale, la mise en œuvre des principes définis ci-après.*

- ***Question : On parle beaucoup de programmes relationnels et de programmes de fidélisation, quelle est la différence entre ces deux notions ?***

La notion de « programme relationnel » doit être définie précisément. Tout d'abord, le mot « programme » désigne une succession d'actions qui s'enchaînent logiquement. Il ne s'agit donc pas d'opérations isolées ou d'une succession d'actions déconnectées les unes des autres. Le terme « relationnel » implique une forme de réciprocité entre l'annonceur et le client. Le client n'est pas seulement un récepteur mais aussi un émetteur. Un programme relationnel est donc un projet de construction dans le temps d'une relation entre deux parties, l'annonceur et le client, pour lequel l'annonceur a prévu un ou plusieurs *scenarii*, en fonction des envies et de la personnalité de celui-ci.

Les programmes de fidélisation sont un sous-ensemble des programmes relationnels : ils désignent ce qui, dans les programmes relationnels, a pour objectif central de retenir les clients. Contrairement à une idée reçue, de nombreux programmes relationnels n'ont pas pour vocation principale de retenir les clients. Ils peuvent simplement être conçus pour leur vendre plus de produits ou modifier leur comportement d'achat ou de consommation. Par exemple, certains programmes relationnels ont pour but de développer la vente directe, en court-circuitant les réseaux de distribution traditionnels, d'autres ont pour objectif de permettre de développer des produits sur mesure ou encore d'influencer le comportement des clients (v. le cas Société Générale ci-après).

Figure 16

LE CHAMP ET LES OBJECTIFS DES PROGRAMMES RELATIONNELS ET DE FIDÉLISATION

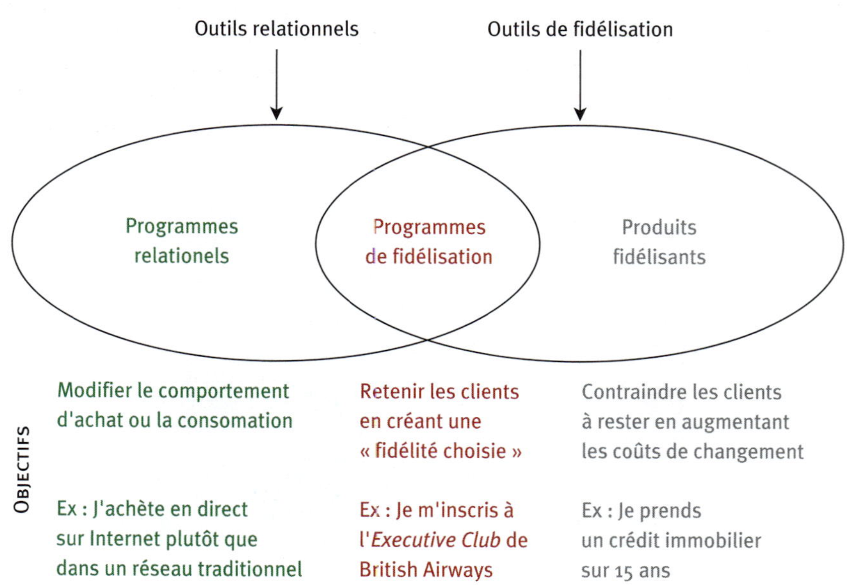

- ***Question : Quelle est la différence entre les programmes relationnels et les opérations de marketing direct ou de promotion des ventes ?***

Le marketing direct et la promotion des ventes sont des techniques utilisées au sein des programmes relationnels. Pour être parfaitement clair, on parlera de programme relationnel lorsque l'on envisage une *relation durable* avec le consommateur, alors que le marketing direct et la promotion des ventes sont envisagés lorsque l'on recherche un *changement d'attitude ponctuel* du consommateur.

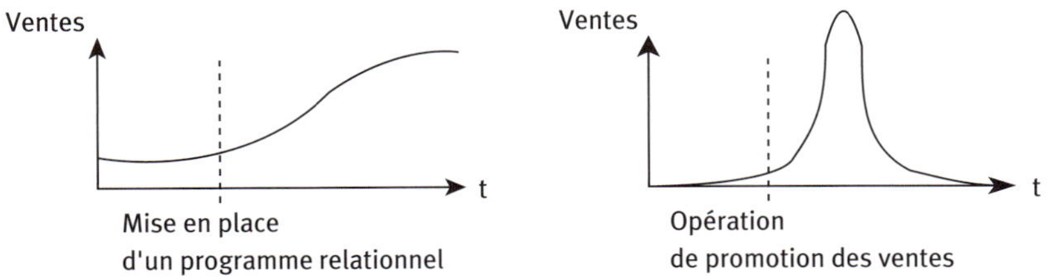

Figure 17

Certains secteurs, comme la grande distribution, ont longtemps négligé les programmes relationnels au bénéfice de la promotion des ventes, en s'appuyant sur l'argument selon lequel « la meilleure façon de faire revenir un client, c'est de lui proposer sans cesse des promotions ! ». Cette période est aujourd'hui révolue avec le principe des cartes de fidélité des enseignes qui permettent aux clients de « capitaliser » les promotions et aux enseignes de cibler les offres.

D'autres secteurs, dans les métiers des services, ont longtemps confondu les programmes relationnels avec le marketing direct en proposant systématiquement à tous leurs clients l'ensemble de leurs produits. La nécessité d'optimiser les investissements et la saturation des consommateurs vis-à-vis du marketing direct ont eu raison de ces pratiques.

- ***Question : Quels sont les grands principes d'un bon programme de fidélisation ?***

Le plus souvent, et bien que l'on ne puisse appliquer ces principes à tous les secteurs d'activité, un bon programme de fidélisation repose sur trois piliers principaux que l'on peut illustrer en prenant l'image de nageurs dans des bassins différents d'une même piscine. Avant la mise en place d'un programme relationnel, le mouvement des nageurs est aléatoire : les bons clients peuvent devenir des clients moyens d'une année sur l'autre.

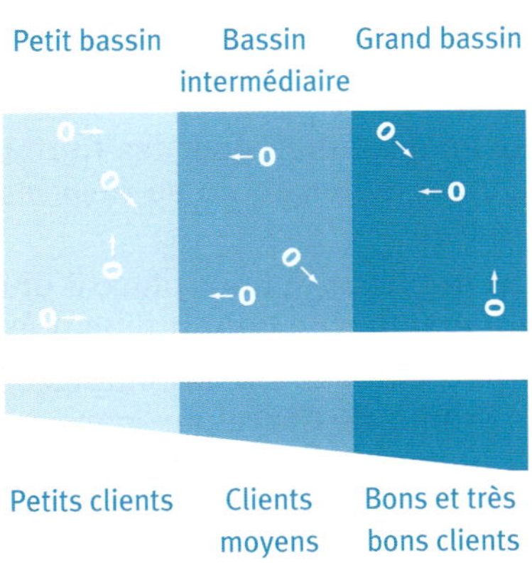

Figure 18

○ *Premier principe d'un bon programme : créer un courant*

Figure 19

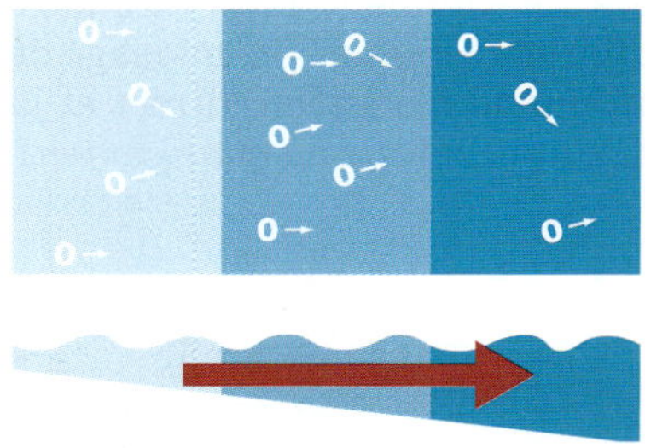

Il faut faire en sorte que les petits clients deviennent des clients moyens puis des bons clients en modifiant ou en renforçant leurs habitudes de consommation.

Ce principe implique la mise en place d'une *première mécanique fidélisante : la récompense*, pour attirer les clients. Elle peut prendre la forme de remise sur les achats, de points fidélité ou de *miles*, de cadeaux ou de services supplémentaires.

○ *Deuxième principe d'un bon programme : accompagner*

Figure 20

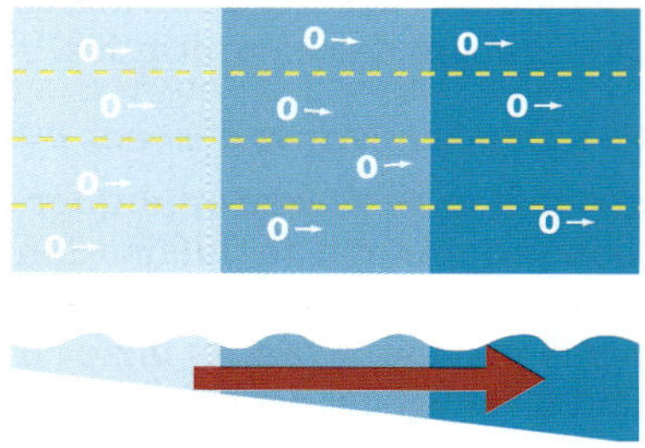

Il faut guider les clients au quotidien pour les faire progresser plus rapidement vers le grand bassin et éviter qu'ils ne s'égarent dans leurs achats ou ne soient déçus par la marque.

Ce deuxième principe implique la mise place d'une *deuxième mécanique fidélisante : l'accompagnement du client* qui peut être :

- des clubs thématiques calqués sur les étapes de la vie (le Club Jeunes Mamans et le Club Junior de Carrefour, par exemple) ;
- des outils d'aide à la compréhension ou à l'utilisation des produits et services (guides pédagogiques sur l'épargne ou la retraite dans le secteur bancaire, par exemple).

Enfin, si l'annonceur attribue à son programme une fonction de rétention, il est essentiel de trouver une mécanique qui permette de lutter contre la perte de part de portefeuille ou l'attrition, ce qui veut dire tout simplement, le départ des clients.

- *Troisième principe d'un bon programme de fidélisation : créer une zone de non-retour*

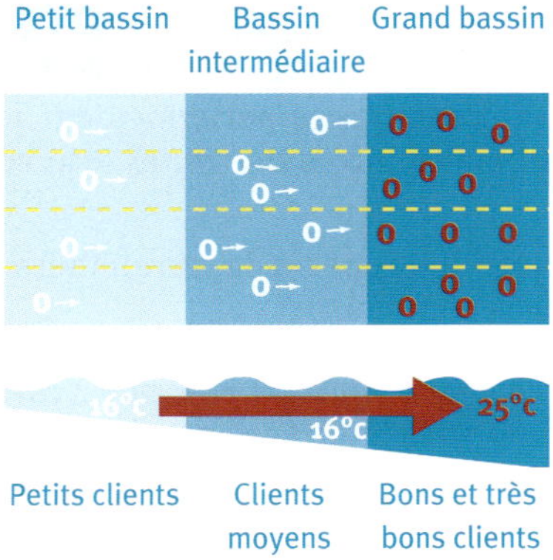

Figure 21

On chauffe le grand bassin de manière à décourager tout retour en arrière.

Ce troisième principe implique la mise en place d'une *troisième mécanique : offrir aux meilleurs clients des avantages suffisamment importants* pour assurer la pérennité du portefeuille qu'ils représentent. La meilleure illustration de cette mécanique est la mise à disposition par les compagnies aériennes, de salons privés dans les aéroports pour les voyageurs fréquents, titulaires de la carte la plus élevée. Une fois l'habitude prise de ne plus attendre leur avion dans les halls bondés, entre les bébés qui pleurent et les étudiants sacs aux dos, les hommes d'affaires ont de grandes difficultés à renoncer à ce privilège... et ils réfléchissent à deux fois avant de faire des infidélités à leur compagnie, de peur d'être déclassés et de perdre ce statut privilégié. Dans le même ordre d'idée, on pourrait aussi citer les caisses prioritaires dans les grandes surfaces.

- ***Question : Que peut-on réellement attendre, en tant qu'annonceur, d'un programme de fidélisation ?***

Le niveau d'attente raisonnable envers un programme de fidélisation dépend bien entendu de la pertinence de ses mécaniques – comme expliqué plus haut – mais aussi du contexte concurrentiel. Dans un secteur d'activité donné, le premier annonceur qui lance son programme bénéficie de la prime au premier entrant. Si son programme est bien conçu, il est probable qu'au-delà de son pouvoir fidélisant, il permettra de recruter de nouveaux clients, notamment par le bouche à oreille.

En revanche, si un annonceur est le dernier à s'équiper d'un programme dans un secteur d'activité très concurrentiel, il peut en attendre, au mieux, un effet fidélisant. En effet, à moins de récompenser les clients de manière beaucoup plus généreuse que la concurrence, il est difficile et très coûteux de reconquérir les brebis qui ont rejoint les troupeaux de la concurrence !

- ***Question : N'y a-t-il pas un risque de surenchère permanente dans la manière de récompenser les clients fidèles ?***

Les compagnies aériennes se sont longtemps battues pour savoir celle qui était la plus généreuse en *miles* offerts aux voyageurs fréquents. Aux États-Unis, des livres ont même été écrits sur le sujet, afin d'aider les hommes d'affaires à optimiser la gestion de leurs comptes de *miles*. Ce type de situation est en général assez stérile : vient un moment où, plutôt que de rendre toujours plus d'argent au client, sous forme de points et autres cadeaux, il est plus efficace et plus sain de baisser ses prix ! Toutefois, cette observation n'est pas applicable aux compagnies aériennes car les payeurs – les entreprises – ne sont pas les bénéficiaires des *miles*, qui sont généralement utilisés à titre privé.

Dans la pratique, pour échapper à la surenchère, il faut être créatif en termes de services et de récompenses.

- ***Question : La créativité est-elle vraiment présente... car on a l'impression que, pour un secteur d'activité donné, tous ces programmes se ressemblent ?***

La plupart des annonceurs qui lancent leur programme après un concurrent ne veulent pas prendre de risques et préfèrent souvent copier ce qui existe déjà. Ceci est bien souvent regrettable. Pour rattraper son retard lorsque l'on n'est pas un précurseur sur son marché, il faut concevoir un programme qui respecte le *dû* et enrichit le *don* :

- respecter le *dû* : le *dû* correspond à ce que les clients considèrent comme exigible. Il s'agit, par exemple, des *miles* pour les compagnies aériennes. S'ils ne retrouvent pas ce qu'ils considèrent comme un *dû* au sein d'un programme de fidélisation, il est fort probable que les clients choisiront la carte de la concurrence.
- enrichir le *don* : c'est ici qu'il faut être créatif, penser à des récompenses ou à des services que n'offrent pas les concurrents. On peut aussi faire la différence en matière d'accompagnement du client, ou créer des zones de non-retour conçues sur de l'émotionnel...

- ***Question : Une fois les mécaniques définies, comment structurer la communication vers les adhérents inscrits au programme de fidélisation ?***

Pour construire le plan de contacts d'un programme, on peut, par exemple, organiser l'ensemble des messages sur trois axes :

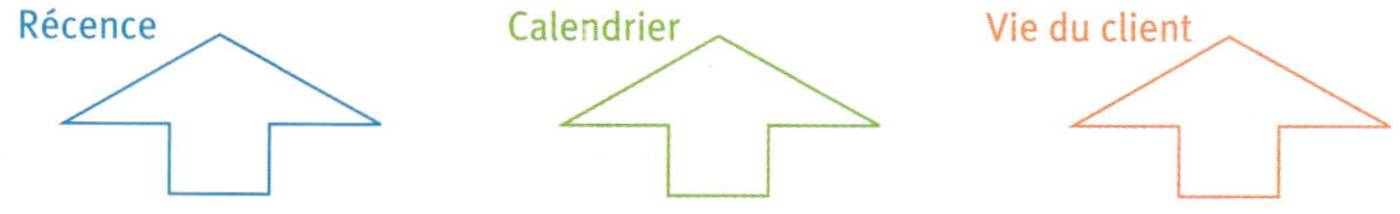

Sur chacun de ces axes, il suffit d'imaginer et de positionner les messages les plus pertinents.

Voici une possibilité de plan de contacts pour une compagnie d'assurances avec l'organisation des messages envoyés à un client ayant souscrit, comme premier produit, un contrat auto :

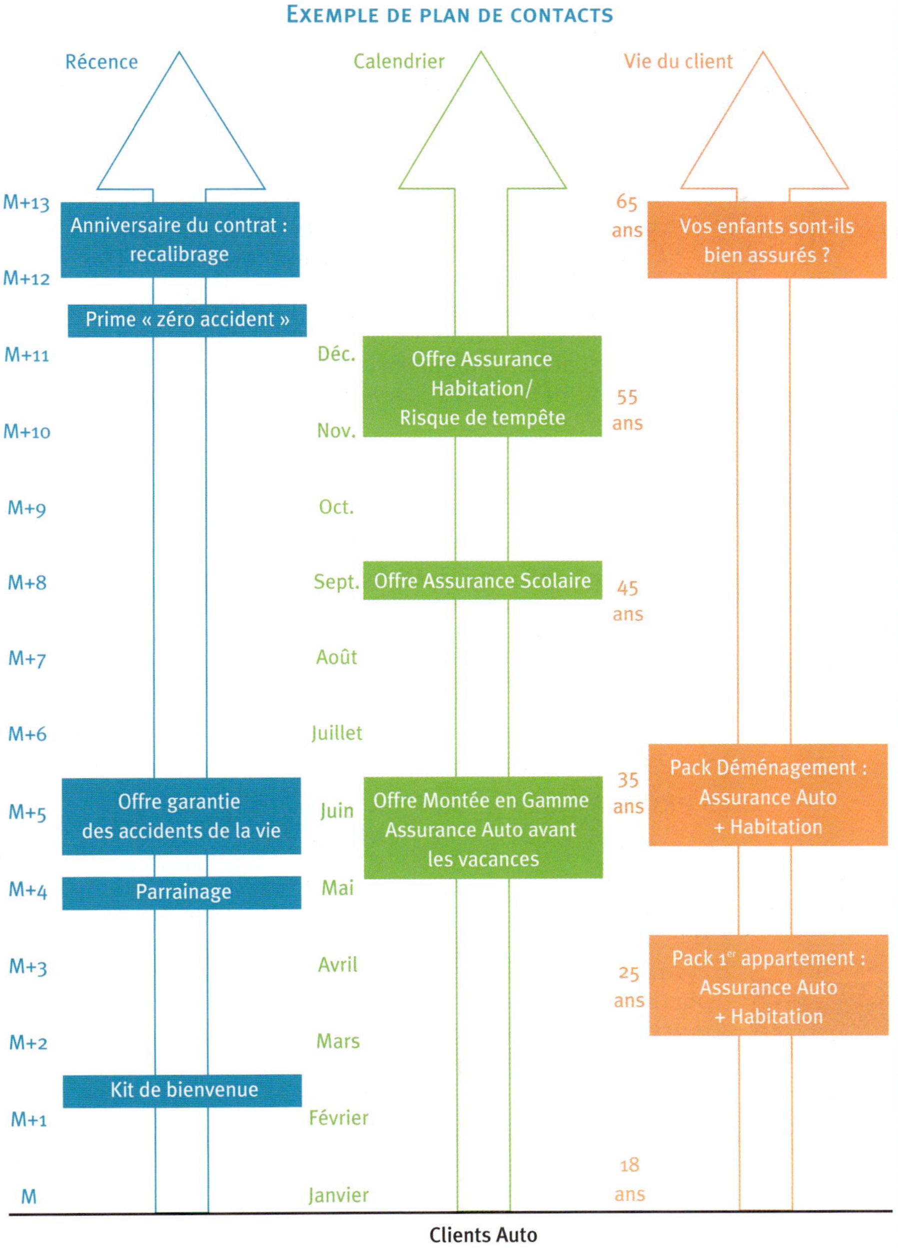

Figure 22

L'objectif est ici de générer :

1. du multi-équipement : vendre la garantie des accidents de la vie, l'assurance habitation, l'assurance scolaire, en profitant des événements calendaires et des moments propices dans la vie du client ;

2. de la montée en gamme avant l'été pour les vacances, par exemple, mais aussi lors de l'anniversaire du contrat, au prétexte d'un diagnostic de l'adéquation des garanties souscrites par le client.

Dans un deuxième temps, on sélectionnera le canal le mieux approprié à chaque message (point de vente, *mailing*, télémarketing, etc.).

- *Question : Quels sont les grands principes de financement d'un programme ?*

Il y a de multiples sources de financement possibles, dont l'importance varie selon les secteurs d'activité :

- le financement direct par l'annonceur ;
- le financement par les fournisseurs (par exemple : dans la grande distribution, les industriels contribuent pour une part importante au coût des programmes de fidélisation des enseignes) ;
- le financement par des partenaires (par exemple : les chaînes hôtelières qui donnent des *miles* à leurs clients les achètent aux compagnies aériennes) ;
- le financement par les adhérents (la carte de fidélité est alors payante) ;
- la facturation de certains services (serveurs vocaux d'information, par exemple) ;
- la facturation des récompenses (les récompenses sont accessibles en points + euros).

Une fois les modalités de financement définies, on distingue le budget affecté aux récompenses du budget affecté au fonctionnement (bases de données, communication, etc.). Afin de déterminer le budget nécessaire aux récompenses, il faut évaluer le taux de rédemption (pourcentage des points qui seront convertis en récompenses) qui se situe, en moyenne, autour de 60 %, mais dont les différences sont très significatives selon les secteurs d'activité et l'attractivité des primes.

LES PROGRAMMES « PACK JEUNE » ET « JAZZ » DE LA SOCIÉTÉ GÉNÉRALE

SOCIETE GENERALE

Le cas suivant a été réalisé en collaboration avec la Société Générale et l'agence Publicis Dialog. Les auteurs remercient madame Corinne PIGOUNIDES (directeur des produits aux particuliers, au sein de la direction de la stratégie et du marketing) et monsieur Antoine GOUPIL (responsable des produits « Jazz » et « Pack Jeunes ») pour leur précieuse collaboration.

LE CONTEXTE

À la fin des années quatre-vingt-dix, le marché français des banques et assurances est marqué par trois phénomènes concomitants :

- une intensification de la concurrence liée à l'arrivée de nouveaux acteurs européens (par exemple : ING, CAIXA, etc.) sur le marché français mais aussi au développement de la bulle Internet qui poussa les sociétés de la nouvelle économie à mettre sur le marché des offres à « prix cassés », du fait d'un modèle économique dans lequel la rentabilité immédiate n'était pas prioritaire (courtiers en ligne, sites spécialisés dans les crédits immobiliers, etc.) ;
- une anticipation d'importantes évolutions réglementaires, tant au plan de la rémunération des comptes courants que de la facturation des services (facturation des chèques, etc.) ;

– une diversification de plus en plus prononcée du métier traditionnel des banques vers les produits d'assurance...et des assureurs vers les produits d'épargne.

Dès lors, la question se pose pour les grands réseaux traditionnels de protéger leur portefeuille de clientèle et de renforcer leur position sur les nouveaux métiers de l'assurance, tout en maintenant leur niveau de rentabilité. C'est dans le cadre de ces problématiques que la Société Générale décide de lancer deux programmes construits sur des *packages*, l'un à destination du grand public (« Jazz ») en 1997 et son « petit frère » adapté au marché des jeunes (« Pack Jeunes ») en 1999.

Les objectifs

Ces programmes ont deux objectifs majeurs :

– favoriser la multidétention de produits : en matière de banque et d'assurance, la fidélité des clients est corrélée au nombre de produits qu'ils détiennent. Ce que l'on appelle « l'indice multiproduit » (nombre de produits détenus par les clients en moyenne) est un indicateur de la stabilité de la clientèle. Favoriser le multiéquipement revient donc non seulement à *augmenter la rentabilité* des clients mais aussi à *accroître leur fidélité* ;

– orienter le comportement bancaire des clients : votre banque préfère que vous utilisiez votre carte de paiement plutôt que votre chéquier (le traitement d'un chèque coûte environ 0,80 euro). De même, votre banque préfère que vous retiriez de l'argent dans ses propres distributeurs automatiques de billets plutôt que dans ceux de la concurrence (chaque retrait d'argent dans un distributeur de la concurrence coûte à votre banque 0,5 euro). L'addition monte vite...

Trente chèques par an à 0,80 euro + un retrait par semaine chez la concurrence à 0,5 euro = 50 euros.

En multipliant cette somme par plusieurs millions de clients, on comprend l'intérêt d'inciter les clients à un comportement « vertueux ».

La solution

« Jazz » est un ensemble de services bancaires qui inclut notamment une carte de paiement, une assurance moyens de paiement (« Quiétis ») et l'opportunité de cumuler des points en réglant ses achats par carte et en effectuant ses retraits dans les distributeurs automatiques de billets du groupe Société Générale ; ces points sont convertibles en cadeaux. À ces éléments, s'ajoutent d'autres services et avantages utiles au quotidien comme le « Service Opposition Toutes Cartes » qui permet de faire opposition sur tous ses moyens de paiement, émis par la Société Générale ou non, sur simple appel téléphonique, ou le « Service Garantie Prix » qui rembourse la différence de prix constatée dans les trente jours qui suivent un achat, même en période de soldes. Dans un registre différent, une agence de voyage réservée aux adhérents propose des réductions sur les produits des principaux *tours operators* et la billetterie traditionnelle.

Une cotisation mensuelle permet aux adhérents d'étaler le coût de leur carte de paiement et de « Quiétis » sur l'année. Une grande souplesse est offerte aux clients car ceux-ci peuvent résilier, à tout moment, leur adhésion.

Le dispositif de communication

Le dispositif de communication a pour vocation l'atteinte des deux objectifs précités ; il est donc d'une importance capitale. Essentiellement construite autour des outils « à distance » (marketing direct *on* et *off line*), la communication du programme constitue :

- un *canal de vente* supplémentaire pour la banque : les adhérents se voient régulièrement proposer des produits qui correspondent à leur profil (produits d'épargne, d'assurance et solutions de trésorerie), dans des conditions avantageuses (cotisations ou frais réduits, points fidélité et cadeaux, etc.) ;
- un *véhicule d'informations périodiques* : ces informations, qui peuvent être pratiques et pédagogiques, sont conçues pour accompagner le client dans sa relation bancaire au quotidien, mais aussi pour l'éclairer sur les grandes questions d'actualité en relation avec l'univers de la banque (la retraite, la fiscalité, etc.) ;
- une *incitation permanente à adopter un comportement bancaire vertueux* : une part des économies générées par ce comportement est redistribuée aux adhérents sous forme de points.

La difficulté de l'exercice de construction du programme de communication peut être synthétisée ainsi : « Garantir un ciblage performant, une fréquence optimisée et une communication impactante… pour un coût raisonnable ? »

Un ciblage performant

Les banques détiennent sur chacun de leurs clients des milliers d'informations susceptibles de leur permettre de construire un message presque « individuel » pour chacun d'entre eux. Mais la vraie communication *one to one* est une illusion, dès lors que plusieurs millions d'adhérents sont inscrits au programme. Dans la pratique, la Société Générale et son agence Publicis Dialog ont choisi d'opter pour une « utilisation opportuniste » des critères de segmentation disponibles, qui varient en fonction du contenu des messages. Les critères utilisés sont les suivants :

Critères	Récence	Risque d'attrition*	Marchés**	Âge	Produits détenus	Type de carte détenue	Adresse
Définition des segments	■ Adhérents de moins de 12 mois ■ Adhérents de plus de 12 mois	■ Clients fidèles ■ Clients à risques	■ Clients aux revenus élevés ou à haut potentiel de revenus ■ Clients aux revenus moyens ■ Clients aux revenus modestes	■ 25/45 ans ■ 45/65 ans ■ +65 ans	En fonction des produits	■ Carte Bleue nationale ■ Carte Bleue Visa ■ Carte Bleue Visa Premier	■ Paris ■ Grandes villes de province ■ Reste province
Pertinence du critère pour la « News Jazz »	Les nouveaux adhérents/clients sont plus réceptifs aux offres	Les clients à risques doivent faire l'objet d'une communication soutenue	Critère pertinent pour les offres produits et les partenariats	L'âge est différenciant pour les offres produits et les partenariats	Critère pertinent pour les offres produits	Critère pertinent dans une logique d'*upgrade*	Critère pertinent pour les partenariats

Légende : (*) Le critère « risque d'attrition » correspond à un score qui permet d'identifier les clients dont le comportement ou la situation personnelle laissent penser que le risque qu'ils quittent la banque est élevé. (**) Comme la plupart des grands réseaux bancaires, la Société Générale a regroupé ses clients en segments de marchés, constitués de groupes de population relativement homogènes en termes de revenus et de consommation de produits et services bancaires.

Exemples d'utilisation des critères

☞ **Pour un message centré sur le crédit immobilier, on utilisera le critère âge (on souscrit rarement un crédit immobilier après 55 ans), suivi du critère détention du produit (on achète rarement une deuxième résidence principale) :**

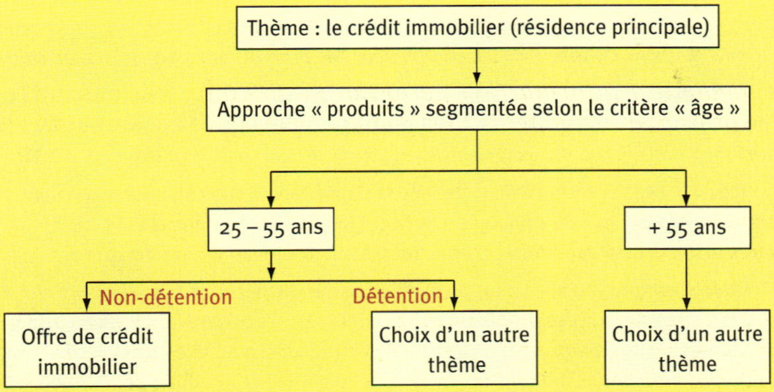

☞ **Pour un message centré sur des solutions de défiscalisation conçues pour les personnes ayant des revenus importants, on utilisera le critère marchés :**

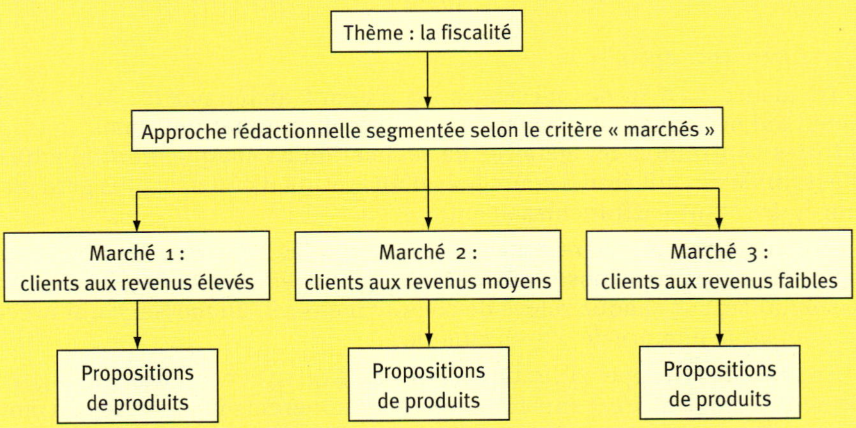

☞ **Pour un message centré sur l'épargne, on utilisera le critère âge :**

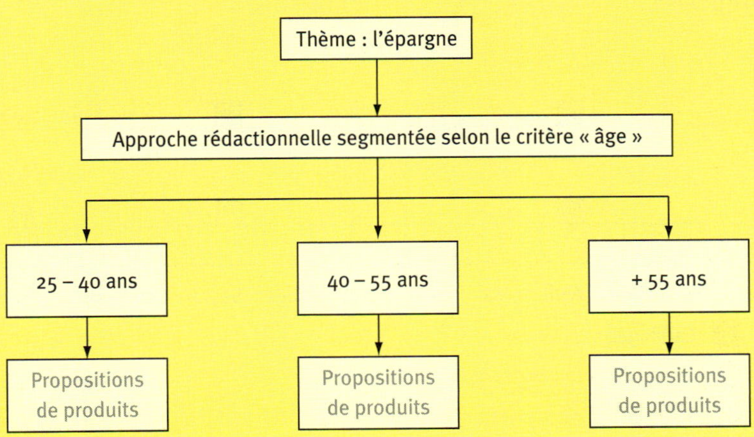

En synthèse, plutôt que de multiplier à l'infini le nombre des messages différents (et donc les coûts de conception, de production et diffusion), on préfère s'assurer que le client qui reçoit un message a une forte probabilité de se sentir concerné par celui-ci.

Question à Madame Corinne Pigounides, directeur des produits aux particuliers, au sein de la direction de la stratégie et du marketing de la Société Générale.

Ces programmes constituent-ils aussi pour la Société Générale une manière de récolter de l'information sur vos clients, comme tel est souvent le cas des programmes de fidélité ?

Non, « Jazz » n'a pas vocation à nous permettre d'améliorer notre connaissance-client. Notre problématique n'est pas de combler un déficit d'information sur nos clients, car celle-ci est déjà très riche, mais d'apprendre, chaque jour, à mieux utiliser ces informations.

Toutefois, ces programmes nous permettent parfois de détecter, très en amont, des changements de situations ou des besoins chez nos adhérents. Par exemple, « Pack Jeune » récompense l'obtention de diplômes par un bonus de points... ainsi que celle du permis de conduire ! Dès qu'un adhérent nous informe de l'obtention du permis de conduire pour se voir créditer ses points, son conseiller de clientèle en agence peut lui proposer un crédit auto à taux préférentiel.

Une fréquence optimisée

La fréquence d'envoi des messages est d'abord dictée par les attentes des clients qui ne souhaitent pas être submergés d'informations, mais aussi par de fortes contraintes budgétaires (la réalisation de chaque *mailing* adressé à l'ensemble des adhérents coûte près d'un million d'euros, le plus gros poste budgétaire étant l'affranchissement).

Pour rappeler régulièrement aux adhérents les bénéfices du programme de fidélité sans être exposée aux dérapages budgétaires, la Société Générale personnalise, sur chaque relevé de compte mensuel, un message qui précise notamment le nombre de points cumulés.

En plus, de ce rappel périodique, Publicis Dialog conçoit des messages *ad hoc* dont la fréquence est supérieure pour les adhérents inscrits depuis moins d'un an. Deux raisons expliquent ce choix : ils ont besoin de faire connaissance avec le programme mais ils sont aussi plus réceptifs aux offres qui leur sont proposées.

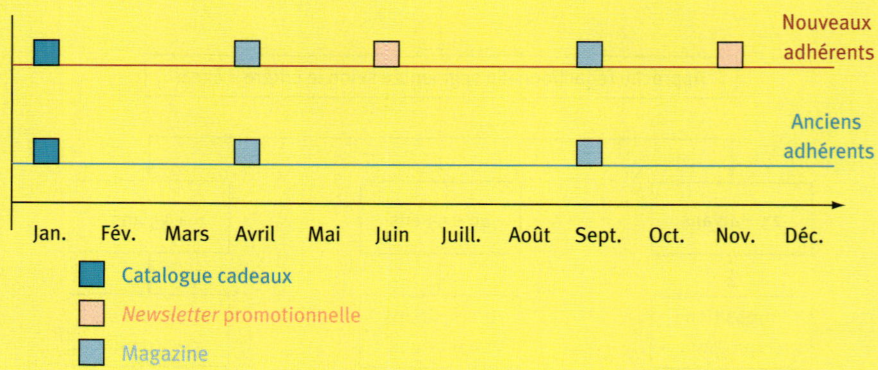

Une communication impactante

La communication ayant été bien ciblée, la fréquence ayant été optimisée, l'ultime étape consiste à concevoir des messages sur le fond comme sur la forme, qui seront bien reçus par la majorité des adhérents.

Voici, par exemple, le découpage du magazine reçu deux fois par an par les adhérents « Jazz »[(1)] :

Proposition de souscription à des produits supplémentaires à des conditions privilégiées (cross-selling)

Rappel des services inclus dans « Jazz »

Proposition de souscription à des produits d'une gamme supérieure (up-selling)

(1) *On ne donne pas ici l'intégralité d'un numéro.*

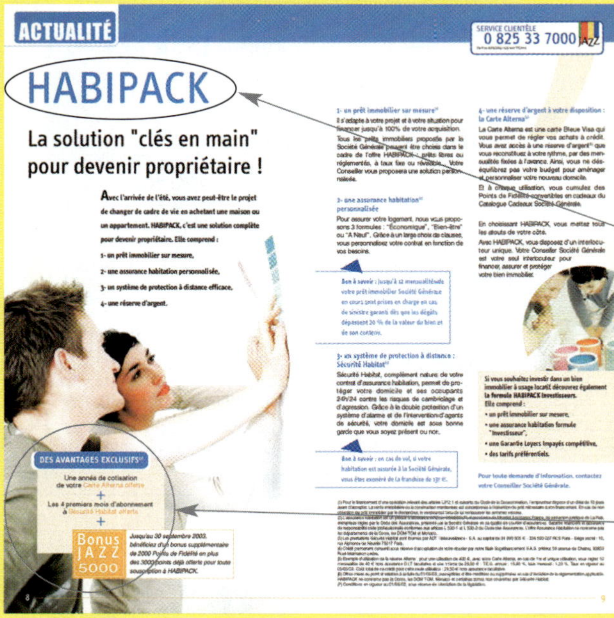

Mise en exergue d'un pack : crédit immobilier + assurance habitation + système de protection à distance + crédit équipement (cross-selling)

Avantages réservés aux adhérents (réductions tarifaires + points offerts)

Animation calendaire du programme à points : on incite les adhérents à convertir leurs points en cadeaux pour accroître leur attachement au programme

Rappel du barème du cumul de points pour orienter le comportement bancaire (retrait aux distributeurs automatiques de billets, paiement par carte, etc.)

Synthèse des avantages « Jazz »

Et le feuillet partenaires :

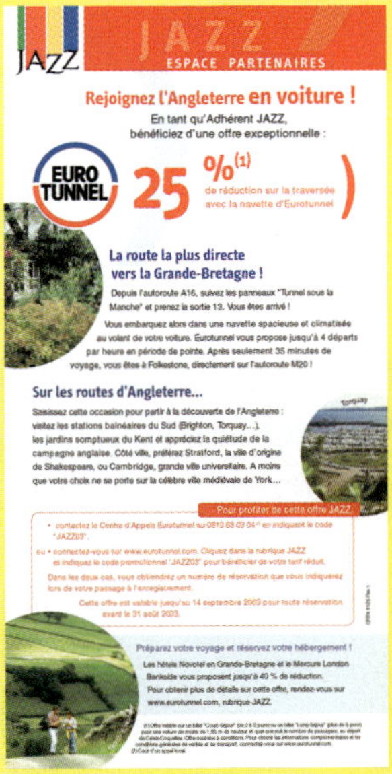

Offre de partenariat sur la thématique des vacances

Les résultats

Quatre années après son lancement, « Jazz » a rempli sa mission :

- le *multi-équipement* : le programme constitue un canal supplémentaire de vente. Tout d'abord, il permet aux conseillers en agence de vendre deux produits (la carte et l'assurance des moyens de paiement) en un seul acte de vente, lors de la souscription. Ensuite, il permet à la Société Générale de proposer régulièrement à ses clients des produits et services dans des conditions avantageuses réservées aux adhérents. Ces offres rencontrent en général plus de succès que des offres de marketing direct classiques, et les adhérents « Jazz » ont un indice multiproduits supérieur à la moyenne des clients de la Société Générale ;
- *l'orientation du comportement bancaire* : dès la souscription, les adhérents Jazz ont un comportement bancaire plus « vertueux », et ce particulièrement pour l'utilisation de leur carte de crédit et les retraits dans les distributeurs du Groupe Société Générale.

Voici, par exemple, l'évolution du nombre de paiements par carte et de retraits dans les distributeurs automatiques de billets au cours du temps. Pour des raisons de confidentialité, on ne donne ici que la forme générale des courbes de résultats.

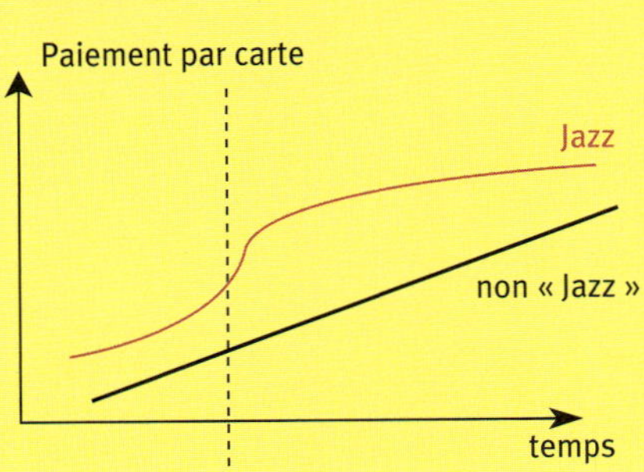

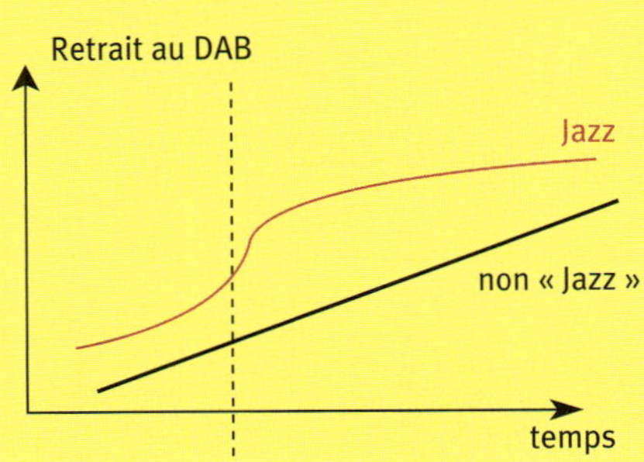

Source : image extraite de www.leschevauxdustade.com, un site conçu pour l'événement.

Les parieurs sont toujours nombreux mais ils fréquentent moins les hippodromes. Pour renverser cette tendance, le Cheval Français, France Galop, le PMU, Stade de France Productions et la Société du Cheval avec le parrainage des Haras nationaux et de plusieurs grands médias, créent l'événement, samedi 18 septembre 2004 : des spectacles équestres et des courses pour 65 000 spectateurs-parieurs (pari compris dans le prix du billet). C'est une opération de communication événementielle accompagnée d'actions de relations publiques, de parrainage et de relations presse qui démultiplient l'événement dans les grands médias.

Chapitre 4
LES RELATIONS PUBLIQUES, LES RELATIONS PRESSE, LA COMMUNICATION ÉVÉNEMENTIELLE ET LE PARRAINAGE

Dans ce chapitre, on a regroupé les relations publiques, les relations presse et la communication événementielle, plusieurs techniques du hors-médias qui fonctionnent ensemble. Les relations presse cherchent à donner le meilleur écho aux opérations de relations publiques et aux événements que l'entreprise crée pour elle-même ou qu'elle parraine.

PLAN DU CHAPITRE

Section 1
LES RELATIONS PUBLIQUES ET LES RELATIONS PRESSE

1/ LES RELATIONS PUBLIQUES

Les relations publiques peuvent être définies, de façon très large, comme un ensemble de techniques de communication destinées à développer une relation de confiance, d'estime et d'adhésion entre une entreprise, une marque et de multiples publics : consommateurs, distributeurs, leaders d'opinion, pouvoirs publics et plus largement opinion publique.

Selon Lucien Matrat :

- « les relations publiques, c'est la stratégie de la confiance,
- la publicité, la stratégie du désir,
- la propagande, la stratégie du conditionnement. »

a) Le développement et les formes des relations publiques

Les relations publiques sont nées aux États-Unis au XIXe siècle et se sont développées en trois étapes :

1° La propagande électorale

On organisait des opérations de relations publiques pour les campagnes électorales. Avec le développement de la presse américaine, au milieu du XIXe siècle, on vit apparaître une véritable profession, les *press agents*, chargés de faire du rédactionnel.

2° Le *lobbying*

Le terme *Public Relations* et la création d'agences spécialisées en relations publiques correspondent au développement du *lobbying* ou promotion d'intérêts corporatistes.

3° La communication auprès de l'opinion publique

Cette forme moderne de relations publiques vise à installer la légitimité de l'entreprise, à prévenir les critiques (consuméristes ou écologiques, par exemple), à préserver les intérêts de l'entreprise en cas de crise grave.

Les relations publiques sont une expression générique qui recouvre des actions très diverses, auprès de publics très variés et qui font appel à des moyens de communication multiples et de plus en plus spécialisés. Ainsi, les relations publiques se font avec des outils tels que :

- les réunions, réceptions, manifestations diverses ;
- le *lobbying* ;
- la communication événementielle (manifestations exceptionnelles) ;
- le parrainage d'événements (sponsoring) ;
- le mécénat ;
- les congrès, colloques, séminaires de formation, réunions scientifiques ;
- les salons, foires, expositions où l'on prospecte, vend mais aussi où l'on développe un capital de relations avec le public ;
- le tourisme industriel (visites de sites de production comme une usine d'automobiles, une centrale nucléaire, etc.) ;
- les cadeaux, objets publicitaires, etc. ;
- les publipostages, le courrier (les vœux sont, par exemple, un des outils les plus usités des relations publiques) ;
- etc.

Cette liste ne prétend pas à l'exhaustivité, car l'imagination est l'une des vertus cardinales des relations publiques, mais on ne peut pas passer sous silence les relations personnelles des dirigeants et collaborateurs des entreprises et surtout les relations presse, qui sont parfois l'outil essentiel des relations publiques (par exemple, l'intervention d'un président d'entreprise dans une émission de télévision ou une interview dans la presse). Ce sont des façons de relayer l'opération de relations publiques auprès de l'opinion publique ou d'un public spécifique. Ainsi, relations publiques et relations presse sont, dans la très grande majorité des cas, un couple indissoluble qu'il faut gérer de façon cohérente dès le départ et non pas l'un après l'autre.

b) Les outils des relations publiques selon les publics visés

Les relations publiques s'adressent principalement aux publics externes. On peut distinguer :

- les relations publiques *corporate* ou *institutionnelles* dont l'objet est d'asseoir la légitimité de l'entreprise, de défendre ses intérêts et de créer à son égard un état d'esprit favorable de l'opinion publique ou d'un public particulier ;
- les relations publiques *marketing* qui promeuvent une marque-produit et démultiplient les efforts publicitaires.

On ne peut pas toutefois limiter le champ d'action des relations publiques aux seuls publics externes à l'entreprise. Elles peuvent jouer un rôle important auprès des publics internes, soit par retombées en interne des manifestations organisées pour l'externe, soit par l'association étroite des collaborateurs de l'entreprise aux actions de relations publiques, soit par l'organisation de véritables opérations de relations publiques réservées aux seuls publics internes. Les grandes conventions internes relèvent de l'esprit et des techniques des relations publiques (v. la section 2 sur la communication événementielle et le parrainage).

c) Les stratégies de communication selon l'importance des relations publiques dans le *mix* de communication

1° Les stratégies de communication exclusivement ou à très forte dominante « relations publiques »

Les politiques exclusives de relations publiques sont assez peu fréquentes. Elles sont généralement pratiquées lorsque l'usage de tous les autres moyens de communication, notamment publicitaires, est interdit, par exemple pour les notaires. Les stratégies à très forte dominante « relations publiques » sont alors beaucoup plus fréquentes. On les rencontre principalement :

- dans les secteurs où la publicité est fortement réglementée (ex. : tabac et alcool) ;
- dans les secteurs où le *lobbying* est décisif (ex : communication des organisations professionnelles) ;
- dans les secteurs où l'image *corporate* et les relations personnelles sont importantes (ex. : promotion d'un cabinet de consultants, d'un cabinet d'architectes, etc.).

2° Les stratégies mixtes

Elles sont très fréquentes. Les relations publiques peuvent jouer un rôle moteur dans la politique de communication. C'est par exemple le cas des marchés où le rôle des leaders et des relais d'opinion est important (secteur du luxe, des marchés *B to B*, des marchés où le rôle des pouvoirs publics est important, etc.).

Dans d'autres circonstances, les relations publiques ne sont pas l'élément essentiel de la politique de communication mais elles jouent un rôle de démultiplicateur, notamment par la production de rédactionnel et par la sensibilisation, voire la mobilisation des publics internes.

2/ Les relations presse

C'est une communication par l'intermédiaire de la presse écrite et audiovisuelle.

Pour dénommer les relations presse, on utilise parfois l'abréviation « RP » ce qui entraîne une confusion avec les relations publiques. Or, s'il y a une part de relations publiques dans les relations entre une entreprise et la presse, relations presse et relations publiques procèdent d'un état d'esprit et de techniques souvent différents.

a) La nature des relations presse

Les spécialistes s'accordent tous à dénoncer l'inefficacité de ceux qui ont une approche trop ponctuelle et trop utilitariste des relations avec la presse.

1° Les relations presse : relations et information

Les relations presse comportent deux volets qui ne peuvent être dissociés.

- *Les relations presse au sens d'une politique relationnelle avec la presse*

Elles doivent être un effort continu pour développer un climat de confiance et de coopération entre l'entreprise et la presse. Elles sont une politique de relation à long terme. Il ne faut pas rechercher, à tout prix, des retombées immédiates. En ceci, les relations presse sont des relations publiques avec la presse comme l'entreprise en mène avec d'autres influenceurs ou leaders d'opinion : pouvoirs publics, communauté scientifique, écologistes, etc.

- *L'information presse*

◦ *Les relations presse, un moyen de communication à part entière*

La diffusion d'une information commerciale (le lancement d'un nouveau produit, par exemple), financière (l'annonce d'une restructuration, d'un bon résultat, etc.) technique (le dépôt d'un brevet) peut se faire par le seul relais de la presse. Il est cependant plus fréquent d'utiliser les relations presse en complément d'autres moyens de communication.

◦ *Les relations presse, un moyen de communication complémentaire*

Les relations presse peuvent aider à tirer le profit maximum de différents moyens de communication. On informe, par exemple, la presse d'une opération de sponsoring, d'une action de mécénat (cela permet de faire savoir avec « discrétion » qu'on en fait !), d'une campagne de publicité, à la condition qu'elle ait un caractère particulièrement original. Ainsi, les relations presse s'inscrivent dans le cadre d'une approche globale de la politique de communication de l'entreprise.

2° Les relations presse : l'affaire de toute l'entreprise

Le spécialiste des relations presse a besoin de la coopération de tous.

Toute forme d'activité de l'entreprise peut être concernée par les relations avec la presse.

L'attaché de presse, ou celui qui en fait fonction, n'a pas vocation à être le seul interlocuteur de la presse et le seul porte-parole de l'entreprise mais les relations presse ne doivent pas se faire, pour autant, en ordre dispersé.

3° Les relations presse : quelle éthique ?

Elles supposent qu'au plus haut niveau (celui des cadres supérieurs et de la direction générale) on partage une philosophie commune sur les relations avec les journalistes, notamment sur les aspects déontologiques tendant au respect de l'indépendance de la presse.

Les relations presse : une communication indirecte et complémentaire des communications de l'entreprise

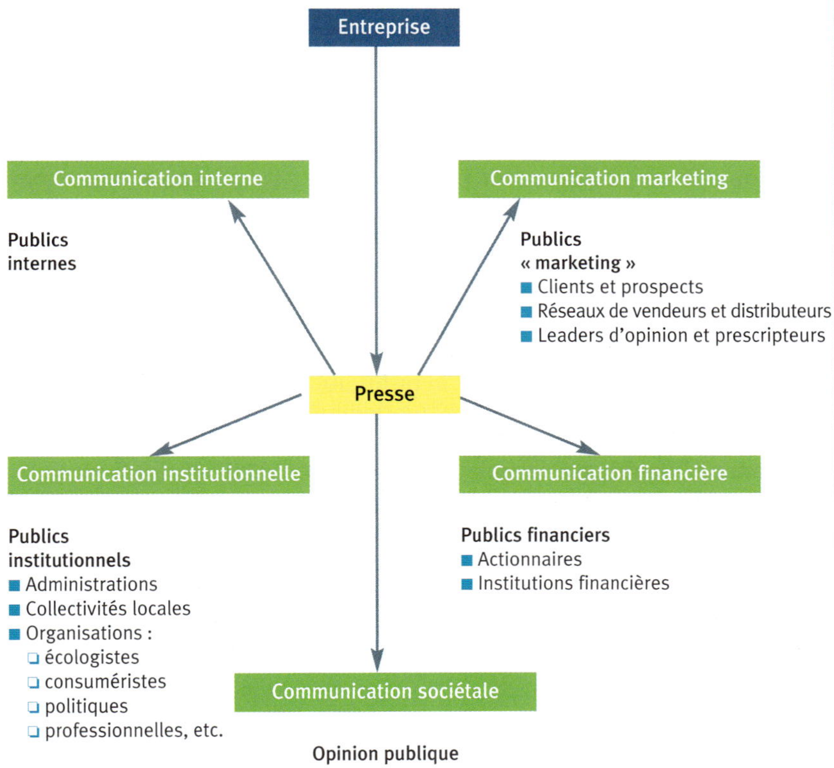

Figure 1

4° Les relations presse : complémentaires mais très différentes de la publicité

- ***La communication publicitaire est (quasiment) certaine, alors que ce n'est pas vrai pour les relations presse***

Le message publicitaire passe dans le support prévu, à l'emplacement prévu, à la date prévue, dans le format prévu, en reproduisant intégralement le message prévu. Les relations presse ont des résultats incertains. Si l'annonceur est maître de l'espace publicitaire, le journaliste, lui, est maître de l'espace rédactionnel. Il choisit de faire passer l'information ou non ; il choisit le moment ; il commente librement, supprime, ajoute, etc.

- ***La nature du discours***

La publicité suggère, imagine, exagère. Dans la communication avec les journalistes, on donne des faits, on doit prouver, on est tenu de dire vrai.

- *La communication publicitaire est de nature répétitive*

On doit livrer aux journalistes des informations originales.

- *La communication publicitaire est inégalement crédible*

Le journaliste apporte sa caution et donne une très forte crédibilité à l'information ou au commentaire qu'il signe.

Si les relations presse et la publicité obéissent à des principes différents, voire opposés, il y a cependant des points importants qui les réunissent :

– les relations presse et la publicité ne sont pas des formes de communication qui s'excluent. Bien au contraire, elles sont souvent très complémentaires ;
– les relations presse, tout comme la publicité et les autres modes de communication, demandent des moyens financiers même si les budgets en jeu ne sont pas comparables. Il n'est pas raisonnable de faire des relations presse uniquement parce qu'on n'a pas assez d'argent pour faire de la publicité. Il n'est pas raisonnable de prévoir un budget ridicule pour les relations presse sous prétexte qu'il suffit de trouver une charmante attachée de presse avec un solide carnet d'adresses. Les relations presse demandent des moyens financiers mais aussi beaucoup de temps. C'est pour cela que leurs budgets sont souvent assez difficiles à estimer précisément ;
– les relations presse, comme la publicité, doivent s'inscrire dans la durée. Les actions ponctuelles sans lendemain sont généralement inefficaces ;
– comme la publicité, les relations presse doivent être très ciblées ;
– comme la publicité, les relations presse sont souvent confiées à un cabinet extérieur. Toutefois la délégation des relations presse a, là aussi, ses limites. Ainsi, les membres de l'entreprise et en premier lieu sa direction doivent souvent s'impliquer personnellement dans les contacts avec la presse.

b) Le contexte et les objectifs poursuivis par les entreprises lorsqu'elles font des relations presse

1° Les objectifs des relations presse

- *Transmettre une information précise*

C'est par exemple : le lancement d'un nouveau produit, la découverte d'une nouvelle technologie, les résultats économiques de l'entreprise, etc.

- *Promouvoir l'image de la marque, l'image institutionnelle ou la notoriété d'un dirigeant auprès de l'opinion publique*

Pour de nombreux groupes industriels dont les activités ne concernent pas directement le grand public, les relations presse sont le seul moyen de se faire connaître de l'opinion publique.

- *Répondre à une attaque, réagir en situation de crise*

De bonnes relations avec la presse ne peuvent éviter les crises mais elles peuvent aider à mieux les gérer.

- *Mobiliser l'interne*

Les publics internes sont très sensibles à l'intérêt et aux jugements de la presse sur leur entreprise.

- *Crédibiliser le discours de l'entreprise*

Annoncer une innovation majeure par la publicité ne convaincra pas peut-être l'opinion publique. Il importe, par exemple, pour un laboratoire pharmaceutique que la presse spécialisée annonce et commente favorablement les nouveaux médicaments qu'il lance.

- *Se comparer à la concurrence*

Certes, la publicité comparative est autorisée aujourd'hui en France mais la réglementation qui l'encadre en limite considérablement l'utilisation. Par la presse, on peut développer (mais avec tact) des informations comparatives que l'on fournit dans les dossiers de presse.

- *Exploiter et compléter l'action d'un autre outil de communication*

Certains, comme le sponsoring ou le mécénat, supposent impérativement d'être accompagnés par une action de relations presse.

2° Les situations dans lesquelles les relations presse sont particulièrement déterminantes

- Quand la publicité est interdite (tabac, alcool, etc.).
- Quand on est dans un secteur sensible aux crises et que l'entreprise risque d'avoir besoin un jour, du soutien de l'opinion publique.
- Quand on vend des produits ou des services qui peuvent poser des problèmes de crédibilité : par exemple les produits de beauté, diététiques, certains services financiers, etc.
- Quand la presse est une source majeure d'information des consommateurs : c'est particulièrement vrai pour les marchés industriels (*Business to Business*) mais c'est aussi le cas pour certains marchés de grande consommation quand le client se réfère à ce que dit la presse : automobile, restauration, spectacles (cinéma, théâtre), édition, etc.

c) Les caractéristiques de l'information presse et les outils des relations presse

1° Les caractéristiques de l'information presse

Les relations presse, c'est d'abord de l'information.

- *Une information objective*

L'information doit être argumentée et prouvée. Dire qu'un produit est « efficace » ou qu'une entreprise est « performante » dans un communiqué de presse ne suffit pas, encore faut-il en apporter la preuve ! Par exemple, si on écrit qu'une entreprise est « leader », il faut préciser sa part de marché et le marché dont il s'agit. Un isolant est le « meilleur du marché » si on démontre que son coefficient est meilleur que celui des produits concurrents, etc.

- *Une information originale*

- *Une information intéressante*

Pour un journaliste, une information intéressante est celle qui captive ses lecteurs.

Il faut éviter les pseudo-événements : un anniversaire sans intérêt, le

« faux » nouveau produit présenté il y a déjà cinq ans au salon Batimat mais qui se vend toujours très bien, le sponsoring prétexte, etc.

Avant d'envoyer une information à un journaliste, on devrait se poser la question suivante : « Si j'étais le lecteur du journal en question, aurais-je acheté un numéro ou payé l'abonnement pour lire ce type d'information ? ». Si la réponse est oui, il faut envoyer le communiqué. Il s'agit alors bien d'une information presse. Dans le cas contraire, mieux vaut s'abstenir !

- *Une information ciblée*

Il faut éviter les dossiers de presse « fourre-tout », contenant une multitude d'informations disparates et destinées à toute la presse. De même que les publicités, *mailings*, brochures sont adaptés aux différents interlocuteurs de l'entreprise (clients, prescripteurs, distributeurs, etc.), les informations presse doivent être ciblées selon les grandes catégories de supports et, au sein d'un même journal, selon les rubriques.

- *Une information qui arrive au bon moment*

Une information qui arrive trop tôt doit être soumise à « embargo », ce qui n'est pas toujours facile à faire respecter. Une information qui arrive trop tard, après le bouclage, ne peut laisser que des regrets.

Dans certains cas, l'information doit être donnée en même temps à tous les journalistes, par exemple pour éviter le délit d'initié en matière d'information économique et financière. Dans d'autres cas, il faudra privilégier certains journalistes sans trop froisser les autres.

2° Les outils des relations presse

Figure 2

STRUCTURE D'ORGANISATION DES OUTILS DES RELATIONS PRESSE

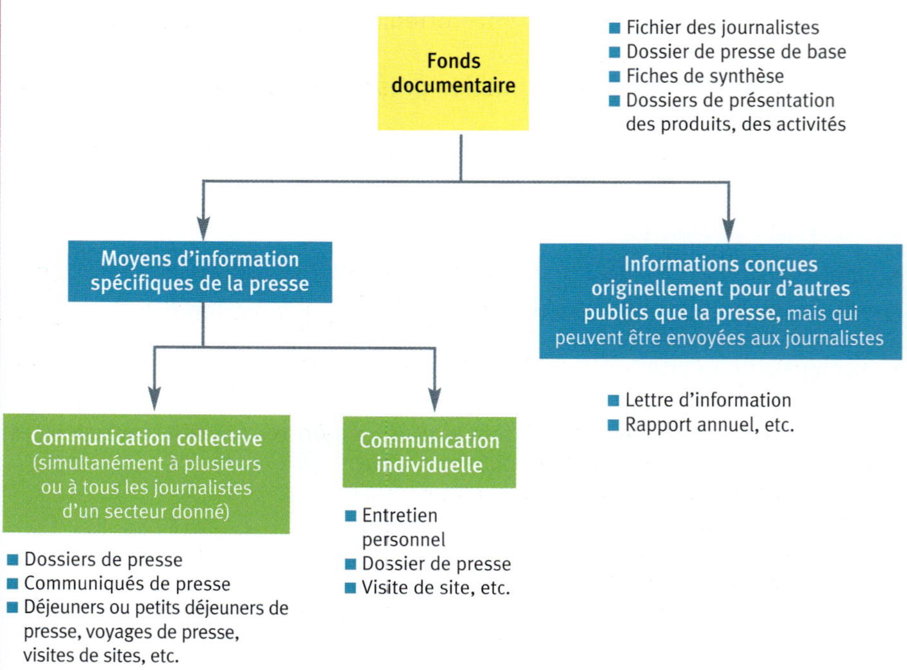

- *Le fonds documentaire*

C'est la base nécessaire à une politique suivie de relations presse. Elle doit être continuellement mise à jour et est constituée par :

- le fichier de journalistes. C'est le premier outil d'une politique de relations presse. Son entretien réclame beaucoup de temps, compte tenu du *turn over* parfois rapide de certaines catégories de journalistes, du lancement et de la disparition de supports ;
- le dossier de presse de base ou « bible » de l'entreprise : documentation sur l'entreprise, son histoire, ses performances, etc. ;
- les fiches de synthèse (sur un marché, une gamme de produit, une opération donnée, etc.) : elles résument les informations du dossier de presse de base ou sont faites sur des sujets particuliers (une OPA, un nouveau chantier, etc.). Elles sont généralement distribuées aux cadres en contact avec la presse.

- *Les dossiers de presse spécifiques*

Ils sont constitués pour un événement donné. Ils doivent être :

- pratiques à exploiter et à stocker pour le journaliste ;
- clairs, concis, informatifs ;
- parfaits au niveau de la signalétique : logo et nom de l'entreprise qui émet le dossier de presse, nom et coordonnées du contact dans l'entreprise qui pourra donner des renseignements complémentaires aux journalistes.

- *Les communiqués de presse*

Beaucoup d'entreprises abusent de ce procédé qui ne devrait être utilisé que pour des informations réellement originales et dont la diffusion doit se faire très rapidement. Le communiqué de presse encombre bien souvent la messagerie électronique ou le bureau du journaliste qui manque de temps pour en faire une lecture complète et attentive.

Le communiqué de presse doit donc accrocher l'attention (par un titre résumant l'intérêt majeur de l'information diffusée), être très concis, commencer par l'information la plus intéressante, ne pas vouloir dire mille choses à la fois.

- *Les conférences de presse ou réunions de presse*

Elles n'ont généralement pas la faveur des journalistes car elles leur prennent beaucoup de temps et parce que tous leurs confrères sont informés en même temps. Les conférences de presse doivent se justifier par la nécessité d'un dialogue avec des représentants de l'entreprise, sinon un communiqué de presse suffit.

E. Dupuy et Y. Cintas[1] donnent les conseils suivants pour organiser des conférences de presse efficaces :

- une information originale à transmettre ;
- inviter seulement les journalistes concernés ;
- respecter les dates et heures de bouclage des journaux ;
- amorcer l'information dans l'invitation ;
- utiliser plusieurs fois la relance téléphonique ;
- choisir un lieu confortable et accessible ;
- assurer un accueil agréable ;

(1) *Emmanuel Dupuy et Yves Cintas,* Communiquer avec la presse. L'entreprise à la Une, *Les Éditions d'Organisation, 1990.*

– préparer les intervenants ;
– veiller à la brièveté de l'exposé ;
– illustrer les propos par des formules ;
– travailler l'humour ;
– associer les spécialistes des sujets abordés ;
– répondre aux questions ;
– conclure par la remise d'un dossier ;
– distribuer le texte intégral de l'intervention ;
– offrir un buffet décent ;
– prolonger la discussion le verre à la main ;
– envoyer le dossier aux absents.

- *Les déjeuners (ou petits déjeuners) de presse*

Ce sont des formules plus souples que les conférences de presse mais leur organisation doit être tout aussi rigoureuse.

- *Les voyages de presse et visites de presse (usine, chantier, etc.) organisés pour un groupe de journalistes*

- *Les actions de formation*

Conférences spécifiques, invitations à des séminaires, à des congrès, etc. : présentées avec tact, elles peuvent être d'un grand intérêt pour les journalistes, notamment pour ceux qui travaillent pour la presse professionnelle et scientifique. L'objet n'est pas ici pour l'entreprise de transmettre une information par le relais de la presse mais de développer une politique relationnelle avec les journalistes.

d) Les professionnels des relations presse, les usages et la déontologie

1° Les professionnels des relations presse

Il existe de très nombreux cabinets spécialisés, souvent de petite taille. Les frontières sont floues entre les cabinets de relations presse et tous les autres spécialistes de relations publiques, de communication corporate, de communication financière, de communication de crise, etc.

Au sein des entreprises, les relations presse sont confiées à des attaché(e)s de presse, à la direction de la communication (lorsqu'elle existe), au secrétariat général, etc.

Les *fonctions de l'attaché de presse* (ou du chargé de communication qui en fait office) sont les suivantes :

– il crée les conditions nécessaires à l'efficacité d'une politique permanente de relations avec la presse ;
– il constitue et entretient le fonds documentaire : fichier de presse, dossier de presse de base, etc. ;
– il entretient des contacts suivis avec la presse et développe un climat de confiance et de coopération avec elle ;
– il élabore le plan annuel de relations avec la presse ;
– il organise des rencontres collectives et individuelles entre l'entreprise et la presse ;

– il peut être le porte-parole de l'entreprise mais dans certaines limites car l'attaché de presse n'a pas vocation à être le messager systématique de l'entreprise auprès de la presse. Bien au contraire, son rôle est d'aider à trouver, chaque fois, l'interlocuteur le mieux adapté ;
– il conseille, parfois forme en matière de relations avec la presse. L'attaché de presse sensibilise les cadres de l'entreprise à l'importance des relations presse, organise des séances de *media training* pour apprendre à mieux communiquer dans une conférence de presse ou lors d'une entrevue avec des journalistes de la presse écrite ou audiovisuelle ;
– il informe, en interne, sur ce qui se dit dans la presse. Il rédige et diffuse des revues de presse, fournit en informations le service de presse interne, redistribue l'information, selon son intérêt, aux correspondants internes de communication et à ceux qui ont en charge la rédaction des journaux internes ;
– il fait le bilan des relations presse. Il existe des organismes spécialisés comme l'Argus qui aide à faire la pige systématique de la présence de l'entreprise (voire de certains concurrents) dans la presse. À partir de ces extraits de presse mentionnant l'entreprise, ses marques, ses dirigeants, etc., l'attaché de presse constitue un *press book*. L'évaluation de l'efficacité de la politique de relations presse n'est pas simple. Elle se fait trop souvent de façon exclusivement quantitative, au poids des *press books* ! Ils devraient être accompagnés d'une analyse qualitative : synthèse du *press book* écrite par l'attaché de presse, différenciation selon l'intérêt et la nature des commentaires de la presse (positifs, négatifs, neutres). On n'attachera guère de crédit à ceux qui traduisent les retombées presse en équivalent publicitaire. On voit, en effet , certains valoriser un quart de page de rédactionnel qui comporte une seule fois le nom de l'entreprise sur la base du plein tarif publicitaire ou sur un pourcentage de ce tarif, ce qui est tout aussi arbitraire !

2° Les usages et la déontologie en matière de relations presse

Les usages sont fort différents d'un pays à l'autre ou d'une profession à l'autre. La France ne se range pas toujours dans les pays les plus rigoureux. Quand on invite un journaliste à un voyage de presse, l'habitude est, chez nous Français, de payer le voyage, l'hébergement, jusqu'aux menus frais (personnels) de bar, cigarettes, téléphone, etc. Ce n'est pas le cas dans d'autres pays.

Il importe que chaque entreprise développe pour son propre usage les règles de déontologie de ses rapports avec la presse. Certaines entreprises les inscrivent dans des codes d'éthique à vocation plus large.

Les principales questions à régler sont :

– les rapports entre la publicité et la presse. Certains sont tentés de « stimuler » le rédactionnel par des budgets publicitaires ;
– les cadeaux aux journalistes (cadeaux étant pris au sens large) depuis le prêt d'un véhicule jusqu'à des remboursements de frais dits « professionnels ».

Section 2
LA COMMUNICATION ÉVÉNEMENTIELLE ET LE PARRAINAGE

La communication événementielle reste un secteur aux contours mal définis. Elle regroupe des actions de relations publiques, de stimulation, de motivation qui donnent lieu à des manifestations regroupant souvent des publics internes mais aussi des publics externes ou mixtes.

La communication événementielle peut être de deux types :

- une communication par le biais d'événements spécialement conçus pour les entreprises à cet effet ;
- une participation de la marque à des événements organisés par d'autres. On parle alors plus volontiers de sponsoring ou de parrainage d'événement.

1/ LA COMMUNICATION PAR L'ÉVÉNEMENT CRÉÉ POUR L'ENTREPRISE

a) La diversité des actions et des publics de la communication événementielle

Quelles que soient leurs formes, les actions de communication événementielle ont toujours un point commun : on communique en réunissant des hommes, soit au même endroit (cas le plus fréquent), soit par téléconférence.

La communication événementielle s'applique principalement à trois domaines : le commercial, la communication interne et les relations publiques.

1° Le commercial

Ce sont, par exemple, des conventions réunissant les visiteurs médicaux d'un laboratoire pharmaceutique ou les concessionnaires d'une marque d'automobile pour le lancement d'un nouveau produit. La communication événementielle s'est d'abord développée pour ce type de marchés. On notera qu'elle s'adresse plus rarement au consommateur final des produits de grande consommation[1] et qu'elle diffère en ceci des opérations de parrainage (sponsoring et mécénat). En grande consommation, la communication événementielle réunit les commerciaux d'une entreprise et/ou les distributeurs. En revanche, en milieu industriel (*Business to Business*), on monte des manifestations avec les clients (ou des prospects). La communication événementielle se prête également bien à la communication financière, auprès des investisseurs institutionnels par exemple.

2° La communication interne

L'objectif est de mobiliser les salariés, de leur annoncer des nouvelles essentielles pour la vie de l'entreprise, de leur faire partager les choix stratégiques de la direction : annonce d'un projet d'entreprise, bilan d'activités, opération de restructuration, changement de nom, opération de motivation pour une plus grande productivité, une meilleure qualité de service, une diminution des accidents du travail, etc.

(1) On trouve cependant des exemples de communication événementielle significatifs, organisés pour le grand public, notamment en direction des jeunes (ex : concerts organisés par Ricard).

3° Les relations publiques

La communication événementielle peut être dans ce cas, assimilée à une forme spectaculaire de relations publiques : manifestations avec la presse, les fournisseurs, les institutions financières, les pouvoirs publics, etc.

b) Les spécificités de la communication événementielle

1° Pas le droit à l'erreur

La communication événementielle doit atteindre ses objectifs du premier coup car une manifestation ne se fait qu'une fois.

2° Soulever l'enthousiasme

La communication événementielle doit créer au minimum l'adhésion, au mieux l'enthousiasme. C'est une communication émotionnelle. Selon François Michiels, fondateur de « Market Place », qui fut la première agence importante spécialisée dans ce domaine :

> « Les agences de communication événementielle sont des marchands d'applaudissements. »

3° Du *Show Biz* avec des amateurs

La communication événementielle s'apparente aux méthodes et aux techniques du *Show-Business* et des *mass media* comme la télévision mais elle se fait avec de nombreux acteurs qui ne sont pas des professionnels. Le président de l'entreprise, le directeur marketing ne sont pas forcément d'excellents orateurs et n'ont pas obligatoirement une présence charismatique devant 1 500 personnes ! La communication événementielle se donne donc des objectifs ambitieux puisqu'elle s'oblige à faire un travail de « pro » avec des « amateurs » ! Il est donc utile de s'entourer des conseils d'agences spécialisées.

4° Information et confidentialité

La communication événementielle doit savoir motiver les vendeurs, les personnels, les partenaires de l'entreprise en leur annonçant les décisions stratégiquement majeures tout en ne divulguant pas des secrets importants pour la concurrence. On a dit que le problème était parfois plus d'interdire l'accès des journalistes à ce type de manifestations que de les faire venir ! Mais il faut être réaliste : une opération, même strictement interne, réunissant plusieurs dizaines, centaines ou milliers de personnes, est par nature, une manifestation publique qui ne permet pas de préserver la confidentialité d'une information.

5° Des coûts élevés

La communication événementielle nécessite beaucoup de préparation, des investissements importants pour la mise en scène, des coûts d'hébergement et de transport parfois considérables car les événements se font souvent avec des publics importants et dans des sites exotiques. Elle doit étonner des publics habitués aux productions très professionnelles et très onéreuses de la télévision et du *Show-Business*. Le coût d'un événement varie de quelques centaines de milliers d'euros à trois ou cinq millions d'euros pour les opérations les plus importantes. On compte en moyenne un budget de 200 à 3 000 euros par personne pour une convention. Cela dépend évidemment du lieu (Paris ou Les Maldives !) et de la durée.

c) Les professionnels et le marché de la communication événementielle

Le marché s'est créé dans les années quatre-vingt puis s'est développé dans les années quatre-vingt-dix. Il a souffert de la crise qui a poussé les entreprises à renoncer à certaines manifestations, à limiter leurs budgets, à être beaucoup plus exigeantes envers les prestataires tout en restreignant les budgets.

On estime que 70 à 80 % des événements sont réalisés par les entreprises elles-mêmes (réunions de vendeurs, journées portes ouvertes, etc.). On peut considérer que chaque année 300 à 400 événements significatifs ont lieu sur le marché français.

Certains secteurs sont les clients privilégiés de l'événementiel. Ce sont surtout l'informatique, l'automobile, le médical mais aussi le luxe, l'agroalimentaire, les banques, les assurances et l'État.

Il y a, en France, près de trois cents sociétés qui se disent spécialistes de la communication événementielle mais elles ne sont qu'une trentaine à être de véritables conseils et à développer un service complet sur les trois dimensions d'une manifestation :

- la conception ;
- la production ;
- la logistique.

La communication événementielle fait appel à des compétences très diverses qui vont du conseil sur le contenu des messages à faire passer, à l'infographie, à la décoration florale et à la restauration ! Il faut un très grand nombre de partenaires pour organiser un événement important. La qualité de la coordination est donc un facteur déterminant pour le succès d'un événement d'entreprise.

2/ Le parrainage d'événements

Le *Journal officiel* du 3 avril 1982 en donne la définition suivante :

> « Soutien financier apporté par un commanditaire en contrepartie du surcroît de notoriété qu'il en escompte. »

Le parrainage peut être exclusif ou partagé entre plusieurs marques. Il peut être directement lié aux produits de l'entreprise. Le premier exemple de parrainage sportif fut le soutien accordé par Michelin au coureur cycliste Terront dans l'édition de 1891 de « Paris-Brest-Paris ». Terront, qui était le seul à être équipé de pneus, gagna cette course de mille kilomètres et contribua au lancement de la marque Michelin et de son produit révolutionnaire.

Dans d'autres cas, le lien entre l'événement et les produits ou services de la marque est plus ténu. La BNP parraine depuis longtemps le tournoi de Roland-Garros. Fleury-Michon, le conseil général de Charente-Maritime ont parrainé des voiliers de compétition. On choisit un type d'événement pour l'image qu'il peut transmettre : esprit de compétition, esprit d'aventure, esprit d'équipe, etc.

ÉVÉNEMENT PARRAINÉ PAR PLUSIEURS ENTREPRISES AUTOUR DE SON *SPONSOR* PRINCIPAL

Source : Production PRODEO.

PRIME TIME IS MY TIME [(1)]

Fragmentation croissante des médias, saturation des individus, grande diversité des moments et des formes de « consommation » des médias, l'âge d'or des médias de masse et des politiques indifférenciées (toucher de très larges publics de la même façon, au même moment, avec le même message) est révolu. Voici venu le temps de la communication multicanale intégrée.

(1) Dom Rossi, Advertising Age, april 29, 2002.

Quatrième partie

La communication multicanale[1] intégrée

Longtemps la publicité a été considérée comme la reine des métiers de la communication. Elle drainait la majeure partie des investissements, attirait les meilleurs éléments, profitait de taux de croissance à deux chiffres, et de la « rente » assurée par des honoraires proportionnels au montant des investissements médias. C'était le temps de la commission de 15 % sur les médias et des « surcom », des pratiques qui ne doivent plus avoir cours depuis la loi Sapin.

Le monde de la communication a bien changé. En 2003, sur les 29 milliards d'euros investis en communication, seuls 33,6 % l'ont été en publicité grands médias. Le rapport de forces s'est inversé depuis le milieu des années quatre-vingt. Marketing direct, promotion, événementiel, relations publiques, etc. ont amplement pris le dessus sur les médias traditionnels. La publicité ne fait plus cavalier seul. La communication monocanale (les grands médias) s'est diversifiée. La communication multicanale est mieux adaptée à l'évolution du marketing, plus segmenté, voire d'un marketing plus individualisé. Elle est mieux adaptée aux évolutions des consommateurs et des annonceurs. Le premier chapitre de cette partie est consacré à l'étude de ces facteurs de changement.

Il est désormais reconnu que la synergie des moyens de communication accroît l'efficacité de l'euro investi par un annonceur. Mais la communication multicanale est, par nature, plus complexe à gérer. Les multiples canaux doivent parler d'une même voix. Ils doivent être architecturés pour servir de façon cohérente, les ventes à court terme et la marque à long terme. La communication multicanale doit donc être intégrée. Par qui ? Comment ? Dans le second chapitre, on propose une méthodologie d'élaboration de programmes de communication multicanale intégrée. Cette démarche suppose de nouvelles compétences et de nouveaux modes d'organisation, tant du côté des agences que des annonceurs. C'est l'objet du troisième chapitre.

Plan de la quatrième partie

(1) On appelle « communication multicanale », le recours à plusieurs canaux de communication. On a pris le parti d'écrire communication multicanale ou monocanale par analogie avec distribution multicanale ou monocanale qui sont des expressions fréquemment employées.

Chapitre 1
Vers la communication multicanale intégrée

Le modèle publicitaire est fondé sur le marketing de masse, construit lui même sur une distribution de masse et une communication de masse avec les grands médias publicitaires. Si l'on excepte quelques secteurs de plus en plus rares où les politiques de marketing peuvent être indifférenciées pour pénétrer de vastes marchés, la règle est depuis le début des années quatre-vingt à une segmentation croissante des politiques marketing. Certes, la meilleure connaissance des audiences des médias de masse a permis un ciblage plus fin tandis que le recours aux techniques du hors-médias a apporté des compléments aux plans de publicité-médias.

Après avoir donné, en introduction, une première définition de la communication multicanale intégrée, on voit dans la première section pourquoi il faut faire évoluer les pratiques actuelles, en raison notamment de la fragmentation des médias et de la saturation des consommateurs, autant de facteurs qui contribuent à diminuer l'efficacité économique de l'investissement publicitaire à un moment où les dirigeants sont soumis à une très forte pression de la part des actionnaires qui veulent toujours plus de résultats.

Dans la seconde section, on observe que l'intégration ne date pas d'hier mais qu'elle continue à se pratiquer de façon empirique et superficielle. Elle se résume le plus souvent à donner de la cohérence à la forme des messages en reprenant les codes visuels de la marque. C'est une intégration que l'on appelle « cosmétique ». En fin de chapitre, on propose une conception de la communication multicanale intégrée beaucoup plus exigeante.

Plan du chapitre

Introduction
Une définition large de la communication multicanale intégrée

Définition large

La communication multicanale intégrée est l'utilisation sélective, conjointe et complémentaire de plusieurs canaux de communication afin de parler d'une même voix avec le maximum d'efficacité.

Aujourd'hui, la très grande majorité des annonceurs[1] utilisent plusieurs canaux de communication mais avec une démarche qui est plus de complément de la publicité que d'intégration. On ajoute au programme publicitaire (principal) des actions hors-médias (secondaires).

Section 1
Pourquoi faut-il changer les pratiques actuelles ?

Le modèle publicitaire classique est fondé sur un marketing de masse ou bien sur des segments de grande taille. Il fonctionnait sur l'aptitude des grands médias à couvrir rapidement et économiquement de très larges publics. C'est moins vrai et surtout moins efficace aujourd'hui.

1/ L'essoufflement du marketing de masse et la fragmentation des médias

On a longtemps soutenu (et beaucoup persistent) que la seule façon de construire une marque est de recourir aux grands médias. Les actions promotionnelles sont alors utilisées en complément, pour améliorer les ventes à court terme, sans en abuser afin de ne pas « ternir » l'image de marque. Ces pratiques sont directement issues des techniques et des savoir-faire acquis à l'époque du marketing de masse.

a) Un modèle publicitaire fondé sur le marketing de masse

Déployé en Europe dans les années cinquante, le marketing de masse propose des produits indifférenciés à un vaste public. Il s'appuie sur le développement des médias de masse : la presse, la radio, l'affichage, le cinéma pendant longtemps, puis la télévision. Dans un deuxième temps, la création d'un système de distribution de masse a accéléré ce mouvement.

(1) *On fait référence ici aux annonceurs des marchés* B to C.

Dans les années soixante-dix, le développement de la concurrence et donc d'une offre multiple a répondu à la diversification des attentes des consommateurs et a été à l'origine du marketing segmenté.

On segmente de façon basique avec les critères sociodémographiques : âge, sexe, revenu (les fameuses catégories socioprofessionnelles), etc. Ces critères de segmentation restent encore largement employés. Dans les années quatre-vingt, on a vu apparaître les styles de vie qui proposaient un nouveau procédé pour identifier les segments, fondé sur la façon dont les cibles vivent, sur leurs valeurs, leurs centres d'intérêt, leur psychologie. Intéressants pour l'analyse des marchés, les styles de vie se sont révélés souvent peu opérationnels.

Aujourd'hui, les approches traditionnelles de segmentation ont perdu de leur efficacité : les individus se laissent plus difficilement « enfermer » dans des catégories. Les identités deviennent plurielles : on peut être bourgeois et bohème à la fois.

Au marketing de masse et au marketing segmenté, vient s'ajouter une troisième dimension : le marketing individualisé. Ces trois types de marketing coexistent dans notre économie. Ils coexistent souvent au sein du marketing d'une même entreprise.

Exemple

☞ Danone a une distribution de masse, développe une politique de produit très segmentée, communique à la fois sur les grands médias (premier investisseur en France, en 2003) et fait de la communication *one to one* à partir d'une base de données individuelles qui comprend plusieurs millions de consommateurs.

b) La fragmentation des médias traditionnels

Longtemps, la télévision a rassemblé. Le journal de 20 heures était une espèce de « grand messe » devant laquelle se retrouvait la nation, toutes générations confondues. Toutes les familles se regroupaient dans une pièce, lumière éteinte, pour regarder le film du dimanche soir ou l'émission *Les dossiers de l'écran*.

Depuis, l'offre télévisuelle s'est fragmentée, notamment avec la création de multiples chaînes thématiques spécialisées sur les centres d'intérêt des téléspectateurs : le sport (Eurosport, Sport +, etc.), la fiction (13e Rue, etc.), les enfants (Canal J, Toon Disney, Cartoon Network, etc.). Le nombre de foyers abonnés à l'offre TV élargie (13,9 millions) croît de 10 % par an, mais la France est en retard.

La radio s'est réinventée. Sa consommation, autrefois collective, est devenue individuelle. On écoute la radio seul dans sa voiture ou lors d'activités individuelles comme le *fitness*. Par ailleurs, le succès de la bande FM a donné naissance à une offre thématique diversifiée au plus près des centres d'intérêts, des états d'esprit ou d'humeur du moment.

La presse n'a jamais réellement représenté un média de masse (à l'exception de la presse TV). Les Français sont de petits lecteurs de quotidiens. Les grands quotidiens nationaux n'ont qu'une audience limitée et ils perdent leur puissance au-delà des grandes villes du pays.

La presse la plus dynamique est celle des magazines. C'est une presse très fragmentée, spécialisée par centres d'intérêt.

La montée en puissance d'Internet contribue, elle aussi, à la fragmentation croissante des audiences.

Bien que les individus restent très sélectifs (on ne regarde régulièrement que trois ou quatre chaînes de télévision, on n'écoute régulièrement que deux ou trois radios, on passe par Google pour chercher une information, etc.), il devient plus difficile de compter sur un plan média simple et puissant, pour capter la totalité de sa cible. Le rapport entre le coût des médias traditionnels et leurs performances peut décevoir... si on les compare à l'utilisation des moyens marketing alternatifs que l'on a présentés dans la troisième partie.

Aux États-Unis l'évolution est beaucoup plus marquée qu'en France. Le câble et le satellite sont responsables de la perte de près de 40 % des audiences des grands *networks* au cours des quinze dernières années. Dans sa préface, rédigée pour l'ouvrage de Don. E. Schultz, *The new marketing paradigm, Integrated Marketing Communications*[1], Richard Fizdale de Leo Burnett affirme avec force :

> « (...)Le marché de masse est mort. Les stratégies et tactiques traditionnelles pour toucher une grande masse d'individus avec un seul message délivré par des *mass media* ne sont plus valides. La télévision, un des plus importants médias de masse, est devenue impotente. Les bases de données se révèleront être un outil de marketing plus efficace que la télévision ne le fut jamais. »

2/ L'évolution des consommateurs

Le nombre de publicités croît continuellement depuis 40 ans ; le temps des individus n'est pas extensible ; leur capacité d'attention est limitée. Les chiffres parlent d'eux mêmes. Un Français est exposé en moyenne, par mois, à 756 messages publicitaires presse, 1850 messages radio et 1700 messages publicitaires TV ![2]

a) Un fort sentiment de saturation face aux médias traditionnels

L'attention n'est certainement pas toujours maximum dans cet océan de publicité. La perception est de plus en plus sélective, l'indifférence de plus en plus la règle. Les longs « tunnels » de publicité, ces créneaux de huit minutes diffusant de la publicité en continu, affectent l'efficacité des campagnes. La capacité d'attention des individus ne peut suivre l'inflation des messages publicitaires.

La consommation des médias évolue. On surfe sur Internet en regardant la télévision ; on écoute la radio en lisant un journal ; on feuillette un magazine en téléchargeant de la musique, etc. Comment quantifier ces comportements ? Quelle est la qualité de l'attention qui en découle ? Autant de problèmes auxquels les spécialistes médias cherchent à apporter de nouvelles réponses[3].

Pour maximiser les chances d'émerger, il faut identifier les moments clés où les consommateurs sont prêts à donner un peu plus d'attention à un message publicitaire. Il faut pour cela améliorer la compréhension des modes de fréquentation des médias. La simple mesure de l'audience n'apporte qu'une réponse partielle.

(1) *NRC Business Books, 1994.*

(2) *Source TNS Sécodip, 13 novembre 2003.*

(3) *Schultz, Don E., « Outdated approaches to planning needs revamping »,* Marketing News, *36 (23), 6-7, 2002.*

Pour lutter contre la passivité des individus, il faut étonner. La créativité des messages demeure une arme majeure pour lutter contre le *zapping* mais à vouloir étonner toujours plus, on tombe souvent dans des « dérives créatives » qui entraînent l'incompréhension ou qui sont hors sujet, trop loin du produit, de la marque et de bénéfices réels pour le consommateur.

En conséquence, il est de plus en plus fréquent que les médias traditionnels ne suffisent plus. Il devient alors nécessaire de diversifier les canaux, de combiner leur utilisation, de définir le rôle que chacun doit jouer dans le processus d'achat. Telle est la problématique à laquelle doit répondre une démarche de communication multicanale intégrée.

b) De nouveaux vecteurs de construction de l'opinion

Rumeurs, contestations, engouements font aussi l'image des marques et le succès ou l'échec des produits.

« Les marchés sont des conversations »[1] qui prennent de vitesse les directions marketing des entreprises et c'est ainsi que, bien souvent, les modes de détermination de l'opinion échappent aux règles du marketing classique… et qu'il n'est plus aussi facile de contrôler sa propre image.

James Reilly (IBM Corporation) écrit[2] :

> « Aujourd'hui, les consommateurs sont plus sophistiqués. Fini le temps où on pouvait leur dire : " Nous faisons, vous prenez ; nous parlons, vous écoutez " ».

Les exemples de perte de contrôle d'image ou de phénomènes spontanés sont nombreux. Parmi les plus connus, on peut citer :

- le boycott contre Danone, suite au licenciement d'une partie du personnel d'une usine Lu, une affaire que l'on analyse dans la section suivante ;
- le succès de Lacoste dans les banlieues, qui n'est pas le fruit d'une politique volontaire ;
- le succès du Body Shop, qui s'est construit sur le bouche à oreille, sans que l'entreprise ne dépense un centime en publicité grands médias.

En parallèle, de nouveaux modes d'influence voient le jour. Les forums de discussion sur les sites communautaires, sont des lieux où l'opinion se forge, indépendamment de l'influence des marques qui y sont interdites pour cause d'espace privé.

> « La marque doit faire confiance à la contagion des idées et à la logique de l'imitation en s'adressant aux bonnes personnes ».[3]

Les points de vue sur les marques « s'autopropagent », échappant à l'emprise des médias traditionnels. Le consommateur devient acteur du message et non plus simple récepteur passif. Peut-on aller jusqu'à paraphraser Mc Luhan en affirmant : *People is message*[4] ?

Évidemment, les entreprises cherchent à prendre pied dans ces nouveaux jeux d'influence. Si le consommateur devient rétif aux offres commerciales claires, pourquoi ne pas chercher à l'influencer sans qu'il ne s'en aperçoive en pratiquant un marketing « subliminal », que d'autres désignent par « marketing clandestin » ? Ce marketing repose sur des techniques de communication pour approcher le consommateur sans qu'il ait conscience d'une démarche commerciale[5] et qu'on regroupe aujourd'hui sous l'appellation : *undercover marketing*[6]. Certaines techniques sont anciennes comme le pla-

(1) *C. Locke, R. Levine, D Searls, The cluetrain manifesto.* The end of business as usual, *Perseus Books Group, 2000.*

(2) *Extrait de l'ouvrage de Don. E. Schultz, op. cit.*

(3) *Karim Stambouli, Eric Briones,* Buzz marketing, *Ed d'Organisation, 2002.*

(4) *Littéralement « Les hommes sont le message » paraphrase la célèbre formule de Marshall Mc Luhan :* « Media is message ».

(5) *Définition de l'undercover marketing donnée par Y. et A. Chirouze, « Annuaire du marketing et de la cybermercatique », in www.mylinea.com/cybermercatique/marketing_viral/.*

(6) *Extrait du site de CBS, 26 octobre 2003 :* « CBS 60 Minutes has a report on some covert operations being conducted right here in the United States - not by the CIA or FBI - but by Madison Avenue. Advertising has become advertising ad nauseum, and we are forever being pitched to, marketed to, and appealed to by someone trying to sell us something. If you find that troubling, the companies trying to sell you stuff aren't too thrilled either. They're finding it harder and harder in this assault of advertising to get your attention, and are coming up with inventive – even devious - ways of grabbing you. This is called "undercover marketing" – marketing by masquerade, or stealth marketing. Correspondent Morley Safer reports. »

cement produit dans les films de cinéma ou de télévision. Aujourd'hui, on va beaucoup plus loin en concevant des émissions (demain des films cinéma ?) pour promouvoir des marques et des produits. D'autres techniques font appel aux nouvelles technologies pour faire des individus les propagateurs bénévoles (parfois récompensés, voire rémunérés) d'une marque, de ses produits, de la publicité et des événements conçus pour elle. C'est le marketing viral ou *buzz* marketing qui vise à développer une rumeur (*buzz*) favorable à la marque. Sans doute verra-t-on, un jour, les adversaires les plus farouches de la publicité admettrent qu'elle a, au moins, un grand mérite, celui de dire ce qu'elle est, avec des intentions clairement affichées. Sans doute verra-t-on les consommateurs réagir vivement aux pratiques les plus pernicieuses et trouver des parades efficaces. Sans doute verra-t-on bon nombre d'entreprises refuser ce marketing caché, par éthique mais aussi par souci d'efficacité pour éviter des effets boomerang désastreux.

3/ Les attentes des annonceurs

Fondamentalement, elles sont toujours les mêmes. Les annonceurs ne sont pas viscéralement attachés à l'usage de tel ou tel média. Ils veulent de l'efficacité. Un point, c'est tout ; mais c'est beaucoup ! Les investissements en communication sont devenus considérables. C'est le cas dans les entreprises qui travaillent dans les marchés de particuliers (*B to C*). La communication y est souvent le troisième poste de dépenses après les frais de personnel et les coûts matières. En conséquence, il est légitime que les annonceurs réclament un retour significatif sur les investissements en communication ; mais, on leur répond souvent qu'il est quasiment impossible à mesurer précisément. On continue à dépenser de plus en plus alors que de nombreux indices laissent entendre que l'inflation publicitaire conduit à moins d'efficacité.

a) Des doutes sur l'efficacité de la publicité traditionnelle

Nombreuses sont les prises de paroles critiques vis-à-vis de la publicité traditionnelle. Dans *La pub est morte, vive les RP*[1], Al & Laura Ries prêchent certes pour leur paroisse, mais reprennent des critiques fréquemment entendues sur l'efficacité du modèle publicitaire traditionnel. On lui reproche, comme on vient de le voir, la saturation des consommateurs due à la très forte pression publicitaire, aboutissant à « l'effet papier peint », le fait que le consommateur ne prête plus attention aux messages. On lui reproche aussi le dogme absolu de la créativité qui, selon certains, conduit les publicitaires à beaucoup d'arrogance. Selon ces critiques, la prétention artistique des créatifs est à l'origine de la recherche de créativité, plutôt que la recherche d'efficacité réelle. De même, les publicitaires seraient une profession obnubilée par elle-même et par la réputation de ses campagnes dans les dîners en ville[2].

Plus sérieusement, les annonceurs constatent que les tarifs publicitaires continuent sans cesse à augmenter alors que l'encombrement publicitaire croissant des médias conduit à moins d'impact.

b) Une volonté d'optimisation de l'euro investi

Pendant longtemps, les agences ont bénéficié d'une idée communément

(1) *Al & Laura Ries,* La pub est morte, vive les RP, *Village Mondial, 2003. Al & Laura Ries dirigent une société de conseil RP.*

(2) *Cette opinion est développée par Sergio Zyman dans son ouvrage* Les derniers jours de la publicité, *éditions First.*

admise, selon laquelle il est difficile de déterminer avec précision la part qui revient à la publicité dans le succès ou l'échec d'un produit ou d'une marque. D'autres facteurs entrent en ligne de compte comme la distribution, les actions de la concurrence, la conjoncture économique, etc. Les annonceurs se sont donc contentés de mesures approximatives de l'efficacité de la publicité. Puisqu'il paraissait très délicat d'évaluer l'impact économique des dépenses de publicité (sur les ventes et le compte de résultat), ils ont accepté des mesures partielles fondées essentiellement sur la mémorisation des messages. Les post-tests fonctionnent toujours sur ces bases mais un message mémorisé n'est pas nécessairement un message efficace.

La dimension irrationnelle du processus créatif contribue au flou ambiant. Il est extrêmement difficile de savoir à l'avance si une campagne va fonctionner. Un échec se tolère car il fait partie du jeu ! Mais les annonceurs ne peuvent pas tout pardonner. Que l'on accepte de prendre des risques en faisant une publicité hors codes qui obtient un taux d'agrément faible, cela peut se comprendre mais que le taux d'attribution[1] de la campagne soit très insuffisant n'est pas acceptable. Or, un bruit inquiétant circule dans les cabinets spécialisés en post-tests. Plus de 50 % des campagnes auraient moins de 50 % d'attribution. À qui la faute ?

Certaines disciplines du hors-médias, comme le marketing direct, sont soumises à un niveau d'exigence beaucoup plus élevé : une campagne de marketing direct dont on ne mesure pas les résultats est considérée comme un échec, et ses auteurs sont souvent sanctionnés, alors qu'une campagne de publicité qui n'a pas d'effet sur les ventes sera considérée comme un « demi-succès », même si elle a coûté cent fois plus cher ! On dira qu'elle a fortement contribué à construire la notoriété et l'image de la marque...et que ces effets se feront certainement ressentir plus tard.

Ce décalage en termes d'exigence reste, à court terme, un atout pour les publicitaires, mais porte aussi les prémisses de sa remise en cause.

Certes, la publicité médias n'est pas morte, contrairement à ce que certains proclament mais elle a vécu son âge d'or. Dans de nombreux secteurs, elle gardera toujours une place importante, une place avec d'autres outils, une place qu'il faudra justifier avec des arguments économiques imparables.

c) De la part de marché à la part de client, de la conquête à la fidélisation

Nos grands-parents sont restés fidèles à une marque de whisky, de montre, de voiture ou à un restaurant toute leur vie. Nous, nous sommes à la recherche d'opportunités, de bonnes affaires, qui peuvent nous conduire à nous éloigner de nos marques favorites si d'autres se présentent à nos yeux. La fidélité n'est pas une vertu cardinale du consommateur. La polygamie (vivre avec plusieurs marques concurrentes) est souvent la règle.

Les annonceurs l'ont compris, et plutôt que de concentrer toutes leurs ressources sur le recrutement de nouveaux clients, ils choisissent d'affecter des moyens financiers importants pour créer et entretenir une relation avec les consommateurs, pour mieux les fidéliser. C'est le développement de la part de client[2]: part d'une marque dans les achats totaux d'une catégorie de produits réalisés par un client au cours d'une période donnée.

On cherche à se renforcer sur les clients actuels de la marque en les accompagnant tout au long de leur journée, voire de leur vie de consommateur.

(1) On rappelle que le taux d'attribution est le pourcentage de la cible qui attribue correctement une campagne à la marque qui la signe.

(2) On dit aussi « taux de nourriture » d'une marque. V. J. Lendrevie, J. Lévy, D. Lindon, Mercator, *7e édition, Dalloz, 2003, p. 610.*

Mieux les connaître, c'est identifier leurs centres d'intérêts afin de créer un lien de proximité et de pouvoir leur offrir, au bon moment, des produits ou services qui présentent à leurs yeux un réel intérêt.

Comme on l'a largement évoqué dans la troisième partie, au chapitre consacré au marketing direct, les politiques d'accroissement de la part de client, de marketing relationnel, de fidélisation échappent largement aux médias traditionnels et militent pour une savante combinaison de l'ensemble des canaux hors-médias disponibles.

d) L'attente d'une approche holistique : qui la souhaite et pour quelles raisons ?

Trop souvent les agences sont prisonnières de leur discipline d'origine et ont le réflexe de proposer une campagne médias, quand les annonceurs attendent un angle de vision plus large. Steve Heyer, président et CEO de Coca-Cola s' en fait l'écho :

> « Les agences ont besoin d'un vocabulaire commun qui dépasse les disciplines, et il n'a pas été créé. Nous voulons des interlocuteurs dans les agences qui comprennent les objectifs de nos marques et soient nos partenaires stratégiques. Et nous voulons qu'ils soient capables de mettre en œuvre une plate-forme médias intégrée. D'une façon assez surprenante à mes yeux, cela commence par une meilleure compréhension du plan médias qui crée de nombreux points de contacts avec les consommateurs, plutôt que par la seule recherche de l'idée créative ».

Les patrons des groupes de communication sont évidemment sensibles aux attentes de leurs clients :

> « Il en va de la survie de nos métiers, estime Christian Labastre, président de Young & Rubicam France[1]. Dans dix ans, seuls resteront les grands groupes qui y seront parvenus et quelques *hot shops* très créatives. Le modèle publicitaire sur lequel nous fonctionnons tous est cassé. Nos clients ne croient plus que leur salut viendra de la seule publicité et du trente secondes bien placé sur TF1. La question centrale qu'ils se posent est de savoir si l'ensemble des signes envoyés au consommateur, quels que soient les canaux, est cohérent. C'est au cœur du sujet des agences parce que c'est au cœur du sujet des annonceurs. Une révolution reste à faire au niveau de nos structures. »

Dans le chœur des gens de communication qui chantent les louanges de la communication intégrée, il y a pourtant quelques voix discordantes :

> « La communication intégrée est mort-née, affirme David Drobis, président et CEO de Ketchum. Elle a fait long feu parce qu'on n'a jamais su si c'était une nouvelle discipline pour la communication des annonceurs ou un moyen au service des agences pour mieux vendre de la publicité avec d'autres techniques de communication. »[2]

Chacun pense « intégration » à sa façon. Les groupes de communication voudraient intégrer tous les budgets de communication de leurs clients. Ceux-ci, en France particulièrement, renâclent souvent à mettre « tous les œufs dans le même panier » mais ils veulent plus d'intégration[3] à la condition qu'on leur explique clairement ce dont il s'agit, comment on y arrive et comment on démontre que c'est la clé d'un meilleur retour sur investissement.

(1) *Extrait d'un article de Fouzia Kamal, « L'intégration correspond-elle aux attentes des annonceurs ? »,* CBNews, *n° 475, avril 2004.*

(2) *Cité par B. Wightman, « Integrated Communications :* Organization and Education », Public Relations Quaterly, *summer 99, vol 44, Issue 2, p 18.*

(3) *La communication intégrée est une notion bien connue et largement acceptée chez les annonceurs américains. Une enquête faite par Low G.S auprès de 421 responsables marketing (échantillon aléatoire sur la base de données US Dun et Bradstreet) nous apprend que la plupart des annonceurs disent pratiquer l'intégration de la communication marketing à des degrés variables. 12 % disent que leur communication est tout à fait intégrée, le reste admet qu'il y a encore des progrès à faire, surtout dans la cohérence stratégique des différentes composantes de la communication. V. Low G.S., « Correlates of integrated marketing communications »,* Journal of advertising research, *May/june 2000, Vol 40, Issue 3. À notre connaissance, il n'y a pas, à ce jour, d'étude de ce type pour la France.*

Section 2
LA COMMUNICATION INTÉGRÉE : UNE NOTION ANCIENNE MAIS QUI A ÉVOLUÉ

L'idée fondamentale de l'intégration est simple. Quand on utilise plusieurs moyens de communication, il faut qu'ils soient complémentaires, et mieux encore en synergie pour contribuer efficacement aux objectifs de l'entreprise.

C'est la même chose quand on parle de distribution multicanale. Il s'agit de mettre en œuvre plusieurs canaux complémentaires de distribution pour être plus performant ce qui suppose qu'il n'y ait pas de conflits entre eux.

Les problématiques des entreprises ayant changé au fil du temps, les enjeux, les objectifs et les méthodes de la communication intégrée ont évolué.

1/ LES « MONSIEUR JOURDAIN » DE LA COMMUNICATION INTÉGRÉE

L'idée de la communication intégrée n'est pas nouvelle. De tout temps, les entreprises ont utilisé simultanément plusieurs moyens de communication : leurs commerciaux, leurs produits (*packaging*, distribution d'échantillons, etc.), la parole de leurs dirigeants, les informations relayées par la presse, la publicité, etc.

Introduire un minimum de cohérence dans les messages véhiculés par ces différents émetteurs a toujours été une nécessité. Simplement, ce n'était pas perçu comme un enjeu majeur. C'était vécu plus comme une affaire de technique que de stratégie. On ne parlait pas encore de communication intégrée mais on en faisait, sans le savoir, en se débrouillant avec les moyens du bord, moyens que l'on peut classer en deux types principaux : l'intégration cosmétique et les mots d'ordre.

a) L'intégration cosmétique ou intégration formelle

C'est une mise en cohérence – parfois superficielle – de la forme des messages. On introduit des liens de forme dans les messages, pour donner une unité visuelle aux différentes expressions de l'entreprise, de la marque et de ses produits. Si on qualifie ce type d'intégration de cosmétique – ce qui n'est pas péjoratif car elle est nécessaire – c'est parce qu'elle tient plus du maquillage pour faciliter l'attribution des messages à la marque que du traitement en profondeur pour que tous les émetteurs parlent d'une même voix.

Parmi les liens de forme utilisés systématiquement, on trouve des outils bien connus :

- *le logotype (ou logo)* sur les packagings, dans les messages publicitaires, dans les documents commerciaux, sur les murs et les véhicules de l'entreprise et, parfois même, jusqu'aux vêtements du personnel en contact avec la clientèle : le logo, c'est le drapeau de la marque ou de l'entreprise ;
- *le slogan* de l'entreprise ou « phrase vocation » ou encore « signature de marque » ;

L'intégration cosmétique : une mise en cohérence graphique avec en permanence le drapeau de la marque : l'exemple d'Air France : « Faire du ciel, le plus bel endroit de la terre »

Bandeau sur le site Air France.

Publicités.

Avions aux couleurs d'Air France.

Uniformes.

Stand Air France.

Sources : Air France. Agence Euro RSCG.

– *le système d'identité visuelle et sonore* (SIVS ou *design de marque*) : il définit les éléments de style permanents qui vont dessiner les « habits » de la marque. On pourrait même dire l'« uniforme » de la marque si cela n'avait pas une connotation trop militaire. Le SIVS est une charte qui prévoit le maximum de cas de figures possibles et qui énumère, pour chaque cas, les consignes à respecter en matière de couleurs, de typographie, de mise en page, etc., afin de préserver la permanence du style de la communication. Parfois, le système d'identité visuelle[1] s'accompagne d'éléments sonores comme le *jingle*, une ritournelle publicitaire comme celle de Dim ou de Darty, qui devient l'hymne de la marque et qui facilite grandement sa reconnaissance.

(1) Il vaudrait mieux parler de « système d'identification » que de « système d'identité » (v. la notion d'identité de marque : partie 2, chapitre 1, section 5) mais c'est l'usage.

b) L'intégration par les mots d'ordre ou « la voix de son maître »

Cette forme d'intégration porte sur le fond plus que sur la forme, sur la teneur des messages et non plus seulement sur leur apparence. Elle passe par des mots d'ordre dictés par la hiérarchie ou, de façon plus souple, par des actions de sensibilisation pour convaincre tous les porte-parole de la marque de tenir un discours cohérent, tout au moins commun sur les axes essentiels définis en haut lieu. Cela se fait par des notes de service, par la diffusion d'argumentaires types, par l'organisation de séminaires pour les commerciaux et pour le personnel en contact avec les publics de la marque, etc.

2/ LA MONTÉE DU CORPORATE RENFORCE LE BESOIN D'INTÉGRATION

Il faut mettre en cohérence les messages sur l'entreprise et les messages commerciaux sur les produits pour arriver à une *communication intégrée totale*, une expression que l'on a choisie pour désigner l'effort de mise en cohérence de toutes les formes de communication, internes et externes, corporate et commerciales d'une entreprise, d'une organisation ou d'une marque.

LES CHAMPS DE LA COMMUNICATION INTÉGRÉE

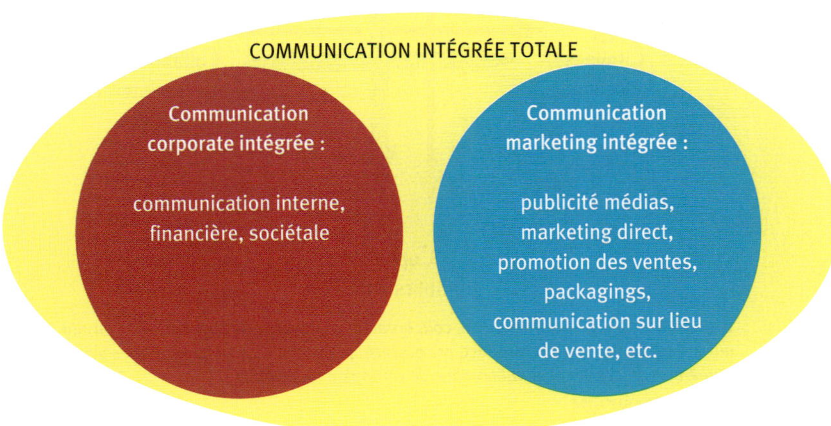

Figure 1

Chaque forme de communication cible un public particulier : l'acheteur, le consommateur, le salarié, l'actionnaire, le citoyen. En fait, on les traite comme des publics différents alors que ce ne sont que différentes facettes des mêmes individus. Quand on fait de la publicité à la télévision pour s'adresser à un consommateur, on touche un individu qui n'est pas réductible au seul état de consommateur. Jean-Yves Naouri, alors président de Publicis Conseil, a déclaré :

> « Aujourd'hui, le consommateur est en même temps téléspectateur, auditeur, internaute, client, salarié, actionnaire, etc. En général, les marques s'adressent à lui différemment selon son statut. Cette approche unicellulaire de la communication d'une marque devient donc incohérente. »

Exemple

☞ L'affaire Lu est un cas exemplaire de contagion touchant, en cascade, les différentes facettes d'un individu. Au printemps 2001, le groupe Danone annonce un plan social dans une usine Lu. Sur le plan de la communication, cela relève de la communication interne mais la contestation s'organise. Les médias s'en font largement l'écho. Le Premier ministre, Lionel Jospin, prend position. Le Parlement se saisit de la question dite des « licenciements boursiers ». L'affaire, strictement interne au départ, est devenue un problème de société (flèche 1, figure 2). Le réseau Voltaire appelle au *boycott* des produits Danone et crée un site : www.jeboycottdanone.fr. Le mouvement a un effet – léger mais significatif – sur les ventes. L'affaire est entrée dans l'univers des consommateurs (flèche 2, figure 2). L'affaire touche les milieux financiers (flèche 3, figure 2). En bourse, l'action Danone est affectée. Avec le temps, tout rentrera dans l'ordre, non sans laisser de traces.

Le cas Lu est exemplaire. On divise la communication en espaces (commercial, interne, financier, sociétal) qui ne sont pas étanches. La communication doit se penser de façon intégrée avant de la mettre en œuvre. Après, cela relève de la communication de crise qui peut, au mieux, limiter les dégâts.

Figure 2

Les 4 C*: des espaces qui ne sont pas étanches

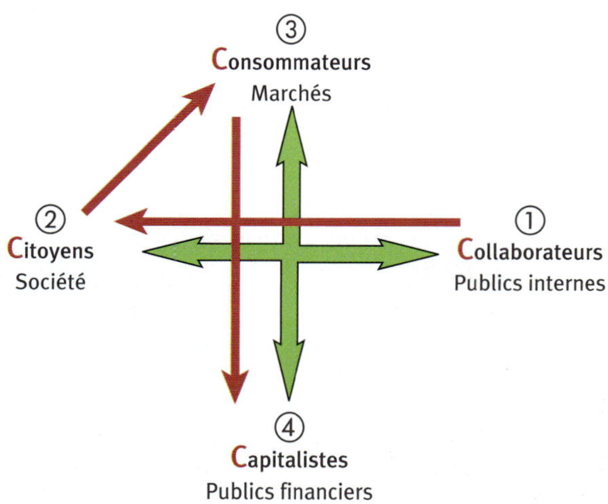

Légende : les 4 C (consommateurs, collaborateurs, citoyens, capitalistes) sont un clin d' œil aux 4 P du marketing-mix (product, price, place, promotion)*. Les flèches rouges avec leur numérotation décrivent le phénomène de contagion de l' affaire Lu.*

Photo de Marina Redon.

Source : jeboycottedanone.com.

3/ Les « dircom »[1] : une réponse organisationnelle et centralisatrice qui a trouvé ses limites

Soucieuses de se présenter de façon cohérente à tous leurs publics, de grandes entreprises ont mis en place, dès la fin des années soixante-dix et surtout dans les années quatre-vingt, des directions de la communication en charge de l'ensemble de la communication, tout au moins en principe. Pour donner de l'unité à la communication, dans toutes ses formes, le parti pris était la centralisation des décisions.

Les directeurs de la communication (ou « dircom ») dirigent – ou coordonnent – tout ou partie de la communication d'une entreprise.

a) Le développement des directions de communication[2]

Plusieurs facteurs expliquent la multiplication des directions de communication dans les années quatre-vingt :

- le développement de la communication financière lié aux restructurations, aux OPA, aux privatisations, à l'importance croissante des marchés financiers et à la nécessité d'y promouvoir les titres des entreprises ;

Exemple

☞ Le groupe BSN, devenu depuis groupe Danone, créa dans les années quatre-vingt une direction de la communication financière qui devint plus tard direction de communication.

- le souci de nombreuses directions générales de se doter d'une communication interne plus performante ;
- le développement du *lobbying* lié à l'internationalisation croissante des entreprises et surtout au pouvoir de l'administration de l'Union européenne à Bruxelles ;
- le développement de la communication de recrutement, dirigée, notamment vers la recherche de cadres supérieurs ;
- le besoin de mieux répondre, par une communication corporate adaptée, à la montée des critiques des mouvements écologiques ;
- les enseignements tirés des premières grandes crises qui touchèrent des entreprises très mal préparées pour y faire face. Cela incita les directions générales des grands groupes à se doter de cellules de veille et de gestion de crise ;
- enfin, de façon plus générale, l'intérêt croissant des directions générales pour la communication. On pourrait parler « d'effet de mode ». En effet, il fut un temps où de nombreux dirigeants s'entichèrent de l'idée d'avoir son directeur de la communication et le faire siéger au comité de direction de l'entreprise.

b) Les différents types d'organisation des directions de communication : des pouvoirs à géométrie variable

Les directeurs de communication sont le plus souvent rattachés directement à la direction générale, parfois à la présidence.

Premier cas de figure (mais ce n'est pas le plus fréquent) : le directeur de communication dirige toutes les formes de communication de l'entreprise : communication marketing, communication institutionnelle, communication

(1) *Le terme « dircom » est déposé par l'Expression d'entreprise.*

(2) *Pour approfondir la question des « dircom », v. les travaux d' Entreprises & Médias, une association qui regroupe les directeurs de communication de grands groupes. V. notamment Entreprises & Médias,* Étude sur les évolutions de la fonction communication dans l'entreprise, *3e édition, novembre 2003 ; Patrick d'Humières,* Management de la communication d'entreprise, *Eyrolles ; Philippe Schwebig,* Les communications de l'entreprise, *Mc Graw Hill ;* Légicom/Légipresse, *« La responsabilité juridique du directeur de communication », n° 1, 1993.*

financière, communication de recrutement, communication interne, communication de crise. Cette définition maximaliste de la direction de communication correspond bien à la nécessité de coordonner étroitement toutes les communications d'une entreprise, mais elle est assez peu fréquente. En effet, elle se heurte aux chasses gardées des directeurs de marketing et des directeurs des ressources humaines qui veulent conserver la maîtrise de leurs budgets de publicité et de leurs moyens de communication interne.

Deuxième cas de figure : la responsabilité du directeur de communication concerne essentiellement la communication institutionnelle : communication du président, relations presse, communication de crise, sponsoring, mécénat, publicité institutionnelle etc., les communications marketing et interne restant l'apanage des directeurs de marketing et des directeurs des ressources humaines. La coordination globale peut alors se faire par une structure de concertation appelée « comité de l'image » ou « comité de la communication » qui réunit périodiquement les membres du comité de direction. Le directeur de communication assure le secrétariat général de cette structure de coordination.

Troisième cas de figure : le directeur de communication a une fonction limitée à un seul type de communication ; par exemple, il est directeur de la communication financière ou il ne s'occupe que de la communication corporate.

Quatrième cas de figure : il n'y a pas de directeur de communication. Cela ne veut pas dire qu'il n'y a pas de coordination des différentes communications. Elle peut être prise en charge par le secrétaire général ou bien on ajoute la coordination de la communication aux fonctions d'un membre du comité de direction.

c) Où en est la fonction « dircom » aujourd'hui ?

Après la mode des « dircom », vint le temps où il fut de bon ton de les brocarder (ils s'occupent surtout des « occasions d'être vus » ou ODV) et de prédire, à tort, leur disparition rapide et définitive. La liste des sociétés ou institutions membres de l'association Entreprise & Médias dont on a dit qu'elle rassemblait des directeurs de communication pèse lourd au CAC 40 ou tout simplement dans l'économie française. On y trouve, entre autres (sélection faite sur les trois premières lettres de l'alphabet) : Accor, Air Liquide, AXA, Auchan, BNP Paribas, Bouygues, la Caisse des dépôts et consignations, Cap Gemini Ernst & Young, CCF, Ciments français, Club Méditerranée, Cisco Systems France, Cogema, Crédit Agricole-Crédit Lyonnais, etc.

La fonction « dircom » existe essentiellement dans de grosses entreprises. Elle est très présente dans certains secteurs comme la banque, l'assurance, le conseil.

Il est rare que les « dircom » gèrent l'ensemble des fonctions de communication. Dans l'étude citée plus haut faite par Entreprise & Médias,10 % des « dircom » interviewés, dont la moitié appartient au secteur financier, déclarent avoir la gestion de toute la communication.

La direction de la communication commerciale reste le plus souvent l'apanage des directeurs marketing.

Les « dircom » jouent un rôle de coordination, donc d'intégrateurs, des différentes formes de communication, autres que commerciales. Ils n'ont donc pas eu un rôle majeur dans l'intégration de la communication marketing. Or, c'est sur ce que les Américains désignent par *Integrated Marketing Communication* (IMC), qu'il y a aujourd'hui les plus grands enjeux, en raison de l'importance des budgets de communication marketing et de la nécessité d'améliorer significativement le retour sur investissement. C'est donc sur les modes d'intégration de la communication marketing que l'on se penchera dans les deux chapitres suivants.

Section 3
UNE DÉFINITION PLUS AMBITIEUSE DE LA COMMUNICATION MULTICANALE INTÉGRÉE

La communication intégrée est l'un des sujets qui a été le plus souvent traité depuis 1990 dans la littérature anglo-saxonne, qu'elle soit académique ou professionnelle. Le sens donné à la communication intégrée se focalise sur la mise en cohérence des messages diffusés par plusieurs canaux.

Voici quelques définitions de la communication intégrée proposées par des auteurs connus sur le sujet :

Selon Duncan et Everett[1] :

> « La communication marketing intégrée est la coordination stratégique de tous les messages et canaux utilisés par une organisation pour influencer la valeur perçue de la marque. »

Pourquoi de la marque seulement ?

Selon Wells :

> « La communication marketing intégrée vise à coordonner toutes les composantes de la communication marketing pour s'assurer qu'elles parlent toutes de la même voix, afin de renforcer le message de la marque ou de l'organisation ».

Selon *The American Association of Advertising Agencies* :

> « La communication intégrée se fonde sur la valeur ajoutée par un plan qui évalue le rôle stratégique d'une variété de disciplines de communication – par exemple la publicité-médias, le marketing direct, la promotion des ventes, les relations publiques – et qui combine ces différentes disciplines pour apporter de la clarté, de la cohérence et un maximum d'efficacité. »

Ces définitions rejoignent sensiblement celle que l'on a donnée précédemment et que l'on a présentée comme une définition large de la communication multicanale intégrée.

1/ UNE DÉFINITION PLUS AMBITIEUSE

DÉFINITION

La communication multicanale intégrée (CMI) a pour objectif un meilleur retour sur les dépenses de communication en mettant en œuvre une stratégie fondée sur une architecture de canaux différents fonctionnant en synergie et véhiculant des messages cohérents. Elle est orientée vers les clients et déterminée principalement par des données chiffrées sur les clients, leurs perceptions et leurs comportements. Son efficacité passe par les compétences pluridisciplinaires des responsables qui la pilotent, par de nouvelles organisations – annonceurs et agences –, par de nouvelles relations et de nouvelles formes de rémunération fondées sur la distinction des fonctions conseil et exécution.

(1) *Duncan and Everett*, « Clients perceptions of integrated marketing communications », Journal of advertising research, *33, 3, p 30-39, 1993.*

a) La communication multicanale intégrée (CMI) a pour objectif un meilleur retour sur les dépenses de communication

Elle ne sert à rien d'autre ! L'amélioration du ROI[1] doit être prouvée. Il s'agit d'accroître la profitabilité de l'annonceur. Celle des agences doit en être la conséquence, pas le moteur principal de la CMI.

b) La CMI est d'ordre stratégique

Aujourd'hui, la CMI se pratique beaucoup plus au niveau tactique que stratégique. Ce n'est pas qu'une affaire de cohérence de forme des messages. C'est du fond de la communication qu'il s'agit. L'intégration n'est pas une couche à ajouter à la communication. C'est une excellente occasion de remettre à plat l'ensemble de la stratégie de communication. À quoi bon mettre en cohérence des messages s'ils ne sont stratégiquement pas valides ? À quoi bon utiliser plusieurs canaux s'ils ne sont pas choisis pour servir une pensée stratégique forte, adaptée au marché, à la concurrence et aux moyens de l'entreprise ?

c) C'est une stratégie fondée sur une architecture de canaux, pas seulement sur une multiplicité de canaux

C'est une architecture créative. Comme il est de plus en plus difficile de toucher des consommateurs aux profils multiples, fréquentant différemment les canaux de communication, la créativité en matière de canaux doit aujourd'hui précéder la créativité messages.

d) C'est une stratégie simple

Conçue pour répondre à des contextes de communication de plus en plus complexes, une stratégie de communication multicanale intégrée se doit d'être simple à comprendre, simple à mettre en œuvre. Ce qui est trop compliqué ne fonctionne pas.

e) La CMI est orientée vers les clients

On ne doit pas partir des médias publicitaires ou autres canaux de communication pour définir les publics que l'on peut toucher. La démarche de CMI s'initie par un travail très fouillé des publics en relation avec l'entreprise, la marque et les produits et par l'identification des publics-clés. La définition des canaux vient logiquement après.

f) La CMI se détermine, se conduit et s'évalue par des données chiffrées sur les clients

On pourra de moins en moins justifier, auprès des actionnaires, d'investir autant d'argent sans en démontrer le retour. Les actionnaires ne pensent que chiffres. Il faudra bien faire avec et ne plus entendre ceux qui prétendent qu'il y a des formes de communication dont les résultats économiques ne se mesurent pas ! Ils s'évaluent avec plus ou moins de précision mais il faut partir du postulat : tout peut, tout doit se mesurer. Pour ce faire, il faut conserver un peu d'argent aux études et c'est sans doute le meilleur investissement qui soit.

g) L'efficacité de la CMI n'est pas un problème de techniques

C'est d'abord un problème d'hommes et de compétences pluridisciplinaires. Un problème d'organisation nouvelle des agences et des annon-

(1) ROI, initiales de Return On Investment *(retour sur investissement).*

ceurs, pour mieux coordonner la communication et pour une plus grande objectivité dans le choix des canaux et dans leur articulation. La stratégie d'ensemble relève du conseil, les opérations de l'exécution. Les compétences et les modes de rémunération doivent tenir compte de cette nécessaire distinction.

La communication intégrée dans une entreprise de taille moyenne : interview de William-Louis Marie, directeur du marketing d'Hygena

hygena les Cuisines, l'Electroménager et les Salles de Bains

Hygena, spécialiste de la cuisine, de l'électroménager et de la salle de bains, filiale du groupe britannique MFI coté en bourse, possède sur tout le territoire français un réseau de 138 magasins et de 26 dépôts. La société a réalisé un chiffre d'affaires de 150 millions d'euros en 2003 (progression de 10 %) et emploie plus de 810 personnes.

■ *Pouvez-vous nous expliquer votre activité en quelques mots ?*

En tant que directeur de la marque et de la stratégie d'Hygena, mes deux missions prioritaires sont de :

- renforcer la désirabilité et l'accessibilité de la marque Hygena auprès de tous ses publics actuels et futurs afin de garantir une croissance pérenne de la société en France ;
- contribuer à la définition et à la mise en œuvre de stratégies de développement permettant à Hygena de se positionner comme la référence française de la cuisine, de l'électroménager et de la salle de bains.

Source : www.hygena.fr.

En outre, je dois aussi jouer un rôle de garant des valeurs d'Hygena et de leur pertinence dans le temps par rapport à l'évolution du marché, pour atteindre les objectifs ambitieux de MFI pour la filiale française.

Ma fonction est très similaire à celle d'un directeur marketing. Néanmoins, elle intègre la gestion de la marque en tant que colonne vertébrale de toute la communication et aussi comme vecteur prioritaire de la relation avec ses clients, ses prescripteurs, ses fournisseurs, ses concurrents, ses salariés, la presse, etc.

■ *Qu'attendez-vous d'un programme de communication intégrée ?*

Tout d'abord, je parlerai d'une intégration primaire ou de premier niveau qui se caractérise par une complète synergie avec les objectifs globaux de l'entreprise : objectifs de chiffre d'affaires, d'accroissement de part de marché, de rentabilité, d'investissements en R & D, etc. Cette intégration doit se faire en complémentarité avec les autres fonctions clés de l'entreprise afin d'accomplir efficacement l'effet recherché.

Ensuite, je parlerai d'intégration secondaire ou intégration de toutes les compétences humaines, techniques, financières, etc. dans un programme cohérent de communication afin de créer une dynamique globale supérieure à l'effet unique d'addition d'outils. Il faut néanmoins se rappeler, et il s'agit de ma conviction profonde, que la stratégie est au service de l'objectif et non l'inverse. Nous avons trop tendance, plus particulièrement dans les pays latins à privilégier la solution à la réflexion sur les causes réelles. Le diagnostic demeure essentiel avant d'envisager la médication.

À ce niveau, une implication, pour ne pas dire une volonté, doit émaner directement du président qui, en tant que premier communicant, est tenu de valoriser et donc de légitimer cette communication intégrée. Il est réaliste de préciser qu'aujourd'hui trop de dirigeants d'entreprise manquent de formation générale sur la nature et la mise en œuvre d'une communication intégrée.

Un programme intégré permettra une plus grande efficacité de la communication de la société, notamment grâce à une meilleure cohérence des messages transmis. Quand une cible est confrontée à des milliers de messages publicitaires et promotionnels chaque jour à travers différents médias écrits, audiovisuels, passifs, actifs voire interactifs, etc. la communication intégrée va permettre d'apporter un cadre structurant et consistant.

Du point de vente Hygena aux opérations promotionnelles grand public, de la réalité du site Internet aux relations presse/publiques, mon rôle consiste à définir des messages clés adaptés à chaque cible. Mais ceux-ci doivent tous participer, avec leurs spécificités, à la construction de l'image de la société, de sa marque en tant que vecteur de ses valeurs et de ses attributs afin d'apporter au final une préférence ou une intention (d'achat ou de recommandation) discriminante. Ceci est l'essence même du marketing.

Face à la montée en puissance de contre-pouvoirs organisées selon des modes communautaires, les entreprises doivent modifier leur cadre de communication et prendre en compte ces nouvelles données. En tant que cuisiniste, je suis obligé de comprendre, par exemple, le mode de fonctionnement des sites consuméristes où les consommateurs expriment des points de vue, des critiques sur les expériences vécues lors de l'achat d'une cuisine et où ils notent en final les sociétés concernées. Mon plan incorpore ce type de problématique.

Seule une communication intégrée apportera cette cohérence générale et donc une efficacité améliorée de la stratégie mise en place quelles que soient les cibles sélectionnées.

■ *Y a-t-il des préalables à une politique de communication intégrée ?*

Comme j'ai pu le dire auparavant, il est impératif que les objectifs primaires de l'entreprise soient clairs, accessibles et partagés. Ensuite, il faut que les objectifs secondaires, donc ceux du programme de communication intégrée, soient validés par la direction générale et si possible par le président, ceci afin d'éviter les remises en cause budgétaires ou stratégiques permanentes. Il faut également commencer par analyser précisément tout ce qui peut faire obstacle, en interne et à l'externe, à un plan de communication intégrée. Il ne faut jamais sous-estimer la capacité de résistance au changement des individus et des structures.

Ensuite, mes convictions se concrétisent par un engagement permanent sur le maintien de cette ligne de conduite, surtout dans le cas de discussions financières impliquant une réallocation des dépenses vers des actions plus directement liées à l'augmentation du chiffre d'affaires et de la rentabilité de l'entreprise (marketing direct, *incentives*, etc.). Une vision à long terme de la communication et la compréhension de concepts tels que la préférence de marque, la réputation, la notoriété contribuent réellement à la construction d'un objectif d'entreprise.

■ ***Où en êtes-vous à Hygena en matière d'intégration de la communication ?***

Pour être totalement franc, Hygena débute dans son processus d'intégration mais les premiers effets se font néanmoins déjà sentir. Nous avons engagé un nombre important de chantiers couvrant l'ensemble des directions de la société. En tant que premier responsable de la politique marketing, je me suis vite rendu compte qu'Hygena en France manquait de cohérence au niveau de ses champs d'expression : du point de vente aux catalogues clients en passant par le site Internet hygena.fr. La multiplicité de ceux-ci empêchait la transmission des valeurs et des attributs souhaités. La définition de ce programme de communication intégrée a permis de redéfinir la cartographie d'Hygena auprès de ses différents publics. Un audit réalisé par l'agence Carré Noir a démontré que notre communication ne supportait pas nos objectifs d'entreprise : devenir le référent de la cuisine, de l'électroménager et de la salle de bains. Ensuite, le groupe Publicis et plus particulièrement Publicis Conseils ont été chargés de la mise en œuvre de ces objectifs dans nos prises de parole. Les nouveaux catalogues *Cuisines et Salles de Bains* et notre plateforme promotionnelle illustrent cette volonté.

■ ***Quels sont les obstacles majeurs à une intégration réussie ?***

Il me paraît plus pertinent de parler d'étapes plutôt que d'obstacles. En effet, cette démarche de communication intégrée ne se décrète pas, il s'agit premièrement d'une approche intellectuelle qui provient d'une prise de conscience sur l'efficacité de notre métier et de notre participation au développement de notre entreprise. Elle se double ensuite d'une réalité collective au niveau de la direction de la société. Les enjeux deviennent aujourd'hui de plus en plus conséquents, il faut savoir parler stratégie et mise en place opérationnelle, rentabilité mais surtout *cash flow* et *ebitda*.

Si je devais citer un obstacle, ce serait la dimension temporelle car la plupart des actions de communication nécessitent un programme qui prend pleinement son sens et sa cohérence dans le temps. Modifier un comportement et une attitude exige de la durée, de la persévérance et une bonne dose de courage.

■ ***À votre avis, la communication intégrée est-elle une démarche qui s'applique à tous les secteurs d'activité ?***

Il est difficile de s'exprimer sans connaître précisément les objectifs des entreprises. Les entreprises exerçant dans des secteurs très encadrés tels que le tabac et l'alcool sont dans une logique d'intégration (aboutie ?) car les législations restrictives les obligent à exploiter au maximum toute capacité d'expression tout en respectant le cadre légal. Le secteur du luxe me semble relativement peu intégré car il existe des contradictions (tensions !) entre le pouvoir d'attraction des marques auprès de leurs cibles, celui de leur créateur en tant qu'icône de l'entreprise et des réseaux de distribution multiformes. Expliquer qu'on s'adresse aux femmes de 30-45 ans à fort pouvoir d'achat n'est pas suffisant pour parler d'intégration. Je dirais que les marques de grande consommation sont plutôt en avance car leurs *business models* et leur environnement les obligent naturellement à une cohérence locale et internationale même si le concept de « glocalisation » peut comporter des espaces d'écartement synonymes d'une moindre intégration. Notre univers de communication est aujourd'hui multiple, instantané, culturellement disparate, en mouvement perpétuel avec des populations décryptant de mieux en mieux les messages émis. Et l'intégration (et non la centralisation) demeure un des atouts pour redonner un espace légitime à la communication.

2/ La démarche de communication multicanale intégrée n'a pas le même intérêt pour toutes les entreprises

Le développement de programmes de communication intégrée n'est pas un phénomène généralisable immédiatement à l'ensemble des annonceurs, quel que soit leur secteur d'activité. En réalité, le degré d'urgence de cette démarche est corrélé à plusieurs facteurs.

a) Le type de marketing que l'on pratique, lié lui même au degré d'hétérogénéité du marché

Plus le marketing est segmenté, allant parfois jusqu'à l'individualisation, plus il est difficile d'être efficace avec un seul canal de communication. Plus on doit approcher différemment les clients, adapter les messages, plus il est impérieux d'introduire de la cohérence dans toutes les formes de communication.

b) Le niveau de complexité du processus d'achat

Les secteurs d'activité dans lesquels le décideur n'est pas le payeur, ou dans lesquels il est entouré de plusieurs catégories de prescripteurs et d'influenceurs, conduisent à multiplier les cibles et les messages. En conséquence, il est impératif de les mettre en cohérence.

c) Le niveau de complexité des circuits de distribution

Plus un circuit de distribution est complexe (nombre et structure des intervenants), plus l'effort de communication doit porter sur les acteurs de la chaîne, particulièrement sur ceux dont dépendent principalement les résultats de l'entreprise.

Plus la distribution est multicanale (GMS + distribution spécialisée + Internet, etc.), plus la communication doit être multicanale et intégrée.

d) Le champ de la marque

Plus il est large (nombre de produits signés par la marque, nombre de marchés à l'international), plus la question de l'intégration se pose. Les marques ombrelles et « gobales »[1] nécessitent une communication parfaitement intégrée.

e) Le niveau d'agressivité de l'environnement concurrentiel

Plus la concurrence est forte, plus les marges sont réduites, plus l'optimisation des budgets investis doit être travaillée, plus le niveau de réactivité doit être amélioré (culture de la riposte immédiate face aux attaques de la concurrence). Plus la concurrence est forte, plus il faut s'en différencier par le fond et la forme des messages mais aussi par l'originalité des canaux.

f) La diversité des canaux de communication utilisés

Plus ils sont nombreux, plus la communication doit être intégrée. Le tableau suivant présente les canaux majoritairement utilisés selon les secteurs d'activités. Pour des raisons de lisibilité, on a regroupé ces canaux en quatre

(1) Au sens donné dans la chapitre sur la publicité à l'heure de l'international (deuxième partie, chapitre 4) : une politique marketing mondiale et uniforme.

grandes familles : la publicité, le marketing direct, la promotion des ventes, l'événementiel et les relations publiques. L'utilisation de plusieurs canaux ne préfigure pas la qualité de l'intégration. Par ailleurs, il s'agit d'une analyse générale qui mérite d'être approfondie, secteur par secteur, entreprise par entreprise.

DIVERSITÉ DES CANAUX SELON LES SECTEURS

	Canaux majoritairement utilisés					Canaux majoritairement utilisés			
	Publicité	MD	Promotion	Event/RP*		Publicité	MD	Promotion	Event/RP*
Distribution	X	X	X	X	Banque/Assurance	X	X		
Informatique et technologies	X	X	X	X	Industries *B to B*[1]		X		X
Transport aérien	X	X	X	X	Luxe	X	X		X
Industries *B to C*	X	X	X	X	Services et transports publics	X			X
Hygiène et beauté	X	X	X	X	Alcool et tabacs**				X
					Services aux collectivités	X			X
Services aux particuliers	X	X	X	X					
Services aux entreprises	X	X	X	X					
Presse	X	X	X	X					
Activités associatives	X	X	X	X					
Food	X	X	X						

Légende : (*) Event/RP : communication événementielle et relations publiques.
(**) Pour des raisons d'ordre réglementaire, les producteurs d'alcool et de tabac n'ont pas accès à certains des canaux constitutifs des programmes de communication.

(1) *L'intégration de la communication* B to B *a été beaucoup moins étudiée que la communication* B to C, *parce qu'elle a son origine dans le questionnement de l'efficacité des médias de masse publicitaires, beaucoup moins utilisés en* B to B. *Pourtant, le sujet de l'intégration fait sens en* B to B. *v. Lawrence L. Garber et Michael J. Dotson,* « A method for the selection of appropriate business-to-business integrated marketing communications mixes », Journal of Marketing Communications, *vol. 8, issue I, pages 1-17, 2002.*

La communication multicanale intégrée : une séquence en six étapes©
par A. de Baynast et J. Lendrevie

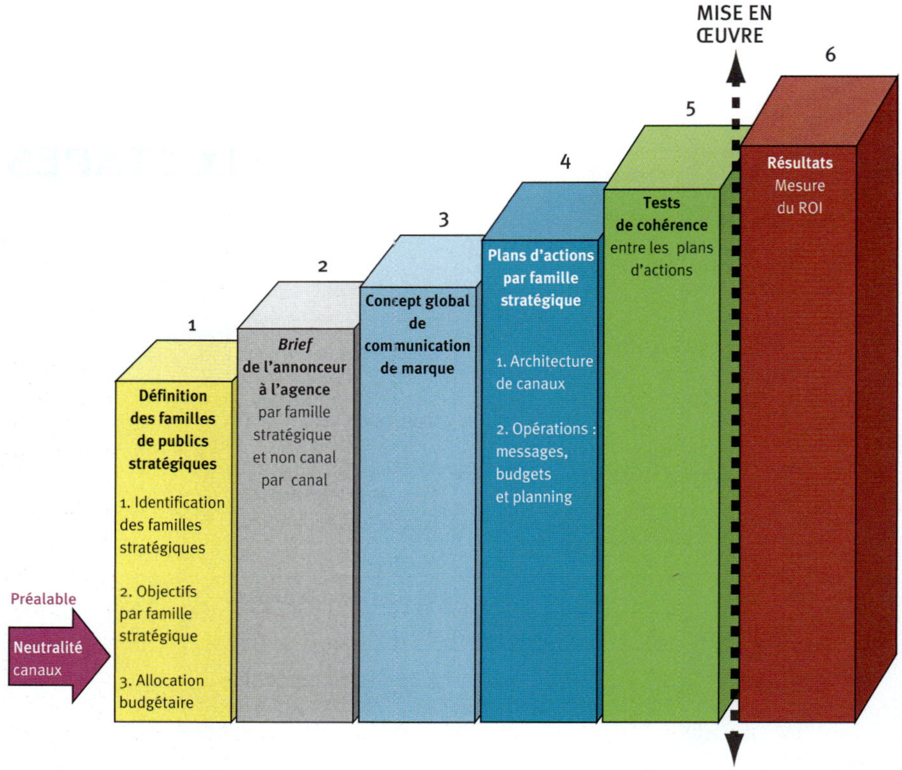

1. La réussite de la démarche repose sur l'aptitude à analyser l'ensemble des publics dont dépend la réalisation des objectifs de l'entreprise, de la marque et des produits, à les regrouper en familles, à identifier les familles stratégiques, celles sur lesquelles on concentrera les efforts, à assigner des objectifs chiffrés à chaque famille stratégique puis à ventiler le budget global de communication. Ce travail est à faire par l'annonceur. Il sera, par la suite, validé ou amélioré par l'agence ou les agences retenues.
2. Contrairement à la démarche classique où le *brief* se fait canal par canal : *brief* pour la publicité, un autre pour la promotion des ventes, un autre pour le marketing direct, etc., l'annonceur fait un *brief* par famille stratégique qui comporte une partie sur la marque (long terme) et une autre sur les actions commerciales (court et moyen terme).
3. L'agence propose un concept de communication de marque qui doit être pérenne et déclinable sur l'ensemble des familles stratégiques.
4. L'agence recommande des plans d'actions détaillés pour chaque famille stratégique respectant les objectifs assignés préalablement.
5. L'annonceur valide ces plans en procédant à des tests de cohérence et d'efficacité des programmes prévus pour chaque famille et à des tests de cohérence de l'ensemble des actions annoncées pour toutes les familles.
6. On met en œuvre les campagnes multicanales programmées pour chaque famille et on mesure les résultats, famille par famille puis pour l'ensemble. On donne la priorité à la mesure des résultats économiques en s'intéressant au retour sur investissement (ROI) et en précisant les correctifs qu'il convient d'apporter aux campagnes suivantes.

Chapitre 2
UNE MÉTHODE DE COMMUNICATION MULTICANALE INTÉGRÉE EN SIX ÉTAPES

La communication intégrée relève d'une méthode qui se démarque de l'approche strictement publicitaire. Elle entraîne une organisation différente, tant chez l'annonceur que dans l'agence qui pilote le projet. Elle nécessite des compétences pluridisciplinaires. Ces deux derniers volets – organisation et compétences – sont développés dans le chapitre suivant. Celui-ci propose une démarche structurée en six étapes qui ont été formalisées par Arnaud de Baynast et Jacques Lendrevie[1].

En introduction à ce chapitre, on soulignera que l'utilisation efficace de plusieurs canaux de communication suppose qu'on les choisisse sans parti pris, sans en privilégier un au détriment d'un autre : plus facile à dire qu'à faire !

Les six sections correspondent aux six étapes que l'on propose de suivre pour une démarche d'intégration. Chaque section comprend deux parties. Dans la première, on énonce les principes à respecter et la méthode à adopter. Dans la seconde, on illustre ces propos avec un cas réel qui porte sur la communication de Bristish Airways et qui sert de fil rouge tout au long de la présentation de cette méthode de communication multicanale intégrée.

PLAN DU CHAPITRE

(1) *Les auteurs remercient Julien Lévy pour ses commentaires et suggestions.*

Introduction
L'OBJECTIVITÉ VIS-À-VIS DES CANAUX, UNE NÉCESSITÉ, DE VRAIES DIFFICULTÉS

Dés le départ et tout au long de la démarche de communication intégrée, il faut être *Media neutral, Profit neutral,* deux expressions que l'on peut traduire par « Objectivité ou neutralité canaux » et « Conseil désintéressé ». À quoi servirait-il de s'assurer de la cohérence parfaite des messages véhiculés par plusieurs canaux si ceux-ci ont été mal choisis, si certains ont été oubliés ou si d'autres ont été abusivement privilégiés ? Le choix des canaux, leur combinaison, les allocations budgétaires procèdent-ils d'une démarche rationnelle, garantissant une réelle objectivité ? Rien de moins sûr ! Les multiples biais possibles tiennent essentiellement à des problèmes de compétences et d'intérêts particuliers.

1/ SE DÉBARRASSER DES IDÉES PRÉCONÇUES

On a tous des idées préconçues sur les canaux de communication.

Voici, présentés en vrac, quelques clichés souvent assénés comme des vérités indiscutables :

- la promotion des ventes stimule les ventes mais dégrade la marque ;
- le rédactionnel (dans la presse, à la radio, etc.) est gratuit ;
- les techniques du marketing direct ne sont adaptées qu'à des cibles quantitativement réduites ;
- Internet est un média de jeunes, d'hommes et de citadins ;
- il y a des salons professionnels où notre entreprise est obligée d'aller ;
- un magazine consommateur (comme *Danoé* de Danone ou *Épok* de la Fnac) n'est envisageable que pour les très gros budgets de communication ;
- il faut avoir un site web ;
- pour créer un imaginaire de marque, il faut investir en publicité-médias ;
- etc.

Il n'est pas facile de se défaire de ces caricatures qui polluent la bonne communication. Dans certains cas particuliers, elles ont un fond de vérité.

2/ LE MANQUE D'EXPERTISE MULTIDISCIPLINAIRE NUIT À L'OBJECTIVITÉ

La communication multicanale intégrée nécessite des « généralistes experts à 360° » ayant un champ de vision très large et une réelle connaissance de tous les moyens de communication. Où sont ces « honnêtes hommes »[1] de communication dans les agences ? Où sont-ils chez les annonceurs ? Où ont-ils été formés ? Il ne suffit pas de réunir autour d'un projet de multiples experts pour avoir une vision multidisciplinaire comme il ne suffit pas de rassembler un bon maçon, un bon plombier, un bon électricien, etc. pour concevoir une maison qui tienne debout. Il faut un architecte et un maître d'œuvre qui suivent

(1) « Honnête homme » au sens du XVIIe siècle : le savant qui embrasse tous les savoirs.

le projet de A à Z. Où sont les architectes des programmes de communication intégrée ? Qui fait office de maître d'œuvre ?

L'annonceur, mais qui chez l'annonceur ? Le chef de produit qui gère la communication de sa marque ou bien le directeur de marketing qui coordonne tout le marketing et donc la communication qui en relève, ou bien le « dircom » quand il existe, ou bien encore un comité rassemblant périodiquement plusieurs cadres de haut niveau ?

L'agence, mais quelle agence ? L'agence de publicité parce que le budget média est plus important ou jugé plus stratégique que la promotion, le marketing direct ou les relations publiques ? Avec quelles compétences extrapublicitaires et quelle autorité sur les autres experts en promotion des ventes, en marketing direct ou en relations publiques ?

3/ TROP D'EXPERTISE TECHNIQUE NUIT À L'OBJECTIVITÉ

Le développement considérable des marchés du hors-médias a entraîné la multiplication d'agences de plus en plus spécialisées, de plus en plus pointues dans leur domaine mais de plus en plus enfermées dans leur champ d'expertise. Si on soumet le même problème de communication à un publicitaire, à un spécialiste de promotion ou de marketing direct, on obtient une proposition de campagne publicitaire ou des opérations promotionnelles ou un programme de marketing direct ! Avant de recourir à des experts en certaines techniques de communication, les entreprises ont besoin de conseil stratégique. Steven J.Heyer, déjà cité et qui sait ce dont il parle (il a été publicitaire en tant que président de Young & Rubicam avant de devenir annonceur, à la tête de Coca-Cola) déclare [(1)] :

> « ...À l'époque de David Ogilvy et avant [(2)], les agences de publicité étaient le partenaire le plus important des PDG. Elles ont perdu ce rôle au profit des cabinets de conseil et des banquiers. Il y a, à ceci, plusieurs raisons, la plus importante étant que les agences ont défini leur rôle de façon trop étroite, sur la publicité et non sur le marketing. Elles font un bon produit publicitaire créatif mais elles ne m'aident pas à bâtir une stratégie qui renforce mes positions sur mes marchés ».

4/ L'INTÉRÊT FINANCIER EST L'ENNEMI DE L'OBJECTIVITÉ, ICI COMME AILLEURS !

Comment être objectif quand on a un intérêt financier à recommander telle ou telle forme de communication ? Les agences de publicité vivent de publicité, les agences de promotion vivent de promotion, etc. Est-il réaliste d'attendre qu'elles conseillent de confier la majorité du budget à une autre agence, même si c'est une agence partenaire, dans le même groupe de communication ? Chaque entité dans un groupe se bat pour assurer son propre développement. Chaque groupe cherche à maximiser la profitabilité de chacune de ses composantes. Ce modèle économique n'optimise pas nécessairement la qualité du conseil et des prestations aux annonceurs. Ce n'est pas là un mauvais procès que l'on fait aux agences. C'est une réalité économique et humaine. C'est une vraie question qui passe par de nouvelles structures de conseil indépendant (dans ou hors des groupes de communication), par de nouveaux

(1) Extrait du livre de Joe Cappo, op.cit.*, page 152.*

(2) Dans les années soixante.

modes de rémunération proposés par les annonceurs et de nouvelles méthodes de distribution des revenus au sein des groupes de communication[1].

Une stratégie de communication doit être *Media neutral* et *Profit neutral* affirme Brian Williams[2]. On ne peut qu'être d'accord avec lui mais c'est une pieuse déclaration car on est encore loin du compte ! De façon plus réaliste, on dira qu'il faut dans une démarche de communication multicanale intégrée tendre vers la plus grande objectivité, à défaut d'une objectivité parfaite.

Section 1
Étape n° 1 : analyser les publics de l'entreprise, identifier les familles stratégiques, allouer les objectifs et les budgets à chaque famille

Principe

Les cibles doivent déterminer les canaux de communication et non l'inverse.

L'étape n° 1 dans la séquence de la communication intégrée

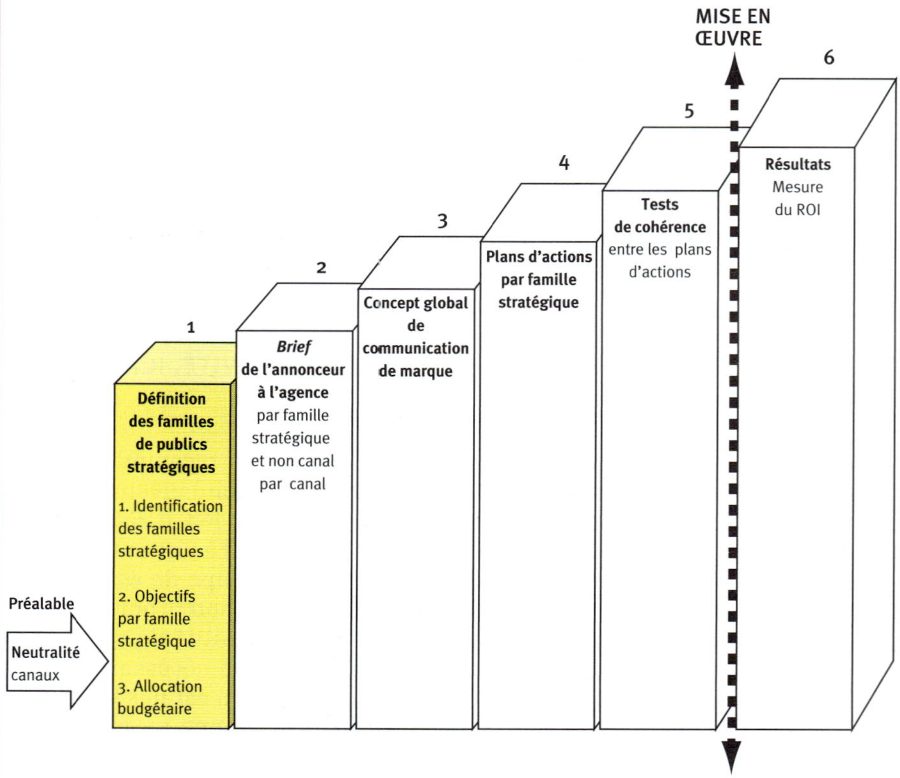

Figure 1

(1) « BBDO France est en train d'instituer une règle financière d'apport d'affaires, qui permettra de rémunérer les efforts faits par chaque agence pour faire entrer une autre agence du groupe sur ses clients », extraits de l'article signé par Fouzia Kamal, CB news, n° 785, avril 2004.

(2) Brian Williams est président et CEO d'Élément 79, une filiale basée à Chicago du groupe Omnicom. Cité par J. Cappo, page 154, op. cit.

Lorsqu'on fait appel aux grands médias publicitaires, on cible très large. On choisit un média principal, celui qui donne la meilleure couverture et qui valorise le mieux le message. Le cas échéant, on complète le média principal (par exemple, la télévision) par un média complémentaire pour renforcer la pression sur le cœur de cible (par exemple, on complétera un plan télévision par un plan cinéma pour mieux toucher les jeunes urbains). On accepte le plus souvent une forte déperdition en exposant une non-cible à condition que le coût des ODV utiles (celles qui sont dans la cible) reste acceptable. Les cibles de communication sont analysées avec les critères de connaissance des audiences des médias publicitaires qui sont essentiellement de nature socio-économique : CSP, tranches d'âge, habitat, nombre d'enfants au foyer, etc. C'est la connaissance des audiences des médias qui détermine le plus souvent la définition des cibles. Les audiences des médias publicitaires sont connues sur des critères stéréotypés. Les cibles de communication sont donc définies de façon stéréotypée. La fameuse « ménagère de moins de 50 ans » en est une bonne illustration.

Dans une démarche de communication multicanale intégrée, on remet les choses dans le bon ordre en ne partant plus des médias mais des publics en relation avec l'entreprise. La communication intégrée replace donc chaque groupe de clients, prospects, distributeurs, influenceurs, etc. en amont de la définition des moyens. Ces groupes homogènes vont être ensuite travaillés dans le but de maximiser leur contribution aux résultats de l'entreprise. On pourrait comparer ces groupes, que l'on appellera plus loin « familles stratégiques », à des gisements que l'industrie minière s'efforce d'exploiter de la manière la plus rentable, en utilisant pour chacun les moyens les mieux adaptés.

1/ L'ANALYSE DES PUBLICS DE L'ENTREPRISE ET LEUR REGROUPEMENT EN FAMILLES STRATÉGIQUES

LA SÉQUENCE DE DÉFINITION DES FAMILLES STRATÉGIQUES, D'ALLOCATION DES OBJECTIFS ET DES BUDGETS

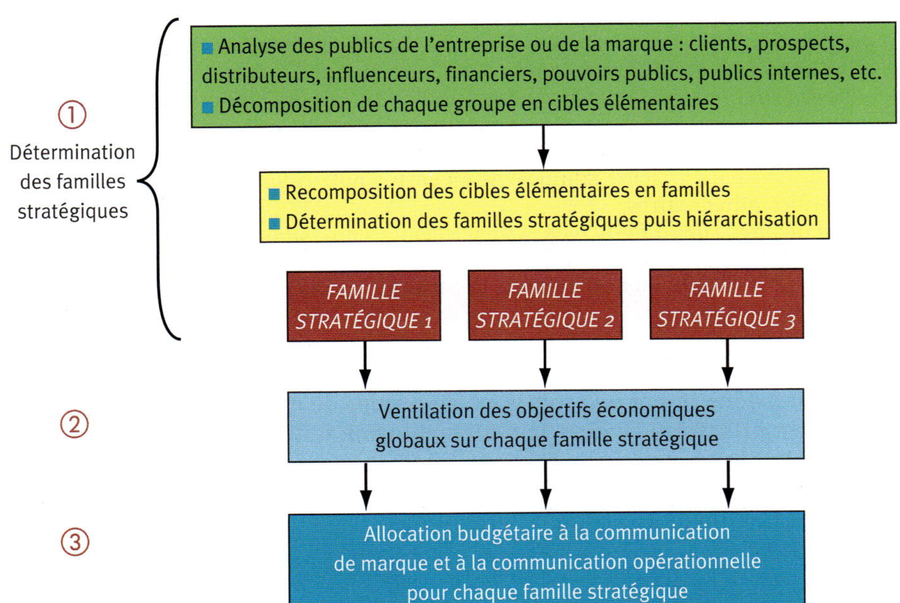

Figure 2

a) La décomposition des publics de l'entreprise en cibles élémentaires

On compile les éléments de connaissance des publics de l'entreprise. On fait l'analyse la plus exhaustive possible de tous ces publics que l'on va décomposer en *groupes principaux*, par exemple les clients actuels, puis en *cibles élémentaires*. Le groupe des clients actuels peut être ainsi décomposé en petits, moyens et gros clients (analyse PMG) ou en clients occasionnels et clients fidèles ou bien encore selon leur valeur à vie, c'est-à-dire selon leur potentiel économique, ou bien encore selon d'autres critères à définir selon le marché et la stratégie marketing de l'entreprise (conquérir, fidéliser, accroître la part de client, etc.). Il n'y a donc pas de critères universels pour analyser les publics de la marque ou de l'entreprise. La qualité de ce travail repose sur la pertinence stratégique des critères retenus, adaptés à chaque cas particulier.

b) Le regroupement des cibles élémentaires en familles homogènes

On a choisi le terme « famille » au lieu de « segment » pour deux raisons. La première tient à ce que la méthode proposée ici ne relève pas d'une technique de segmentation *stricto sensu*. La seconde est que l'on veut éviter une confusion avec les segments de clientèle utilisés dans le cadre de la stratégie marketing. Les familles de publics vers lesquelles il faut communiquer ne se limitent pas aux clients et prospects mais englobent *l'ensemble des parties prenantes susceptibles de créer de la valeur pour l'entreprise* (fournisseurs, publics financiers, publics internes, notamment personnel en contact avec la clientèle pour une activité de services, etc.).

Une famille peut comprendre un seul type d'individus ou regrouper plusieurs cibles homogènes.

Exemple

☞ Une entreprise spécialisée dans les produits diététiques lance une gamme de produits alimentaires destinés aux enfants qui sont allergiques aux œufs, à l'arachide, au gluten[1]. Elle peut regrouper dans une famille stratégique de prescripteurs et d'influenceurs ces différents publics qui sont autant de cibles élémentaires :
- les associations constituées par des familles qui ont des enfants allergiques. Elles ont un rôle important pour transmettre des informations sur les produits à éviter ou à conseiller, pour déchiffrer les indications sur les packagings, etc. ;
- les professeurs (et leurs équipes) de médecine nutritionniste spécialisés dans les allergies alimentaires ;
- tout ou partie des diététiciens et diététiciennes qui ont une clientèle privée ou qui exercent en collectivité ;
- des représentants du ministère de la Santé.

Ces publics apparemment disparates constituent une famille parce qu'ils ont tous un intérêt commun : aider les familles des enfants allergiques à trouver plus facilement des solutions en termes de produits et d'information sur les produits, faire évoluer la réglementation notamment en matière d'indications sur les *packagings*, créer un label, inciter les industriels de l'agroalimentaire à développer leur effort de recherche pour mettre sur le marché des produits alimentaires non allergéniques.

Ces différents publics constituent une famille parce qu'il y a constamment des interactions entre eux.

(1) Ce sont les trois sources principales d'allergies alimentaires. Les problèmes posés par le lactose ne relèvent pas, à proprement parler, des allergies.

Ces publics peuvent être touchés par des canaux communs : sites web, forums, *e-mailing, newsletter*, magazines consommateurs papier, colloques, etc.

Cette famille est considérée comme stratégique parce qu'elle :

– peut avoir une influence décisive sur l'offre de produits, sur la qualification des produits, sur leurs conditions de commercialisation, notamment en matière de communication ;
– se compose de relais d'information majeurs vers le marché final.

L'entreprise peut traiter à part les journalistes spécialisés dans la nutrition (ils sont nombreux) constitués en famille spécifique au lieu de les intégrer dans la famille précédente.

c) L'identification des familles stratégiques et hiérarchisation

Parmi l'ensemble des familles composées à partir des cibles élémentaires, certaines sont de moindre importance, d'autres seront jugées stratégiques.

En pratique, les familles stratégiques sont définies :

– en fonction de *leur rôle* dans la chaîne de valeur de l'entreprise : ainsi, des populations telles que les réseaux de distribution, les prescripteurs, les publics internes comme les salariés en contact avec la clientèle, peuvent constituer plusieurs familles stratégiques ;
– en fonction de *leurs caractéristiques*, de *leur comportement*, de leur *potentiel d'achat*. Lorsque l'entreprise est organisée en *Business Units*, il n'est pas rare que chaque *Business Unit* ait la responsabilité d'une ou de plusieurs familles stratégiques.

Les critères de définition des familles stratégiques

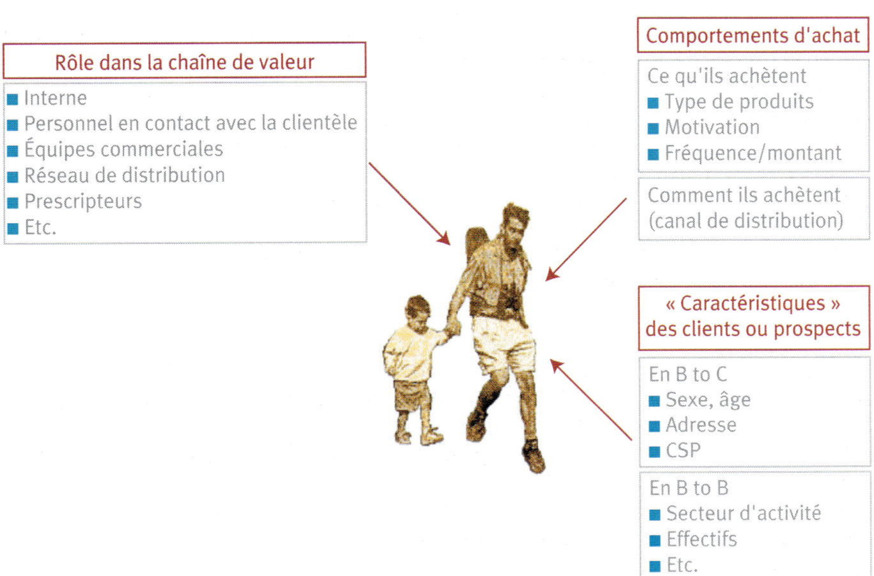

Figure 3

Exemple

☞ Les familles stratégiques retenues par un fabricant de cuisines.

Les foyers qui habitent dans la zone de chalandise des points de vente	Les nouveaux propriétaires et les nouveaux locataires	Le monde de l'immobilier ■ Acheteurs ■ Promoteurs ■ Constructeurs ■ Agents immobiliers	Les forces de vente et les installateurs

Pour définir les familles stratégiques qui vont ensuite être « travaillées », il est essentiel de respecter les principes suivants :

– disposer de *leviers marketing efficaces* sur les populations qui constituent chaque famille : à quoi bon isoler la population des adolescents si le produit ne correspond pas à leurs attentes ? À quoi bon s'adresser aux agences de voyage indépendantes si la politique de distribution ne prévoit aucune rémunération les concernant ?

– disposer de *canaux susceptibles de véhiculer les messages* vers leurs populations : ces canaux peuvent être des supports médias traditionnels mais aussi des événements, des lieux physiques, des fichiers, des manifestations professionnelles, des sites Internet, des points de vente, etc. Si pour une famille stratégique, on ne dispose pas d'un canal de communication « conventionnel » performant, on devra imaginer une utilisation nouvelle d'un canal existant ou inventer une nouvelle forme de communication. Ainsi, Valrhona a créé l'École du Grand Chocolat pour toucher les artisans chocolatiers et les chefs des grands restaurants du monde entier (cet exemple est développé plus loin) ;

– *ne pas multiplier*, à l'envi, *le nombre de familles stratégiques* : veiller à ce que le potentiel des familles stratégiques soit significatif (effectif, contribution aux résultats, impact sur d'autres familles par un pouvoir de prescription, etc.)

Lorsque les familles stratégiques sont définies sur la base de caractéristiques observées comme le rôle dans la chaîne de valeur, l'âge et la CSP des individus, la taille des entreprises clientes, etc., l'évaluation du potentiel des familles stratégiques se fait au moyen d'études de marchés.

En revanche, lorsque ces familles sont définies sur la base de comportements d'achat, le recours aux techniques d'analyse de clientèle (par exemple de type RFM, comme on l'a vu dans le chapitre consacré au marketing direct dans la troisième partie) devient incontournable, afin de ne pas s'exposer aux aléas des idées préconçues.

Exemple

☞ Le directeur marketing d'une marque de luxe avait acquis la certitude, sur la foi du témoignage de plusieurs vendeurs et chefs de boutique, qu'environ 20 % de ses clients réalisaient plus de la moitié du chiffre d'affaires avec plus de cinq achats par an. Il considérait donc cette population comme une famille stratégique et avait notamment décidé de lancer un programme de fidélisation à destination de cette cible. Il n'était bien entendu pas en possession de l'identité de chacun de ces bons clients mais disposait d'une source d'information essentielle constituée par les tickets de caisse. Heureusement, une analyse RFM (récence, fréquence, montant)[1] lui a permis d'identifier le potentiel réel de cette population : 75 gros clients qui représentaient moins de 2 % du chiffre d'affaires de la marque !

(1) V. partie 3, chapitre 3.

La connaissance approfondie des parties prenantes est un préalable indispensable à la mise en œuvre de la démarche intégrée. Cette connaissance va être exploitée tout au long du processus.

Dans un premier temps, les études de marchés et les techniques de *datamining* vont permettre de définir et d'évaluer le potentiel des familles stratégiques.

Dans un second temps, le développement de bases de données individuelles, enrichies des résultats des campagnes, va apporter une aide au ciblage des opérations *one to many*[1], *one to few*, et si nécessaire, *one to one*.

2/ Distribution des objectifs globaux de l'entreprise sur les différentes familles stratégiques

Les familles stratégiques ayant été clairement identifiées, il faut maintenant savoir comment chacune va contribuer à la réalisation des objectifs globaux de l'entreprise, ce qui conduit à définir des objectifs précis pour chaque famille.

a) Les objectifs quantitatifs par famille stratégique

Les objectifs globaux de l'entreprise sont distribués sur les différentes familles stratégiques.

Dans tous les cas de figure, on cherchera à fixer des objectifs chiffrés. Le plus souvent possible, pour la majorité des familles stratégiques, ces objectifs sont exprimés en chiffre d'affaires, profit ou part de marché. Toutefois, certaines familles stratégiques, comme la communauté financière ou les leaders d'opinion, impliquent la mise en place d'objectifs quantitatifs spécifiques.

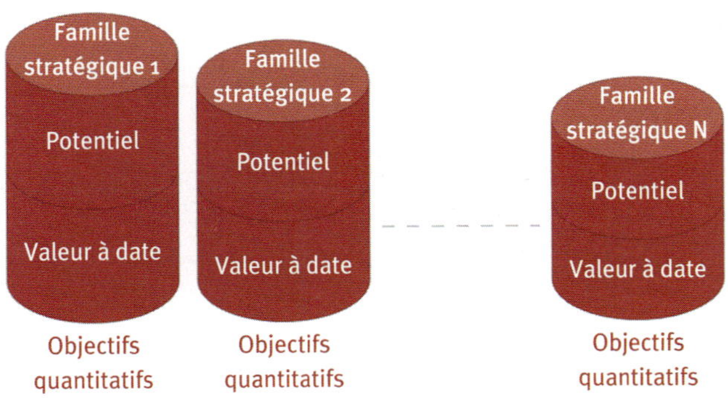

Remarque : en termes de chiffre d'affaires, l'objectif global doit être inférieur ou égal à la somme des objectifs par famille stratégique pour tenir compte de la « double comptabilisation » de certaines ventes, notamment dans le cas où les acteurs de la distribution sont l'objet d'une famille stratégique en tant que telle.

(1) One to many : *d'entreprise à un marché de masse ;* one to few: *d'entreprise à un segment ;* one to one : *communication et marketing individualisés.*

b) Les *Key Performance Indicators* (indicateurs clés de performance) par famille stratégique

On définit, pour chaque famille stratégique, plusieurs indicateurs clés de performance (ICP dénommés plus souvent par leur forme anglaise KPI : *Key Performance Indicators*). Ils permettent notamment d'identifier les raisons de succès ou d'échecs de l'atteinte des objectifs quantitatifs. Ces indicateurs clés de performance sont propres à chaque secteur d'activité, voire à chaque entreprise. Le schéma suivant donne un aperçu des KPI les plus fréquemment utilisés dans le cas d'une famille stratégique constituée de clients et prospects pour une entreprise distribuant un produit de grande consommation.

Figure 4

EXEMPLES D'INDICATEURS CLÉS DE PERFORMANCE (KPI) FRÉQUEMMENT UTILISÉS

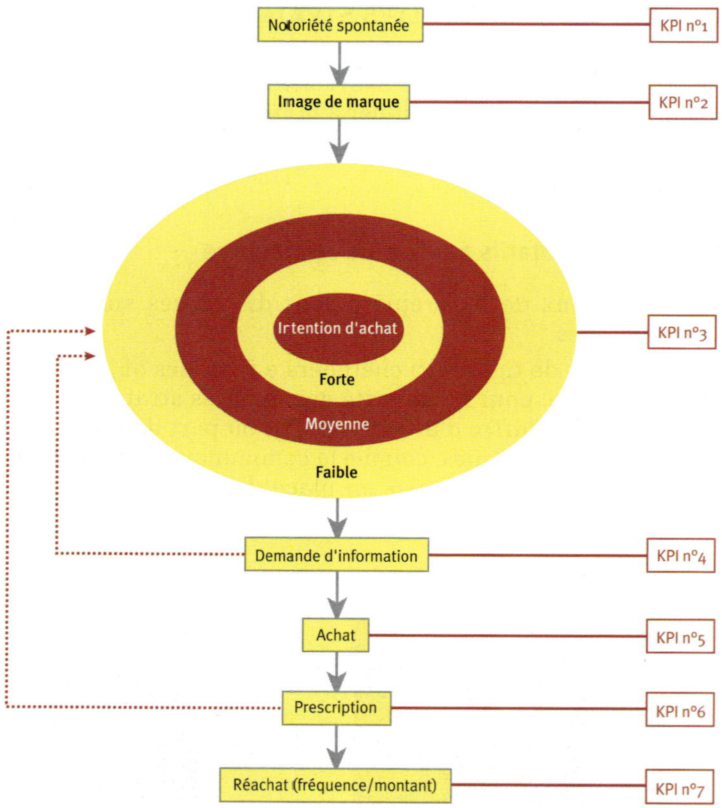

3/ LA RÉPARTITION DES BUDGETS EN FONCTION DU REGISTRE DE LA COMMUNICATION

Dans une approche purement publicitaire, on a l'habitude de ventiler le budget global de communication par médias puis par moyens hors-médias : budget alloué à la promotion, au marketing direct, etc. Ici, on procède différemment.

a) Les deux niveaux d'arbitrage budgétaire

À l'image du (bon) commerçant de quartier qui pense à la manière dont il va vendre dans trois heures (avant la fermeture du soir) et comment il va créer une nouvelle boutique dans trois ans, un bon programme de communication intégrée recouvre à la fois le temps de la tactique et du commerce (penser à trois heures) et le temps de la stratégie (penser à trois ans)[1]. On distingue donc deux registres :

- la communication de marque (long terme). Elle couvre toutes les familles et est identique. On veillera à ce que la pression soit plus forte sur les familles les plus importantes ;
- la communication opérationnelle (objectif commercial à court et moyen terme). Elle est ciblée et différente par famille.

C'est la raison pour laquelle deux types d'arbitrage sont faits :

- le premier niveau d'arbitrage se fait entre le budget alloué à la communication sur la marque et les budgets affectés à la communication opérationnelle ;
- la communication commerciale étant spécifique à chaque famille stratégique, il faut ventiler le budget total de la communication commerciale sur chaque famille. C'est le second niveau d'arbitrage budgétaire. Cette répartition des moyens doit évidemment être réalisée en parfaite intelligence avec la politique marketing et commerciale.

LES DEUX NIVEAUX D'ARBITRAGE BUDGÉTAIRES

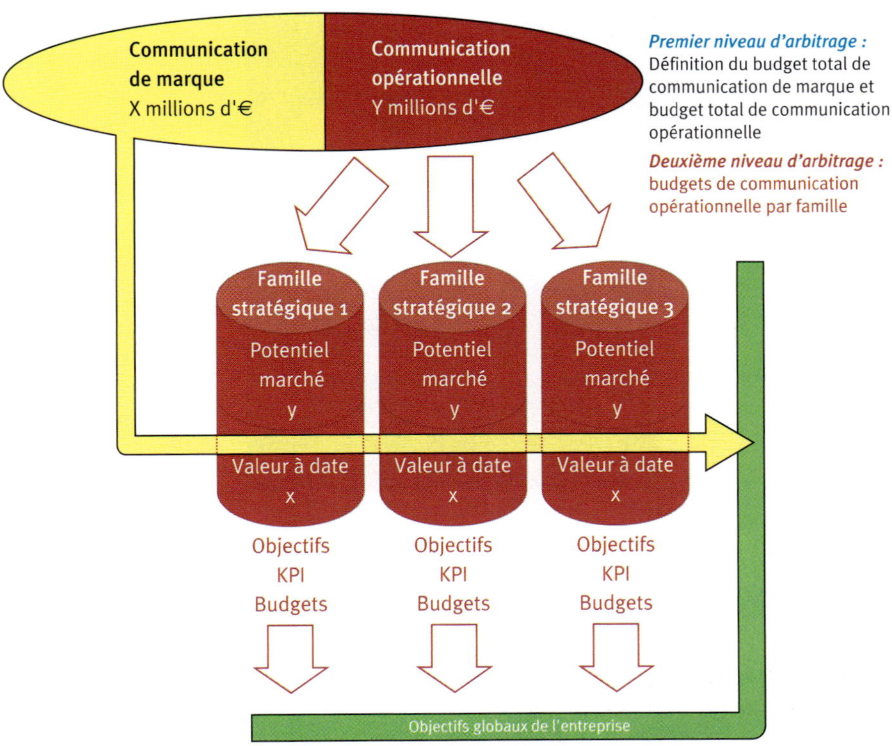

Figure 5

(1) *On empreinte cette métaphore à Marc Drillech, président de Publicis Dialog.*

La communication sur la marque s'adresse de manière univoque à l'ensemble des parties prenantes. Elle véhicule un message centré sur un dénominateur commun à tous les publics visés. Elle communique les valeurs de la marque, sa personnalité.

La communication opérationnelle est spécifique à chaque famille stratégique. Elle transmet *un ou plusieurs messages* centrés sur les performances des biens et services qui font la qualité et l'originalité de la *solution* apportée par l'entreprise aux besoins spécifiques de la famille en question. Cette *solution* peut prendre la forme d'un produit développé spécialement pour cette famille, d'une promotion, ou encore d'un service personnalisé.

On gardera à l'esprit que la communication sur la marque ne se limite pas à la communication publicitaire médias. Comme on l'a vu précédemment dans la troisième partie de cet ouvrage dans les chapitres 2, 3 et 4, la communication de marque peut prendre la forme de sponsoring, d'événementiel, de relations publiques, de relations presse, voire d'un nouveau produit lancé pour faire de l'image. À l'inverse, la communication opérationnelle ne doit pas être comprise comme étant uniquement de la communication hors-médias. Dans de nombreux secteurs d'activités, elle peut se faire par de la publicité-médias.

Exemple

☞ La communication opérationnelle peut être véhiculée par les médias publicitaires.

b) La communication de marque et la communication opérationnelle : une distinction nécessaire mais une complémentarité indispensable

Il n'est pas inutile de rappeler que la communication opérationnelle nourrit la communication sur la marque, au même titre que la communication sur la marque doit supporter la communication opérationnelle. Dans certains cas, la communication opérationnelle peut même suffire à construire une marque, comme le démontre l'exemple de certaines marques de grande consommation qui se construisent essentiellement sur des opérations de promotion des ventes.

COMMUNICATION SUR LA MARQUE ET COMMUNICATION OPERATIONNELLE

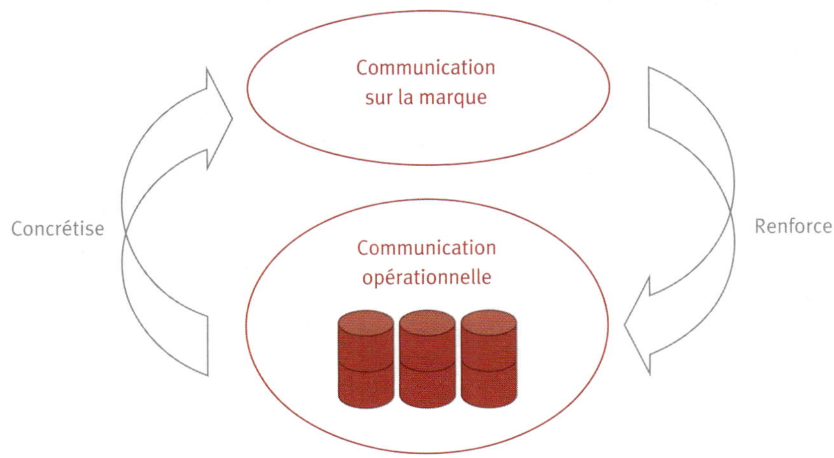

Figure 6

4/ CAS PRATIQUE : BRITISH AIRWAYS

Remarque préliminaire : les auteurs remercient la société British Airways pour sa contribution à la réalisation de ce cas. Pour des raisons de confidentialité, l'ensemble des données chiffrées a été modifié ainsi que certains éléments stratégiques, sans que cela nuise à la cohérence de l'ensemble.

On a choisi d'illustrer cette méthodologie de mise en place d'un programme de communication multicanale intégrée par un cas pratique sur la filiale française de la compagnie British Airways. Le secteur d'activité est très fortement concurrentiel ; il est marqué par l'apparition de nouveaux acteurs (les *Low Cost*, Eurostar, etc.) et la restructuration de la distribution (diminution des commissions aux agences de voyage, augmentation des ventes directes, émergence d'Internet, etc.).

Par ailleurs, le secteur des compagnies aériennes peut être considéré comme une référence en terme de maturité dans les métiers du hors-médias. En particulier, il a « inventé » les programmes de fidélisation (*Frequent Flyer Programmes*). Il a fortement contribué à sophistiquer les programmes de stimulation de réseaux et a su souvent mesurer, grâce au *tracking*[1] individuel des ventes, le retour sur investissement des opérations développées.

a) Les familles stratégiques

Dans le cas d'une compagnie aérienne traditionnelle comme British Airways, on a identifié deux familles stratégiques prioritaires.

(1) On désigne par tracking *les méthodes de suivi en continu des ventes, de la fidélisation, de l'image de marque, etc.*

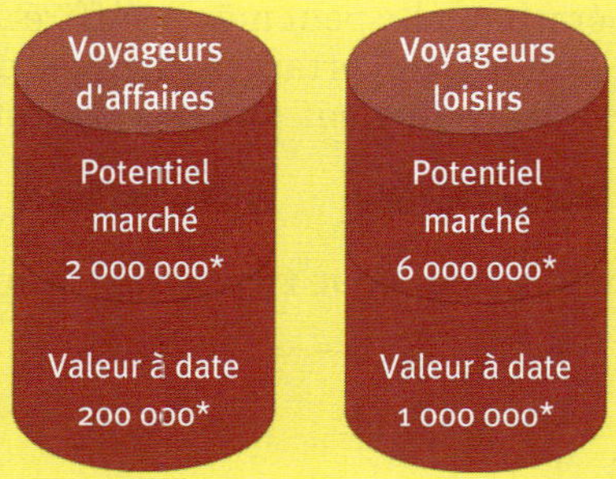

Légende : (*) nombre de clients potentiels et actuels.

En plus de ces deux familles stratégiques prioritaires, on a isolé des familles secondaires telles que :

- les agences de voyages : agences des grands réseaux (American Express, Carlson Wagonlit Travel, Thomas Cook, etc.), agences indépendantes et plateaux d'affaires ;
- les petites et moyennes entreprises qui nécessitent la mise en œuvre d'actions de communication spécifiques, car leurs personnels ne peuvent être assimilés ni aux voyageurs d'affaires ni aux voyageurs loisirs ;
- les *travel managers* qui définissent la politique de voyage au sein des grandes entreprises ;
- le personnel en contact avec les passagers, etc.

Pour simplifier la présentation de ce cas pratique, on se limitera ici aux deux familles stratégiques principales.

b) Les objectifs quantitatifs pour les familles stratégiques et les indicateurs clés de performance

1° Les objectifs quantitatifs

Les objectifs de British Airways sur le marché français peuvent être synthétisés par les indicateurs que sont :

- le revenu (chiffres d'affaires) ;
- le *cost of sale* maximum (qu'on s'interdit de dépasser).

Le *cost of sale* est la fraction du chiffre d'affaires consacrée aux coûts de distribution (directe et indirecte), de marketing et de communication nécessaires à la réalisation d'une vente. Il se calcule ainsi :

$$\textit{cost of sale} = \frac{\text{coûts de distribution + coûts marketing et communication}}{\text{prix du billet vendu}}$$

Pour la France, on prend les hypothèses suivantes :

Objectif de revenu (en millions €)	330
Objectif de *cost of sale* maximum	15%

Il s'agit donc maintenant de distribuer ces objectifs sur chacune de nos deux familles stratégiques.

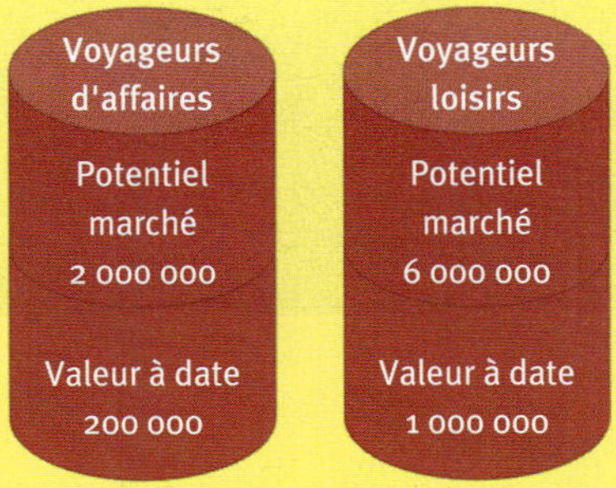

Légende : (*) nombres de clients potentiels et actuels.

	Voyageurs d'affaires	Voyageurs loisirs	TOTAL
Objectif de revenu (en millions €)	165	165	330
Objectif de *cost of sale* maximum	20%	10%	15%

On remarque que l'objectif de *cost of sale* maximum des voyageurs d'affaires est supérieur à celui des voyageurs loisirs. Ceci s'explique par deux raisons principales :

- d'une part, British Airways peut se permettre d'investir davantage en marketing et communication sur des passagers dits à « haute contribution » qui génèrent plus de rentabilité (le prix des billets vendus aux hommes d'affaires est généralement bien supérieur au prix des billets vendus aux passagers loisirs) ;
- d'autre part, la très grande majorité des « ventes affaires » est réalisée par les agences de voyage dont la rémunération (7 % du prix du billet en moyenne) mobilise une part importante du *cost of sale*.

En pratique, bien que le *cost of sale* de leurs billets soit supérieur, les voyageurs d'affaires assurent l'essentiel de la rentabilité d'une compagnie aérienne.

2° Les indicateurs clés de performance

LES INDICATEURS CLÉS DE PERFORMANCE POUR LA FAMILLE DES VOYAGEURS D'AFFAIRES

KPI	Objet de l'évaluation	Critères d'évaluation et objectif chiffré
N° 1	Notoriété spontanée	Être cité en deuxième position, par les hommes d'affaires, après leur compagnie nationale
N° 2	Part de marché sur la clientèle affaires	Paris/Londres : x % Lyon/Londres : y % Nice/Londres : z %
N° 3	Taux de remplissage	Supérieur à 75 % en classe affaires (Club Europe)

Figure 7

Figure 7 (suite)

N° 4	Vente directe	Vendre au moins 20 % des billets en direct, dont la moitié sur le site ba.com et l'autre moitié par le *call center*
N° 5	Fréquence d'achat	Accroître la fréquence moyenne de voyage des membres de l'*Executive Club* (1)
N° 6	Recrutement de membres *Executive Club*	Recruter 5000 nouveaux membres actifs dans l'*Executive Club* par an

c) Allocations budgétaires

La répartition des budgets entre la communication sur la marque et la communication commerciale est dictée par la situation initiale (la marque British Airways bénéficie d'une forte notoriété et d'une bonne image) ainsi que par la hiérarchie des priorités de la compagnie en France : nécessité de communiquer un message parfaitement calibré sur les besoins de chaque famille stratégique afin de préserver les parts de marché dans un environnement très concurrentiel.

Cette situation permet d'envisager la répartition suivante, pour un budget global annuel de six millions d'euros.

Figure 8

LES ARBITRAGES BUDGÉTAIRES

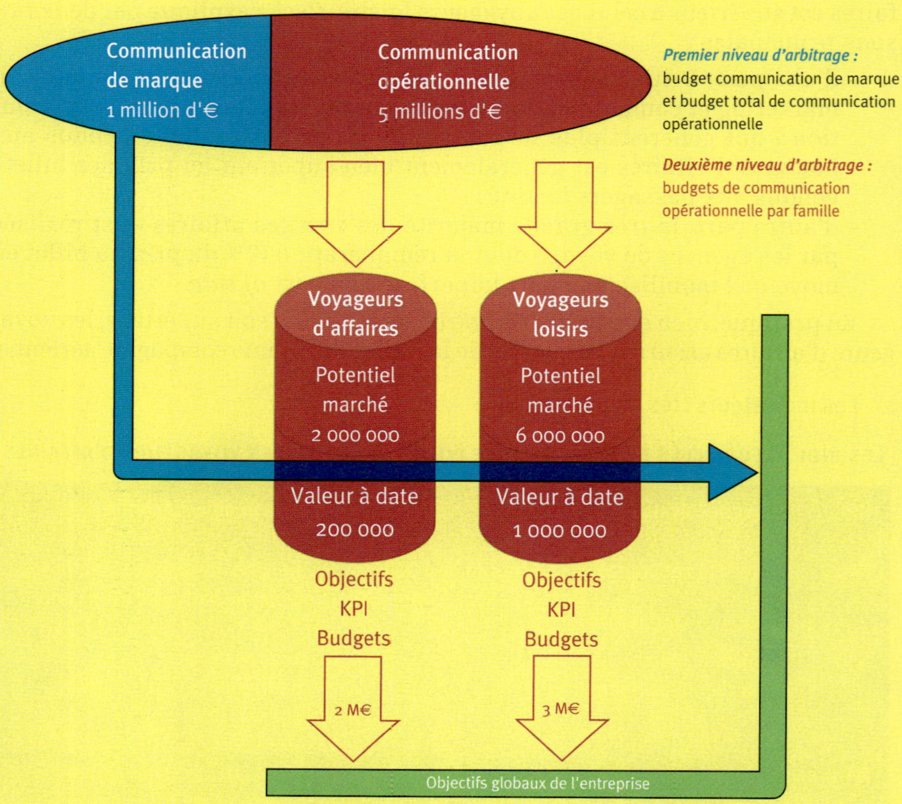

*(1) L'*Executive Club *est le programme de fidélisation de British Airways qui permet aux hommes d'affaires de cumuler des miles pour leurs voyages personnels et d'avoir accès à de nombreux services à bord et dans les aéroports (salons privés, comptoirs d'enregistrement dédiés, embarquement prioritaire, etc.). Les membres sont divisés en trois catégories (*Blue, Silver *et* Gold*) en fonction de leur fréquence de voyage et du type de billets qu'ils achètent.*

La relative faiblesse de la part consacrée aux voyageurs d'affaires (2 millions d'euros) par rapport à la part consacrée aux voyageurs loisirs (3 millions d'euros), alors même que les hommes d'affaires représentent la moitié du revenu et l'essentiel de la rentabilité, s'explique par les phénomènes suivants :

- la concentration du marché des voyageurs d'affaires (2 millions en France) ;
- l'existence d'une relation directe avec les meilleurs clients : les *Frequent Flyers Programmes* (*Executive Club* de British Airways) permettent aux compagnies d'entretenir une relation régulière, parfaitement ciblée, et donc relativement économique avec leurs meilleurs clients. Par ailleurs, ces programmes bénéficient d'une forme d'autofinancement par le truchement de la participation de partenaires qui achètent des *miles* aux compagnies aériennes (chaînes d'hôtels, loueurs de voiture, etc.) ;
- l'existence d'une relation directe avec les plus importants prescripteurs : British Airways a mis en place un programme de stimulation des ventes à destination de quelques centaines d'agents de voyage qui représentent la plus grande part des ventes affaires. Ce canal permet de cibler parfaitement les messages destinés aux agents de voyage les plus actifs pour la compagnie.

Section 2
Étape n° 2 : le *brief* de l'annonceur à l'agence famille par famille

Principe

L'agence est briefée par famille stratégique et non, comme on le fait d'habitude, média par média. Le *brief* de l'annonceur comporte des éléments détaillés sur le compte d'exploitation de chaque famille stratégique. C'est un *brief* de communication mais aussi un *brief* marketing et un *brief* financier à la différence des *briefs* publicitaires classiques centrés sur les profils des cibles et les objectifs de communication.

Les familles stratégiques ont été définies (étape n°1), les objectifs de l'entreprise ont été distribués sur les familles et les ressources financières ont été ventilées entre la communication sur la marque et les différentes familles. On pense que ce travail doit être fait par l'annonceur (aidé ou non par un conseil) avant de recourir à une ou plusieurs agences pour construire des programmes de communication intégrée pour chaque famille.

1/ Les différents types de *briefs*

Dans l'approche traditionnelle, l'annonceur fait un *brief* pour la publicité, un autre pour la promotion des ventes, un autre pour le marketing direct, etc.

Figure 9

L'ÉTAPE N° 2 DANS LA SÉQUENCE DE LA COMMUNICATION MULTICANALE INTÉGRÉE

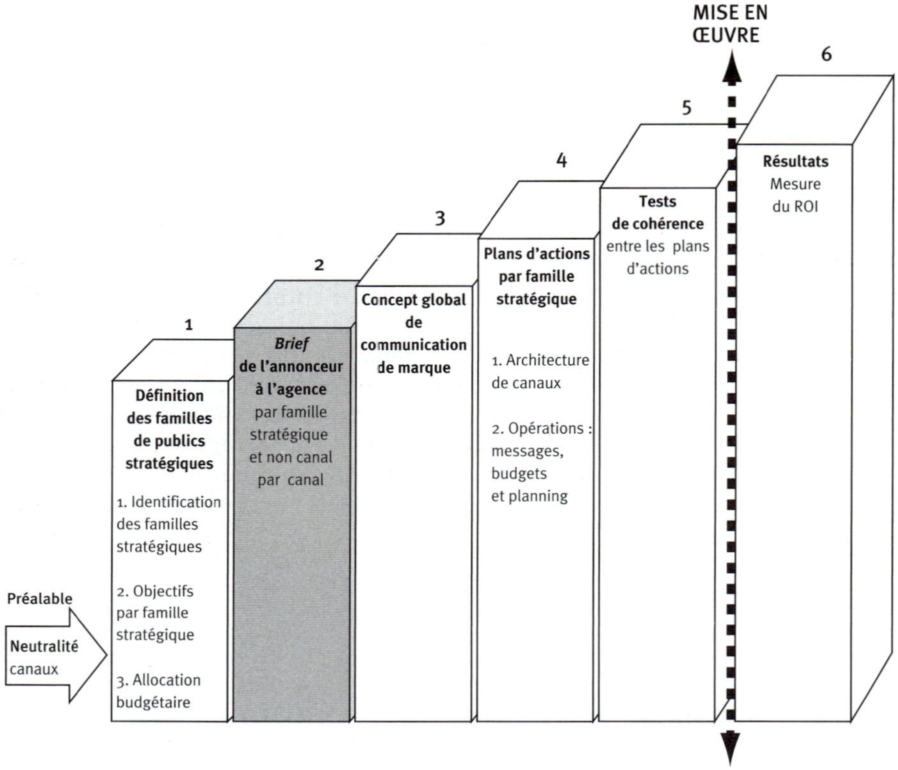

sachant qu'il fait souvent appel à des agences différentes pour chaque discipline.

Dans le cadre d'une démarche de communication intégrée, il n'existe que deux types de *briefs* :

– le premier pour la communication de marque ;
– le second pour chaque famille stratégique.

Le *brief* de communication de marque s'apparente au *brief* traditionnellement réalisé dans la publicité (v. partie 2, chapitre 1, section 8), mis à part le fait qu'il n'est pas souhaitable qu'il soit trop orienté vers l'utilisation des grands médias (principe de « neutralité médias »).

Le *brief* pour chaque famille stratégique est réalisé sur une base annuelle ou semestrielle.

Faut-il faire appel à une seule agence ou à plusieurs agences ?

Dans la théorie, rien ne s'oppose à ce qu'on fasse appel à une agence pour la communication de marque et à des agences différentes pour chacune des familles stratégiques. Toutefois, en pratique, mieux vaut ne pas multiplier les partenaires au-delà de trois agences : une pour la communication de marque et deux pour la communication opérationnelle, si l'on dispose d'un budget important. Si on va au-delà de trois agences, ce qui est déjà beaucoup même pour de très gros budgets, les problèmes de coordination annihileront tous les bénéfices attendus.

Exemples de rôles attribués à plusieurs agences

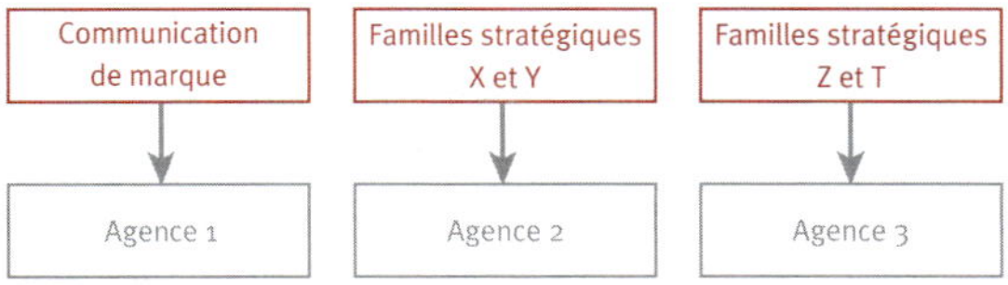

Figure 10

Dans cette hypothèse, on veillera à confier à chaque agence les familles stratégiques susceptibles de présenter des interactions les unes avec les autres. Ainsi, une compagnie aérienne confiera à la même agence la famille stratégique des voyageurs d'affaires et celle des plateaux d'affaires.

Les petites et moyennes entreprises qui disposent de budgets plus limités auront intérêt à ne faire appel qu'à une seule agence, afin qu'elle puisse disposer d'un budget qui atteint la taille requise pour déployer un véritable programme de communication intégrée. On estime que le seuil minimum est de l'ordre d'un million d'euros en communication *B to C*.

Comme on l'évoquera plus loin, s'il dispose des compétences suffisantes, l'annonceur peut aussi décider de développer son programme de communication intégrée en interne, puis, dans un deuxième temps, *briefer* des agences « boîtes à outils » sur chaque programme d'opérations.

2/ Le contenu du *brief* par famille stratégique

Celui-ci doit impérativement détailler :

- la stratégie marketing de l'entreprise vis-à-vis de la famille en question : on proposera ici une synthèse des principales composantes de la stratégie marketing de l'entreprise en termes de politique de produit, de prix, de communication et de distribution ;
- la position de l'annonceur et de ses principaux concurrents sur cette famille stratégique ;
- une approche quantitative de la composition de la famille stratégique (en termes de potentiel comme de valeur à date) ;
- les objectifs et les KPI formulés pour cette famille stratégique et le montant des ressources disponibles ;

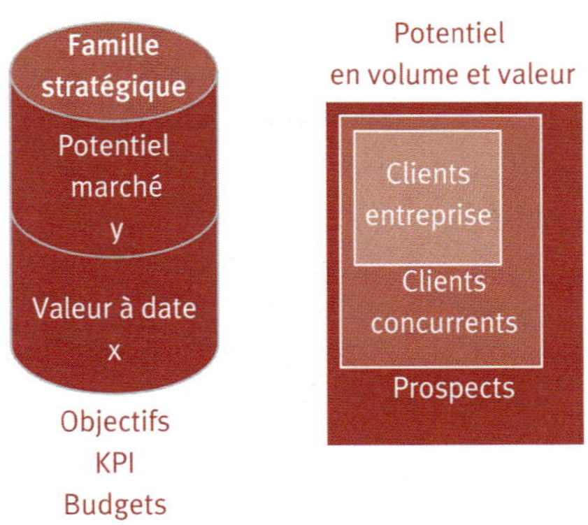

- une approche qualitative de la composition de la famille stratégique (évolution des comportements, motivations d'achat ou de prescription des produits ou services, etc.) ;
- une analyse SWOT (forces/faiblesse/opportunités/menaces) de la position de l'entreprise sur cette famille stratégique.

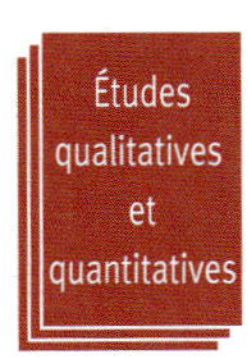

LES « TOPS » ET LES « FLOPS »

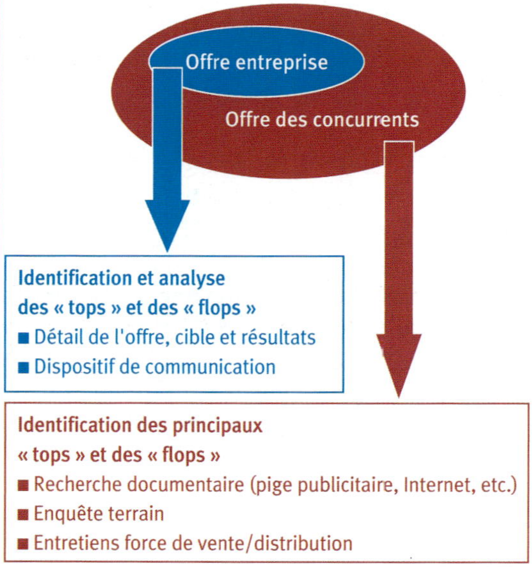

Figure 11

Pour éviter de fréquentes confusions entre les forces et les opportunités, on rappelle au lecteur que les forces et les faiblesses sont des facteurs endogènes à l'entreprise alors que les opportunités et les menaces sont des facteurs exogènes à l'entreprise ;[1]

– des fiches analytiques d'actions conduites dans le passé par l'entreprise et/ou ses concurrents (les « tops » et les « flops ») ;
– un historique mensuel commenté des performances de l'entreprise sur cette famille stratégique pour chacune des trois dernières années et des budgets de communication investis.

EXEMPLE FACTICE D'ANALYSE HISTORIQUE

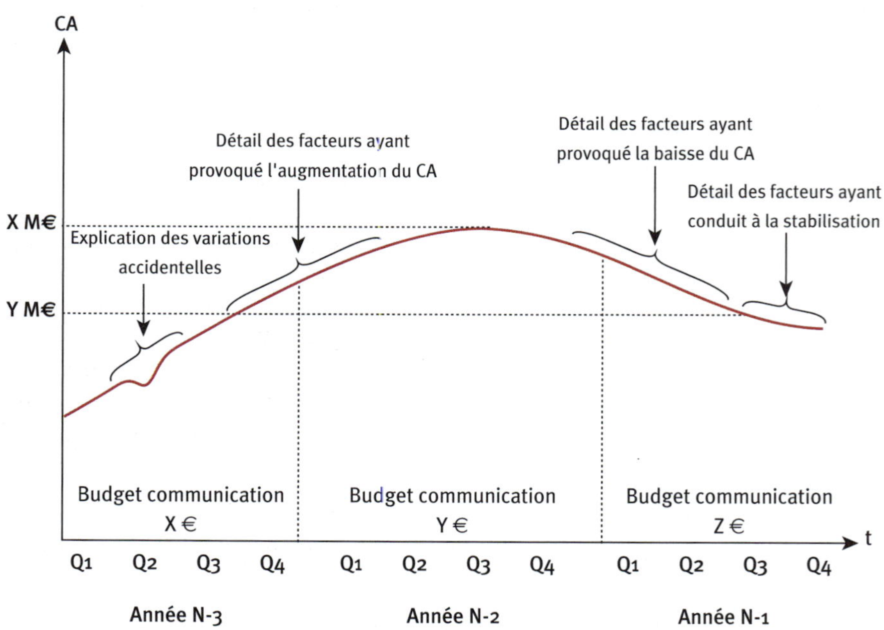

Figure 12

Toutes ces informations sont essentielles à la bonne compréhension par l'agence, du contexte et de l'histoire de la marque ou de l'entreprise. Dans l'approche traditionnelle, les agences font trop souvent « table rase » de tout ce qui n'est pas strictement publicitaire, se privant ainsi de l'historique des

(1) *Sur ce type d'analyse, v. Lendrevie, Levy et Lindon,* Mercator, *7e édition, Dalloz, 2003, page 838.*

actions hors-médias auxquelles ont été exposées les cibles. Cette négligence, particulièrement fréquente dans les disciplines du marketing direct et de la promotion des ventes a parfois conduit à la proposition voire la mise en place d'opérations jugées « saugrenues » voire « choquantes » par leurs destinataires qui, eux, en conservaient la mémoire !

3/ CAS PRATIQUE BRITISH AIRWAYS : LE *BRIEF* À L'AGENCE SUR LA FAMILLE STRATÉGIQUE DES VOYAGEURS D'AFFAIRES

Le *brief* complet de Bristish Airways était très détaillé et chiffré mais on ne trouvera ci-dessous que quelques extraits sur les voyageurs d'affaires, d'une part, pour des raisons évidentes de confidentialité et d'autre part, pour des raisons de volume de données.

Voici les éléments les plus importants du *brief* sur les voyageurs d'affaires.

a) La stratégie de la compagnie sur les voyageurs d'affaires

Au départ de chaque aéroport desservi, British Airways souhaite occuper une position de leader sur les vols à destination de Londres. Pour y parvenir, British Airways s'appuie sur trois avantages concurrentiels : le prix, la fréquence et le choix entre les trois aéroports londoniens, ce qui permet aux passagers de gagner du temps à l'arrivée.

Par ailleurs, British Airways souhaite renforcer sa position sur les vols long courrier avec escale à Londres. Pour inciter les voyageurs d'affaires résidant en province à faire escale à Londres plutôt qu'à Paris ou à Amsterdam, la compagnie communique principalement sur ses « lits parfaitement horizontaux » en classe affaires long courrier.

b) Un environnement concurrentiel très agressif dans un marché en stagnation

L'environnement concurrentiel de British Airways est marqué, d'une part, par la montée en puissance des *Low Cost* qui renforcent leur position sur le marché « point à point » européen, et d'autre part, par la présence d'Eurostar qui concurrence la principale ligne de British Airways en France (Paris/Londres). La compagnie est donc conduite à investir en communication :

- pour contrer les concurrents déjà implantés : politique offensive ;
- pour préserver ses parts de marché lorsque les *Low Cost* s'implantent dans de nouveaux aéroports secondaires : politique défensive.

c) Une évolution de la politique de distribution

La plupart des compagnies aériennes se sont engagées dans une évolution de leur distribution dont l'objectif est double :

- transformer les ventes indirectes en ventes directes ;
- transformer les ventes directes réalisées par les centres d'appel en ventes directes sur Internet.

Cette nouvelle stratégie de distribution s'inscrit dans le cadre d'un objectif de réduction des coûts dont il faut tenir compte dans le programme de communication.

Section 3
ÉTAPE N° 3 : DÉFINIR UN CONCEPT GLOBAL DE COMMUNICATION DE MARQUE

Figure 13

L'ÉTAPE N° 3 DANS LA SÉQUENCE DE LA COMMUNICATION INTÉGRÉE

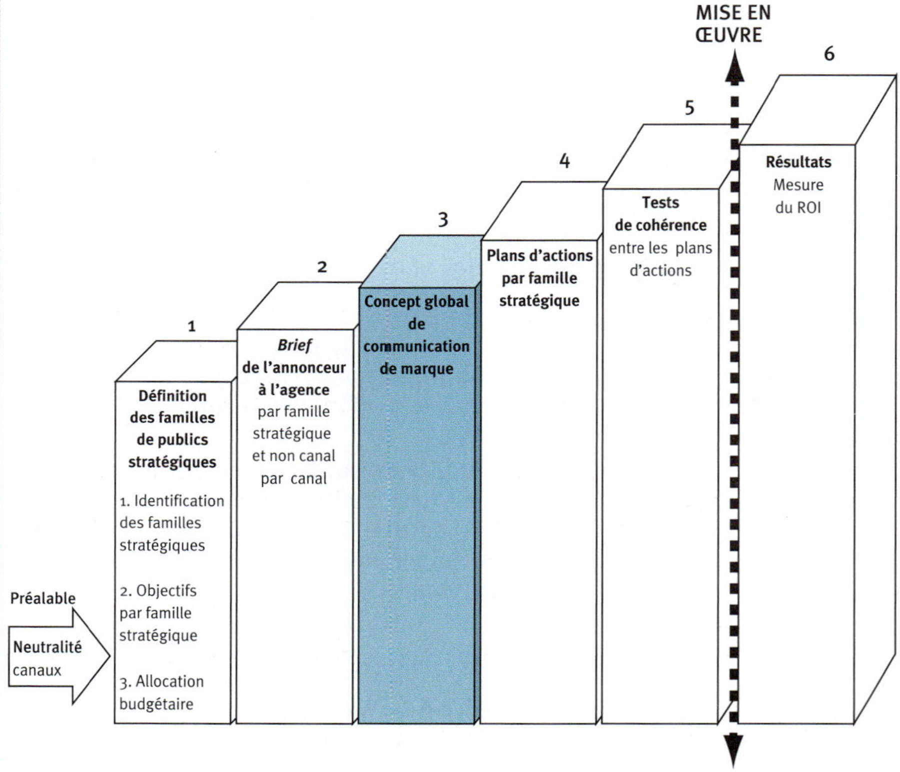

1/ BREF RAPPEL SUR LA MARQUE ET LE CONCEPT DE COMMUNICATION DE MARQUE

La marque est transversale. Elle signe et donne du sens aux propositions commerciales qui sont faites à chaque famille stratégique. Comme on l'a vu plus haut, elle nourrit les actions marketing qui font les ventes et les résultats mais elle se nourrit également, en bien ou en mal, de ces actions. La marque est un puissant facteur d'intégration de multiples programmes, à condition qu'elle soit forte (notoriété et image) et qu'elle se présente toujours de façon cohérente, un problème plutôt bien résolu par les bons annonceurs.

L'agence qui pilote avec l'annonceur l'ensemble de la communication multicanale intégrée doit définir un concept de communication de marque qui est l'interprétation directe du positionnement marketing de la marque en termes de communication. On renverra le lecteur à tout ce qui a été dit sur la marque et la communication de marque dans la deuxième partie de cet ouvrage, au chapitre 1 consacré à la stratégie de communication.

Le concept de communication de marque doit être pérenne. Il est fait pour fonctionner sur la longue période. Il doit être déclinable sur les programmes conçus pour chaque famille stratégique.

2/ Cas pratique : le concept de communication global de British Airways

Face à l'apparition de nombreux concurrents, aussi bien tournés vers le marché du voyage d'affaires que celui de la clientèle loisirs, British Airways doit réaffirmer son *leadership* :

> « Quoiqu'on ait pu dire sur les *Low-Cost* et les autres concurrents, British Airways reste le meilleur choix, aussi bien pour la clientèle loisirs qui souhaite se rendre en Grande-Bretagne (British Airways demeure le spécialiste de la Grande-Bretagne) que pour les hommes d'affaires qui voyagent vers Londres et les autres continents (British Airways demeure la compagnie du voyage d'affaires par excellence et conserve son avance sur tous ses concurrents en matière d'innovations et de services, tout en proposant des prix compétitifs) ».

<table>
<tr><th></th><th>VOYAGEURS LOISIRS</th><th>VOYAGEURS D'AFFAIRES</th></tr>
<tr><td rowspan="2">Concept global de communication</td><td colspan="2">British Airways, le meilleur choix...</td></tr>
<tr><td>...pour se rendre en Grande-Bretagne</td><td>...pour vos voyages d'affaires</td></tr>
<tr><td>Avantages concurrentiels</td><td>■ Le prix
■ La connaissance de la destination qui permet de proposer l'hébergement et des activités sur place

= British Airways, le spécialiste de la Grande-Bretagne</td><td>■ Le prix
■ La fréquence
■ Le choix des aéroports
■ L'excellence du service et des produits (lits horizontaux en classe affaires, etc.)

= British Airways, la compagnie des voyageurs d'affaires</td></tr>
</table>

Section 4
Étape n° 4 : recommandations par l'agence d'un plan d'actions par famille stratégique

Principe

La créativité des canaux passe avant la créativité des messages.

Pour chaque famille stratégique, l'agence définit des programmes d'actions construits sur une architecture de canaux, de messages, d'indicateurs de performances, de budgets et de plannings.

L'agence peut aussi proposer plusieurs hypothèses de plans d'actions par famille stratégique avec différentes alternatives de canaux et d'opérations.

Figure 14

L'étape n° 4 dans la séquence de la communication intégrée

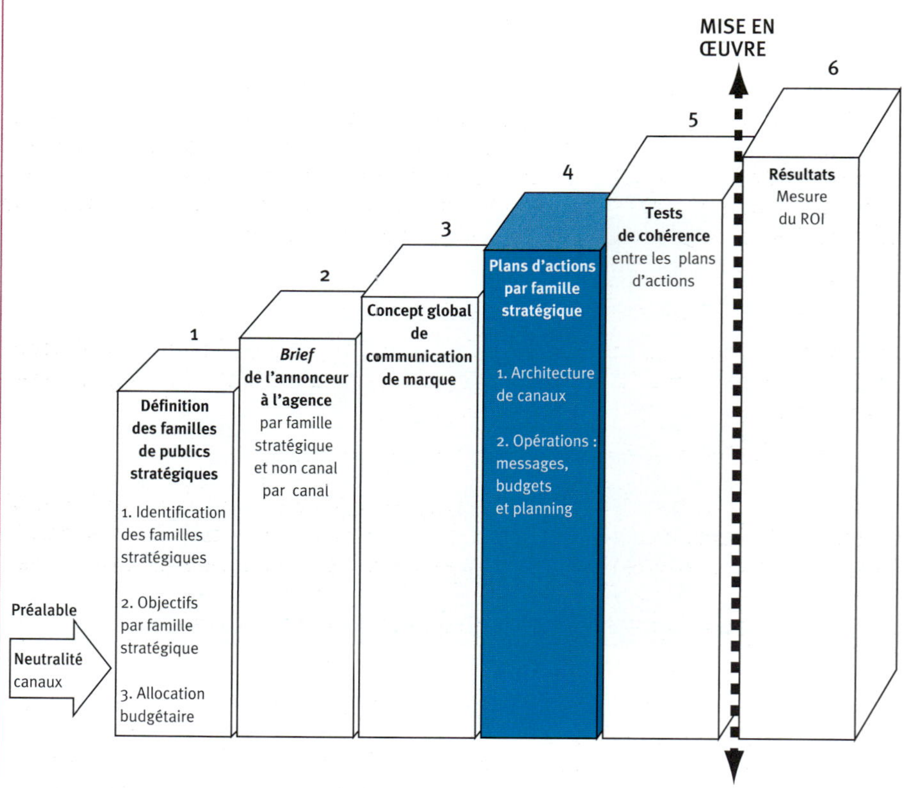

1/ LES GRANDS PRINCIPES DE LA RECOMMANDATION DE L'AGENCE

a) La recherche de l'efficacité à court terme

Cette recherche d'efficacité se comprend comme une démarche d'optimisation des ressources disponibles (premier enjeu de la mise en place d'un programme de communication intégrée) mais également comme une recherche de flexibilité (capacité d'intervention rapide en fonction des initiatives des concurrents).

b) La cohérence entre la stratégie marketing, la stratégie de marque et l'ensemble des actions proposées

Cette cohérence s'exprime dans l'espace (c'est-à-dire sur tous les moyens de communication disponibles) et dans le temps (les actions développées sont constitutives d'un *programme* et non plus envisagées comme une succession de campagnes indépendantes les unes des autres).

Par ailleurs, chacune des actions, au-delà de sa contribution à l'atteinte des objectifs à court terme, doit être cohérente avec la stratégie de marque (vendre à trois heures et à trois ans).

c) La « neutralité canaux »

La politique de complément des actions dites « médias » par les actions « hors-médias » était de règle dans l'approche publicitaire. Comme on l'a vu dans l'introduction de ce chapitre, la communication intégrée n'a pas pour vocation de substituer une domination par une autre mais d'imposer la neutralité dans le choix des moyens comme une obligation. C'est cette posture qui permet des propositions créatives en matière de canaux.

d) La « créativité canaux »

La démarche de la communication intégrée prend appui sur la « créativité canaux » avant même la « créativité message ». Selon Keith Reinhard, président de DDB :

> « Le département médias doit être l'autre service créatif[1] ».

La créativité n'a pas pour objet de multiplier à l'infini les canaux et de les empiler mais de concevoir une architecture simple et efficace de moyens en synergie. L'expression « créativité médias » désigne trois types d'opérations différentes.

1° Une utilisation nouvelle pour une entreprise d'un canal existant

Exemple

☞ Un grand cabinet d'audit a placardé d'affiches de publicité de recrutement (seul type de publicité autorisé pour cette profession) la station de métro à proximité de son siège. Ces affiches vantaient la compétence de ses collaborateurs. Ce fut une opération de communication externe qui eut, comme prévu, un très grand impact en interne.

2° L'invention d'un nouveau canal ou sa première utilisation dans le secteur

Exemple

☞ Valrhona vend du chocolat haut de gamme aux particuliers mais surtout aux professionnels (artisans chocolatiers, restaurateurs, etc.) pour lesquels il a créé l'École du

(1) « Médias » doit être compris au sens large de tout canal de communication. Les agences de publicité n'ont souvent plus que des départements médias (au sens de grands médias publicitaires) restreints, parfois plus du tout de département médias qui ont été transférés aux agences médias.

Grand Chocolat (des formations payantes pour lesquelles on vient du monde entier). Il est même arrivé que Valrhona propose aux particuliers et professionnels des voyages organisés avec des *tours operators* pour découvrir les hauts plateaux d'Amérique centrale et les plantations Valrhona qui produisent des fèves de qualité exceptionnelle.

3° Une combinaison originale de plusieurs canaux

Exemple

☞ Dans le cas British Airways déroulé tout au long de cette partie, l'agence a recommandé une combinaison de plusieurs moyens de communication :
grands médias (publicité presse + radio + affichage classique) + affichage sur bus anglais à deux étages + PLV agences de voyage + publipostages + e-mailing.
Ces actions sont présentées dans les pages suivantes.

2/ Le schéma d'articulation des opérations accompagné de fiches descriptives pour chaque opération

a) Le schéma d'articulation des opérations

La recommandation de l'agence détaille, pour chacune des familles stratégiques, un schéma d'articulation annuel ou semestriel des opérations. Celui-ci intègre les trois grandes familles d'opérations (*one to many*, *one to few*, *one to one*) au sein desquelles figurent les différents canaux (grands médias, points de vente, marketing relationnel, etc.).

Sur ce schéma, figurent des opérations offensives dont les objectifs sont le recrutement, le *cross-selling* et le *up-selling*[1] et, des opérations défensives pour lutter contre la perte de part de portefeuille et l'attrition.

Certaines opérations peuvent être conditionnées par les résultats des opérations les précédant immédiatement. Cette technique de planification d'opérations dites « en cascade » permet de faire dépendre la libération de certains budgets des résultats des opérations antérieures. Ainsi, un bon programme de communication intégrée permet de transformer une partie des coûts fixes (investissements annuels en communication) en coûts semi-variables ou variables (dépenses liées au volume des ventes).

b) La fiche descriptive de chaque opération

Celle-ci détaille :

- le principe de l'opération ;
- les objectifs et les KPI par opération ;
- une justification du ou des canaux préconisés ;
- un descriptif des messages et des mécaniques proposées ;
- une ou plusieurs propositions de traduction créative (*concept board*) ;
- un planning de déploiement précisant les étapes de validation chez l'annonceur.

De la même manière que l'on a défini des objectifs et des indicateurs clés de performance pour chaque famille stratégique, il est essentiel de les définir pour chaque opération. Les différentes formes d'objectifs et d'indicateurs de performance par opération sont détaillées dans la partie consacrée à la sixième étape de la mise en place d'un programme de communication intégrée intitulée « Calcul du ROI » (v. section 6).

(1) Cross selling *: développer des ventes croisées entre deux produits. Inciter un client qui a acheté un produit à en acheter un autre.* Up selling *: faire monter en gamme le client.*

Pour que ces objectifs soient réalistes, on utilisera comme référence des opérations proches ou similaires réalisées par le passé, ou des résultats de tests sur des populations réduites. Dans tous les cas, on se méfiera des expériences personnelles et autres anecdotes.

3/ Cas pratique Bristish Airways : exemple du plan d'actions sur la famille stratégique des voyageurs d'affaires

a) Le schéma d'articulation des opérations

Le programme de communication intégrée proposé inclut trois grandes familles d'opérations (*one to many, one to few* et *one to one*), et une grande variété de canaux. Chacune de ces opérations est brièvement décrite dans le tableau ci-dessous.

Pour alléger cet exposé, on s'est limité à une présentation des activités sur une période de trois mois.

Schéma des opérations préconisées pour British Airways France

Figure 15

b) Le détail des opérations

Chaque opération figurant dans le programme doit s'accompagner d'un descriptif précisant le ou les canaux utilisés, la cible visée et le budget affecté à l'opération.

LA LISTE DESCRIPTIVE DES OPÉRATIONS

Opération n° 1

- *One to many*
- Publicité presse
- Campagne de publicité *B to C* dans la presse lue par les hommes d'affaires
- Budget de 200 K€

Opération n° 2

- *One to many*
- Publicité presse
- ...et son adaptation *B to B* dans la presse professionnelle lue par les agents de voyage
- Budget de 30 K€

Opération n° 3

- *One to many*
- Publicité radio
- Campagne radio locale dans chacune des villes desservies par la compagnie (Bordeaux, Nice, Lyon, etc.)

Remarque : le financement de cette opération, qui véhicule une offre prix, est affecté pour moitié seulement à la famille stratégique des voyageurs d'affaires, le solde étant affecté à la famille des passagers loisirs

- Budget de 100 K€

Opération n° 4

- *One to many*
- Affichage
- Campagne d'affichage aux abords des aéroports (Paris et province)
- Budget de 80 K€

Opération n° 5

- *One to many*
- Opération événementielle
- Signalétique événementielle sur le boulevard périphérique, aux abords de la Porte de la Chapelle à Paris (sortie vers l'autoroute A1 pour rejoindre l'aéroport Charles de Gaulle)

Remarque : idem n°3

- Budget de 100 K€

Opération n° 6

- *One to many*
- Opération événementielle
- *Double deck buses* et *Black Cabs* dans les quartiers d'affaires de Paris. Messages centrés sur la fréquence (le plus grand nombre de vols entre Paris et Londres), les trois aéroports de Londres (Gatwick, Heathrow, London City), et le prix

Remarque : idem n° 3 et 5

- Budget de 100 K€

Opération n° 7

- *One to many*
- Relation presse
- Opérations de relations presse centrées sur les avantages concurrentiels de la compagnie ainsi que sur les animations événementielles mises en place (dossiers de presse et conférences de presse)
- Budget de 50 K€

Opération n° 8

- *One to few*
- Salons
- Signalétique sur salon professionnel « Top Résa » qui rassemble les principaux acteurs du voyage en France (producteurs et distributeurs)
- Budget de 40 K€

Opération n° 9

- *One to few*
- Salons
- Animation destinée aux agents de voyage sur le salon « Top Résa »
- Budget de 20 K€

Opération n° 10

- *One to few*
- PLV/ Théâtralisation
- Affichettes point de vente dans les agences de voyage (messages centrés sur les avantages concurrentiels)
- Budget de 40 K€

Opération n° 11

- *One to one*
- *Mailing*
- *Mailing* promotionnel sur la base de données des membres de l'*Executive Club* (100 000 membres ciblés)

  Offre : cumulez jusqu'à 3 fois plus de *miles* en voyageant en classe affaires avant le 27/03/04
- Budget de 100 K€

Opération n° 12

- *One to one*
- *E-Mailing*
- *E-mailing* de relance sur l'offre promotionnelle (100 000 membres ciblés)
- Budget de 5 K€

Opération n° 13

- *One to one*
- Programme relationnel
- Rappel de l'offre promotionnelle dans la lettre d'information trimestrielle de *l'Executive Club*
- Budget de 80 K€

Opération n° 14

- *One to one*
- Programme relationnel
- *Mailing* à l'attention des agents de voyage membres du programme de stimulation des ventes

  Offre : faites voyager vos clients sur British Airways et cumulez deux fois plus de points. Ces points sont convertibles en chèques cadeaux
- Budget de 30 K€

Opération n° 15

- *One to one*
- *E-Mailing*
- *E-mailing* de relance de l'offre
- Budget de 5 K€

Opération n° 16

- *One to one*
- Programme relationnel
- Formulaire d'adhésion à l'*Executive Club* diffusé par les entreprises partenaires du programme (hôtels, loueurs de voitures, etc.)
- Budget de 20 K€

c) La traduction créative des différentes opérations

Opération n° 1

Campagne de publicité *B to C* dans la presse lue par les hommes d'affaires

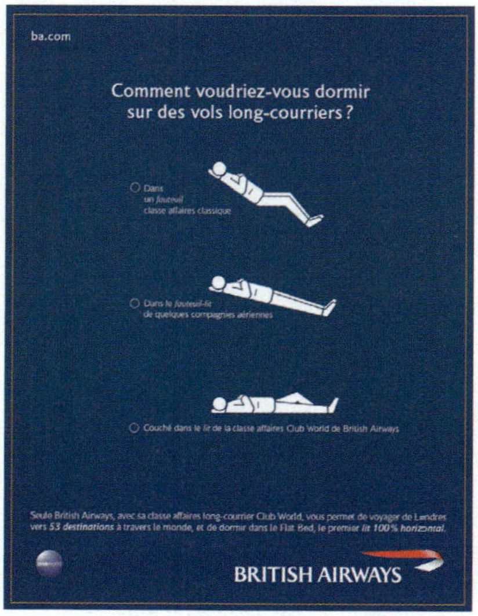

Opération n° 2

Adaptation *B to B* dans la presse lue par les agents de voyage

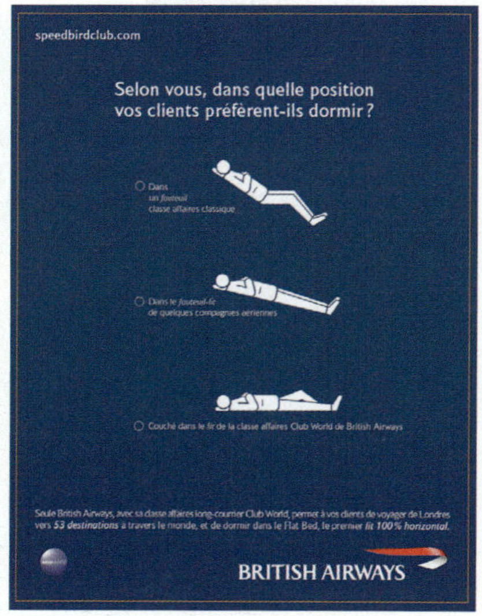

Opération n° 3

Campagne radio locale dans chacune ces villes desservies par la compagnie (Bordeaux, Nice, Lyon, etc.)

Dialogue

(Female VO)

Londres – vibrante, cosmopolite, étonnante...

(Male voice in background)

Taxi !

Et maintenant encore plus proche, avec notre tarif spécial et plus de vols par semaine.

L'aller-retour Montpellier/Londres Gatwick est à partir de 154 euros TTC seulement.

Et vous avez le choix entre six vols directs par semaine.

Une escapade à Londres, c'est simple comme sauter dans un bus !

Réservez auprès de British Airways au 0825 825 400 (0,15 euro TTC/mn), auprès de votre agence de voyages, sur le site Internet : britishairways.fr ou par Minitel : 3615 BA (0,34 euro TTC/mn).

Pour toute réservation avant le 30 avril. Offre soumise à conditions, et en fonction des disponibilités.

Opération n° 4

Campagne d'affichage aux abords des aéroports (Paris et province)

Opération n° 5

Signalétique événementielle sur le boulevard périphérique, aux abords de la Porte de la Chapelle à Paris (sortie vers l'autoroute A1 pour rejoindre l'aéroport Charles de Gaulle)

Opération n° 6

Double deck buses et *Black Cabs* dans les quartiers d'affaires de Paris. Messages centrés sur la fréquence (le plus grand nombre de vols entre Paris et Londres), les trois aéroports (« Londres, Londres ou Londres »), et le prix

Opération n° 7

Opérations de relations presse centrées sur les avantages concurrentiels de la compagnie ainsi que sur les animations événementielles mises en place (dossiers de presse et conférences de presse)

Media Coverage

Opération n° 8

Signalétique sur salon professionnel « Top Résa » qui rassemble les principaux acteurs du voyage en France (producteurs et distributeurs)

Opération n° 9

Animation destinée aux agents de voyage sur le salon « Top Résa »

Pour des raisons de droit à l'image, il n'a pas été possible de reproduire les photos du personnel de British Airways déguisé en personnages typiquement british.

Opération n° 10

Affichettes point de vente dans les agences de voyage (messages centrés sur les avantages concurrentiels)

Remarques : les actions *one to many* ne se limitent pas à la publicité traditionnelle. Le principe de neutralité médias qui constitue un des piliers de la communication intégrée a donc été respecté. Toutefois, les médias traditionnels (presse, radio et affichage) demeurent fortement sollicités pour recruter de nouveaux clients.

La « créativité canaux » a fait l'objet d'un travail aussi approfondi que la « créativité message » afin d'accroître l'impact des investissements. Par exemple, une animation qui consiste, pour le personnel de British Airways, à se déguiser en personnages typiquement *british* (un *bobby*, un *horse guard*, un garde de la Tour de Londres, etc.) a été préférée à un stand coûteux et a permis de renforcer d'une manière originale la présence de la compagnie sur le salon.

Les canaux privilégiés utilisés pour le programme de fidélité et le programme de stimulation des agents de voyages ont été exploités au maximum de leur capacité, avec une forte répétition (jusqu'à trois messages successifs) et une approche multicanale (courrier et *e-mail*). L'ensemble de ces actions communique sur des opportunités pour les clients et prospects (prix, fréquence, etc.) plutôt que sur la marque. Toutefois, certaines d'entre elles sont conçues aussi bien à destination des hommes d'affaires que des passagers loisirs. Leur coût est donc ventilé en conséquence sur les deux familles stratégiques. Les entreprises partenaires de la compagnie sont mises à contribution dans le cadre du recrutement de nouveaux clients. Les actions proposées sont aussi bien offensives que défensives. La stratégie d'évolution de la distribution (v. étape n° 4) est portée par l'ensemble des actions (mise en avant du site www.ba.com).

Section 5
Étape n° 5 : les tests de cohérence

Principe

On vérifie que tout a été mis en œuvre pour maximiser l'efficacité du programme proposé et en assurer la cohérence. L'efficacité doit être comprise en termes d'optimisation des ressources disponibles mais aussi de flexibilité.

L'étape n° 5 dans la séquence de la communication intégrée

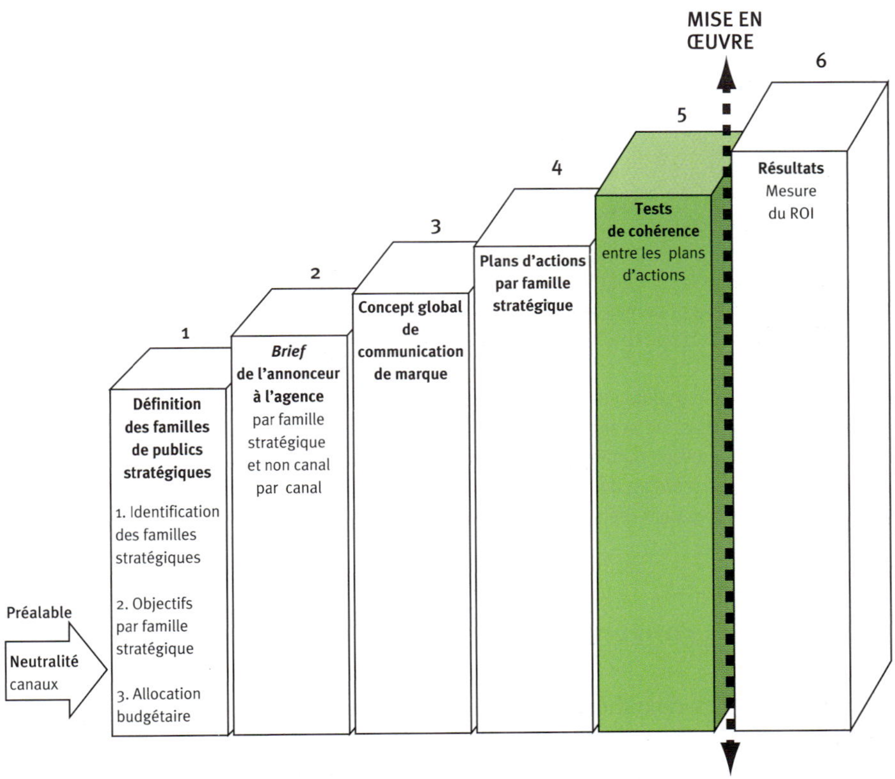

Figure 16

1/ Le test de couverture des cibles par les plans d'actions proposés

La première phase de cette étape consiste à s'assurer de la bonne couverture de l'ensemble des cibles par les différents plans d'actions construits pour la communication de marque et chacune des familles stratégiques.

Il faut se poser les questions suivantes :

– la communication de marque couvre-t-elle de manière satisfaisante l'ensemble des parties prenantes ?

– les plans d'actions par famille stratégique couvrent-ils de manière satisfaisante les publics de la famille ?
– les parties prenantes exposées à plusieurs plans d'actions ne risquent-elles pas d'être soumises à des messages contradictoires ou trop répétitifs ?

Figure 17

Publics non exposés, exposés, multi-exposés

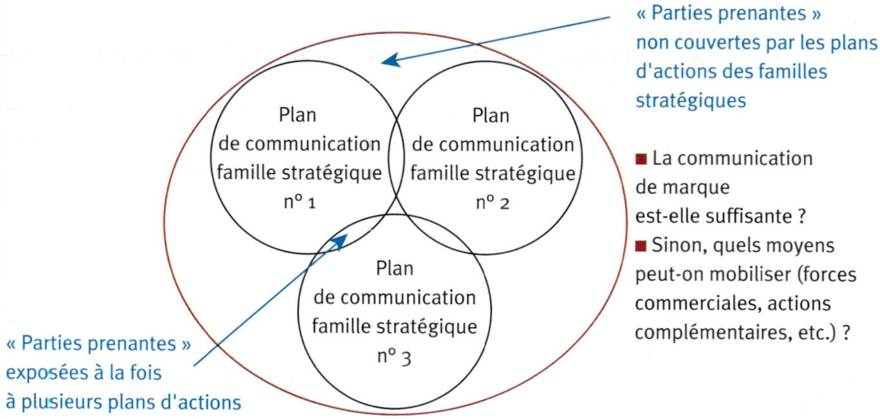

■ Les messages sont-ils compatibles ?
Ex. : je voyage à la fois pour mes affaires et pour mes vacances, les offres qui me sont proposées sont-elles cohérentes ?

■ La pression sur cette population n'est elle pas exagérée ?
Ex. : j'ai été sollicité par une association caritative
- ❑ en tant qu'ancien donateur (famille stratégique n°1)
- ❑ en tant que membre de ma paroisse (famille stratégique n°2)
- ❑ en tant que parent d'élève scolarisé dans un établissement privé (famille stratégique n°3)

2/ Les tests de cohérence des messages vers les consommateurs

Plusieurs niveaux de cohérence doivent être vérifiés :
– la cohérence de chaque message avec la stratégie globale de l'entreprise ;
– la cohérence dans le temps : on s'assure que chacun des messages proposés au sein des différents plans d'actions est cohérent avec ceux auxquels la même population a été exposée par le passé et est susceptible de l'être à l'avenir ;
– la cohérence graphique.

3/ Les tests de cohérence des messages vers les distributeurs

On s'assurera que les objectifs stratégiques de l'entreprise sont bien relayés auprès de chaque acteur de la chaîne de distribution, tout au moins auprès de ceux qui sont jugés prioritaires.

Identifier les différents maillons de la distribution

Implication de chaque maillon de la chaîne de distribution dans l'atteinte des objectifs stratégiques

Figure 18

On vérifiera par exemple :

- que les forces commerciales ont intérêt à pousser les produits sur lesquels l'entreprise communique ;
- que les grossistes et les détaillants sont informés des campagnes prévues suffisamment à l'avance pour pouvoir constituer les stocks appropriés et qu'ils sont d'accord pour relayer les offres auprès de leurs clients.

Exemple

☞ Le lancement de produits informatiques sur le marché des petites et moyennes entreprises nécessite la mise en œuvre d'actions parfaitement étudiées pour chacun des maillons de la chaîne de valeur. Les commerciaux des constructeurs se voient confiés, individuellement, des budgets de comarketing eux-mêmes financés par les fabricants de microprocesseurs. On propose aux grossistes des *incentives* (programmes de stimulations) sur ces mêmes produits. On met à la disposition des détaillants des outils de promotion sur le lieu de vente, des services d'assistance et des opérations de marketing direct sous forme de « kits prêts à l'emploi » pour relayer les offres auprès de leurs fichiers. Les PME, quant à elles, sont exposées à de puissantes campagnes de publicité sous la forme d'encarts insérés dans la presse, soutenus par des opérations de télémarketing et de *mailings*.

4/ Le test de capacité de résistance et de riposte à la concurrence

Voici quelques exemples de questions à se poser :

- les plans d'actions proposés me permettent-ils de préserver mes parts de marché face à la concurrence et offrent-ils suffisamment de flexibilité en cas d'événement imprévu (lancement d'un produit ou soudaine baisse des prix d'un concurrent, etc.) ?
- chacun de mes segments de clientèle est-il correctement couvert par mes plans d'actions par famille stratégique ?
- en cas de baisse des prix d'un concurrent, puis-je rapidement réagir ou mes listes de prix sont-elles imprimées pour un an ?
- ai-je prévu une réserve budgétaire et un plan d'action pour contrer une offensive menée contre l'un de mes produits ?
- en cas d'abandon d'un marché ou de disparition d'un concurrent, suis-je suffisamment préparé pour en tirer profit ?

Exemple

☞ Au cours de l'année 2002, les difficultés des compagnies aériennes étaient si importantes que plusieurs d'entre elles avaient prévu des « plans d'actions packagés » pour réagir très rapidement dès lors qu'un concurrent fermait une ligne ou faisait faillite ! Ces plans d'actions reposaient notamment sur une mise en œuvre très rapide des programmes d'*incentive* des agents de voyage et des *Frequent Flyers Programmes*.

Section 6
Étape n° 6 : la mesure des performances par le retour sur investissement

Principe

La communication étant un investissement, la seule mesure réelle de son efficacité est le retour sur investissement.

L'étape n° 6 dans la séquence de la communication intégrée

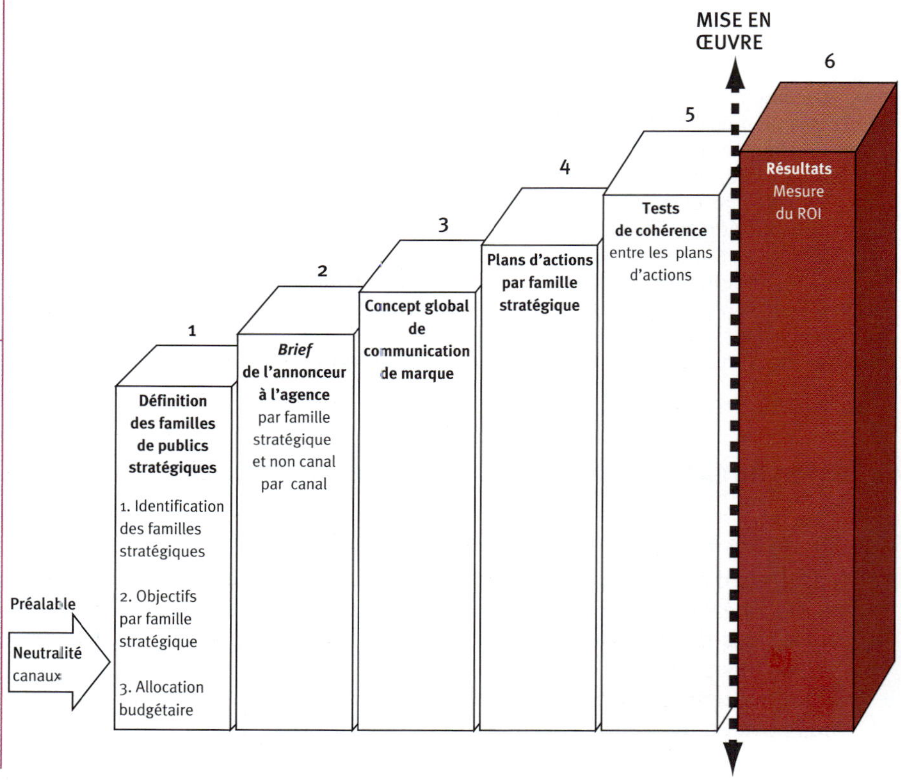

Figure 19

1/ Que faut-il mesurer ?

Chaque programme de communication intégrée, pour chaque famille stratégique, doit faire l'objet d'une étude de retour sur investissement. Dans le cadre de la démarche médias/hors médias traditionnelle, cette pratique a été très majoritairement ignorée du fait d'un manque de moyens pour évaluer le ROI mais aussi par crainte de découvrir des résultats peu valorisants pour les instigateurs des opérations, tant dans l'agence que chez l'annonceur.

Et pourtant...il va bien falloir s'y habituer car, dans la pratique, il est en général plus facile qu'on ne le dit de mesurer l'effet des actions de communication sur les ventes...dès lors que l'on fait preuve de méthode et de patience en faisant systématiquement ces mesures et en construisant des historiques.

Comme le montre le tableau suivant, la mesure du retour sur investissement intègre deux dimensions :

– la contribution à la construction du capital marque ;
– la contribution aux ventes.

C'est ainsi qu'elle englobe le court terme et le long terme.

MÉTHODES DE MESURE SELON LES OBJECTIFS DE COMMUNICATION

La contribution à la construction du capital marque	La contribution aux ventes	
■ Évolution de la notoriété de la marque (essentiellement la notoriété spontanée, la notoriété assistée est plus gratifiante ! mais beaucoup moins significative de la puissance de la marque) ■ Post-tests des campagnes de publicité (communication de marque) ■ Évolution de l'image (bilans d'image par familles stratégiques) et suivi des *items* de marque les plus importants (panels); comparaison de l'évolution de l'image avec celle des principaux concurrents ■ Évolution du différentiel de prix de vente entre la marque et ses concurrents, expliqué par la puissance des marques (c'est-à-dire à produits et services égaux) ■ Évolution de la valeur financière de la marque (si on sait la mesurer, ce qui est peu fréquent)	Au niveau de chacune des opérations constitutives du programme : ■ On compare les résultats observés avec les *objectifs* formulés pour chaque opération lors de la quatrième étape ■ On utilise les *indicateurs clés de performance* pour analyser les causes de succès ou d'échec de l'opération	Au niveau du programme de communication intégrée construit pour chaque famille stratégique : ■ On compare les résultats observés avec les *objectifs* formulés pour chaque famille stratégique lors de la deuxième étape ■ On utilise les *indicateurs clés de performance* pour analyser les causes de succès ou d'échec du programme

Figure 20

2/ COMMENT ÉVALUER LES RÉSULTATS DE CHAQUE OPÉRATION OU GROUPE D'OPÉRATIONS ?

L'évaluation des résultats de chaque opération ou groupe d'opérations repose sur trois grandes familles de techniques, qui peuvent être utilisées indépendamment les unes des autres ou mieux encore, de manière concomitante :

– le *tracking* individuel des ventes (v. partie 2, chapitre 6) ;

– l'analyse des courbes de réponse (v. partie 2, chap. 6) ;
– la mise en place de zones ou d'échantillons témoins, non exposés aux actions de communication.

a) Le *tracking* individuel des ventes

Cette approche doit être mise en œuvre à chaque fois que cela est possible car elle est d'une assez grande fiabilité et permet d'*isoler* les performances de chacune des actions de communication du programme. Voici, pour certaines des disciplines représentées au sein d'un programme de communication intégrée, les techniques de *tracking* individuel les plus couramment utilisées :

– les *mailings* (adressés ou non) : pour les achats à distance, on utilise un numéro de téléphone dédié ou un code promotion ; pour les points de vente physiques, on mesure la remontée des coupons envoyés ou distribués en boîtes aux lettres ;
– *l'e-mailing* : on mesure le taux de clics puis, une fois l'internaute sur le site de l'annonceur, le taux de conversion ;
– les *promotions points de vente* : dans le cas d'offres de remboursement différées, la saisie des demandes de remboursement permet d'évaluer très précisément le nombre de retours. En cas de réductions en caisse, la comptabilisation des retours est assurée par les points de vente.

b) L'analyse des courbes de réponse

Dans de nombreuses situations, le *tracking* individuel des ventes n'est pas réalisable. Le plus souvent, cette impossibilité est due au fait que le client ciblé par la communication n'est pas incité à *s'identifier* pour bénéficier de conditions ou d'offres avantageuses. Il est donc impossible de lier son acte d'achat à l'action de communication. Parfois, l'absence de *tracking* est imputable aux réseaux de distribution qui ne disposent pas des moyens pour assurer la remontée des informations.

On utilise alors le principe des courbes de réponse corrigées des facteurs exogènes aux actions de communication. Toutefois, il est important de préciser que l'utilisation de la seule méthode des courbes de réponse ne permet généralement pas d'isoler la performance de chacune des actions du programme. On la complétera donc, dès que possible, par les techniques de *tracking* individuel.

c) La mise en place de zones ou d'échantillons témoins

Cette pratique consiste tout simplement à ne pas exposer aux actions de communication une zone géographique ou un échantillon de clients ou prospects. À l'issue de l'opération, on mesure la différence de chiffre d'affaires généré entre la population exposée et la population non exposée. Les entreprises à fort niveau de maturité en matière d'évaluation de ROI utilisent habituellement cette technique en complément du *tracking* individuel ou de l'analyse des courbes de réponse.

3/ Quand faut-il mesurer les performances et comment utiliser les résultats ?

Dans le cadre d'un programme de communication intégrée, la mesure des performances est une démarche permanente et systématique. Elle a pour vocation de rendre possible quatre niveaux d'optimisation :

- l'optimisation de l'affectation des ressources entre la communication sur la marque et la communication opérationnelle (tous les deux ans) ;
- l'optimisation de l'affectation des ressources au sein de la communication opérationnelle entre les différentes familles stratégiques (tous les ans) ;
- l'optimisation du *mix* canal/message au sein de chaque famille stratégique (tous les semestres) ;
- l'optimisation de chaque opération (à chaque opération et suite aux tests réalisés sur des échantillons de populations).

Cette démarche, qui s'accompagne parfois de la création de véritables « laboratoires d'opérations » est une composante culturelle des entreprises qui mettent en œuvre les programmes de communication intégrée. Elle est à rapprocher des démarches « Qualité » qui systématisent les processus de contrôle et de mesure.

L'évaluation du retour sur investissement, si elle est conduite par l'annonceur, doit faire l'objet d'un partage d'information avec l'agence afin de lui donner les moyens d'améliorer en permanence par des solutions toujours plus créatives et économiques, l'efficacité des campagnes qu'elle propose.

4/ Cas pratique : British Airways

On détaille ici l'analyse du retour sur investissement du programme de communication intégrée à destination de la famille stratégique des voyageurs d'affaires en terme de *contribution aux ventes*. Comme précisé dans le tableau ci-dessus, cette analyse est d'abord réalisée au niveau de chaque opération mise en œuvre puis, au niveau du plan d'actions, dans sa globalité.

a) L'analyse du retour sur investissement de chacune des opérations constitutives du programme

À titre d'exemple, on analyse ici le retour sur investissement des deux opérations intitulées « *Mailing* et *e-mailing* sur les membres de l'*Executive Club* ».

1° La comparaison des performances observées avec les objectifs formulés pour ces opérations

Trois objectifs avaient été associés à ces actions :

- l'objectif de chiffres d'affaires incrémental : 1 000 000 euros [(1)] ;
- l'objectif de *cost of sale* : 20 % maximum du chiffre d'affaires incrémental ;
- l'objectif taux de marge nette : 37 % [(2)] minimum du chiffre d'affaires incrémental.

Le tableau suivant présente les trois hypothèses de chiffre d'affaires incrémental que l'on a considérées et leur impact sur les objectifs, ainsi que le *réalisé* :

(1) On a pris l'hypothèse d'un prix moyen du billet de 400 euros en classe affaires moyen courrier (2/3 des ventes en volume) et de 1 500 euros en classe affaires long courrier (1/3 des ventes en volume). Le prix moyen du billet s'établit donc à 600 euros. Pour générer un chiffre d'affaires incrémental de 1 000 000 euros, il faut donc vendre 1 666 billets (qui n'auraient pas été vendus sans cette offre promotionnelle) sachant que cette campagne est adressée à 100 000 membres de l'Executive Club.

(2) Le taux de marge nette minimum exigé peut sembler important mais il faut garder à l'esprit que seuls les coûts marginaux de transport des passagers supplémentaires sont pris en compte dans le calcul de la marge nette, à l'exclusion des coûts fixes de la compagnie (v. simulation financière ci-dessous).

Synthèse financière : hypothèses et résultats

Figure 21

	Hypothèse 1	Hypothèse 2	Hypothèse 3	Réalisé
Chiffre d'affaires incrémental(1)	800 000	1 000 000	1 200 000	1 150 000
dont ventes directes (x%)	160 000	200 000	240 000	230 000
dont ventes indirectes (y%)	640 000	800 000	960 000	920 000
Cost of sale				
Coûts des ventes directes (2)	6 400	8 000	9 600	9 200
Coûts des ventes indirectes (3)	70 400	88 000	105 600	101 200
Coûts marketing (4)	105 000	105 000	105 000	105 000
Coûts de l'offre (*miles*) (5)	16 000	20 000	24 000	23 000
Total *Cost of sale* sur ventes incrémentales	197 800	221 000	244 200	238 400
Marge sur *Cost of sale*	602 200	779 000	955 800	911 600
Coût de transport marginal des passagers (6)	320 000	400 000	480 000	460 000
Contribution à la marge nette	282 200	379 000	475 800	451 600
Taux marge nette / CA incrémental	35%	37.9%	40%	39%

Légende :

(1) Le chiffre d'affaires incrémental est évalué en comparant les ventes réalisées auprès de la population destinataire de l'offre avec les ventes générées par une population non exposée, toutes choses égales par ailleurs.

(2) Les coûts des ventes directes incluent le coût des centres d'appel et les coûts liés au paiement par les clients (commissions, cartes de crédit, etc.) ; ils représentent en moyenne 4% du chiffre d'affaires.

(3) Les coûts des ventes indirectes intègrent, en plus du coût des ventes directes, les commissions versées aux agences de voyage ; ils représentent en moyenne 11% du chiffre d'affaires.

(4) Les coûts de marketing correspondent au budget du mailing promotionnel et sa relance, sous forme d'e-mailing.

(5) Le coût d'offre en miles *est directement lié au chiffre d'affaires incrémental ; il correspond à la valeur des bonus de* miles *accordés aux passagers.*

*(6) Le coût marginal de transport du passager correspond aux coûts générés par la présence d'un passager supplémentaire à bord de l'appareil (*catering, *carburant, personnel, assurance, etc.).*

On observe que l'hypothèse 1 (chiffre d'affaires incrémental de 800 000 euros) ne permet d'atteindre ni le taux de *cost of sale* souhaité, ni le taux de marge nette souhaité. Seules, les hypothèses 2 et 3 sont en ligne avec les objectifs.

Les performances réalisées sont satisfaisantes, nettement supérieures à l'hypothèse moyenne.

2° L'utilisation des *indicateurs clés de performance* (KPI) pour affiner l'analyse des causes de succès ou d'échec d'une opération

KPI	Objet de l'évaluation	Objectif	Résultat
N°1	Nombre d'inscrits à la promotion*	50 % des destinataires du message	Nombre d'inscrits égal à 62 %
N°2	Taux d'ouverture de l'*e-mail*	85 % des destinataires du message	Taux d'ouverture de 90 %

Légende : (*) pour éviter que certains passagers ne profitent du bonus de miles *sans même en avoir connaissance, (ce qui revient à dire qu'ils auraient voyagé de toute façon et que la promotion n'a donc eu aucun effet sur leur comportement), on conditionne le bonus de* miles *à une démarche d'inscription volontaire sur le site Internet de British Airways.*

Pour cette opération de *mailing* suivie d'un *e-mailing*, seuls deux indicateurs de performance ont été retenus. On aurait pu opter pour d'autres indicateurs tels que le *taux de mémorisation* des messages, ce qui aurait nécessité une enquête téléphonique quelques jours après leur expédition. On aurait ainsi pu juger de l'impact de la création développée. Pour des raisons budgétaires, et compte tenu du savoir-faire de la compagnie et de son agence Publicis Dialog sur ce type d'opérations, cette option n'a pas été jugée indispensable.

Les résultats des indicateurs clés de performance permettent d'évaluer la création comme étant de bonne qualité et le message comme bien compris par les *Frequent Flyers*.

b) L'analyse du retour sur investissement du programme construit pour les voyageurs d'affaires dans sa globalité

1° La comparaison des performances observées avec les objectifs formulés pour la famille stratégique des voyageurs d'affaires lors de la deuxième étape

Rappel des objectifs		Réalisé
Objectif de revenu pour la famille stratégique des voyageurs d'affaires	165 M€	162 M€
Objectif de *cost of sale* maximum	20 %	22 %

L'objectif de revenu a été manqué de justesse (-2 %). Avant même de procéder à une analyse plus fine à l'aide des indicateurs clés de performance formulés pour cette famille stratégique, il est intéressant de souligner les facteurs exogènes à la compagnie qui ont pu influencer ces résultats :

– une concurrence très agressive pendant la période (en particulier de la part d'Eurostar et de sa campagne de communication « Londres en 2 h 35 ») ;
– un contexte économique encore incertain. La reprise économique attendue n'a pas eu lieu et le marché du voyage d'affaires est très fortement corrélé aux indicateurs macroéconomiques.

Quant à l'objectif de *cost of sale*, il a été manqué de deux points, malgré une bonne performance des opérations de communication directe sur l'*Executive Club*, comme on l'a évoqué au paragraphe précédent. Cette situation s'explique par l'importance des investissements réalisés en communication médias et événementielle, qui ont largement contribué à faire augmenter les dépenses et dont on peut imaginer que les effets s'étalent dans le temps, alors que les retours d'une campagne de marketing direct sur l'*Executive Club* sont presque immédiats, du fait de l'existence d'une date limite pour profiter de la promotion.

2° L'utilisation des indicateurs clés de performance pour affiner l'analyse des causes de succès ou d'échec du programme

Analyse des résultats en fonction des objectifs

KPI	Objet de l'évaluation	Objectif	Résultat
N°1	Notoriété spontanée	Être cité en deuxième position, par les hommes d'affaires, après la compagnie nationale	Dans toutes les villes dans lesquelles la campagne a été déployée, British Airways est citée en 2e position après la compagnie nationale par la majorité des interviewés
N°2	Part de marché sur la clientèle affaires	Paris/Londres : x % Lyon/Londres : y % Nice/Londres : z % Etc.	L'ensemble des objectifs de part de marché a été atteint sauf à Paris
N°3	Taux de remplissage	Supérieur à 75 % en classe affaire (Club Europe)	L'objectif de taux de remplissage a été manqué à Paris mais atteint en province
N°4	Vente directe	Vendre au moins 20 % des billets en direct, dont la moitié sur le site ba.com et la moitié par le *call center*	L'objectif de vente directe a été atteint et même dépassé en ce qui concerne le site ba.com; ce phénomène traduit la régulière croissance d'Internet comme canal de distribution
N°5	Fréquence d'achat	Maintenir la fréquence moyenne de voyage des membres de l'*Executive Club*	La fréquence d'achat est restée stable, une étude plus fine de son évolution sur chacun des segments de clientèle affaires (membres *Blue*, *Silver* et *Gold*) a été réalisée
N°6	Recrutement de membres *Executive Club*	Recruter 5 000 nouveaux membres actifs dans l'*Executive Club* dont 50 % à Paris et 50 % en province	Les objectifs de recrutement de membres actifs dans l'*Executive Club* ont été atteints en province mais manqués à Paris

Figure 22

L'analyse des indicateurs clés de performance permet donc de souligner les bons résultats de la province et le bon niveau d'activité des membres de l'*Executive Club* en général. En revanche, elle fait état de la difficulté pour la compagnie de recruter de nouveaux voyageurs d'affaires en région parisienne, malgré un dispositif de communication *one to many* qui a répondu à ses objectifs de visibilité (v. KPI n°1).

Cette observation conduit à se poser les questions suivantes :

– les ressources consacrées au recrutement des voyageurs d'affaires en région parisienne ont-elles été suffisantes ?
– les techniques de recrutement de clientèle sont-elles efficaces ?
– le *mix* prix/produit est il suffisamment compétitif ?

c) Conclusion

Une analyse détaillée des retours de chaque opération et du programme de communication intégrée a permis à la direction marketing de l'entreprise de mieux comprendre l'environnement concurrentiel, le comportement d'achat des clients, ainsi que d'identifier plus précisément certaines opportunités et menaces sur le marché français.

Ces conclusions ont notamment contribué à la mise en place d'une nouvelle politique tarifaire construite sur des prix encore plus compétitifs (notamment en classe affaires sur la ligne Paris/Londres) et davantage de flexibilité pour les passagers (de nombreuses contraintes liées à la durée de séjour et à la nuit du samedi au dimanche sur place ont été supprimées).

Au plan de la stratégie générale de communication, cette campagne a conforté la direction marketing de l'entreprise dans la vision qui consiste à affecter la plus grande part des ressources à la communication sur les opportunités, plutôt qu'à la communication sur la marque.

Il apparaît en effet que, sur le marché français, l'ensemble des actions déployées, bien que porteuses d'un message commercial (sur le prix ou la fréquence, par exemple), contribue fortement au développement de la marque tout en ayant un impact direct sur les ventes.

De nouvelles formations pour acquérir des compétences multidisciplinaires en communication

Depuis plusieurs années, de nombreuses universités américaines proposent des cours de communication marketing intégrée dans le cadre de leurs MBA ou des programmes pour dirigeants. Des formations qui mettent beaucoup de temps à traverser l'Atlantique !

Source : www.northwestern.edu.

Advertising and integrated communications
The objectives of this course are to help students to better understand the planning, implementation and evaluation of a marketing communications strategy. Key learning includes how to be creative and secure required results, how to react to marketing crises, how to decide if your communications are working and how to write a complete communications plan. Students put their learning to work during the semester by developing a communications plan for a company. This course is particularly relevant for students with careers in communications, including advertising and direct marketing; product, service and brand management; and media and entertainment.

Source : www.columbia.edu.

Chapitre 3
Changer les hommes, les organisations et les relations agences/annonceurs

Si la communication intégrée a du mal à s'imposer rapidement dans les entreprises et les agences, c'est parce qu'elle conduit à remettre en cause ce qu'il y a de plus difficile à changer : les hommes et les organisations.

Dans la première section, on analyse les évolutions souhaitables et probables, tant du côté des annonceurs que de celui des agences et des groupes de communication. On voit que le modèle actuel d'organisation des groupes de communication est à l'aube de changements radicaux qui conditionnent, à terme, leur survie.

Dans la seconde section, on étudie l'impact du développement de la communication multicanale intégrée sur les relations entre les annonceurs et les agences. Le problème de la mesure économique des performances et de ses conséquences sur la rémunération des agences est au centre du débat.

Plan du chapitre

Philippe Gaumont, président de FCB France, a une jolie formule[2] :

> « La communication intégrée est comme la Sainte-Vierge. On la prie beaucoup mais on la voit peu ».

Pourquoi est-elle encore si rare alors qu'elle suscite facilement de l'intérêt aussi bien chez les annonceurs qu'auprès des patrons des groupes de communication ? Ce n'est souvent qu'une adhésion intellectuelle. Il y a donc de réels obstacles à une pratique élargie de la communication intégrée. Certains sont communs aux annonceurs et aux agences, d'autres sont spécifiques à chaque partie.

(1) *CMI : communication multicanale intégrée.*

(2) CBNews, *n° 785, avril 2004,* op.cit.

Figure 1

Les obstacles au développement de la CMI

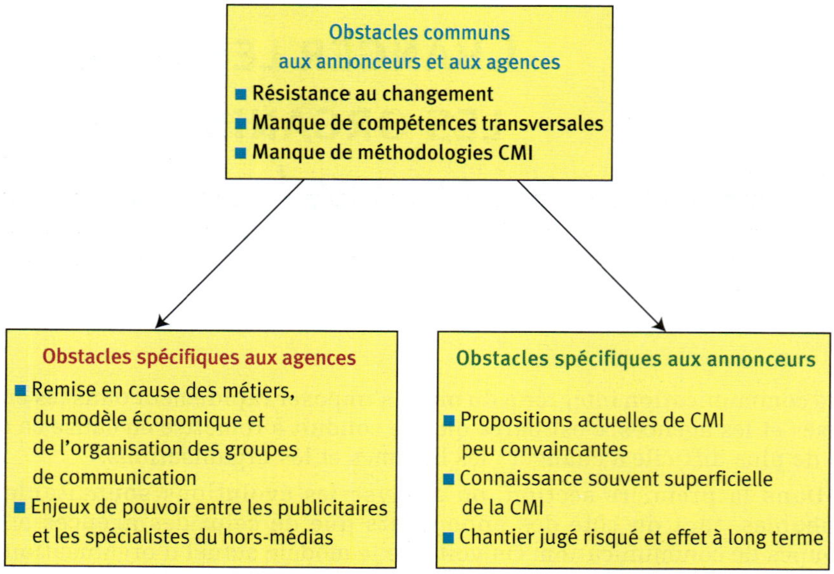

Entre tous ces freins, deux paraissent majeurs :

– la résistance au changement, surtout côté groupes de communication, car la CMI nécessite, comme le dit Christian Liabastre :

> « Une révolution au niveau des structures des groupes de communication [(1)] ».

Déjà, en 1994, Shultz écrivait [(2)] :

> « L'obstacle le plus important au développement de la communication intégrée tient tout simplement à la résistance au changement au sein des organisations » ;

– le manque de compétences transversales :

> « L'obstacle le plus important à plus d'intégration, affirme T.A Shimp [(3)], tient à ce que très peu de prestataires de communication marketing ont des savoirs et des compétences assez étendus pour concevoir et mettre en œuvre des stratégies et des programmes de communication utilisant tout le registre offert par tous les moyens de communication. »

Ces citations appellent deux remarques. D'une part, on peut étendre l'analyse de Shimp aux annonceurs, l'absence de compétences transversales y est aussi criante. D'autre part, on peut penser que ces deux obstacles (résistance au changement et problème de compétences) sont liés. De meilleures compétences diminueront la résistance au changement.

(1) *V.* op. cit.

(2) *Don E. Shultz, Stanley I. Tannenbaum, Robert F. Lauterborn,* The new marketing paradigm. Integrated marketing communications, *NTC Business Books, 1994.*

(3) *T.A Shimp,* Advertising Promotion : « Supplemental aspect of Integrated Marketing Communications », *p. 23, 5th ed. Orlando, Dryden Press, 2000.*

Section 1
LE DÉVELOPPEMENT DE LA CMI EST LIÉ À DES PROBLÈMES D'HOMMES ET D'ORGANISATIONS

Si la communication intégrée a beaucoup de peine à entrer réellement dans les pratiques, c'est parce qu'elle oblige à changer ce qu'il y a de plus difficile à faire évoluer : les hommes et les organisations. Le problème se pose aussi bien chez les annonceurs que dans les agences mais pas dans les mêmes termes ni avec les mêmes solutions.

1/ DU CÔTÉ DES ANNONCEURS

Les freins sont multiples. Ils tiennent d'abord à ce que de très nombreux annonceurs ne sont pas encore convaincus de l'intérêt réel de l'intégration. Ils ont leur origine chez certains cadres qui craignent pour leur pouvoir, notamment parce qu'ils sont conscients de leur manque de compétences transversales, indispensables pour concevoir et maîtriser des architectures de communication construites sur des canaux multiples.

a) Les obstacles au développement de la communication multicanale intégrée chez les annonceurs

1° Il reste à convaincre les annonceurs des « bienfaits » de la communication multicanale intégrée

Ils le seront s'ils voient, dans leur secteur, des exemples de concurrents ayant mis en œuvre des programmes de communication intégrée prouvant clairement que le retour sur investissement est supérieur. Mais qui commencera le premier ? Certes, des exemples existent déjà, mais sont-ils assez connus, sont-ils assez démonstratifs ?

Ils seront convaincus si leur agence fait la pédagogie de la CMI, si elle leur propose une méthodologie claire et simple dont l'objectif majeur est d'accroître l'efficacité des budgets de communication des annonceurs. Ils ne le seront pas s'ils perçoivent la communication intégrée comme un moyen trouvé par les agences pour intégrer, chez elles et à leur profit, le maximum de budgets de l'annonceur : le budget de marketing direct, de promotion, de relations publiques, etc., en plus du budget de publicité-médias.

2° Les enjeux de pouvoir au sein des groupes

La demande de mise en œuvre de programmes de communication intégrée est forte au sein des directions générales, mais elle se heurte souvent aux réticences des échelons hiérarchiques inférieurs et intermédiaires qui y voient une atteinte à leur autonomie.

3° Le manque de compétences transversales

Rares sont les individus qui, au sein des annonceurs, comme des agences (ainsi qu'on l'évoquera dans les pages suivantes), peuvent prétendre à la maîtrise des compétences essentielles au pilotage d'un programme de communication intégrée. Cette pénurie est due à la relative jeunesse des métiers des « marketing services », au cloisonnement qui a longtemps été d'usage entre les disciplines nobles (la publicité essentiellement) et les disciplines perçues comme secondaires (les métiers du hors-médias) et à l'absence (en France) de formations réellement multidisciplinaires et intégratrices.

b) Qui peut être en charge de la communication multicanale intégrée chez l'annonceur ?

1° Des « dircom » aux directeurs du *Business Development*

On a vu plus haut que la fonction de coordination des directeurs de communication pouvait difficilement s'étendre à la communication marketing.

Les directeurs du *Business Development* qui cumulent bien souvent les fonctions commerciales et marketing, sont les principaux donneurs d'ordre des programmes de communication intégrée. Ils ne laissent généralement aux « dircoms » que le territoire de la communication corporate.

Il va sans dire que leur « double casquette » fait d'eux les mieux placés pour piloter un programme de communication parfaitement calibré sur la politique commerciale et sur la marque.

2° Des chefs de produits aux chefs de marchés

Portés aux nues par la montée du marketing dans les années soixante et soixante-dix, les chefs de produits (en charge d'un ou plusieurs produits) ont vu la dimension de leur fonction remise en cause par l'apparition des chefs de marchés.

En charge d'un segment de clientèle ou mieux d'une famille stratégique, ces derniers occupent une position qui leur permet de développer, sur leur marché, un programme de communication intégrée. Une bonne connaissance de leur cible leur permet d'identifier les meilleures opportunités de recrutement de clientèle, de *cross-selling* ou de *up-selling*.

Il est donc logique que les directeurs du *Business Development*, comme les chefs de marché, soient les bons profils pour constituer l'équipe de pilotage d'un programme de communication intégrée.

c) De nouvelles attentes envers les agences de communication

Le schéma suivant retrace l'évolution récente du contexte métier et des attentes des annonceurs envers les agences de communication. Cette évolution est marquée par deux remises en cause successives :

- la première, en 1992-1993, est liée aux difficultés économiques qui ont suivi la guerre du Golfe mais aussi, au vote de la loi Sapin (nouvelles contraintes de transparence sur l'achat d'espace qui ont provoqué une diminution des revenus des agences en interdisant les marges arrières reversées par les supports) ;
- la seconde, en 2001, est liée à l'éclatement de la « bulle Internet », aggravé par les conséquences économiques de septembre 2001.

Avant	1992/1993 1re remise en cause	Septembre 2001 2e remise en cause

1° Le contexte

■ La publicité et les disciplines du hors-médias, sont encore des métiers jeunes que les annonceurs connaissent peu ➩ *La compétence est donc d'abord « horizontale » : les experts sont centrés sur des disciplines plutôt que sur des secteurs d'activités*	■ Les services achats font leur apparition dans les processus de décision et internalisent les fonctions de production, qu'ils ont appris à maîtriser en recrutant du personnel dans les agences de communication ■ Les budgets consacrés au hors- médias augmentent ➩ *La compétence devient « verticale » : les experts sont centrés sur des secteurs d'activités plutôt que sur des disciplines*	■ Les services achats progressent en maturité et adoptent une démarche plus sélective dans l'internalisation des fonctions de production ■ Les directions marketing s'intègrent aux directions commerciales ou aux *Business Units* organisées par marché ■ Les budgets stagnent et les exigences de ROI se font plus pressantes

2° Les donneurs d'ordre

■ Décision souvent unilatérale du directeur de la communication ou du directeur marketing	■ La direction des achats est associée aux décisions	■ Décision collégiale, validée par les directions commerciales, marketing, financières et des achats

3° Les attentes des annonceurs en matière de conseil

■ Les annonceurs achètent la valeur ajoutée des agences qui est essentiellement « créative »	■ Les annonceurs attendent des agences qu'elles connaissent leur secteur d'activités ou des secteurs « en avance » sur le leur	■ Les annonceurs demandent aux agences un vrai conseil stratégique et de s'engager sur des résultats

4° Les attentes des annonceurs en matière de production

■ Les annonceurs achètent l'expertise des agences en gestion de sous-traitance	■ Les annonceurs renégocient les marges prélevées sur la production et internalisent dès qu'ils le peuvent	■ Les annonceurs confient la production aux agences à condition que leur soient garantis une qualité et des prix qu'ils ne peuvent obtenir en interne

La plupart des dirigeants d'entreprises seront conduits à approfondir leur mesure « quantitative » du retour sur les dépenses de communication, un ROI qu'ils devront mieux justifier. La communication est, de toutes les dépenses de l'entreprise, celle dont le retour est le moins bien connu !

Aujourd'hui, cette approche quantitative est encore trop souvent délaissée au seul bénéfice de la marque sur laquelle se focalisent toutes les attentions. Quant aux activités hors-médias, elles sont souvent conduites dans la précipitation, la dispersion et une certaine forme de « conservatisme » qui tend à reproduire chaque année les actions des années précédentes sans se reposer vraiment la question de leur rentabilité.

Les annonceurs ont besoin d'une évolution profonde des agences et des groupes de communication, sinon, ils iront trouver des solutions ailleurs !

2/ Du côté des agences : une nécessaire remise en cause des métiers et des structures des groupes de communication

Les conséquences du développement de la communication intégrée sont plus importantes dans les agences que chez les annonceurs car cela oblige les agences et les groupes de communication à repenser en profondeur leur métier, leurs savoir-faire, leurs relations avec leurs clients et en fin de compte à imaginer de nouvelles formes d'organisation.

a) L'évolution récente de l'organisation des agences

Celle-ci est fortement liée à l'évolution du hors-médias qui, comme on l'a évoqué dans la troisième partie de cet ouvrage, connaît, depuis le début des années quatre-vingt, une croissance très soutenue, nettement supérieure à celle de la publicité traditionnelle.

Du début des années quatre-vingt à la fin des années quatre-vingt-dix, presque tous les groupes de communication se sont organisés selon le modèle dit « en étoile ». Ce modèle repose sur une forme d'« impérialisme » de la publicité traditionnelle sur des métiers plus jeunes du hors-médias. Ce modèle en étoile ne respecte pas le principe de la « neutralité canaux » qui est l'un des piliers de la démarche de communication intégrée. La créativité du message publicitaire est l'enjeu principal des « compétitions » organisées par les annonceurs pour choisir leurs agences.

Faudra-t-il attendre que la part des dépenses consacrées à la publicité médias devienne tout à fait minoritaire au sein des dépenses globales en communication des annonceurs pour que ce modèle en étoile soit abandonné ? Faudra t-il attendre encore une bonne vingtaine d'années pour en arriver là ?

De fait, ce n'est que très récemment que les principaux groupes de communication se sont engagés dans de profondes réorganisations qui traduisent une refonte de leur offre.

Figure 2

Du modèle en étoile au modèle tripolaire

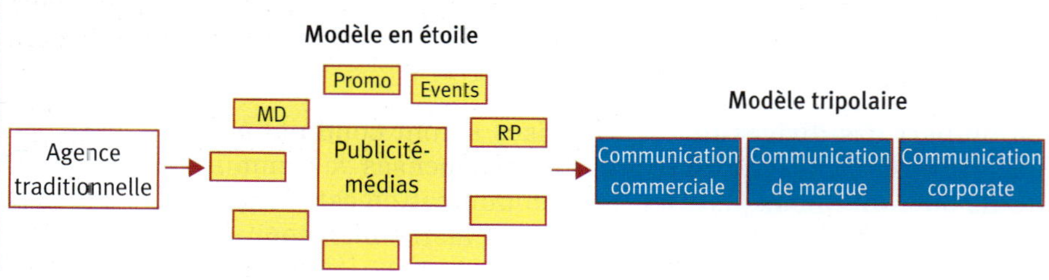

Le modèle tripolaire correspond aux trois grandes familles de problématiques que soumettent les annonceurs aux agences :

– les problématiques de marque qui renvoient à des objectifs d'image et de notoriété, c'est-à-dire au développement du « capital marque » ;
– les problématiques commerciales qui renvoient à des objectifs de vente à court ou moyen terme, c'est-à-dire au développement du « capital client » ;
– les problématiques corporate (communication financière et institutionnelle).

Au regard de notre analyse sur la communication intégrée, il est toutefois légitime de s'interroger sur la validité de ce schéma d'organisation en trois pôles qui cloisonne artificiellement les problématiques des annonceurs.

Toutefois, il constitue un « grand pas en avant » par rapport au modèle en étoile dans lequel le canal de communication était choisi *a priori*. Ce modèle tripolaire est révélateur d'un effort d'adaptation de la part du milieu conservateur qu'est la publicité car il fait (en principe) le deuil de la primauté de la publicité-médias sur la communication opérationnelle.

Ce modèle d'organisation en trois pôles présente le risque de priver la communication de marque des outils du hors-médias car les équipes qui constituent habituellement le premier pôle (celui de la marque) sont, dans leur immense majorité, d'anciens publicitaires. En réalité, il est fort probable que ce « modèle tripolaire » ne soit qu'une étape intermédiaire de courte durée dans le cheminement inéluctable des agences vers la communication intégrée.

b) Quelles voies pour l'avenir ?

Dans les prochaines années, deux scenarii sont envisageables.

Premier scénario : les annonceurs feront appel à des « agences conseil[1] » qui se seront développées au sein des groupes de communication et qui apporteront un conseil stratégique sophistiqué dont l'objectivité des recommandations sera crédible parce qu'elles ne vendront que du conseil et non plus la réalisation des opérations qui en découlent. Le lien conseil-exécution sera ainsi rompu. En principe, ce schéma a du sens mais est-il totalement réaliste ? L'indépendance et donc la crédibilité de ces agences-conseil peuvent-elles être réelles dans la mesure où elles font partie de groupes qui cherchent à tirer profit de toutes leurs composantes ?

Second scénario : le conseil stratégique CMI échappe aux agences qui deviennent de simples « boîtes à outils ». Les annonceurs prennent en charge, en interne, la réflexion stratégique ou font appel à des conseils indépendants spécialisés qui pourraient être de nouveaux départements des grands cabinets de *consulting*. Ceux-ci ont accès aux directions générales, ils interviennent au niveau de la stratégie des entreprises, stratégie dans laquelle s'inscrit la communication multicanale intégrée mais ils n'ont guère de compétences en matière de communication.

Dans tous les cas, on va vers de nouveaux modèles de collaboration agences/annonceurs en termes de périmètre de responsabilité, d'organisation des équipes, de méthodes de travail et de rémunération.

Au-delà de sa dimension créative, la difficulté du métier des agences tient au fait qu'elles disposent d'une palette d'outils de plus en plus nombreux et

(1) Toutes les agences se disent agences conseil en publicité, en marketing direct, en promotion, etc. « Conseil » est entendu ici au sens de conseil stratégique pour bâtir une communication multicanale intégrée.

sophistiqués. Ces outils et leur exploitation évoluent à un rythme très rapide en fonction :

- du secteur d'activité des annonceurs ;
- des cibles ;
- des problématiques.

C'est ainsi qu'apparaissent, en plus des compétences techniques pointues, de nombreux pôles d'expertise qui peuvent être :

- sectoriels ou multisectoriels (spécificité forte de l'émetteur) ;
- centrés sur une cible spécifique (spécificité forte du récepteur) ;
- centrés sur une famille de problématiques (spécificité forte du processus d'achat ou de distribution).

En voici quelques exemples :

- les experts de la distribution maîtrisent les techniques de la promotion des ventes, du marketing relationnel ou de la publicité médias spécifiques à ce secteur d'activité ;
- les experts de la vente de services en *B to C* (banque, assurance, téléphonie mobile, etc.) maîtrisent l'exploitation du point de vente, la communication médias mais aussi le marketing relationnel dans une logique de recrutement de clientèle, de fidélisation et de ventes croisées et additionnelles ;
- les experts du marché des voyageurs d'affaires connaissent les dernières évolutions des programmes de *mileage* (*Frequent Flyers Programmes*) mais aussi les réseaux de distribution, les politiques d'achats des entreprises ou les opportunités commerciales liées à la stratégie d'alliance des compagnies aériennes.

Les experts du marché des jeunes analysent en permanence leurs spécificités comportementales et savent comment les convaincre et où les trouver !

Les annonceurs refusent, à juste titre, de prendre en charge « l'éducation » de leurs interlocuteurs en agence et exigent des professionnels de la communication qu'ils connaissent parfaitement leur métier ou les spécificités de la cible à laquelle ils s'adressent.

À l'avenir, c'est probablement autour de ces grands pôles d'expertise (secteurs, cibles, problématiques marketing) que vont se restructurer les agences, sauf si elles suivent le second scénario, celui où le conseil stratégique en CMI leur échappe, ce qui en fera, comme on l'a dit, des agences « boîtes à outils » principalement jugées sur la créativité de leurs messages et la compétitivité de leurs tarifs, rémunérées pour exécuter des actions déterminées *a priori* par l'annonceur ou son conseil.

ÉVOLUTIONS POSSIBLES DU MODÈLE TRIPOLAIRE

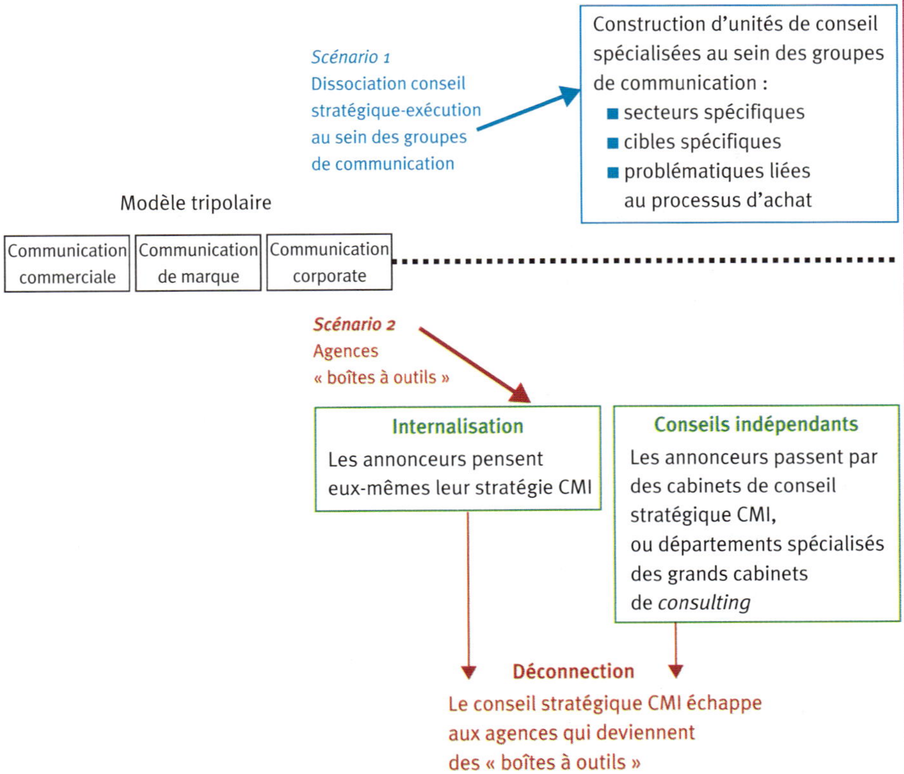

Figure 3

c) Un cruel déficit de compétences

Supposez que vous décidiez de créer votre propre automobile et qu'un jour, vous vous retrouviez dans votre garage avec toutes les pièces détachées et non des moindres : le meilleur moteur de BMW, la meilleure boite de vitesse Mercedes, la meilleure suspension de Bentley, le meilleur système de freinage de Porsche, etc. Serez-vous pour autant capable de créer la meilleure voiture ?

Il en va ainsi dans tous les domaines. La réunion des meilleures cordes et des meilleurs cuivres ne suffit pas à créer un grand orchestre. Au mondial 2002, l'équipe de France de football avait, sur le papier, la plus belle collection de grands joueurs. Sur le terrain, elle fut pitoyable.

Dans tous les cas, la performance passe par l'apport d'une compétence indispensable, d'un métier essentiel : celui d'ensemblier, pas d'un technicien expert en assemblage mais d'un *stratège architecte* capable d'assurer la *maîtrise d'ouvrage*. C'est ce qui manque aussi bien aux agences qu'aux annonceurs.

1° L'absence de compétences transversales

Le modèle d'organisation des agences a favorisé, au cours des vingt dernières années, l'émergence de fortes expertises dans chacune des disciplines de la communication.

Figure 4

LES PÔLES D'EXPERTISE

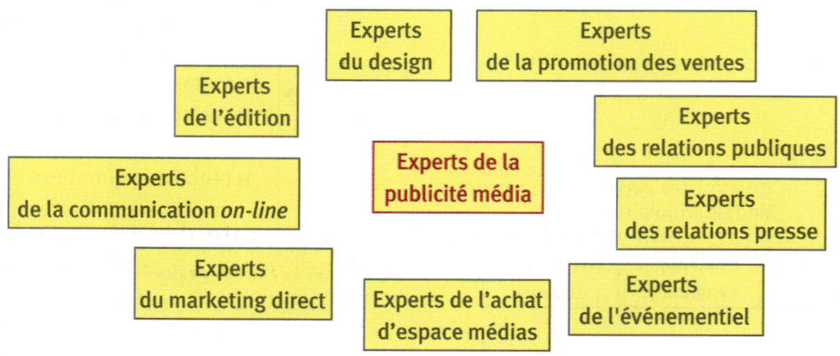

Au sein de chaque discipline, un deuxième niveau d'expertise, correspondant à la maîtrise des pratiques et des technologies s'est développé.

Exemple

☞ Discipline « marketing direct » :

1	2	3	4	5	6	7	8
Analyse de données	Location de fichiers	Conception Rédaction	Direction artistique	Éxécution PAO	Systèmes d'information et de pilotage des campagnes	Impression Façonnage	Personnalisation Routage

La multiplication des disciplines et des techniques propres à chaque discipline a considérablement limité le développement de compétences transversales.

La maîtrise de chacune des disciplines en profondeur requiert plusieurs années d'expérience, d'autant plus que le pilote d'un programme de communication intégrée a de plus en plus la lourde responsabilité de s'engager sur des résultats. Ces évolutions risquent fort de replacer la formation et l'expérience au cœur d'un métier qui a trop souvent eu tendance à se reposer sur des juniors « car ils coûtent moins cher » ou sur les publicitaires « pur jus » car ils sont « en contact avec les patrons chez l'annonceur ».

2° Le manque de méthodologies et une trop faible capitalisation des connaissances

Dans les cabinets de conseil en stratégie et en organisation, il est couramment admis que les clients achètent l'expérience acquise avec les clients précédents, autant que les heures passées par les consultants sur une mission.

Cette valorisation de l'expérience passée est probablement l'un des piliers du modèle économique des cabinets de conseil. Elle prend la forme du développement de méthodologies sans cesse approfondies et enrichies des conclusions des missions précédentes. C'est ce que l'on appelle le *re-use*.

Le positionnement des agences sur la notion quasi exclusive de « créativité des messages » les a conduites à se priver des bénéfices du *re-use*. Dans de nombreuses circonstances, au nom du principe d'unicité de la création artistique, l'utilisation de l'expérience acquise avec d'autres annonceurs a même été considérée comme abusive ou scandaleuse.

Or, comme on l'a constaté au chapitre précédent, la démarche de communication intégrée repose autant sur la créativité (créativité canaux et créativité messages) que sur la constitution de bases de données, la formalisation de « modèles » et de méthodologies largement fondés sur l'expérience acquise avec les clients. La méthode que l'on a proposée dans le chapitre précédent est une première contribution à un effort qui devrait être largement développé demain.

3° Vers de nouveaux descriptifs de postes

En agence, les chefs de publicité qui sont en réalité des responsables de comptes clients (en anglais, on dit *account manager*) peuvent devenir, pour certains, des chefs de projet s'ils acquièrent des compétences multidisciplinaires. Devenir plus généraliste pour aborder plusieurs techniques de communication sera plus difficile pour les créatifs mais cela n'a rien d'impossible.

- *Le chef de projet*

Dans les agences traditionnelles, ceux que l'on appelle les commerciaux ont souvent fait office de « passe-plats » coincés entre le monopole des créatifs sur la créativité, et du planning stratégique sur la réflexion. Quant à la dimension proprement commerciale, assurée en réalité directement par le patron d'agence et ses directeurs commerciaux, elle se résume souvent à des discussions de « marchands de tapis » sur le montant des frais techniques et autres broutilles laissées à la discrétion de leur interlocuteur (le chef de produit chez l'annonceur) ou à d'interminables controverses sur des détails d'exécution des annonces et des problèmes de délais non tenus.

Dans le cadre d'un programme de communication intégrée, le commercial (*account manager*), que l'on appellera *chef de projet* a la responsabilité de la conception et du développement de chacune des actions constitutives du programme. Très concrètement, il doit en fixer les objectifs, justifier du message et des mécaniques proposées, orienter le directeur artistique dans sa traduction créative et coordonner le déploiement de l'opération en pilotant les sous-traitants et autres intervenants (sociétés d'études, etc.).

Spécialisé au démarrage de sa carrière dans l'une des disciplines (publicité, marketing direct, promotion des ventes, etc.), le futur chef de projet doit progressivement acquérir une bonne culture générale horizontale (par discipline) et verticale (par secteur d'activité) ce qui lui permettra, après 5 à 10 ans d'expérience, de superviser un programme de communication intégrée.

- *Le créatif*

À l'instar du chef de projet, le créatif doit se familiariser avec les formes d'expression créative de l'ensemble des disciplines constitutives d'un programme de communication intégrée pour en assurer la supervision au plan de la création.

Il est fort à parier qu'il faudra plusieurs décennies pour gommer le sentiment de supériorité, voire l'arrogance du créatif de publicité envers les créatifs des métiers du hors-médias. Dans l'attelage composé de l'*Art Director* (AD) ou directeur artistique et du *copywriter* qui constituent traditionnellement un *team* de création, il est évident que l'AD de formation exclusivement publicitaire qui s'est cantonné aux grands médias, a beaucoup à apprendre en terme de théâtralisation de point de vente ou de création événementielle. De même, le *copywriter* de formation publicitaire serait bien inspiré d'aller approfondir le métier avec son cousin du marketing direct qui a rédigé des centaines de lettres avec, à chaque fois, l'implacable sanction du « taux de retour ». L'inverse est tout aussi valable.

En réalité, le fossé culturel qui divise la création selon les canaux est tel qu'il n'est pas certain que les agences puissent disposer de « créatifs intégrés » pour mettre en œuvre les programmes de communication intégrée. Seuls les plus talentueux y parviendront.

- *Le patron d'agence*

Parviendra-t-il à concilier les spécificités des métiers de la création avec le respect des principes de management fondamentaux en place dans toutes les entreprises « normales » ? Parviendra-t-il à conjuguer ses talents de *superman* du *super-show* avec des méthodologies sérieuses et éprouvées ? Parviendra-t-il à transformer les « super promesses » des compétitions en « super résultats » sur les ventes ? Parviendra-t-il à mettre en place des programmes de formation, à motiver ses troupes sur le long terme, à diminuer le taux de *turnover* de son agence, hors périodes de crise publicitaire ? Parviendra-t-il à faire avancer la recherche appliquée ? Parviendra-t-il à redonner à ce si beau métier, l'attractivité qu'il avait auprès des jeunes diplômés dans les années soixante-dix ? Parviendra-t-il à concilier le goût des méthodologies et l'impérieuse nécessité d'avoir des « idées fortes » ?

Section 2
LA CMI CHANGE LES RELATIONS AGENCES/ANNONCEURS

Faut-il choisir plusieurs agences ou n'en retenir qu'une seule qui pilotera tous les programmes de communication intégrée ? Est-il préférable de prendre un cabinet ou une agence-conseil pour la conception du plan de communication en confiant l'exécution à d'autres partenaires ? Faut-il rémunérer globalement ou différemment le conseil et la réalisation ? Doit-on évaluer les agences exclusivement sur les critères actuels de communication (souvenir, agrément, attribution) ou intégrer beaucoup plus les résultats économiques ?

La communication intégrée amène à revisiter l'ensemble de ces questions et des réponses habituelles.

Il n'existe bien entendu aucun modèle universel de collaboration avec les agences dans la mise en œuvre de programmes de communication intégrée. On peut toutefois retenir deux grandes familles d'approches possibles.

1/ LA SOUS-TRAITANCE LIMITÉE À L'EXÉCUTION DES OPÉRATIONS

L'annonceur utilise des agences « boîtes à outils » et conserve en interne la réalisation des plans d'actions par familles stratégiques et la mesure des performances. Les agences « boîtes à outils » sont rémunérées « à l'opération » selon un barème négocié une fois par an. La mission transversale de conseil étant exclue du périmètre de l'agence, il n'est pas nécessaire de prévoir d'honoraires mensuels de conseil. En revanche, il est souvent souhaitable de prévoir des honoraires de coordination. Calculés sur le temps passé ne pouvant être affecté à des projets identifiés, ils constituent le signe d'une relation partenariale équilibrée bien souvent indispensable à l'implication des agences sur le long terme.

Cette approche présente plusieurs avantages pour l'annonceur :

- une totale maîtrise, en interne, d'un savoir-faire stratégique pour l'entreprise ;
- une faible dépendance vis-à-vis des agences ;
- la possibilité de faire appel à plusieurs agences et donc de collecter plusieurs « points de vue » lors des opérations majeures.

Toutefois, cette approche, qui privilégie l'internalisation, a ses limites :

- contrairement à une idée très répandue chez les annonceurs français, elle est en général beaucoup plus coûteuse qu'une externalisation bien négociée, dès lors que l'on tient compte de la masse salariale du personnel supposé réaliser, en interne, le travail de « conseil » ;
- elle ne produit des résultats que dans les entreprises à très forte culture marketing, bien structurées, capables d'attirer les meilleurs profils du marché, au fait des dernières évolutions du métier et susceptibles d'apporter régulièrement du « sang neuf » en interne. En pratique, cette approche est donc hors de portée des PME et de la plupart des entreprises dont le marketing n'est pas la culture dominante.

EXEMPLES DE RÉMUNÉRATION D'UNE AGENCE « BOÎTE À OUTILS » POUR UN BUDGET DE COMMUNICATION ANNUEL DE DEUX MILLIONS D'EUROS

Honoraires mensuels de coordination

Ces honoraires incluent la tenue d'une réunion tous les 15 jours, à jour fixe. Un compte rendu est systématiquement rédigé par le chef de projet délégué et adressé à l'ensemble des participants sous 48 heures.

Ressources	Nombre Jour/Homme	Tarif journalier en €HT	Total en €HT
Pilote de programme	0	1 800	0
Chef de projet	2	1 200	2 400
Chef de projet délégué	3	900	2 700
TOTAL			5 500

Les taux journaliers sont calculés de la manière suivante :

Taux journalier = coût de main d'œuvre × *overhead rate* × *profit margin rate*.

Le coût de la main d'œuvre est égal à la somme des salaires bruts et des charges patronales.

L'*overhead rate* est un coefficient pour couvrir les frais généraux fixes qui se situe, selon les agences, entre 1,5 et 2,5.

Le *profit margin rate* est un coefficient qui varie, selon les agences, entre 1,10 et 1,20.

■ ***Barème forfaitaire par opération***

Ce barème concerne les prestations de conception, de création et d'exécution de certaines opérations, parmi les plus couramment proposées (ces budgets correspondent aux tarifs habituellement proposés par une agence de taille moyenne).

Opération	Frais de conception, création et rédaction	Frais de mise en page et exécution	Honoraires de suivi	Total des honoraires
Page de publicité	6 000 €HT	700 €HT	1 800 €HT	8 500 €HT
Publirédactionnel	3 700 €HT	700 €HT	1 800 €HT	6 200 €HT
Dossier de presse 4 pages (chemise + 5 fiches)	1 200 €HT	900 €HT	900 €HT	3 200 €HT
Argumentaire de vente	2 300 €HT	900 €HT	900 €HT	4 100 €HT
Vitrophanies point de vente	2 000 €HT	600 €HT	400 €HT	3 000 €HT
Brochure A4 3 volets	1 800 €HT	1 200 €HT	1 200 €HT	4 200 €HT
Brochure 16 pages	3 800 €HT	2 200 €HT	2 300 €HT	7 700 €HT
***Mailing* simple :** lettre et enveloppe avec accroche	700 €HT	250 €HT	400 €HT	1 350 €HT
***Mailing* lourd :** lettre, brochure 3 volets, enveloppes A5 avec accroche et/ou visuel	3 550 €HT	1 800 €HT	1 250 €HT	6 600 €HT

■ ***Rémunération du suivi des prestations de production***

Lorsque les achats externes lui sont confiés, il est d'usage que l'agence s'engage à réaliser un appel d'offre auprès de deux ou trois fournisseurs afin de garantir à l'annonceur des coûts compétitifs.

Lorsqu'elle coordonne la réalisation de ces prestations, l'agence facture une marge de suivi correspondant à un pourcentage sur le prix de vente (de l'ordre de 15 % sur les travaux inférieurs à 15 000 euros et de 10 % sur les travaux supérieurs à 15 000 euros).

2/ LA SOUS-TRAITANCE DES PROGRAMMES DE COMMUNICATION INTÉGRÉE PAR FAMILLES STRATÉGIQUES

L'annonceur demande à son agence de définir les plans d'actions pour chaque famille stratégique, d'en assurer la mise en œuvre et d'en évaluer les performances. L'agence est rémunérée d'une part sous forme d'honoraires mensuels de conseil et de coordination et d'autre part, pour chacune des opérations réalisées, selon un barème forfaitaire négocié une fois par an.

Les principaux avantages de cette approche pour l'annonceur sont les suivants :

– l'opportunité, sous réserve d'avoir trouvé la bonne agence, de bénéficier de l'apport de professionnels ayant une vision affûtée des disciplines constitutives d'un programme de communication intégrée mais aussi du secteur d'activité et des stratégies déployées par les entreprises confrontées à des problématiques du même ordre ;

- l'opportunité de se limiter à des équipes très légères en interne, plus réactives, fortement responsabilisées et moins vulnérables aux effets destructeurs des rivalités internes et autres ambitions personnelles ;
- le volant de flexibilité supplémentaire dans le budget de l'entreprise (honoraires *versus* masse salariale).

En revanche, le principal inconvénient de cette approche tient au fait qu'elle est difficilement compatible avec une volonté de diversification des prestataires. L'annonceur devra se limiter à une agence, voire deux – si son portefeuille de produits permet de cloisonner les problématiques – rarement davantage.

En synthèse, cette deuxième voie est plus risquée. Pour maximiser les chances de succès, elle suppose :

- une négociation approfondie de la structure de rémunération de l'agence incluant, aussi souvent que possible, une part de rémunération aux résultats et une remise à plat périodique de ses modalités ;
- une grande maturité des pilotes, chez l'annonceur comme dans l'agence, et la profonde conviction que seule une relation gagnant-gagnant est susceptible de produire de bons résultats sur le long terme.

Dans le cadre d'une part de rémunération aux résultats, il est tout à fait acceptable pour les deux parties que le coefficient multiplicateur correspondant au *profit margin rate* soit conditionné à l'atteinte d'un certain niveau d'efficacité, dont les indicateurs peuvent être les objectifs quantitatifs de la campagne ou les KPI.

EXEMPLE DE RÉMUNÉRATION D'AGENCE CONSEIL EN COMMUNICATION INTÉGRÉE

Pour un budget de communication annuel de deux millions d'euros, alloué à un programme de communication intégrée construit sur la publicité-médias le marketing direct, la promotion des ventes et les relations publiques.

Ressources	Nombre Jour/Homme	Tarif journalier en €HT	Total en €HT
Pilote du programme	3	1 800	5 400
Chef de projet MD/Promo	2	1 200	2 400
Chef de projet Pub/Média	2	1 200	2 400
Chef de projet Événementiel/RP	2	1 200	2 400
Chef de projet délégué	2	900	1 800
TOTAL			14 400

Figure 5

Ces honoraires mensuels ne se limitent pas à des travaux de coordination mais incluent un rôle de conseil (définition des programmes de communication par familles stratégiques et analyse des résultats).

Concernant le barème forfaitaire par opération et la rémunération du suivi de production, on se réfèrera aux principes de rémunération décrits pour une agence « boîte à outils ».

3/ Comment organiser l'équipe de pilotage ?

On détaille ici une possibilité d'organisation d'une équipe de pilotage pour le compte d'un annonceur ayant choisi de sous-traiter ses programmes de communication intégrée par familles stratégiques (deuxième approche énoncée plus haut).

Selon Keith Reinhard, CEO DDB [1] :

> « Il manque trois choses aux agences pour qu'elles aillent plus loin dans l'intégration : 1. Il n'y a pas assez de demande d'intégration de la part des annonceurs. Les PDG la souhaitent mais lorsqu'on descend quelques étages en dessous, la demande n'est plus là. 2. Les agences [2] manquent de généralistes de haut niveau. Elles devraient être comme Leonard Bernstein, un chef d'orchestre sachant tout ce que peut faire chacun de ses musiciens, écrivant la musique et capable de diriger l'ensemble. 3. Il n'y a pas de système de rémunération correcte pour ceux qui doivent être les orchestrateurs des campagnes intégrées ».

Ce diagnostic fait par un maître en communication est pertinent mais il mérite au moins un commentaire. S'il est exact que les agences manquent de généralistes de haut niveau, l'exemple de Leonard Bernstein nous paraît mal choisi. Un grand chef d'orchestre n'a pas besoin de savoir jouer de tous les instruments mieux que chacun de ses musiciens. Sa culture musicale doit lui permettre de composer la meilleure équipe, son charisme et son expérience doivent lui permettre d'en tirer le meilleur parti. De même, le chef d'orchestre de la communication intégrée est d'abord un stratège, un « honnête homme » en communication, un créatif, non pas au niveau du verbe mais à celui de la méthode et de la réflexion. Ce doit être bien sûr un animateur, un chef d'équipe car la démarche de communication intégrée est forcément collective au sein des groupes de communication, chez les annonceurs et entre les annonceurs et les agences.

Enfin, ce doit être un homme de chiffres obsédé par le retour sur les dépenses de communication à court et à long terme, capable de le démontrer. Voilà beaucoup de qualités, fort différentes, à réunir dans une même personne !

Les agences et groupes de communication doivent comprendre que le passage du modèle classique publicitaire à celui de la communication multicanale intégrée est une profonde remise en cause de leurs modèles économiques, de leur culture, de leurs métiers, de leurs hommes, de leurs organisations et, bien sûr, de leurs relations avec leurs clients annonceurs, dans lesquelles s'inscrit la question de la rémunération des agences.

Les agences et groupes de communication voudront-ils et sauront-ils changer ? Cela se fera-t-il à leur initiative ou à celle des annonceurs ?

La mutation nécessaire des agences s'inscrit plus largement dans un changement profond des médias et de leur consommation, dans le développement de nouveaux canaux de communication, dans la nécessité de repenser, non pas les seules stratégies de communication mais la globalité des modes d'accès au marché. Les médias de masse et la distribution de masse étaient comme deux *pipes lines* branchés sur les consommateurs et qui ont bien fonctionné pendant longtemps dans un contexte simple. Aujourd'hui, ces moyens deviennent simplistes. Distribution et communication multicanales ont en commun de chercher de nouvelles voies pour approcher de façon multiforme un marché qui n'est plus monolithique. L'enjeu majeur est d'apporter des réponses simples (donc opérationnelles) à une complexité croissante des marchés et de leurs approches.

(1) *Extrait de l'ouvrage de Joe Cappo,* op.cit.

(2) *Sous-entendu : les agences et les groupes de communication.*

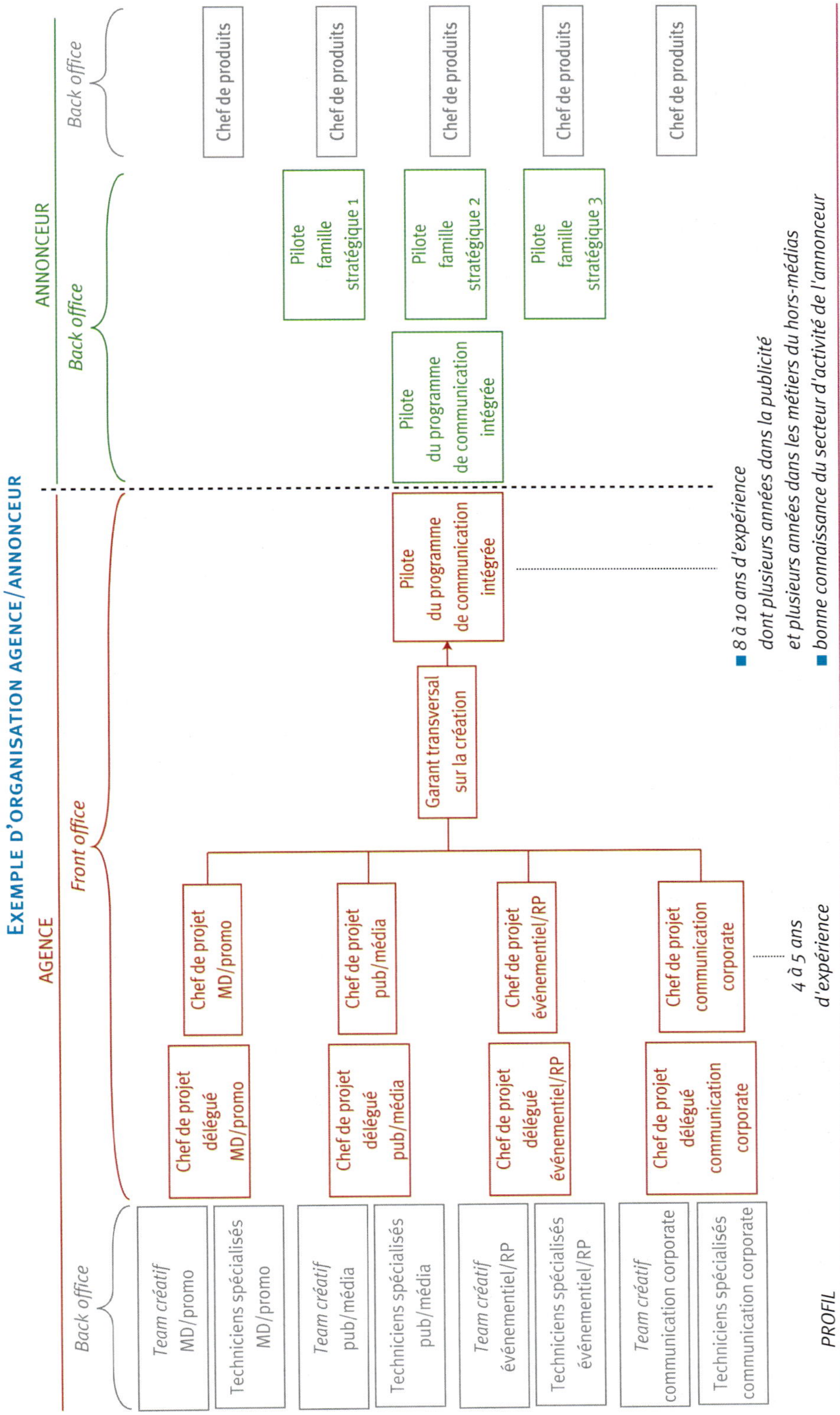
EXEMPLE D'ORGANISATION AGENCE/ANNONCEUR
AGENCE
ANNONCEUR
Back office
Front office
Back office
Back office
Team créatif MD/promo
Techniciens spécialisés MD/promo
Team créatif pub/média
Techniciens spécialisés pub/média
Team créatif événementiel/RP
Techniciens spécialisés événementiel/RP
Team créatif communication corporate
Techniciens spécialisés communication corporate
Chef de projet délégué MD/promo
Chef de projet délégué pub/média
Chef de projet délégué événementiel/RP
Chef de projet délégué communication corporate
Chef de projet MD/promo
Chef de projet pub/média
Chef de projet événementiel/RP
Chef de projet communication corporate
Garant transversal sur la création
Pilote du programme de communication intégrée
Pilote du programme de communication intégrée
Pilote famille stratégique 1
Pilote famille stratégique 2
Pilote famille stratégique 3
Chef de produits
Chef de produits
Chef de produits
Chef de produits
Chef de produits
PROFIL
4 à 5 ans d'expérience
■ 8 à 10 ans d'expérience dont plusieurs années dans la publicité et plusieurs années dans les métiers du hors-médias
■ bonne connaissance du secteur d'activité de l'annonceur

Figure 6

Bibliographie

Cette bibliographie comprend une sélection d'ouvrages en langue française et anglaise et de sites web qui sont présentés de façon plus détaillée sur www.publicitor.fr. De nombreux articles sont cités dans le corps de cet ouvrage.

Première partie

Comment fonctionne la communication ? Les théories mises en pratique

Engel J., Blackwell R. & Miniard P., *Consumer Behavior*, Dryden Press, 1993.

Festinger L., *A theory of Cognitive Dissonance*, Row Peterson, 1957.

Filser M., *Le comportement du consommateur*, Dalloz Sirey, 1997.

Floch J.-M, *Sémiotique, marketing et Communication : sous les signes, les stratégies*, PUF, 1990.

Jones J. P., *When ads Work, New Proof that Advertising Trigger Sales*, Lexington Books.

Kapferer J.-N., *Les chemins de la persuasion*, Dunod, 1993.

Kapferer J.-N., *Rumeurs, le plus vieux média du monde*, Seuil, 1987.

Krugman Dean M., Leonard N.Reid, S.Watt Dunn & Arnold M.Barban, *Advertising : Its Role in Modern Marketing*, The Dryden Press.

Mayer M., *Histoire de la rhétorique, des grecs à nos jours,* Livre de Poche, coll. « Biblio Essais », 1999.

Mucchielli A., *Psychologie de la communication*, PUF, 1995.

Percy K. & A. Woodsite (eds), *Advertising and Consumer Psychology*, Lexington books, 1983; consulter particulièrement le texte de Petty & Cacioppo, «*Central and Peripheral Routes to Persuasion : Application to Advertising* ».

Shannon C. & Weaver W., *The Mathematical Theory of Information*, University of Illinois Press, Urbana, IL, 1949; ouvrage paru en français en 1975 sous le titre *Théorie mathématique de la communication,* Bibliothèque du CEPL, 1975.

Zaltman Gerald, *How Customers Think : Essential Insights into the Mind of the Market*, 2003.

Deuxième partie

La publicité : méthodes et techniques

La stratégie publicitaire

Aaker D. et Lendrevie J., *Le management du capital marque*, Dalloz, 1994.

Dordor X., *Médias, Hors-Médias, le choix d'une stratégie globale de communication pour l'entreprise*, Gualino, 1998.

Guelfand G., *Paroles d'images, les méthodes projectives appliquées aux études marketing*, Gaëtan Morin Éditeur, 1999.

d'Humières P., *Management de la communication d'entreprise*, Eyrolles, 1993.

Kapferer J.-N., *Les marques, capital de l'entreprise*, Éditions d'Organisation, 2001.

Malaval Ph., *Stratégie et gestion de la marque industrielle. Produits et services business to business*, Publi Union, 1998.

Olins W., *Identité d'entreprise*, InterÉditions, 1991.

Reeves R., *Le réalisme en publicité*, Dunod, 1968.

Ries A. et Trout J., *Le positionnement : la conquête de l'esprit*, McGraw-Hill, 1987.

Sicard M.-C., *Ce que marque veut dire*, Éditions d'Organisation, 2001.

Site Internet :
www.brandchannel.com

La création

Darmon O., Noël R. et Holden E. , *30 ans de publicité Volkswagen*, Éditions Hoëbecke, 1993.

Dru J.-M., *Disruption Live*, Pearson Education France, 2003.

Earls M., *Welcome to the Creative Age*, Wiley, 2002.

Julien J.-R., *Musique et publicité*, Flammarion, 2001.

Lorin P., *5 géants de la publicité*, Éditions Assouline, 1995.

Ogilvy D., *Confessions d'un publicitaire*, Dunod, 1977.

Riou N., *Pub Fiction*, Éditions d'Organisation, 1999.

Seguela J., *Pub Story, L'histoire mondiale de la publicité en 65 campagnes*, Éditions Hoëbecke, 1992.

Toscani O., *La pub est une charogne qui nous sourit*, Éditions Hoebecke, 1995.

Villemus P., *Comment juger la création publicitaire*, Éditions d'Organisation, 1997.

Sites Internet :
www.aef.com
http ://agencyfaqs.com
www.canneslion.com
www.cbnews.fr
www.hatads.org.uk
www.marketers-hall-of-fame.com
www.museedelapub.org
www.pubstv.
www.strategies.fr
www.toutsurlacom.com

Publicité et société

Brune F., *Le bonheur conforme, Essai sur la normalisation publicitaire*, Gallimard, 1985.

Cathelat B., *Publicité et société*, Payot, 2001.

Dagnaud M., *Enfants, consommation et publicité télévisée*, La Documentation française, 2000.

Klein N., *No Logo*, Actes Sud, 2002.

Tessier J.-P., *Frapper sans heurter. Quelle éthique de la publicité ?*, Armand Colin, 2004.

Sites Internet :
www.adbuster
www.casseursdepub.org
www.lameute.org
www.social.gouv.fr/actu/doss pr/pub/biblio.doc (image des femmes dans la publicité)

Les médias publicitaires et le média-planning

BALLE F., *Médias et sociétés*, LGDJ-Montchrestien, coll. « Domat », 2003.

COURBET D., *Puissance de la télévision, Stratégies de communication et influence des marques*, L'Harmattan, coll. « Communication et civilisation », 1999.

GUICHET N., *Publicité télévisée et comportement de l'enfant*, Économica, 2000.

MARIET F., *La télévision américaine : médias, marketing et publicité*, Économica, 1999.

MCLUHAN M., *Pour comprendre les médias*, Seuil, 1977.

VARTANIAN J.-C., *Le média planning*, Économica, 1999.

WOLTON D., *Éloge du grand public : une théorie critique de la télévision*, Flammarion, 1993.

Sites Internet :
www.advitamin.com
www.mediapoche.com
www.carat.fr
www.cesp.org
www.diffusion-controle.com
www.iabfrance.com
www.journaldunet.com
www.mediapoche.com
www.mediapoche.com
www.netvalue.com
www.pqr.org
www.pressemagazine.com
www.secodip.fr
www.snptv.org
www.tarifmedia.fr
www.zenithmedia.com

La publicité à l'heure de l'international

DÉCAUDIN J.-M., *Stratégies de publicité internationale*, Liaisons, 1991.

DE MOOJI M., *Global Marketing and Advertising : Understanding Cultural Paradoxes. Thousand Oaks*, CA : Sage, 1998.

DOUGLAS SUSAN P. & CRAIG C. SAMUEL, *Global marketing strategy*, NY : McGraw-Hill, 1995.

PRAHALAD C. K, YVES L. DOZ, *The Multinational Mission : Balancing Local Demands and Global Vision*, NY : The Free Press, University of Georgia, 1987.

TERPSTRA A. & SARATHY R., *International marketing*, Hinsdale, IL : the Dryden Press, 1994.

VAN GELDER S., *Global Brand Strategy : Unlocking Brand Potential Across Countries, Cultures and Markets*, Ed Kogan Page, 2003.

Les agences et les annonceurs

BIGOT C., *Droit de la création publicitaire*, LGDJ, 1997.

Bensoussan A., *La publicité comparative*, Hermès Sciences Publications, 1993.

Chessel M.-E., *La publicité, naissance d'une profession*, 1900-1940, CNRS Editions,1998.

Greffe P. et F., *La publicité et la loi*, Litec, 2001.

Lears J., *Fables of Abundance : a Cultural History of Advertising in America*, New York, Basic Books, 1994.

Martin M., *Trois siècles de publicité en France*, Odile Jacob, 1992.

Tedlow R. S., *L' audace et le marché*, Odile Jacob, 1997.

Van Aal J., *10 conseils pour faire un bon usage de votre agence de publicité*, Publi Union, 2000.

Sites Internet :

www.aacc.fr

http ://adage.com/century/timeline/index.html (histoire de la publicité aux USA ; les 100 campagnes du siècle)

www.bvp.org

La mesure de l'efficacité

Colley R., *La publicité se définit et se mesure*, PUF, 2000.

IREP, *Mesurer l'efficacité de la publicité*, Éditions d'Organisation, 1988.

Leeflang P. S. H., R.Wittink D., Wedel M. & Naert P. A., *Building Models for Marketing Decisions*, Boston : Kluwer Academic Publishers, 2000.

Lendrevie J. (dir.), *La communication efficace*, tomes 1 et 2, Dalloz (Les meilleures campagnes du prix Effie), 1994.

Morgensztern A., *Travaux et recherches sur la fréquentation et l'efficacité publicitaire des médias*, Thèse de sciences de gestion, Lille, 1984.

Palda, Kristian S., *The Measurement of Cumulative Advertising Effects*, Englewood Cliffs, NJ : Prentice Hall, 1964.

Site Internet :

www.effie.fr

Troisième partie

Les moyens de communication autres que la publicité : le hors-médias

Chaumely J., Huisman D., *Les relations publiques*, PUF, coll. « Que Sais-Je ? », 1992.

Desmet P., *La promotion des ventes, du 13 à la douzaine à la fidélisation*, Dunod, 2002.

Martichoux C., *La promotion des ventes en pratiques,* Éditions d'Organisation, 2003.

Farnel F. J., *Le lobbying, stratégies et techniques d'intervention*, Éditions d'Organisation, 1994.

Stone B., *Méthode de marketing direct*, InterÉditions, 1992.

Stambouli K., Briones E., *Buzz Marketing*, Éditions d'Organisation, 2002.

Sites Internet :

www.francepub.fr

www.irep.asso.fr

http ://marketcom.free.fr

www.the-dma-org

www.cles-promo.com

Quatrième partie

LA COMMUNICATION MULTICANALE INTÉGRÉE

BELCH GEORGE E., BELCH MICHAEL A, *Advertising and Promotion : An Integrated Marketing Communications Perspective*, Boston Mass : Irwin, McGraw-Hill, 2001.

CAPPO J., *The future of advertising*, Advertising Age, 2003.

CAYWOOD C., SHULTZ DON E. & WANG P., *Integrated Marketing Communications. A Survey of National Consumer Goods Advertisers*, NY : American Association of advertising agencies.

DUNCAN THOMAS R. , *IMC : Using Advertising & Promotion to Build Brands*, Boston Mass : Irwin, McGraw-Hill, 2002.

RIES A.& L., *La pub est morte, vive les RP*, Pearson Education, 2003.

SCHULTZ DON E., *The New Marketing Paradigm, Integrated Marketing Communications*, NRC Books, 1994.

SCHULTZ DON E., TANNENBAUM STANLEY L. & LAUTERBORN ROBERT F., *Integrated Marketing Communications : Pulling it Together and Making it work*, Chicago, IL : NTC Books, 1992.

THORSON E. & MOORE J., eds, *Integrated Communications : Synergy of persuasives voices*, Hillsdale, NJ, Lawrence Erlbaum Associates, 1996.

ZYMAN S., *Les derniers jours de la publicité*, First Édition, 2003.

Index alphabétique

J

L

M

N

O

P

Table des matières

705541 (I) CSB-80g IGS

Achevé d'imprimer sur les presses de

LTV

LA TIPOGRAFICA VARESE
Società per Azioni
Italie
Dépôt légal : août 2004
Imprimé en Italie

Cet ouvrage a été composé par
I.G.S. - C.P. à l'Isle d'Espagnac (16)